바이블 시네마
Bible Cinema

바이블
Bible Cinema
시네마

최더함 지음

바이블 시네마
Bible Cinema

지은이 | 최 더 함
펴낸곳 | 리폼드북스
펴낸날 | 2019. 12. 5
주　소 | 서울 성북구 보국문로 116(현대상가303호)
전화번호 | 02-941-2019
이메일 | plusdk@naver.com
등록번호 | 제 307-2012-23호
표지디자인 | 우미선
편집디자인 | 이다니엘

값. 29,000원

ISBN | 979-11-968712-0-8

성경을 어떻게 읽고 이해해야 합니까?

많은 성도들이 성경을 읽고 이해하고 싶어 하지만 실제로 성경을 마음먹은 대로 읽고 이해하는 분들은 그다지 많지 않습니다. 왜냐하면 성경의 구조를 잘 모르기 때문입니다. 하나님은 당신의 말씀을 절대로 무질서하게 계시하시지 않으셨습니다. 성경 66권은 하나님의 완전하신 뜻과 계획에 따라 계시되고 구성되었습니다. 그런데 지금 우리가 가지고 있는 성경은 시대별로 책이 엮어진 것이 아닙니다. 그것은 하나님의 계시의 순서대로 책이 편집되지 않았다는 것을 말합니다. 성경은 문학 장르별로, 혹은 분량의 순서대로 배치되고 편집되었습니다. 이사야 선지자와 미가 선지자는 동시대의 사람임에도 성경의 배치는 멀리 떨어져 있습니다. 그러므로 성경을 시대와 역사의 순으로 읽는 것이 무엇보다 중요합니다.

또한 성경 66권은 몇 가지 구조를 가지고 기록되었습니다. 어떤 성경은 마치 연극처럼 1부와 2부의 구조를 가지고 있고, 어떤 성경은 삼단논법인 서론, 본론, 결론의 구조를 가지고 있고, 사람의 일생이나 역사서의 경우에는 주로 기, 승, 전, 결의 구조를 가지고 있습니다. 또 5중구조(시편, 마태복음 등)도 있습니다. 바이블시네마는 바로 이런 구조를 분석하고 성경을 읽고 공부하도록 독자들을 도와줍니다.

한편으로 이 책은 시대마다 나타난 하나님의 메시지와 신학적 의미들을 나름대로 분석하여 교리와 함께 싣고 있습니다. 그리고 시대마다 하나님 나라에 관한 드라마틱한 이야기가 전개되고 있습니다. 예를 들어, 창조시대에는 하나님의 창조 이야기와 함께 하나님이 사람을 위하여 지상에 세우신 천국의 상징인 에덴동산 이야기가 담겨 있습니다. 그뿐 아니라 죄를 지은 인간의 타락상이 적나라하게 기록되고 이에 대하여 공의로우신 하나님께서 죄에 대한 무서운 심판의 이야기(홍수심판, 바벨탑 심판 등)도 담겨 있습니다.

이외 성경의 본문에 등장하는 주요내용에 대해 가장 기초적이고 뽑아 충실한 해설을 덧붙였습니다. 성경에 등장하는 모든 하나님의 사람들은 아무런 계획 없이 무질서하게 사역을 실천한 것이 아닙니다. 예수님은 철저한 시간계획과 일목요연한 사역의 일정표를 가지고 이 땅에서 살았습니다. 사도 바울도 예수님처럼 하나님에 의해 계획되고 성령님에 의해 직접 인도를 받는 삶을 살았습니다. 그런 삶들을 기승전결 구조로 정리하여 살펴보는 일은 즐겁고 유익한 성경 여행으로 독자들을 안내할 것입니다.

이 책을 다 읽고 마지막 페이지를 덮는 독자들은 반드시 엄청난 희열을 맛볼 것입니다. 나아가 지금까지 성경을 바로 보지 못했던 두 눈과 영안이 활짝 열리는 경험을 할 것입니다. 단언하건대 이 책을 독파한 독자들은 더욱 하나님을 사랑하게 될 것을 확신합니다. 건투를 빕니다.

저자 최더함 드림.

이 책은 다음의 3가지 정보를 제공합니다.

하나. 시대별 성경의 배치

성경공부에 있어서 역사에 대한 지식은 매우 중요한 요소를 차지합니다. 역사를 알면 무엇이든 한눈에 모든 것을 파악하게 됩니다. 성경은 하나님의 구속의 역사를 기록한 하나님 말씀의 책입니다. 그런데 하나님의 구속사는 일정한 패턴과 구조를 가지고 계시(啓示, revelation)되었습니다. 이 책은 먼저 독자들에게 성경의 역사를 10개의 시대로 나누고 각 시대순으로 성경을 재배치하여 전체의 순서를 알고 읽도록 도와줍니다. 한 가지 중요한것은 이러한 독서법이 성경 66권의 계시의 순서와 절차들을 무시하거나 해체하지 않는 것임을 밝혀 둡니다.

둘. 시대별 하나님의 메시지와 교리들

하나님은 구속사를 진행하시면서 하나님의 뜻과 계획에 따라 각 시대마다 구원의 약속과 성취를 통해 죄인들이 하나님에게로 나아오는 길을 제시하고 그 시대에 적합한 진리와 교훈적 메시지를 말씀하셨습니다. 한편으로 이 메시지는 하나의 교리로 형성되고 우리에게 전달됩니다. 특히 사도 바울의 서신들은 늘 교리를 먼저 진술한 다음에 성도의 도덕과 윤리에 대해 교훈하고 있습니다(예: 로마서의 경우, 1~11장은 교리 부분이고 12~16장은 성도의 윤리에 관한 진술입니다). 이것을 파악하는 것이 성경공부에 있어서 매우 중요한 요소입니다. 이 책을 독파한 독자들은 무엇보다 개혁신학적 입장에서 진술되는 교리와 신학의 재미와 유익을 얻을 것입니다.

셋. 기승전결의 구조파악

기승전결의 구조는 대표적인 희극의 진술 방식입니다. 모든 드라마의 이야기는 이 구조를 기본 축으로 하여 진행됩니다. 성경에서는 대개 역사서(예: 사도행전)의 경우나 인간의 일생(예: 예수님, 바울 등)을 이 구조로 정리할 수 있습니다. 바이블시네마는 바로 이 구조를 독자들에게 소개합니다. 이외 여타 구조 또한 상세히 안내합니다.

이제 성경의 역사 속으로 함께 여행을 하겠습니다. 두려워 마시고 하나님의 성령이 이끄시는 대로 믿음으로 순종하며 따라가시길 권면합니다.

"성경을 한 눈에 보라"
(역사서를 중심으로 보는 성경)

구약 (Old Testament)

시대	창조시대	족장시대	광야시대	가나안시대	통일왕국	남북국왕국	포로시대	귀환시대
시기	∞ ~BC 2,100	~1804	~1406	~1040	~930	북) ~722 남) ~587	~535	~410
배경지역	에덴동산 메소포타미아	가나안 애굽	시내산 가데스 바네아	가나안	이스라엘	유대. 사마리아	바벨론	유대
중심인물	아담, 하와 노아 셈, 함, 야벳	아브라함 이삭 야곱 요셉	모세 아론 바로	여호수아 갈렙 사사들 (14명)	사무엘 사울 다윗 솔로몬	북) 19명 왕 남) 20명 왕 엘리야 엘리사 선지자들	다니엘 에스겔 에스더 모르드개	고레스 학개 스가랴 느헤미야 에스라 말라기
주요내용	창조 범죄 타락 심판	조상 언약 순종 함께하심 하나님나라	출애굽 시내산법 불순종 광야생활 모세설교	정복전쟁 땅 분배 타락 외적침입 사사들	인본주의 신정주의	남북의 분열 북)앗수르에 멸망 남)바벨론에 멸망	지도자 수난 민족멸절의 위기와 구원	성전, 성벽재건 율법정비 범죄 타락
역사서	창1-11장	창12-50장	출애굽기 레위기 민수기 신명기	여호수아 사사기	사무엘(상,하)	열왕(상,하) 역대(상,하)	에스더	에스라 말라기
관련성경		욥기		룻	시편 잠언 전도서 아가	요엘, 요나, 아모스, 호세아, 이사야, 미가, 하박국, 스바냐, 나훔, 오바댜, 예레미야, 애가	에스겔 다니엘	학개 스가랴 느헤미야
주요구절	2:7, 3:15	15:16	출 3:4	삿 2:16-17	삼상 8:5	왕상 11:11, 13	에 4:16	스 1:3

신약(New Testament)

구분	예수시대	교회시대			
		사도행전	바울서신	공동서신	계시록
저작시기	AD 48-60	68년 이후	48-68	60-100	95-98
등장인물	예수 그리스도 12제자	스데반 베드로 요한 야고보 빌립 바울 바나바 실라 누가	바울 디모데 브리스길라 아굴라 디도 오네시모 뵈뵈 외 60여 명	야고보 베드로 유다 요한	사도 요한
관련 성경	마태복음 마가복음 누가복음 요한복음	사도행전	갈라디아서 데살로니가전후서 고린도전후서 로마서 에베소서 빌립보서 골로새서 빌레몬서 디모데전후서 디도서	히브리서 야고보서 베드로 전후서 유다서 요한 1,2,3서	요한계시록
주요 내용	예수님의 일생 예수님의 가르침 이적과 기사 천국 이야기 예수님의 교훈 부활과 승천	오순절 성령강림 교회의 설립 이방인 전도 선교여행 순교열전	십자가죽음과 대속 부활	예수 그리스도 그리스도인의 삶	일곱 교회 4가지 큰 환상 40여 개의 사건 천국의 예배광경 종말 때의 심판 새 하늘과 새 땅
권수(27)	4	1	13	8	1

〈참고〉 교회시대는 다시 초대교회시대(AD 30~500년), 중세교회시대(AD 500~1500년), 종교개혁과 그 이후시대(AD 1500년~현재)로 나눈다.

성경학습입문

Q1. 성경은 어떤 책인가?

첫째, 성경은 하나님을 아는 지식을 담은 책입니다.

　인간의 능력으로는 하나님을 정확히 알 수 없습니다. 짐승과 인간이 다른 차원의 존재인 것처럼 하나님은 인간과 완전히 다른 차원의 존재이기 때문입니다. 낮은 차원의 존재가 높은 차원의 존재를 알기 위해선 높은 차원의 존재가 자기 자신을 알려주어야 합니다. 이것을 신학적 용어로 '계시'(revelation)라 합니다. 즉, 하나님이 자기 자신을 인간들에게 알리기 위해 기록한 책이 성경이라는 것입니다.

둘째, 성경은 인간의 죄와 타락과 비참함에 관한 이야기입니다.

　한 마디로 성경은 인간의 전과기록입니다. 인간은 하나님과의 약속을 어기고 철저히 타락하고 말았습니다. 그 결과 인간은 영적인 생명을 잃어버리고 육체적인 존재로 전락하고 말았습니다. 그것은 어둠 속에 갇힌 비참한 삶이었습니다. 그 결과는 오직 죽음과 영원한 멸망뿐이었습니다. 성경은 이런 인간에 대한 진실을 말하는 책입니다.

셋째, 성경은 인간에 대한 하나님의 사랑 이야기입니다.

　하나님을 떠나 멸망에 처한 추악한 인간이지만 하나님은 결코 방관하시지 않고 그들을 버리시지도 않으며 오직 사랑하심으로 그들을 구원하기로 작정하셨습니다. 성경은 하나님이 우리를 창세 전에 택하시고, 예수 그리스도의 대속으로 죄인을 구속하시고, 성령으로 죄인을 거듭나게 하시어 새로운 피조물이 되게 하셨다고 증언합니다. 성경은 죄인의 죄를 용서하시고 사망 권세 아래에 압제당하여 신음하던 그들을 구원하시는 하나님의 지극한 사랑을 기록한 책입니다.

넷째, 성경은 하나님의 약속에 관한 책입니다.

　하나님은 아담을 창조하신 후 그와 하나의 약속을 체결했지만 그는 하나님과의 약속을 어기고 말았습니다. 이후 하나님은 특별히 택한 아브라함과 새로운 구원의 약속을 하시고 그 후손인 이스라엘에게 약속을 이어받도록 하셨습니다. 이후 다윗 왕과도 약속을 하셨고 다윗 왕의 후손에게서 메시아가 탄생할 것을 예고하셨습니다. 주 예수 그리스도는 바로 이 하나님의 약속에 따라 이 땅에 영원하고 유일한 구세주로 오신 하나님의 아들이십니다.

Q2. 성경은 정말로 하나님의 말씀인가?

기독교는 언제나 성경을 기초로 합니다. 약 1,700쪽에 달하는 66권의 성경책이 그리스도인의 믿음과 삶에 끼치는 영향은 거의 절대적입니다. 종교 개혁가들은 '솔라 스크립투라'(Sola Scriptura)라는 기치를 내걸어 성경의 무한한 가치를 표방하였습니다. 나아가 웨스트민스터 신앙고백서에서 우리 선조들은 성경에 대해 성경은 필요하고 영감(inspiration) 되었으며 권위가 있고 명료하고 해석이 가능하며 자증적인 성령의 음성이시며 하나님의 말씀으로서 무오하다고 진술하였습니다.

성경에는 '하나님이 이르시되'라는 표현이 수없이 많이 등장합니다. 구약 성경에만 약 3,000회에 달합니다. 이 중에 하나님의 말씀을 들은 사람이 전하는 말도 있지만 하나님이 직접 말씀하신 것을 기록한 부분도 있습니다(출24:12, 신10:1-2). 의심할 것 없이 성경은 하나님의 말씀을 기록한 책입니다.

신약성경에는 '기록되었다'는 말이나 유사한 문구가 약 90회 나옵니다. 성경을 특별히 문자로 기록한 것은 구전 전통(Oral tradition)처럼 왜곡되지 않고 의도한 메시지를 철저히 보존하기 위해서입니다. 유명한 개혁파 교의학자인 헤르만 바빙크는 '기록은 구술된 말을 영구적으로 존속시키고 왜곡을 막아주며 또한 그것을 멀리 퍼트린다'고 해설하였습니다.

무엇보다 예수님과 사도들은 성경을 하나님이 직접 진술하신 말씀으로 여겼습니다. 이 진술은 하나님이 자신을 직접 알리신다는 의미에서 '계시'(revelation)라고 말합니다. 이 계시는 성경의 기록자들에게 성령의 영감을 통해 주어지고 기록하게 하였습니다. 그러므로 성경은 하나님이 성령의 영감을 통해 인간 기록자들을 통하여 계시하신 하나님 자신의 말씀이 됩니다. 더욱이 이 말씀은 단지 기록된 문자가 아니라 성령과 함께 살아 숨 쉬는 생명력으로 역사합니다. 그리하여 그리스도인들은 지금도 하나님께서 성경을 통하여 자신의 생각을 신자들에게 전한다고 믿습니다.

그러므로 성경 속 문자는 죽은 문자가 아닙니다. 살아있는 진리의 말씀이며 죽은 영혼을 살리는 생명의 말씀이며 영적 삶을 지탱하고 강화하는 영혼의 양식입니다. 성경에 의하면 모든 인간은 영적으로 죽은 상태에서 태어납니다. 그래서 사도 바울은 불신자들을 가리켜 살아있으나 실상은 죽은 자라고 말했습니다(엡2:1, 5 참조). 인간의 죽은 영혼을 재생하는 길은 이 세상에 존재하지 않습니다. 오직 성경에 기록된 하나님 말씀의 양식을 먹을 때 우리의 영적 생명이 소생되는 것입니다.

Q3. 성경이 왜 필요한가?

성경은 한 마디로 타락한 인간을 구원하기 위한 하나님의 자상한 설명서입니다. 이 구원을 이루기 위해 이 땅에 오신 예수 그리스도에 관한 이야기입니다. 구약 성경은 오실 예수 그리스도에 대한 예언의 책이고 신약 성경은 오신 예수 그리스도에 관한 이야기들입니다. 성경은 누구든지 예수 그리스도를 믿고 영접하는 자는 구원을 받는다고 말하고 있습니다. 나아가 이 믿는 자들은 영원 전에 하나님의 예정을 입어 택함을 받은 자들이며, 하나님은 바로 이 선택된 하나님의 자녀들에게 믿음을 은혜의 선물(엡2:8)로 주시어 복음을 듣게 하시고 중생하게 하시어 구원을 받아 누리도록 하신다고 말씀합니다.

그뿐 아니라 성경은 중생한 자들의 삶을 회복시키며 변화시키는 목표를 가지고 있습니다. 이것을 거룩해지는 과정이라 하여 '성화'(sanctification)라고 말합니다. 성경 말씀은 우리의 어두워진 마음에 빛을 비추고 죽은 심령에 믿음을 불어 넣습니다. 또 성경은 우리를 지극히 사랑하시는 하나님의 마음이 담긴 러브레터(love letter)입니다. 이 사랑의 은혜를 입은 자들은 죄악으로 도저히 사랑받을 수 없었던 자를 용서하시고 하나님의 자녀로 삼아 주신 하나님의 놀라우신 은혜를 발견하고 눈물의 회개를 하고 겸손의 자리에 앉아 하나님과 이웃을 사랑하고 섬기는 존재로 탈바꿈하는 것입니다.

한편으로 성경에는 거대한 미래의 청사진이 상세하게 그려져 있습니다. 성경에 의하면 모든 인류는 하나님이 정하신 종말의 때를 맞이할 것입니다. 그 때에 믿는 자들은 영생을 받아 누리고 불신자들은 영원한 벌을 받을 것입니다. 이것은 불신자들에겐 하나님의 무서운 경고이지만 믿는 자들에겐 가장 큰 위로와 소망이 됩니다. 앞으로 어떤 일이 일어날지를 아는 사람과 모르는 사람이 같은 인생을 살 수는 없는 것입니다.

Q4. 성경은 왜 특별한 책인가?

성경이 특별한 까닭은 성경은 몇 가지 점에서 독특하고 유일한 요소를 가지고 있기 때문입니다. 그것을 정리하면 다음과 같습니다.

1. 기록상에서의 독특성

성경은 무려 1,500년에 걸쳐 45명 이상의 다양한 사람들에 의해 기록되었습니다. 이들 중에는 선지자뿐 아니라 왕과 제사장도 있고, 심지어 전혀 학식을 갖추지 못한 평범한 농부 출신도 있습니다. 또 이들은 각각 다른 시대, 다른 환경과 분위기에서 성경을 기록하였고 한 번도 서로 한자리에 모인 적도 없으며 성경을 기록하기 위해 어떤 의견교환도 없었던 사람들입니다. 이들은 각자 자신의 역량을 총동원하여 하나님의 계시와 성령의 영감을 통해 다양한 문학 양식과 서로 상충되는 수백 가지의 주제를 다루었습니다. 그럼에도 이들이 증언하는 모든 이야기의 초점은 예수 그리스도에게로 향하고 있습니다. 이런 일은 자연적이고 이성적인 차원에선 이해가 불가능한 일입니다. 그래서 성경을 기적의 책이라 부르는 것입니다.

2. 가장 많은 보급률

역사상 성경보다 더 많이 인쇄되고 보급된 책은 없습니다. 1998년 한 해 동안 미국 연합성서공회(United Bible Society)의 성경배포 수만 해도 성경전서 2,080만

부, 낱권 2,010만 부, 부분 성경까지 포함 약 5,850만 부가 배포되었습니다. 단일 기관의 통계가 이럴진대 전 세계적으로 보면 성경의 배포 수는 정확히 계산할 수 없을 만큼 엄청난 숫자입니다. 지금도 성경은 전 세계에 걸쳐 가장 많은 독자와 가장 많은 판매량을 자랑합니다. 성경은 영원한 베스트셀러요 스테디셀러입니다.

3. 성경의 번역

2008년 현재 성경은 문자를 가진 세계 6,500개 여 언어 중 현재 약 2,200개 언어로 번역된 것으로 조사되었습니다. 현재 속도로 번역된다면 2,022년까지는 거의 모든 언어 그룹에게 성경이 전달될 것으로 예상됩니다. 현재 위클리프 성경번역선교회에는 50개국, 6천 명의 사람들이 850개 이상의 언어로 일하면서 성경을 번역하고 있습니다.

4. 박해와 성경의 생존과 전승(필사와 사본)

성경이 만들어진 이후부터 성경에 대한 줄기찬 공격이 있었습니다. 물론 지금도 성경을 읽고 배포하는 것을 금하고 있는 국가와 민족들이 수두룩합니다. 그만큼 사단은 하나님의 말씀이 문자화되어 전 인류에게 전해지는 것을 극도로 혐오하고 방해합니다. 그러나 성경은 모든 사악한 공격에도 불구하고 한 점도 훼손됨 없이 살아남았습니다. 기원후 303년 로마황제 디오클레시안은 기독교인들의 예배를 금지하고 성경을 파괴하라는 칙령을 발표했지만 25년 후, 콘스탄틴 황제는 칙령을 발표해 기독교를 공인하고 정부의 돈으로 성경을 구입할 것을 지시했습니다. 1778년에 죽은 프랑스의 저명한 이교도인 볼테르는 향후 100년 이내에 기독교가 역사에서 사라질 것이라고 공언했습니다. 그러나 그가 죽은 지 50년도 채 안 되어 제네바성서공회는 볼테르의 집과 인쇄소를 수많은 성경을 인쇄해내는 장소로 사용하였습니다. 주님은 "천지는 없어질지라도 내 말은 없어지지 아니하리라"(마 13;31)고 말씀하셨습니다.

18세기 합리주의 영향으로 성경 본문에 대한 비평작업이 성행했습니다. 성경에 있는 모순과 불합리한 부분을 지적하고 성경이 하나님의 말씀이 아니라 기독교 신앙을 증진키 위해 고안된 인간의 작품으로 격하시키려는 작업으로 이를 고등 비평이라 합니다. 세상의 지식인들은 이러한 고등 비평에 매료되어 성경을 조롱하고 버리기 시작했습니다. 이들의 주장은 학문이라는 이름으로 교묘하게 기독교에 도전하는 무기가 되었습니다. 예를 들어 모세오경은 모세 시대에 존재하지 않았거나 사용되지 않았기 때문에 모세에 의해 기록될 수 없다고 주장했습니다. 그들은 유물 유적을 근거로 성경의 기록을 힐난했습니다. 헷(Hittites) 족속의 기록은 구약 이외에 다른 기록이 없으므로 그 부족은 실제로 존재하지 않았다고 하며 그것을 신화라고 하였습니다. 그러나 고고학 조사결과 1,200년도 더 된 헷 족속의 문명의 흔적들이 발견되자 그들은 조용히 입을 닫았습니다.

~ 한편, 이 성경을 보존하고 후대에 전승하기 위해 많은 노력들이 있었습니다. 인쇄술이 발견되기 전에는 성경의 본문을 손으로 직접 옮겨 쓰는 필사 작업만 전문적으로 하는 직업인들이 있었습니다. 이들은 성경을 보존하고 후대에 전하기 위해 일생을 바치며 필사적으로 필사하고 또 필사하여 원본의 내용을 일절 훼손치 않고 사명을 완수하였습니다. 성경학자인 몽고메리는 "성경의 본문을 의심하는 사람은 모든 고전적인 문헌들을 다 불확실한 것으로 여겨야 한다. 왜냐면 그 어떤 문서도 문헌학상 성경만큼 철저히 검증을 받은 문서가 없기 때문이다"라고 말했습니다.

5. 예언의 유일성

~ 성경에는 수많은 예언들이 기록되어 있습니다. 이 예언들은 개별 국가들과 이스라엘, 이 땅의 모든 족속, 어떤 도시들, 그리고 메시아의 오심 등과 관련된 것들입니다. 그리고 재림을 제외한 모든 예언들은 이미 다 성취되고 완료된 것으로 이런 일들은 인간의 차원을 초월하는 신비한 하나님의 역사입니다.

타종교에선 이렇게 독특한 예언의 형태가 없습니다. 예수 그리스도는 수많은 선지자들에 의해 메시아로서 이 세상에 오신다는 예언에 따라 성육신하였습니다. 그러나 이슬람의 창시자인 모하메드에 대해 그가 태어나 어떤 일을 할 것이라고 한 어떤 예언도 없습니다. 불교의 석가모니와 유교의 공자도 마찬가지입니다. 그 어떤 이단 종파의 창설자도 고대 본문이 구체적으로 자신들의 출현을 얘기하고 있다는 걸 밝혀낼 수 있는 인물은 하나도 없습니다. 변증학자인 노만 가이슬러는 "코란이나 몰몬경, 힌두교의 베다경전, 불교의 불경 등 다른 책들도 거룩하게 영감되었다고 주장하지만 이들 가운데 그 어떤 책도 앞날에 대한 예언을 포함하고 있지 않다"고 증언합니다.

성경에서 성취된 대표적인 예언들이 있습니다. 에돔의 멸망(옵 1), 바벨론에 대한 저주(사 13장), 두로(겔 26장)와 니느웨의 멸망(욘 1-3장), 이스라엘의 귀환(사 11:11), 그리스도의 출생 시간(단 9장), 장소(미 5:2), 탄생의 본질(사 7:14), 생애, 죽음, 부활(사 53장), 성령 강림(욜 2:28-32, 행 2장) 등이 모두 성취되었습니다. 이제 예수 그리스도의 재림 예언만이 남았습니다. 주님은 이러한 예언에 따라 분명히 우리가 알지 못하는 시기에 재림할 것입니다.

6. 성경의 무오성(Inerrancy)과 탁월성

우리를 놀라게 하는 성경의 특성 중 하나는 성경에는 하나의 오류도 발견되지 않는다는 점입니다. 또 성경은 스스로 자증 능력을 가지고 구약과 신약은 서로 증거하고 보완하고 상호 조화를 통해 하나님의 구원의 진리를 이어가고 있습니다.

한편으로 성경은 타종교의 경전처럼 인위적으로 내용을 만들고 첨삭한 것이 아니라 구속사에 있어서 실제로 일어난 일들을 가감 없이 그대로 기록하고 있다는 점에서 독특한 책입니다. 유대인들이 신처럼 여기는 아브라함이라 해도 그의 인간적 연약함과 죄악상이 그대로 기록되어 있습니다(창12:11-13). 모세가 분을 이기지 못하여 혈기를 부린 장면도 그대로 실었고 백성들의 불순종과 위대한 다윗 왕의 간음 사건도 숨기지 않고 실었습니다. 심지어 사도들의 결점과 불순종도 여과 없이 기록하였습니다. 또 성경은 선명한 역사적 기록으로도 그 탁월성을 빛냅니다. 약 5세기에 걸쳐 진행된 이스라엘 역사가 사무엘상에서부터 〈역대 하〉까지 기록되어 있는데 히브리 민족의 전통과 부족, 가문의 기원에 대한 선명한 묘사는 타의 추종을 불허합니다. 애굽, 바벨론, 앗시리아, 헬라, 로마에서 게르만, 심지어 인도와 중국에서도 이에 필적할 만한 기록은 없습니다. 세상의 모든 민족과 나라의 것은 지배자에 의해 왜곡되었습니다. 자신들의 기원에 대해서 기억조차 하지 못하는 민족과 국가가 수없이 많지만 이스라엘의 역사는 성경에 생생하게 기록된 것입니다.

7. 영향력의 유일성

성경은 인류사회의 모든 분야에 큰 영향력을 끼쳤고 지금도 그 영향력은 반감되지 않고 있습니다. 예를 들어, 문학에 끼친 영향력은 거의 절대적입니다. 독일 시인, 하인리히 하이네는 '일출과 일몰, 약속과 성취, 탄생과 죽음, 인간의 전 드라마가 그 책 속에 담겨 있다'고 극찬했고, 프라이는 '성경을 모르는 영문학도는 자신이 읽고 있는 내용을 상당 부분 이해하지 못하거나 심지어 그 의미조차 잘못 해석하게 된다'고 말했습니다.

또 문명에 끼친 영향력도 지대합니다. 변증학자인 가이슬러는 '이 세상의 그 어떤 도덕적, 종교적 작품도 기독교의 사랑의 원리의 깊이를 뛰어넘지 못하며, 하나님에 대한 성경적인 관점보다 더 고상한 영적 개념은 없다'고 했고, 장자크 루소는 '그렇게 단순하면서도 그렇게 정교한 책이 인간의 손으로 단번에 만들어진다는 게 가능한 일이겠는가?'고 말할 정도였습니다. 15세기 인쇄술의 발명 이후 성경은 고대의 그 어떤 동양 문학 작품보다 더 많은 번역이 이루어졌습니다. 그것은 이제 낯선 책이 아니라 가장 손에 넣기 쉽고 가장 친숙하고 믿을 수 있는 원천이요, 서구의 지적, 도덕적, 영적 이상에 대한 결정권자가 되었습니다. 이외 성경은 여자와 노예와 약자를 해방시켰고, 문맹을 추방했으며, 전쟁 속에서도 사랑을 지키게 하였습니다.

차 례

022 제 1편
창조 시대 *The Creation Period*
(창1~11장)

056 제 2편
족장 시대 *The Patriarchal Period*
(창12-50장, 욥)

112 제 3편
광야 시대 *The Wilderness Period*
(출애굽기. 레위기. 민수기. 신명기)

162 제4 편
가나안 시대 *The Canaan Period*
(여호수아. 사사기, 룻기)

198 제 5편
통일왕정시대 *The Unified Kingdom Period*
(사무엘 상,하 /열왕기 상 1~11장,
역대 상 1~29장, 하 1~9장, 시편, 잠언, 전도서, 아가서)

260	제 6편 남북국 시대 *The Tow Kingdom Period* (열왕기 상 12~22장, 하 1~25장, 역대기 하 10~36장, 선지서 12권)	380	제 9편 예수시대 *Jesus Christ's Period* (마태, 마가, 누가, 요한복음)
306	제 7편 포로 시대 *The Prisoners Period* (에스더, 에스겔, 다니엘)	448	제 10편 교회시대 *Church Period* (사도행전, 바울서신, 공동서신, 요한계시록)
340	제 8편 귀환 시대 *The Return Period* (학개, 스가랴, 에스라, 느헤미야, 말라기)		

제1편

창조시대

(창1~11장)

1. 배경 설명

인간은 살아가면서 한 번쯤은 내가 누구인지를 생각하게 된다. 나아가 이 세상이 언제 어떻게 생겨났으며 사람은 어디에서 왔으며 어디로 가는지, 사람은 왜 죽어야 하고 죽으면 어떻게 되는 건지, 사람과 동식물의 관계는 무엇이며, 남자와 여자가 왜 다른지, 언어와 민족은 어떻게 해서 생겨났는지 궁금해한다. 그러나 이런 질문에 아무도 답을 주지 못했다. 왜냐면 우리의 능력으로 알 수 있는 것이 아니기 때문이다. 이런 질문은 오직 세상을 창조하신 하나님만이 답변할 수 있는 일이다. 친절하게도 하나님은 그 답을 우리에게 주셨다. 그것이 바로 창세기이다. 이 책은 근원에 대한 인간의 질문에 대한 하나님의 답변이다.

창세기는 크게 두 부분으로 나누어진다. 전반부 1~11장까지는 인류의 기원과 인류의 타락을 기록하고 있고, 후반부인 12~50장은 이스라엘 민족의 형성과정을 보여주고 있다. 전반부를 우리는 '창조시대' 혹은 '원 역사시대'라고 부르고 후반부를 '족장시대'라고 부른다. 전반부의 내용은 다음과 같이 〈기-승-전-결〉의 구조를 가지고 계시되고 기록되었다.

2. 시네마 구조

분류	성경	소주제	내용
기	1-2장	창조	1. 세상의 창조(1:1-2:3). 2. 인간의 창조(2:4-25)
승	3-5장	타락	1. 선악과의 범죄 2. 에덴에서의 추방 3. 가인과 아벨의 제사와 살인 4. 아담의 계보
전	6-10장	심판 약속	1. 홍수(6:1-9:29) 1) 원인 2) 심판 3) 과정 4) 결과 5) 재 타락(하나님의 아들과 사람의 딸들) 2. 노아의 후손(10장)
결	11장	바벨탑	1. 언어의 혼잡과 인류분산(11:1-9) 2. 셈- 아브람계보(11;10-32)

3. 주요 메시지

3-1. 창조 이야기

1) 하나님의 창조는 정교한 지적 설계에 의해 이루어진 것이다. 다음의 도표를 보라.

		창조의 질서와 구조			
첫째날	빛= 빛(낮)과 어둠(밤)으로 나눔	순서	틀	순서	내용물
둘째날	하늘=궁창, 궁창 아랫물과 윗물로 나눔				
셋째날	뭍(땅)= 풀 채소 나무, 바다를 지음				
넷째날	광명체(해 달 별)를 짓고, 사시연한으로 시간을 시작함	①	빛과 어둠	④	광명체= 해 달 별
다섯째날	하늘=새, 바다=물고기 생물을 채움	②	아랫물, 윗물	⑤	하늘=새, 바다=물고기
여섯째날	땅의 생물과 인간을 창조함.	③	땅	⑥	땅의 생물, 사람

2) 창조론에 대한 도전

　창세기는 창조에 대한 이야기이다. '창조하다'의 히브리어 '바라'는 오직 하나님을 주어로 할 때 사용되는 동사로서 일반적으로 '만들다'의 뜻을 가진 '아사' 혹은 '야차르' 등과는 달리 '무에서 유를 창조하다'라는 유일한 뜻을 가진 단어인데, 이는 오직 하나님만이 '창조'할 수 있다는 것을 문자적으로 암시하는 것이다.

　본격적으로 진화론이 제기된 것은 14세기 유럽에서 나타난 일종의 문화 운동인 르네상스에서 비롯되었다. 이 운동은 한 마디로 기독교에 대한 회의로부터 출발하여 하나님의 통치 아래에서 속박된 인간의 자유를 되찾고 합리적인 사유와 인간 이성의 계발로 인간을 재발견하자는 것이었다. 이런 차원에서 성경의 창조론도 재발견과 탐색의 대상이 되었고 그것의 대안으로 만들어진 것이 진화론이라는 하나의 가설이다.

　일반적으로 진화론은 물질이 영원 전부터 존재하였고 지구와 행성들은 수십 억

년에 걸쳐 생성되었으며, 단세포 형태의 유기물은 무기 생물에서 자연발생적으로 생기고 시간이 지남에 따라 여기서 바이러스나 박테리아, 식물, 동물 순으로 점점 진화되었고, 척추동물은 물고기에서 양서류, 파충류, 조류, 포유류로 진화되었다는 이론이다.

 진화론은 크게 3가지 유형을 지닌다. 첫째, 상이한 종류의 동식물에 나타나는 유사성은 진화론적 혈연관계를 나타낸다는 것이다. 그러나 이 유사성은 극히 소수에 불과하며, 모든 생물들의 상호 간 변종하는 중간단계가 없다는 사실과 모든 생물은 각자의 DNA에 따라 반드시 그 종류만 재생산된다는 사실은 이 주장의 허구성을 강력히 반증한다. 둘째, 돌연변이 등 어떤 특수한 종 안에서 일어나는 변화가 있다는 가설이다. 그러나 이러한 변화는 멘델의 유전법칙처럼 변화하는 것이지 새 품종을 탄생시키는 것이 아니다. 셋째, 화석화된 유기체의 잔해가 진화의 실제 역사를 보여주는 결정적인 증거라고 소개한다. 즉, 이것을 '점진적 진화론'이라 하는데 지금까지 발견된 화석은 점진적으로 발전하는 것이 아니라 전혀 다른 화석들로 나타났을 뿐이다. 화석에 나타난 종류 사이의 현저한 차이는 상호 연결이 불가능하며, 각각 상이한 종류의 유기체가 지구상에 각기 다른 시대에 생존했던 것을 제시하는 것이지 단계적으로 진화의 결과로 나타난 것이 아니라는 것이다.

 진화론의 결정적인 모순은 진화의 마지막 단계인 인간이 미래에는 어떤 존재로 진화할 것인지에 대한 확정이나 이론이 없다는 것이다. 또 인간의 구성 요소인 비물질 부분, 즉 도덕과 양심 등의 문제에 대한 설명이 불가능하다는 것이다. 만약 진화론의 주장대로 하자면 인간에게는 영원불변하는 절대적 가치가 있을 수 없고, 내세에 대한 희망도 없을 것이며, 선악이라는 규범을 지키며 살아갈 필요도 없어진다. 한 마디로 진화론은 인생의 존재 의미를 무가치하고 쓸데없는 것으로 낙인을 찍는 독소적인 철학의 산물에 불과한 것이다.

3) 다양한 창조론[1]

① 간격이론(The Gap Theology)

성경 본문에는 창 1장 1절과 2절이 연속적으로 나타난다. 그러나 마소라 사본 등에는 1절 다음에 '레비아'(rebia)로 알려진 작은 쉼표의 부호가 있어(창세기 원문에는 없다) 앞뒤 절의 분리를 의미한다는 것을 전제로 이 두 절 사이에는 지질시대라고 하는 매우 긴 중간기간이 존재했다고 보는 이론으로 아더 커스턴스(Arthur C. Custance), 토마스 찰머스(Thomas Chalmers), 아더 핑크(Arther Pink) 등이 주장했고 스코필드(C. I. Scofield)는 간격이론을 극대화시킨 근본주의 신학을 수립했으며, 프란시스 쉐퍼(Francis Shaeffer)는 간격이론의 부분적 가능성을 인정했다.

이들이 중간기간이 있었다고 보는 이유는 1장 1절에서 모든 것이 선했던 천지창조를 말하고 있는 반면에 2절에서 갑자기 혼돈의 세상이 나타나는 것은 루시퍼가 범죄하여 지상 세계로 추방당한 결과 땅이 혼돈하고 공허한 결과로 나타났다는 것이다. 이후 땅이 이러한 상태로 불확정한 기간을 지속했고 그 과정에서 여러 암반층을 형성한 지질시대가 이어졌다는 것이다. 이 기간 끝에 드디어 하나님이 개입하시어 새로운 창조 사역을 하시며 원래의 창조세계로 복구하고 새로운 질서를 부여하셨는데 그것이 3절부터 31절까지의 기록으로 본다. 물론 1장 1절의 천지창조와 2절의 황폐화 사이의 기간은 알 수 없다.

간격이론 중 두 종류의 인류론을 주장하는 사람도 있다. 펨버(Pember)라는 이는 1절과 2절의 중간기 중 아담 이전 시대가 존재했고 그때 다른 류의 인종이 존재했을 것으로 본다.

그러나 이 이론의 치명적인 단점은 동물들의 화석을 볼 때, 아담 이전에 존재했던 죽음이라면 아담으로 인해 사망이 세상에 들어왔다는 성경의 기록과 배치된다는 점이다.

② 6일 창조론

문자적으로 '욤'(날)을 오늘과 같은 1일로 보아 모든 창조가 6일 동안 진행된 것

---

[1] 제임스 몽고메리 보이스/문원욱 역, 〈창조와 타락〉, 솔라피데, 2013, 89~178쪽을 참조하시라.

으로 보는 이론으로 1963년 램머츠(Walter E. Lammerts) 박사에 의해 창립된 미국의 '창조연구회'(미시간주) 등이 주장한다. 이들에 의하면 "성경적 기록이 지구 역사에 대한 기본적인 개요를 제공한다"는 것을 전제하고 "따라서 창조에 관한 연구는 모두 그 안에서 과학적인 연구로 진행해야 한다"면서 "노아 홍수는 그 원인과 범위 결과에 있어서 전 지구적으로 일어난 대격변으로서 지구 역사에 뚜렷한 증거를 남긴 역사적 사실"로 주장한다. 또 이들은 "6일 동안의 창조를 상징적으로 해석할 명백한 문맥적 근거라 없다"면서 창세기의 '날들'을 수십억 년으로 보지 않으며, 지구의 나이는 길어도 약 1만 2천 년에 불과하고 지구상의 모든 화석은 모두 노아 홍수 때 만들어진 것으로 본다.

③ 점진적 창조론

빅뱅(Big Bang)에 의해 우주가 생성된 이후 지금까지 약 150~200억 년의 시간 동안 우주는 꾸준히 점진적으로 생성 발전하고 있는 중이라고 보는 견해다. 이들의 시간 계산에는 빛의 속도를 기준으로 하는데 빛은 진공상태에서 초속 30만 km로 이동하는데 이에 따르면 우주는 최소한 가장 큰 물체로부터 온 빛이 이동한 시간만큼 나이가 들었을 것으로 전제하고, 현재 관찰 가능한 물체(준성)로부터 빛이 오는 시간은 100억 년 이상 소요되므로 우주의 나이는 최소한 이 기간 이상일 것으로 계산한다.

이들에 따르면 최초 창조, 즉 대폭발과 함께 천지창조가 시작되었는데 과학자들은 모든 것이 첫 30분 이내에 다 형성되었을 것으로 추정하며 대폭발로 처음의 지구는 매우 뜨거웠을 것이고 이 지구가 식으면서 구름 중 얼마가 응축되면서 해양이 만들어졌다고 본다. 그리고 첫째 날에는 창세기 1장 3절의 빛의 창조는 실제로는 구름층이 얇아지면서 빛이 지구에 투과된 것을 상징적으로 기록한 것으로 보며, 둘째 날에는 지구가 식는 과정에서 구름과 땅 위 물이 분리된 것이며, 셋째 날에는 땅 위의 해양과 거대한 땅덩어리들이 분리되어 식물(바다와 관련된 것)이 나타났다고 하며, 넷째 날에는 하늘이 점차 맑아져서 하늘의 발광체들이 드러난 것이며, 다섯째 날에는 조류, 바다생물, 씨 맺는 식물 등 생물들을 창조했으며, 여섯째 날에 육지 동물과 사람을 만들었다고 본다.

3-2. 사람 이야기[2]

1) 하나님의 형상(Imago Dei)으로 지음받은 인간의 의미는?
　<u>첫째, 인격적 속성을 소유했다는 의미이다.</u> 전인격적인 존재로서의 하나님은 인간에게만 자신의 인격적 속성의 일부를 공유토록(공유적 속성) 창조하셨다. 그리하여 인간은 지, 정, 의를 가지고 논리적 판단을 하고, 창조적 능력을 발휘하고, 그리고 하나님을 예배하고 찬송하는 존재가 되었다. <u>둘째, 도덕성을 소유했다는 의미이다.</u> 인간은 자신의 양심에 따라 도덕적 판단을 할 수 있는 능력을 지녔다. 그리하여 인간은 자신의 선을 지향하고 악행에 대해 <u>스스로 자책하는 본성(죄의식)</u>을 지닌 것이다. <u>셋째, 영적인 존재로 영성을 소유하고 있다는 의미이다.</u> 하나님이 만드신 모든 피조물 중에 오직 인간만이 '생령'(네페쉬 하야-살아 있는 존재/창 2:7)로서 영이신 하나님과 교제할 수 있는 능력을 가지고 있다.

2) 범죄한 인간
　하나님이 선악과를 통해 아담과 하와를 시험하신 것은 선악과 그 자체가 중요한 것이 아니라 선악과를 먹지 말라는 절대적 법칙을 아담이 지키느냐 지키지 않느냐를 통한 순종과 책임을 측정하기 위함이었다.
　인간의 조상인 아담은 하나님의 절대적 명령을 위반했다. 그 결과 하나님은 즉각 "너는 흙이니 흙으로 돌아갈 것"(3:19)고 선언하셨고 그에 따라 인간의 영은 즉각 죽고 하나님과의 관계도 단절되었으며 하나님의 형상은 '부서진 형상'이 되고 말았다.
　범죄한 이후의 인간 상태에 대해 신학자들의 다양한 견해들이 있다. 어거스틴(Augustine, 354~435)은 크게 인간의 상태를 세 가지 범주로 나누어 설명했는데 먼저 타락 전의 인간은 하나님의 형상을 가지고 있었기에 '죄를 범하지 않을 가능성"(posse non poccare)을 가지고 있었는데 타락 후엔 충분히 죄를 범하지 않을 가능성이 있었으나 자신의 의지로 죄를 범함으로써 인간 속에는 하나님의 형상이 파괴되어 '죄를 지을 수밖에 없는 상태'(non posse non poccare)가 되었고, 구원 후에는 전적으로 타락한 인간을 하나님이 예수 그리스도의 속죄와 성령

---
2)　제임스 몽고메리 보이스, 139~158쪽.

하나님의 세례로 구원하시어 '전혀 죄를 지을 수 없는 완전한 상태'(non posse poccare)가 되었다고 설명했다. 종교개혁 이후에는 범죄한 이후의 인간의 상태에 대해 칼빈은 "인간은 완전히 타락했다"고 전제하고 "그러나 하나님의 형상을 완전히 잃어버린 것은 아니고 다만 인간 속 하나님 형상은 타락 이후 완전히 오염되고 더러워지며 일그러진 형상"이며, "비록 구조적 흔적은 남았으나 기능적인 측면에서 볼 때 그것은 없는 것이나 마찬가지다"고 진단했다. 칼빈의 구조와 기능의 언급에 대해 훗날 화란 출신의 개혁신학자인 안토니 후크마((Anthony A. Hoekema, 1913~1988)는 새의 날개로 비유하면서 "날개는 가졌으나 날지 못하는 날개"라고 비유했다.[3] 한편 도르트신조(1619)에서는 '전적 타락'(Total Depravity)이라는 용어로 설명했다. 또 다른 개혁신학자인 바빙크(Herman Bavinck, 1854~1921)는 "비록 인간이 낙원에서 추방되었다 해도 지옥에 떨어진 것은 아니다"며 "창조 때에 하나님의 형상은 타락한 인간 안에서도 여전히 식별될 수 있고, 심지어 일시적인 죽음조차 단지 형벌로써 오히려 은덕인데 하나님은 죄가 불멸의 것이 되지 않도록 하기 위해 죽음을 제정했다"고 말했다.

현대신학에서는 범죄한 인간의 상태에 대해 전적 타락, 부패, 무능력, 불가능으로 정리하며 필자는 전적 타락을 '자력구원불능, 선행불능, 악의 충만, 신법저항'으로 설명한다.

3-3. 안식 이야기

1) 용어
'솨바트', '$\sigma\alpha\beta\beta\alpha\tau o\nu$': 쉬다, 멈추다

2) 의미
용어상으로 '쉬다'이지만 하나님이 주무시거나 쉬셨다는 뜻이 아니다. 하나님의 안식은 우리에게 진정한 안식이 무엇인가를 계시하신 것이다. 우리는 범죄 이후 '불안식'(restlessness)의 상태에 있다. 이는 '마음의 불안'이자 '미래에 대한 두려움'이다. 어거스틴은 이러한 타락한 인간의 심적 상태에 대해 "당신은 당신을 위해

---
[3] 김철웅, 〈칼빈주의 5대 교리를 어떻게 설교할 것인가?〉, 부흥과개혁사, 2015, 156쪽.

우리를 만드셨습니다. 그래서 우리 마음은 당신 안에서 안식할 때까지 안식을 누리지 못합니다"라고 고백했다.

우리에게 '불안식'의 주범은 사탄이다. 사탄의 다른 이름인 디아볼로스(Diabolos)는 '혼란케 하는 자'라는 뜻으로 '~을 통하여'(through)라는 뜻의 'dia'와 '~을 던지다'(to throw)라는 뜻의 'ballow'(이 단어에서 'bowling'이 유래했다)의 합성어이다. 즉, 사탄은 항상 하나님의 세계 가운데로 무엇을 던지어 소란케 하는 자이다. 잔잔한 호수에 큰 바위를 던져 물을 발칵 뒤집어 놓는 자이다. 그는 처음부터 '방해꾼'이자 하나님의 세계의 '파괴자'이다.

그러므로 진정한 안식은 사탄의 세계로부터의 탈피이자 해방이다. 영원한 안식의 세계엔 사탄의 개입과 방해와 작용이 전혀 미치지 못하는 곳이다. 하나님의 안식은 바로 이러한 진정한 안식을 의미한다. 성도는 예수 그리스도 안에서 하나님이 주시는 영원한 안식을 누릴 것이다.

3) 안식에 들어가는 자

중요한 것은 안식에 들어가는가 하는 여부이다. 히브리서 기자는 시 95:11을 인용하여 이스라엘 조상들이 순종하지 않고 믿지 않으므로 안식에 들어오지 못했다고 선언했다(히 3:18-19). 불순종의 결과 우리는 사는 동안 죄로 인해 괴로움을 당하게 되었다. 사도 바울은 이 괴로움을 롬 7장에서 너무나 처절한 심정으로 고백하고 있다.

그러나 주님은 그리스도 안에서 안식하기 위해 온전한 믿음으로 나아오라고 초청하신다. "너희는 근심하지 말라 하나님을 믿으니 또 나를 믿으라"(요 14:1)고 권하신다. 우리의 구원자 예수 그리스도로 말미암아 이제 우리는 하나님의 안식에 들어갈 수 있게 되었고 하나님 앞에 거룩하게 서게 되는 그 날을 바라볼 수 있게 되었다. 주님이 주시는 놀라운 평안을 맛볼 수 있게 되었다.

"평안을 너희에게 끼치노니 곧 나의 평안을 너희에게 주노라 네가 너희에게 주는 것은 세상이 주는 것과 같지 아니하리라 너희는 마음에 근심하지도 말고 두려워하지도 말라"(요14:27).

그러므로 우리 할 일은 안식에 들어가기를 위해 힘쓰는 것이다. 진정한 안식의 의미를 깨닫고 이 땅에서가 아니라 영원한 안식처인 하나님 나라를 바라보며 그것을 소망으로 삼고 살아야 한다.

"그런즉 안식할 때가 하나님의 백성에게 남아있도다. 이미 그의 안식에 들어간 자는 하나님이 자기의 일을 쉬심과 같이 그도 자기의 일을 쉬느니라. 그러므로 우리가 저 안식에 들어가기를 힘쓸지니 이는 누구든지 저 순종하지 아니하는 본에 빠지지 않게 하려 함이라"(히4:9-11)

4) 안식일 규정

유대인들은 율법에 규정된 안식일 규례를 철저히 준수하는 것을 생명처럼 여겼다. 구약성경에 계시된 대표적인 안식일 규례들은 다음과 같다.

① 어떤 일도 해서는 안 된다(출 20:10, 23:12, 신 25:13~14)
② 어떤 짐도 옮기거나 짐승 위에 짐을 지울 수 없다(느 13:15, 렘 17:21~22)
③ 안식일의 음식은 하루 전에 준비한다(출 16:5, 23~30)
④ 불도 피워서는 안 된다(출 35:3)
⑤ 하나님을 예배하기 위해 성전에 모여야 한다(레 23:3)
⑥ 성막의 진설병이 상 위에 놓여야 한다(레 24:8, 대상 9:32)
⑦ 특별한 제사를 드려야 한다(민 28:9-10, 겔 46:4-5)
⑧ 회당에서 전 공동체를 가르쳐야 한다(막 6:2, 눅 6:6, 행 13:14, 27, 42, 44)

안식일에 일을 해야 하느냐 말아야 하느냐의 논쟁이 계속되고 있다. 이에 대해 도널드 반하우스(Donald G. Banhouse)는 "하나님은 일곱째 날에 안식하셨다. 그러나 오랫동안은 아니었다. 죄가 들어왔고 하나님은 구속을 위해 그리스도 안에서 곧 다시 일을 하기 시작하셨다. 예수님도 '아버지께서 일하시니 나도 일한다'며 일을 계속하고 계신다고 말했다. 그러므로 그리스도인은 일하는 자들이다.

5) 안식일과 주일

율법과 복음의 관계는 약속과 성취의 관계이자 예표(모형, 그림자)와 실제(실체)의 관계이며 기다림과 만남의 관계이다. 그러므로 구약의 예고와 약속은 신약에서 예수 그리스도 안에서 모두 성취되고 실제로 가시화되었다. 예를 들어 메시아에 관한 구약의 모든 예언은 예수 그리스도 안에서 모두 성취되었다. 할례는 신약의 세례로 성취되었고, 안식일은 신약 교회에 의해 주일로 성취되었다.

그럼에도 주의 제자들은 주님 부활 이후에도 상당 기간 안식일 규례를 지켰다(행 1:12. 16:13). 사도 바울도 안식일에 강론했다(행 18:4). 이러한 일들은 주의 부활에 대한 신학적 이해의 부족으로 본다. 그러나 오순절 성령 강림 이후 초대교회는 자연적으로 유대교와 멀어짐으로써 주일을 예배의 날로 지키기 시작했다.

특히 신약 교회에서 예배의 날이 안식일이 아닌 한 주간의 첫날인 일요일을 주일로 삼은 데에는 깊은 의미가 있다. 주님은 한 주간의 첫날인 바로 주일에 부활하셨고 새 생명의 역사를 일으키셨으므로 가장 기쁜 날이다. 바로 이날에 주님이 선포하신 복음의 위대함과 최고의 가치를 발견할 수 있다. 이전 구약 백성들은 메시아가 오시기를 기대하고 기다렸지만 신약 백성들은 이미 오신 메시아이신 예수 그리스도를 만난 사람들이다. 주님을 만난 기쁨보다 더 큰 기쁨은 없다. 그래서 그리스도인들은 주일을 크게 기뻐하는 것이다. 주님도 부활하신 후 만난 여인들을 향해 "기뻐하라"고 말씀하셨다. 그러므로 그리스도인들은 주일에 우울하고 슬픈 얼굴이나 지나치게 무거운 마음과 딱딱하고 고자세를 버리고 어린아이처럼 기뻐하고 즐거워하며 하나님께 예배하고 영광을 올려드려야 한다.

그렇다고 안식일의 의미와 정신을 깡그리 무시하자는 것이 아니다. 칼빈은 안식일의 종말론적 의미와 현실적 실천의 필요성을 인정했다. 안식일의 의미를 주일에 투영하되 주일은 마지막 날에 있을 영원한 안식의 완성을 바라보는 것이며 이날을 지킴으로써 신자는 전 생애에 걸쳐 완전을 향해 나아가게 된다고 했다.

6) 이단들의 반대

이단들은 일요일을 주일로 지키는 것이 대표적인 배교의 형태라고 지적한다. 그들은 일요일은 로마제국 시대에 '태양숭배의 날'이라고 맹공한다. 그러나 이러한 주장은 자가당착이다. 로마제국 시대에 모든 날은 모두 이교적 숭배와 관련이 있는 날들이다. 일요일은 태양(sun)신을, 월요일은 달(moon)신, 화요일은 전쟁의 신인 티르(Tyr), 수요일은 폭풍의 신 오딘(Odin), 목요일에는 벼락의 신 토르(Thor), 금요일은 사랑의 신 프리야(Friya), 토요일은 땅의 신 사투르누스

(Saturnus)를 섬기던 날들이었다. 주님은 "안식일은 사람을 위해 있는 것이지 사람이 안식일을 위해 있는 것이 아니다"(막2:27) 라고 말씀하셨다.

3-4. 4가지 주요 범죄 이야기

하나님은 인간을 자신의 형상(첼렘)으로 지으셨다. 이 말은 모든 피조물 중에 유일하게 인간만이 하나님의 속성을 물려받아 창조되었다는 뜻이다. 그리하여 인간은 자신의 주권적 의지(자유의지, free will)를 가지고 모든 일을 마음대로 취사선택하고 행동할 수 있는 존재가 된 것이다. 다만 하나님의 뜻은 인간이 자신에게 주어진 자유의지를 하나님의 영광을 올리는 일에 사용하기를 원하였다. 그러나 인간은 사단의 유혹을 받고 자신에게 주어진 자유의지를 하나님의 뜻과 명령을 거스르고 말았다(선악과 사건). 그것은 하나님과의 약속을 위반한 중대한 범죄였다. 이로 인해 인간은 벌을 받아 에덴동산에서 추방되었을 뿐 아니라 하나님이 제공하시는 모든 은혜의 방편으로부터 철저히 차단당하여 영적인 생명력을 공급받지 못하고 겨우 육신의 삶만 유지한 채 스스로 힘한 인생을 개척하고 꾸려가야 하는 비참한 신세로 전락한 것이다.

하나님과의 관계가 단절된 인간의 삶은 고통 그 자체였다. 이후 인간은 이제 명민한 존재도 아니고 그저 육체의 생명에 의존한 채 목숨을 이어갈 뿐인 존재로 전락했다. 그럴수록 인간은 하나님에게서 멀어졌고, 그들의 모든 사고와 행위는 하나님이 기뻐하시는 선이 아니라 악으로의 달음박질이었다. 결국 악의 우산 아래에 들어간 인간의 타락은 갈수록 진화했다.

창조시대에는 바로 이렇게 타락한 인간들의 주요 범죄를 기록해 둔 곳이다. 이 기록은 타락한 인간들의 실체를 모든 역사 앞에 드러내 놓고 공개한 하나님의 고발장이며, 지금도 유효한 인간들의 범죄의 대표적인 유형들이기도 하다. 다음의 도표는 창조시대에 일어난 주요 4대 범죄를 일목요연하게 정리한 것이다.[4]

---

[4] 좀 더 자세한 내용은 필자의 다른 저서 "《신학살이, 사람살이》, 크리스천투데이, 2018"을 참조하길 바란다.

범죄1 (3장)	범죄2 (4장)	범죄3 (6장)	범죄4 (11장)
약속위반죄 (속임. 간교한 술수. 유혹)	살인죄 (혈기. 자아)	육체의 정욕죄 (간음. 우상숭배죄. 혼합죄)	자기영광과 교만죄
뱀(용, 마귀, 사탄) 범죄의 특성: -낯을 피하다(3:8) -두려워하다(3:10). -변명하다(3;12,13) 형벌(심판): 추방 (3;24)	살인의 죄 -추방. 유리하는 자 (4:12) 가인의 계보(4:16-26). 셋의 출생. 다른 씨(4:25). 에노스(비로소 하나님의 이름을 불렀더라). 아담의 계보(5장)	하나님의 아들들이 사람의 딸들을 취하다(6:2) -사람: 루아흐(혼). -육체: 싸르크스 -결과: 네피림(혼합족) "노아는 여호와께 은혜를 입었더라(6:8)" 노아의 홍수심판(7-9장)	"성읍과 탑을 건설하여 탑 꼭대기를 하늘에 닿게 하여 우리 이름을 내고 (11:4)" 언어를 혼잡케 함(7): 바벨 인류를 온 지면에 흩으심(9)

3-5. 심판 이야기: 홍수 심판[5]

① 홍수 관련 전설들

먼저 전 지구상에 산재한 홍수 관련 전설들이 있다. 실제로 조사결과 오늘날 지구 위에는 약 200여 부족이 가지고 있는 약 270개의 홍수 이야기가 남아있다. 물론 각각의 내용이 동일한 것은 아니다. 홍수가 일어난 이유가 다르고, 홍수의 진행 사항과 내용이 각양각색이다. 그러나 홍수가 전무후무한 규모였다거나, 큰 배가 등장하는 것과 그 배에 사람뿐 아니라 각종 동물을 실었다는 것, 그리고 홍수를 피한 것은 극히 소수의 사람이었다는 등의 내용은 대체적으로 일치하고 있다.

대표적으로 '이집트의 홍수 이야기'가 있다. 피라미드의 벽에는 홍수에 관한 많은 그림들이 남아있다. 그림 한가운데에 신이 있고 그 옆에 노아 같은 사람이 서 있다. 배가 3층으로 지어진 것과 배에 수많은 짐승이 탄 것과 8명의 사람이 탄 것 등은 성경의 홍수 기사와 너무나 흡사하다. 다음으로는 '길가메쉬 서사시'가 있다.

---
5) 양승훈, 〈창조와 격변〉, 예영커뮤니케이션, 2006, 335~375(제13장 창세기 대홍수)를 참조하시라.

이는 주전 627년에 죽은 것으로 추정되는 앗시리아 왕 앗수르바니팔의 왕실 서고에서 발견된 것으로 수천 개의 점토판에 바벨론의 전설이나 설화들이 기록되었다. 그중 11번째 점토판에서 창세기의 홍수 이야기와 흡사한 기록이 발견되었다. 중국에도 홍수 이야기가 전해진다. 이 전설에 따르면, 모든 중국인은 '누와'(Nu-wah, 女와)의 자손이라 하는데, '누'는 '여자'라는 뜻이고, '와'는 '꽃 같은'이라는 뜻이다. 흥미로운 것은 이 누와의 발음이 노아와 너무 흡사하다. 또 한자에서도 흔적들을 발견할 수 있는데, 배 '船'자는 '배에 탄 여덟 명의 사람'을 의미하는 글자이고, 이들이 홍수 후에 살았던 동굴을 두고 동굴 '穴'자가 만들어졌는데, 굴 안에 여덟 명이 살았다는 것을 암시한다.(동굴 안에 있던 사람들이 모두 밖으로 일하러 나갔다 하여 '빌 空'이라 한다).

인디언사회에서는 훨씬 더 많은 홍수 이야기를 가지고 있다. 특히 인디언들이 많이 살았던 미시건 주에서는 오래된 홍수 관련 전설이 기록된 토판들이 많이 발견되었다. 이 토판들에는 일그러진 태양과 즐겁게 만세를 부르는 사람, 한 노인이 하늘을 향해 경배하는 모습, 큰비가 내리고 사람들이 물에 빠져 허우적대는 모습, 큰 배가 물 위에 떠 있는 모습, 40 주야를 상징하는 듯한 40칸의 그림과 나뭇잎을 물고 있는 새 한 마리와 배에서 내리는 쌍쌍의 동물들과 선명한 무지개 그림이 그려져 있다.

홍수 이야기는 멕시코와 중남미에서도 발견된다. 멕시코 원주민 톨텍족의 전설도 창세기와 너무나 흡사하다.

> "이 세대와 첫 번째 세계는 1,716년간 지속되었다. 사람들은 비와 하늘과 땅으로부터 온 번개들에 의해 모조리 멸망했고, 가장 높은 산들이 15 규빗의 물속에 잠겼다. 홍수 이후 두 번째 세계의 사람들은 파멸을 면하기 위해 높은 탑 자쿠알리를 세웠다가 멸망했다. 이후 언어들이 혼돈되었고 서로를 이해할 수 없었기에 그들은 지구의 다른 곳으로 갔다. 톨텍족은 홍수 후 520년에 이 지방에 이르렀다."

이 전설들에는 다음의 공통점들이 있다. 첫째, 홍수의 원인을 모두 인간의 타락과 불경스러움으로 말하고 있고 둘째, 노아가 홍수를 미리 고지받은 것처럼 홍수에 대한 사전 경고가 반드시 등장하며 셋째, 몇몇 생존자들을 제외하고 다른 모든 사람이 전멸했으며 넷째, 홍수사건을 알려주는 일에 새들이 등장하고 있다. 이외 생존자가 8명이었다는 것과 홍수의 상황들이 다른 설화와 달리 비교적 매우 상세히 기록되었다는 점, 날짜나 기간, 물의 깊이 등 수리적 표현들이 등장한다는 점들은 매우 특이한 사항들로 우리를 지금도 놀라게 하고 있다.

② 홍수의 증거들

다음으로 전 지구상에 산재한 홍수의 증거들에 대해 알아본다.

첫 번째 증거로 충적층이 있다. 1929년 영국의 울리(Wooley)는 유프라테스 강 인근의 메소포타미아 지역을 발굴하면서 홍수의 뚜렷한 흔적들을 발견했다. 주전 3,500년경의 것으로 추정되는 수메르 인들의 매장지를 발굴하면서 일단의 퇴적층을 발견했는데 이 퇴적층 밑에는 수메르 문명과는 완전히 다른 인공 유물들의 충적층이 발견되었다. 충적층이 있다는 것은 한 문명이 갑자기 끝나고 갑자기 다른 문명이 시작되었다는 뜻이다.

두 번째 증거는 홍적세이다. 지구상의 곳곳에는 홍수의 흔적을 그대로 보존하고 있는 퇴적층들이 있는데 이 시대의 지층을 홍적세라고 부른다. 홍적세는 전 지구상에 존재한다. 이로 인해 노아의 홍수는 유프라테스 강 주변 지역에서 일어난 국부적인 홍수가 아니라 전 지구적인 사건임을 말해준다.

세 번째 확실한 증거는 매머드(mammoth) 화석이다. 매머드는 약 480만 년 전부터 4천 년 전까지 살았던 포유류 동물이다. 크기가 약 5m에 달하고 긴 코와 4m 길이의 어금니를 가졌으며 온몸이 털로 뒤덮인 원시 동물군의 하나로 과학자들의 연구에 의하면 매머드는 마지막 빙하기 때 멸종되었다고 한다. 실제로 시베리아와 알래스카에서는 전신에 살점과 털이 남아있는 수백 마리의 매머드 화석이 발견되었다. 이 화석들은 추운 얼음 지대에서 거의 훼손되지 않은 채 발견되었는데 거대한 한 동물이 먹을 것이 거의 없는 툰드라 지대에서 살았다는 것도 이상한 일이지만 더 놀라운 것은 매머드를 해부했을 때 매머드의 내장 속에는 화산재가 섞여 있는 아열대성 활엽수 잎이 그대로 남아있었다. 이것은 매머드가 육식이 아니라 초식동물이었음을 실증한다. 또 이것은 매머드가 살던 당시의 시베리아가 지금처럼 추운 지방이 아니라 아열대성 기후를 가진 따뜻한 지방이었다는 것을 말해주는 것이다. 다시 말해 매머드 화석이 말해주는 것은 따뜻했던 지방에 갑자기 혹한이 몰아쳤고 그래서 많은 동식물이 갑작스럽게 얼어 죽었으며 그 상태로 얼음 속에서 오랫동안 보존되었다는 것이다. 노아의 홍수가 아니라면 이런 일들이 절대로 일어날 수 없다는 것이 명백한 사실이다.

네 번째로 내륙에 있는 염해가 그 증거물이다. 염해는 바닷물이 육지의 강물에 침입한 증거다. '사해(죽은 바다)'로 알려진 이스라엘의 호수는 바닷물이 섞인 염해로 유명한 곳이다. 또 터키 동부 지역에 위치한 '만호'는 해발 1,700m 높이에 있는데 염분이 섞여 있다. 이란의 '우르미아호'는 해발 1,470m에 있는데 염분의 함유량이 무려 23%에 이른다. 또 해발 3,800m에 있는 안데스산맥의 '티티카카호'는 넓이만 약 480㎢에 달하는데 이 호수도 염호이다. 제일 신기한 것은 고비사막 가운데 있는 호수도 염호라는 것이다. 현대과학은 어떻게 해서 바닷물이 육지한가운데 있는 이런 호수까지 침투해 들어왔는지 설명하지 못한다. 오직 대홍수만이 이를 정확히 설명한다.

③ 그렇다면 창세기 홍수기록은 믿을만한가?
~ 충분히 믿을만한 유일한 결론이라고 말할 수 있다.

첫째, 창세기 홍수 기록에는 실제 인물들이 등장한다. 세상의 많은 전설이나 신화에는 등장인물들의 이름들이 정확하게 소개되지 않고 '갑돌이' 갑순이' 등 가공의 이름들이 대부분이다. 그러나 노아 홍수에 등장하는 인물들, 즉 노아와 세 아들 셈, 함, 야벳은 가공의 인물들이 아니라 실존의 인물들이다. 이들의 이름을 따서 훗날 셈족과 함족과 야벳족이 생겨났고, 그 후손들 또한 각 민족들의 조상이 되었다. 그러므로 창세기 홍수의 기록은 실제 인물들이 겪은 실제의 사건이라는 것이다.

둘째, 실제의 지명들이 등장한다. 신화나 전설에는 또 가공의 지명들이 등장한다. 강이나 마을이나 지상에 없는 세계를 소개한다. 그러나 노아 홍수에 등장하는 아라랏 산이나 강들 이름, 즉 유프라테스나 힛데겔 강 등은 가공의 이름들이 아니라 실제의 지명들이다.

셋째, 정확한 날자와 숫자를 기록하고 있다. 세상의 전설이나 신화들은 정확한 날짜나 숫자를 말하지 않고 '옛날 옛적에' '호랑이 담배 피던 시절에' 등 대충 시간들을 이야기하고 넘어간다. 그러나 노아홍수 이야기는 정확한 홍수의 진행 과정을 기록하고 그것들을 숫자로 표현한다. 다시 말해, 비가 내린 기간과 물의 높이까지 소개한다. 나아가 마치 홍수를 직접 목격한 것처럼 정확하게 육하원칙에 입각하여 사건을 기록하고 있다. 이런 기록의 목적은 홍수가 실제의 사건이라는 것을 강력하게 변호하는 기법들임에 틀림이 없다.

무엇보다 성경의 기록은 영감 된 기록인 점을 간과해선 안 된다. 노아 홍수의 기록에는 눈여겨 보아야 할 특별한 기록들이 있다. 먼저 '아라랏 산'에 대한 기술은 매우 흥미롭다. 모세는 방주가 노아가 600세 되던 해, 7월 17일에 아라랏 산에 도착했다고 기록하고 있다(8:4). 현재의 아라랏 산은 터키와 이란과 아르메니아의 국경선에 걸쳐 있는 산으로 해발 5,160m와 3,920m의 두 봉우리를 가지고 있다. 그런데 한글 성경은 '아라랏 산'이라고 단수로 표기하지만 히브리어 성경원문에는 '아라랏 산들'이라고 복수로 표기되어 있다. 알다시피 모세는 하나님의 계시를 시내 산에서 받았는데, 시내 산은 아라랏 산으로부터 약 1,500km 떨어진 곳이고, 모세가 죽은 느보 산은 아라랏 산으로부터 약 1,280km의 거리인데 모세는 아라랏 산의 두 봉우리를 직접 눈으로 본 것처럼 정확히 복수형으로 표기한 것이다. 이 얼마나 놀라운 일인가? 이런 증거를 보고도 믿지 못한다면 그는 다분히 증거를 보고도 이미 믿지 않기로 작정한 고의범[6]일 것이다.

④ 성경의 기록과 신뢰성

이제 노아의 홍수는 과연 어떻게 시작된 것인지 알아본다. 그런데 많은 물들이 과연 어떻게 쏟아진 것일까? 창세기 7장 11절을 보면 노아의 홍수는 '큰 깊음의 샘'이 터지고 '하늘의 창문들'이 열렸다고 한다. 그러니까 비만 많이 와서 홍수가 난 것이 아니라 두 가지 사건이 동시에 발생했다고 기록한다. 이 두 가지가 무엇을 의미하느냐를 알기 위해 먼저 창 1장에서 언급하고 있는 '궁창 위의 물'을 살펴야 한다. 성경대로 이야기하면 하늘의 창들이 열려 비가 땅에 쏟아졌다면 하늘 어딘가에 엄청난 물이 존재했다는 것을 의미한다. 이 물의 출처를 알기 위해 창 1:6, 7절을 본다.

"하나님이 이르시되 물 가운데에 궁창이 있어 물과 물로 나뉘라 하시고, 하나님이 궁창을 만드사

---

6) 이런 자를 철학 사상적으로 '사상적 무신론자'라 부르기도 한다.

궁창 아래의 물과 궁창 위의 물로 나뉘게 하시니 그대로 되니라"

여기서 궁창이란, 우리 눈에 보이는 대기권을 말하므로 궁창 아래의 물은 지구상에 있는 바다나 강들이나 호수의 물들을 지칭한다. 문제는 '궁창 위의 물'이 무엇인가 하는 것이다. 어떤 학자들은 대기권에 있는 수증기나 물을 품고 있는 구름일 것이라고 추측한다. 그러나 이 정도 양으로는 궁창 아래의 물의 양에 비교해도 너무 차이가 나는 물이다. 구름이나 수증기 총량은 지표수 총량에 비하면 너무나 적은 양이라는 것은 과학에 대한 초보적인 지식만 가져도 알 수 있는 사실이다. 그러므로 오직 유일하게 가능한 추론은 '궁창 위의 물'은 오늘날에는 분명 존재하지 않지만 대홍수 이전에는 대기권 상층에 존재하다가 홍수 때 지상으로 쏟아져 내려온 물이라는 것으로 추정할 수 있다. 이 물이 아니고선 지구 전체를 물로 덮을 수 있는 물의 출처는 사실상 불가능하기 때문이다.

다음으로 '큰 깊음의 샘들'이 터졌다고 말한다. 이는 깊은 어딘 가로부터 솟아오르는 물이므로 과학적으로 보면 화산이 폭발하거나 지하수가 용솟음치는 것을 의미한다. 화산이 폭발하면 마그마뿐 아니라 엄청난 화산재가 분출된다. 이 화산재는 강한 상승기류를 타고 대기권 상층까지 올라가는데 이 화산재들이 하늘의 수증기들을 응결시키고 점점 물방울이 커져가면 구름 속의 물들을 뭉치게 하고 다시 강수가 되어 땅으로 비를 내리는 것이다. 이 원리를 가지고 오늘날 사용하는 것이 바로 '인공강우'이다. 그렇다면 '깊음의 샘들'이 터질 때 어느 정도의 위력을 발휘할까? 1981년 5월 18일 오전 8시 32분에 미국 워싱턴 주의 높이 2,250m의 세인트 헬렌스 화산이 폭발했다. 진도 5.1을 기록한 지진이 1857년 이래 잠자고 있던 헬렌스 화산을 123년 만에 깨운 것이다. 고요하고 청명한 하늘을 바라보며 주일을 맞이하던 사람들은 순식간에 아수라장이 되었다. 무려 9시간 동안 진행된 이 화산폭발로 인해 사방이 암흑천지가 되었다. 폭발 직후 15분간은 시속 350에서 1,100km의 초 강풍이 인근 숲과 집들을 초토화시켰다. 인근 500㎢ 지역 내에 있던 약 600만 그루의 나무들이 성냥개비처럼 뿌리 채 뽑히거나 쓰러졌고, 화산 먼지는 20km 상공의 성층권까지 솟아 올라가 136km 지점에 위치한 인구 51,000명의 아키마 시와 시애틀을 비롯한 워싱턴 주의 도시들이 완전한 어둠에 빠졌다.

지진 연구가들은 이 화산폭발의 위력을 계산했는데 히로시마 원자탄의 500개와 다이너마이트 1천만 톤이 위력에 해당한다고 발표했다. 이렇게 본다면 만일 이런 화산이 하나가 아니라 동시에 모든 지구상의 화산이 폭발한다고 가정하면 어떻게 될까? 그리하여 마그마를 비롯한 땅 밑의 모든 지하수들이 터져 나온다고 하면 지구는 과연 어떻게 될까? 감히 우리 머리로는 상상할 수 없는 극한 재앙이 되겠지만 한 마디로 지구는 물 천지, 화산재 천지, 폭풍과 회오리바람이 몰아치는 살벌한 곳이 되었을 것은 틀림없어 보인다. 성경에 기록된 노아 홍수가 이보다 더했으면 더했지 덜하지는 않았다고 보면 하나님의 심판이 얼마나 무서운 것인가를 다시 생각해 보아야 한다.

한편, 앞에서 우리는 노아의 홍수 때에 위의 물과 아래의 물들이 모두 쏟아져 나왔다고 설명했다. 그래도 우리는 의문이 사라지지 않는다. 제아무리 물이 홍수가 넘쳤다고 해도 과연 8,884m에 달하는 에베레스트 산까지 다 덮었다는 말인가? 하는 것이다. 과학자들의 실험결과 모든 물을 다 모아도 에베레스트는 커녕 5,160m의 아라랏 산도 덮지 못한다는 결론이다. 진화론자이자 고생물학자인 뉴웰의 주장에 의하면 에베레스트 산이 다 묻히려면 현재 총 지표 수량의 3배 이상의 물이 필요하다고 한다.

그러면 천하의 높은 산이 다 덮였다(7:19)고 한 성경의 기록은 엉터리인가? 이에 대답하기 위해 우리는 먼저 홍수 이전의 지구 모습이 지금의 지구의 모습과 똑같다는 고정관념에서 깨어나야 한다. 분명한 것은 대홍수 이전에는 현재와 같은 높은 산이나 깊은 해구가 없었다고 보아야 한다. 해구가 생긴 것은 깊은 곳에서 용암이 터져 나왔을 때 생긴 것이며, 높은 산들은 그 분출이 솟구쳐서 생긴 결과이다. 즉, 일시에 많은 화산들이 폭발함으로써 지하에 대규모 동공들이 생기고 이들을 메우기 위해 국부적으로 거대한 함몰이 일어나 깊은 해구가 생기고 함몰된 지각이 다른 지역의 융기를 일으킴으로써 높은 산과 산맥들이 형성되었다. 시편 104편은 이를 알기라도 하듯이 이렇게 노래한다.

"옷으로 덮음같이 주께서 땅을 깊은 바다로 덮으시매 물이 산들 위로 솟아올랐으나 주께서 꾸짖으시니 물은 도망하며 주의 우렛소리로 말미암아 빨리 가며, 주께서 그들을 위하여 정하여 주신 곳으로 흘러갔고 산은 오르고 골짜기는 내려갔나이다."(시104:6-8)

⑤ 홍수 이후의 변화들

이제 마지막으로 중요한 사실은 홍수 이전과 홍수 이후의 지구 상태가 얼마나 달라졌는가 하는 것이다. 과연 홍수 전후로 달라진 것이 무엇인가? 먼저 홍수 이전의 상태에 대한 창 2:5-6의 기록을 먼저 본다. "여호와 하나님이 땅에 비를 내리지 아니하셨고 경작할 사람도 없었으므로 밭에는 채소가 나지 아니하였으며 안개만 땅에서 올라와 온 지면을 적셨더라". 이 기사는 홍수 이전에 안개가 존재했다고 보도한다. 물론 홍수 이전에 구체적으로 안개가 어떤 형태로 존재해 온 지면을 적셨는가에 대해 상황은 분명하지 않다. 그러나 다음과 같은 추론이 가능하다. 일반적으로 안개는 바람이 없어야 형성된다. 바람은 지역과 지역 간의 기압의 차이에 의해 발생하고 기압 차는 온도 차에 의해 발생한다. 그러므로 안개만 땅에서 올라와 온 땅을 적셨다는 것은 지구상에 온도 차가 별로 없었음을 뜻한다. 온도 차가 없었다는 것은 기압 차가 거의 없었다는 것이고 그러므로 바람이 없었다는 것이다. 그렇다면 우리는 홍수 이후부터 급격한 기후 변화가 발생했음을 추정할 수 있다.

다음으로 달라진 것은 사람들의 수명이다. 노아 이전의 사람들은 대부분 900세 이상 살았다. 그렇다면 왜 홍수 이전의 사람들은 그렇게 오래 살았을까? 현재의 조건으로 인간이 몇백 년 이상 산다는 것은 불가능하다. 그러나 지구의 상태가 온도의 변화가 없고 사시사철 따뜻한 기후이며 사람에게 해로운 환경이 전혀 없는 곳이라면 이야기는 달라진다. 홍수로 인해 지구의 환경은 인간이 거주하기에 매우 불리한 곳으로 변한 것만은 틀림없다. 가장 결정적인 사례가 바로 노아와 아브라함의 수명이다. 성경의 족보와 기록된 연수를 계산해 보면 아브라함은 노아가 죽은 지 약 2년 뒤에 태어났다. 그런데 노아는 950세까지 살았지만(9:29) 홍수 이후에 태어난 아브라함은 겨우 175세까지 살았다(25:7). 이후 인간의 수명은 점차적으로 줄어들었다. 아브라함의 아들 이삭은 180세(35:28), 야곱은 147세(47:28), 요셉이 110세(50:22), 이후 모세가 약 120세(?), 여호수아가 110세(수24:29)를 살았고, 다윗 왕이 70세, 솔로몬이 약 60세 전후였고, 신약으로 넘어와서는 사도 요한이 사도들 가운데에선 가장 오래 살았는데 약 80~90세쯤으로 본다. 세대 간의 차이에서도 수명이 짧아진 것을 확연히 알 수 있다. 마태복음의 족보는 열네 대씩 구분하고 있는데 같은 열네 대임에도 아브라함부터 다윗까지는 911년이고, 다윗으로부터 바벨론 이주까지는 500년, 이주 이후부터 예수까지는 580년이다. 이를 평균적으로 계산하면 아브라함에서 다윗까지 한 세대가 65년임에 비해 이후 세대는 약 35~40년으로 줄어들었음을 알 수 있다.

음식물에도 변화가 일어났다. 창 1장 29절에는 오직 채식만이 소개되었는데 이사야 11장 6~9절이 이를 잘 표현하고 있다. 그야말로 천국의 모습이 바로 이런 모습이다. 그런데 대홍수가 끝난 뒤 창세기 9장 3절에 보면 하나님이 육식을 허락하신다. 이후 인간은 육식으로 인해 성질이 난폭해지고 수명이 짧아졌다고 한다. 홍수 이전에는 지구 환경이 최적의 환경이라서 채식만으로도 얼마든지 체력을 유지하고 생존할 수 있었지만 홍수 이후 인간은 육식을 통해 고 지방질을 섭취해야만 살 수 있게 되었다는 것이다.

가장 큰 변화는 지구상에서 거인들과 큰 동물들이 사라진 것이다. 대홍수 이전의 것으로 추정되는 네안데르탈인이나 크로마뇽인의 평균 두개골 크기는 1,650cc인데 이는 현대인의 1,500cc보다 약 10% 이상 크다. 창세기 6장 4절의 네피림도 이와 같을 것으로 추정한다. 캐나다 맥매사터 대학의 링크 교수의 연구에 의하면, 홍수 이전에는 키가 3m, 몸무게 550kg에 달하는 거인 원숭이가 살았다고 한다. 그뿐 아니라 홍수 이전에는 공룡이나 암모나이트와 같은 거대한 파충류들이 살았으나 홍수 이후엔 환경에 적응하지 못하고 사멸했다고 한다.

⑥ 풀리지 않는 의문들

마지막으로 살펴볼 것은 홍수 때 그 많던 물들은 어디로 사라진 것인가 하는 것이다. 창세기 8장 1절에는 "바람으로 땅 위에 불게 하시매 물이 감하였고"라고 기록하고 있다. 과학자들은 이를 근거로 실험을 했는데 150일 동안 지구를 덮은 모든 물(7:24)이 이런 식으로 줄어들고(8:3), 그리하여 약 11개월 만에(8:13) 모든 물이 다 사라졌을 리가 없다고 단언한다. 그렇다면 이 많은 물들이 그 짧은 기간에 어디로 사라진 것일까? 아직도 우리는 이 비밀을 풀지 못하고 있다. 그러나 성경에는 이 비밀을 풀 수 있는 단초가 계시되어 있다. 만약 당신이 성경이 무오한 하나님의 말씀이며, 실제 역사적 사실을 기록한 책이라고 믿으신다면 여기서 놀라운 해답을 얻을 것이다. 시편 24편 1~2절은 "땅과 거기에 충만한 것과 세계와 그 가운데에 사는 자들은 다 여호와의 것이로다. 여호와께서 그 터를 바다 위에 세우심이여 강들 위에 건설하셨도다"라고 증언한다.

이를 근거로 보면 홍수 후 물이 어디로 사라진 것이 아니라 바로 물 위에 땅이 건설되었다는 것이다. 즉 하나님이 홍수를 통해 땅을 물속에 가둔 다음 다시 지각변동이나 여타의 방식을 통해 땅을 물 위로 끌어 올린 것이라는 것이다. 놀랍게도 시편 기자가 이것을 노래하고 있다. 우리는 물이 사라진 것만 생각하지만 하나님은 물을 사라지게 한 것이 아니라 물은 그대로 두고 땅을 솟아오르게 하셨다는 것이다. 지금 지구의 7개 대륙이 모두 물 위에 떠 있다는 것은 이미 과학적으로 증명된 사실이다. 이것을 판구조론이라 하는데 대륙이 물 위에 떠 있으므로 움직이다가 부딪히는 현상이 바로 지진이다.

결론적으로 성경은 인간의 상상력에 의해 인위적으로 고안된 작품이 아니다. 인간의 지식과 지혜로는 하나님의 역사를 측정하고 헤아릴 수 없다. 하나님은 인간의 차원 너머에 계신 분이시다. 그러므로 성경에 기록된 홍수 심판의 이야기는 사실이다. 하나님은 거짓말하는 분이 아니시다. 성경은 진실하신 하나님의 말씀이다. 무엇보다 이것을 믿는 것이 가장 중요하다.

3-6. 족보 이야기

창세기는 여러 가지 시작과 족보들(계보들, 히. '톨레도트')에 대한 책이다. 하나님이 천지를 창조하시고 그것에 질서를 부여하신 이야기로 시작해서, 창세기는 많은 계보들을 통해서 한 가계를 추적한다. 곧 창세기는 아담에서 야곱과 야곱의 아들들에 이르기까지 독자들을 인도해준다(족보에 대한 도표 참조). 이 가계는 창세기의 뼈대를 이룬다. 또한 이 가계의 이질적인 요소들을 결합시켜서, 전체를 구성하게 한다. 그리고 이 가계는 독특한 문학적인 특징들을 분명하게 드러내 준다. 나아가 이와 같은 문학적인 특징들은 이야기를 전달해 주는 구약 성경의 다른 책들과 창세기를 구별시켜 준다.

창세기의 특징 가운데 한 가지는 '이것이 ~의 족보니라'는 제목 또는 표제 어구가 자주 사용된다는 점이다(2:4, 5:1, 6:9, 10:1, 11:27, 25:12, 36:1, 36:9, 37:2,

도표 참조). 각각의 족보(계보)는 줌 렌즈와 같은 역할을 한다. 곧 각각의 족보는 이전 단원(또는 단락)에서 제시된 전체 그림에서 작은 부분에 관심을 기울인다. 그러면서 각각의 족보는 이어지는 단원(또는 단락)의 머리말 역할을 한다. 창세기는 많은 세대들을 거쳐서 땅의 인구가 어떻게 증가하는지 묘사해 준다. 그 과정을 통해서, 창세기는 독자들이 끊임없이 각각의 세대에서 특별한 인물과 그의 후손들에게 관심을 기울이게 만든다.

또 한 가지 중요한 특징으로서, 창세기는 족보들(계보들)에 특별한 관심을 기울이고 있다. 사실상 족보들에서는 이야기의 에피소드에서 느낄 수 있는 드라마와 같은 긴장감을 맛볼 수 없기 때문에, 오늘날의 독자들은 족보들에 흥미를 갖지 않을 수도 있을 것이다. 하지만 족보들은 나름대로 특별한 방법으로(창세기의 역사의식뿐만 아니라) 창세기의 구조에 기여를 한다. 창세기에는 다양한 유형의 족보가 제시되어 있다. 곧 직계(linear) 족보와 친계(segmented) 또는 방계 족보가 그것이다. 먼저 직계 족보는 두 개로 이루어졌다. 이 족보들은 각 열 세대를 소개하며, 각 세대에서 오직 한 조상의 이름만을 밝힌다. 이 족보들은 주요 이야기 단원들을 서로 연결하는데 중요한 역할을 한다. 창 5장에 제시된 족보는 아담과 하와로부터 노아로 연결되어 있고, 11:10~26에 제시된 또 하나의 족보에 의해 노아의 아들 셈은 아브라함과 연결되어 있다. 한편으로 직계 족보들은 가계의 핵심에 속해 있지만, 다른 한편으로 창세기에는 몇 가지 친계(방계) 족보가 들어 있다. 이 족보들은 창세기의 역사 안에서 보조적인 역할을 한다. 또한 친계 족보들은 부차적인 관심을 기울이는 인물들에 대해서 제한된 정보를 제공해 주고 대체로 단지 몇 세대들에 걸쳐서 가계도가 어떻게 뻗어 나갔는지를 알려 준다(참조, 10:1~32, 25:12~18, 36:1~8, 36:9~43). 한편 직계 족보들은 긴 여행의 일부로서 독자들을 '갑'이라는 인물에서 '을'이라는 인물로 재빠르게 이끌어 주지만, 반면에 친계 족보는 그 자체에서 멈춘다.

<참고> 성경의 주요 계보들

(1) 창 4장과 10장의 계보
~ 이것은 민족들의 기록이고 이주지 개척 또는 확대에 대한 것이다. 예를 들어 함의 아들들(창10:6)에는 에디오피아인들, 이집트인들, 리비아인들, 가나안인들 등 여러 종족의 백성들이 포함되어 있다. 여기엔 대홍수 이전에 두 계보, 즉 가인의 계보(창4:16-24), 아담과 셋의 계보(창4:25-5:32) 대홍수 이후의 세 계보, 즉 야벳의 계보(창10:2-5), 함의 계보(10:6-20), 셈의 계보(10:21-31)가 언급되어 있다.

(2) 창 5장과 11장의 계보
아담에서 노아까지와 셈에서 아브라함까지의 기록이다. 각 장은 아들이 출생했을 때 그의 나이와 그 후로 산 년 수를 기록한다. (누가는 셈 후에 가이난이라는 한 아들을 첨가하고 있다). 이것은 언약의 계보이다.

(3) 창 25장
아브라함의 가족, 46장은 야곱의 계보 일부가 기록되었다

(4) 출 6:14-25
레위의 가족 즉, 레위의 아들 고핫, 고핫의 아들 아므람, 아므람의 아들 모세의 계보를 보여주기 위함이다. 모세 시대까지 레위인의 수가 2만2천 명이었다(민 3:39).

(5) 사사시대의 룻기
룻의 남편 보아스 가문의 계보 즉 유다의 아들 베레스에서 다윗 왕까지 언급한다. 그러나 이 계보는 불완전하다. 민2:3에 언급된 나손은 살몬의 아버지이

고 살몬이 보아스를 낳았는데 룻기에는 보아스가 엘리멜렉 가족의 후손으로 언급된다. 이를 미루어 나손과 보아스 사이에 그 외의 다른 연계자들이 끼어 있음이 틀림없다.

(6) 다윗의 계보

군주제의 역사를 위한 유일한 계보는 다윗의 계보이다. 그의 가계는 열왕기에서 바벨론 포로로 끌려갈 때까지 18세대를 거슬러 내려간다. 포로 이후엔 6 내지 7 세대까지 내려간다(대상 3:9-24)

(7) 대제사장들의 계보

정확한 기록이 없다. 왜냐면 세습적이 아니라 카리스마적인 계통이기 때문이다.

(8) 기타 계보

에스라(7:1-5)와 대제사장 여호수아(느 12:10-11), 사무엘의 가계(대상 6:22-30, 33-38, 삼상 1:1, 8:2), 아론의 가계(대상 6:50-53)는 엘르아살을 거쳐 다윗 시대까지 거슬러 내려가며 포로시대를 거쳐 에스라에게로 계속된다(스7:1-5). 사울의 가계(대상8:33-40)가 있고 이상하게 모세의 가계는 아들인 게르솜과 엘리에셀이 단 한 번 언급되어 있다(출18:3-4)

(9) 그리스도의 계보

마 1장과 눅 3장에 기록되어 있다. 학자들은 마태복음은 요셉의 계보이고 누가복음은 마리아의 계보라고 말하기도 한다. 주석가인 라이트푸트(Lightfoot)에 의하면, 탈무드에 마리아가 헬리의 딸이라고 한 것은 수수께끼라고 했다. 하지만 마태의 계보는 혈통적인 것이 아니라 유다 왕권의 후계자들에 관한 목록이다. 왕의 혈통이 끝나면 가장 가까운 남자 친족이 그 왕권을 물려받았다.

요셉은 왕권을 그의 양자인 예수에게 물려준 것이다. 미국 웨스트민스터 신학교의 설립자이자 개혁신학자인 메이첸(G. Machen)은 '그리스도의 처녀 출생"(1930)에서 "예수는 양자로서 요셉의 왕위계승권을 받았으나 처녀 마리아에게서 남으로서 요셉의 저주를 피하였다"고 했다.

(10) 비밀의 계보들
1) 출 6:16~20에 언급된 레위부터 모세까지는 단 네 사람만 기록되어 있지만 레위인이 2만 2천명이라고 했다(민 3:39).
2) 마태 1:1의 계보는 아브라함에서 그리스도까지 단 3명만 언급한다. 이후 왕들의 목록(1:2~17)은 구약에 나오는 왕들의 목록과는 대조적으로 아하시야, 요아스, 아마샤, 여호야김의 이름을 생략한다.
3) 에스라의 계보는 기원전 456년부터 960년경 다윗 왕 때의 제사장이었던 사독까지 소급하여 단 5명을 언급한다.
4) 노아는 대홍수 후 350년, 셈은 502년을 살았다. 대홍수로부터 아브라함이 출생할 때까지 467년이므로 셈은 아브라함과 약 35년을 같이 살았다는 결론이 나온다. 셈의 아들인 아르박삿도 아브라함의 나이 148세가 될 때까지 살았다. 그럼에도 아브라함의 평생 동안 이들 인물들과 접촉한 기록은 전혀 없다. 그 기록은 아브라함이 하란을 떠나 가나안으로 이주하라는 부르심을 받기 전에 노아와 그 가족들은 세상을 떠났음을 암시한다.
5) 창 10장의 수많은 사람들이 10세대 만에 아주 멀리까지 흩어져서 거주할 수는 없는 일이다.
6) 특히 대홍수의 연대를 측정함에 있어서도 계보의 기록상으로는 기원전 2000년경의 아브라함 이전 292년경으로 계산되는데, 그렇다면 애굽의 왕조들이 거의 3,000년경까지 거슬러 올라가고, 여리고 성은 기원전 3,000년보다 훨씬 이전으로 올라간 것을 설명할 수 없다. 그러므로 창 11장의 기록은 인간의 지식과 이성의 수준에서 이해할 수 없는 하나님의 비밀이자 부분적 계시의 계보이다.

(11) 기타

17세기에 우쎠(Ussher)는 성경을 근거로 창세 연대를 4004년으로 추정했다. 성경의 기록상 계산으로는 아브라함에서 대홍수 때까지 소급되는 기간은 약 2,263년이 된다. 아마 홍수는 훨씬 그 이전이었을 것이다. 기원전 9,000년경에 한 급작스러운 기후의 변화가 있었던 것으로 관측되고 있는데 만일 대홍수가 그 사건과 연관이 있다면 이 연대는 계보들과 딱 들어맞는다 할 수 있다. 그러나 디도서 3:9의 가르침처럼 어리석은 변론과 계보에 형식적으로 얽매이려는 모든 시도는 헛되다. 하나님 나라는 육적 계보로 이어지는 것이 아니라 언약 계보로서 그리스도인들은 모두 약속의 자녀로 이 계보를 지금도 이어가고 있는 중이다.

3-7. 세계민족의 이동 경로

"이들은 그 백성들의 족보에 따르면 노아 자손의 족속들이요 홍수 후에 이들에게서 그 땅의 백성들이 나뉘었더라"(창10:32)

"여호와께서 거기서 그들을 온 지면에 흩으셨으므로 그들이 그 도시를 건설하기를 그쳤더라"(창11:8)

바벨탑 사건 이후 사람들은 언어가 통하는 사람들끼리 모여 세계로 퍼져 나갔다. 셈족은 아시아와 북유럽 및 우랄산맥을 넘어 시베리아와 중앙 고원을 거쳐 만주 일대로 이동했고, 함족은 아프리카로, 야벳족은 유럽과 중앙아시아로 퍼져 나간 것으로 추정한다. 특히 셈족은 에벨의 두 아들 벨렉과 욕단의 때에 각각 남부와 북부 지역으로 이동했다(창 10: 25~30).

이들 중 욕단의 후손들은 메사(Mesha, 수리아, 아라비아 사막?)에서부터 스발(Sephar, 남 아라비아, '자파르 인 하드 라마우트'로 추정)로 가는 동쪽 산에 거주하다가(창 10:30), 동방으로 옮겼으며 드디어 시날 평지(바벨론 전 지역 평야를 가리킴. 사 11:2, 단 1:2, 슥 5:11) 를 만나 그곳에 거주하게 된다(창 11:2). 그러나 그들은 점점 하나님을 버리고 인본주의로 기울게 되었으며 바벨탑을 쌓으며 자신들의 이름을 드높이고 자신들의 위용을 자랑하고자 했다. 이에 하나님은 이들의 언어를 혼잡케 하고 온 지면에 이들을 흩으셨다(11:8). 성경이 언급하는 인류 이동의 기록은 여기까지이다.

그러나 고고문헌학상 욕단의 후손들이 동방으로 이동한 흔적들은 무수히 많다. 이들의 주요 이동 경로는 동쪽 산악지대인 파미르고원을 넘어 천산산맥과 알타이산맥을 거쳐 드디어 아시아 중원평야에 들어선 것으로 본다. 이들 중 일부가 다시 동방으로 이동하여 오늘의 한반도에 이르렀다는 것이 정설이다(한편, 인도해류를 따라 한반도 남부 지역으로 이주해 온 부족은 인도-유럽어족을 사용하는 게르만족 계통으로 이들은 영산강 주변, 즉 오늘날의 호남평야에 정착한 것으로 본다).

이들이 시날 평지에서부터 한반도에 이르기까지 남긴 흔적들은 다양하다. 먼저 거의 모든 음식에 마늘과 쑥이 등장하는데 이것들은 추운 지역에서의 항생체를 유지토록 도와주는 부재들이다. 또 체질적으로 이들은 깡마르고 작은 키에 쌍꺼풀이 없으며 네모난 턱을 가지고 있으며 특별히 엉덩이 부분에 몽고반점이 있는 것으로 유명하다. 또 공통의 장례문화를 가지고 있고 돌무덤으로 장사를 지내며 의복문화도 독특한데 모시옷이나 세모포 등에 모자나 갓을 쓰기를 좋아하며 인사도 "샬롬"(안녕하십니까?)으로 동일하다.

무엇보다 이들이 가지고 온 독특한 유산은 바로 갑골문자이다. 1928년 중국 샤오둔춘이라는 지역을 발굴 결과 그동안 전설로만 알려진 상의 도읍지 은허가 실재로 존재했음이 밝혀졌고 여기서 12기의 왕릉과 2,500기의 제사 갱과 부장 묘, 그리고 15만여 개에 달하는 갑골문자가 발견되었는데 이중에서 약 1천자 만이 해독되었다. 발생 시기는 주전 14세기 상나라 중기에 해당하는 것으로 이들 글자들에는 창세기의 기록이 생생하게 담겨 있어 발견자들을 놀라게 했다.[7]

4. 본문 해설[8]

1) 태초에(베레쉬트, 1:1)

~ '베'는 때와 장소의 전치사(at), '레쉬트'는 '처음', '시작'을 의미한다. 일부 히브

---

7) 더 자세한 내용은 '박필립의 〈신비한 성경 한자의 비밀〉, 가나북스'를 참조하시라.
8) 용어해설은 로고스 히브리어 헬라어 사전(로고스출판, 2017), 톰슨주석성경 II (기독지혜사, 1988), 아가페 성경사전(1991), 그리고 네이버 지식대백과사전 등을 참조하고 검색했다.

리어 성경은 '레쉬트'를 '장자' 즉, 예수 그리스도로 번역하는데("처음에 장자 곧, 맏아들로 말미암아 하나님이 천지를 창조하셨다") 이것은 창 1:1에서 이미 삼위일체의 계시가 있었다는 것을 반증한다.

2) 창조하다(bara, 바라)
~ 이 단어의 주어는 오직 창조주 하나님 한 분이시다.

3) 신적 언어(divine speech)
~ '이르시되'(1;3, 6, 9, 11, 14, 20, 24, 26, 29)는 하나님의 말씀이라는 뜻을 가진 히브리어 '아마르'를 번역한 말이다. 하나님이 말씀하시기 전에는 어둠과 혼돈뿐이었다. 그 때에 하나님의 말씀이 선포되자 빛이 나타나고 무질서의 세계가 질서와 체계를 잡고 하나님이 정하신 규칙대로 상호 균형과 조화를 이루며 운행하기 시작했다.

4) 하나님의 형상(첼렘, 1:27)
~ '그림자', '이미지'라는 뜻으로 이 단어는 하나님의 거룩한 속성 즉, 사랑, 진리, 생명, 의, 전인격성 등을 반영했음을 시사한다.

5) 심히 좋았더라(토브 메오드, 1:10, 18, 21, 25, 31)
~ 지극한 만족을 표시하는 단어로 하나님의 뜻대로 천지가 완벽하게 창조되었다는 것을 의미한다.

6) 안식하시다(쉬바트, 2;2)
~ 하나님의 안식은 뜻하신 바를 성취한 뒤의 만족감을 반영한 것으로 최고의 평안의 상태를 뜻한다.

7) 생령(네페쉬 하야, 2:7)[9]

---

9) 자세한 내용은 제임스 몽고메리 보이스의 책(1권. 창조와 타락)과 고든 웬함의 〈창세기 주석, WBC〉를 참조하시라.

~ 인간을 흙으로 지으신 것은 인간과 흙의 인과관계를 의미하는 것으로 히브리어 '아담'(사람)과 '아다마'(흙)은 같은 어근을 가진 단어이다. '하야'는 '호흡하다'는 뜻으로 생명의 근원이 하나님이 불어넣으신 '숨'에 있음을 증거한다. 숨이 주입되자 인간은 드디어 '살아있는 존재'(living being)가 되었다.

8) 결혼의 3대 원리(2:24)
~ 첫째, 부모를 떠나는 것이다. 이는 하나님께서 자신의 자녀를 육신의 부모를 통해 출생시키고 결혼의 때까지 위탁했다가 결혼과 함께 자립적이고 독립적 존재로 삼아 하나님의 주권적 통치를 받도록 한다는 것을 암시하고 있다. 모든 자녀는 하나님의 소유이다. 둘째, 연합하는 것이다. '연합하다'는 히브리어 '다바크'인데 접착제처럼 단단히 붙어 영원히 떨어지지 않는 상태를 의미하는 것으로 두 인격체의 완전한 하나 됨을 의미한다. 셋째, 한 몸을 이루는 것이다. 여기서 '몸'은 '바사르'인데 이는 살아있는 순수한 몸 그 자체를 가리킨다. 다시 말해 한 몸을 이루는 것은 성적으로도 하나가 되어야 한다는 것으로 부부는 다른 몸을 성적으로 탐해서는 안 된다는 것을 암시한다.

9) 원시 복음(3:15)
~ 이 구절에서 우리는 인류가 같은 족속이 아님을 알 수 있다. 뱀의 후손과 여인의 후손, 즉 마귀의 자녀와 하나님 자녀의 계보가 다르다는 것을 암시하며 두 계열은 끊임없이 선과 악의 대립적 투쟁을 할 것을 예고한다. 이를 원시 복음이라 함은 예수 그리스도에 의한 구속 사역에 있어서 사단은 그리스도를 십자가에 매달아 죽였으나(발꿈치를 상하게 함) 결국 그리스도는 부활과 함께 사망 권세를 이기고 승리하심(사탄의 머리를 치심)으로 승부가 판가름이 났다. 지금 사탄은 결박되어 무저갱에 갇혀 있는 신세이다.

10) 가인의 형벌(4:11~12)
~ 가인이 받은 형벌은 아담이 받은 형벌보다 더 지독한 것이었다. 먼저 그는 생존의 토대인 땅에서 추방당했다는 것과 땅 자체도 그에게 풍성한 수확을 허락하지

않고 오히려 토해내었으며, 이마에 범죄자의 표를 주심으로 사회적 관계에서 철저히 차단당하는 고통을 겪어야 했다. 따라서 그는 자기 가족과 함께 에덴동산을 멀리 떠나 에녹 성을 쌓고 고립된 삶을 살아야 했다..

11) 하나님과 동행하다(5:24)
~ 셋의 자손 중에서 가장 경건한 삶을 산 최초의 인물로 에녹(하노크-'봉헌되다')이 등장한다. 에녹의 이런 경건한 삶은 비록 이 땅에 사단의 권세와 유혹이 상존하지만 하나님의 자녀들은 하나님만 바라보고 그분의 뜻과 계획에 동참하여 살아야 함을 교훈한다.

12) 네피림(6:4)
~ '추락하다'는 뜻을 가진 '나팔'에서 유래했다. 이런 의미에서 네피림을 천상에서 추락하여 땅으로 떨어진 타락한 천사의 후손으로 해석하기도 한다. 그러나 70인역(LXX)은 '힘센 장사' 혹은 '용사' '난폭자'라는 뜻의 '기간테스'(giant)로 번역했다. '네피림' 즉 '큰 용사'는 민 13:33에 다시 등장하는데 골리앗 같은 거인들을 지칭한다.

13) 무지개 언약(9:13)
~ 하나님은 홍수 심판 후 노아와 그 가족들에게 다시는 무서운 물의 심판을 하지 않겠다고 스스로 약속하고 그 징표로 무지개를 삼았다. 혹자는 무지개가 드디어 이때부터 나타났다고 해석하지만 이는 무리한 해석이다. 왜냐하면 하나님은 자연계의 피조물을 두고 스스로 맹세하는 사례가 있기 때문이다. 예를 들어 하나님은 아브라함에게 자손을 번성케 한다는 약속을 하시고 그 증거로 하늘의 별을 가리키며 맹세했기 때문이다.

14) 가나안의 저주(9:25)
~ 창조시대 동안 가인(4:11)에 이어 두 번째 저주의 대상이 노아의 둘째 아들 함이 낳은 가나안(케나안-'법률' '평평한 땅')이다. 문제는 잘못은 함이 범했는데 벌은

그 아들이 받는 것에 대한 의문이다. 이는 함이 받을 형벌의 가혹함을 더 분명하게 나타내기 위한 하나님의 신묘한 섭리이다. 실제로 부모는 자신이 받는 형벌보다 자식이 받는 형벌이 주는 고통을 더 크게 느낀다.

15) 니므롯(10:8-9)
~ 히브리어 '니므로드'인데 '배반'이라는 뜻의 '마라드'에서 유래했다. 함의 후손으로 최초의 용사이자 사냥꾼이며(대상 1:10), 최초의 정복자이기도 하다. 그의 왕국은 시날 땅의 바벨론과 에렉과 악갓에서 시작하였으나 이에 만족하지 못하고 북쪽의 앗수르로 진출하여 니느웨와 르호보딜과 길라와 레센을 건설했다고 성경은 기록한다. 미가 선지자는 앗수르를 가리켜 '니므롯의 땅'이라 말했다(미 5:6).

16) 에벨(10:21)
~ "셈은 에벨 온 자손의 조상이요". 셈의 족보를 소개하면서 먼저 '에벨'(Ebel)을 언급한 것은 창세기 저자인 모세가 항상 히브리 민족의 기원을 염두하고 있음을 알게 된다. 왜냐하면 에벨은 셈 계열 내에서 아브라함과 연결되는 가장 중요한 인물이기 때문이다. 에벨은 '건너온 자'라는 뜻으로 '이브리'로 발음되었다가 훗날 '히브리'(Hbrew)가 되었다. 애굽 사람들은 자신의 땅에 사는 이스라엘 민족을 강 건너온 자라는 뜻으로 히브리인들이라 불렀다.

17) 바벨(11:9)
~ '혼잡하다'는 뜻으로 이 땅에 세워진 나라가 '신들의 나라'라는 뜻을 가진 '바벨론'이고 바벨론의 이름을 온 천하에 뽐내기 위해 세운 건축물이 바벨탑이다. 성경은 이 도시가 니므롯에 의해 건설되었다고 말한다(10:10). 주전 2250년경의 수메르인(셈족)들의 기록에도 아카드의 사르곤 왕에 의해 파괴된 이 도시의 신전을 니므롯이 복구했다고 기록하고 있다. 바벨론은 훗날 육욕적인 사치와 방종 그리고 우상숭배의 중심지로 상징화되고(사 13:19, 렘 50:35, 38, 단 3:18) 계시록 18장에 가서야 최후의 멸망을 당한다.

제2편

족장시대

(창12-50장, 욥기)

1. 배경 설명

창세기는 12장부터 큰 방향의 전환을 이룬다. 인류는 전반부인 창조시대에서 완전히 타락하고 말았다. 이후 인류는 죄악에 빠져 멸망과 사망의 길을 걷게 되었다. 홍수의 심판에도 불구하고 세월이 흐르자 인류의 타락상은 더욱 심화되어 갔다. 그대로 두면 영원히 인류가 구원받을 길이 없게 된 것이다. 그리하여 하나님의 구속사라는 거대한 관점에서 다시 한번 신적 개입이 필요한 시점이 다다랐고 드디어 하나님의 계시의 음성이 아브라함에게 들려왔다. 이는 창세 전부터 감추어두었던 하나님의 비밀이 아브라함에게 좀 더 뚜렷하게 계시된 것이며 이러한 하나님의 인간사 개입은 약속된 여자의 후손 안에서 그를 통하여 계속하여 진리의 빛을 이어가겠다는 신적 의지의 확약이었다. 다시 말해 하나님은 지상에 세워진 하나님의 나라를 통해 당신의 구속사를 이끌어가는 뜻을 세우시고 아브라함을 택하여 부르시어 그로부터 새로운 구속사, 즉 '하나님의 나라(the kingdom of God)'를 펼쳐가기로 하신 것이다.

성경에서 족장 시대는 창세기 12장 이후에 등장하는 네 명의 족장(알루핌-'연합하다' '가르치다'는 '알라프'에서 유래), 즉 아브라함과 이삭, 야곱과 요셉의 이야기로 이루어진다. 하나님은 이 시대에 부름받은 족장들과 그 가정을 통해 하나님이 누구시며 구원 역사를 어떻게 진행시켜 가는지를 우리에게 보여주었다. 하나님은 스스로를 아브라함과 이삭과 야곱의 하나님이라고 하시었다. 우리가 하나님이 어떤 분인가를 알기 위해서는 반드시 아브라함과 이삭과 야곱의 이야기를 알아야 한다. 다시 말해 창 12~50장의 족장들의 이야기는 하나님 나라의 주인공들의 이야기인 동시에 오늘을 살아가는 바로 우리의 이야기인 것이다.

연대기로 말하면 족장시대는 주전 약 2100년경부터 시작하여 주전 1800년까지 약 300년의 기간에 해당된다. 아브라함이 갈대아 우르에서 하나님의 부름을 받아 고향을 떠날 때(창 14;13, 17:5) 아라비아 지역의 아모리 족이 갈대아 지역을 침공하고 마리와 바벨론을 건설하였다. 역사가들은 이 국가를 신 바벨론과 구분하기 위해 '구 바벨론' 혹은 '고대 바벨로니아'라 명명한다. 특히 1901년 프랑스의 페르시아 탐험대에 의해 발견된 '함무라비 법전'은 높이 2.5m의 돌탑에 아카드어

쐐기문자로 기록된 것으로 상부에는 함무라비 왕(BC 1792~1750년)이 태양신으로부터 법전을 수여 받는 자연이 부조되어 있다. 함무라비 왕은 창14:9의 '아므라벨'(Amraphel)과 동일 인물로 간주된다. 18세기 중엽에는 메소포타미아의 모든 도시국가가 아모리 족의 군주에 의해 통치되었다. 한편, 함무라비 왕의 시대에 바벨론 서쪽 지역인 이란 고원과 카스피해, 그리고 북의 파사만 등에는 헷 족이 국가를 형성했는데, 이들은 주전 16세기 중엽에 중앙아시아의 지배국으로 등장했다가 이후 바벨론에 점령당했다. 남쪽 이집트에서는 중왕국 제12왕조의 아메넴헤트 왕이 통치하던 때였다.

2. 시네마 구조

족장	뜻	성경	주요내용			
			기	승	전	결
아브라함	열국의 아버지	12-24장	12:1~3 하나님의 부르심	12:4~16장 1. 가나안땅으로 2. 롯과의 분리 3. 언약체결	17~22장 1. 할례와 개명 2. 언약시험과 심판 3. 약속(이삭) 성취 4. 순종시험	23:1~25:11 1. 사라의 죽음 2. 이삭의 배필 3. 후처와 죽음
이삭	웃음	25-26장	21:1~4 1. 탄생과 할례 2. 잔치	22장 1. 번제물 시험	24~26장 1. 아내를 얻다 2. 쌍둥이 아들 3. 그랄에서의 사건	27장~28:4 1. 야곱의 축복 2. 에서의 저주 3. 죽음
야곱/ 이스라엘	하나님과 겨루어 이기다	27-36장	25:11~28:9 1. 형을 속임 2. 아버지를 속임	28:10~22 1. 하란행 2. 벧엘의 서원	29~33장 1. 하란에서 2. 형과의 재회	34~35장, 47장 1. 가나안 정착 2. 애굽행과 죽음
요셉	은혜를 더하다	37-50장	37:1~11 요셉의 꿈	37:12~36 1. 형들의 시기심 2. 애굽노예	39~49장 1. 보디발 아내사건 2. 감옥행 3. 애굽총리 4. 가족재회	50장 1. 아버지 장례 2. 죽음(50:26)

3. 주요 메시지

3-1. 민족의 형성

창세기의 족장 이야기는 이스라엘 민족역사의 원형인 동시에 모든 신자의 영적 자화상이며 자서전이다. 4명의 족장은 한 개인으로부터 출발하여 점점 가정과 씨족과 부족으로 발전하고 드디어 히브리민족을 형성하는 근원이 된다. 이것은 구속사에 있어서 하나님의 계시가 점진적으로 발전한다는 것을 내포하고 있다.

'히브리'란 말은 '건너다'에 해당하는 히브리어 '아바르'에서 유래하여 '건너온 자'라는 뜻의 '이브리'로 변했고 이 말이 주전 130년경부터 랍비들에 의해 공식적으로 오늘날 사용하는 히브리가 되었다. 즉, 아브라함이 갈대아 우르에서 하나님의 부르심을 받고 티그리스와 유브라데스 두 강을 건너 가나안으로 온 것을 의미하는 말이다.

3-2. 언약의 하나님

"해가 져서 어두울 때에 연기 나는 화로가 보이며 타는 횃불이 쪼갠 고기 사이로 지나더라. 그날에 여호와께서 아브람과 더불어 언약을 세워 이르시되 내가 이 땅을 애굽 강에서부터 그 큰 강 유브라데까지 네 자손에게 주노니"(창15:17~18)

"내가 내 언약을 나와 너 사이에 두어 너를 크게 번성하게 하리라 하시니, 아브람이 엎드렸더니 하나님이 또 그에게 말씀하여 이르시되, 보라 내 언약이 너와 함께 있으니 너는 여러 민족의 아버지가 될지라. 이제 후로는 네 이름을 아브람이라 하지 아니하고 아브라함이라 하리니 이는 내가 너를 여러 민족의 아버지가 되게 함이니라. 내가 너로 심히 번성하게 하리니 내가 네게서 민족들이 나게 하며 왕들이 네게로부터 나오리라. 내가 내 언약을 나와 너 및 네 대대 후손 사이에 세워서 영원한 언약을 삼고 너와 네 후손의 하나님이 되리라."(창17:2~8)

"너희 중 남자는 다 할례를 받으라 이것이 나와 너희와 너희 후손 사이에 지킬 내 언약이니라"(17:10)

족장시대에서 하나님은 본격적으로 '언약의 하나님'으로 등장하신다. 하나님은 아브라함을 부르시고 그와 언약을 체결하신다. 이 언약은 아담과의 선악과 언약과 노아와의 무지개 언약을 기초로 계승되는 것으로 훗날 모세를 통해 이스라엘 백성과 맺은 시내 산 언약과 다윗 왕과 맺은 언약 등으로 이어진다. 다시 말해, 아브라함과 맺은 언약은 하나님 나라를 한 개인으로부터 시작한다는 것이고 시내 산에서 맺은 언약은 하나님 나라의 건설이 한 민족으로 확대되고 심화된다는 것이다.

성경에 기록된 언약은 언제나 하나님이 주도하신다. 이것은 구속을 위한 하나님의 일방적인 결정이자 명령이며 시행이다. 하나님은 당신의 구속사를 이미 창세 전에 이미 영원히 작정해 두셨지만, 한편으로 언약을 반포하시고 우리에게 그 언약에 순종할 것을 요구하신다. 이것은 구속사에 있어서 하나님은 절대적 주권으로 선택하신 백성을 구원하시지만, 동시에 언약에 순종해야 할 의무를 우리에게 부과하는 것으로 칼빈은 이를 두고 '이중예정'이라 불렀다. 그러나 언약에는 의무만 부과되는 것은 결코 아니다. 하나님은 언약을 지키고 순종하는 자를 반드시 축복하신다.

3-3. 족장들의 전쟁 이야기

가나안 땅은 지정학적인 이유로 크고 작은 전쟁이 늘 일어나던 곳이었다. 아브라함이 가나안에 정착한 지 얼마 안 되어 사해 근방에서 무려 9개국이 참가하는 전쟁이 일어났다(14:1-4). 북부 메소보다미아 지역의 4개 동맹국과 남쪽의 5개 동맹국이 싯딤 골짜기에서 충돌한 전쟁이다. 원인은 남부의 동맹국들이 북부의 왕들에게 조공을 거부하자 발생했다. 전쟁의 결과는 일방적이었다. 남부 동맹국은 처참하게 패해 주민들은 포로가 되었고 재산을 탈취 당했다(창14:1-12). 이때 소돔에 살던 조카 롯이 포로가 되어 북쪽으로 끌려갔다. 이에 아브라함은 즉시 자신이 거느리던 사병 318명을 데리고 북방 동맹군의 뒤를 좇아가 그들에게서 롯과 주민들을 되찾아 왔다(창14:13-16). 족장 이삭은 그랄 목자들의 공격을 받고 힘들게 파놓은 우물들을 빼앗겼다(창26:20-33). 족장 야곱은 세겜 족 추장 아들이 자신의 딸 디나를 겁탈한 것을 기화로 아들들이 일시에 기습하고 세겜 족을 도살할 때 침묵함으로 동조했다(창34:1-31).

성경에는 이스라엘을 중심으로 크고 작은 전쟁 관련기사가 130여 차례 등장한다. 이스라엘은 주변 열국들로부터 언제나 침공의 대상이었다. 남쪽의 이집트와 북쪽의 열강들끼리 벌이는 전쟁에서도 피해자였다. 특히 이집트의 대다수 정권은 지중해 연안에 눈독을 들이고 가나안 땅을 수시로 침공했다. 그러나 이스라엘의 전쟁은 세상 열국의 전쟁과는 차이가 있다. 이스라엘의 전쟁은 하나님이 주권적으로 계획하고 실행한 '성전'이었다. 즉 "전쟁은 여호와께 속한 것"(삼상 17:47)이었다. 하나님은 이스라엘에게 가나안 땅을 주시기 위해 그들로 하여금 정복 전쟁을 벌이도록 명령했다. 성경은 이 전쟁이 아브라함에게 약속하신 젖과 꿀이 흐르는 가나안 땅을 회복한 것으로 간주한다. 하나님은 이 땅에서 모든 우상 숭배자들을 추방하고 오직 여호와 하나님만을 숭배하는 민족만 허락하셨다. 마치 천국에는 어떤 불결한 요소도 허락되지 않는 것처럼 가나안은 영원한 이스라엘의 영토로 선언되었다. 하나님은 하나님 백성의 순결을 보존하기 위해 이 땅에서 타민족과의 동거를 허락하지 않으신 것이다. 이를 불평하는 자들에게 하나님은 당당하게 세상의 모든 땅은 하나님의 것임을 주지시키신다. 이후 이스라엘은 단지 영토를 확장하거나 정복하기 위해 전쟁을 벌인 적이 없다. 또 전쟁을 통해 보복을 시도하거나 타민족을 노예로 삼아 억압하거나 피해를 준 적이 없다. 이 점에 있어서 이스라엘과 세상 열국의 전쟁에는 큰 차이가 있다.

4. 족장들의 생애

1. 아브라함

1-1. 왜 아브라함인가?

1) 성경에서 제일 중요한 인물이다. 아브라함 이전의 역사를 설명하는 데 겨우 11장을 할애했는데 아브라함 한 사람을 위해 14장을 할애했다.

2) 구속의 역사는 하나님께서 아브라함을 부르는 것으로 시작한다. 심지어 예수님의 탄생도 하나님의 아브라함에 대한 약속의 성취로 일어난 것이라고 했다(눅 1:68, 72-73).

3) 육적으로도 많은 민족(유대민족 및 아랍민족 등)의 조상이지만 영적으로도 믿는 자들의 조상이다. 아브라함은 믿음의 탁월한 본보기이다.

4) 성경에서 아브라함을 '하나님의 친구'라고 세 번이나 부르고 있다(대하20:7, 사41:8, 약 2:23).

5) 갈라디아서 두 장은 구원이 선행과 관계가 없음을 증명하기 위해 아브라함의 삶을 언급한다. 아브라함은 성경이 최초로 언급한 하나님의 의를 담고 있는 장본인으로서(창15:6), 이신칭의의 근원이 된다.

1-2. 우상숭배의 집안

1) 아버지 데라는 다른 신들을 섬기는 사람이었다(수24:2-3, 14)(참조: 사51:1-2). 전승에 따르면 데라는 우상을 조각해 생업을 이어간 사람으로 전해진다. 아브람의 후손들도 우상 숭배문화를 가지고 있었다. 그의 손자 야곱은 할아버지가 살았던 메소포타미아로 가서 외삼촌 라반을 만나 그곳에서 20년을 살게 되는데 떠나 올 때 그의 아내 라헬은 라반 일가가 섬기던 드라빔이라는 우상을 훔쳐 나온다. 이는 적어도 아브라함 이후에도 그의 집안에서 3대에 걸쳐 우상을 섬겼다는 근거가 된다.

2) 아브람 출생 이전 수 세기에 걸쳐 영적 암흑기가 있었는데 이때 조상들은 실제로 아담의 계보에서 아담과 노아 사이의 족장들이 했던 것처럼 하나님을 기억하고 예배한 기록은 없다.

3) 그럼에도 당시 여러 곳에서 하나님에 대한 지식을 가진 사람들이 있었다고 추정한다. 창 14장에 소개되는 멜기세덱 같은 이를 아브라함이 한눈에 알아본 것은 사전에 그와 교문이 있었던 흔적이 된다. 또 창 11장에 열거된 계보의 조상 중 아브라함 생애 기간에 생존하신 분들이 분명히 있었기에 하나님에 관한 이야기나 지식을 아브라함이 생전에 듣고 알 수 있었을 가능성이 크다.

1-3. 아브라함의 일생

(기) 부르심(창12:1-3)
(승) 믿음의 선물과 언약체결(12:4-16장)
(전) 새로운 인생: 개명, 할례, 언약의 시험과 연단 등(17-22장)
(결) 종국: 세 가지 사건과 죽음(23:1-25:11)

(기) 부르심

1) 과거로부터의 단호한 단절

고향을 떠나라는 명령으로부터 그의 아버지 집을 떠나라는 명령으로 끝나면서 하나님의 단호한 강도가 느껴진다. 하나님은 아브람으로부터 그가 의지할 것들을 모두 제거하신 것이다. 아브람을 둘러싼 환경은 그의 영적 성장에 도움이 되지 못한 것들이었다. 이런 환경에서 벗어나기 위해 떠남은 절대적으로 필요한 조치였다. 주님은 자신을 따르는 자들에게 이렇게 요구하셨다.

"아무든지 나를 따라 오려거든 자기를 부인하고 날마다 제 십자가를 지고 나를 따를 것이니라 누구든지 제 목숨을 구원하고자 하면 잃을 것이요 누구든지 나를 위하여 제 목숨을 잃으면 구원하리라 사람이 만일 천하를 얻고도 자기를 잃든지 빼앗기든지 하면 무엇이 유익하리요"(눅9:23-25)

"죽은 자들로 자기의 죽은 자들을 장사하게 하고 너는 가서 하나님의 나라를 전파하라"(눅9:60)

2) 두 번의 부르심

아브람은 첫 번째 부르심을 받고 도중에 머뭇거렸거나 멈춘 흔적들이 있다. 창12:1의 "주께서 아브람에게 말씀하셨다"(The Lord had said to Abram)라고 과거완료형으로 표현했는데(히브리 본문에는 그냥 과거형), 이를 근거로 행 7:2와 비교하면 아브람과 아버지 데라가 함께 하란에 간 것과 거기서 데라가 죽은 후에 아브람이 다시 출발한 것을 설명하고 있는 것을 알 수 있다. 즉 하나님은 아브람을 그가 갈대아 우르에 있을 때 처음 부르셨고, 다시 하란에 있는 그를 다시 부르셨다는 것이다. 이는 아직까지 아브람의 미성숙한 영적 상태를 보게 한다.

~ 아브람의 나이로 환산하면 약 60세에 갈대아 우르에서 출발하여 하란에서 약 15년 동안 아버지와 함께 거주한 것으로 계산된다. 창12:1의 아버지의 집은 하란에서 죽은 데라의 집을 가리킨다.

3) 일곱 가지 약속(점진성)

(1) 내가 네게 땅을 보여주겠다(12:1)

하나님은 처음에 '내가 네게 보여 줄 땅으로 가라'고 하셨지만 가나안 땅에 이른 아브람에게 다시 나타나 다시 '땅을 주겠다고 약속하셨다(12:7).

(2) 내가 너로 큰 민족을 이루게 하겠다(12:2)

"이것은 모든 성경 중 가장 탁월하고 가장 중요한 구절 중 하나이다"(마르틴 루터)

이것은 수효를 말하는 것이 아니다. 수적으로는 여전히 아브라함의 후손들이 세상 다른 민족들의 수에 미치지 못한다. 이스라엘의 위대함은 영적 위대함이다. 이 것은 인간의 노력에 의해 성취된 것이 아니라 하나님의 영에 의한 것이다. 하나님이 그들에게 사랑을 부어 주셨고 영적으로 축복하셨으며 무엇보다 예수 그리스도를 세상의 구주로 보내셨다. 때문에 그리스도 안에 있는 자손들 모두가 위대한 것이다.

(3) 내게 네게 복을 주겠다(12:2)

하나님이 아브람에게 큰 민족을 이루게 해 주겠다는 약속만으로도 충분히 훌륭한 것이었다. 그런데 이 약속에 하나님은 아브람에게 개인적으로 복을 주시겠다는 약속을 더하셨다. 무엇보다 아직 자녀를 갖지 못한 아브람 자신에게 큰 위안이 되었을 것이다. 뿐만 아니라 이 복은 물질적인 복으로 나타났다. 창13:2는 "아브람에게 가축과 은과 금이 풍부하였더라"고 하였다.

(4) 내가 네 이름을 창대케 하겠다(12:2)

하나님의 자녀들에게 주어진 이름에는 믿음의 의미가 담겼다. 그것은 하나님께서 약속하시는 것과 하나님께서 이루신 것을 포함한다. 후에 아브람(한 가족의 아버지)은 아브라함(열국의 아버지)으로 개명되는데 하나님이 이름을 바꾸신 것은 아브라함의 가장 위대한 자손이신 주 예수 그리스도를 통해 그분의 이름을 부르는 각 민족의 모든 사람에게 복을 주실 것을 가리킨다. 아브라함을 통한 복은 예수 그리스도를 통한 구속의 복이다.

(5) 너를 축복하는 자에게 내가 복을 내리겠다(12:3).

(6) 너를 저주하는 자에게 내가 저주하겠다(12:3)

　우호적 관계를 맺는 자들과 적대적 관계를 맺는 자들에 대한 하나님의 대응 방식이 선언되었다. 하나님은 유대인들을 축복하는 자들에게 복을 주시고 저주하는 자들을 저주하신다고 약속했다. 오늘날 그리스도인들에게 이 등식이 그대로 적용된다.

(사례들)

① 이스라엘을 학대한 바로의 군대를 홍해에서 몰살시켰다(출14:28, 15:4-5).

② 유대인들의 편을 든 히브리 산파들은 하나님의 은혜를 받아 집안이 번성케 되었다(출 1:20-21).

③ 라합이 정탐꾼을 돌본 결과 그녀와 가족들이 보호를 받았고 복을 받았지만 여리고 성은 파괴되었다.(수6:25)

④ 이스라엘과 언약을 맺은 기브온 족속은 보존되었다(수9장)

---

(7) 내가 이 땅을 네 자손에게 주겠다(12:3)

　이 약속이 주어졌을 때, 아브람은 자손도, 거주할 땅도 없었다. 실제로 이삭을 얻은 뒤에도 여전히 뿌리를 내리고 살 땅은 주어지지 않았다. 결국 아브라함은 아내 사라를 장사하고 안치할 무덤이 있는 땅을 매입했다. 그것이 아브라함이 소유한 전부의 땅이었다. 그러나 하나님은 아브람의 자손들에게 땅을 약속했고 실제로 애굽에서 나온 후손들은 12지파별로 가나안 땅을 나누어 물려받았다. 약속을 하시고 그 약속을 반드시 이루신다는 점에서 이런 하나님을 '언약의 하나님'이라 칭한다. 이 약속은 구약성경 전반에 걸쳐 매우 중요한 주제가 되고 새로운 약속의 기반이 되기도 한다.

4) 미리 공표된 구속의 복음

"땅의 모든 족속이 너로 말미암아 복을 얻을 것이라"(12:3)

　아브람은 이 약속의 말씀에 대해 특별한 반응을 보이지 않았다. 그러나 다윗은 이 말씀을 들었을 때 놀라서 이렇게 말했다. "~ 주 여호와여 나는 누구이오며 내 집은 무엇이기에 나를 여기까지 이르게 하셨나이까. 주 여호와께서 이것을 오히려 적게 여기시고 또 종의 집에 있을 먼 장래의 일까지도 말씀하셨나이다. 주 여호와여 이것이 사람의 법이니이다"(삼하7:18-19). 즉 다윗은 주님이 약속하시고 계신 일은 단순히 인간들에게는 불가능한 일이고 따라서 메시아에 의해 가능한 일임을 알고 있었던 것이다.

바울은 이것에 대해 믿음을 통해 얻는 칭의를 다루면서 길게 논한다(갈3:6-9, 13-14). 이것은 믿음을 통한 구원의 복음이자 모든 민족을 위한 약속의 말씀이다.

<보너스> 구속이란?

1. 구속(redemption)의 개념은 원래 상업용어다. 어떤 것을 값(원금과 이자)을 지불하고 소유권을 되찾는 것이다. 주로 노예를 풀어주는 일에 적용된 용어로 '해방'을 뜻하기도 했다. 구약에선 '구속하다'(가알)는 말과 '기업 무를 자'(고엘)가 사용된다. 또 다른 히브리어 용어로는 '코페르'가 있는데 이 단어는 '몸값'(ransom price)을 의미한다(도망간 소가 이웃집 농부를 죽인 경우, 구속의 값을 치루는데 그것을 이를 때 '코페르'가 사용되었다). 헬라어로는 '뤼오'(풀어주다), '뤼트론'(몸값) 등이 사용되었다.

2. 예수님이 우리의 구속자가 되셨다고 하는 것은 자신의 생명을 값으로 지불하고 우리를 죄에서 자유하게 했다는 뜻이다. 엠마오로 가는 두 제자가 예수님이 이스라엘을 구속할 선지자로 믿었는데 십자가에서 처형당하자 실망감을 표했다(눅24:17-21). 그들은 예수님의 구속이 영적 구속이라는 사실을 몰랐다.

3. 바울은 갈라디아서에서 창 12:3을 해설하면서 구속하기 위해 오셔야 할 분은 오직 그리스도라고 지적했다(갈3:16).

(승) 믿음의 선물과 언약체결(12:4-16장)

1) 약속의 땅(12:4)

아브람은 말씀을 따라 가나안 땅에 도착했다. 최소한 1,600km에 달하는 거리였다. 탁월한 성경해설가인 도널드 반하우스는 동양인인 그가 서양 세계에 발을 디딘 것이라 했다. 그러나 그곳에는 아무것도 없었다. 그는 이방인으로서 임시 장막에서 정처 없는 삶을 살았다. 설상가상으로 기근이 들어(12:10) 애굽으로 갔다가 바로에게 아내를 빼앗길 뻔했다.

2) 고난으로 얻은 부(12:20)

애굽에서 나올 때 아브람은 바로의 선물을 얻어 졸지에 부를 얻게 되었다. 하나님은 이렇게 우리가 인식하지 못하는 가운데서도 우리의 복락을 위해 일하신다.

3) 롯과 분리(13장)

하나님의 작정하신 때(카이로스)가 임하면 이별을 각오해야 한다. 롯은 약속의 자녀가 아니기에 하나님은 아브람과 롯을 분리해야만 했다.

4) 언약의 체결(15장)

롯과 분리 후 하나님은 아브람과 재차 언약을 체결하신다. 그 주요 내용은 다음과 같다.

---

① 나는 네 방패요 너의 지극히 큰 상급이다(15:1)
② 네 몸에서 날 자가 네 상속자다(4)
③ 아브람이 여호와를 믿으니 그를 의로 여겼다(6)
④ 이 땅(애굽 강에서 유브라데 강까지/18)을 네게 주어 네 소유로 삼겠다(7).
　　단, 네 자손은 400년 동안 이방에서 객이 되어(13), 4대 만에 돌아올 것이다(16).
⑤ 너는 장수하다가 평안히 조상에게로 돌아갈 것이다(15).

---

5) 이스마엘을 얻다(16장)

하나님의 약속의 성취가 보이지 않자 사라의 마음이 요동쳤다. 그녀는 자신의 몸종인 하갈을 남편에게 보내어 육적인 후손을 얻고자 했다. 그러나 이스마엘은 약속의 자녀가 아니었다. 이후 하나님은 13년 동안 아브람과 사라에게서 떠나 침묵의 시간을 가지셨다.

> **<보너스> 믿음의 단계들** [1]
>
> ① 인간적 관점에서 볼 때 불합리한 것을 행하라는 요구를 받는다. 이때 순종으로 반응한다. ~ 아브람이 하나님의 말씀을 듣고(12:3) 따라갔다(12:4). 말씀을 듣고 순종한 것은 믿음의 작용이다. 하나님은 아브람에게 믿음을 선물로 주시어 당신의 말씀에 반응하도록 하셨다. 히브리서 기자는 아브라함이 부르심을 받았을 때에 순종했다고 했다(히11:8). 이같이 성경적 믿음은 단순히 하나님의 믿고 그 믿음에 따라 행동하는 것이다. 행함이 없는 믿음은 그 자체가 죽은 것이요(약2:17), 헛것(20)이다.
>
> ② 약속의 땅에 진입했지만 아무것도 없었다.
> ~ 그러나 그는 낯선 땅에서 외인의 신분이었고 소유할 땅이 없어 단지 장막에 거주했다. 아브람은 하나님을 믿고 따랐는데 혹시 실수한 것이 아닌가 하는 의아심이 들었다. 그래서 그는 유혹에 걸려 애굽으로 내려가기도 했다(12:10-20). 이후에도 그의 삶은 투쟁의 연속이었다. 심지어 조카 롯을 구하기 위해 가솔들을 이끌고 직접 전쟁에 뛰어들기도 했다(14장).
>
> ③ 아브람은 75세에(12:2) 많은 민족의 조상이 될 것이라는 하나님의 약속을 받았다.
> ~ 그러나 늙어가는데 아이는 태어나지 않았다. 조바심이 난 그는 86세에 하갈에게서 이스마엘을 얻었다(16:16). 이스마엘은 하나님이 약속하신 아이가 아니었다. 실망하신 하나님은 13년이라는 긴 침묵의 시간이 흐른 뒤 아브람이 99세가 되었을 때(17:1) 비로소 다시 오셔서 아브람과 맺은 언약을 상기하면서 다시 한번 아브람이 여러 민족의 아버지가 될 것이라 언급하시면서 이름을 아브라함으로 고치시고 민족들과 왕들이 네게서 나올 것이라 말씀하셨다(17:4-6).
>
> ④ 약속의 성취를 위해 하나님은 기적을 베푸신다

---

[1] 제임스 몽고메리 보이스, 문원욱 역, 〈창세기Ⅱ, 새로운 시작〉, 솔라피데, 57~60쪽.

> ~ 한층 성숙해진 아브라함은 하나님의 약속을 굳게 믿고 기다렸다. 바울은 이것을 이렇게 해설했다. "아브라함이 바랄 수 없는 중에 바라고 믿었다"(롬4:18). 드디어 사라는 그 다음 해에 약속의 아들이자 예수 그리스도의 조상인 이삭을 낳았다.
>
> ⑤ 믿음을 시험하셨다.
> ~ 갑자기 하나님은 이삭을 제물로 바치라고 하셨다. 이에 히브리서 기자는 이렇게 해설했다.
> "아브라함은 시험을 받을 때에 믿음으로 이삭을 드렸으니 그는 약속을 받은 자로되 그 외아들을 드렸느니라 그에게 이미 말씀하시기를 네 자손이라 칭할 자는 이삭으로 말미암으리라 하셨으니 그가 하나님이 능히 이삭을 죽은 자 가운데서 다시 살리실 줄로 생각한 자라 비유컨대 그를 죽은 자 가운데서 도로 받은 것이니라"(히11:17-19)

(전) 새로운 인생: 할례, 개명, 언약의 시험과 연단 등(17~22장)

1) 개명(17:5)

하나님은 당신의 소명을 받은 사람들에게 합당한 새 이름을 주신다. 그러므로 거듭난 하나님 사람의 이름에는 신적 소명의 뜻과 계획이 포함되어 있다.

아브람은 '많은 사람들의 아버지'라는 뜻이지만 아브라함은 '열국의 아버지'라는 뜻이다. 몽고메리 보이스는 이것의 의미는 단순한 의미를 넘어서 하나님이 아브람의 이름에 'ㅎ(h)' 자를 더하심으로써 실제로 숨소리를 더하신 것으로 매우 중요한 의미를 갖는다고 설명했다. 즉, 고대 히브리 사회에서 '숨'(breath, 루아흐)은 곧 '영'(sprit, 프뉴마)와 같은 것으로 언제나 하나님의 영과 관련되어 있다. 실제로 하나님이 아브람을 아브라함으로 부르셨을 때 강력한 숨 또는 영을 아브람의 이름에 더해 주신 것이다.

또 다른 의미로는 구약에서 하나님의 이름인 '여호와'(Jehovah), 즉 '야훼'(Yahweh)는 네 개의 자음(YHWY)으로 구성되는데 하나님의 이름을 입으로 부르는 일이 금지되었기에 대신에 '우리 주'라는 뜻의 '아도나이'(Adonai)로 읽었고 훗날 여기에 사용된 모음을 네 자음 안에 넣어 '야훼'로 발음하게 되었는데 바로 여기서도 하나님의 숨소리인 'ㅎ'가 나타난다. 즉, 하나님은 자신의 특성을 나타내는 하나님의 영의 숨소리를 아브라함의 이름에 더하시어 아브라함이 하나님의 영에 이끌리는 사람인 것을 암시하고 있다.

2) 할례(17:10-14, 23-27)

이스라엘은 최초의 언약공동체이다. 하나님은 이 공동체의 표지로서 할례를 택하셨다. 그 시초가 아브람과 그 가족에게 시작되었다. 하나님은 하나의 언약의 표로서 아브라함 가족의 '모든 남자'에게 난지 8일 후에(17:10, 12, 14, 23, 17) 할례를 행하라고 명령했다.

이것은 신약교회에서 세례를 예표하는 의식이다.[2] 단, 어린 자녀들의 언약 공동체로서의 지위가 명확히 부여되지 않아 유아세례에 대한 다른 입장들이 공존한다. 오늘날 언약공동체에 들어가려면 세례를 받아야 하므로 언약에 어린아이가 포함되지 않는다고 보는 그룹의 교회(예: 침례교 등)는 아이들의 세례를 허락하지 않는다. 그러나 언약 자녀들의 포함은 창세기에서 이미 시사되었다. 창 17장에는 아브라함의 '후손'이란 언급이 6회, '대대로'라는 언급이 3회나 반복된다(7-10, 19절). 이외 자녀들의 문제를 더욱 명확히 하기 위해 언약의 표인 할례의 표를 아브라함 가족의 '모든 남자'에게 난지 8일 만에 주어야 한다는 명령이 있다. 아브람은 이 하나님의 명령에 따라 집안의 남아들을 포함한 모든 남자에게 할례를 시행했다.[3] 아브람은 우리 모든 사람(그리스도인)의 조상이시다(롬4:16).

3) 반복되는 죄성

거듭난 사람에게도 여전히 죄성은 남아 있다. 존 오웬은 이를 '죄의 경향성'이라 하고 이 기울어지는 형상에서 자신을 지키라고 조언한다.[4] 아브라함에게도 육신의 삶을 보전하기 위한 자기보호 본능이 여전히 존재했다. 기근이 들자 가족을 데리고

---

2) 프란시스 쉐퍼(F. Schaeffer)의 〈세례〉를 참조하라.
3) 히6:13-18은 아브라함과 맺은 언약은 불변한다는 것이고 그것은 오늘의 시대에 구원된 우리도 포함된다는 것을 아 주 명확히 보여준다.
4) 존 오웬의 〈죄 죽이기〉를 참조하라.

애굽을 갔던 그는(12장) 다시 가나안 땅에서 궁핍한 삶을 면치 못하자 환경이 좀 더 나은 네게브 땅의 그랄 지역으로 옮겨갔다. 그러나 여기서도 그는 그랄 왕 앞에서 아내를 누이라 속여 말했고 당연히 그랄 왕은 미모가 뛰어난 사라를 취하려 했다. 이에 하나님은 밤에 아비멜렉 왕에게 현몽하여 범죄를 막으시었다. 놀란 아비멜렉은 곧 아브라함에게 화답의 선물과 함께 사라를 돌려보낸다(20:1-18).

4) 약속의 자녀, 이삭(21장)

드디어 사라가 아이를 낳았다(2). 성경은 이것을 '하나님이 말씀하신 대로 사라를 돌보셨다'고 했다. 즉, 하나님은 스스로 하신 약속을 그대로 성취하셨다는 것이다. 사라는 아들을 두 손으로 안으며 너무나 행복한 나머지 크게 웃고 말았다. 노년에 얻은 아들이니 얼마나 귀하고 소중하고 감격했을까? 그 감격과 행복의 '큰 웃음'이 아들의 이름인 '이삭'으로 지어졌다.

~ 문제는 아브라함은 이삭을 사랑하고 그를 대단히 자랑스러워 했지만 오직 아들에게만 영적 소망을 집중했다. 21장과 22장 사이의 시간적 간격을 볼 때 아브라함은 여러 해를 블레셋에서 지내면서 아들을 바라보며 조용히 쉬었음을 알 수 있다. 약속의 자녀를 얻은 아브라함은 이제 애굽 여인 하갈과 그의 아들 이스마엘을 내보내고 말았다(21:8-21).

한편, 아비멜렉의 종들이 아브라함의 우물을 빼앗는 일이 발생하자 아브라함은 이를 책망했고 이에 두 사람은 우물을 파서 브엘세바라는 이름을 붙이고 서로 맹약한다.[5] 이후 아브라함은 브엘세바에 에셀 나무를 심고 거기서 영원하신 하나님의 이름을 불렀으며 여러 날을 지냈다(21:34).

~ 여기서 우리는 하나님의 반전이 있음을 목도한다. 생존에 급급해 하나님을 대적하는 블레셋 지경으로 들어간 아브라함의 무모한 여정에도 결국 하나님은 그곳 이방지역에서 아브라함으로 하여금 하나님의 이름을 부르도록 하셨다. 에셀 나무를 심고 하나님의 이름을 불렀다는 것은 아브라함 나름의 예배를 드렸다는 의미가 된다. 이렇게 믿음의 사람은 어디서든 믿음의 흔적을 남기게 된다.

---

5) 몽고메리 보이스는 아브라함과 아비멜렉이 보여주는 상호존경을 높이 평가했다. 그러나 훗날 26장에서는 서로의 아들들이 만나 상호 이익을 위해 투쟁하는 모습이 일어나는데 브엘세바 맹약이 무색하게 된다.

5) 순종의 시험(22장)

갑자기 이 평화로운 세계가 깨지고 말았다. 하나님은 현실에 안주하는 아브라함에게 큰 시험을 던지셨다. "네 아들 네 사랑하는 독자 이삭을 데리고 모리아 땅으로 가서 내가 일러준 한 산 거기서 그를 번제로 드리라"(22:2)고 명령하셨다. 이 말에는 여러 의미가 숨어 있다. 첫째, 하나님은 이삭을 아브라함의 아들이자 아브라함이 사랑하는 아들로 취급하고 있다. 하나님이 주신 아들을 아브라함이 자기 소유로 착각하고 있음을 지적하는 말씀이다. 둘째, 이삭을 '독자'로 부르고 있다. 이스마엘 역시 아들이었지만 그는 이미 집을 떠난 후였다. 실제로 아브라함에게 남은 아들은 이삭뿐이었다. 셋째, 하나님은 "네 아들 네 사랑하는 독자 이삭을 번제로 바치라"고 요구하셨다. 한 마디로 아브라함에게 남은 유일한 소망을 버리라는 명령이었다. 그것은 아브라함에게 가장 순종하기 어려운 시험이었다.

이 지점에서 아브라함의 믿음이 하나님의 주권적인 약속의 말씀에 대한 확고한 믿음으로 자랐다는 것을 알게 된다. 얼마나 그가 신속히 행동을 했는지 성경은 이렇게 보도한다. "아브라함이 아침에 일찍이 일어나 나귀에 안장을 지우고 두 종과 그의 아들 이삭을 데리고 번제에 쓸 나무를 쪼개어 가지고 떠나 하나님이 자기에게 일러 주신 곳으로 가더니"(22:3). 이를 통해 우리는 아브라함이 하나님의 명령을 그대로 수행하기 위해 몸소 애쓰는 장면들이 눈에 들어온다.

① 먼저 그는 100세가 넘은 나이임에도 불구하고 직접 나무를 쪼개었다. 그는 종들에게 이 일을 시키지 않고 자신이 직접 이 일을 수행했다. 그 나무는 아들을 태우는 땔감이었는데 장작을 만들면서 아브라함의 머릿속에는 어떤 생각들이 담겨 있었고 어떤 심정이었을까? 정말 갈등은 없었는가?

② 준비를 다 한 다음 아브라함은 아들과 두 종들을 데리고 아침 일찍 길을 떠났다(22:3). 이때 사라의 모습은 보이지 않았다. 아마 아브라함은 사라 몰래 이 일을 준비한 것처럼 보인다. 아니면 사라에게 다른 번제를 드리기 위해 길을 떠난다고 말을 했을지도 모른다.

③ 아브라함은 3일 길을 걸어 모리아 산에 도착했다. 3일은 '영원'이다. 그 영원 속에서 비록 명령을 따라 길을 나섰지만 아브라함은 하나님이 정말 약속을 지키실

지 고민하고 갈등했을 것이다.[6] 드디어 멀리서 산을 보자 그는 동반한 종들을 여기서 기다리라고 하고 이삭만을 대동하고 산으로 향한다. 이때 이삭은 "번제할 어린 양은 어디에 있느냐?"(7) 하고 아버지에게 물었다. 아브라함은 "하나님이 친히 준비하실 것"(8)이라 대답했다. 그러나 아브라함은 산 위에 제단을 쌓고 나무를 벌여놓은 다음 이삭을 결박하고 칼을 들어 아들 이삭을 내리치려 했다(9-10). 바로 이때 여호와의 사자가 나타나 이삭에게 손을 대지 말라고 급히 새로운 명령을 내렸다(12). 대신에 뿔이 수풀에 걸린 숫양을 잡아 번제로 드렸다(13). 이것을 기념하기 위해 아브라함은 그 땅의 이름을 '여호와 이레'(하나님이 준비하시다)라고 명명했다.

이제 모든 시험은 끝났다. 남은 것은 시험을 통과한 것에 대한 하나님의 보상이다. 그 보상은 하나님이 스스로 "내가 나를 가리켜 맹세하노니"(16)는 말씀으로 시작한다. 이것은 절대로 불변하는 약속임을 재차 상기시키는 축복이다. 그런 다음 하나님은 "내가 네게 큰 복을 주고 네 씨가 크게 번성하여 하늘의 별과 같고 바닷가의 모래와 같게 하리니 네 씨가 대적의 성문을 차지하리라"(17)고 하셨고 무엇보다 압권은 "또 네 씨로 말미암아 천하 만민이 복을 받으리라"(18)고 선언하셨다. 부모에게 자식이 복을 받아 번성하게 된다는 축복보다 더 즐거운 소리가 어디 있을까? 집으로 돌아오는 부자의 발걸음이 또한 얼마나 기쁘고 즐거웠을까를 상상해 본다.

(결) 세 가지 사건과 죽음(23:1-25:11)
(아브라함의 말년에는 주요한 세 가지 사건이 등장한다.)

1) 사라의 죽음(23장)

사라의 일생은 믿음의 조상 아브라함의 아내로서 주어진 일에 충실한 삶이었다. 그녀의 삶은 전체적으로 경건했지만 아들을 위해하는 다른 요인들에 대해선 가혹하리만큼 단호하고 무자비했다. 종의 자식인 이스마엘이 이삭을 괴롭히자 그녀는 당장 모자를 집안에서 추방했다.

---

6) 도날드 반하우스에 따르면, 갈등과 번민에도 불구하고 아브라함은 부활을 기대하는 믿음을 가진 것이라 해설했다.

그런 그녀에 대해 성경은 두 구절을 통해 소개하고 있다. 하나는 이사야서이고 다른 하나는 베드로전서이다. 이사야서는 "조상 아브라함과 너희를 낳은 사라를 생각하여 보라"(51:1-2)고 권하고, 베드로전서는 남편 아브라함을 주라 칭하며 순종한 여인으로 소개한다(3:3-6). 사라는 아브라함과 거의 60년을 훨씬 뛰어넘게 결혼생활을 했다. 그녀는 127세에 죽었는데 하란을 떠날 때 이미 그녀의 나이가 65세였고 아브라함과 사라는 그 이전에 이미 결혼을 했다. 이렇게 긴 세월 동안 오직 한 사람의 아내로 충성한 여인으로 사라의 인격과 믿음과 순종은 모든 여인의 본보기로 손색이 없다. 한편 사라의 모든 행동은 오직 약속의 자녀인 이삭의 계보에서만 구원이 있을 것이라는 확고한 믿음의 발로였다.

~ 특별히 아브라함은 헷 족속 소할의 아들 에브론에게 값을 치루고 막벨라 굴을 매입했는데 이 상거래는 그리스도인이 어떻게 세상과 거래를 하는지를 가르쳐 준다. 아브라함은 최대한 예의를 갖추어 정중하게 요청했고 에브론도 예의를 갖추어 상거래에 응했다(창23:6-11). 그리스도인은 언제 어디서나 겸손해야 한다(벧전 3:8). 한편, 아브라함이 에브론의 밭을 매입한 것은 사라를 매장하기 위한 것일 뿐 아니라 비록 자신은 가나안 땅에서의 60년에 이르는 삶 동안 한 번도 거주해 보지 못하였지만 "이 땅을 네 자손에게 주리라"(12:7)는 하나님의 약속에 대한 그의 확신을 실행한 것이며, 이 땅의 매입으로 드디어 가나안 땅에서의 첫 소유지가 생긴 것이다. 훗날 하나님은 모세를 통해 토지 매매에 대해 이렇게 규례를 반포하셨다. "토지를 영구히 팔지 말 것은 토지는 다 내 것임이니라 너희는 거류민이요 동거하는 자로서 나와 함께 있느니라"(레25:23).

2) 이삭의 배필(24장)

창 24장은 창세기에서 가장 긴 장(67절)이고 세 장(75절)을 차지한 홍수 이야기를 제외하곤 단일 이야기로는 가장 긴 내용을 담고 있다. 헨리 모리스는 "이 사랑 이야기는 인간 구속사에 있어서 매우 중요하다'고 하면서 "신약에 따르면 이삭은 그리스도의 모형이기 때문에 이삭이 그의 아버지가 위탁한 종의 직무를 통해 신부를 찾는 이야기와 이방인들 중에서 그리스도의 신부(고후11:2)를 찾기 위해 성령

님을 보내시는 것(행15:14)과 유사하다"고 해설했다. [7]

이 본문은 다섯 부분으로 구성되어 있다.

① 아브라함이 가장 신임하는 종(다메섹의 엘리에셀?[8])에게 친척 중에서 이삭의 배필을 찾으라고 명령한 부분(1-9절)

② 종이 사막을 건너는 여행과 우물에서 리브가를 극적으로 만나는 장면(10-27절)

③ 종이 라반의 집을 찾아 자기 임무에 대한 설명과 그의 요구에 대한 상대방 부모의 긍정적 반응 (28-53절)

④ 열흘 동안의 잔치와 리브가의 수락과 함께 종이 리브가를 데리고 즉시 가나안으로 돌아오는 장면(54-58절)

⑤ 리브가 가족의 축복과 함께 가나안으로 떠나는 것과 그녀가 들에서 기다리던 이삭을 만나고 결혼하는 장면(59-67절)

특별히 이 이야기에서 관심을 덜 받는 부분은 '종의 기도'이다. 그는 "나의 주인 아브라함의 하나님 여호와를 찬송하나이다 나의 주인에게 주의 사랑과 성실을 그치지 아니하셨사오며 여호와께서 길에서 나를 인도하사 내 주인의 동생 집에 이르게 하셨나이다"(24:26-27)라고 기도했다. 이 기도는 소돔을 위한 아브라함의 중보를 제외하곤 성경에 기록된 최초의 기도이다. 아브라함의 종이 이렇게 기도하는 것을 어디서 배웠으며 그가 여호와를 믿는 믿음이 어디서 생긴 것인지 놀라게 한다. 찰스 스펄전은 이것에 대해 "아주 종종 가족 중 한 사람에 의해 하나님이 나머지 사람들을 자신에게로 이끄시는 경우가 발생한다"고 설명했다.

3) 후처 그두라와 그 자손들(25:1-6) 및 아브라함의 죽음(25:7-8)

사라가 죽은 후 아브라함은 그두라(히, 케투라)를 후처로 얻어 그 사이에 여섯 아들을 두었다. 그런데 창세기에는 사라가 죽은 후에 그두라를 얻은 것처럼 기술하지만 실제로는 그 이전에 이미 함께 살았던 것으로 보여진다. 다른 성경에는 그두라가 아브라함의 첩으로 기록되었다(대상1:32). 한편 창세기는 그두라에게서 난

---

7) 제임스 몽고메리 보이스, 문원욱 역, 〈창세기II, 새로운 시작〉, 솔라피데, 442쪽.
8) 대체적으로 15:2에 언급된 엘리에셀로 보지만 그러나 24장의 이야기는 대략 60년 이후에 일어난 일익 때문에 엘리에셀이 생존할 가능성이 매우 적다. 그러므로 24장에 등장하는 종은 이름이 알려지지 않은 새로이 충성된 종일 것이다.

여섯 아들이 팔레스타인 동쪽에 살고 있는 아랍인의 조상으로 묘사되고 있다(4-6절). 그들을 통해서도 아브라함은 열국의 아버지가 되었다.

아브라함은 175세의 나이로 수명을 다한 끝에 열조에게로 돌아갔다. 이는 창 15:15에서 하나님이 하신 약속이 그대로 성취된 것을 보여준다.

<보너스> 벧후 1:5-8의 덕목들과 아브라함의 믿음의 열매들[9]

"너희가 더욱 힘써 너희 믿음에 덕을, 덕에 지식을, 지식에 절제를, 절제에 인내를, 인내에 경건을, 경건에 형제 우애를, 형제 우애에 사랑을 더하라~"

① 믿음
~ 아브람이 여호와를 믿으니 여호와께서 이를 그의 의로 여기셨다(15:6). 그는 독자 이삭을 번제물로 바치라는 하나님의 명령에 순종했다(22장).

② 덕(아레텐-도덕적 탁월성)
~ 아브라함은 롯과 헤어지면서 양보의 성품을 드러내었다. 그러나 동방 왕들의 소돔 공격으로 포로로 잡혀간 롯을 구하기 위해 위험을 무릅쓰는 대단한 용기를 발휘했으며 또 멜기세덱을 만나 소득의 십분의 일을 바쳤다.

③ 지식
~ 그는 시간이 흐를수록 하나님에 대한 지식을 더해갔다. 하나님은 아브라함에게 수시로 나타나 자신을 계시하시며 아브라함을 지식으로 성장시키셨다. 마이어(F.B. Meyer)는 "아브라함은 전 생애에 걸쳐 하나님의 신학대학의 학생이었다"고 평가했다.

④ 절제
~ 아브라함은 절제하지 못하고 자신의 정욕을 발산하기도 했다. 그러나 그는 열심히 기도함으로써 의지를 다져갔다. 특히 소돔과 고모라의 심판을 앞두고 그가 하나님께 드린 간절한 기도(18:23-32)는 강하게 단련되고 절제된 믿음의 열매로서 결과적으로 그는 하나님의 주권적 의지에 복종한다.

---

[9] 몽고메리 보이스, 452~460쪽을 함께 참조하라.

⑤ 인내

~ 인내는 지속적인 순종으로 나타난다. 아들을 번제로 바치라는 하나님의 불합리한(?) 요구에도 아브라함은 불평하지 않고 끝까지 인내하며 하나님을 신뢰했다. 그는 빠져나갈 길을 찾으려고 하나님과 논쟁을 했거나 명령의 취소 혹은 연기를 요청하지도 않았다.

⑥ 경건

~ 경건은 '하나님 같음'(God likeness)이다. 이 덕목은 자연스럽게 인내의 열매로 나타난다. 그는 가는 곳마다 하나님을 위한 제단을 쌓았다. 한 번쯤 지나칠 수도 있을법한 일임에도 그는 인내하며 하나님 앞에 자신의 경건을 잃지 않았다.

⑦ 형제 우애(필레오)

~ 아브라함은 그와 관계를 맺은 모든 이들을 선한 마음으로 대했다. 그는 독한 사람이 아니었다. 하갈과 이스마엘을 보낼 때에도 자신이 직접 명령하지 않고 아내에게 미루었다(16:6). 그는 자신의 종까지 신임하고 임무를 맡겼다.

⑧ 사랑(아가페)

~ 아브라함은 진심으로 하나님을 사랑한 사람이었다. 그리고 가족과 모든 이들을 사랑했다.

2. 이삭

2-1. 이삭과 이스마엘

1) 두 족보

창 25장에는 두 족보가 연이어 나온다. 하나는 '아브라함의 아들 이스마엘의 족보'(12절)이고 다른 하나는 아브라함의 아들 이삭의 족보'(19절)이다. 둘 다 아브라함의 자식이기 때문에 족보 이야기가 나란히 소개되는 것은 지극히 당연하다. 그러나 여기에는 숨겨진 영적인 이유가 있다. 먼저 하나님은 아브라함에게 이스마엘을 열두 부족의 조상으로 삼아 그에게 복을 주어 생육하고 번성케 하겠다"(17:20)고 말씀하셨다. 그에 따라 이스마엘의 열두 아들은 모두 각 부족의 두령이 되었다. 장자 느바욧은 나바티안의 조상이 되었고, 게달은 모든 아랍인들의 일반적인 호칭이 되었으며, 두마는 '듀마트 알-잰들'이라는 마을 이름으로 흔적을 남겼고, 데마는 '테이마'로, 여둘은 '이두래'로 전래된 것으로 본다.

그런데 이삭의 족보는 매우 단순하다. 그의 나이 40세 때까지 결혼을 하지 못했고 결혼 후에도 60세가 되어서야 겨우 쌍둥이 두 아들을 얻었을 뿐이다. 이삭을 얻을 때에도 아브라함은 100년을 기다려야 했다. 이렇게 약속의 계보는 쉽사리 출현하거나 수적으로도 번성하지도 못했다. 이에 대해 "왜 하나님이 이런 방식으로 약속의 자녀들을 다루시는가?"하는 의문을 가지도록 한다. 결국 이런 방식을 통해 하나님은 약속의 자녀들을 연단하시며 우리의 인내를 훈련시키신다. 이것이 두 족보를 나란히 비교해 놓은 진짜 의도이다.

2-2. 이삭의 생애

1) 번제물로서의 이삭

~ 아브라함이 100세 낳은 아들 이삭은 성품이 온유하고 겸손하고 정직하여 전체적으로 평온한 삶을 지냈다. 그의 결정적인 신앙의 면모는 번제 사건 때 드러났다. 하나님은 아브라함의 믿음을 시험코자 사랑하는 독자 이삭을 번제로 바치라고 명

령했다(창 22:1~2). 아브라함은 20대 중반의 청년이 다 된 아들을 데리고 모리아 산으로 향했다. 산 정상에 이르자 아브라함은 아들을 결박하고 칼을 들어 이삭을 죽이려 했다. 그럼에도 이삭은 아버지에게 대항하거나 뜻을 거스르지 않고 마치 순한 양처럼 순순히 아버지가 하라는 대로 순종했다. 신학자들은 이 사건이야 말로 예수님이 십자가에 달리실 때를 예표하는 구약의 사건으로 평가한다. 결국 하나님은 아브라함과 이삭의 믿음과 순종을 시험하신 후 이후 이삭의 전 생애를 축복하셨다.

2) 방랑 생활
~ 그는 40세에 이르러 외삼촌의 딸 리브가를 아내로 맞았고, 60세에 쌍둥이 아들 에서와 야곱을 낳았다. 잠깐의 위기도 있었다. 아버지의 때와 같이 가나안 땅에 흉년이 들자 그랄로 내려가 거주했는데 거기서 아버지와 똑같이 아내를 누이라 속이고 위기를 모면하려 했다. 이삭은 그랄에서도 복을 받아 농사를 지었는데 100배의 열매를 거둘 만큼 부자가 되었다(창26:12-13). 이에 블레셋 사람이 그를 시기하였고 그랄 왕 아비멜렉은 이삭을 찾아와 그랄 지역을 떠나라고 강권했다(26:16). 할 수 없이 이삭과 일행은 그랄 골짜기로 물러나 장막을 치고 거주하였다. 여기서 이삭의 종들은 샘의 근원을 얻기 위해 우물을 팠으나 그랄 목자들이 우물들을 강탈하는 사건이 발생했다. 이삭은 그들에게 아버지가 파놓았던 우물과 에셀, 싯나, 르호봇 우물들을 모두 빼앗기고 말았다(26:18~22).

3) 정착
~ 그랄에서의 삶을 청산한 이삭은 브엘세바에 정착한다. 밤에 이삭에게 나타난 하나님은 그에게 두려워 말라고 위로하며 네게 복을 주어 자손이 번창하게 될 것이라고 약속했다. 이에 이삭은 그곳에 제단을 쌓고 하나님의 이름을 부르며 예배를 드렸다(26:23~25). 나이가 많아진 이삭은 리브가와 야곱의 계략에 못 이겨 에서가 아니라 야곱에게 장자의 축복을 했다. 이삭은 180세에 헤브론에서 죽고 막벨라 굴에 장사되었다(35:28~29).

시네마 구조	내용 및 관련성경
기	1. 탄생(창 21: 2~3): 브엘세바('맹세의 우물'. 이스라엘 영토의 남방한계선 2. 이름: 아브라함이 하나님의 '아들 약속'을 듣고 웃었다(17:17~19)는 기사에 근거하여 이름을 지음. 3. 할례(21:4): 낳은 지 8일 만에 행함.
승	1. 이스마엘의 분리(21:8~21): 약속의 자녀라는 의미를 전개함 2. 번제물 시험(22장): 하나님에 대한 아브라함과 이삭의 순종시험 3. 사라의 죽음(23:1~20): 막벨라굴에 안치됨 4. 이삭의 배필(24장): 두 가지 조건 ① 우상숭배자와의 혼인을 피한다 ② 리브가를 데리고 옴으로써 이삭이 약속의 땅을 떠나지 못하도록 함
전	1. 아브라함의 죽음(25:7~8): 175세 2. 두 아들의 탄생: 에서는 '익숙한 사냥꾼'(낍볼/창 10:8 참조)이고 야곱은 '조용한 사람'(25:27) 3. 그랄 이주(26장): 그랄은 '정지' 혹은 '정체'라는 뜻으로 이삭은 아버지의 전철을 답습했다. 4. 다시 브엘세바로(26:23): 드디어 밤에 하나님이 나타나셨다(28:24).
결	1. 나이가 많아(27:1): 눈이 어두워졌다(장자권 사건의 배경) 2. 야곱에 대한 축복기도(27:27~29, 28:3~4) 3. 에서에 대한 저주의 기도(27:39~40) 4. 야곱을 밧단아람으로 보내다(28:5) 5. 죽음(35:27~28): 헤브론(훗날 다윗의 창업지)에 묻히다.

3. 야곱

3-1. 하나님의 선택(로마서 9장의 해석)

　이삭의 쌍둥이 아들의 출생에 대한 로마서 9장을 요지는 두 아이 중 에서가 장자로서 진취적이고 활발하여 아버지 이삭의 총애를 한몸에 받았고 동생인 야곱은 내성적이고 조용한 아이여서 어머니 리브가의 사랑을 받았지만 분명한 사실은 에서는 메시아의 계보를 이어가기 위한 하나님의 선택을 받은 자가 아니었다는 것이다. 하나님은 "에서는 미워하고 야곱은 사랑했다"(13절)는 말씀으로 이 선택의 신적인 주권을 극명하게 선언하셨다. 이로써 하나님은 자신의 택함을 받아 구원을 받을 자들을 야곱의 후손으로, 반대로 택함을 받지 못한 자들을 에서의 후손으로 대비하신 것이다. 다시 말해 단순히 아브라함의 육적인 후손이 아니라 약속을 받은 영적인 후손들, 즉 유대인과 이방인으로 구성된 새로운 이스라엘 공동체를 무조건적인 사랑으로 구원의 은혜를 베푸심을 만천하에 선포하신 것이다.

> **<보너스> 무조건적 선택(Unconditional election) 교리**
>
> **01. 성경기록**
> ~ 출33:9/롬9:15-16, 시14:1, 44:3, 65:4, 말1:2-3, 행13:48, 롬9;13, 11:29, 갈4:28, 엡1:4-6 외
>
> **02. 예정의 개념적 정의**
> ~ 예정은 구속에 대한 하나님의 영원한 작정(테타크메노이)을 의미한다. 어떤 사람(하나님의 자녀)은 영원한 생명이, 어떤 사람(마귀의 자녀)에게는 영원한 저주가 예정되었다. 약속의 자녀는 구원으로 육신의 자녀는 멸망으로 이끄신다.
> "곧 육신의 자녀가 하나님의 자녀가 아니요 오직 약속의 자녀가 씨로 여기심을 받느니라"(롬9:8)

~ 이러한 선택은 개인적으로 일어나며 이것은 개인적인 부르심으로 나타난다. 하나님이 이삭과 야곱은 부르셨으나 이스마엘과 에서는 부르시지 않으셨다.
"모세에게 이르시되 내가 긍휼히 여길 자를 긍휼히 여기고 불쌍히 여길 자를 불쌍히 여기리라 하셨으니 그런즉 원하는 자로 말미암음도 아니요 달음박질하는 자로 말미암음도 아니요 오직 긍휼히 여기시는 하나님으로 말미암음이니라"(출33:19, 롬9:15-16)

~ 하나님의 선택적 섭리는 '여호와의 분깃'으로 택하신 '백성'의 단위로도 선포된다.
"여호와의 분깃은 자기 백성이라 야곱은 그가 택하신 기업이로다"(신32:9)
"여호와가 우리 하나님이신 줄 너희는 알지어다 그는 우리를 지으신 이요 우리는 그의 것이니 그의 백성이요 그의 기르시는 양이로다"(시100:3)

~ 예정과 선택은 우리의 공로 때문이 아니라 무조건적인 하나님의 은혜의 결과이다.
"그런즉 이와 같이 지금도 은혜로 택하심을 따라 남은 자가 있느니라 만일 은혜로 된 것이라면 행위로 말미암지 않음이니 그렇지 않으면 은혜가 은혜 되지 못하느니라"(롬11:5-6)
"너희가 나를 택한 것이 아니요 내가 너희를 택하여 세웠나니 이는 너희로 가서 열매를 맺게 하고 또 너희 열매가 항상 있게 하여 내 이름으로 아버지께 무엇을 구하든지 다 받게 하려 함이라"(요15:16)
"인간의 선택은 조건적이지만 하나님의 선택은 무조건적이며 일방적이다. 전자는 민주적이지만 후자는 독재적이시다. 하나님의 독재는 전지전능하심으로부터 발효된다."(John Benton) (시115:3)
"구원이란, 아무런 가치 없고 보잘 것 없는, 그 어디를 봐도 구원을 받을만한 조건이 없는 존재에게 값없이 주시는 무조건적인 선택이다."(Leslie Parrott, "What does it mean to be saved?")

~ 하나님의 기뻐하신 뜻 외에 어디에서도 선택의 이유를 찾을 수 없다.

"그들이 자기 칼로 땅을 얻어 차지함이 아니요 그들의 팔이 그들을 구원함도 아니라 오직 주의 오른 손과 주의 팔과 주의 얼굴의 빛으로 하셨으니 주께서 그들을 기뻐하신 까닭이니이다"(시44:3)

~ 예정의 교리를 통해 구원의 비밀을 맛본 사람만이 '진정한 겸손'에 이르게 된다. 예정의 교리를 알기 전에는 '영원한 선택'이 하나님이 값없이 베푸시는 자비의 샘에서 나온다는 사실을 알지 못한다. 이 가르침을 인하여 '값없는 선택에 따라서' 구원을 받았다는 것을 깨닫고 드디어 하나님께 영광을 돌리게 된다.

"그러므로 나의 사랑하는 자들아 너희가 나 있을 때 뿐 아니라 더욱 나 없을 때에도 항상 복종하여 두렵고 떨림으로 너희 구원을 이루라. 너희 안에서 행하시는 이는 하나님이시니 자기의 기쁘신 뜻을 위해 너희에게 소원을 두고 행하게 하시나니"(빌2:12~13)

~ 모든 구원의 경륜이 하나님과 그 아들의 수중에 있다. 하나님이 그리스도 안에서 택하시어 영생의 자녀로 삼은 백성을 그분의 손에서 빼앗아 갈 자는 아무도 없다.

"내가 그들에게 영생을 주노니 영원히 멸망하지 아니할 것이요 또 그들을 내 손에서 빼앗을 자가 없느니라. 그들을 주신 내 아버지는 만물보다 크시매 아무도 아버지 손에서 빼앗을 수 없느니라"(요10:28-29)

~ 예정의 비밀은 하나님이 감추어두신 '가장 고상한 지혜'에 속한다. 이 지혜의 비밀을 이성으로 이해하고자 시도하는 모든 호기심들은 단지 미로를 헤맬 뿐이다. 하나님의 은밀한 뜻은 오직 그분 자신의 말씀으로만 드러난다. 그러므로 이 경이로운 교리를 이해하기보다 경외해야 할 것이다(기강 3.21.1). 그러므로 우리는 일종의 '유식한 무식'을 견지해야 한다.

"하나님이 세상의 미련한 것들을 택하사 지혜 있는 자들을 부끄럽게 하려 하시고 쌍의 약한 것들을 택하사 강한 것들을 부끄럽게 하시며 하나님이 세상의 천한 것들과 멸시받는 것들과 없는 것들을 택하사 있는 것들을 폐하려 하시나니"(고전1:27-28)

03. 예지 예정론 반박
~ 하나님은 공로를 미리 아시고 자신의 은혜를 받을 가치가 있다고 예지하신 사람들을 자녀로 선택했다고 주장하는 이론으로 롬8:29-30과 벧전1:2를 근거로 제시한다.

"하나님이 미리 아신 자들로 또한 그 아들의 형상을 본받게 하기 위해 미리 정하셨으니 이는 그로 많은 형제 중에서 맏아들이 되게 하려 하심이니라. 또한 미리 정하신 그들을 또한 부르시고 부르신 그들을 또한 의롭다 하시고 의롭다 하신 그들을 또한 영화롭게 하셨느니라"(롬 8:29-30)

"곧 하나님 아버지의 미리 아심을 따라 성령이 거룩하게 하심으로 순종함과 예수 그리스도의 피 뿌림을 얻기 위해 택하심을 받은 자들에게 편지하노니 은혜와 평강이 너희에게 더욱 많을 지어다"(벧전1:2)

여기서 '미리 아심'(forknow)은 단순히 '무엇을 미리 알다'라는 것 이상의 의미를 가진다. 아담은 하와를 알았고(창4:1), 하나님은 예레미야를 아직 태중에 있을 때 알고 계셨으며(렘1:5), 하나님은 이 땅의 모든 족속 가운데 이스라엘 너희만 알았다고 말씀하셨고(암3:2), 예수님은 창세 전부터 미리 알리신 바 된 분이셨다(벧전 1:20). 하나님은 그분이 예정하신 모든 사람을 미리 아셨다. 그러므로 이 말은 하나님이 미리 예정하신 그 사람들을 미리 아셨다는 뜻이다(마이클 호튼).

~ 예정은 하나님의 무조건적이고 일방적인 은혜에 따른 것이기에 미리 자질을 헤아리고 그 예지에 따라서 작정했다는 주장은 인간의 행위나 상태에 의거한 선택이므로 잘못된 주장이다. 하나님은 우리 자질을 불문하고 택하심이니 택자들의 공로가 아니라 오직 택하신 분의 기뻐하심에 따른 것이다. 그러므로 예정을 예지에 종속시키려는 것은 어리석은 일이다.

04 무조건적 선택

~ 창세 전에 '그리스도 안에서' 택하심이 있었다(엡1:4-6). 이는 오직 그리스도의 은혜로 말미암은 무조건적인 선택을 의미한다. '거룩하고 흠이 없게 하시려고' 택하셨으므로 자질이나 공로(선행)가 예정에 앞서지 못한다. 거룩함이 선택에서 나온 것이지 거룩함 때문에 선택하신 것이 아니다. 우리의 겸손은 예정으로 말미암은 것이지 우리가 겸손하기에 예정된 것이 아니다.
"하나님의 은혜는 선택을 받아야 할 자들을 발견하는 것이 아니라 만드는 것이다"(어거스탄/기강3.22.8)

~ 하나님은 '오직 자기의 뜻과 영원 전부터 그리스도 예수 안에서 우리에게 주신 은혜대로 우리를 선택하셨다(딤후1:9). 하나님이 오직 자신의 기쁘신 뜻대로 우리를 택하신 것은 우리를 자신의 은혜를 찬양하는 도구로 삼고자 함이다(엡1:6, 12, 14).

~ 사람의 잣대로는 하나님의 은밀한 뜻을 측량할 수 없다. 하나님의 섭리와 판단은 우리의 헤아림을 넘어선다. 하나님의 뜻에서 우리는 사물들의 필연성을 찾을 수 있다. 하나님은 원하시는 모든 것을 행하신다(시115:3). 사람의 넘어짐도 하나님의 섭리에 다른 것이다. 그러나 사람은 무고히 넘어지는 것이 아니라 자신의 죄악 때문에 넘어진다. 타락의 원인은 하나님이 그렇게 예정했기 때문이 아니라 사람의 불순종으로 일어난 것이다. 그러므로 예정론이 무책임한 사람을 만든다는 비난은 터무니없다(3.23.2-9).

3-2. 야곱의 일생

1) 야곱의 출생과 성장

야곱에 관한 기사는 분량도 많이 차지할뿐더러(창25~50장) 창세기의 핵심을 차지한다고 해도 지나치지 않다. 야곱이란 이름은 히브리어 '아케브'(뒤꿈치를 붙잡다. 빼앗다)에서 유래했다. 그는 출생할 때부터 형 에서의 발 뒤꿈치를 잡고 나왔는데(창25:26) 하나님은 야곱이 태어나기도 전에 어머니 리브가에게 큰 아들이 작은 아들을 섬기게 될 것이라 알려주었다(25:23. 롬9:12).

　장성한 두 형제는 각자 다른 기질과 직업을 가지게 되었다. 거칠고 호방한 성격의 형 에서는 사냥꾼이 되어 아버지에게 별미를 만들어 주어 총애를 받았다. 반면에 조용한 편인 야곱은 농사를 지으면서 주로 어머니와 교제했는데 나중에 리브가와 야곱은 서로 공모하여 에서의 장자권을 가로채고 말았다(27:36).

2) 장자권을 뺏은 야곱

　이 사건으로 아버지와 형의 눈 밖에 나 야곱은 어머니의 고향인 하란으로 도망을 가게 되었다. 가는 도중에 벧엘에서 야곱은 천사들이 사다리를 오르락 내리락 하는 꿈을 꾸었다. 사다리 꼭대기에는 여호와 하나님이 계셨고, 이때 하나님은 야곱에게 언제나 그를 보호하고 가나안 땅으로 다시 돌아가게 할 것을 약속했다(28:1-22).

　하란에서의 야곱의 삶은 고난의 연속이었다. 인과응보대로 야곱은 형을 속인 것과 같이 외삼촌 라반에게 수차례 속임을 당했다. 야곱은 라반의 둘째 딸 라헬과 결혼하기 위해 라반이 제시한 조건을 수락해야 했고, 라반은 적절하게 야곱을 속이는 데 성공하고 무려 20년간이나 야곱을 거저 부려 먹을 수 있었다. 우여곡절 끝에 야곱은 다시 속임수를 사용하여 재산을 늘린 후 라반의 손에서 벗어난다. 그러나 어느새 야곱에게는 네 명의 처와 11명의 아들과 딸 디나를 얻었다. 레아와의 사이에 장자 르우벤을 비롯해 시므온과 레위, 유다, 잇사갈, 스불론과 딸 디나를 얻었고, 라헬과의 사이에서 요셉 하나를 얻었고, 레아의 종 실바와의 사이에서 갓과 아셀을 얻었고, 라헬의 종 빌하와의 사잉서 단과 납달리를 얻었다(29:31-30:24).

3) 귀향

　라반과 헤어진 야곱은 고향을 향하여 길을 재촉했다. 그러나 야곱이 고향으로 돌아온다는 소문을 들은 세일 땅의 형 에서는 즉시 군사 400명을 거느리고 야곱을 맞으러 나왔다. 형과의 대면이 두려웠던 야곱은 무리를 두떼로 나누어 에서가 공격해 오면 다른 한 떼는 도망갈 수 있도록 계획했다. 브니엘에 머물고 있던 야곱은 형과의 화해를 위해 선발대를 통해 값지고 귀한 선물을 보냈다. 그날 밤 야곱은 꿈 속에서 한 사람과 밤새도록 씨름을 했다. 야곱은 자기를 축복해 주지 않으면 놓아주지 않겠다고 하며 끈질기게 그 사람에게 매달렸다. 할 수 없이 꿈에 나타난 그 사람은 야곱의 환도 뼈를 친 다음 야곱을 축복하고 또 이름을 '이스라엘'(하나님과 겨루어 이긴 자)로 개명시켜 주었다. 이 축복에 따라 결국 야곱은 에서로부터 용서함을 받고 형제의 우애를 나누게 되었다.

형과 헤어진 후 나중에 세일로 따라 가겠다고 한 형과의 약속을 어기고 야곱은 세겜으로 가서 정착했다(33장). 그러나 그곳에서 외동 딸 디나가 세겜 족의 추장인 하몰의 아들 세겜으로부터 성폭행을 당했다(34장). 이때 오빠들은 세겜이 디나와 결혼하기 위해선 먼저 세겜 족의 모든 남자들이 할례를 해야 한다는 조건을 제시했고 디나를 얻기에 정신이 팔린 하몰과 그 아들은 아무것도 모르고 할례를 시행했고 그들이 고통 중에 있을 때 시므온과 레위가 군사를 이끌고 성으로 쳐들어가 모든 남자들을 살해했다.

야곱과 그의 가족들은 그들이 지니고 있던 이방 신상들과 부적들을 모두 세겜 근처 상수리나무 아래에 묻어버린 후 벧엘로 향해 출발했다. 벧엘에서 하나님은 다시 야곱을 찾아오시어 그를 축복하셨고, 많은 국민과 약속한 땅을 줄 것이라고 약속하시었다(35장). 그 후 야곱은 에브랏(베들레헴)으로 이동했는데 가는 도중에 라헬이 베냐민을 낳다가 죽었다.

4) 말년

창 37장부터는 야곱과 요셉의 기사가 서로 상관적으로 등장한다. 야곱은 자신이 사랑하는 아내 라헬이 낳은 아들 요셉을 극진히 더 사랑했다. 그래서 요셉은 형들로부터 많은 시기와 미움을 받았다. 형들은 요셉을 미디안 상인에게 팔아 버리고 아버지에게 요셉이 맹수에게 찢겨 죽었다고 거짓말을 했다(37:1~28).

그러나 요셉은 애굽에서 총리가 되어 아버지와 형들과 가족들 70명을 애굽으로 초청했다. 죽기 전에 잃어버린 아들을 보고 싶어 한 야곱은 가나안의 삶을 청산하고 애굽으로 이주했다. 애굽에 도착할 때 그의 나이는 130세였다(47:1~12).

죽음을 직감한 야곱은 마지막으로 요셉의 두 아들 에브라임과 므낫세를 축복했고(48장) 열두 아들의 장래를 예언해 주었고(49장) 그리고 특별히 유다를 상속자로 약속했다(49:10). 야곱은 자신의 시신을 아브라함과 이삭이 묻힌 막벨라 굴에 장사할 것을 유언했고 애굽 사람들도 70일 동안 야곱을 애곡했다(50:3).

3-3. 평가

성경은 야곱이 속임수나 세속적인 계략을 이용하여 성공하려 했던 사기꾼이었음을 솔직하게 묘사했다. 그는 내성적인 사람이었으나 속으로는 큰 야심을 품은 사람이었다. 그러나 그의 야심은 하나님에 의해 모두 포기되어야 했고, 때론 극심한 하나님의 시험과 징계로 고통을 겪어야 했다. 그의 인생행로는 참으로 파란만장한 것이었다. 형을 속인 대가로 고향을 떠나 먼 하란 땅에서 타향살이를 해야 했고, 가나안 땅에서도 이리저리 유리해야 했으며, 외동딸이 겁탈을 당하는 수모도 겪어야 했으며 결국 애굽에서 생을 마감해야 했다. 그런 인생이 하나님에게 붙들리자 하나님의 사람으로 변화되었다. 그는 자신의 힘과 의지와 계략을 버리고 하나님에게 의지하고 하나님과 동행하는 믿음의 사람이 되었다. 성경은 그를 두고 '야곱의 하나님'(시20:1, 46:7, 사2:3, 미4:2), '야곱의 왕'(사41:21)이라 부르기를 주저치 않고 있다. 그리고 이스라엘 역사에서 야곱은 자기의 이름이 이스라엘 민족 전체를 대표하는 명칭이 되는 영광을 누리게 되었다.

4. 요셉

4-1. 요셉의 삶

1) 부모의 편애

　요셉은 야곱이 가장 사랑하던 아내 라헬로부터 얻은 첫 아들이자 열한 번째 아들이다. 야곱은 늙어서 낳은 아들 요셉을 남달리 사랑하여 특별히 채색옷(소매가 달린 긴 겉옷)을 지어 입혔는데 이것이 형들의 시기심을 자극하였다. 결국 형들은 요셉을 애굽으로 가는 미디안 상인에게 팔아넘기고 아버지에겐 동생이 짐승에게 찢겨 죽었다고 거짓말했다. 요셉의 이름의 뜻은 '하나님의 은혜가 더해지다'이다. 이름처럼 그는 평생 동안 하나님의 은혜를 풍성하게 받은 인물로 성경은 기록하고 있다. 요셉 역시 할아버지 이삭처럼 아이를 낳지 못하는 여인에게 하나님이 은혜를 베풀어서 태어나게 되었다(창30:22~24).
　요셉이 태어난 후 야곱과 그의 가족들은 메소포타미아의 밧단아람을 떠나 가나안 땅으로 이주한 뒤 헤브론에 정착했다. 이곳에서 그들은 유목생활을 했다.

2) 애굽으로 팔려가다

　애굽으로 팔려온 요셉은 많은 다른 종들처럼 애굽인을 섬기는 종이 되어야 했는데 하나님의 도우심으로 그는 바로 왕의 경호대장인 보디발 장군의 집에 팔려갔다. 보디발은 요셉의 정직함과 성실함으로 보고 그에게 가정 총무직을 일임했고 요셉은 그의 집안 대소사를 모두 관장하게 되었다. 그러나 그에게 불행의 그림자가 닥쳤다. 안주인의 음란한 욕망은 아름다운 청년인 요셉을 가만두지 않았다. 어느 날 그녀는 요셉을 유혹했다. 그러나 요셉은 미처 겉옷을 챙길 새도 없이 그 자리에서 도망을 쳤다. 결국 요셉은 억울한 누명을 쓰고 왕의 죄수들과 함께 수감되었다. 이 또한 은밀하신 하나님의 돌보심의 결과였다.

3) 13년간의 수감생활

　감옥에 갇힌 동안 요셉은 함께 수감된 바로 왕의 술 따르는 신하와 떡 굽는 신하

의 꿈을 해석해 주었으며 특별히 술 따르는 신하에게 석방되면 자신의 사정을 왕에게 청원해 달라고 부탁했다. 2년 후, 바로 왕은 건강한 일곱 암소와 앙상한 일곱 암소의 꿈을 꾸었는데 아무도 꿈을 해석하는 이가 없게 되자 이때 술 따르는 신하가 문득 요셉을 기억하고 그를 왕에게 추천하였다. 바로 왕 앞에 서게 된 요셉을 위해 하나님은 꿈을 해석할 수 있는 지혜를 주셨다. 요셉은 바로의 꿈이 애굽에게 닥칠 7년 동안의 풍년과 7년 동안의 기근을 예고하는 것으로 풀이해 주었다. 이 놀라운 해몽에 탄복한 왕은 즉시 요셉을 애굽의 총리로 삼고 자신의 인장 반지를 건네주며 나라를 다스리는 권세를 허락하였다. 그리고 요셉의 이름을 '사브낫밧네아'(신이 말씀하시고 신은 살아계시다)로 고쳐주고 온(헬리오폴리스)의 제사장 보디베라의 딸 아스낫을 아내로 주었다.

4) 반전의 인생

과연 요셉의 예언대로 드디어 온 세상에 풍년과 기근이 교차로 일어났다. 이때 가나안에 살던 야곱과 그 가족들에게도 기근이 일어났다. 요셉의 형들이 식량을 구하기 위해 애굽으로 건너왔고 우여곡절 끝에 형제들은 눈물의 상봉을 했으며 요셉의 초청을 받은 야곱과 그 가족 70여 명은 애굽으로 이주하였다. 요셉과 그 가족들은 하나님의 약속대로 큰 민족을 이루어 나갔다(46:2~4, 47장).

5) 두 지파의 조상

야곱은 죽기 전에 요셉과 요셉의 두 아들 에브라임과 므낫세를 특별히 축복해 주었다. 따라서 요셉의 후손들은 이스라엘 열두 지파 가운데 두 지파를 차지하게 되었다. 야곱의 장례식은 부유한 애굽인들만이 치룰 수 있는 미이라 매장법에 따라 성대하게 거행되었다(50:2-3). 요셉도 110세를 일기로 숨을 거두었다.

요셉 이후 약 400여년이 흐르자 히브리인들은 애굽인들의 노예가 되었다. 하나님은 모세를 통해 이스라엘 백성을 430년 만에 애굽으로부터 해방시키셨다. 출애굽 후 요셉 지파는 가나안 땅에서 긴네렛 호수(갈릴리 호수)와 사해 사이를 분배받았다. 그러나 남북 분열 이후 에브라임과 므낫세 지파는 북이스라엘의 중심세력이 되어 유다와 대립의 길을 걸었다.

5. 본문해설

1) 하나님의 이름

~ 하나님은 처음이자 마지막(알파와 오메가)이시며 모든 것의 주인이시기에 하나님 스스로 이름이 필요치 않으신 분이십니다. 그러나 인간의 입장에서 하나님을 부르는 호칭이 필요하기에 "나는 스스로 있는 자"(I am who I am, 출3;14)라고 자신을 소개하였다. 여기서 히브리 음역을 따라 우리말로 '여호와' 혹은 '야훼'(Yahweh)라는 이름이 만들어졌다. 성경에는 '여호와'와 관련된 명칭들이 다수 등장한다. '여호와 이레'(여호와가 준비하신다), '여호와 샬롬'(하나님을 찬양하다), '여호와 닛시'(승리하시는 하나님), '여호와 삼마'(함께 거하시는 하나님), '여호와 라파'(치료하시는 하나님)등이 있다.

~ 이외 하나님과 관련된 칭호들이 있다. '엘로힘'(Elohim)은 전능하시며 절대 주권을 가지신 하나님을 뜻한다. 어원은 '엘'(el)인데 끝말에 '엘'이 붙으면 모두 하나님과 연관된다. '이스라엘'은 '하나님과 겨루어 이기다'는 뜻이고, '벧엘'은 '하

나님의 집'이며, '아리엘'은 '하나님의 제단'을 뜻한다. '엘 엘론'은 '지극히 높으신 하나님'이며 '엘 샤다이'는 '전능하신 하나님', '엘 로이'는 '감찰하시는 하나님'이며 '엘 올람'은 '영원하신 하나님'을 의미한다. 이외 유대인들은 하나님의 이름을 감히 부를 수 없어서 보통 '주님'이란 뜻의 '아도나이'(Adonai)라고 부른다.

2) 왕들의 칭호
~ 왕들에 대한 각 나라와 민족들의 칭호가 다양하다. 로마 황제의 일반적 칭호는 '가이사'(혹은 케자르, 아우구스투스)이고, 애굽(이집트)의 왕은 '바로', 블레셋 왕은 '아비멜렉', 세겜 왕은 '하몰', 몽고족은 '칸', 러시아 황제는 '차르'이다.

3) 살렘 왕 멜기세덱(14:18)과 십일조(마아셀)의 문제(14:20)
~ '살렘'은 예루살렘의 고대 명칭으로(시 76:2) '평화' 혹은 평강'(히 7:1)이란 뜻이고, 멜기세덱(마르키 체택)은 '의의 왕'이란 뜻이다. 멜기세덱이 누구냐에 대한 견해로는 구약의 경건한 신앙인 즉 셈이나 에녹 혹은 욥으로 보는 것과 천사나 성령의 현현으로 보는 견해와 순수한 신앙을 가진 이방인 왕이라는 견해 등이 있다. 성경은 그를 아론의 반차와 관계없이 제사장직을 수행한 그리스도의 예표로서(히 7:11~25) 상징화시키고 있는데 이런 연유로 그의 시작과 끝, 출생과 족보를 밝히지 않고 모세로 하여금 기록하지 않게 했다고 본다.
~ 원래 십일조는 성전이나 신전에서 종사하는 제사장을 비롯한 직업인을 위해 자신의 재산이나 생산물 중 수입의 일부를 자발적으로 드리던 일종의 세금으로서 고대 셈족 문화권 외에도 널리 시행되던 제도였다. 이 제도가 훗날 모세의 규례에 성문화되어 나타난다(레 27:30~33, 민 18:21~31, 신 12:5~18). 그리하여 십일조 제도는 단순히 선정에 종사하는 레위인과 제사장의 생계 보장만이 아니라 하나님이 모든 신앙의 삶의 주인 되심을 인정하고 감사를 드리는 제도로 정착했다. 즉 십일조는 복을 얻기 위해 하나님께 드리는 조건부 뇌물이 아니라 택함받은 자가 마땅히 만물의 창조자이며 역사의 주관자인 하나님께 기꺼이 자발적인 미음으로 드리는 신앙과 사랑의 표시이다(롬11:26). 십일조는 일반적으로 세 가지로 분류된다.

> ① 제1 십일조: 레위인의 생계를 위해 일반 백성들이 자신의 소출에서 1/10을 바치는 것.
> ② 제2 십일조: 잔치 비용이나 제단 등의 성전 기구를 수리하는 비용으로 사용된 것.
> ③ 제3 십일조: 안식년을 기준으로 제 3년과 6년에는 제2 십일조를 모아 가난한 자와 고아, 과부 등을 돕는 구제로 사용한 것.

~ 유대인들은 이외 첫 열매 가운데 일부를 하나님께 바쳤으며, 일명 '큰 예물'이라 부르는 처음 거둔 곡식과 포도주와 기름과 양털 일부를 제사장에게 주었다.

4) 믿음과 의(15:6)

~ '종교개혁의 기치인 '이신칭의'의 근간이 되는 구절로 많이 알려져 있다. 아브람의 '믿음'(아만)에는 하나님의 약속에 대한 인격적 신뢰와 의지, 특히 3:15에 계시된 '여인의 후손' 즉 메시아에 대한 믿음으로 확신했다는 의미가 포함된 단어이다. 믿음의 결과로서 '의'는 정확히는 의의 옷을 입은 것이다. 인간은 죄악의 수치를 가리기 위해 모든 수단과 방법을 강구해 보지만 모두가 무익하다. 오직 하나님께서 덧입혀 주시는 '은혜의 옷' 즉 '칭의'만이 그 죄악을 가릴 수 있다(롬 3:23, 4:7-8, 계 19:8). '의로 여기시다'에서 '여기다'는 '정하다'(시 106:30), 혹은 '짊어지게 하다'로 이는 한 마디로 '전가된 의'를 말한다. 성경에는 세 가지 전가가 나타난다. 아담의 죄를 전 인류에게 전가시키고(롬 5:12), 인류의 죄를 그리스도에게 전가시키고(사 53:5-6, 고후 5:14-15), 그리스도의 의를 모든 택함 받은 자 인류에게 전가시킨 것이다(롬 4:18-24).

5) 여호와의 사자(16:7)

~ 구약에 나타나는 여호와의 사자는 보통 하나님에 의해 피조되고 부림을 받는 영(히 1;14)으로서 천사를 지칭하는데 때론 그룹이나 스랍 등으로 나타나기도 한다. 그러나 특별한 경우엔 하나님과 동격으로 표현되고(출 3:2-12, 삿 6:11-14), 하나

님 자신으로 소개되기도 했다(28:16-22, 삿 2:1-4). 이를 종합하면 여호와의 사자는 신격을 가지신 하나님이라는 사실이 입증된다. 한편으로 여호와의 사자는 성육신 이전의 그리스도라고 보는 견해가 지배적이다. 왜냐하면 그리스도의 성육신 이후 여호와의 사자의 출현이 중단되었고, 다른 호칭인 '기묘자'가 그리스도에게도 동일하게 사용된 것(삿 13:18, 사 9:6)을 고려하면 구약에 나타난 여호와의 사자는 성육신 이전의 그리스도를 지칭하는 용어임을 알 수 있다.

6) 할례(circumcision, 17:9~14)
~ 히브리어 '몰로트'는 주위를 둥글게 자르다'는 뜻으로 유대 사회에서 남성 생기의 머리 부분을 덮고 있는 표피를 베어내는 것을 말한다. 자유인이든 종이든 이스라엘에 속한 모든 남자에게 의무적으로 행해졌으며 생후 8일 만에 시행했다. 이는 이스라엘 민족과 이방 민족을 구별하는 표식이며 동시에 하나님의 명령에 대한 인간적인 순종과 영원한 언약의 표가 되었다. 신앙적으로는 '마음의 할례'(신 10:16, 30:6, 렘 4:4, 겔 44:7)로 승화되었다.
~ 이 할례의 문제는 초대교회에서 뜨거운 감자로 대두되었다. 사도 바울은 이방인 개종자들이 육체의 할례를 먼저 받아야 그리스도인이 될 수 있다고 하는 할례파에 맞서 진정한 할례는 육신의 할례가 아니라 마음의 할례이며 믿음으로 의롭게 된 것을 확인하는 표에 불과하다고 말함으로 유대인과 이방인 간의 벽을 허물었다(롬 2:25~29, 4:9-13).
~ 신약시대의 세례는 구약시대의 할례를 대신하는 것으로 믿음과 구원의 징표이다. 예수 그리스도를 구주로 믿고 고백하는 자들에게 있어서 세례는 그들의 믿음의 표시가 된다.

7) 상관하다(19:5)
~ 히브리어 '야다'는 상대방을 안다는 뜻이나 여기에선 성교 즉, 동성애를 가리키는 완곡한 어법으로 사용되었다(삿 19:22). 동성애는 함의 후손인 가나안족 가운데 특히 만연한 죄악으로(레 18:22, 왕상 14:24), 성경은 하나님의 창조원리와 질서, 그리고 인간의 본래 본성을 거스르는 동성애를 엄격히 금하고 있다. 바울은 동

성애 행위자들을 일컬어 수컷과 암컷이라는 용어를 사용함으로서 동성애 행위가 짐승 같은 짓임을 경고하였다(롬 1:26-27, 고전 6:9).

8) 맹세와 계약(21:23, 28~31)

~ 맹세로 번역된 히브리어 '쇠바'는 원래 '일곱'을 뜻하는 '세바'에서 유래했다. 이는 맹세의 엄중성 및 불변성을 암시하는데 히브리인들은 7이란 숫자를 더하거나 감할 수 없는 신의 수 혹은 완전수로 여겼기 때문이다. 그리스도의 '가상칠언'은 대표적인 예이다(마 27장, 눅 23장, 요 19장).

~ 한편 아브라함은 브엘세바에서 아비멜렉과 상호불가침 조약을 체결하는데 이 조약의 신성 불가침성을 강조하고 상징하기 위해 일곱 암양 새끼를 아비멜렉에게 선물한다. 브엘세바는 '맹세의 우물'이라는 뜻이다.

9) 시험(22:1)

~ 시험에는 두 가지 종류가 있다. 하나는 공중 권세 잡은 사단에게서 비롯되는 악마적 시험으로 주로 유혹(temptation)과 관련된 것이요(창 3:1-6, 마 4:3, 살전 3:5), 또 하나는 하나님에 의한 시험으로 이것은 성도의 신앙을 테스트하시는 시험이다(출 16:22-25, 신 8:16 등). '우리를 시험에 들게 하지 마옵시고'라는 주기도문의 가르침은 늘 하나님의 자녀를 죄악에 빠트리기 위해 유혹하는 사단의 시험으로부터 성도를 지켜 보호해 달라는 기도이다.

10) 막벨라 굴(23:9)

~ '막벨라'는 '이중의'(double)란 뜻의 히브리어 '카팔'에서 유래했다. 학자들은 이중구조의 무덤에 대해 아마 입구가 두 개인 굴이거나 두 사람이 함께 거할 수 있는 공간이 있는 굴이거나 혹은 굴속에 또 하나의 굴이 추가된 굴 등 다양한 의견을 가지고 있다. 아브라함은 이 굴을 헷(Hittite) 족속의 에브론이라는 사람으로부터 매입했는데, 그는 합법적인 공증을 받기 위해 여러 증인들 앞에서 매매계약을 체결했으며 에브론 소유의 밭 대금까지 정확하게 지불한 것은 훗날 계약 무효를 주장하려는 모든 악한 시도를 방지하는 지혜로운 행동이었다.

11) 환도뼈 언약(24:3~8)

~ 아브라함은 죽기 전에 아들 이삭의 배필을 자신의 친척 중에서 고르는 일을 자신 소유의 늙은 종에게 의뢰했다. 그는 다메섹 출신으로 이스마엘과 이삭의 탄생 후에는 아브라함의 집사가 되어 주인을 평생동안 성실하게 섬긴 충성된 종이었다.

~ 환도뼈란 히브리어로 '야레크'로 다른 곳에선 '넙적다리'로 번역된다. 엉덩이와 무릎 사이의 넙적다리 부분을 가리키는데 생식기에 대한 완곡한 표현으로 특별히 맹세할 때 이곳에 손을 넣고 선서한다. 이런 맹세는 환도뼈가 있는 부분이 생명의 힘을 상징하는 곳으로 후손의 원천임을 상기시키고, 나아가 목숨을 걸고 맹세를 하는 행위로 간주되었다. 여자들의 경우 '넙적다리에 떨어졌다'라는 표현은 유산을 의미하는 것으로 본다(민 5:21~22)

12) 장자의 명분(25:34)

~ 아담의 범죄와 타락 이후 인간은 진정 가치 있는 것과 무가치한 것을 구별하지 못하는 어리석은 자로 추락했다. 성경은 에서를 가리켜 '망령된 자'라 하는데(히 12:16), 이는 하나님이 주신 생의 거룩한 가치와 기회를 가벼이 여기고 값싸게 다룬 것에 대한 비난이다. 예수를 업신여기며 무시한 헤롯왕과 바울의 전도를 흘려버린 아그립바 왕 역시 망령된 자였고, 오늘날에도 복음을 거부하고 세상적인 부와 향락을 즐기는 모든 불신자들의 행위는 에서의 전철을 밟고 있는 것이다.

13) 이삭의 축복(27:27~29)

~ '축복하다'는 히브리어로 '바라크'(헬. 율로게오)인데 이는 용도에 따라 다른 의미를 가진다. 즉 하나님을 향할 때엔 '경배하고 찬양하다'는 뜻이지만 반대로 하나님이 인간을 위해 사용할 때엔 '가장 좋은 것을 선물하다'라는 뜻이 된다. 야곱을 향한 이삭의 축복은 시적 형태로 표현된 예언으로 두 가지 내용으로 구성되어 있다. 하나는 비옥한 토지와 풍족한 식량으로 표현되는 지상의 축복이요 다른 하나는 열국에 대한 이스라엘의 통치권과 우위권을 상징하는 영적인 축복이다.

14) 고대 결혼제도(29장)

~ 지금처럼 1부 1처제도 있었지만 1부 다처제인 경우가 많았다. 그러나 중혼과 축첩은 다른 경우이다. 첩들은 정식 부인으로 인정받지 못하였으나 중혼에 의한 아내들은 모두 정식 부인의 권리가 주어졌다. 한편 누지 토판 등에 따르면 상전의 계집종은 그녀가 출가할 때 함께 가도록 규정하고 계집종이 낳은 자식은 상전의 소유가 되었다. 족장시대의 풍습이나 시대적 상황에 따라 중첩과 축첩행위가 일반화되었다고 하여 이러한 결혼제도가 하나님이 제정하신 결혼의 정신과 가치(2:18~25)에 부합하는 것은 아니다. 오늘날 기독교 윤리에서는 결코 용납되지 않는 것이다(마 19:4~6, 고전 7:2).

15) 드라빔(테라핌, 31:34)

~ 성경은 자세한 설명을 하고 있지 않으나 특정한 우상을 가리킬 때 사용되는 용어로 작은 크기의 수호신들을 일컫는다. 이스라엘은 드라빔 같은 우상을 소지하거나 숭배하는 것은 명백히 십계명을 어기는 것이지만 갈수록 보편화 되었다. 다윗의 처 미갈은 침대에 드라빔을 눕히고 옷을 입혀 속임으로 다윗을 사울의 손에서 빠져 나갈 수 있도록 도왔다(삼상 19:13~16). 누지(Nuzi) 문서는 드라빔이 상속권을 상징하는 것으로 기록하고 있다.

16) 야곱의 씨름(32:24~32)

~ 내용의 신비성으로 인해 이 사건의 역사성이 도전받아 왔다. 대체적으로 서너 가지 설로 나누어지는데 첫째, 천사가 꿈에 나타났다는 현몽설, 둘째, 무아지경 속의 이야기라는 설, 셋째, 영적 투쟁설, 넷째, 신화설 등이 있다. 그러나 실제로 야곱이 이 사건으로 뼈를 다쳐 잘 걸을 수 없게 된 점(32:31)과 훗날 호세아 선지자도 이 사건을 증언했다는 점(호 12:3~4)에서 역사성을 부정할 수 없다. 무엇보다 이 사건의 핵심은 실제냐 아니냐 하는 논쟁이 아니라 철야를 하면서 결사적으로 하나님의 응답을 이끌어내기 위한 야곱의 눈물겨운 기도를 기억해야 한다는 점이다.

17) 벧엘 서원(28:22)과 디나 사건(34장)

~ 벧엘은 야곱에게 있어서 가장 힘들고 괴로울 때 가장 뜨겁게 하나님을 체험한 곳이요 가장 순수한 마음으로 가장 진실하게 신앙을 고백한 서원의 장소였다. 그러나 하란에서 돌아온 야곱은 10년이 지났음에도 벧엘 서원을 지키지 못하고 있었다. 이런 점에서 디나 사건은 벧엘로 부르시는 하나님의 징계의 채찍이자 사랑의 초청장이었다. 하나님은 밧단아람에서 돌아온 야곱을 다시 축복하셨다(35:9). 그러나 자신들의 종교적 관행이란 미명 아래 세겜 성에 자행한 야곱의 아들들의 만행은 결코 용납될 수 없는 끔직한 죄악이었다.

18) 에서 곧 에돔(36장)

~ 언약적 맥락에서 기술되는 성경에서 에서의 생애와 후손의 계보가 소개된 것은 신정사에 있어서 언약 백성인 이스라엘과 밀접한 관계가 있기 때문이다. 한편으로 "두 국민 두 민족이 리브가의 복 중에 있다"(25:23)는 말씀이 성취되고 있다. 에서는 세 아내와 다섯 자녀를 두었다. 그들은 세일 산에 거주했는데 이 산은 이방의 땅 에돔을 대표하는 산으로서(겔 35:2) 언약의 땅 가나안의 시온 산(시 87:1~5)과 대조된다. 원래 이곳의 원주민은 호리족이었다. 성경은 이들의 중 7명의 족장과 21명의 족장 후예들을 소개하는데 에서의 자손들과 이들은 서로 통혼함으로써 혼합되고 동화되었다. 따라서 에서의 후손은 완전히 언약계열에서 벗어나 이방 민족이 되었다.

19) 꿈(할롬, 37:5)

~ 구약시대에서 환상(하존)과 함께 하나님께서 자신의 뜻을 인간들에게 알리실 때 사용하신 특별한 계시의 도구였다(민 12:6, 욜 2:28). 그러나 구원의 구체적인 청사진이라 할 수 있는 정경이 완성된 이후에는 이러한 계시 방식은 더이상 특별한 계시로서 사용되지 못하고 있다.

20) 성적 유혹(39장)

~ 39장에는 요셉을 향한 안주인의 성적 유혹(7~12)과 모함(13~18)이 기록되어 있다. 이 사건은 요셉의 일생에서 하나의 분기점과 일대 전환점이 되었다. 요셉이

이렇게 여인으로부터 유혹을 받은 원인은 그의 아름다운 용모 때문이었다. 특히 7절의 '눈짓'이라는 표현에서 성적 유혹의 죄는 눈에서 시작된다는 것을 알 수 있다. 하와도 선악과를 탐심의 눈으로 바라보다 범죄했다. 모름지기 성도는 욥처럼 눈의 정결을 위해 스스로 언약을 세우고 살아야 한다(욥 31:1). 한편 10절의 '날마다'는 죄의 속성을 가장 노골적으로 드러내는 말이다. 죄의 무서운 속성 중 하나는 끈질기다는 것이다. 청교도 신학자 존 오웬은 우리 안에 내주하는 죄를 날마다 죽여야 한다고 말했다. 죄의 몸을 죽이는 것이 성도의 삶이다.

21) 30세(41:46)
~ 히브리 민족에게 30세는 제사장 직분을 비롯한 성년 남자들이 모든 일을 맡을 수 있는 공식적인 나이였다(민 4:3, 23). 예수도 이 나이에 공생애를 시작한 것으로 알려져 있다(눅 3:23).

22) 5배나 주다(43:34)
~ 고대 근동의 풍습으로 더 많이 먹으라고 주는 것이 아니고 특별한 손님에 대한 예우나 존경의 표시로서 특별대우를 하는 관행이다. 특히 애굽인들의 숫자 개념에서 '5'는 완전하고 충분한 수를 뜻한다(45:22, 사 19:18). 한편 이 일을 통해 요셉은 이전에 형들이 자신의 채색옷에 대해 시기심을 가졌듯이 베냐민에 대한 특별대우에 대해서도 여전히 형들이 시기하는가를 시험해 보고자 하는 의도를 가지고 있었다.

23) 유다의 베냐민 중재(44:18-34)
~ 야곱이 생명처럼 아끼는 베냐민을 요구하면서 형들을 시험하고자 한 애굽의 총리 요셉을 향해 유다는 절대로 베냐민을 내줄 수 없다고 간구했다. 이러한 유다의 언행은 겸손과(18-19절) 아버지에 대한 지극한 효성과(20~31절) 그리고 베냐민 대신에 자기를 구속해 달라고 간청하는 자기희생의 모범(32~34절)을 보인 것이었다. 이로 인해 유다는 과거 불미스러운 며느리 다말과의 사건(38:12~18)에도 불구하고 야곱으로부터 "유다야 너는 네 형제의 찬송이 될지라"(49:8)는 놀라운 메시아 축

복을 받았다. 나아가 유다의 이 희생정신으로 말미암아 야곱 가정에 드리웠던 어둠의 그림자가 걷히고 새로운 화목과 사랑의 공동체로 발돋움하게 되었다.

24) 큰 구원(45:7)
~ 이것은 극심한 기근으로부터의 구원뿐 아니라 장차 야곱의 후손으로 오실 그리스도를 통한 영적 구원까지도 내포된 말이다. 후손으로 번역된 '쓰에리트'는 '남은 자'(remnant)를 의미하는데 이 '남은 자'는 그루터기로서 어떤 경우에도 멸하지 않고 영속한다고 하나님은 약속하셨다(사 1:9, 6:13, 렘 23:3 스 9:8).

25) 이스라엘(46:1)
~ 드디어 야곱과 그 가족이 요셉의 요청에 따라 애굽으로 이주하게 되는데 여기서부터 야곱은 이스라엘이라는 이름으로 불리어진다. 이는 새 언약으로 주어진 이름으로서 그의 애굽 이주가 단순히 개인적인 자격이 아니라 장차 메시아의 출현을 잉태하는 이스라엘 민족적인 차원에서 이루어진 역사적 사건임을 강조하기 위한 것임을 알 수 있다. 이러한 차원에서 야곱의 아들들이 바로에게 말하기를 영원히 정착하러 온 것이 아니라 잠시 지내러 왔다('구르', 47:4)고 말한 것은 하나님이 약속하신 가나안 땅으로의 복귀를 믿고 재천명한 것이다.
~ 한편, 야곱의 애굽 이주는 주전 1,876년경의 일로서 아브라함이 소명을 받은 지 약 215년 후이자 야곱의 나이 130세의 때이다. 이후 이스라엘 백성은 430년 만인 주전 1,446년에 출애굽했다.

26) 애굽 토지법(47:26)
~ 역사가 헤로도투스(BC 484~425년)가 기록한 요셉 당시 세운 애굽의 토지법의 골자에 따르면 첫째, 제사장 소유의 토지를 제외한 전 토지의 소유권은 국가에 두고 관리하는 것이고 둘째, 백성이 국가 소유의 토지를 경작할 때엔 소출의 1/5을 세금으로 바쳐야 한다는 것이다.

27) 머리에 얹고(48:14)

~ 안수 기도는 축복을 내려주는 상징이며 책임이나 영적 은사를 타인에게 전가하고 전수하는 공인된 형식으로서 신, 구약시대에 걸쳐 널리 사용되었다(출 29:10). 특히 히브리인들에게 있어서 '오른 손'은 능력 및 권능을 상징(출15:6~12, 신 33:2, 행 3:7)하는 것으로 야곱은 당연히 장자인 므낫세에게 오른손으로 안수하고 차자인 에브라임에게 왼손 안수를 해야 했지만 야곱은 하나님의 계획된 섭리를 영안으로 바라보고 에브라임에게 더 큰 오른손의 축복을 했다. 이것은 이성적인 판단보다 이성을 초월하는 신적 선택과 섭리의 원리를 더 우선시한 믿음의 행위였다.

28) 야곱의 아들들(49:1)

~ 야곱의 12 아들은 야곱의 육신의 아들들임과 동시에 이스라엘의 언약의 자손들로서 훗날 이스라엘의 12지파로 형성되고 마침내 신약의 12 사도로 발전하여 하나님 나라의 완성으로 이어진다. 그러므로 아들들에 대한 야곱의 축복은 구원받은 모든 성도들에 대한 축복의 기도인 셈이 된다. 그러나 단 지파는 훗날 구원의 인 맞은 수에서 제외되는데(계 7:5~8) 이에 대해 고대 교부들은 단 지파가 우상숭배의 진원지(삿 18:18, 왕상 12:29~30)였다는 점을 그 원인으로 꼽았다.

29) 야곱의 장례식(50:1~14)

~ 의술이 발달한 고대 애굽에서는 귀한 사람의 시신을 보존하고자 시신을 미이라로 만들었다. 애굽의 국장으로 치루어진 야곱의 장례는 애도 기간만 무려 70일 동안 이루어졌고 장지까지 약 500km의 거리를 이동하는 대 행렬이었는데 구속사적 관점에서 이 장례행렬은 훗날 출애굽의 행렬을 예표하는 사건으로 볼 수 있다.

30) 형제들의 화해(50:15~21)

~ 만약 요셉과 형제들의 화해가 없었다면 창세기는 빛과 생명으로 시작하여 장례식이라는 어둠의 이야기로 마감할 뻔했다. 그러나 아버지 야곱의 장례식을 마친 다음 요셉과 그 형제들은 진실한 회개와 용서가 어우러진 화해로 마무리되고 있다. 이러한 화해로 말미암아 이스라엘의 12지파는 뜨겁게 결속하는 계기가 된 것

이다. 이 땅에 세워진 모든 교회는 주 예수 그리스도의 몸에 붙은 지체들로서 한 몸을 이루어야 한다.

6. 창세기 결론

> 우주와 인류의 기원 문제는 인간의 이성적인 능력으로 깨달을 수 없고 오직 하나님의 계시와 믿음에 의해서만 알 수 있다(히11:3). 나아가 창세기는 명백하게 진화론 등 자연의 우연한 발생설들을 반대한다. 창세기는 단지 과학적 증명을 위해 쓰여진 책이 아니라 죄인의 구원을 위한 하나님의 말씀을 기록한 책이다.
>
> 하나님은 모세를 통해 우리가 하나님과 세상에 관해 바른 지식과 관점을 가지도록 당신의 말씀을 기록해 두셨다. 그러므로 창세기는 우주를 바라보는 창이요, 인간의 존재와 의미를 찾을 수 있는 유일한 답변서이자 삶을 이해하는 거울이다. 그러므로 창세기는 우리에게 가장 올바른 인생관과 세계관을 심어주는 귀중한 책이다. 이 세상에는 수많은 인생관과 세계관이 난립하며 서로 대립하고 있지만 그 어느 것도 우주와 사람의 기원에 대해 바른 이론을 제시하지 못하고 있다. 그것은 인간의 이성이나 경험에 의해 알 수 있는 영역이 아니기 때문이다.

<관련성경> **욥기**

1. 배경 설명

욥기는 족장시대 때(아브라함 시대)의 웃 땅에 거하던 욥이라는 사람에 대한 이야기로서 신앙생활에 있어서의 고난의 의미와 그 고난을 허락하신 하나님의 주권과 섭리에 대해 다루고 있다(단 욥기의 기록 시기는 포로시대 전후로 본다). 동방의 의인으로 불리던 욥에게 닥친 갑작스러운 고난을 통해 하나님은 무엇을 말씀하시고자 하는가? 이에 대한 질문과 답변이 욥기의 핵심 줄거리이다. 다시 말해 하나님 주권에 대한 인간의 모순과 갈등은 오직 순종으로만 해결된다는 교훈을 던진다.

우리는 힘들고 어려운 상황을 만날 때마다 왜 나에게 이런 고통이 생겼는지 의문을 갖는다. 그 어려움이 심하고 상황이 오래 지속되면 신앙을 잃어버리고 하나님을 원망한다. 하나님이 절대적으로 선하시고 절대적인 능력을 가지고 이 세상을 다스리고 계신다면 어떻게 이 세상에 나쁜 일이 나에게 일어날 수 있는 지 이해하지 못한다. 욥기는 이런 인간의 가장 근본적인 악과 고통의 문제에 대한 하나님의 답변서이며 하나님의 신정론을 다루는 중요한 교리서이다.

욥기는 순수한 이스라엘 문학 양식만 고집하는 것이 아니라 등장인물과 시대적 배경, 그리고 그들의 사상 등 이방적 요소들도 결합된 고도의 세련된 지혜문학의 성격을 지닌 작품이다.

2. 내용 구성

분류	성경구절		주요 내용
서론	1~2장		사단의 시험과 욥의 고난의 시작
본론	3:1~42:6	1차 논쟁 (4-14장)	1) 엘리바스(4-5장)과 욥(6-7장) 2) 빌닷(8장)과 욥(9-10장) 3) 소발(11장)과 욥(12-14장)
		2차 논쟁 (15-21장)	1) 엘리바스(15장)과 욥(16-17장) 2) 빌닷(18장)과 욥(19장) 3) 소발(20장)과 욥(21장)
		3차 논쟁 (22-31장)	1) 엘리바스(22장)과 욥(23-24장) 2) 빌닷(25장)과 욥(26-27장) 3) 소발(27-28장)과 욥(29-31장)
		엘리후의 평가 (32-37장)	1) 3차에 걸친 발언으로 세 사람의 의견을 반박하며 하나님을 변증함. 2) 하나님은 욥과 세 친구의 잘못은 추궁했으나 엘리후에 대해선 침묵함. 3) 기독론적 관점에서 엘리후를 그리스도의 모형으로 해석하기도 함.
결론	38~42장		하나님의 현현과 판결, 그리고 욥의 회개와 고난에서의 회복과 갑절 축복

3. 주요 메시지

1) 신정론(theodicy)의 이해

하나님이 과연 살아계신다면 세상이 이렇게 어지럽고 악인들이 활개를 칠 수 있을까? 이것은 모순이 아닌가? 하나님은 과연 공의로우신가? 라는 의문을 가지고 세상은 하나님의 존재를 부정하거나 적어도 하나님은 전능자가 아니라 악에 대해 힘겹게 싸우고 있는 연약한 존재라고 격하시키고 있다. 그러나 하나님은 잠시 이 세상에서 선과 악이 공존하는 것을 허락하셨으며 선악을 다 당신의 뜻을 이루는 도구로 사용하신다. 성경은 하나님이 악을 영원히 용납하지 않는다고 분명히 선포한다.

하나님은 결코 인간을 죽음이나 고통 받는 존재로 창조하지 않으셨다. 인간이 고통을 겪는 근본적인 책임은 인간에게 있다. 인간의 죄악이 모든 원인이며 죄악은 하나님의 뜻을 거스르는 것이다. 그러므로 어떤 인간도 하나님 앞에서 자신이 무죄하므로 고통을 받는 것이 억울하다고 말할 수 없다.

하나님은 세상 마지막 날에 선악을 철저히 갈라 그 행한 대로 보응하실 것을 분명히 경고하셨다. 단지 지금 그 심판을 유보하고 계실 뿐이다. 그러므로 잠시 악이 득세하고 승리한 것처럼 보일 수 있다. 하나님이 악에 대해 이렇게 유보하고 있는 것은 세상 모든 만민에게 회개할 충분한 기회를 주기 위함이다. 나아가 고통 속에서 하나님의 은혜를 더욱 깊이 사모하도록 하기 위함이다.

2) 욥기의 변론에 나타난 문제

욥과 친구들은 당대에 모두 하나님에 대한 지식이 출중한 자들이었으나 그것은 오직 자신들의 이성적인 능력에 의존한 지식들이었다. 그들은 하나님에 관한 심오한 지식과 지혜는 오직 하나님의 주권에 의한 계시에 의존하고 사색한 결과로 주어진다는 것을 간과했다. 욥의 친구들은 의인은 반드시 복을 받고 악인은 징계를 받는 다는 지극히 단순한 논리를 철저히 고수하며 하나님의 공의라는 잣대만을 가지고 욥을 정죄하였다. 이에 욥은 자신을 방어하고 정당화하기 위해 그 자신도 더욱 '자기 의'를 주장하는 어리석음에 빠졌다.

기독교 신앙은 단지 이론적 논리에 근거하지 않고 다양한 역사적 체험들에 근거한다는 것이 드러난다. 하나님은 당신의 주권적 능력을 강력하게 드러내심으로 욥과 친구들이 헛된 변론을 중단하고 보다 원숙한 신앙에 도달하도록 유도하셨다. 이처럼 우리는 하나님의 섭리를 완전히 깨달을 수 없다. 어떤 경우라도 이성으로 이해할 수 없는 것들이 있음을 인정하고 그때마다 하나님의 뜻과 도움을 먼저 구하는 자세를 가지도록 노력해야 한다.

3) 신인 동형동성론

고대 문명사회에서 신이 인간과 똑같은 모양과 성질을 가졌다는 사상으로 성경도 하나님을 인간과 같은 모습으로 표현을 한다. 물론 하나님은 전적으로 영적인 존재로서 그 어떤 형상도 취하시지 않으심이 원칙이다. 그럼에도 불구하고 하나님의 행동 또는 신체적인 묘사를 가시적으로 표현하는 것은 인격적인 하나님을 체험한 것에 대한 문학적인 표현 방법으로서 하나님의 존재를 더욱 실감 있게 증거하고 인간에게 더욱 가까운 분이시라는 것을 강조하기 위함이다. 마침내 예수 그리스도는 인간의 모습을 취하시어 이 땅에 내려오신 하나님이자 완전한 인간이셨다. 즉 성육신 그 자체가 바로 신인 동형동성론의 성취인 것이다.

4. 본문 해설

1) 욥(1:1)

~ 욥이란 이름은 고대 셈족 문헌에 가끔 등장하는데 그 이름의 뜻은 명확치 않지만 대체적으로 두 가지 설을 유지한다. 하나는 '하나님의 대적자'란 뜻의 히브리어 '아야브'에서 유래했다는 설과 다른 하나는 '회개하는 자'라는 뜻의 아랍어 '아오브'에서 유래했다고 보는 설이 있다. 성경에서 욥은 '완전하고 정직한 자'(탐)이자 '하나님을 경외(야레)하는 자로 소개된다. 겔 14:14, 20에는 다니엘과 함께 욥을 고대의 영웅으로 소개한다.

~ 욥이 살았던 시대를 족장시대로 보는 이유는 머리말(1:1~2:13)과 끝맺는 말(42:7~17)에 주전 2,000년경의 족장시대가 배경으로 등장하고, 성소나 제사장의 참석 없이 족장들처럼 개인적으로 제사를 드린 점, 또 아브라함과 야곱처럼 가축을 재산의 척도로 삼고 있는 점, 다른 족장들처럼 장수한 점 등이 근거가 된다.

2) 천상회의(1:6, 2:1)

~ 욥기에는 두 차례에 걸친 천상회의 장면이 기록되어 있다. 이는 인간사 배후에 영적인 존재의 역사가 개입되고 있음을 실증한다. 특히 욥기에서 사단은 계시록에서처럼(계 12:10) 하나님과 그의 백성들 사이에서 이간자요 고소자로 등장한다. 이 회의에서 하나님과 사단은 욥을 가운데 두고 일종의 내기를 하는 듯 인상을 주

는데 그러나 하나님은 고난이라는 수단을 통해 욥에게 보다 심오한 영적 통찰력을 주시고자 사단의 계교를 잠시 허용하셨을 뿐이었다. 하나님은 모든 것을 합력하여 선을 이루게 하시는 분이시다(롬8:28).

3) 사단의 고소(2:4)
~ 사단의 고소의 내용은 다음과 같다. 먼저 욥의 신앙은 위선적이라는 것이다. 욥이 큰 환난 가운데서도 하나님을 찬양한 것은 그렇게 함으로써 하나님이 다시 자신에게 복을 주실 것이라고 기대하기 때문이라는 것이다. 다음으로 사단은 욥에게 주신 고통이 그리 크지 않다는 것을 말하고 있다. 재물과 자녀들까지 잃었지만 욥이 견딜 수 있는 것은 자신의 생명에 관한 문제가 아니기 때문이라고 주장한다.

4) 욥의 세 친구(2:11)
~ 욥기의 전체적인 내용은 욥이 받은 고난에 대한 전개로 시작하여 세 친구의 각각 세 차례에 걸친 변론과 욥의 항변, 그리고 젊은 엘리후의 평가와 하나님의 최후 변론으로 구성되어 있다. 이 중 세 친구들의 주장은 초기 야훼 신앙의 단초들을 엿보는 통로가 된다. 즉, 오늘날처럼 계시의 불빛이 그리 밝지 못했던 시절의 히브리인들이 가진 하나님에 대한 신앙의 진면목을 유추할 수 있다. 당시 히브리 신앙을 세 친구들을 통해 요약하면 첫째, 인과응보의 신앙이요 둘째, 선행이 구원의 조건이라는 것이며 셋째, 타인을 정죄함에 있어서 자기 의를 내세운다는 것이다. 세 친구들은 이러한 논리를 가지고 욥을 비난하고 있는데 이는 율법과 선지서와 지혜서 등 구약을 상징하는 것으로 보기도 한다.

5) 엘리후(32:2)
~ 엘리후는 '그는 나의 하나님이시다'라는 뜻이다. 욥기에서 엘리후는 네 차례에 걸쳐 변론을 하는데 제일 마지막 순서로 등장한다. 이는 그가 제일 나이가 어린 이유에서였다. 그는 하나님을 무서운 심판자로만 인식하는 욥과 세 친구들의 관점에 대해 시련의 원인과 목적을 연단이라는 차원에서 이해하며 '하나님의 긍휼'을 강력히 내세우고 있다(33:24). 이처럼 엘리후의 영적인 식견은 욥과 세 친구들을 능

가하는 수준이었으나 엘리후 또한 욥이 당하고 있는 실제적인 고통과 내적인 갈등에 대한 뾰족한 대책을 제시하고 있는 것은 아니다.

6) 폭풍우 가운데에서(38:1)

~ 폭풍우로 번역된 히브리어 '싸아르'는 주로 '광풍'(시 55:8, 83:5) 혹은 '회오리바람'(겔23:19, 30;23)을 지칭한다. 성경에는 회오리바람으로 현현하시는 하나님을 묘사하기도 한다(시 18:10, 겔 1:4, 슥 9:14), 하나님께서 침묵을 개고 폭풍 가운데에서 나타나셨다는 것은 두 가지 의미를 내포한다. 하나는 불평과 원망으로 가득 찬 욥이 모든 변론을 들으시고 드디어 공의로우신 하나님의 무서운 재판이 시작된다는 것을 폭풍으로 표현한 것이고, 다른 하나는 고난의 정확한 의미를 몰라 우왕좌왕하던 욥과 변론자들 모두에게 모든 문제의 정답을 가지신 하나님께서 회오리바람처럼 일거에 의문과 무지를 휩쓸어 버림을 상징하는 현현이다.

7) 티끌과 재 가운데서 회개하나이다(42:6)

~ 이러한 회개의 모습들은 구약성경에 자주 등장한다(삼하 13;19, 에 4:1, 사 58:5, 렘 6:26, 겔 27:30, 욘 3:6). 티끌과 재 가운데 있다는 표현은 자신이 티끌과 재만도 못한 존재임을 인정하고 겸손의 자리에 선다는 의미이다. 고난 받기 전에 욥은 근본적이며 전적으로 인간의 본성이 타락하고 부패하였으며 의를 행하기에 무능력한 존재이며 자신의 힘으로 자신을 구원할 수 없다는 것을 확실히 깨닫지 못하였지만 생사를 가를만한 엄청난 시련과 고통을 통해 욥은 보다 철저히 죄를 고백하고 오직 하나님의 은총을 바라보게 되었다. 이러한 욥의 회개에 대해 하나님은 전보다 갑절의 축복으로 은혜를 더하시었다(42;10). 기독교 신앙에 있어서 모든 축복의 출발점은 바로 회개이다.

<참고> 하나님의 주권과 사탄의 개입과 인간의 자유의지의 조화

~ 세상에서 일어나는 어떠한 일도 하나님의 작정과 섭리에서 벗어나지 못한다. 욥의 경우, 스바와 갈대아 사람들은 분명히 사탄의 충동질을 받아 욥의 목자들을 죽이고 양 떼를 강탈했다(욥1:12). 그러나 욥은 이 모든 것이 하나님의 역사라고 고백했다(1:21-22). 그런데 이 욥의 사건에는 인간의 역사와 사탄의 역사, 그리고 하나님의 역사 이 세 가지가 모두 뒤섞여 있다. 다시 말해, 욥을 연단시키고자 하셨던 하나님은 사탄이 욥에게 재난을 가하는 것을 허락하셨다. 그래서 스바와 갈대아 사람들을 사탄의 휘하로 넘겨 사용하신 것이다. 여기서 중요한 것은 하나님의 의도이다. 피상적인 사람의 경우라면 이러한 핍박을 애매한 고난으로 생각할 것이다. 그러나 하나님은 누구에게도 우연히 혹은 애매하게 고난을 겪도록 하시지 않으신다. 하나님은 자신의 무한하신 사랑 안에서 모든 일을 결정하시고 허락하신다. 모든 연단의 터널을 통과한 욥은 마침내 하나님의 온갖 축복을 받았다.

욥은 자신의 부요함과 높아짐이 하나님의 은혜 때문임을 철저히 인식했고 하나님을 향한 경외심이 하루도 경감되지 않았다. 이것은 하나님께서 보시기에 흡족했고 욥 자신도 행복감을 누릴 수 있었다. 그러나 사탄의 경우는 처음부터 끝까지 하나님과 욥을 대적하기만 했다. 무엇보다 그가 하나님 앞에서 욥을 참소했을 때 그것은 단순히 욥만을 모함하기 위한 것이 아니었다는 것이 중요하다. 그의 진짜 목표는 욥의 시험을 통해 하나님에게 도전하는 것이었다. 이것이 사탄의 사악함의 본질이다. 그러나 사탄의 시도는 언제나 하나님의 주권적 작정하심과 섭리 안에서 번번이 실패로 끝나고 만다.

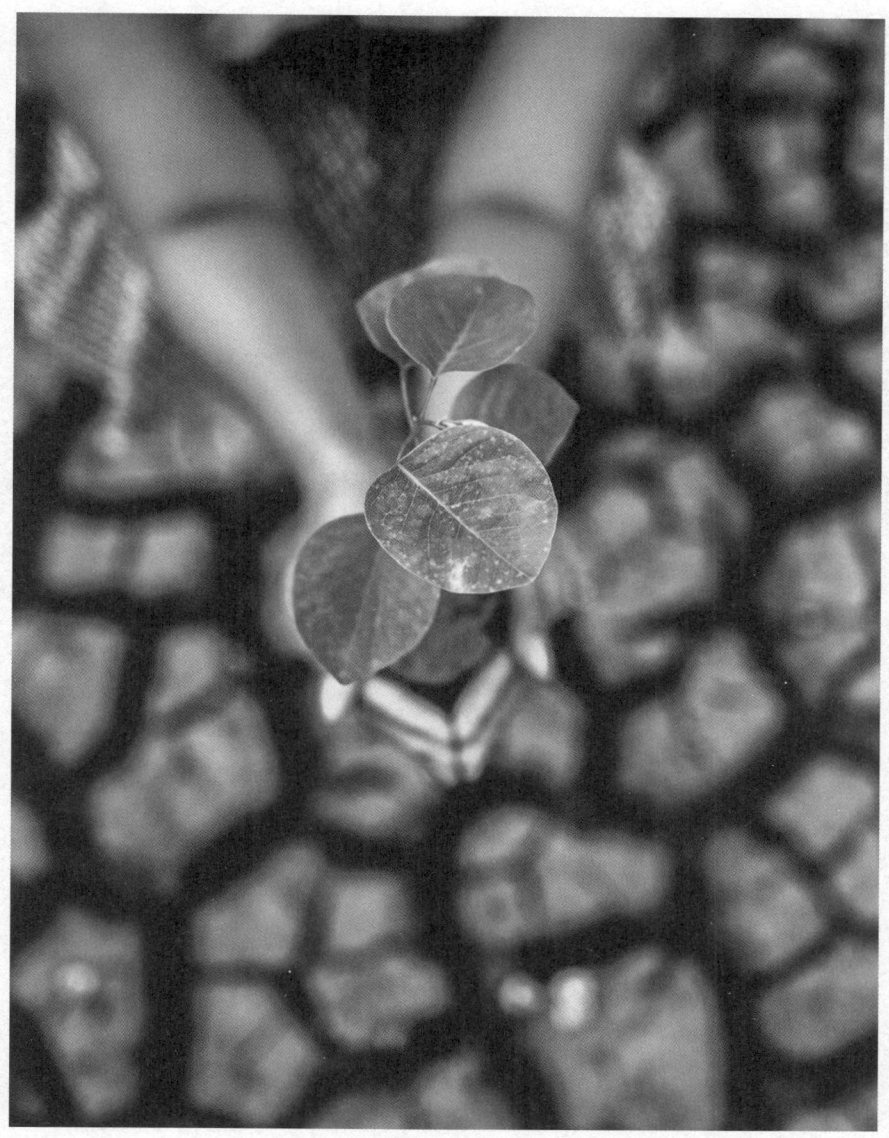

제2판 축장시대

제3편

광야시대

(출애굽기. 레위기. 민수기. 신명기)

1. 배경설명

　하나님은 아브라함을 기점으로 당신의 나라를 이 땅에 건설키로 하시고 그 계획을 착착 진행시켜 나갔다. 하나의 국가를 세우기 위해선 3요소가 필요하다. 먼저 백성이 있어야 한다. 다음으로 백성을 다스릴 법과 거주할 영토가 있어야 한다.

　그리하여 먼저 하나님은 기원전 2,100년경에 아브라함을 선택하고 그로부터 당신의 백성을 육성해 나가기로 작정하시었다. 그런데 하나님은 당신의 백성들을 결코 좋은 환경 속에서 성장하도록 내버려 두지 않으시는 분이다. 쇠가 용광로를 거쳐야 단단해지듯이 하나님이 선택한 이스라엘 백성들도 고난과 연단의 과정을 겪고 단단해져야 했다. 가나안 땅에 기근이 들자 애굽 총리가 된 요셉의 인도로 야곱과 그 가족들 70명은 애굽으로 이주를 했다. 그곳에서 그들은 자손을 낳고 번창했지만 세월이 흐르자 애굽인의 노예가 되어 혹독한 시련을 겪어야 했다. 하나님이 정하신 기간인 430년의 기간이 다다르자 드디어 하나님은 모세와 아론을 백성의 지도자로 삼고 이스라엘 백성을 바로 왕의 압제에서 벗어나도록 도우셨다. 이것이 그 유명한 출애굽 사건이다. 이때 이스라엘 백성의 수는 어느새 200만 명에 달해 있었다. 혹독한 시련과 고난 속에서도 하나님의 백성은 쇠하거나 멸하지 않고 오히려 더욱 강성하고 번성해진 것이다. 이것이 바로 하나님께서 당신의 백성을 만드시는 비결이었던 것이다.

　다음으로 하나님은 당신의 나라를 건설함에 있어서 백성들을 통치할 법을 공포하셨다. 하나님은 시내 산에 직접 강림하시어 모세를 부르시고 그에게 백성들이 지켜야 할 모든 법을 제정하시고 선포하셨다. 그러나 백성들은 출애굽 후 광야 생활을 하면서 생활이 불편하고 어려워질 때마다 하나님을 원망하고 모세를 대적했다. 하나님은 때로는 달래고 위로하고 격려하며 약속의 땅 가나안을 향해 갈 길을 인도하시며 긍휼을 베풀었지만 우상숭배와 반역과 거짓에 대해서는 엄한 징벌을 단행하셨다. 백성들의 끝없는 도전에 화가 난 모세도 하나님의 징계를 받아 그렇게 소원이던 가나안 땅을 밟아 보지도 못한 채 자신의 지휘권을 여호수아에게 넘기고 생을 마감하고 만다.

광야시대는 국가를 설립하기 위해 필요한 3대 요소 중 두 요소, 즉 백성과 법을 준비하고 제정하는 기간이었다. 그 기간은 비록 40년에 불과한 기간이었지만 장차 이스라엘이라는 민족국가, 다시 말해 하나님이 택하신 선민의 나라의 기초를 세우는 중요한 시대였으며 아울러 하나님이 약속한 가나안 정복을 준비하는 기간으로 시대적 중요성이 있다.

2. 시네마구조

단락	기	승	전						결		
주제	노예생활	모세소명	모세바로	출애굽 시내산	시내산 언약	이동	바란 광야	신 광야	가데스 바네아 모압평지	모세의 고별설교	
성경	출 1-2장	3-4장	5:1-5:22	15:22-18장	19-40장	민 1-12장	13-19장	20-21장	22-36장	신명기	
내용	애굽	미디안 광야	애굽 궁전	레위기						1차 메시지	2차 메시지	3차 메시지
				제사법(1-10장)			정결법(11-27장)			1-4:43	4:44-26장	27-34장

3. 주요 내용 및 본문 해설

起: 모세의 소명(출애굽기)

1) 요셉을 알지 못하는 새 왕(출1:8)
~ 힉소스 왕조(수리아와 아시아에 거주하던 셈족 계열의 민족으로 나일강 지역으로 넘어와 북애굽을 정복한 후 세운 왕조로 주전 17~16세기까지 유지되었는데 애굽 역사에서는 이를 제15-17왕조라 부른다. 유대인에게 매우 관대한 정권이었다)를 축출하고 세운 18왕조의 세 번째 왕 투트모스 1세(BC 1539~1514)를 가리킨다.

2) 노예가 된 이스라엘

~ 우리보다 많고 강하다(1:9): 숫자적으로 많다는 뜻이 아니라 사회적 영향력 등을 고려한 언급으로 유대인에 대한 애굽인의 정서가 포함되어 있다.

~ 학대를 받을수록 더욱 번성하였다(1:12): 하나님의 나라와 그 백성의 삶에는 언제나 핍박과 고난이 내포되어 있다.

~ 아들이거든 그를 죽이고(1:16): 그러나 십브라와 부아 등 산파들은 하나님을 두려워하여(1:17) 왕명을 어기고 아기들을 살려둔다.

3) 부르심

~ 하나님의 산 호렙(3:1): 호렙산은 시내산에 대한 다른 명칭으로 두 봉우리 중 정상 부분을 시내라 하고 다른 봉우리를 호렙이라 한다. 이 산을 하나님의 산으로 부르는 것은 훗날 모세가 이 산의 정상에서 율법을 수여받았기 때문이다.

~ 떨기나무(3:2)는 시내산에서 흔히 볼 수 있는 아카시아 종류의 가시덤불을 말한다. 여기서 이 나무는 노예로 살고있는 이스라엘의 신세를 가리킨다고 본다.

~ 내가 여기 있나이다(3:4): 원어 상으로는 히브리어 '헨'인데 이는 '보라!' 혹은 '자' 라는 감탄사이다. 모세는 하나님의 부르심 그 자체에 극적인 표현으로 응답하고 있는 것이다.

~ 신을 벗으라(3:5): 하나님이 임재하신 곳은 거룩한 곳으로 세속적인 것을 가지고 하나님께 경배할 수 없다는 것을 교훈한다.

4) 주저하며 머뭇거리는 모세

~ 내가 누구이기에(3:11): 40년 전 동족을 구하기 위해 살인까지 감행했던 그 혈기의 모세는 사라지고 이제 미디안 광야에서 양 무리를 치는 한낱 목자가 된 모세의 진솔한 고백이 엿보이는 대목이다. 한편으로는 이 엄청난 일을 감당하는 것에 대한 두려움의 표현이기도 하다.

5) 나는 스스로 있는 자(3:14)

~ 모세는 하나님의 소명에 계속 주저하며 하나님의 이름을 여쭈어본다. 이에 하

나님은 '예흐웨 아쉐르 예흐웨'(I am who I am, 자존자)라 대답하신다. 여기서 4개의 자음, 즉 YHWH가 유래했고 유대인들은 하나님의 이름을 함부로 부르지 못하고 대신에 '아도나이'라 불렀는데 훗날 네 개의 자음에 아도나이가 합쳐져 '여호와'(혹은 야훼)라는 이름이 만들어졌다.

承: 모세와 바로의 대결(출애굽기)

1) 10가지 재앙
~ 모세와 대결했던 바로(Pharaoh)는 투트모스 3세를 뒤이은 아멘호텝 2세(BC 1448~1424)로 알려져 있다. 그 역시 자신을 태양신의 아들로 자처했다.
~ 완전수 10으로 현시된 10대 재앙은 참신과 거짓 신의 정체를 선명하게 드러내 주는 구속사적 사건이다. 이런 의미에서 10대 재앙은 우상 종교에 대한 여호와의 심판이요 열방을 향한 유일신 하나님에 대한 승리의 선포이다. 한편 10대 재앙은 애굽의 신들과 관련이 있다.

① 물이 피로 변한 것(7:14~25): 나일강의 신 '크눔'과 '하피'와의 대결
② 개구리(8:1~15): 개구리 형상을 한 다산의 신 '헤크트'
③ 이(8:16~19): 흙의 신 '셉'
④ 파리(8:20~32): '하트콕'
⑤ 악질(9:1~7): 황소의 신 '아피스'
⑥ 독종(9:8~12): 의술의 신 '임호텝'
⑦ 우박(9:13~35): 하늘의 여신 '누트'와 대기의 신 '수'
⑧ 메뚜기(10:1~20): 재앙 수호신 '세라피아'
⑨ 암흑(10:21~29): 태양신 '라'
⑩ 초태생의 죽음(11:4~12:30): 생명 수호신 '이시스'

2) 유월절(페싸흐) 제정(12:14, 43~51)

~ 유월절은 하나님이 애굽의 초태생을 모조리 죽인 사건과 이스라엘 자손이 애굽을 떠난 날에 근거를 두고 제정된 여호와의 절기이다. 보통 무교절과 구분 없이 통틀어서 한 절기로 인식되지만 엄밀히 유월절은 보리 추수가 시작되는 봄의 첫 달 곧 아빕월(니산월, 태양력으로는 3월 혹은 4월) 14일 저녁 어린 양 희생 제사를 드림으로 지켜졌다. 무교절은 제사를 지낸 후 일주일 동안 누룩 없는 빵(무교병)을 먹는 행사를 말한다.

~ 예수님은 최후의 만찬으로 유월절 행사를 기념했으며 자신의 죽음으로 어린양 제사를 완성하시었다. 그러나 AD 70년 성전파괴 이후 유월절은 더이상 중앙 성소에서 드려지지 못하고 오늘날에는 유월절 식사와 축하연으로 대신하고 있다.

轉: 출애굽 여정과 광야생활(출애굽기, 민수기)

1) 주요 여정
① BC 1446년(왕상 6:1/출애굽 480년째+ 솔로몬왕 재위 4년=966년+480=1,446년) 첫째 달 15일 출발.
② 둘째 달 15일에 신 광야에 도착
③ 3개월 만에 시내산 도착. 시내산에서 약 1년간 체류함.
④ 출애굽 2년 2개월 20일째 되는 날에 시내산을 출발하여 11일 만에 가데스에 도착(신 1:2)
⑤ 이후 38년 동안 광야에서 생활
⑥ 모압평지 도착(민 22장부터 신명기까지 더이상 장소 이동을 하지 않았다)

2) 구간별 정리
① 애굽~시내산 여정
~ 애굽- 홍해- 수르 광야(3일)- 마라(쓴 물과 불평)- 엘림- 신 광야(2월15일/고기가 없다고 불평하자 만나를 주심)- 르비딤(므리바 물, 아말렉 전투, 이드로의 충고)

② 시내산~가데스바네아 여정
~ 시내 광야(1차 계수, 각종 규례, 70인 장로, 미리암 징벌)- 가나안 땅 정탐- 바란 광야- 신 광야(반석사건)- 호르산(아론의 죽음)
③ 모압과 에돔 행
~ 오봇- 이예아바림- 세렛 골짜기- 아르논 강 건너편- 브엘-맛다나- 나할리엘- 바못- 비스가산(아모리 왕 시혼)- 모압 평지(모압 왕 발락과 발람)- 싯딤(음행과 비느하스와 염병)- 모압(2차 인구조사, 후계자 여호수아, 새 규례, 동편 지파, 시집 간 여자의 유산)

3) 모세와 시내산
~ 이스라엘 백성은 애굽에서 나온 지 3개월 만에 시내산에 도착했다(출 19:1). 이후 모세는 하나님의 부름을 받고 시내산에 8차례에 걸쳐 오르게 된다(19:3, 9, 20, 20:1, 24:1, 9, 32:30, 34:4). 모세는 시내산으로 부름을 받고 올라가 하나님으로부터 율법을 계시받았다.

4) 백성들의 원망과 대적
~ 광야 생활 동안 백성들은 열 번에 걸쳐 모세와 아론을 원망하고 하나님께 불평하며 대적했다(민 14:22).
① 홍해를 건너기 전 비하히롯에서 이 광야에서 죽게 하려고 우리를 애굽에서 이끌어 내었느냐며 모세를 원망했다(출 14:11).
② 마라의 쓴 물에 대해 불평했다(출 15:24).
③ 신 광야에서 먹을 것이 다 떨어졌다고 불평했다(출 16:3).
④ 르비딤에서 마실 물이 없다며 모세와 다투었다(출 17:2)
⑤ 다베라에서 백성들이 악한 말로 하나님을 원망하자 하나님의 불이 진영 끝을 사르게 하셨다(민 11:1~3).
⑥ 광야의 고생으로 인해 온 백성이 자기 장막에서 울자 모세는 하나님께 기도했고 하나님은 메추라기를 보내어 그들의 허기를 채워주셨다(민 11:10~35)
⑦ 가나안 땅을 정탐하고 돌아온 사람들이 부정적인 보고를 하자 온 회중이 소리

를 높여 부르짖으며 밤새도록 통곡하고 모세와 아론을 원망하면서 다시 애굽으로 돌아가자고 했다(민 14:1~3).

⑧ 므리바에서 물이 떨어지자 백성들이 모세와 아론을 원망했고 모세는 하나님의 명령대로 반석을 침으로 물이 솟아나게 하였으나 명령을 어기고 반석을 두 번 침으로 훗날 이것으로 인해 훗날 그는 가나안 땅에 들어가지 못하는 징계를 받았다(민 20:2~11).

⑨ 에돔 땅을 우회하는 동안 백성들이 하나님과 모세를 향해 원망하자 하나님은 불뱀을 보내어 백성들을 징벌했다(민 21:4~6).

⑩ 싯딤에 있을 때 백성들이 모압 여자들과 음행을 했다(민 25;1). 이에 비느하스는 창을 들어 음행한 자들을 죽였으며 하나님은 염병을 보내어 2만 4천 명을 죽이셨다(25:9).

結: 고별설교(신명기)

1) 설교
① 설교 1(1:1~4:43)
~ 지나간 역사를 회상하면서 택한 백성에 대한 하나님의 섭리를 설명한다. 알다시피 이스라엘 백성들은 광야 40년 동안 무려 열 번씩이나 모세와 아론과 하나님을 원망하고 대적했다. 이러한 불순종에 대해 모세는 하나님의 심판이 있을 것임을 경고함과 동시에 순종에는 반드시 하나님의 구원의 역사가 뒤따랐다고 교훈했다.
② 설교 2(4:44~26:19)
~ 첫 번째 설교가 이스라엘의 역사에 관한 진술이었다면 두 번째 설교는 율법의 내용을 종류별로 정리하여 설명하는 내용이다. 먼저 십계명을 중심으로 한 이스라엘의 도덕적 의무를 진술하고(5~11장), 다음으로 희생 제사와 십일조, 절기에 관한 의무(12:1-16;17), 지도자들에 관한 규례들(16:18~18:22), 그리고 인간관계와 종교 생활, 형법과 전쟁법, 재산법 등 사회적 의무들을 진술하고 있다(19:1-26:19)

③ 설교 3(27~34장)
~ 죽음을 눈앞에 둔 모세는 자신 이후에 전개될 이스라엘의 미래에 대해 예언을 했다. 이에 따르면 이스라엘은 가까운 시일 내에 축복과 저주를 경험할 것이고 멀리는 포로가 되어 유배 생활을 할 것이지만 하나님의 작정과 섭리에 따라 무사히 귀환할 것이라 했다.

2) 중심말씀(신 32:7)
① 옛날을 기억하라: 옛날(예모트 올람). 기억하라(자카르)
② 역대의 연대를 생각하라: 연대(쉐노트). 생각하라(빈)
③ 아비와 어른에게 물으라: 아비(아브). 물으라(샤알)

4. 책별 요약 〈출애굽기〉

1. 배경설명

성경은 사람의 가장 큰 문제를 죄와 죽음 그리고 사탄에 지배당하고 있는 노예의 상태라고 보았다. 즉, 인간의 근본 문제는 죄이며 죄의 본질은 하나님을 부정하고 반역하는 것으로 하나님이 가장 싫어하시는 것이다.

인간은 범죄 이후 하나님과의 관계가 단절되었고 자연히 사탄이 인간의 지배자가 되었다. 그러므로 구원이란 사탄의 통치에서 벗어나 하나님의 통치로 들어가 영원한 생명과 의로 하나님과 친밀한 교제를 누리는 것이다. 출애굽기는 바로 인간의 구원에 대한 문제를 이스라엘 민족의 출애굽 사건을 중심으로 다루고 있는 책이다.

2. 시네마구조

전체 40장으로 구성되었고, 1~13:16까지는 출애굽 사건을 기록하고 있고(기), 13:17~18장까지는 시내 산까지의 여정을 말하며(승), 19~24:14까지는 시내 산에서 하나님과 언약을 체결하고(전), 마지막 24:15~40:38에서는 성막을 설계하고 건축하는 장면이 수록되어 있다(결). 이를 다시 정리하면 다음과 같다.

(기) 출애굽은 죄와 죽음의 상태에서의 해방을 뜻한다. 따라서 구원은 자유를 향한 해방이다.

(승) 광야 생활은 하나님의 백성이 되기 위한 훈련의 과정이다. 하나님의 백성은 철

저한 훈련을 통해 만들어진다.
(전) 시내 산 언약 사건은 하나님과 사람 사이에 법을 세우고 약속을 함으로써 이스라엘이 하나님의 백성이 되었다는 선포를 뜻하며,
(결) 성막은 구원받은 백성은 천국에서 하나님과 더불어 영원히 함께 사는 것을 의미한다.

3. 주요 내용 및 본문 해설

1) 출애굽 연대
~ 전통적인 견해는 성경의 기록을 근거로 삼는데 왕상 6;1에 의하면 출애굽은 BC 966년경 솔로몬 재위 4년째 되는 해로부터 480년 전에 일어났다고 한다. 이를 근거로 계산하면 출애굽 사건은 BC 1,446년에 일어났다. 이와 반대로 1:11의 라암셋을 근거로 제 19왕조의 유명한 폭군이었던 람세스 2세 때로 보는 견해도 있다. 또 고고학 발굴결과 BC 13세기경에 수많은 가나안 성읍들이 파괴된 흔적들이 발견되었는데 이를 근거로 출애굽 연도를 BC 1,290년경으로 보는 학자들도 있다. 그러나 이러한 파괴가 반드시 애굽 군대에 의한 것이라는 근거는 없다. 블레셋이나 인근 변방 부족의 침입으로 인한 파괴의 흔적일 수도 있음을 부정하지 못한다.

2) 출애굽 경로
~ 비돔과 라암셋에서 출발하여 가나안으로 가는 경로는 대략 세 가지가 있다. 첫째, 지중해 연안에 위치한 블레셋 땅을 지나는 길이 있고 둘째, 시내 반도와 신 광야 등을 가로질러 팔레스틴 지방의 최남단에 소재한 브엘세바를 향해 올라가는 길이 있으며 셋째, 시내 반도를 지나 광야의 홍해를 건넌 다음 시내산을 거쳐 북쪽에 위치한 모압과 에돔을 가로질러 가는 길이 있었다.
~ 한편 그동안 시내산의 위치에 대한 의문은 계속되었다. 현재의 위치(카톨릭교회의 주장)라면 모세는 한 번도 애굽 땅을 벗어난 적이 없게 된다. 〈떨기나무〉의 저자인 김성학은 사우디아라비아 왕자의 주치의로 있는 동안 현재의 라오즈 산 주변

에 산재한 수많은 출애굽 흔적들과 유물들을 발견했을 뿐 아니라 정확한 홍해의 위치를 조사하다가 비하히롯 앞바다 밑에 있는 애굽의 병기와 부서진 마차들을 발견하고 학계에 보고했다.

기존 경로

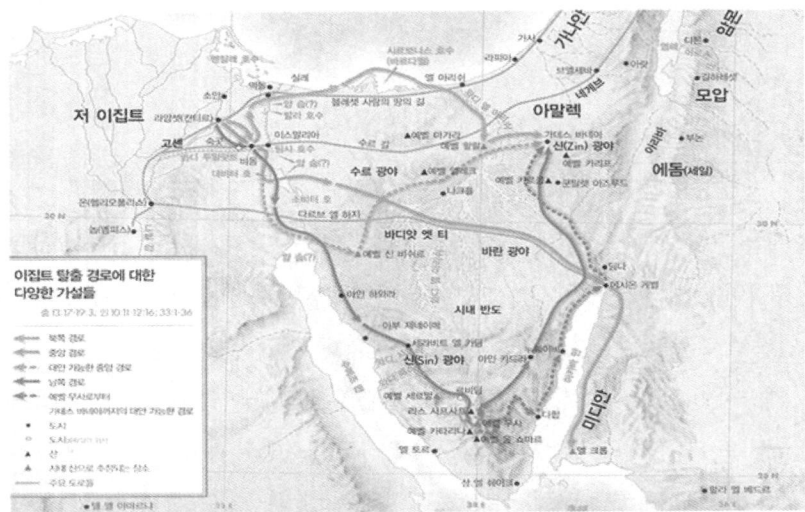

새로운 경로

3) 40년

~ 이스라엘 백성은 출애굽 후 광야에서 40년 동안 방황하며 시련의 세월을 보냈다. 예수께서도 공생애를 시작하기 전에 40일 동안 광야에서 금식하며 기도하셨고 사단으로부터 시험을 받으셨다. 모세도 율법을 전수받기 위해 40일을 시내산에서 금식하고 기도했다. 이렇게 40이라는 숫자는 성경에서 완전한 충족을 위한 준비 기간으로서의 상징적 의미를 가지고 있었다.

⟨레위기⟩

1. 배경 설명

　사람은 다른 피조물과 다르다. 생김새의 차이를 말하는 것이 아니라 사람만이 창조주 하나님과 인격적인 교제를 나눌 수 있다는 것이다. 이 점에서 사람과 동물은 근본적으로 다르다. 레위기는 하나님과 사람의 교제에 대한 책이다. 하나님과 사람은 질적으로 다르지만 동일한 인격을 가지고 있기에 서로 교제를 나눌 수가 있는 것이다. 하나님은 사람을 지으실 때 자신과 교제를 나누도록 하기 위해 사람에게 인격을 주셨다. 인격이라 함은 지(지성), 정(감정), 의(의지)를 말한다.

　그런데 사람이 죄를 지음으로 하여 하나님과의 사이에 벽이 생기게 되었고 마침내 인격적인 교제가 불가능하게 되었다. 죄는 하나님에 대한 반역으로서 하나님이 가장 싫어하는 것이다. 인간은 하나님과의 교제가 끊어짐으로써 하나님을 가까이 하기에는 너무나 먼 존재가 되었다. 하나님과 멀리하다 보니 사람은 점점 죄와 가까운 사이가 되었다. 그렇다면 죄인이 다시 하나님과 교제를 나눌 수 있는 길은 없는 것인가? 죄로 인한 고통에서 사람이 벗어날 길은 없는 것인가? 레위기는 바로 이 문제에 대한 해답을 주는 책이다.

　대통령이나 회사 대표를 만나기 위해서도 어떤 자격과 조건이 필요하듯이 죄인 된 사람이 하나님을 만나고 교제를 나누기 위해서는 하나님이 제시한 조건과 절차를 따라야 한다. 다시 말해 레위기는 죄인 된 사람이 거룩하신 하나님을 만나기 위해 갖추어야 할 조건과 절차를 말해 주는 책이다. 죄인이 하나님을 만나려면 먼저 하나님께 지은 죄를 용서받아야 한다. 하나님이 우리의 죄를 용서해 주시면 그 때에 비로소 하나님을 만나볼 수 있는 것이다. 그러면 어떻게 하면 하나님으로부터 죄를 용서받을 수 있는 것인가? 그것은 바로 하나님이 마련하신 조건과 절차인 제사법을 따라야하는 것이다. 즉, 레위기는 죄인이 하나님께 나아가는 길인 제사법에 대한 책이다. 이 제사법이 오늘날의 예배법이다. 예배란 한 마디로 하나님과 인간이 서로 만나는 것이다, 만남을 위한 사전 준비가 제사이다. 그래서 유대인들이 제사를 드린 것이다.

그러나 오늘날의 우리는 레위기에 기록된 대로 그렇게 꼭 같이 제사를 드릴 필요가 없다. 제사의 핵심은 제물인데 예수님이 제물이 되어 구약 제사라는 조건과 절차를 완성시켰기 때문에 더이상 제물을 드리는 등의 제사법을 반복할 필요가 없게 된 것이다. 그러므로 레위기는 예수님이라는 거울을 놓고 비추어 보며 읽을 때 그 의미를 잘 알 수 있다.

2. 내용 구성

크게 두 부분으로 나누어 1~10장까지는 제사에 관한 내용을 담고 있고 11~27장까지는 정결법, 즉 거룩한 삶에 대한 내용을 다루고 있다. 이를 다시 세분하여 보면, 1~7장은 제사에 반드시 죄인을 대신해 죽을 제물이 필요하다는 것을 말해 주고 있고, 8~10장은 제사에는 반드시 제물의 피를 하나님께 바칠 제사장이 있어야 한다는 것을 말하며, 11~16장은 하나님과 교제를 나누기 위해서는 먼저 자신의 삶이 깨끗해야 한다는 것을 말하고 있고, 17~27장에서는 하나님의 백성은 이웃과의 관계에서도 거룩한 삶을 살아야 함을 강조하고 있다.

1부(1~10장)		2부(11~27장)	
제사법		정결법	
1-7장	제물에 관한 규정	11-16장	개인의 거룩한 삶
8-10장	제사장에 관한 규정	17-27장	이웃과의 관계

3. 주요 내용 및 본문해설

1) 이스라엘의 제사제도

① 제단
~ 하나님이 제물을 받으시는 곳으로 제물을 태우는 의미는 철저히 죽임이다(죄에 대한 완전한 심판과 하나님 공의의 만족. 그리스도의 완전한 대속).
② 제물 선정기준
~ 정결하고 흠 없는 것. 생명의 예물. 제사 제물로 선택 되어진 것(택함받은 백성의 구원)이다.
③ 제물을 드리는 방법
~ 화제: 불에 태운다.
~ 전제: 피를 찍거나 피를 뿌리고 부어서 드린다.
~ 요제: 흔들어서 바친다.
~ 거제: 손으로 높이 받들어 드린다.
④ 제사의 종류
· 번제(올라): 동사 '아라'(올라가다). the burnt offering/ Holocost(대학살). 무의식적 원죄를 없애는 것이 목적으로 수송아지, 수양, 수염소 혹은 비둘기를 드리되 모두 수컷으로 드리며, 제물 전체가 하나님에게 드려지고 제사장이나 제주에게 돌아가지 않는다.
· 속죄제(하타트): 죄를 제거하는 제사(Sin offering). 특히 연약하여 실수로 지은 죄 혹은 부지중에 지은 죄를 사하는 제사이다. 특별히 피가 강조되는데 죄 사함 받는 일에는 핏값을 치루어야 한다는 예수 그리스도의 대속이 예표되어 있다.
· 속건제(아삼): 하나님의 성물을 침해했거나 타인의 소유권을 침해한 죄 등 배상이 가능한 죄를 사하는 제사(guilt, trespass offering). 제물로는 흠 없는 수양만이 사용되었고 손해배상은 1/5을 더하여 갚아 주었다.
· 화목제(제바쉘라밈): 일명 '평안제(peace offerng), 수은제'이다. 하나님과의 교제의 회복을 위한 제사이다. 제주의 목적에 따라 감사제, 서원제, 낙헌제(특별 축

복 혹은 은총을 고대하는 것)로 나뉘고 제물로는 형편대로 드린다. 주님은 화목제를 근거로 성만찬 예식을 정하셨다.

"예수 그리스도는 우리 죄를 위한 화목제물이니 우리만 위할 뿐 아니요 온 세상의 죄를 위하심이라"(요일 2:2)

"하나님이 우리를 사랑하사 우리 죄를 이하여 화목제로 그 아들을 보내셨음이니라"(요일 4:10)

· 소제(미나하): 선한 뜻을 굳히고 유지해 가려는 결심의 제사이다. 제물로는 고운 가루(요리되지 않은 재료), 무교병(고운 가루에 기름을 발라 만든 떡), 화덕에 구운 것, 부침개, 삶은 것 등.

2) 이스라엘의 절기들(레23장, 민28~29장)

① 유월절(페싸, passover/ 건너뛰다. 간과하다)
~ 출애굽 사건 때 이집트에 내리던 10가지 재앙 중 마지막 장자를 죽이는 재앙에서 이스라엘이 구원받음을 기념하는 절기이며(출12:21-23), 아빕월(유대력 첫째 달, 바벨론력 니산월, 양력 3/4월) 14일 저녁에 지킨다(레23:5). 10일에 어린 양이나 흠 없는 수컷 양 혹은 염소를 택하여 14일 저녁까지 보관했다가 14일 저녁에 제물로 잡아 그 피를 우슬초 가지에 발라 집 문 좌우 설주와 안방에 바른다(출12:7). 고기는 그날 밤에 구어 무교병과 쓴 나물과 함께 온 가족이 먹는다. 어린 양은 날이 밝기 전에 전부 다 먹어야 하므로 가족 수가 적은 집은 두세 집이 합해서 고기를 먹었다. 유월절 의식은 집안의 가장이나 부족의 족장이 물을 탄 포도주 한 잔을 첫 번째 축사의 잔으로 돌려 먹음으로 시작된다. 그 후 손을 씻고 음식을 먹으며 이집트의 고생을 생각하여 '하로셋'이라는 간장을 접시에 담아 쓴 나물과 누룩 없는 떡을 찍어 먹는다. 다음에 두 번째 포도주 건배를 한 다음에 가장이 식탁에 둘러앉은 가족들에게 유월절의 유래와 의미를 설명하고 시 113. 114편을 노래한다. 그리고 불에 구운 유월절 어린 양을 식탁에 놓고 먹고, 세 번째 축배를 한 다음 축복하고 네 번째 축배를 하고 시편 115편과 118편을 노래함으로 의식을 마친다.

② 무교절(하그 함마초트, the Feast of Unleavened)
~ 유월절 제정 시 함께 제정된 절기로 유월절 다음 날인 15일부터 7일간 지켰다(출 12:15~20, 레 23, 민 28, 신 16).
~ 절기 7일간에 뜨거운 돌이나 숯불 이에 급하게 구운 떡(무교병)을 먹고 매일 화제를 드린다. 첫날에 모든 누룩을 진 밖으로 내어가고, 또 첫날과 마지막 날엔 성회로 모인다. 이 성회 때엔 백성들이 아무 노동도 하지 않아야 한다.
~ 무교절의 누룩 없는 빵은 예수 그리스도의 순결하신 살과 피가 우리의 영원한 양식이 됨을 예표한다.
③ 오순절(하그 쇠부오트, 펜테코스테, Pentecost)
~ 곡식에 낫을 대는 첫날부터 7주간 내내 계속되는 절기인 '칠칠절'에서 유래한 것으로(출 34:22, 신 16:10, 대하 8:13, 레 23:15~21, 민 28:26~31) 오순절은 유월절로부터 50일째 되는 날로 칠칠절 중 마지막 날 하루를 지키던 절기이며, 이집트에서의 해방과 더불어 시내 산에서 율법을 전수 받은 것에 대해 감사하는 날임과 동시에 밀 추수의 첫 곡식을 하나님께 드리는 목적을 가진다. 이스라엘은 밀 추수로 한 해의 곡식 추수를 마감한다. 이날에 백성들은 성회로 모이고 노동을 금지하며 두 개의 떡으로 요제를 드리고 우양으로 번제를, 숫염소로 속죄제를, 숫양으로 화목제를, 첫 이삭의 떡과 함께 두 어린 양을 요제로 드린다. 신약에서는 오순절 날 성령이 강림함으로서 교회가 탄생한 것으로 본다(행 2:1~4, 20:16).
④ 나팔절(욤 테루아, Feast of trumpets)
~ 유대력 일곱 번째 달(티쉬리월) 첫째 날로 유대인들은 이날을 신년, 즉 새해 첫날을 나팔을 불어 기념(레 23:24)하는 원단절로 지킨다. 단, 이는 행정적인 첫날이고 종교적으로 신년 첫날은 니산월 1일이다. 이날엔 안식일로 성회로 모이고 노동을 금지하고 나팔을 불고 번제를 드리고 곡물로 소제를 드리고 속죄를 원하는 사람은 숫염소로 속죄제를 드린다(민 29:2~6).
⑤ 속죄일(욤 학킵푸림, day of atonement)
~ 티쉬리월(7월) 10일에 성회로 모여 큰 안식일로 드린다(레 16:31). 이날은 전 국민적 대속죄일로 1년에 한 번씩 전 국민의 죄를 속하는 날이다. 레 16장에 따르면, 대제사장조차도 특별한 날 이외엔 지성소에 들어갈 수 없었는데 이날에 먼저 대

제사장과 그 권속들이 먼저 속죄의식을 치룬다. 이날엔 전 백성이 금식하며 아사셀 염소를 포함하여 모두 열여섯에 해당하는 속죄 제물을 드리며, 민 28:8에 따로 언급된 '한 어린 양'을 포함시키면 열 세 번의 번제와 네 번의 속죄제가 있다. 대제사장은 먼저 몸을 씻고 세마포 옷으로 갈아입고 속죄 제물로 수송아지 하나와 번제물로 수양 하나를 선택했다(레 16:3~4). 그리고 백성들로부터 각기 숫염소 둘과 번제물인 숫양 하나를 취하였고, 두 염소를 회막 문에 두고 한 염소는 여호와를 위하여 한 염소는 아사셀을 위하여 제비를 뽑았다. 여호와를 위하여 선택된 양은 속죄제로 드려졌고, 아사셀 양은 산 채로 광야로 보내어졌다. 이는 이스라엘 백성의 모든 죄를 짊어진 속죄의 염소로 하나님과의 화목을 위해 무인지경의 광야에 놓여지도록 한 것이다.

⑥ 장막절(초막절/ 하그 핫수코트, feast of tabernacles)
~ 티쉬리월 15일부터 일주일간(레 23:34), 속죄일로부터 5일 후에 드린다. 수장절(출 23:16, 34:22)로 추수가 거의 끝날 즈음이다. 이는 이스라엘 선조들이 광야에서 유목 생활을 하며 집을 짓지 못하고 초막 혹은 장막에 거하면서 광야 40년을 보낸 것을 기념하는 절기이다. 첫날에 나팔을 불어 축제를 선포하고(레23:35), 종려가지와 버들가지들을 취해 초막을 짓고 7일 동안 매일 번제를 드렸다(23:36). 역대 왕들 가운데 오직 솔로몬 왕만 이 절기를 지켰고, 느헤미야 총독의 때에 한 번 초막절이 성대하게 지켜졌다(느 8:13~14).

〈민수기〉

1. 배경설명

출애굽한 이스라엘 백성은 약 3개월 동안 시내 산에 머물다 그곳에서 율법과 각종 규례를 전수받고 하나님과 언약을 체결한 후 곧바로 시내 산을 출발한다. 민수기는 바로 이 시내 산을 출발하는 모습에서 이야기를 시작하고 있다. 이때 이스라엘 군인의 수를 계수하니 약 60만 명이었다(1장). 이를 근거로 우리는 출애굽한 백성의 수가 4인 가족을 기준으로 약 240만 명에 이르는 것으로 추산한다.

1년 만에 시내 산을 출발한 백성들은 드디어 가나안 땅 남방지역의 요충지인 가데스바네아에 도착한다. 이곳은 가나안의 턱밑이었다. 모세는 12지파에서 한 사람씩 두령들을 뽑아 가나안 땅으로 정탐을 보내었다. 그러나 정탐을 마치고 돌아온 사람들은 여호수아와 갈렙을 제외하고 모두 두려움에 빠져 도저히 가나안 땅에 들어갈 수 없다는 부정적인 보고를 했다. 이에 백성들은 모세와 하나님을 원망하며 모세의 지도력에 대적했다. 이 대적함으로 하나님의 진노를 산 출애굽 1세대는 안타깝게도 가나안 땅에 들어가 보지도 못하고 다시 광야로 회군하여 그곳에서 40년 동안 지내다 일생을 마치고 말았다.

우리는 민수기에서 40년에 달하는 이스라엘 백성의 광야 생활을 교훈으로 삼아야 한다. 불과 한 달 이내에 충분히 들어갈 수 있는 가나안 땅을 불순종으로 인해 40년이란 세월을 낭비한 것은 하나님의 뜻을 거스른 결과가 어떠한 것인지를 잘 말해 주고 있다.

이제 하나님은 광야에서 출생한 2세들을 이끌고 가나안을 향할 수밖에 없었다.

하나님은 이들 신세대들이 가나안 땅에 들어갈 수 있도록 철저히 준비를 시키셨다. 모세는 하나님의 뜻에 따라 1세대들에게 주신 모든 율법과 규례들을 하나도 빠지지 않고 다시 신세대들에게 전수했다.

2. 내용구성

민수기는 크게 두 부분으로 나누어진다. 1부(1~25장)는 1세대들의 이야기이고, 2부(26~36장)는 2세대들의 이야기를 담고 있는데 1세대와 2세대 사이에 약간의 과도기(10:11~25:18)가 삽입되어 있다.

1부	삽입부	2부
1~10:10	10:11~25장	26~36장

3. 주요 내용 및 용어해설

1) 인구조사(1:20~46)
~ 나이 순서에 따라 르우벤 지파가 제일 먼저 기록되었다. 야곱의 장자로 태어난 르우벤은 아버지의 첩 빌하와 간통을 함으로써 아비를 욕되게 하여 저주를 받았고(창35:22, 49:4) 영적으로 장자의 신분을 유다에게 넘겨주었다. 따라서 유다는 이스라엘 가운데서 지도적 역할을 감당하게 되었고 그 지위에 걸맞게 가장 많은 군대를 소유한 지파가 되었으며 행진에 있어서도 최선봉의 위치에 서게 되었다. 단, 레위 지파는 하나님께 헌신된 지파로서 병역의 의무를 면제받았기에 계수에서 제외되었다.

2) 증거막과 진영배치(1:53)
~ 증거막은 십계명이라는 증거판을 두고 부르는 명칭으로 성막 전체를 가리킨다.

이스라엘 열두 지파는 이 증거막을 중심에 두고 사방에 진을 펼쳤고 행진할 때엔 유다 지파를 선두로 앞으로 나아갔다. 이는 유다 지파가 12지파의 장자권을 가진 지파로 하나님에 의해 인정받았음을 상징적으로 보여준다. 이 유다 지파에서 다윗왕이 출현했고, 예수 그리스도는 다윗 왕의 계보를 잇는 요셉 가문의 계보를 통해 이 땅에 오셨다.

~ 각 진영의 배치도를 그림으로 나타내면 다음과 같다.

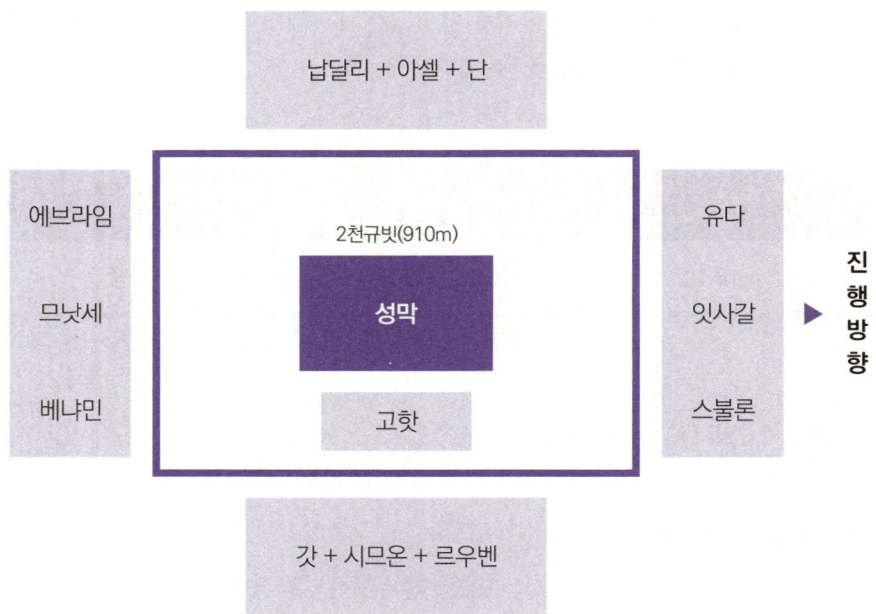

3) 성막 봉사

~ 하나님은 레위인들로 하여금 성막 봉사를 위임하셨다. 레위의 세 아들은 게르손과 고핫과 므라리인데 모세와 아론은 고핫의 자손이다. 이들은 하나님의 것으로 하나님에 의해 구별되어 제사장을 섬기는 임무(3:6)와 성막 전체를 돌보는 일을 도맡았다. 먼저 고핫 자손은 성소 안의 모든 기구들을 운반하는 일을 맡았고, 게르손 자손은 모든 휘장과 천막 줄을 담당했고, 므라리 자손은 성막의 기둥과 받침들을 운반하는 책임을 맡았다.

4) 나실인 서원(6:2)

~ '구별하다'라는 뜻의 히브리어 '나지르'에서 유래한 것으로 자기 자신을 구별하여 하나님께 드리는 자를 말한다. 포도주와 독주를 입에 대지 않고 삭도를 머리에 대지 않으며 시체와 가까이 하지 않아야 되는 등 정결법을 지켜야 했다. 그러나 서원 기간이 끝나면 사람들에게 이를 공식적으로 알리기 위해 회막문에 이르러 감사 제사를 드렸고 자신의 머리를 잘라 화목제물의 불에 넣어 태웠다.

5) 레위인의 제사장직(8:5~26, 18:1~32)

~ 하나님은 죽을 수밖에 없는 운명에 처했던 이스라엘 장자들을 구원해 주신 유월절 사건을 근거로(출 13:2) 그 장자를 대신하여 레위인을 선택하여 자기 소유로 삼으시고 그들에게 제사장직을 맡기셨다. 그러나 레위 지파에 속한다 하여 모두가 제사장이 되는 것은 아니고 고핫 자손 중에서 아론의 후손들에게만 주어졌다. 이러한 제사장은 하나님과 백성 들 사이에서 중보자역을 맡아 봉사하는 자리이며 백성들은 제사장들의 사역으로 인하여 하나님 앞에서 평안을 누릴 수 있었다.

~ 제사장직의 1차적 기능은 먼저 하나님과 백성의 언약 관계를 중재(렘 33:20~26)하면서 백성들의 성경을 보존하는 일이었다(출 28:38, 레 10:7). 그리고 세 가지 직분 즉, 대제사장과 일반 제사장, 그리고 성막 봉사자로 나뉘어 하나님의 성전을 섬겼다. 대제사장은 성소에 들어갈 때 가슴에 흉패를 붙였고 흉패에는 12지파의 이름이 새겨진 보석이 박혀 있었다. 또 1년에 한 번 지성소에 들어가 온 백성의 속죄 제사를 주관했다.

~ 레위인은 기본적으로 다른 지파와 달리 분깃을 받지 못하고 오직 하나님의 축복만이 희망이었다. 그래서 그들은 다른 궁핍한 자들과 함께 자비와 긍휼의 대상으로 간주되었다(신 14:28~29). 단, 생계유지를 위해 몇 가지 수단이 보조되었다. 우선 십일조와 곡식의 첫 수확과 가축의 초태생 그리고 대속 헌금으로 생계를 유지했고, 진설병 위의 떡과 모든 소제물과 속죄 제물, 그리고 화목제물의 경우 가슴과 넓적다리 부분을 먹을 수 있었다. 한편 레위인들의 거주지는 가나안 정복 시에 할당된 48개 성읍에 나누어 생활했으며 이 중 13개 성읍은 제사장들에게 주어졌다.

5) 만나(11:7)
~ 만나에 관한 성경의 비유적인 표현들로 하늘 곡식(시 78:24), 하늘로부터 온 양식(시 105:40), 신령한 식물(고전 10;3), 이기는 자가 받을 상급(계 2:17) 등이 있다. 예수 그리스도는 하늘로부터 내려온 참 생명의 떡이시다.

6) 70인 장로(11:16, 24)
~ 모세를 도울 70명의 일군으로 선발된 자들로 회중의 대표가 되었다. 장로의 어원으로는 히브리어 '자켄'(턱 수염)과 '시브'(백발)가 있다. 여기에서 '연장자' '원로' '지도자'라는 뜻을 가진 헬라어 '프레스뷔테로스'(장로)가 유래했다. 교회에서 장로의 주된 임무는 백성들을 치리하는 일이다.

<보너스> 장로정치의 성경적 배경

1) 구약적 배경
① 인간사회를 다스려 온 최초의 통치 형태는 족장제도였다(창 12:4, 욥 1:5).
② 장로제도의 기원은 모세 이전으로 올라간다. 하나님이 미디안 광야에서 모세에게 "너는 가서 이스라엘 장로들을 모으라"(출 3:16)고 명하신 말씀에서 모세 이전에 이미 언약의 백성인 이스라엘을 대표하는 장로들이 있었고 그들에 의해 이스라엘이 다스려져 온 것임을 알 수 있다.
③ 인구의 증가와 사회적 변화와 함께 장로정치로 발전하였다. 모세시대 이후부터 이스라엘 지도자들은 가돌(gadol) 혹은 자켄(zaqen)이라는 용어가 붙여졌다(장로라는 명칭은 모세오경에 42회를 포함하여 구약에서 총 121회 사용되었다). 족장제도가 장로제도로 변화하면서 이른바 '대의정치'가 시행되었다.
④ 이스라엘 백성들은 이집트에 머물 때 장로라는 명칭에 익숙했다. 그 후 장로제도는 이스라엘이 시내 산에서 하나님과 언약을 맺고 선민이 되면서 그들

을 다스리는 치리제도가 되었다. 이대부터 장로의 숫자는 모세에 의해 70인으로 제한되었다.

⑤ 이스라엘 사회에서 장로는 백성을 대표하여 공적인 업무를 담당하는 자 즉, 공인으로 인정을 받았다. 모세는 여호와의 명령을 받아 그 모든 말씀을 백성의 대표인 장로들에게 진술했고(출 19:7), 장로들은 이스라엘 백성이 속죄제를 드릴 때 여호와 앞에서 그 제물에 안수함으로 제사 업무에 참여하였다(레 4:15). 장로들은 모세와 대제사장 아론과 제사장들과 함께 직무를 수행하면서 백성을 치리했고(레 9:1), 고라 일당이 반역을 꾀했을 때 치리에 동참했다(민 16:25). 또한 장로들은 회중을 대표하는 자들이었다(민 11:24-25). 모세는 죽음을 앞두고 백성을 대표하는 장로들을 불러 모으고 가나안 땅을 점령하라고 명령했고(신 29:10), 여호수아도 장로들 앞에서 고별사를 했다(수 23:1-24:25). 사무엘 시대의 장로들은 백성을 대신하여 사무엘에게 찾아가 왕을 세워달라고 간구했고(삼상 8:4-5), 헤브론에서 백성을 대표하여 다윗을 왕으로 세웠는데 백성들은 아무도 이의를 제기하지 않았다(삼하 5:3). 포로시대에 에스라는 장로들과 함께 백성을 다스렸다(스 10:14). 이와 같이 구약교회는 장로들에 의해 다스려졌다. 그러므로 구약교회가 군주나 감독이나 주교나 교황에 의해 다스려졌다고 하는 것은 성경의 가르침을 왜곡한 것이다.

⑥ 한편 구약교회는 교황주의자나 감독주의자들이 주장하는 것처럼 그 권위가 위에서 아래로 내려오는 것이 아니라 백성에 의해 선발되는 상향식 구조였다. 모세는 장막교회(광야교회)를 세우면서 "이스라엘 중에 재덕이 겸비한 자"를 선발하게 함으로써 상향식 제도를 정착시켰다(출 18:24~26). 포로시대 이후 이스라엘의 중심통치기관인 산헤드린공회의 의원들도 백성들에 의해 선출된 사람들로 이스라엘의 장로들이었다.

⑦ 장로회의에서 최고의 판단 기준은 율법이었다. 중대사를 결정하거나 율법을 해석할 때는 다수의 뜻을 존중하였다. 그러나 인간이 결정할 수 없는 중요한 문제는 하나님의 직접적인 판단을 구하도록 하여 우림과 둠밈에 의해 결정

토록 하였다.

⑧ 구약시대의 교회와 정부는 상호 종속적이 아니라 상호보완적인 관계였다. 교회와 정부의 영역은 엄격히 구분되어 있어서 통치자들이 종교문제에 간여할 수 없었다. 사울 왕은 사무엘 선지자의 직임인 제사를 자신이 드렸다가 하나님으로부터 버림을 받았다(삼상 13:12~13). 이스라엘의 웃시야 왕은 교만함으로 성전에 들어가 제사장을 대신하여 제사를 드린 결과 하나님으로부터 저주를 받고 문둥병자가 되었다(대하 26:16~21).

2) 신약적 배경

① 장로들은 유대사회에만 존재한 것이 아니라 신약시대의 이방인 교회에도 존재했다. 안디옥교회의 사도들은 장로들을 통하여 예루살렘교회에 부조금을 보냈다(행 11:30). 바울은 소아시아와 고린도에 장로들을 세웠고 교회마다 장로들을 택하여 세웠다(행 14:23). 바울은 디도를 그레데에 남겨두었는데 그 목적은 "그릇된 일을 바로잡고 장로를 세우기 위해서"였다(딛1:5).

② 신약성경은 인간이나 교회회의(교회법)가 교회를 다스리는 것이 아니라 예수 그리스도께서 다스린다고 가르친다. 교회의 머리는 예수 그리스도이며 그분은 말씀과 성령으로 교회를 다스리신다. 그러므로 말씀과 성령이 임하는 곳에 교회가 세워진다.

③ 하나님은 말씀을 통하여 교회의 직분자를 세우시고(딤전 3장, 딛 1장), 성령을 통해 각 사람을 부르시고 신자로 만드실 뿐 아니라 각종 은사를 분여하시어 직분자로 세우시고 그들이 직분을 감당할 수 있는 능력을 주신다(엡 4:14).

④ 그리스도는 신약교회를 위해 감독과 장로와 집사의 3직분을 정하셨다. 감독주의자나 교황주의자들은 교회가 감독을 중심으로 운영되어야 한다고 가르치며 직분을 계급 구조화했다. 그들은 감독만이 성직자이며 나머지는 감독을 돕거나 교인을 다스리는 직분으로 본다. 그러나 성경에 등장하는 감독과 장

로라는 용어는 동일한 직분에 대한 다른 설명이다. 장로가 권위, 즉 백성의 대표로서 어른의 역할을 강조하는 것이라면 감독은 직분 상 주어진 의무를 담당하는 용어로 사용되었다. 성경은 장로에 대해 다음과 같이 기술한다. 히브리서는 "너희를 인도하는 자"(히 13:7)라 하였고, 바울은 "수고하고 주 안에서 너희를 다스리며 권하는 자"(살전 5:12-13)라 하였다. 반면에 목사직에 대해선 장로, 목사, 목자, 교사, 감독 등 다양한 이름으로 표현했다. 목사가 회중을 감독하는 일을 할 때엔 '감독'(행 20:28)으로, 양 떼를 먹이는 일을 할 때엔 '목자'로(벧전 5:2-4), 교훈으로 권면하고 거역하는 자를 책망하여 각성하게 하는 일에는 '교사'로(딛 1:9, 딤전2:7, 딤후1:11)로, 왕이신 그리스도께서 맡기신 일을 행하는 것과 관련해서는 교회의 '사자'(계 2:1)로 지칭했다.

⑤ 이러한 성경의 가르침에 비추어볼 때 초대교회의 직분은 감독 밑에 장로와 집사가 존재한 것이 아니라 장로와 집사 두 직분이 있었음을 알 수 있다(딤전 3:1-2, 12). 예루살렘교회는 자신들을 스스로 장로라고 칭한 '사도들'(행 6:2, 4)과 '일곱 집사'(행 6:2-3)만 존재했다. 다만 장로에는 '다스리는 장로'와 '말씀과 가르침에 수고하는 장로'가 있다. 전자를 일반 장로라 하고 후자를 목사라 부른다. 누가는 바울과 바나바는 목사요 장로라 부르며 동시에 교사라 하였으며(행 13:1) 바울도 동일하게 지칭했다. 그렇다고 가르치는 장로(강도장로)와 다스리는 장로(치리장로)간의 서열이 있는 것은 아니다. 다만 교회 사역에 있어서 기능상의 차이가 있다고 하면서 장로들을 존중하라고 가르쳤다. 살전 5:12에선 치리장로를 귀히 여기라고 했고, 히 13:7에서는 말씀을 가르치는 장로를 생각하고 그들을 본받으라고 하였다. 특히 가르치는 장로를 배나 존경하라고 가르쳤다(딤전 5:17).

7) 원망(14:1~2)

~ 출애굽한 이스라엘 백성은 광야에서 머무는 동안 무려 10회에 걸쳐 하나님을

대적하고 모세와 아론을 원망했다(민 14:22).

① 홍해를 건너기 전 비하히롯에서 이 광야에서 죽게 하려고 우리를 애굽에서 이끌어냈느냐고 모세를 원망했다(출 14:11).

② 마라의 쓴물에 대해 불평했다(출 15:24).

③ 신 광야에서 먹을 것이 다 떨어졌다고 불평했다(출 16:3).

④ 르비딤에서 마실 물이 없다며 모세와 다투었다(출 17:2).

⑤ 다베라에서 백성들이 악한 말로 하나님을 원망하자 하나님의 불이 진영 끝을 사르게 하셨다(민 11:1~3).

⑥ 광야의 고생으로 인해 온 백성이 자기 장막에서 울자 모세는 하나님께 기도했고 하나님은 메추라기를 보내어 그들의 허기를 채워주셨다(민 11:10~35).

⑦ 가나안 땅을 정탐하고 돌아온 사람들이 부정적인 보고를 하자 온 회중이 소리를 높여 부르짖으며 밤새도록 통곡하고 모세와 아론을 원망하면서 다시 애굽으로 돌아가자고 했다(민 14:1-3).

⑧ 므리바에서 물이 떨어지자 백성들이 모세와 아론을 원망했고 모세는 하나님의 명령대로 반석을 침으로 물이 솟아나게 하였으나 명령을 어기고 반석을 두 번 침으로 훗날 이것으로 인해 훗날 그는 가나안 땅에 들어가지 못하는 징계를 받았다(민 20:2~11).

⑨ 에돔 땅을 우회하는 동안 백성들이 하나님과 모세를 향해 원망하자 하나님은 불 뱀을 보내어 백성들을 징벌했다(민 21:4~6).

⑩ 싯딤에 있을 때 백성들이 모압 여자들과 음행을 했다(민 25;1). 이에 비느하스는 창을 들어 음행한 자들을 죽였으며 하나님은 염병을 보내어 2만 4천 명을 죽이셨다(25:9).

8) 총회(16:2)

~ 구약에서 모임을 가리키는 세 가지 단어는 '에바' '카할' 모에드'가 있다. 에바와 카할은 동의어인데 에바는 '야아드'(지정하다)에서 파생했고, 카할은 '쿠울'(소집하다)에서 파생했다. 70인 역은 '에다'를 쉬나고게'로, '카할'은 '에클레시아'로 번역한다. '쉬나고게'는 주로 이스라엘 민족을 타민족과 구별할 때 쓰이는 단어이고

'에클레시아'는 이스라엘 공동체 즉, 교회를 나타내는 용어로 정착했다. 한편, '모에드'는 '성회'로 번역되었는데 주로 신성한 절기나 축제 때 모든 백성이 성전에 모이는 총회를 지칭한다. 하나님은 이 거룩한 총회(교회)를 통하여 인류를 향하신 거룩한 뜻과 계획을 성취해 가신다.

9) 이름(17:3. 쉠/오노마)

~ 히브리인들의 이름은 친족 관계나 하나님과의 관계를 나타내는 의미로 쓰였다. 친족 관계를 나타내는 히브리어 접두어는 '아버지'라는 뜻의 '아브'(아비멜렉), '형제'라는 뜻의 '아흐'(아히홋), '아들'이라는 뜻의 '벤'(베냐민), '딸'이라는 뜻의 '바트'(밧세바), '친척'이라는 뜻의 '암'(암미엘) 등이 있다. 종교적인 이름들로는 '엘'(에스겔, 엘리에셀, 요엘, 이스라엘), '여호와'의 단축형인 '이요' 혹은 '예호'(여호나단), '야후' 혹은 '야'(아도니야, 스마야) 등이 있다. 이외 개인적 성품이나 특별한 행적을 기억하기 위해 지어진 이름들도 있다. 예를 들어, 가인에게서 '카나'(획득하다)가, '바벨'에게서 '발랄'(혼돈)이 파생했고, 이삭은 '웃음'이라는 뜻이고 '여호수아'는 '여호와께서 구하시다'이고, '요나'는 '비둘기', '나발'은 '어리석은 자'이다. 유대인들은 신약시대에는 보통 두 개의 이름을 사용했는데 하나는 전통적인 셈어식 이름이고 또 하나는 헬라어 혹은 라틴어 이름을 사용했다. 히브리인들은 보통 어머니가 아기 이름을 지어주며 남자 아이들은 생후 8일 만에 할례와 함께 이름을 짓는다. 한편 모든 하나님의 자녀들의 이름은 생명책에 기록되며 영원히 그리스도인이라는 이름으로 불리게 된다(행 11:26, 벧전 4;16, 계 14:1).

10) 십일조(18:21~32)

~ 십일조는 제사장과 레위인들이 얻는 생계수단이지만 단순히 이들의 생계보장책으로만 제정된 것이 아니다. 이 제도를 통해 하나님은 자신이 모든 만물과 인생들의 주인임을 알리며 백성들로 하여금 하나님의 주권을 늘 기억하도록 하기 위함이다. 십일조에 관한 성경 최초의 언급은 아브라함이 멜기세덱에게 소득의 1/10을 바친 것에서 발견된다(창14:7~20).그 후 야곱도 동일한 서원을 했다(창 28:22). 십일조에 대한 세부적인 기록은 레 27:30-33, 신 12:5~18 등에 있다.

~ 십일조는 일반적으로 세 가지로 구분된다. '제1 십일조'는 레위인의 생계를 위해 내는 소출의 1/10을 바치는 것이며(민 18:21~24), '제2 십일조'는 잔치 비용이나 성소 수리비 등을 위해 냈고(신 12:6~7, 11~19, 14:22~27), 제3 십일조는 제3년과 6년에 가난한 자들을 위한 구제 헌금으로 바쳤다(신 26:12~15). 이 외에 유대인들은 특별한 목적으로 바치는 예물(출 35:20~29)과 제사 제물들을 바쳤으며 이를 합하면 소득의 20% 이상을 하나님께 봉헌했다.

~ 오늘날 십일조는 복을 얻기 위해 내는 조건부 보험이 아니라 택함받은 자라면 마땅히 만물의 창조주이시면서 역사의 주관자이신 하나님께 자발적으로 드리는(롬 11:26) 올바른 신앙의 표시이다. 아브라함은 멜기세덱이 의와 평강의 왕임을 믿음으로 알아보고 그에게 전쟁에서 얻은 전리품의 1/10을 바쳤다. 그러므로 십일조는 믿음의 문제와 깊은 관련이 있다.

11) 애곡 기간(20:29)
~ 보통 애도 기간은 7일이었다(창 50;10, 삼상 31:13). 그러나 야곱의 장례는 국장으로 치루어져 시신 처리에만 40일이 걸렸고 70일간 애곡했다(창 50:3). 아론과 모세의 경우엔 30일간 애곡했다.

12) 여호와의 전쟁기(21:14)
~ 익명의 저자가 쓴 고대 역사서로 '야살의 책'(수 10:13, 삼하 1:18)과 함께 분실된 자료 중 하나로 알려져 있다. 한편 이스라엘에 관한 고대 문서들은 앞의 두 책 이외에 '다윗왕의 역대 지략'(대상 27:24), '이스라엘과 유다의 열왕기'(대하 27:7, 35:27), '이스라엘 열왕기'(대상 9:1, 대하 20:34), '열왕기 주석'(요아스 행적기/대하 24:27) 등이 있다.

13) 브올의 아들 발람(22:5)
~ '브올'(베올)은 '멸망시키다'이고 '발람'은 '탐닉자'란 뜻이다. 메소포타미아 출신으로 유일신 여호와에 대한 상당한 지식을 가지고 있었으나 진실로 믿은 것은 아니다. 그는 주술로 미래를 예언하거나 다른 사람을 저주하여 멸망케 하는 능력

을 통해 사익을 추구하였다. 모압 왕 발락은 바로 이 발람의 저주하는 능력을 이용해 이스라엘을 저주하고자 했다. 성경은 발람을 일러 탐욕의 선지자, 거짓 선지자, 음행으로 이스라엘을 멸망시키려 한 자로 칭했다(벧후 2:1~22, 유 11, 계 2:14).

14) 반드시 광야에서 죽으리라(26:65)
~ 이스라엘은 광야에서 틈만 나면 하나님을 대적하고 하나님이 세우신 모세를 향해 불평과 원망을 쏟아내었다. 그래서 1세대들은 여호수아와 갈렙을 제외하고 모두 광야에서 생을 마감했다. 이들이 저지른 가장 사악한 4대 범죄와 그 결과는 다음과 같다.
① 금송아지 사건(출 17:2~7): 3천 명 사망.
② 안식일 규례 위반(민 15:32~36): 돌로 쳐 죽임을 당함.
③ 고라 일당의 반역(민 16:1~50): 고라 일당 및 14,700명 사망.
④ 싯딤에서의 음행과 우상 숭배(민 25:1~18): 바알브올 일당 및 시므리와 고스비를 처단함.

15) 제사 규례(28:1~29:40)
~ 제사 규례는 출 23:14~17, 29:38~42, 31:12~17, 레 23장, 민 15장 등에도 기록되어 있지만 민수기에선 보다 세부적이고 종합적인 규례를 설명하고 있다. 예를 들어 절기 때마다 각각 다른 제물의 숫자들을 구체적으로 제시한다. 물론 가장 많은 숫자의 제물은 어린 양이다. 그러나 제사 율법은 계속 보완되고 개선되어야 하는 것으로 그 의도는 신성하고 거룩하나 어디까지나 그림자로서 그리스도의 복음으로 인도하는 몽학선생의 역할을 담당할 뿐이다.

16) 서원(30:1-16, 레27장, 웨스트민스터신앙고백서 22장)
~ '서원(네데르)'은 하나님이 어려움에서 자기를 구해 주었거나 아니면 호의를 베푸신 후에 하나님께 어떤 특별한 행동을 하기로 약속하는 것을 말한다. 예를 들어 사람의 희생, 즉 자식을 서원대로 제단에 바치는 봉헌(삿 11:30~31)이나, 하나님으로부터 어떤 은혜나 복을 받는 조건으로 무엇을 하겠다는 약속(한나의 사원/ 삼

상 1:11)도 이에 해당한다.

~ '맹세(쉐부아)'는 하나님의 이름으로 이해 당사자 간, 혹은 사람에게 하는 약속이고, 서원은 하나님께 직접 자원하여 드리기로 한 약속이다. 둘 다 사적인 차원에서가 아니라 공개적이고 공식적인 약속으로 폐기할 수 없다.

17) 미디안 족 섬멸(31장)

~ 하나님은 모세에게 발람의 꾀로 인하여 이스라엘을 타락시켰던 미디안 족에 대해 각 지파 당 1천 명씩 도합 1만 2천 명의 군사를 보내어 그들을 남김없이 섬멸할 것을 명령했다. 이 전쟁은 단순한 보복전이나 영토를 점령하기 위한 전쟁이 아니라 하나님의 명령에 의해 이루어진 거룩한 전쟁, 즉 성전이었다. 이스라엘은 하나님의 공의를 대행하는 자들로서 자신들의 사사로운 감정과 사익추구를 배제하고 오직 가나안에 당신의 나라를 세우고자 하는 하나님의 계획을 방해하는 세력을 제거한 것이다. 이것은 오늘날 하나님 나라의 건설을 계속 방해하는 사단의 세력에 맞서 싸워야 하는 성도들의 영적 전쟁의 당위성과 지침을 제공해 준다. 한편 본장에는 미디안 공략에 관한 기사만 언급되고 모세가 진두지휘하며 점령한 요단 동편에 관한 기사는 생략되고 있는데, 이는 민수기 기자의 입장에서 볼 때 미디안 족은 이스라엘을 타락시킨 장본인이었기에 역사의 기록에 남긴 것으로 본다.

18) 이스라엘의 경계

~ 하나님은 아브라함에게 남으로 애굽에서 북으로는 유프라테스 강에 이르는 거대한 땅을 주시겠다고 약속하셨다(창 15:18). 그러나 출애굽한 이스라엘은 이에 비해 매우 협소한 영토를 점령했는데 남으로 신 광야, 서로 지중해, 북으로는 호르 산까지 동으로는 하살에난에서 스밤까지였다. 하나님은 정복 초기부터 약속한 땅을 모두 허락하지 않은 것은 이스라엘에게 자족하는 순종의 도를 가르치기 위함이었다.

19) 딸들의 토지소유권(36:1~13)

~ 이스라엘 각 지파에게 주어진 땅은 하나님과 그들 각 지파 사이에 맺어진 언약

과 축복의 보증으로 취급되었기 때문에 영원히 보존되어야 했다. 그래서 하나님은 토지의 사유재산과 세습 제도를 만들어 토지가 잘 보존되도록 조치하셨는데 특별히 딸들도 상속인이 될 수 있게 하는 파격적인 법률을 제정하셨다. 그런데 상속받은 여자들이 다른 지파 사람들과 결혼하게 되면 그 토지가 다른 지파에게로 넘어가는 문제점이 발생하게 되었다. 그래서 하나님은 상속녀들의 지파 내 결혼을 명령함으로써 문제점들을 보완시킨 것이다.

〈신명기〉

1. 배경설명

모세의 일생 중에서 가장 뼈아픈 사건은 므리바 반석 사건일 것이다. 순간적인 혈기를 참지 못하고 반석을 지팡이로 두 번 쳤다는 이유로 그는 가나안 땅에 발을 딛지 못한다는 판결을 하나님으로부터 받았다. 대신에 하나님은 그를 모압의 어느 산으로 데리고 올라가 가나안 땅을 멀리서나마 볼 수 있도록 배려를 하셨다. 모세는 눈물 가득한 눈으로 꿈에도 소원이었던 가나안 땅을 쳐다보는 것으로 만족해야만 했다. 죽음이 임박한 것을 느낀 모세는 2세대들을 모두 모압 평지로 소집했다. 그리고 이곳에서 자신의 유언을 그들에게 남기었다. 모두 3번에 걸쳐 행해진 그의 유언과 고별설교를 담고 있는 것이 바로 신명기이다.

신명기는 40년의 간격을 두고 출애굽 1세대가 하나님과 맺은 '시내산 언약'과 동일한 의미를 지니는 하나님과 2세대 사이의 '모압 언약'을 다루고 있다. 즉, 출애굽 1세대의 실패로 인해 하나님은 2세대와 언약을 갱신해야 했다. 이런 면에서 '모압 언약'은 장차 올 신약시대에 예수님이 맺으신 '새 언약'의 그림자(예표)이기도 하다.

외형적으로 신명기의 구조는 모세 당시의 중근동 지방의 종주권 조약의 형식을 취하고 있다. '종주권 조약'이란 승리한 왕과 패배한 왕 사이에 맺어진 조약으로, 하나님과 2세대 이스라엘 백성 사이에 맺어진 모압 언약이 이런 형식을 담고 있다. 이것은 다시 말해 승리한 왕의 요구를 패배자가 모두 수용할 수밖에 없듯이 하나님의 언약갱신에는 거의 절대적인 명령들이 모세를 통해 2세들에게 강력하게 선포되고 있다.

2. 내용구성

(서론) 먼저 설교를 하는 배경을 설명한다(1:1!4).
(본론) 세 개의 설교와 시내산 언약에 대한 재해석이 담겨 있다.
　① 첫 번째 설교(1:5~4:43)
　② 두 번째 설교(4:44~11:32)
　③ 시내산 언약에 대한 재해석(12~26장)
　④ 세 번째 설교((27~30장)
(결론) 모세 사역의 결론(31~34장)

3. 핵심 메시지

~ 한 마디로 '하나님을 사랑하라'는 것이다. 어떻게 하는 것이 하나님을 사랑하는 것인가? 그것은 하나님 말씀에 순종하는 것이다. 사랑은 순종이다. 하나님에 대한 사랑은 말씀에 대한 순종으로 표현되고, 말씀에 대한 순종은 사랑으로부터 비롯되는 것이다. 나는 얼마나 하나님을 사랑하고 있는가? 나는 얼마나 하나님의 말씀에 순종하고 있는가? 이것이 신명기가 우리에게 말하고자 하는 메시지이다.
 "이스라엘아 들으라. 우리 하나님 여호와는 오직 유일한 여호와이시니, 너는 마음을 다하고 뜻을 다하고 힘을 다하여 네 하나님 여호와를 사랑하라"(6:4-5)

"이스라엘아 네 하나님 여호와가 네게 요구하는 것이 무엇이냐 곧 네 하나님 여호와를 경외하며 그의 모든 도를 행하고 그를 사랑하며 마음을 다하고 뜻을 다하여 네 하나님 여호와를 섬기고 내가 오늘 네 행복을 위하여 네게 명하는 여호와의 명령과 규례를 지킬 것이 아니냐?"(10:12-13).

4. 주요 내용 및 본문 해설

1) 종주권 계약

~ 신명기 전체는 당시 고대 근동에서 시행되던 종주권 계약의 양식에 따라 기술된 것이 특징이다. 그 양식은 주로 ① 전문과 역사적 배경 기술 ② 계약 내용 ③ 보관과 공개적인 낭독 ④ 증인 명단 ⑤ 계약 준수 여부에 따른 축복과 저주 등으로 구성되어 있다. 이로 보건대 신명기 첫 번째 설교는 종주권 계약의 서론이라 할 수 있는 전문과 역사적 배경에 관한 내용을 담고 있다. 즉, 40년간의 광야 생활을 회상하면서 하나님이 백성들을 어떻게 돌보시고 인도하셨는가를 생생하게 증언하고 있다.

2) 신명기 설교

첫 번째 설교를 세부적으로 살펴보면, 머리말(1:1~5)과 역사적 사건 즉 광야 생활 회상부분(1:6~4:43)으로 구성되었는데 광야생활은 다시 ① 시내산~가데스바네아(1:6~18) ② 가데스바네아에서(1:19~46) ③ 가데스바네아~모압행(2:1~23) ④ 요단 동편(시혼과 옥) 정복과 땅 분배(2:24~3:20) ⑤ 지도자의 사명 전수(3:21~29) ⑥ 모압평지(4:1~43)로 구성된다.

두 번째 설교(4:44~26:19)는 율법에 관한 내용과 예배와 생활법에 관한 내용으로 구성되었다. 율법의 내용은 ① 십계명(4:44~5:33), ② 율법교육 의무화(6:1~25), ③ 가나안 정복명령(7:1~26), ④ 여호와를 기억할 것에 대한 명령(8:1~20), ⑤ 자만심에 대한 경고(9:1~10:11) ⑥ 축복과 저주의 선포(10:12~11:32)로 구성되었고, 예배와 생활에 관한 내용은 ① 의식법(12:1~16:17) ② 시민법(16:18~20:20) ③ 사회법(21:1~26:19)으로 이루어져 있다.

~ 세 번째 설교(27:1~34:12)는 ① 가나안 땅에서 지켜야 할 규례들(27:1~28:68) ② 모압언약의 체결과 이행의무에 관한 것(29:1~30:20) ③ 결론 부분(31:1~34:12)으로 모세의 노래와 고별사, 여호수아에게로 지도권이 교체되는 것 등이 진술되어 있다.

3) 여러 날 동안(2:1)

~ 가데스바네아의 정탐꾼 사건이 있은 후 38년간의 방랑 생활의 기간을 말한다. 이 기간은 불신앙의 대가로 주어진 징벌의 기간이었고 출애굽 1세대들은 가나안 땅을 밟아 보지 못하고 모두 광야에서 죽음을 맞이했다.

4) 갑돌(Captor/2:23)

~ 지중해 연안의 그레데 섬(Crete)과 에게해 북쪽 섬들을 토착지로 두고 있는 해양민족인 블레셋(Philistine, 팔레스타인: '이주자'란 뜻)의 다른 이름이다. 특히 호전적인 이들은 애굽 국경지역으로 이주해 와서 그 땅의 거주민인 '아위'(수 13:3)을 쫓아내고 정착했다. 이들의 영토는 점점 확장되어 북으로는 욥바에서 남으로 와디 가제에까지 이르게 되었다. 주요 도시는 아스돗, 아스겔론, 가자, 에그론, 갓 등이었고 가나안 종교의 영향으로 다곤, 아스다롯, 바알세불(사 16:23, 삼상 5:2~5, 왕하 1:2)을 신으로 섬겼다.

5) 바산과 아모리족(3:1~2)

~ 바산은 요단강 동편 상류 지역의 해발 480~700m에 이르는 광활하고 비옥한 고원지대이자 목축에 적합한 땅이었다(겔39:18). 아르묵 강을 경계로 두 영토로 나누어지는데 북방지역은 아르묵에서 레바논의 헤르몬산까지 이르고, 남방지역은 아르묵에서 얍복강까지 이른다.

~ 당시 아모리 족은 남북에 두 왕국을 건설했는데 바산 왕 옥(Og)과 헤브론 왕 시혼(Sihon)은 북방지역의 왕들이었다. 이중 바산 왕 옥은 거인족이었던 르바임 족속 중 최후의 남은 자로 알려졌다(신 3:11). 그의 철 침대의 길이가 가로 1.8m, 세로 4m였다는 사실은 그가 대단한 거인이었다는 것을 입증한다.

6) 우상(4:23)

~ 우리 말로는 '우상', 영어로는 'idol' 혹은 'graven images'로 번역되었지만 성경에는 우상과 관련된 약 20개의 원어가 있다. 이를 종류별로 분류하면 다음과 같다.
① 존재하지 않음. 공허함. 무가치함: 아웬(사 66;3), 엘릴(사 2:8), 헤벨(렘 10:8)

② 닮은 모양. 착각. 환영: 세멜(대하 33:15). 첼렘(단 2:32)

③ 공포: 에마(렘 50:38)

④ 깎아 만든 것. 금속으로 주조된 것: 길롤(신 29:17). 맛세카(민 33:52). 아차브 (시 106:36)

⑤ 간음. 매춘: 자나(대하 21:11)

⑥ 금욕. 고행: 카마르(왕하 23:5)

7) 십계명(5:7~21)

~ 십계명은 모든 율법의 핵심이자 하나님의 언약이다(출 19:5, 24:7). 즉 표면적으로는 계명이고 율법이지만 내면적으로는 하나님의 약속이 담겨 있는 구원의 언약이다. 그래서 십계명을 담은 궤를 '언약궤'(31:26, 삼상 4:5, 히 9:4, 계 11:19)라고 하고 그것을 기록한 책을 '언약서'(출 24:7, 왕하 23:21, 대하 34:30)라 부른다. 십계명의 어법은 '~하라'와 '~하지 말라'로 구성되었고 3중의 목적 즉, 십계명은 모든 사람들에게 하나님의 거룩한 성품과 뜻을 알리고 있으며 또 불신자들을 율법의 저주 아래에 두어 최후 심판의 대에 그들로 하여금 핑계치 못하도록 하는 목적이 있으며 마지막으로 성도들 위해 더욱 감사와 순종의 삶을 살도록 하기 위함이다. 결론적으로 십계명은 완전수인 10과 증거의 수 2(두 돌판)로 상징된 하나님의 완전한 구속과 심판의 계명이요 율법이며 사랑의 언약서이다.

<참고> 그리스도인과 계명

1. 고난의 길

하나님의 백성으로서 바른 삶의 길인 토라의 길은 쉬운 길이 아니다. 이스라엘 백성들은 모세의 영도 하에 노예의 땅 이집트를 벗어나 약속의 땅을 향하여 멀고 긴 여정을 시작했다. 그런데 지도상으로 보면 이집트에서 가나안으로 들어가는 길 가운데 지중해 해안선을 따라 가장 평탄하고 쉬운 지름길이 있었다. 이 길은 블레셋 사람의 길이었다. 그러나 하나님은 자신의 백성들을 결코 쉬운 여정으로 인도하시지 않으셨다.

"바로가 백성을 보낸 후에 블레셋 사람의 땅의 길은 가까울지라도 하나님이 그들을 그 길로 인도하지 않았다"(출 13:17)

이후 광야 40년 생활은 이스라엘에게 고난과 역경의 연속이었다. 물이 없어 목마르고 먹을 것이 없어 굶주렸다. 사막과 돌산 길을 돌고 돌아 좌절하고 실망하고 고통으로 울부짖었다. 그러나 다른 한편으로 하나님의 가장 빠르고 직접적인 도움이 시행되었던 은총의 시간이기도 했다. 물이 없으면 반석에서 물이 솟게 하시고, 먹을 것이 없으면 만나와 메추라기로 먹이셨다. 그러나 모세는 신명기에서 이 40년의 삶이 하나님의 은총의 기간이었다고 설교했다. 그리고 모세는 하나님의 율례와 명령을 지키며 살아가라고 당부했다. 가나안에 들어가서도 하나님의 은혜를 잊지 말고 하나님만 섬기고 토라 말씀을 지키고 살라고 권면했다.

"이 40년 동안에 네 의복이 헤어지지 않고 네 발이 부르트지 아니 하였느니라"(신 8:4)
"내가 오늘날 네게 명하는 여호와의 명령과 법도와 규례를 지키지 아니하고 네 하나님 여호와를 잊어버리게 되지 않도록 삼갈지어다"(신 8:11)

2. 계명

유대인들의 전통적 계산에 따르면 시내산(출 19-민 10:10)과 모압땅(신 12-26)에서 주신 토라 말씀은 모두 613개의 계명으로 이루어졌는데 이중 긍정적인 계명(~하라)는 248개이고 부정적인 계명(~하지 말라)는 365개이다. 248개는 사람의 뼈마디 수와 일치하고, 365는 1년의 수와 일치한다. 즉, 248개의 뼈마디로 구성되어 있는 인간은 365일 하루도 빠짐없이 613개의 계명을 지켜야 한다는 의미로 풀이된다.

전통적으로 유대인들은 13세가 되면 모든 토라의 말씀을 지키겠다고 선서하는 성년식을 치룬다. 남자의 경우 '바르 미쯔바'(계명의 아들)라 하고, 여자의 경우 '바트 미쯔바'(계명의 딸)라 부른다. 성년식은 결혼식과 함께 한 사람의 인생에 가장 중요한 의식으로 지금은 이 의식을 통곡의 벽에서 거행하는 것을 가장 큰 영광으로 여기고 있다.

그런데 613계명은 분량이 너무 많다. 이것을 하나님은 10개로 요약하고 압축해 십계명으로 주셨다. 구약에는 십계명이라는 말 자체가 없고 단지 '열 개의 말씀'(아세레트 하드바림, ten words)이라 되어 있다. 이것을 주전 3세기 경 헬라어 성경인 70인역에서 '데카 로고이'라 했고 이것을 영어로 십계명이라는 뜻의 데카로그(the Decalogue)로 번역했다. 성경학자 카수토는 사람이 열 손가락으로 열 가지 계명을 꼽으면서 언제나 기억하고 또 지키게 하기 위해 하나님이 열 개의 계명을 주신 것이라 해석했다.

3. 십계명의 구분

~ 교파마다 십계명의 구분이 약간 다르다. 크게 세 부분으로 나누는데 개신교와 동방정교회, 카톨릭과 루터교회, 유대교의 전통이다. 먼저 유대교를 제외하곤 출 20:2와 신 5:6의 말씀, 즉 "나는 너를 애굽 땅 종 되었던 집에서 인도

하여 낸 너의 하나님 여호와로라"를 계명 자체로 보지 않고 서언으로 본다. 그러나 나머지는 이것을 제1 계명으로 본다. 둘째, 카톨릭과 유대교는 개신교회와 동방정교회의 제1, 2계명을 하나로 묶고 제1 계명으로 삼는다. 셋째, 마지막 10계명을 카톨릭은 둘로 나누어 "네 이웃의 집을 탐내지 말라"를 제9 계명, "네 이웃의 아내나 그의 남종이나 그이 여종이나.... 네 이웃의 소유를 탐내지 말라"를 제10 계명으로 본다. 카톨릭의 이러한 십계명 변조는 제1, 2 계명의 우상 숭배와 형상을 조각하지 말라고 한 규정을 탈피하고자 하는 의도적인 것으로서 결코 용인될 수 없는 범죄행위이다.

4. 십계명의 3요소

1) 신앙의 원칙에 관한 계명
~ 제1, 2계명은 유일신의 원칙을 다룬다.

2) 공동체 생활에 관한 계명
~ 축자적으로 지키는 것이 아니라 변화된 사회 정치 경제적 상황에 맞게 토라 말씀의 정신과 목적에 따라 새롭게 해석되고 적용되어야 한다. 예를 들어 신 23:24-25의 경우, "네 이웃의 포도원에 들어갈 때 마음대로 그 포도를 배불리 먹어도 가하니라...."는 공동체 안에서 배고픈 사람이 없도록 가진 자는 나누며 살아야 한다는 것이다.

3) 종교의식에 관한 계명
~ 레위기에 기록된 제사 제도(예배)의 경우, 예수 그리스도가 오심으로 더이상 오늘날 그리스도인에게 그대로 적용되지는 않는다. 즉 기독교인들은 구약의 종교의식법에서 해방된 것이다. 구약 사람들처럼 짐승을 제물로 바치지 않아도 된다. 예수님이 이미 속죄 제물이 되시어 다 치루었기 때문이다(히 9:11, 10:10). 또 식사법의 경우에도 유대인들은 돼지고기를 부정한 동물로 여기고 먹지 않았지만 예수님으로 인해 이것도 폐기된 조항이다. 욥바에서 베드로는

> 돼지고기가 담긴 그릇을 환상으로 보고 이것을 깨달았다. 또 생후 8일 만에 할례를 행하던 의식도 예루살렘 종교회의를 통해 폐지했다(행 15장). 그러나 제사 제도의 정신과 그 의미는 신약 교회가 행하는 예배의식에 그대로 녹아 있다. 하나님을 경외하고 하나님 이름을 찬양하며 오직 하나님께만 영광을 올리고 감사와 봉헌과 기도를 올리고 하나님 말씀을 경청하고 묵상하고 성도 간의 교제를 나누고 이웃을 사랑하고 구제하고 봉사하는 일들은 주님 오실 때까지 계속된다.

7) 질투하시는 하나님(6:15)

~ 질투(키나)는 두 가지 방면의 뜻으로 사용된다. 하나는 부정적인 의미로서 '시기와 질투심'(욥 5:2, 전 4;4, 겔 8:3)을 뜻하고 긍정적인 의미에서는 '열심'(신 29:19, 시 79:5)으로 사용된다. 여기선 하나님을 의인화시킨 표현 방법으로 신학적으로 이를 '신인동형동성론'(神人同形同性論)이라 한다. 우상 숭배하는 자들을 결코 용납하지 않겠다는 하나님의 강렬한 마음이 담겨 있다.

8) 성민(7:6)

~ 히브리어 '카다쉬'는 '구별하다' '잘라내다' 는 뜻으로 형용사는 '카도쉬'이다. 그러므로 성민(암 카도쉬)은 인류 가운데 특별히 구별되어 하나님의 소유가 된 '거룩한 백성'을 말한다. 신약성경에는 이를 '성도'(하기오스)로 번역했다.

9) 징계(8:5)

~ 죄를 지은 인간에게 내리는 하나님의 벌은 두 가지이다. 하나는 형벌이요 다른 하나는 징계(아싸르)이다. 형벌은 하나님의 공의가 침범된 경우 내리는 벌로서 영원히 하나님과 분리되는 영적 사망(마25:46, 막9:47~48, 엡2:1, 살후1:9)과 육체적 죽음(롬5:12), 그리고 고통스러운 인생(창3:15~24) 등이 해당되고, 징계는 주로 성도의 잘못을 교정할 때 사용하는 벌로서 하나님의 사랑의 채찍에 해당한다

(잠 3:11~12, 히 12:7~9, 고전 11:32).

10) 다단과 아비람에게 하신 일(11:6)
~ 민 16장에 기록된 고라 일당의 반역사건을 회고하는 말이다. 다단과 아비람은 형제로서 온과 족장 250명과 함께 고라의 반역사건에 가담하여 하나님의 심판을 받아 가족과 재산이 모두 땅속으로 삼키어졌다.

11) 자녀를 불살라(12:31)
~ 암몬족의 하나인 '몰렉족'(Molech)의 인신 제사를 표현하는 말이다. 대체적으로 우상종교들은 자신들이 섬기는 신을 위해서는 인간의 생명까지도 아낌없이 바치고 또 자신의 몸을 자해(14:1)하거나 난잡한 성행위를 일삼는 것이 특징이다.

12) 꿈꾸는 자(13:1)
~ 자신이 꾼 꿈이 하나님으로부터 받은 특별계시라고 주장하면서 그 꿈을 통해 미래의 일을 예언하는 자를 가리킨다(슥 10:2). 오늘날에도 하나님으로부터 자신이 특별한 계시를 받았다고 하는 소위 '직통계시자'들이 나타나 활동하고 있다.

13) 안식년 채무 면제(15:1~6)
~ 여기엔 상반된 두 견해가 있다. 하나는 렌지(Lange)나 메튜 헨리(Mathew Henry) 등의 견해로 완전한 부채의 탕감을 의미한다는 것이 있고, 다른 하나는 칼빈(J. Calvin) 등의 견해로서 안식년에만 국한된 채무 독촉의 면제라는 것이 있다. 원어상 '면제'에 해당하는 히브리어 '쉐밋타'의 어근 '솨마타'는 '쉬게 하다' 혹은 '묶어두다'이고, 2절의 "면제하고 독촉하지 말지니"라는 표현으로 볼 때 후자의 견해가 더 적절한 것으로 본다. 만약 모든 채무가 면제되어 버린다면 이스라엘 사회에서는 사실상 금품대여의 관습이 남아 있지 않았을 것으로 보여지기 때문이다. 다시 말해 본문의 면제의 규례는 안식년 땅의 휴식으로 인한(레 25:2~7) 소득의 중단을 고려해 채무자들에게 그 해에만 채무 독촉을 면제한 것이다.

14) 도피성 규례(19:1~14)

~ 레위 지파에게 할당된 48개 성읍 중에서 6개의 성읍을 따로 구별하여 실수나 부득이하게 살인의 죄를 범한 죄인을 보호하도록 정한 제도로서 요단 동편 지역의 베셀과 길르앗 라못, 바산 골란 그리고 가나안 지역의 갈릴리 게데스와 세겜 그리고 기럇 아르바(헤브론) 등이 도피성으로 지정되었다(수 20:7). 이 제도는 죄인의 정당한 인권을 보호하고 공의의 확립과 소회 질서의 유지를 이해 실제적으로 운용되었지만 결코 고의적으로 살인을 저지른 범죄자들의 은신처가 되지 않도록 하기 위해 엄격히 운용했다(11~13절).

~ 민 35장과 수 20장에 따르면, 성읍의 장로들은 일단 살인의 죄를 범하여 도피성에 몸을 피한 죄인을 체포하여 성문 앞에서 여러 사람들이 보는 앞에서 살인의 고의성 여부를 재판한 다음 고의성이 없는 것이 판명되면 다시 도피성으로 보내어 대제사장이 죽을 때까지 그곳에 살아야 했다. 만약 고의성이 발각되면 먼저 피살자의 친족이 돌을 들어 살인자를 친 후 그 다음에 모든 사람들이 일제히 돌을 던져 살인자를 처단했다.

15) 병역 면제자 규정(20:5~9)

~ 새집을 건축하고 미처 낙성식을 행하지 못한 자, 포도원을 만들고 미처 그 소산을 먹지 못한 자, 여자와 약혼하고 미처 결혼하지 못한 자, 겁이나 두려움이 많은 자 등은 전쟁에 참여하는 것을 금지시켰다. 이는 하나님의 전쟁인 성전에는 온전한 자들만이 참여한다는 의미가 담겨 있다.

16) 장로(21:6)

~ 히브리어 '자켄'은 '턱수염'이고 '시브'는 '백발'이란 뜻이다. 헬라어는 '프레스뷔테로스'로 번약했는데 이는 '단순히 '노인' 혹은 '연장자'라는 뜻도 있지만 한 사회의 '어른' 혹은 '원로'나 '지도자' '지혜자'를 뜻하기도 한다. 이스라엘 장로들의 주된 의무는 백성들을 치리하고 다툼이나 분쟁이 생겼을 경우에 재판관 역할을 하며 하나님의 공의를 실현하는 일이었다. 특별한 경우엔 군사적 지도자가 되어 국가적 위기를 타개하는 일에 앞장서기도 했다(수 8:10, 삼상 4:3).

17) 모세 이혼법(24:1~4)
~ 이혼 시 이혼증서를 작성토록 한 모세의 이혼법은 이혼을 장려하는 것이 아니라 문서적인 증거를 통해 남자들이 합당한 이혼절차도 없이 구두적으로 혹은 임의대로 여자를 내쫓는 것을 방지하기 위한 여성보호와 배려의 하나로 정한 법이다. 이러한 근본 취지를 예수님도 인정하여 누구든지 함부로 아내를 버리는 것을 금지하시었다(마 5:31~32).

18) 형법(25:1~3)
① 극형: 하나님과 부모에 대한 범죄와 성적인 범죄 등은 돌로 치거나(신 21:21) 칼로 죽임(출 32:27), 불에 태움(레 20:14), 십자가형(요 19:18) 등이 소개된다.
② 체형: 40대 이하의 매를 치는 태형(신 22:18)과 고의적인 상해에 대한 동해 보복형(레 24:19-20)이 있다.
③ 배상형: 과실로 타인의 재산에 손실을 입힌 경우(출 21:34-36). 형사 사건 때엔 벌금을 물게 했다(신 22:19).
④ 징역형: 배상 능력이 없는 채무자를 종으로 삼아 해당 금액만큼 부역시키는 벌이다(출 22:3, 레 25:39).

19) 계대 결혼(25:5~10)
~ 일명 '리비르'(Levir, 남편의 형제) 법으로 만일 결혼한 형제가 후사 없이 죽은 경우, 다른 형제가 형제된 의무로서 죽은 형제의 아내와 결혼하여 자손을 잇게 하는 제도로서 고대 근동에서는 오래전부터 관습화된 일이었으나 이스라엘 사회에선 모세의 율법으로 비로소 성문화되었다. 이외 계대 결혼은 이스라엘의 과부된 여인이 이방 남자와 재혼하는 것을 금하는 한편 홀로 된 과부의 생계를 지켜주는 보호 장치의 하나였다.

20) 가나안 땅에서의 세 가지 의무 사항(27:1~26)
① 율법의 기록(1~4): 석회를 바른 큰 돌에 새김.
② 제단을 쌓음(5~8): 다듬지 않은 돌로 단을 쌓고 번제와 화목제를 드릴 것.
③ 축복과 저주의 선포(9~26): 이스라엘 12지파가 6지파 씩 양편 산에 갈라서서 축복

과 저주를 선포하는 의식인데 여호수아에 의해 실제로 실행되었다(수 8:30~35). 두 산은 남북으로 서로 마주한 산으로 그 사이에는 폭이 약 200m에 가까운 골짜기가 있는데 해가 뜨는 동쪽을 바라볼 때 그리심 산은 오른편에 위치하고 항상 햇빛이 드는 반면에 에발산은 왼편에 위치하여 늘 그늘을 드리우고 있어 축복과 저주를 상징하는 산이 되었다는 설이 지배적이다(신 11:29~30). 이 축복과 저주는 뒤에 이어지는 28장에 기술된 '순종의 축복(1~14)과 불순종의 저주(15~68)'와 연결되어 신앙의 지표를 세우고 있다.

21) 언약(29:1, 25)

~ 히브리어 '베리트'의 유래에 대해선 여러 설이 있다. 먼저 '족쇄를 채우다'(속박하다)라는 뜻의 악카드어 '바루'에서 유래했다는 설과, 또 '먹다'라는 뜻의 '바라'와 연관시키어 계약 당사자들이 계약을 체결한 후 이를 기념하기 위해 공동의 식사를 한 것을 염두한 것이고, 다른 하나는 창 15:10에 근거하여 제물을 '둘로 쪼개다'라는 뜻의 '바라'에서 유래했다고 보는 견해이다.

~ 언약에 해당하는 헬라어로는 '디아데케'와 '순데케'가 있는데 히브리어 '베리트'는 헬라어 '디아데케'로 주로 번역되었다. '디아데케'는 절대적 힘을 가진 개인이나 집단 쪽에서 약자와 일방적으로 맺는 일종의 종주권 조약의 형식을 가지고 있다. 하나님이 스스로 맺으신 언약의 형식이 이와 유사하지만 하나님의 언약은 결코 강요하거나 강제적인 것이 아니라 인간의 자발적인 참여와 오직 계약 당사자인 인간을 이롭게 하기 위한다는 점에서 세상의 종주권 조약과는 판이하게 다른 계약이다.

22) 모세의 노래(32:1~52)

~ 모압 평지에서 출애굽 2세대들에게 마지막 설교를 한 다음 모세는 이스라엘의 미래 역사를 노래 형식으로 예언하고 있는데 그 내용은 이스라엘의 타락과 심판이다. 결코 유쾌하지 않은 예언을 하는 목적은 앞으로 이스라엘의 타락을 방지하고 스스로 죄악을 깨우치게 함이요, 그리하여 회개하여 하나님에게로 돌아오기를 바람이다.

23) 모세의 축복(33:6~25)

~ 야곱이 축복하던 때(BC 1,860년경)에서 약 450년 뒤에 이어진 12지파에 대한 축복기도로서 계시의 점진성에 따라 야곱의 축복보다 발전된 내용을 담고 있다. 단, 시므온 지파에 대한 축복이 생략되었는데, 이는 야곱의 저주를 받은 후(창 49:5~7) 죄악을 회개하기는커녕 오히려 죄악을 더함으로(민 25:14) 모세의 축복에서 제외되었다고 본다.

24) 모세와 같은 선지자(34:10)

~ 세 가지 면에서 모세는 특별한 선지자였다. 하나는 하나님이 모세와는 "마치 사람이 그 친구와 같이 이야기하듯"(출 33:11) 가까이 대면했고, 하나님의 영광스러운 임재를 직접 목격한 사람이며(출 33:18~23), 시내 산에서 하나님과 단둘이서 오랫동안 이야기하고 교제를 나눈 특별한 선지자이고, 또 하나는 하늘의 비상한 권능을 수여 받고 바로와의 대결에서 승리했고 홍해 바다의 기적을 통해 이스라엘을 애굽에서 탈출시켰고 중요한 고비마다 비상한 능력으로 백성들을 지키고 인도한 능력의 선지자였으며, 세 번째로는 율법의 창시자요 중재자로서 복음의 창시자인 예수 그리스도가 오기 전까지 이스라엘에서는 모세 만한 선지자가 나타나지 않은 것이다.

<보너스> 광야학교 묵상

하나님은 당신의 사람을 만들고 싶어 하신다. 모든 무거운 짐을 벗기고 새털처럼 가벼운 영성의 사람들을 만들어 당신의 제자로 삼고 싶어 하신다. 그래서 택하신 자들을 혹독하게 훈련시키신다. 그 훈련 장소를 우리는 광야학교라 부른다.

광야학교는 세탁소와 같다. 묵은 때를 벗기는 곳이다. 금방 묻은 때는 손빨래 등으로 쉽게 벗길 수 있지만 오래된 때를 벗기기 위해선 세탁기와 같은 특수한 방식을 동원해야 한다. 그것은 인간의 힘과 능력을 초월한 방식이다.

또 광야학교는 육중한 체중을 줄이는 헬스장 같은 곳이다. 쓸모없는 지방질을 제거하고 근육질의 육신을 만들어 강력한 체력을 기르는 곳이다. 강력한 체력만이 진짜 힘을 발산할 수 있는 것이다. 몸집이 크다고 힘을 쓰는 것이 아니다. 깡말라 보여도 근육질의 사람이 훨씬 힘을 잘 쓰는 법이다. 광야학교는 체력단련장이다.

또 광야학교는 용광로와 같은 곳이다. 쇠를 녹이는 것 같지만 실상은 쇠를 더욱 단단하게 만들어 내는 용광로의 법칙이 살아있는 곳이다. 모든 불순물도 이곳에서 제거되어진다. 순결함과 고결함이 더욱 단련되어 거룩함으로 진화하는 곳이다.

무엇보다 광야학교는 하나님이 세우신 영적 훈련의 장소이다. 하나님은 이 훈련소인 광야학교를 졸업한 사람들을 쓰신다. 광야학교를 통과하지 않고 하나님의 일꾼이 된 사람은 없다. 성경에 등장하는 많은 신앙의 위인들은 대개가 광야학교 출신들이다. 광야는 육신적으로는 고난이지만 영적으로는 하나님의 사람으로 만들어지는데 필수적인 영양분을 섭취하는 곳이다. 이 영양분을 섭취하지 않고는 영성을 소유할 수가 없다. 그래서 고난이 유익인 것이다.

수많은 영적 거인들이 이 고난의 광야학교에서 영적인 영양분을 섭취하고 믿음의 사람들이 되었다. 그러나 누구보다 광야학교에서 훈련받고 하나님께 크게 쓰임 받은 인물을 고르라면 단연 모세다. 가장 혹독한 훈련을 겪은 인물이고 가장 하나님과 많은 접촉과 대면을 통해 실로 신적인 경지에 오른 인물이다. 특히 모세의 광야학교 시절의 이야기를 통해 우리는 혈기왕성했던 모세가 어떻게 하나님의 사람으로 만들어졌는가를 알아볼 수 있다.

물론 광야학교를 자처하여 가는 사람은 없다. 누구나 갈 수 있는 곳도 아니다. 자발적으로 찾아간다고 해고 하나님의 윤허가 있어야 한다. 누구의 '빽'도 통하지 않는 곳이며 편법이 있을 수 없는 곳이다. 모든 판단과 선택과 결정의 주권은 하나님의 것이다. 하나님이 필요해서 학생을 선발하고 학습의 기간도 하나님이 정하신다. 오로지 이 학교의 운영목적은 하나님의 입맛에 맞는 사람을 제조하는 것이다. 우리는 그런 자를 '하나님의 사람'이라 칭한다.

(최더함의 '가벼워야 산다' 중에서)

제4편
가나안 시대
(여호수아. 사사기, 룻기)

1. 배경설명

　모세의 후계자가 된 여호수아는 목적지인 가나안 땅으로 진입하기 위해 만반의 준비를 했다. 이제 이스라엘은 하나님의 뜻으로 말미암아 가나안 땅에 들어가 하나님이 통치하는 국가를 건설해야 했다. 그러나 가나안 땅은 여호수아에게 미지의 땅이었다. 그래서 그는 요단강을 건너기 전에 2명의 정탐을 보내 적진의 상황을 살핀 다음, 싯딤에서 백성들을 정결케 하고, 준비 기도를 하며 하나님의 은혜를 구했다. 드디어 3일 후 여호수아는 백성을 이끌고 요단강을 건너게 되고 길갈에 진을 친다. 그는 이곳을 거점으로 삼아 제일 먼저 여리고 성과 아이 성을 공략했다. 이후 여호수아와 이스라엘은 7차에 걸친 대규모 전쟁을 치룬 끝에 드디어 가나안 땅 대부분을 차지하고 모든 전쟁이 끝난 후 각 지파별로 땅을 분배하는 것으로 대단원의 막을 내린다.

　이후 약 400년 동안 이스라엘은 각 지파별 연합공동체를 이루어 살아가지만 끊임없는 외적의 침입에 시달려야 했다. 그들이 이렇게 고통을 겪는 이유를 성경은 그들의 패악과 타락, 그리고 우상 숭배와 불순종 때문이라고 기록하고 있다. 정복 전쟁 당시 완전히 정복하지 못한 가나안 7족은 계속적인 위협이 되었고 심지어 이스라엘은 잠깐씩 그들의 수중에 들어가 그들의 지배를 받아야 했다. 이에 백성들은 여호와께 부르짖게 되었고 하나님은 그때마다 사사들을 보내 백성들의 고통스러운 울부짖음에 응답하시고 그들을 구원해 주셨다. 그러나 하나님의 놀라우신 은혜에 대한 백성들의 보답은 배신과 범죄와 타락뿐이었다.

2. 시네마 구조

-	주제	제목	성경	기타
기	정복전쟁	중부지역	수 1-12장	
승	정착과정	기업분배	수 13-24장	
전	가나안7족과의 전쟁	배경	삿 1:1-3:6	
		남부전투	삿 3:7-30	메소포타미아족- 옷니엘, 에훗, 삼갈
		북부전투①	삿 4:1-5장	가나안족- 드보라, 바락
		중부전투	삿 6:1-10:5	미디안족-기드온
		내분	삿 8:33-9:57	블레셋 아비멜렉- 요담, 돌라, 야일
		동부전투	삿 10:-12:7	암몬족, 길르앗, 에브라임- 입다
		북부전투②	삿 12:8-15	평시- 입산, 엘론, 압돈
		서부전투	삿 13장-16:31	블레셋- 삼손
결	범죄와 타락	불순종	삿 17-21장	우상숭배, 간음, 동족상잔

3. 주요 메시지

3~1. 이스라엘 주변국가 이야기

국가	위치	대 이스라엘	성경
메소보다미아	티그리스, 유프라테스 강 유역	사사시대에 8년간 압제	삿3:8-10
모압	사해 동편 고원지대	발락이 이스라엘을 저주함	민22:1, 수24:9
		에글론 왕이 18년간 압제	삿3:12-30
블레셋	지중해 연안지역(욥바~가사)	아브라함과 이삭이 아비멜렉 왕과 교류	창26장
		사사시대에 40년간 압제	삿13-16장
		블레셋의 세력 확장에 밀려 단 지파가 라이스로 이주	삿18:11, 29
미디안	아라비아 북서쪽 아카바만 동해안	은 20으로 요셉을 산 상인	창37:28
		모세가 도망친 곳(미디안광야)	출2:15
		이스라엘을 쫓아내기 위해 미디안장로들이 모압과 계약을 맺음	민22:4, 7
		이스라엘이 미디안족을 진멸함	민31:1-12, 수13:21
		사사시대에 7년간 압제	삿6:1-6
암몬	요단강과 사해 동쪽	출애굽한 이스라엘이 이 지역을 우회함	민21:24, 신2:19-21
		18년간 압제	삿10:8
아람	요다 동편, 팔레스타인 북부지역에서 메소포타미아 지역까지	셈의 다섯째 아들의 후손으로 하란을 중심으로 정착하고 번성	창10:22-23, 25:20
		나홀, 아브라함, 롯, 브두엘, 라반, 리브가의 고향	창22:20-24, 24:4, 7, 10
시돈	지중해 연안	단 지파가 이 지역을 점령함	삿18:28

3~2. 성전(聖戰, Holy War)

하나님에 의한 거룩한 전쟁의 의미를 모르는 사람들은 이스라엘 정복과정에서 일어난 참혹한 살육 행위들(수 6:21, 10:37)을 이해하지 못한다. 겉으로 보이는 이 처참한 행위는 하나님의 자비하심과 너무 동떨어진 것으로 보이기 때문이다. 그러나 '성전'의 개념은 '여호와는 용사시니 주께서 큰 위엄으로 주를 거스르는 자를 엎으시나이다', '전쟁은 여호와께 속한 것인즉'(출 15:3, 6) 등의 말씀에 근거한다. 즉 성전은 인간적인 차원에서 이해되는 일이 아니라 오직 하나님의 뜻으로 결정되고 성취되는 일이며, 하나님에 의한 거룩한 전쟁이라는 점에서 거룩하지 못한 모든 것에 대한 하나님의 심판이다. 특히 성전에 임하는 백성들의 승리의 관건은 여호와께 대한 순종의 여부에 달려 있지(출 14:14, 삼상 18:17) 병력의 수효나 무기의 우열에 달려있지 않았다. 따라서 성전을 시작하기 전에는 여호와께 문의하여 전쟁의 시작 여부를 결정하는 일이 필수적으로 요청되었고, 전쟁에 임할 때의 구호는 '여호와께서 적들을 우리 손에 붙이셨다'(삿 3:28, 삼상 7:8)로 나타났다. 결론적으로 성전은 단순한 영토 쟁탈전이나 경제적 수탈의 목적을 이루기 위한 것이 아니라 하나님의 뜻을 거스르는 세력들에 대한 공의의 심판이라는 구속사적 측면에서 이해되어야 한다.

신약시대에는 성전을 영적 측면에서 재해석했으며(고전 14:8, 고후 10:3, 딤전 1:18~19), 성도의 무기도 칼이나 창이 아니라 영적인 무기로 설명하였고(고후 10:4, 엡 6:13~17), 지상에 존재하는 모든 성도는 거룩한 전쟁을 수행하는 전투적 교회의 구성원으로서 모든 형태의 악한 세력과 쉼 없는 전투를 수행해야 한다. 이 전투에서 이기는 자는 마침내 천상에 존재하는 영원한 교회의 일원이 되어 영원한 삶과 안식을 누리게 된다.

3~3. 죄의 악순환

이스라엘의 전 역사는 하나님에 대한 불순종과 타락과 배반으로 점철되어 있다. 그러나 하나님은 자신의 약속을 스스로 거두시지 않으시기에(민 23:19, 사 55:11), 택한 백성인 이스라엘의 고통을 외면치 않으시고 구원해 주신다. 그러나 이것은 어디까지나 민족적 차원에서 이스라엘의 영적인 지위를 인정하고 유지하는 것이지 개인적 차원에서 무조건 죄악에 대해 눈 감아 주고 용서하시는 하나님은 아니시다. 하나님은 개인적인 차원에서 회개하는 자에게는 용서를 베풀지만 끝까지 타락한 자들에게는 심판을 주시는 공의로우신 하나님이시다. 즉 선민 이스라엘이라고 항상 무조건 구원을 받은 것은 아니었다.

이스라엘의 죄악상에는 일정한 두 악순환이 있다. 하나는 민족적 차원에서의 악순환이고 다른 하나는 개인적 차원에서의 악순환이다.
1) 민족적 차원: 죄- 노예화/압제- 고통과 간구- 구원- 망각/불순종/타락- 심판
2) 개인적 차원: 시험/미혹- 죄와 고통- 간구- 하나님의 은혜/도우심/구원- 나태와 망각/불경건/세속화- 불순종- 징계

3-4. 하나님의 주권

하나님은 역사의 궁극적 주관자이시자 통치자로서 열방의 흥망성쇠를 주권적으로 치리하시는 분이시다.

> **<참고> 칼빈주의와 하나님의 주권**
>
> 칼빈주의는 신학에만 국한된 것이 아니고 모든 것을 포괄하는 사상 체계이다. 그 사상 범위에 신학과 동시에 정치, 사회, 과학, 예술 등에 대한 사상도 포함한다. 특히 칼빈주의에서 볼 수 있는 놀라운 질서와 조직은 독특하다. 칼빈주의의 중심 사상은 역시 하나님 사상이다. '하나님의 절대적 주권'이 가장 중요한 핵심 포인트라고 할 수 있다. 하나님의 주권이란 말은, 곧바로 만물에 대한 하나님의 절대적 지배를 가리키는 진술이다. 이것은 하나님을 중심으로 하는 사상체계를 말한다. 즉, 이는 하나님의 은혜만을 전적으로 의지한다는 것이다

3-5. 계시의 점진성

하나님의 계시는 구속사의 진전에 따라 점점 발전하고 확대된다. 지금의 입장에서는 당시 지도자들이었던 사사들의 신앙이 미흡해 보이지만 당시에는 종말론적 교훈이나 전 삶을 포괄하는 수준 높은 윤리 규범 등이 체계적으로 제시되지 않은

상태였다는 것을 염두해 두어야 한다. 이처럼 하나님의 계시는 구속사가 진전과 함께 이루어지는 특성을 가지고 있다.

3-6. 인간의 전적 타락

사사기를 통해 우리는 인간의 죄성이 얼마나 뿌리 깊은 것인지 알게 된다. 이스라엘은 하나님의 은혜에도 불구하고 끊임없이 범죄와 타락을 되풀이한다. 이에 대해 하나님은 공의의 징벌을 행하시기도 하지만 결국 끝까지 참고 인내하시며 용서와 사랑으로 당신의 백성을 다스리신다.

> **<참고> 전적 타락(Total Depravity)[1]**
>
> 도르트신조(1619)[2] 셋째 교리는 인간의 전적 부패와 타락을 다룬다. 이는 육체적인 생명만 갖고 있는 자연인은 그 본성이 타락하여 구원에 필요한 믿음을 만들어내지 못한다는 것이다. 그렇다고 이 말이 자연인이 전혀 믿음을 가지지 못한다는 뜻은 아니다. 믿음에는 구원받을 수 없는 믿음과 구원받을 수 있는 믿음이 있을 뿐으로 구원에 필요한 믿음은 인간이 스스로 발휘하지 못한다는 것이다. 그래서 이 주장을 '전적 무능력'이라고 하는데 주의할 것은 이 무능력이라 함은 사람이 하나님을 믿을 수 있는 기능을 잃었다는 뜻이 아니라 그의 영혼이 타락하여 참된 구원의 믿음을 갖기 싫어한다는 것이다. '나를 보내신 아버지께서 이끌지 아니하시면 아무도 내게 올 수 없다'는 예수님의 말씀처럼 하나님이 참된 믿음을 주시기 전에는 아무도 예수 그리스도를 진실 되게 믿지 못한다는 것이다.
> ~ 알미니안주의자들은 타락의 영향력을 축소하기 위해 사람이 타락 이전보다 조금 더 낮은 위치에 있는 것으로 본다.

---

[1] 개혁신학자인 안쏘니 후크마는 전적 타락의 상태를 새의 날개에 비유하여 '날개는 가졌으나 날지 못하는 날개'라고 구조와 기능적인 측면에서 분석했다. 필자는 전적 타락의 상태를 네 가지로 분류하여 설명한다. '자력구원 불능', '선행 불능', '악의 충만', '신법 저항'이 그것이다.

[2] 1618년에서 1619년까지 네덜란드에서 알미니안주의자들의 5개 항에 걸친 항의서에 대해 칼빈주의에 입각하여 작성된 신조로서 하이델베르그 요리문답과 벨직신앙고백서와 함께 유럽 3대 일치신조라 불린다. 일명 TULIP으로 불리는 이 신조는 칼빈주의의 구원의 핵심 교리로 널리 알려져 있다. T(전적 타락), U(무조건적 선택), L(제한적 속죄), I(불가항력적 은혜), P(성도의 견인)이 그것이다.

북미 자유개혁교회의 프롱크 목사는 '사람이 10층짜리 고층건물에서 떨어진 것과 약간 높은 사다리에서 떨어진 것은 큰 차이가 있다'라고 하면서 알미니안주의자들의 타락에 대한 생각을 꼬집는다. 알미니안주의자들이 이렇게 생각하는 이유는 사람이 어떤 상태로 창조되었느냐 하는 것의 생각이 다르기 때문이다. 그들은 사람은 하나님의 형상으로는 창조되었지만 모양으로는 창조되지 않았다고 믿는다.

그들은 시종일관 형상과 모양은 서로 다르다고 말한다. 형상으로 지음받았다는 것은 사람이 생각할 수 있고 논리적으로 추론하고 도덕적인 것을 가진 능력이며 그 이상은 아니며, 하나님의 모양이 거룩함, 완전함, 의로움과 관련된 것이라고 말한다. 이것은 사람이 처음부터 가지고 있던 것이 아니라 자신의 노력과 순종의 대가로 받을 것이라는 것이다. 다시 말해 거룩은 인간의 노력과 자유의지로 얻는 것이지 거룩함이 만약 인간이 지음받은 것의 일부라면 인간은 진정으로 자유롭지 못하다는 것이다. 결론적으로 알미니안주의자들은 타락 이전의 사람은 칼빈주의자들이 믿는 완전히 성숙한 그런 인간이 아니라는 것이다. 동시에 그들은 사람에게 하나님의 은혜가 필요하다는 것을 인정하면서 여전히 사람이 자신을 스스로 회복하는데 무엇을 할 수 있다고 본다. 적어도 사람은 구원받고자 하는 의지가 있으며 자신에게 제안된 은혜를 받아들이거나 거부할 능력이 있다는 것이다.

그러나 이런 생각은 매우 위험하다. 이 견해가 옳다면 타락은 전혀 심각한 문제가 아니다. 언제든지 사람의 노력으로 회복이 가능한 것이 된다. 에베소서와 골로새서에 따르면 하나님의 형상은 지식과 의와 거룩이며 이것들은 오직 성령님의 중생의 역사로 말미암아 다시 회복된다. 인간은 스스로 자신을 회복시키지 못한다. 자신의 노력으로 자신의 타락과 부패의 상태를 회복시켰다고 믿는다면 그 믿음은 절대적으로 잘못된 믿음이다. 타락한 인간은 언제나 그릇된 선택만 하고 언제나 자신의 본성과 조화되는 것을 선택한다. 이 죄로 말미암아 사람은 파멸의 길로 달린다. 타락한 사람이 즐거이 파멸로 달려가는 것을 보고 사람들이 멈추게 하려고 파멸에 대해 경고하면 그는 먼저 '왜 자기 인생에 간섭하느냐'며 화를 낸다. 바위 하나가 높은 곳에서 언덕 아래로 굴러갈 때 바위 스스로 멈출 수 없다. 누군가가 바위의 구름을 막아야 멈춘다. 인간의 전적 타락은 오직 성령님만이 멈추게 한다.

4. 책별 요약 〈여호수아〉

1. 배경설명

　모세를 통해 출애굽이 이루어졌으나 아직 완전한 구원이 성취된 것은 아니었다. 요단강을 건너 가나안 땅에 들어간다는 것은 구원의 완성을 의미하며, 가나안에 들어가면 무엇을 해야 하느냐 하는 것은 구원받은 백성의 사명이 무엇이냐는 것을 의미한다. 이에 대해 백성들은 이미 신명기를 통해 교훈을 받은 바 있다.

　여호수아서는 출애굽 이후 가나안 정복과 정착이라는 전기를 맞는 이스라엘의 역사를 생동감 있게 기록한 역사서로서 모세오경과 이후 이스라엘 역사를 이어주는 교량역할을 한다. 한편 여호수아서는 모세의 후계자인 여호수아가 이스라엘 백성을 이끌고 가나안 땅을 정복하고 각 지파별로 가나안 땅을 분배하는 이야기이다. 하나님은 이스라엘의 족장들에게 가나안 땅을 주시겠다고 약속하셨는데 드디어 여호수아를 통해 그 약속을 지키신 것이다. 하나님은 신실하신 분이시다.

　여호수아서를 통해 우리는 하나님에 의한 전쟁 즉, 성전(Holy War)에 대한 개념을 배운다. 성경은 여호와가 용사이시고, 전쟁은 여호와께 속한 것(출 15:3)이라고 증언한다. 그러므로 하나님은 이스라엘의 편이 되어 거룩한 전쟁을 치루시는 분으로 묘사된다. 이러한 개념은 출애굽 후 가나안 정복과정과 사사시대를 통해 발전되다가 다윗 왕 이후부터 점차 희미해졌다. 다시 말해 성전은 죄에 대한 하나님의 심판이라는 구속사적 측면에서 이해되어야 한다. 이런 점을 이해하지 못하고 다윗 왕에 대해 '피를 흘리며 전쟁을 좋아한 자'로 매도한 시므이의 비난(삼후 16:7~8)은 옳지 않은 것이었다.

여호수아는 그리스도를 예표한다. 여호수아는 '예수는 구원이시다'라는 뜻을 가진 예수의 히브리식 이름이다. 여호수아가 백성을 약속의 땅인 가나안으로 인도하는 것은 그리스도가 구원받은 백성들을 하나님의 영광을 이끄는 것을 예표적으로 보여주는 일이다.

2. 시네마 구조

분류	제 목	성경구절	내 용
기	준비	1-2장	1장) '그 땅으로 가라'(2). 강하고 담대하라(6). 율법을 가르쳐 지키고 행하라(8) 2장) 정탐꾼 파견
승	요단도하	3-5장	3장) 싯딤에서 요단강으로- 12제사장들과 언약궤(3). 성결하라(5). 도하(14~17절) 4장) 기념비- 제사장들의 발이 선 곳과 길갈지역에 각각 하나씩 5장) 3가지 종교행위- 할례(1-9). 유월절기념(10-12). 신발을 벗으라(13-15)
전	정복전쟁 & 분배	6-22장	1차 전투) 기르가스족/여리고성, 아이성(6-9장). 2차 전투) 아모리족/아모리 5왕(10장). 3차 전투) 가나안 북방/메롬전투(11장) 중간점검) 모세점령지, 여호수아점령지, 미정복지(12:1-13:7). 기업분배) 요단동쪽(13:8-33). 서쪽(14-19장). 도피성(20장). 레위지파 분깃(21장). 동쪽지파의 귀환(22장)
결	최후설교	23-24장	1) 딤낫세라 고별사(23장) 2) 세겜설교(24장)

***다른 분류로는 가나안 입성(1~5:12), 가나안 정복(5:13~12장), 가나안 분배(13~21장), 여호수아의 유언(22~24장)으로 나눈다.

3. 주요 내용 및 본문 해설

1) 여호수아 때의 가나안 지역의 원주민들

족속	성경	지역	특징/역사
헷	창15:20, 신7:1, 삿3:5	광야. 레바논에서 유브라데	족장시대부터 가나안 정복 때까지 거주
가나안	창10:19, 출3:8, 신7:1	베니게지역 해변, 요단강 계곡	지중해 무역을 장악. 히브리인에게 흡수
블레셋	창21:32, 수13:3, 삼상4, 13장	남부 팔레스틴 해안지대	족장시대에 가나안에 진입, 이스라엘과 대적 알렉산더 대왕에게 멸망
히위	창10:17-20, 삿3:3 삼하27:7	팔레스틴 북부 산간지대	함의 후손. 여호수아를 속여 화친을 맺음.
여부스	창10:16, 수15:8 삼하5:6-9	예루살렘과 주변 산지	여호수아가 아도니세덱 왕을 물리치고 정복했으나 여전히 생존하다가 다윗 왕이 점령.
브리스	수3:10, 24:11, 스9:1	산지나 주변지역에 산재	이스라엘의 포로 귀환 후까지 거주.
기르가스	창10:16, 수3:10	요단 서편지역	매우 빠른 시기에 주변 족속에게 흡수.

2) 새 지도자, 여호수아 임명(1:1~9)

~ 모세 사후에 하나님이 직접 여호수아를 이스라엘의 새 지도자로 임명하시고 여호수아에게 당부하는 말씀으로 세 가지로 정리된다.

① 요단을 건너라(2절): 요단을 건너야 가나안 땅에 들어갈 수 있다. 구원을 얻기 위해 성도는 반드시 세상 나라와 하나님 나라의 중간에 있는 영적인 요단강을 건너야 한다.

② 가나안 땅을 허락하리라(3, 6절): 가나안 땅은 하나님이 모세에게 약속하신 땅

임을 재차 강조하신다. 하나님은 반드시 약속을 지키시는 분이시다.
③ (지도자로서) 마음을 강하게 담대히 하라(6, 7절): '강하게'의 히브리어 '하자크'는 손에 힘이 있는 상태를 뜻하고 '담대히'의 히브리어 '아마쓰'는 무릎에 힘이 있는 상태를 가리키는 것으로 가나안 땅에 들어가기 위한 지도자의 영육의 상태가 어떠해야 하는가를 각성시킨 당부의 말씀이다.

3) 기생 라합의 기지(2:1~21)
~ 여리고 성은 가나안의 중심부로 들어가는 길목에 위치한 전략요충지였기 때문에 여호수아는 신중하게 접근해야 했다. 영국 고고학자 가스탕(Gastang)에 의해 발굴(1930~1936년)된 당시 여리고 성은 4.5m 간격을 사이에 둔 두 성벽으로 둘러싸였는데 이러한 이중 성벽으로 인해 성안의 면적이 크게 축소되어 많은 가옥들이 두 성벽 사이에 대들보를 올려놓고 그 위에 집을 짓고 살았다고 한다. 기생 라합의 집도 이런 집의 하나로 집 들창이 외곽 성벽 쪽으로 나 있었던 것으로 보인다.
~ 한편 라합(넓은)은 여호수아가 보낸 정탐꾼들을 탈출시키기 위해 자신이 할 수 있는 최선의 방식을 택하여 도왔는데, 역사학자 랑게(Lange)는 아마 라합이 동굴이 많은 북쪽 산악지대로 정탐꾼들을 피신시킨 것으로 보고 있다. 도움을 받은 정탐꾼들은 라합에게 두 가지 조건을 제시함으로 구원의 방책을 제시해 주었다. 하나는 이스라엘 군대가 여리고 성을 점령할 때 창가에 붉은 줄을 매달아야 한다는 것으로 이는 출애굽 당시 모든 문설주에 어린 양의 피를 발랐던 사건을 기억하게 한다. 또 하나는 그때 모든 가족이 반드시 집 안에 있어야 한다는 것으로 이는 예수 그리스도의 몸 된 교회를 상징한다고 볼 수 있다. 즉 기생 라합의 집 이외에는 구원이 없었듯이 교회밖에는 구원이 없음을 뜻한다.
~ 예수님의 족보에서 라합은 살몬의 아내이자 보아스의 어머니로 나타나 있다. 보아스는 훗날 모압 출신이면서 나오미를 따라 이스라엘 백성이 된 룻과 결혼하고 오벳을 낳았는데 이 사람이 다윗을 낳은 이새의 아버지가 된다(룻 4:18~22).

4) 언약궤(3:3)
~ 일명 '하나님의 궤'(삼상 3:3), '증거궤'(출 25:22)로 불린다. 하나님의 지시에 따

라 브살렐이 조각목으로 길이 2.5 규빗, 넓이 1.5 규빗, 높이 1.5 규빗(130×78×78cm)으로 만들었다(출 25:10~22). 정금으로 궤의 안팎을 쌓았고 윗부분 가장자리에도 금테를 둘렀다. 위에는 여호와의 임재를 상징(시 99:1)하는 두 그룹 형상을 만들어 앉혔고 네 발과 금 고리를 만들어 이동하기에 용이하도록 했다. 안에는 십계명 두 돌판(출 25:16, 40:20, 신 10:5)과 만나를 담은 항아리(출16:34)가 들어 있었고 아론의 싹 난 지팡이(민 17:4)는 궤 앞에 항상 비치했다(왕상 8:9).
~ 언약궤가 지성소에 놓여 있을 때엔 고핫의 자손들이 이를 돌보았고(민 3:29~31), 행진할 때에는 그들이 운반의 책임을 맡았다. 그러나 요단강 도하 때(민 4:3), 여리고 성 정복 때(민 6:6), 솔로몬의 성전 봉헌(왕상 8:3) 등 특별한 경우엔 제사장들이 궤를 메기도 했다.
~ 신약은 언약궤에 대해 거의 언급하지 않는다. 이는 그리스도가 단번에 지성소에 들어가신 대제사장으로 묘사되고(히 9장), 계 11:19에서 언약궤는 언약을 지키시는 하나님의 신실하심 그 자체로 본다.

5) 열두 돌(4:20)
~ 길갈(돌들을 둥글게 쌓다)은 요단 강 도하지점에서 10km에 위치한 성읍으로 여호수아를 비롯한 이스라엘 백성들이 최초로 숙영한 곳이다. 오늘날 정확한 장소는 밝혀지지 않고 있으나 여리고에서 매우 가까운 지역으로 가나안 땅을 점령하기 위해 여호수아가 택한 군사적 근거지였다. 훗날 사무엘 시대에는 이곳이 종교, 정치, 군사상 중심지가 되었다. 특별히 여호수아는 이곳에서 출애굽 후 태어난 2세들에게 할례를 명령하고 시행했다(수 5:2~5).
~ 한편 이곳에 열두 돌을 세운 이유는 요단 강 도하를 영원히 기념하기 위함이었는데, 이는 40년 광야 방랑시대를 마감한다는 백성들의 특별한 감회의 표현이며 후손들에게 이 사실을 교훈으로 남기고 싶어 하는 마음이 표시로 보여 진다. 성경에는 길갈의 기념비처럼 직접 눈으로 보고 만질 수 있는 자료들을 교육에 활용한 사례들이 종종 있는데(무지개언약/창 9:12~13, 별들/15:5, 백합화/마 6:28) 기념비도 좋은 시청각 교육자료로 활용된다.

6) 만나가 그쳤다(5:12)

~ 출애굽한 이스라엘 백성들이 신 광야에서 먹을 것이 없다고 불평할 때 주신 만나(출 16:15)는 광야 생활 40년이 지난 다음 해 정월 17일에 이르러 그 공급이 중단되었다. 이는 가나안 땅에 들어선 백성들이 이제부터는 스스로 땅을 경작하여 소출을 얻을 수 있게 된 때문으로 더 이상 초자연적인 도움이 없어도 되기 때문이다. 이와 같이 하나님은 사람의 힘으로 불가능한 것들에 대해선 초자연적 이적을 통해서라도 도우시지만 사람들이 자신의 힘으로 해결할 수 있는 것들에 대해선 스스로의 힘과 노력으로 자립할 것을 원하신다. 성경의 달란트 비유(마2 5:14~30)는 모든 사람은 하나님으로부터 받은 각자의 재능들을 계발할 책무가 있음을 교훈한다.

7) 여리고(6:1)

~ 사해에서 북서 방향으로 16km, 예루살렘에서 북동 방향으로 약 30km 지점의 해발 380m 요단계곡에 위치한 작은 성읍으로 일명 '종려나무 성읍'(신 34:3, 삿 1:16, 3:13, 대하 28:15)으로 알려져 있다. 타민족들은 이곳에서 달의 여신을 셈족이 숭배했다 하여 '달의 성읍'으로 부르기도 한다. 여리고는 주요 동서 무역로를 끼고 있었으므로 상업 도시가 되었고 요단 대평원 서부의 중요한 방어거점으로서 이중 성벽을 갖춘 요새였다. 그래서 이스라엘은 요단강을 건넌 후 이곳을 제일 먼저 점령하고 가나안 정복 전쟁의 거점으로 삼았던 것으로 본다. 성경에 따르면 여리고 성벽은 하나님의 궤를 멘 이스라엘 사람들이 나팔을 불자 완전히 무너져 내렸다고 한다(수 6:20). 정복 후엔 베냐민 지파에게 분배되었고 사사시대엔 모압 사람 에그론이 여리고를 정복했다. 이후 암몬이 지배했고 아합 왕은 히엘로 하여금 성읍을 재건시켰는데 문을 세울 때 여호수아의 저주(수 6:26)가 그대로 이루어져 히엘의 맏아들이 목숨을 잃었다(왕상 16:34). 선지자 엘리사가 엘리야의 소식을 이곳에서 들었고(왕하 2:4~5), 이곳에서 엘리야의 후계자로 인정을 받았다(왕하 2:15~16). 유다의 마지막 왕 시드기야는 느부갓네살 군대의 침입 때 도망하였다가 이곳에서 사로잡혔다(왕하 25:5~6, 렘 39:5~6, 52:8~9). 예수님은 여리고 성 밖에서 소경을 눈 뜨게 하셨고(마20:29~34, 막10:46~52, 눅 18:35~43), 여

리고에서 삭개오를 만났으며(19:1~10), 선한 사마리아인의 비유는 바로 여리고를 배경으로 한다(눅 10:30).

~ 여리고성의 실재 여부에 대한 많은 논쟁은 고고학적 발굴로 정리되었다. 특히 가스탕(J. Garstang)의 발굴(1930~1936년)은 중요한 업적으로 기록되고 있다. 그는 무너져 내린 성벽의 파편들과 지층들을 조사한 결과 여호수아의 정복 시기를 주전 1400~1388년으로 추정했으며 성벽이 무너진 원인이 지진이었음을 규명함으로써 성경 기록의 사실성을 입증했다. 또 가스탕은 1928년 조사에서 이 지역에서 발굴된 토기 조각들을 토대로 아이(하아이/'폐허') 성 또한 동시대에 멸망(수 8:28)한 것으로 보았다. 이에 대해 캐넌(Kenyon) 같은 이는 성벽이 여호수아 훨씬 이전의 것이었다고 주장한다.

8) 기브온 거민들(9:3)

~ '언덕' 혹은 '산지'라는 뜻으로 예루살렘 북서쪽 약 8km 지점에 위치한 성읍으로 가나안 족속들이 세운 4대 성읍(그빌라, 베롯, 기랏 여아림, 기브온) 중 하나이며 이 성읍들을 '테트라폴리스'라고 부른다. 특히 기브온 거민들은 도저히 이스라엘을 당해내지 못할 것을 알고 자신들이 먼 타국에서 온 이주민으로 가장하여 여호수아와 화친조약을 맺었는데 3일 후에 이 사실이 발각되자(9:16) 여호수아는 조약을 파기하지는 못하였지만 기브온 거민들을 이스라엘을 위하여 나무를 패고 물을 긷는 종들로 삼았다(9:21). 이후 아모리족 다섯 왕들(10:5/예루살렘 왕, 헤브론 왕, 야르뭇 왕, 라기스 왕, 에글론 왕)이 연합하여 기브온을 침공했을 때 여호수아는 조약에 따라 기브온을 구원하였는데(10:1~27) 이 전쟁에서 "태양아 너는 기브온의 위에 머물라'고 한 유명한 기도가 있었다(10:12~14). '태양이 머물렀다(돔-멈추다)'는 보도에 대해선 다양한 해석들이 존재한다. 실제로 지구가 회전을 느리게 하여 하루가 완전히 삭제되었다는 설, 이스라엘 군대가 태양 열기로 싸우기가 힘들어 하나님이 구름으로 태양 빛을 가리어 주었다는 설, 해가 진 뒤에도 일광이 굴절되어 계속 빛을 비추어 주었다는 설, 본문이 히브리 문학의 시적인 형태로 기록된 점을 근거로 이스라엘로 하여금 하루 동안 싸워야 할 것을 반나절 만에 승리하게 하신 것을 노래한 것이라는 설 등이 있다.

~ 훗날 사울 왕은 기브온과의 조약을 파기하고 이들을 살육했는데 이로 인해 이스라엘에 3년 동안 기근이 발생했다. 이에 다윗은 사울의 자손 일곱을 내어주어 여호와의 산에 목매달게 하였다(21:1~9). 다윗과 솔로몬 시대에는 기브온 산당에 여호와의 장막과 번제단이 설치되었고 솔로몬 왕은 이곳에서 1천 번제[3]를 드렸다(왕상 3:4~5). 예레미야를 괴롭힌 거짓 선지자 하나냐가 이곳 출신이다(렘 28:1). 포로 귀환 이후 기브온 주민들은 성전재건에 동참했고 이후 자연스럽게 이스라엘 백성으로 편입되었다.

9) 메롬 물가(11:5)

~ 가나안 중부지역(6~8장)과 남부지역(9~10장)의 정복에 이어 이제 가나안 북부지역을 정복하는 기사가 등장한다. 북부 가나안 동맹에는 북쪽 팔레스타인 전 세력이 가담한 것으로 기록되었다. 그들은 하솔 왕 야빈, 마돈 왕 요밥, 시므론 왕 악삽, 북방 산지와 아라바와 평지와 서방의 돌 지역의 왕들도 모두 가담했고, 동서지역의 가나안족과 아모리족, 헷족, 브리스족, 여부스족, 히위족들이 다 포함되었다. 이스라엘과 전 가나안 동맹국 간의 일전이 드디어 메롬 물가에서 벌어지게 되었는데 이스라엘은 이들을 일거에 쳐부숨으로 결과적으로 가나안 정복이 훨씬 더 수월해지게 되었다. 하나님의 지혜와 모략은 이처럼 인간의 전략을 초월하신다(출 13:21, 사 28:29, 58:11, 롬 11:2). 메롬 물가(메 메롬)의 위치가 어디인지 정확한 위치는 미정이다. 과거에는 훌레(Huleh) 호수일 것으로 추정했으나 지금은 북서쪽으로부터 갈릴리 호수 사이에 위치한 메롬 북동쪽 4km 지점에 위치한 조그만 호수인 '비르케르-위쉬'일 것으로 추정한다.

10) 남은 땅(13:2)

~ 아직 정복할 땅이 남았음에도 잠시 이스라엘의 정복 전쟁이 휴지기를 가진다. 이는 최고 지도자인 여호수아가 늙어 새로운 지도자를 선임해야 했고(13:1), 또 오랜 기간 계속된 전쟁으로 인해 심신이 지친 이스라엘의 원기를 회복하기 위한 하

---

[3] 솔로몬이 드렸다는 일천 번제(대하 1:6)는 일천 번 희생 제사를 드렸다는 횟수나, 1,000날 동안 드렸다는 것이 아니라 천 마리의 제물을 드렸다는 의미이며, 이 제물을 다 바치는데 소요된 기간은 7~8일 정도로 본다. 그러므로 오늘날 성도들이 행하는 일천 번제 헌금은 기복신앙을 위해 그럴듯하게 차용한 것으로 이와 무관한 것이다.

나님의 배려였다. 남은 땅은 다음과 같다.

① 블레셋(2): 성경에는 아브라함 때부터 블레셋의 이름이 나오는데 이들은 지중해 연안 지역을 거점으로 세력을 계속 확장해 갔다. 이 땅은 유다 지파에게 분배되었지만 쉽게 정복당하지 않았으며 계속 이스라엘을 괴롭혔다. 솔로몬 왕 때 점령했으나 솔로몬 사후에 다시 이탈했다. 그들은 다곤이라는 신을 섬겼고 가사와 아스돗에 신전이 있었다(삿 16:23, 삼상 5:3). 주요 다섯 성읍은 가사와 아스돗, 아스글론, 가드, 에그론이다.

② 그술(2): 므낫세의 아들 야일에게 할당되었으나(신 3:14) 정복하지 못했다. 후일 다윗 왕은 그술 왕 달매의 딸 마아가를 왕비로 삼았는데 그녀의 아들이 바로 압살롬이었다(삼하 3:3, 13:37).

③ 가나안 사람의 온 땅(4): 베니게(Phoenicia), 즉 시돈(노아의 아들 함의 손자)과 두로와 므아라 일대를 가리킨다.

④ 그발 사람의 땅(5): 베니게 해안의 작은 성읍으로 오늘날 베이루트 북쪽에 있는 '예배일'에 해당한다. 건축과 조선 기술이 탁월한 민족이었다.

⑤ 하맛: 오른테스 강을 끼고 있는 수리아 중부지역의 성읍으로 가나안 북쪽 경계 지역으로 성경에 등장한다(민 13:21, 왕상 8:65). 다윗왕 때 우호 관계를 맺었다.

11) 힌놈의 골짜기(15:8)

~ 유다와 베냐민의 경계를 정확히 나타내는 예루살렘 남쪽의 깊은 계곡으로 이방인들은 이곳에서 몰렉과 바알에게 인간을 제물로 바쳤다(왕하 23:10, 렘 19:5, 32:35). 훗날 유다의 왕들도 이러한 가증스러운 행위에 동참했다(대하 28:3, 33:6). 따라서 예레미야는 심판 날에 힌놈이 '살륙의 골짜기'로 칭해질 것이라 예언했다(렘 7:32, 19:6). 히브리어 '게 힌놈'에서 헬라어 음역 '게헨나'(지옥)이라는 말이 유래했다. 일명 '힌놈의 아들의 골짜기'로도 불린다.

12) 레위지파의 기업(21장)

~ 이스라엘 자손 중에서 제사장 직분을 맡은 레위 지파에게는 따로 기업이 주어지지 않았는데 그것은 하나님이 그들의 기업이 되기 때문이다(신 10:9). 그러나 그

들에게도 최소한의 거주지와 기초 생계를 위한 목초지가 필요했는데 이를 위해 각 지파는 레위 지파에게 성읍들을 할당했는데 도합 48개 성읍이었다. 레위 지파는 다른 지파들이 모두 기업을 받을 때까지 자기들의 기업을 요구하지 않았고 마지막으로 주어진 작은 성읍과 협소한 들판에도 불평하지 않았다. 그들의 주된 임무는 오직 성전을 돌보는 일이었다. 레위인의 가계도는 다음과 같다.

레위- 게르손(립니/시므이),
　　- 고핫/아므람-아론, 모세/이스할-고라 네벡, 시그리/헤브론/웃시엘-미사엘, 엘사반, 시드리
　　- 므라리/마홀리, 무시

13) 하나님의 성막(22:10)

~ '성막'은 '처소'를 뜻하는 히브리어 '오헬'을 번역한 말로 하나님의 임재를 상징하는 장소였다. 다른 말로 '증거막'(출 38:21, 민 1:50), 혹은 '여호와의 전'(출 23:19), '하나님의 집'(대상 6:48), '하나님의 장막'(레 17:4) 등으로 불린다. 성막은 솔로몬 때에 이르러 성전으로 대체될 때까지 이스라엘 신앙의 중심지로 자리매김했다.

~ 성막의 역사는 4단계로 나눈다.

① 성막의 건축은 출애굽 제2년 1월 1일에 완성되었다(출 40:2, 17).

② 시내산에서 약 50일을 보낸 후 성막은 출애굽 2년 2월 20일에 이동을 시작했다(민10:11). 이후 이스라엘 백성들은 구름이 성막 위에 머물러 있으면 이동을 멈추었고 구름이 성막 위로 떠 오르면 이동을 시작했다(출 40:36).

③ 가나안에 들어가자 제일 먼저 길갈에다 진을 치고 성막을 설치했다. 가나안 정복이 일단락된 후에는 에브라임 지파의 영토인 실로로 성막을 이동시켰다. 이후 성막은 여호와의 전으로 불려졌다(삼상 1:9, 3:3).

④ 사울 왕 시대에 제사장 엘리의 두 아들의 범죄로 인해 성막 안의 언약궤를 블레셋 족에게 탈취당하고 실로가 함락되었다. 다윗 왕 때에 빼앗긴 언약궤를 다시 찾아오는데 벧세메스에 잠시 머물렀다가 기럇여아림에 있는 아미나답의 집에 20년

간 안치되었다(삼상 7:12). 이 과정에서 성경은 성막에 관한 기사를 보도하지 않다가 다윗왕 때에 성막이 기브온에 설치한 것으로 언급된다(대상 16:39). 이때 언약궤는 예루살렘에 있는 성막에 안치되었다. 솔로몬 왕 때 성전이 건립되자 기브온과 예루살렘에 흩어져 있던 성막의 모든 기구들이 성전으로 다 합쳐지게 되었다. 이로써 약 500년에 걸친 성막의 역사가 종지부를 찍었다.

14) 여호수아의 두 개의 고별사(23:1~16, 24:1~33)

~ 여호수아는 이스라엘 각 지파에게 기업을 분배한 후에 에브라임 산지에 있는 딤낫세라(19:50)로 물러가서 인생의 말년을 보낸 것으로 본다. 그는 세상을 떠날 때를 직감하고 백성의 대표자들을 불러 모아 두 번에 걸친 고별사를 전한다.

~ 먼저 딤낫세라에서 남긴 고별사의 내용은 다음의 세 가지로 정리된다. 첫째, 이스라엘을 위해 베푸신 하나님의 위대한 사역들을 기억할 것(1~5절), 둘째, 백성들이 마땅히 지켜야 할 것들(6~11절), 셋째, 순종에 따른 축복과 불순종에 따른 저주(12~16절)이다. 두 번째 고별사는 세겜에서 행해졌다. 그는 아브라함의 소명으로부터 시작하여 가나안 여러 족속들을 물리치고 가나안에 정착할 때까지의 이스라엘의 긴 여정을 회고하며 역사의 주관자가 바로 하나님이심을 증언했다. 이어 그는 백성들의 단호한 결의와 함께 언약을 갱신하고 그 증거로 성소 옆에 기념석을 세움(25~28절)으로 이스라엘이 영원히 하나님의 보호 아래 있음을 후손들이 기억하도록 표지로 삼았다.

~ 여호수아는 출애굽 이후 가나안에 이르기까지 이스라엘의 지도자로서 수많은 업적을 남겼다. 그럼에도 불구하고 본 장에서는 그의 죽음을 매우 간략하게 소개하고 있다. 세상 나라에선 위대한 영웅이 주인공이 되고 스타가 되지만 하나님의 나라에선 모든 사람은 하나님의 사역자이자 충성된 증인이며 도구로 사용된 종일 뿐이다.

"여호와여 그들을 지키사 이 세대로부터 영원까지 보존하시리이다"(시 12:7)

<사사기>

1. 배경설명

사사(쇼페트/통치, 재판)는 이스라엘의 왕정 이전의 지파 연맹체 시대에 이스라엘을 구원하였던 영적 지도자들을 일컫는 말이다. 사사기는 구원받은 백성의 삶이 어떠해야 하느냐를 말해주고 있는 책이다. 즉, 구원받은 백성도 얼마든지 타락할 수 있다는 산 교훈을 사사기를 통해 말해준다. 교회도 마찬가지다. 눈에 보이지 않는(불가견) 교회(보편교회)는 영원히 구원을 받지만 눈에 보이는(가견) 교회, 즉 지상의 교회는 얼마든지 타락할 수 있다. 세상에 존재하는 하나님의 교회가 교회의 사명에 충실하지 못할 때, 신자가 신자로서의 올바른 삶을 살지 못할 때 타락은 불 보듯 뻔한 일이다.

사사기는 여호수아의 죽음 이후 이스라엘 왕국이 시작되기 전까지 약 400년간의 이야기를 담고 있다. 특히 사사기의 내용 전개 방식은 '범죄와 타락- 하나님의 진노- 외적의 침입과 압제- 구원의 호소- 사사를 통한 구원 - 범죄와 타락'이라는 일정한 패턴으로 이루어지고 있다.

2. 시네마구조

분류	제목	성경	내용
기	미완의 전쟁	1:1~2:5	가나안의 완전 정복실패 - 누구도 신앙생활에 있어서 완전할 수 없다는 교훈
승	영적 타락	2:6~3:6	현실 안주. 세상과의 연합 - 구원받은 백성이 현실에 안주하면 어떻게 변질될 수 있는가에 대한 해답
전	다람쥐 쳇바퀴	3:7~16:31	범죄- 진노- 압제- 통곡- 구원의 패턴 7차 전투와 12명 사사들의 이야기를 통해 우리의 범죄에도 불구하고 회개하면 반드시 구원해주시는 하나님의 지극한 사랑을 체험한다.
결	부패	17:1~21:25	종교적 부패 / 미가의 신상이야기(17:1-18:31) 레위인의 첩 이야기(19:1-21:25)

3. 주요 내용 및 용어해설

1) 사사들

이름	성경	때	지파	관련국	압제기간	비고
옷니엘	삿3:9-11	BC 1374-1334	유다	메소보다미아	40	갈렙의 아우
에훗	3:12-30		베냐민	모압/에글론	18	왼손잡이
삼갈	3:31		납달리	블레셋	40	600명 죽임
드보라	4:4-5:31		에브라임	가나안/야빈	20	여 사사
바락	4:6-10		납달리			드보라의 동역자
기드온	6:11-8:35	BC 1169-1129	므낫세	미디안	7	300 용사
아비멜렉	9:157		므낫세		3	악행
돌라	10:1-2		잇사갈			도도의 손자
야일	10:3-5		므낫세			30명의 아들
입다	11:1-12:7	BC 1085-1079	길르앗	암몬	18	기생 아들
입산	12:8-10		스불론			아들과 딸, 각 30명
엘론	12;11-12		스불론			
압돈	12;13-15		에브라임			
삼손	13:2-16:31	BC 1075-1055	단	블레셋	40	나실인/들릴라
엘리	삼상1:9-18		레위	블레셋		대제사장 겸 사사
사무엘	삼상1;20	BC 1075-1010	레위	블레셋		제사장, 선지자 겸 사사

2) 가나안 사람(1:4)

~ 가나안 족속이라는 명칭의 어원과 그 지리적 대상 등은 아직도 논란의 대상이다. 주전 5세기 경 알라라크 왕 이드리미 비문에 있는 '마아트 키인아님'(가나안의 땅)이라는 언급에 기초하여 학자들은 이 단어가 '갈대' 혹은 '진자줏빛'을 의미하는 아카드어 kina에서 유래했다고 본다. 그러나 성경학자들은 1차적으로 함의 아들인 가나안의 후손들로서 주로 상인(케나아니) 계급의 사람들이 살았던 지역을 가리키는 것으로 본다. 하지만 때로 가나안족은 여러 민족 속에 흡수되거나 통합되어 전 사회, 정치, 문화 등에서 발견된다. 후대에 들어와서는 주로 베니게 사람들을 지칭하며 이들은 주로 해변가를 자신들의 활동무대로 삼았다. 현재 넓은 의미로는 가나안 지역에 사는 모든 종족들을 가리키지만 좁은 의미로는 베니게 지역 해변가와 요단 강 계곡 및 평원에 거주했던 한 종족을 가리킨다. 유다가 올라가 죽인 일만 명은 후자를 말한다.

3) 철병거(1:19)

~ 인류 최초로 철을 생산하여 사용한 민족은 '힛타이트 족'이다. 그들 중 일부는 일찍부터 가나안 땅에 이주한 것으로 보이며(창 23:3, 26:34), 합금 기술을 통해 다른 어떤 부족보다 더 막강한 무기를 소유하였다. 따라서 유다 지파가 철병거 앞에서 두려워한 것은 당연한 일이었지만 하나님의 능력을 불신한 불 신앙적인 태도였다. 그리스도인은 사방으로 우겨쌈을 당하여도 낙망하거나 비관하지 않고 용사가 되어 싸워야 한다.

"우리가 사방으로 욱여쌈을 당하여도 싸이지 아니하며 답답한 일을 당하여도 낙심하지 않으며 박해를 받아도 버린바 되지 아니하며 거꾸러뜨림을 당하여도 망하지 아니하고"(고후 4:8~9)

4) 아모리 사람(1:34)

~ 구약에서 아모리는 팔레스타인에 거주한 원주민들로 주로 유목민들이었다. 출애굽한 이스라엘이 요단 동편을 거쳐 가나안으로 들어가려 할 때 그 앞을 가로막은 두 왕, 시혼과 옥이 아모리 족이었다(민 21:21~35, 신 2:24~3:11, 수 2:10). 그

리고 아이 성의 주민도 아모리 족이었으며(수 7:7), 연합전선을 펴서 기브온을 공격한 다섯 왕들도 아모리 족이었다(수 10:1~27). 계속 이스라엘과 적대관계에 있다가 솔로몬 왕 시대에 이스라엘에 점령되어 노예가 되었다(왕상 9:20~21).
~ 이들은 BC 2300년경에 메소포타미아의 비옥한 초생달 지역으로 이주하여 수메르의 우르 제3왕조를 붕괴시켰다. 이후 이들은 바벨론 전 지역을 통치하며 위세를 떨쳤으며 최초로 법전을 만든 함무라비 왕(BC 1792~1750년)이 유명하다. 그러나 BC 1590년에 힛타이트 족에게 침공을 당해 이들의 바벨론 통치는 막을 내린다. 이후 이들은 수리아 지역에 자신들의 왕국을 세웠으며 가끔 가나안 지역에 출몰하며 원주민을 공격했으나 BC 1000년경 아람족이 바벨론으로 진출한 이후부터 그 세력이 급격히 사라지고 말았다.

5) 바알과 아스다롯(2:13)

~ 히브리어 '바알'은 원래 집이나 재물 등의 소유주를 가리켰다. 이후 변형되어 가나안 우상의 이름이 되었다. 대부분의 학자들은 여러 토판들과 비문들을 근거로 각 지방마다 많은 바알 신들이 있었을 것으로 추정한다. 가나안 정복 당시 이스라엘은 요단 동편에서 이미 바알브올과 영적 간음을 행했으며(민 25:3~5), 바알 종교가 성행했던 지역을 지나가다가 그들과 동화되어 다산의 신으로 바알을 섬기게 되었다. 사사시대에 이스라엘 백성들은 여호와 경배와 바알 숭배를 동일시한 듯하며 나중엔 여호와를 버리고 바알을 섬기는 일을 조금도 부끄러워하지 않았다. 사사 기드온은 아버지가 세운 바알 제단을 헐어버렸고, 이후 모든 선지자들은 바알 숭배를 맹렬히 비난했다.
~ 아스다롯은 가나안 지역의 풍요의 여신이다. 바벨론에서는 '이쉬타르'로 불려졌고 이 여인은 달의 신인 '신'의 딸이자 하늘의 신 '아누'의 배우자였다. 앗수르 인들은 이 여신을 쾌락과 풍요의 신으로 섬겼다. 헬라시대에는 사랑의 여신 '비너스'와 동일시되었고 간혹 수염이 있는 모습으로 나타난 것으로 보아 이 여신을 양성적 인물로 본 듯하다. 우가리트 문헌에서는 아스다롯은 바알의 아내로 나오고 블레셋인들은 전쟁의 신으로 섬겼다. 이스라엘은 사무엘에 의해 여신 숭배가 완전히 제거되었다. 그러나 솔로몬 시대에 시돈 사람들에 의해 다시 부활하여 암몬 인들

의 '밀곰' 신과 함께 이스라엘의 영적 타락의 주범이 되었다.

6) 드보라와 바락의 노래(5:1~31)
~ 가나안 왕 야빈의 군대를 물리친 이스라엘의 영광스러운 승리를 기념하여 만든 개선가로 사사시대의 문학작품 중 현재까지 보존되어 있는 유일한 시문이다. 여사사 드보라에 의해 지어진 것으로 보며 크게 3부로 나눈다. 첫째, 출애굽 이후 드보라의 등장에 이르기까지 이스라엘을 보호해 주신 하나님에 대한 찬양과 은총을 술회한 부분(2~11절) 둘째, 전쟁의 경과 상황 및 대적자들의 비참한 말로에 대한 묘사(12~30절), 그리고 셋째, 하나님에 대한 절대적 신앙심의 고백(31절)으로 이루어져 있다.
~ 성경에는 이같이 여인들에 의해 지어진 노래들이 기록되어 있는데 미리암의 노래(출 15:21), 한나의 노래(삼상 2:1~10), 그리고 마리아의 노래(눅 2:46~55)가 그것이다.

7) 아말렉 족(6:3)
~ 에서의 아들 엘리바스와 그의 첩 딤나에게서 태어난 아들(창 36:12)의 후손을 가리킨다. 이들은 출애굽한 이스라엘이 르비딤에 머물 때 공격을 한 이후로 줄곧 이스라엘을 괴롭히다가 여호수아에 의해 대파되었다(출 17:8~16). 이때 하나님은 아말렉을 도말하여 천하에 기억됨이 없도록 하겠다고 선언하셨다(출 17:14). 그러나 아멜렉은 이에 아랑곳하지 않고 사사 에훗 시대에는 모암 암몬과 연합하여 공격했고 사사 기드온 시대에는 미디안과 연합하여 공격했다. 하나님은 사울 왕에게 아말렉을 진멸하라 명령했지만 그는 아말렉 왕인 아각과 가장 좋은 가축들을 죽이지 않고 자기 소유로 삼았다가 하나님에 의해 왕좌에서 쫓겨나게 되었다(삼상 15장). 이후 시글락에 있던 다윗의 아내들을 사로잡아 갔다가 다윗이 추격하여 도로 찾았으며 다윗 왕국이 세워진 후부터 더이상 이스라엘을 괴롭히지 못했다. 결국 시므온 지파 500명이 세일 산에서 아말렉 족을 완전히 멸망시켰다(대상 4:42~43).

8) 300명(7:6)

~ 기드온의 모병에 응한 사람은 모두 3만 2천 명이었다. 그러나 이는 미디안의 12만 대군(8:10)에 비하면 초라한 숫자였다. 그럼에도 하나님은 그 수효를 줄이라고 했고 드디어 남은 자는 겨우 300명에 불과했다. 그 이유는 전쟁은 사람이 하는 것이 아니라 하나님이 하시는 것임을 공포한 것이다. 즉 구원의 능력이 오직 하나님께만 있다는 것을 확신시키기 위함이다. 그리고 전쟁의 승리는 오직 믿음의 용사들에게 달려 있음을 알리기 위함이다. 믿음만이 승리의 비결이다. 반면에 기드온은 무모한 정면 대결을 피하고 야간 기습(19절)과 포위 협공전술(20절)을 통해 적들로 하여금 자멸토록 유도하는 탁월한 전략을 발휘했다. 이런 점에서 우리는 하나님의 주권에 순종하면서 동시에 우리에게 주어진 최고의 지혜를 발휘해야 할 책임이 있다.

9) 여룹바알의 아들, 아비멜렉(9:1)

~ 아비멜렉은 기드온이 세겜 족의 여인과의 사이에서 낳은 아들로서 서자이자 혼혈아였다. 그는 아버지의 뒤를 이어 권력을 독차지하고자 음모를 꾸몄는데 제일 먼저 자신의 부족인 세겜 족에게 지지를 호소하였다(9:2). 결국 세겜 족들은 아비멜렉의 제안에 동의하고 바알브릿 신당의 수입금 은 70세겔을 아비멜렉에게 지원했다. 이에 아비멜렉은 건달패들을 고용하고 이복형제 70명을 도살하는 참극을 벌였다.

~ 아비멜렉의 가증스러운 범법 행위에 대해 온 백성은 입을 다물고 방관하였다(9:7~21). 그러나 기드온의 아들 중 유일한 생존자인 요담은 그리심 산에 홀로 서서 아비멜렉과 세겜 사람들의 죄악상을 신랄하게 지적하고 경고했다. 그는 지혜롭게도 매우 창의적인 우화, 즉 감람나무와 무화과나무와 포도나무와 가시나무의 예를 들어 아비멜렉의 행위가 하나님과 아버지 기드온의 뜻과 아무런 관련이 없음을 설명하였다(9:7~21).

~ 하나님은 아비멜렉과 세겜 족을 징벌하기 위해 3년 뒤에 그들에게 악한 신을 보내어 세겜 사람들이 아비멜렉을 배반하도록 하였고 결국 아비멜렉은 데베스 성 망대 위에서 한 여인이 던진 맷돌에 맞아 두 골이 깨지며 처참하게 죽었다(9:52).

10) 입다의 논리(11:12~28)와 서원(11:29~40)

~ 영토 문제를 놓고 암몬 왕과의 담판에서 입다는 정연한 논리로 상대를 제압했다. 첫째, 이스라엘이 출애굽하여 가나안에 정착하기까지 이방국을 침범한 적이 없으며 둘째, 가나안 정착을 위해 불가피하게 아모리 땅을 통과하려 했으나 그들이 오히려 반격을 하여 이를 물리치고 요단강 동편의 땅을 차지한 것으로 이 지역은 암몬 족의 영토가 아니며 셋째, 설령 그 땅이 암몬의 것이라고 해도 지난 300년 동안 잠잠해 있다가 갑자기 소유권을 주장하는 것은 터무니가 없으며 넷째, 아모리 왕 시혼으로부터 그 땅을 쟁취한 것은 하나님의 주권적 섭리로 말미암은 것이라고 했다. 협상은 결렬되었지만 입다의 협상에서 얻는 교훈은 그리스도인은 언제나 피차간의 유혈을 방지하고 평화적으로 사태를 해결하고자 노력해야 한다는 점이다. 율법에도 대적과 싸울 때에 먼저 화평의 말을 선포하라고 하였고(신 20:10~11), 하나님은 사람과 더불어 화평하기를 원하시며(롬 5:1), 인간 상호 간에도 화평하기를 원하신다(마 5:9). 물론 대적이 끝내 화평을 거부할 때엔 전쟁을 회피하거나 무서워해서도 안 된다.

~ 한편 입다는 자신이 전쟁에서 승리하고 돌아올 때 자신을 가장 먼저 반기는 자를 하나님께 번제로 드리겠다고 서원하였는데(11:31), 불행히도 자신의 딸이 소고를 잡고 춤추며 아버지를 영접하여 어쩔 수 없이 자신의 서원대로 두 달 뒤에 딸을 번제로 바치게 되었다(11:39). 그러나 이러한 인신 제사는 하나님의 뜻으로 볼 수 없다. 입다의 잘못된 서원과 번제 제사는 오랫동안 아람 족의 영향권 내에서 망명 생활을 하면서 이방 풍속에 깊이 물든 결과로 본다.

11) 암몬 족(11:29)

~ 아브라함의 조카 롯이 그의 작은 딸과 동침하여 낳은 벤암미의 후손들(창 19:38)로서 모압 족과 가장 가까운 친족이다. 원래 영토는 아르논강과 얍복강 사이 사해 북동 지방으로(삿 11:13, 시 83:7) 수도는 랍바 암몬이었다(삼하 12:26). 그러나 이후 많은 영토가 아모리 족에 의해 점령당했다(민 21:24~28). 아모리 왕 시혼은 모세가 이끄는 이스라엘이 이 지역으로 통과해 달라는 제의를 거절하여 결국 이스라엘에게 정복당했다. 이때 암몬족은 발람 선지자에게 뇌물을 주어 이스라

엘을 저주토록 했다(신 23:3~6, 느 13:1~2). 사사시대에 암몬 족은 매우 강성하여 모압 왕 에글론과 동맹을 맺고 요단강 동편 지역의 원래의 영토를 되찾았다. 이후 이스라엘은 모압으로부터 18년간 지배를 당했으며(삿 3:12~14), 암몬 족의 잦은 침공으로 막대한 피해를 입었다. 그러나 사울 왕 때 길르앗 야베스까지 침공한 암몬 족을 처음으로 물리쳤으며, 이후 다윗 왕은 아람과 암몬 연합군을 격퇴시키고 암몬을 속국으로 삼았지만 늘 선대했다(삼하 10:9~14, 11:1, 12:26~31). 다윗 왕으로 인해 유다와 암몬 간의 우호 친선의 관계가 맺어졌다. 솔로몬 왕의 후궁 가운데에는 암몬 출신들이 많았는데 솔로몬의 후계자인 르호보암의 어머니 나아마는 암몬 족 출신이다(왕상 11:1). 이 암몬 출신의 후궁들이 암몬의 우상인 밀곰을 이스라엘에 수입하여 백성들 사이에 우상 숭배의 단초를 제공했다.

~ 잠시 평화의 시대가 마감되자 암몬 족과 이스라엘은 늘 대립하고 반목했다. 여호사밧 때에 암몬은 모압과 마온 족과 동맹을 맺어 유다를 침공했다. 그러나 하나님은 유다 백성의 간구를 들으시고 암몬의 동맹군끼리 서로 싸우도록 만들어 그들의 침공을 무산시키셨다(대하 20:1~30). 그 후 유다 웃시야와 요담 왕 때 암몬은 그들에게 조공을 바칠 만큼 약소해졌고 결국 주전 8세기경에 앗수르에게 정복당했으며 앗수르가 멸망한 이후엔 바벨론에 복속되었다. 그러나 암몬의 세력은 여기서 끝나지 않고 바벨론에 끝까지 대항했다. BC 587년 예루살렘이 멸망한 때 암몬의 항거는 더욱 거세어져 바벨론 왕에 의해 유다의 총독이 된 그달랴를 살해하기 위해 이스마엘을 밀파했다(렘 40:14). 바벨론은 이 일에 대해 보복을 가했으며 결국 암몬 족을 그들의 본토에서 추방하고 여러 곳으로 흩어지도록 하였다. 이것이 암몬 족의 최후가 되었다.

12) 십볼렛(12:6)

~ 길르앗 사람들이 에브라임 사람들을 색출해 내기 위해 에브라임 지파가 '스'를 항상 '쓰'로 발음한다는 것에 착안하고 개발한 방법이다. 발음에 따라 '십볼렛'은 '시냇물'이 되지만 '씹볼렛'으로 발음하면 '무거운 짐'으로 전혀 다른 의미가 된다. 당시 요단강을 경계로 동쪽에서는 대체로 '쓰'로 발음했고 서편지역에선 '스'로 발음했다. 오늘날 독일에서는 '돌'을 뜻하는 '쉬타인(Stein)'을 '쓔타인'으로 발음하

는 흔적이 남아 있고 신기하게도 우리나라의 북부 영남지역에서 '쌀'을 '살'로 발음한다.

13) 나실인(13:5)

~ 시내 산에 거주할 때 하나님은 모세를 통해 나실인의 규례를 계시하셨다(민 6:1 이하). 히) '나자르'(구별된 자, 성별되어 하나님께 바쳐진 자)에서 유래한 것으로 본다. 나실인은 자발적인 서원(민 6:2, 행 18:18)이나 부모의 서원(삼상 1:11), 혹은 하나님의 명령에 의해 출생부터(삼상 13:5, 7) 구별되었으며 평생 포도나무 소산 및 독주를 먹지 못했고 머리털을 깍지 말아야 했으며, 시체를 만질 수 없었다. 삼손(삿13:5)과 사무엘(삼상1:11), 레갑 족속(렘 35:6~7), 세례 요한(눅 1:15), 사도 바울(행 18:18) 등이 나실인에 속한다. 이들은 모두 완전한 헌신을 위해 오실 예수 그리스도를 예표하는 인물들이다.

14) 기묘(13:18)

~ 히브리인들에게 있어서 이름은 곧 그 대상의 본질이나 특성을 드러내는 것으로 매우 중요했다. 이름을 묻는 마노아에게 여호와의 사자는 어찌 이름을 묻느냐 하며 그 이름이 '기묘'라고 대답했다. 이는 하나님의 존재는 사람의 지혜나 능력으로는 납득하기 어려운 것이라는 의미를 내포하고 있다. 여기서 '기묘'로 사용된 히브리어 '펠리'는 형용사형으로 '이해를 초월하는'(beyond understanding), 혹은 '놀라운'(wonderful) 등의 뜻이다. 그러므로 여호와의 사자는 마노아에게 신비에 속한 비밀의 사항에 대해 지나친 관심과 의혹을 품지 말라고 조언하고 있다. 칼빈은 기독교강요를 통해 하나님이 분명하게 계시하시지 않은 사항에 대해 지나친 의혹의 호기심으로 지옥의 문에 이르지 말라고 경고했다.

15) 기생(16:1)

~ 삼손의 치명적인 약점은 여자에 대한 육적인 정욕을 억제하지 못한 것이다. 그는 이스라엘 사사로서 블레셋 족의 여인을 품지 말아야 했음에도 아내로 삼고자 했으며(14:1~20), 기생을 가까이 했고, 또 소렉 골짜기 출신의 들릴라라는 여인

을 사랑했다(16:4). 결국 삼손은 들릴라에 유혹되어 힘의 근원인 머리털을 잘려 블레셋 족에게 붙잡히고 최후를 맞이했다. '기생'에 해당하는 히브리어 '조나'는 '창녀'(창 38:15, 수 2:1)라는 뜻인데 거룩한 하나님의 백성으로서 정결한 삶을 무시하고 육체의 정욕을 낭비하는 것은 정면으로 하나님의 뜻을 위배하는 일이다.

16) 여호와께서 이미 떠나시다(16:20)

~ 나실인의 상징인 머리털을 깎인 삼손은 이미 하나님의 종으로서의 능력과 자격을 상실했다는 것을 의미한다. 하나님의 권능이 떠난 삼손은 보잘것없는 무능력자에 불과했다. 그 결과 삼손은 블레셋 사람들 앞에서 재주를 부리는 신세로 전락했다.

~ 물론 오늘날 그리스도인, 즉 교리적으로 구원받은 백성에게서 내주하시는 성령님은 구약 시대처럼 오셨다가 다시 떠나시거나 구원의 효력을 상실하도록 역사하시지 않는다. 다만 하나님의 권능이 떠난다는 사실을 통해 오늘날에도 구원받은 백성이 타락의 길에 들어서면 현세에서 비참한 인생을 경험하게 된다는 교훈을 받게 된다. 우리는 늘 모든 사람이 죄 가운데 나서 자라고 죽기에 하나님으로부터 모두 버림을 받아 마땅한 존재들(시 51:5, 롬 3:23)임에도 우리를 대신하여 버림을 당하신 예수 그리스도로 말미암아 이제 영원한 구원의 은혜를 받아 누리게 되었음을 잊지 말아야 한다. 그러므로 구습, 즉 육신의 정욕에 얽매인 삶에서 벗어나 두렵고 떨리는 마음으로 우리의 구원을 이루어 나가야 할 것이다(잠 26:11, 빌 3:13).

17) 미가의 신상(17:1~13)

~ 에브라임 지파에 속한 미가의 어머니는 두 개의 신상을 만들었다. 하나는 나무를 조각하여 은을 입힌 것이고 다른 하나는 은을 녹여 부어 만든 신상이다. 이중 조각된 신상은 하나님의 집이 실로에 있는 날까지 단 자손에게 남아 우상 숭배의 온상 역할을 했다(18:31). 아마 그 모양은 이스라엘 백성들이 시내 산 광야에 있을 때 만들었던 금송아지 모양에서 비롯된 것으로 추정한다.

~ 그런데 미가의 어머니는 신상을 만들어 숭배하면서 자신은 그것을 여호와 하나님에 대한 간절한 신앙인 양 행세했다. 이는 하나님의 의를 모르고 자기 의를 세우

려고 힘써 하나님의 의를 복종치 않는 것(롬 10:3)이며, "썩어지지 않은 하나님의 영광을 썩어질 사람과 금수와 버러지 형상의 우상으로 바꾼 가증스러운 범죄"였다(롬 1:23). 한편 미가는 율법에 저촉된다는 사실을 알고서도 아들을 제사장으로 삼았으며(17:5), 이를 고치기 위해 생계 거리를 찾아 헤매던 한 레위 인을 설득시켜 제사장이 되게 하였지만 여전히 미가는 하나님의 율법을 형식적으로만 준수하는 가증한 죄악 가운데 있었다. 이러한 일은 관련 율법(민 18:21)을 위배하는 일일 뿐 아니라 이 사실을 알고서도 묵인 방조한 모든 백성들도 불법의 책임에서 벗어나지 못한다.

18) 레위 인과 첩(19:1~30)

~ 아직 왕이 없었을 때 이스라엘 사회에 전반적으로 횡행했던 타락상이 적나라하게 드러난다. 즉 성전 일에 종사해야 하는 레위 인이 첩을 둔 것이나 베냐민 지파의 비류들이 그 여인을 욕보이고 죽게 한 사실(25~28) 등은 모두 가증스러운 범죄들이다. 하나님은 이에 대해 전 이스라엘 백성이 죄를 깨닫고 회개하도록 하기 위해 전쟁을 일으키셨다(20:18). 그리고 베냐민이라는 한 지파가 궐석이 되는 징벌을 단행하셨다(21:15). 그런 연후에 그들이 금식하고 죄를 고백하시자 다시 베냐민 지파를 회복시키셨다. '궐이 나게 하셨다'(15절)에서 '궐'은 히브리어 '페레츠'로서 '갈라진 틈'을 뜻한다. 특히 이 문장의 주어는 하나님이므로 베냐민 지파와의 전쟁이 단순히 지파 간의 내전이었던 것만이 아니라는 점이다.

〈룻기〉

1. 배경 설명

　사사시대의 어느 해에 유대 지역은 극심한 가뭄으로 인해 흉년을 맞았다. 이때 베들레헴 지방의 엘리멜렉이란 사람이 흉년을 피해 아내 나오미와 두 아들 말론, 기룐과 함께 요단 동편지역의 모압으로 이민을 가게 된다. 모압에서 두 아들은 각각 오르바와 룻과 결혼을 했다. 하지만 그들의 이민 생활은 비극이 되었다. 집안의 남자들이 모두 죽고 여자들만 남게 되자 나오미는 고향으로 돌아갈 결심을 하는데 이에 큰며느리 오르바는 자기 친정으로 돌아가지만 둘째 며느리 룻은 끝까지 나오미를 쫓아 낯선 땅 베들레헴으로 오게 된다. 그리고 그곳에서 보아스를 만나 결혼을 하고 다윗 가문에 당당히 이름을 올리게 된다. 이른바 룻기는 한 가정사의 불행과 행복을 다룬 이야기이다. 이스라엘의 암흑기였던 사사시대에 한 가정이 비극에 빠졌다가 회복되는 이야기이다.
　그런데 룻기는 절망의 늪에서 어떻게 빠져나오는가에 대한 물음과 그 해답을 보여주는 책이기도 하다. 그것의 비결은 사랑의 힘이다. 절망의 사람을 소망의 사람으로 바꾸는 위대한 힘은 바로 사랑이다. 룻기는 놀라운 사랑의 힘을 생생하게 보여주는 감동적인 단편소설이다. 그리고 여기에 등장하는 보아스라는 인물은 구원자이신 예수님을 예표한다. 룻과 나오미를 구원함에 보아스가 있었듯이 죄에 빠진 인간이 건짐을 받게 된 것은 우리를 구원하신 예수님의 사랑 덕분이라는 것을 암시하고 있다.

2. 주요 메시지

1) '기업 무를 자'(Kinsman Redeemer).

이 단어에 해당하는 히브리어 '고엘'은 '무르다' '되찾다' '구속하다' 등의 뜻을 가지고 있다. 이스라엘의 고엘 제도는 하나님께로부터 분배받은 기업 혹은 재산을 영구히 보존하고 혈족을 유지하며 그리고 부당한 피해를 당했을 경우 이를 보상할 제도적 장치를 마련하기 위해 만들어진 제도이다. 고엘의 자격으로는 혈연관계에 있고 혈족의 기업을 무를 능력을 가져야 하며 무엇보다 자원해야 한다. 또 고엘 된 자는 다음의 의무를 가진다.

① 혈족의 땅을 도로 사 주어야 한다(레 25:25~26)
② 부당한 피해를 당한 혈족을 위해 복수할 책무를 진다(민 35:12, 19, 21)
③ 혈족의 미망인과 결혼을 해야 한다(룻 2:20)
④ 혈족의 죄 값을 대신 받는다(민 5:8)

한편 고엘의 자격으로는 다음과 같은 조건들이 있다.

① 혈연적인 관계에 있을 경우(신25:5,7)
② 자원할 경우(3:12)
③ 고엘로서의 능력을 구비했다고 판단되는 경우(2:1)

보아스의 경우엔 나오미의 밭을 매입하여 돌려주었을 뿐 아니라 룻과의 결혼을 통해 장차 탄생할 메시야의 계보를 이음으로써 '고엘'의 역할을 충실히 이행했다.

2) 룻기에 나타난 그리스도

본서에는 고엘 개념이 약 13회나 등장하는데 이 개념은 죄에 예속되어 죽을 수 밖에 없었던 우리를 위해 스스로 고엘이 되신 예수 그리스도의 사역을 예표한다. 즉, 룻의 고엘이었던 보아스의 지상적 사역의 결과로 룻기 전체가 슬픔에서 기쁨으로 전화되었듯이 우리의 고엘이신 예수님의 구속 사역[4]으로 우리는 이제 사망에서 건짐을 받아 영원한 생명의 나라로 옮겨지게 된 것이다.

---

4) 구속의 의미에 대해선 족장시대를 참조하라

3. 시네마구조

분류	성경	주요 내용
기	1:1~5	사사시대. 흉년. 나오미가족이 모압으로 이민. 두 아들이 이방 여인과의 결혼. 남편과 두 아들의 죽음
승	1:6~22	나오미의 고향 행. 오르바는 친정으로 가고 룻은 시어머니를 따라 베들레헴에 도착 "어머니의 하나님이 나의 하나님"(1:16)
전	2:1~4:12	룻의 이삭줍기. 보아스와의 만남. 나오미의 지략. 보아스의 신중한 처신 (기업 무를 자의 선택)
결	4:13~22	보아스와 룻의 결혼. 오벳의 탄생. 다윗 가문의 계보(나손– 살몬– 보아스– 오벳– 이새– 다윗----예수). 룻은 다윗의 증조모

4. 주요 내용 및 본문 해설

1) 사사들이 치리하던 때(1:1)

~ 사사시대는 여호수아 때 가나안 땅에 진입하여 가나안 7족과의 전쟁을 통해 땅을 정복하고 12지파에게 땅을 분배한 후부터 왕정시대 이전까지 약 3세기 반에 이르는 기간을 말한다. 그런데 이때엔 12지파 스스로 생존하기 위해 각자도생을 모색하였기에 상호 느슨한 연합체제[5]로서 강력한 단결력을 볼 수 없었던 시기였다. 그렇기에 주변 국가 혹은 민족들의 침공에 매우 취약한 구조를 가지고 있었으며 이스라엘은 이들과의 전쟁으로 피로했으며 자주 이들에게 지배당하는 등 압제와 치욕을 겪어야 했다.

~ 뿐만아니라 이스라엘 백성들은 자연적 재해로 인해 고통이 배가되었다. 각종 전염병들이나 불치병, 저주받은 질병들이 만연했다. 당시 사람들은 이것들을 대부분

---

[5] 서창원은 땅 분배의 신학적 의미에 대해서 세 가지로 정리한다. (1) 제비뽑기로 땅을 얻는 것에서 '하나님의 주권 사상'을 강조하고 (2) 주셨다고 그냥 얻어지는 것이 아니라 가서 쟁취해야 한다는 '인간의 책임'을 함께 강조하며 (3) 땅을 얻기 위해서는 갈렙과 같은 믿음이 필요함을 강조한다는 것이다.//서창원, 〈제11회 장로교의 날 학술 포럼, '공교회성 회복과 한국의 교회 개혁〉 중에서.

귀신의 역사라고 믿었다. 그중 흉년은 치명적인 저주의 하나였다. 사람들은 흉년을 하나님이 내리신 징벌이라고 믿었다(레 26:19~20, 왕하 8:1, 시 105:16). 다시 말하면 백성들에게 가장 큰 고통은 먹을 양식이 떨어지는 일이다. 흉년이 들면 백성들은 뿔뿔이 흩어져 먹고 살기 위해 발버둥을 쳐야 했다. 룻기의 배경은 바로 이 흉년과 관련되어 있다. 본서에 등장하는 엘리멜렉과 그 가정도 이러한 일의 한 사례이다. 그들도 흉년을 당하자 모압 지방으로 건너가 위기를 탈피하고자 했다. 그러나 하나님이 주신 기업을 버리고 모압으로 이주한 것은 명백한 불신앙이었다. 이러한 관점에서 룻기를 읽어야 한다.

2) 모압 여자를 취하다(1:4)

~ 하나님은 가나안 여인과의 결혼을 이미 금하셨고(신 7:3) 책망하셨다(삿 3:6). 이는 국수주의적 발상이 아니라 신앙의 순수성을 보존하기 위한 하나님의 특별한 규례요 보호책이다. 엘리멜렉과 그 가족은 하나님이 주신 땅을 버리고 위기를 모면하기 위해 이방 지역으로 간 불신앙을 보였을 뿐 아니라 그 두 아들(말론과 기룐)은 그곳에서 모압 여자를 얻어 아내로 삼는 불법을 저지르고 말았다. 하나님은 바로 이런 불법을 절대로 용납하시는 분이 아니시며 반드시 행한 대로 보응하신다. 그 결과 엘리멜렉과 두 아들은 젊은 나이에 요절하고 만다.

3) 유력한 자(2:1)

~ 히브리어 '낍볼'은 창 6:4 10:8, 대하32:3, 수 1:14 등에서 '용사' 혹은 ' 키가 크고 힘이 센 자' 등의 의미로 사용되었고, 본 절에서는 '유력한 자'로 번역되었다. 이 용어는 다윗 왕 때엔 용맹한 군사들을 지칭하는 데 사용되었으며 특히 '세 용사'(삼하 23:8~12, 요셉밧세벳, 아디노, 엘르아살)와 '30인 용사'(삼하 23:18~39)에 사용되었다.

4) 보리를 까불리라(3:2)

~ 이스라엘의 추수는 대개 보리와 밀이 중심이다. 보리 추수는 밀보다 먼저 익어서 태양력으로 4월 중순경에 시작하고 약 2주 후에 밀 추수를 시작한다. 당시 타

작법은 대개 곡식단을 타작마당에 펼쳐놓고 발로 밟거나 가볍게 두드려 낱알들을 구분한다. 그런 다음 낱알들을 공중에 던지면 겨나 지푸라기는 바람에 날리고 알곡만 남게 된다. 주로 여름에는 바람이 부는 저녁 무렵에 타작을 하므로 밤새 일하는 경우가 많아 일꾼들이 곡식더미 곁에 기대어 잠을 청하는 일이 많았다.

5) 옷자락으로 여종을 덮으소서(3:9)

~ 이스라엘 사람들이 청혼을 할 때 표현하는 말이다. 룻은 보아스에게 자기 일생을 맡기고 보호해 달라는 의미에서 이렇게 요청했다. 하나님은 언약 백성인 이스라엘에 대해 당신의 날개(까나프)로 덮어 보호하시는 분이시며 신랑 되신 하나님께서 이스라엘을 신부로 삼으신 혼인 언약을 상징한다.

"내가 네 곁으로 지나며 보니 네 때가 사랑을 할 만한 때라 내 옷으로 너를 덮어 벌거벗은 것을 가리고 네가 맹세하고 언약하여 너를 내게 속하게 하였으니라 나 주 여호와의 말이라"(겔 16:8)

6) 결혼 선포(4:9~12)

~ 보아스는 모든 합법적인 절차를 거치고 많은 사람들 앞에서 공개적으로 룻과의 결혼을 선포했다. 그는 가장 가까운 친척의 양보를 얻어내고 나오미의 고엘이 되는 자격을 취득했으며, 다음으로 성문 앞이라는 공개적인 장소로 성의 장로 10인과 사람들을 초청하여 그들 앞에서 당당하게 룻과의 결혼을 공표했다. 뿐만 아니라 그는 단지 율법의 규정을 준수하는 일에만 그친 것이 아니라 진정으로 룻을 사랑함으로써 율법의 근본정신인 하나님의 사랑에 입각하여 하나님의 선하시고 기뻐하시는 뜻을 이룬 것이다.

~ 기독교는 하나님의 법을 전수 받고 그 법을 지키는 의무를 부여받은 그리스도인들의 믿음과 그 체계를 가지고 있다. 그러나 법을 형식적으로 지키는 일도 중요하지만 그 모든 행위가 사랑으로부터 기인하지 않는 것이라면 하나님의 기뻐하시는 뜻이라 할 수 없다. 오늘날 모든 그리스도인들은 진정으로 룻을 사랑하고 룻과 결혼하기 위해 하나님이 정하신 모든 규례와 절차와 법도를 다 준수한 보아스를 본받아야 한다.

제5편

통일왕정시대

(사무엘 상,하 / 열왕기 상 1~11장, 역대 상 1~29장, 하 1~9장, 시편, 잠언, 전도서, 아가서)

1. 배경 설명

　사사시대에 이스라엘은 끊임없는 외적의 침입으로 기진맥진했다. 그들은 침공을 받을 때마다 고통을 부르짖으며 하나님의 도우심을 구했고 하나님은 그들의 구조 요청을 외면하지 않으셨다. 그러나 하나님의 도우심으로 평온을 찾은 이스라엘은 회개하기는커녕 타락의 길을 스스로 걸었다. 그 결과 외적에 의한 압제는 재발되고 확장되었다. 그래서 백성들은 자신들의 힘으로 새로운 대비책을 세우고자 했다. 즉, 외적의 침입에 대해 당장 자신들의 안위를 책임질 다른 방도가 더 절실하다고 판단하고 하나님 대신 단일화 된 국가 체계와 이를 지도할 강력한 리더십을 갖춘 왕을 원했다. 그래서 그들은 선지자이자 마지막 사사였던 사무엘을 통해 하나님께 왕을 세워 달라고 끈질기게 요구했다.

　사무엘은 그들에게 굳이 인간의 왕이 필요 없음을 누차 설명했지만 백성들은 듣지 않았다. 할 수 없이 하나님은 사울이라는 사람을 이스라엘의 지도자로 세우시는 것을 허락했다. 그래서 그들은 사울을 자신들의 왕으로 삼았다. 사울은 기대에 부응이라도 하듯이 집권 초기에는 매우 훌륭한 통치를 했다. 그러나 이웃의 블레셋은 강력한 적이었다. 그들의 침공으로 이스라엘은 하루도 편할 날이 없었다. 그 때 다윗이라는 소년이 혜성같이 나타나 블레셋 장수 골리앗을 쓰러뜨리자 온 국민이 다윗을 연호하며 그를 추앙했다. 이에 사울은 질투를 느끼고 다윗을 죽이고자 하지만 그 뜻을 이루기는커녕 비극의 삶을 살다가 처참히 생을 마감했다.

　반면에 다윗은 하나님의 마음에 합한 사람이었다. 그는 하나님에 의해 기름 부음을 받은 왕이었다. 그는 예루살렘을 되찾은 후 이스라엘의 영토를 넓힐 뿐만 아니라 통치의 기반을 확실히 다졌다. 그러나 모든 것을 이루었지만 하나님으로부터 성전건축만은 허락받지 못하여 아들 솔로몬에게 위임하고 위대한 생애를 마친다.

　다윗을 이은 솔로몬 왕의 영화는 아비 다윗이 남겨 준 유산 위에 자신의 지혜로움이 더한 결과였다. 그는 최고의 왕으로서 부족함 없는 삶과 백성들의 존경을 한 몸에 받고 살았다. 그러나 말년에 그가 보여준 타락상은 경악할만한 것이었다. 그로 인해 아들의 시대에 이르러 나라가 둘로 쪼개지는 결과를 낳은 것은 솔로몬의 가장 치명적인 죄과였다.

한편 세상에는 왕정, 귀족정, 과두정, 민주정 등 많은 정치제도가 있지만 가장 바람직한 정치제도는 무엇일까? 사무엘서는 바로 이 물음에 대한 해답을 주고 있는 책이다. 그것은 바로 하나님이 직접 통치하는 '신정'(神政, theocracy)이다. 이런 의미에서 완전한 신정의 모델은 사람이 타락하기 전의 에덴동산으로 볼 수 있다. 그런데 사람이 타락한 이후 세상에는 완전한 신정이 펼쳐질 수 없게 되었다. 사람들이 하나님의 통치를 거부하고 자기 좋을 대로 살기를 원했던 것이다. 그 결과 '힘 있는 자'(네피림 혹은 깁볼)가 사람들을 통치하게 되었다. 그리하여 하나님은 차선책이지만 형식상으로 인간의 정치제도를 취하여 통치하는 방식을 택하시어 자신의 뜻을 펼쳐 나갔다. 모세시대부터 사사시대까지 이스라엘은 기본적으로 신정 아래에서 형식적으로 열두 지파 연맹체의 수장격인 사사가 통치했다. 사사는 열두 지파 연맹체의 수장이기도 하지만 하나님이 세우시고 폐하시는 방식을 통해 기본적으로 신정 체제를 대표하는 지도자였다. 하나님이 세우신 왕도 마찬가지였다. 비록 형식적으로 왕을 주시지만 이 왕은 이스라엘의 진정한 왕이신 하나님을 대표하는 자이며 하나님의 뜻을 백성들에게 잘 전달하는 자여야 했다. 그렇다면 누가 과연 하나님의 마음에 합한 자인가? 바로 이것에 대한 해답이 주어진 시대가 통일왕정시대이다.

2. 시네마 구조

분류	기	승	전	결
인물	사무엘	사울	다윗	솔로몬
성경	삼상 1-7장	삼상8-31장	삼하(1-24장)	왕상 1-11장/ 대하1-9장
내용	1. 새 지도자의 출생 (1:1-2:11) - 한나의 고초 - 사무엘의 출생 - 한나의 기도 2. 엘리(2:12-3:21) - 엘리 자녀들의 죄악. - 엘리에게 하나님의 말씀이 임하지 않음 3. 사무엘의 활약 (4:1-7:17) - 블레셋침공과 엘리와 두 아들의 죽음 - 언약궤에 대한 범죄, - 이스라엘의 회개와 블레셋 격퇴	1. 사울 왕(8:1-12:35) - 백성이 하나님을 왕으로 섬기기를 거부함, - 사울에게 기름부음 2. 통치(13:1-15:9) - 첫 승리 - 망령된 제사와 불순종 3. 왕권의 전환 (15:10-31:13) - 다윗에게 기름부음 - 하나님의 영을 사울에게서 거두심 4. 다윗 탄압 (18:10-20:42) - 창을 던짐 - 대 블레셋전투 - 암살명령 - 자객파견 - 요나단에게 살해명령 - 미친 체함 등 5. 사울의 몰락 (28:3-31:13) - 사울과 무당 - 블레셋과 사울의 전쟁, - 다윗에게 응답하시는 하나님 - 다윗이 대적을 죽임 - 사울의 전사	1. 다윗의 승리 (1:1-5:25) - 헤브론시대 - 예루살렘입성 2. 영적 승리(6:1-7:29) - 언약궤 이전. - 언약의 체결 (성전건축) 3. 군사적 승리 (8:1-10:19) - 블레셋, 모압, 아람, 암몬, 아람 4. 쇠퇴기(11:1-20:26) - 간음죄, 살인죄 - 나단의 예언, - 아들의 죽음 - 암논의 근친상간과 피살 - 압살롬의 반역과 죽음 - 왕권회복 5. 기타(21:1-24:25) - 기근 - 대 블레셋전투 - 감사의 노래, - 다윗용사들의 행적 - 인구조사와 역병	1. 즉위(1:1-2:46) - 다윗의 쇠약 - 아도니야의 반역 - 솔로몬이 기름부음 받음- 다윗의 유언 - 재정비 2. 통치(3:1-4장) - 지혜의 왕 - 11명의 신하 12명의 장관 3. 성전건축(5:1-8:66) 4. 몰락(9:1-11:43) - 다윗언약과 솔로몬의 언약파기 - 이방여인과의 결혼 - 우상숭배 등 - 하나님의 질책과 응징 - 죽음

3. 내용 설명

〈기〉 사무엘(삼상 1~7장)

히) 쉐무엘은 '하나님의 이름'이라는 뜻이다. 주전 11세기경에 하나님의 사사로 부름 받은 사람으로 레위 지파 출신이며 어머니 한나의 기도 응답으로 출생했다. 한나는 나실인 서원에 따라 사무엘이 세 살이 되자 그를 성전에 봉헌하였다. 이후 사무엘은 제사장 엘리의 보호 아래 하나님을 섬기며 성장했다(삼상 2:21). 이때 여호와의 말씀이 희귀하고 이상이 보이지 아니할(3:1) 정도로 이스라엘은 혼돈의 시기였는데 사무엘이 성장하면서 선지자로서 행한 모든 예언이 성취되면서 다시 하나님의 말씀의 역사가 일어났다. 이후 블레셋족이 이스라엘을 침공하고 언약궤를 빼앗아 갔는데 이때부터 사무엘은 약 20년간 이스라엘의 사사로 활약했다. 그의 지도로 이스라엘은 미스바 전투에서 승리했으며, 이후 그는 라마를 근거지로 삼고 벧엘-길갈-미스바 등을 순회하며 이스라엘을 돌보았다.

한편, 블레셋의 침공에 자극을 받은 이스라엘 백성들은 사무엘을 통해 하나님에게 자신들에게 왕을 세워달라고 간구했다. 그리하여 사무엘은 하나님의 허락을 얻어 사울에게 기름을 부어 이스라엘의 왕으로 삼았다(9:1~10). 그러나 사울이 불순종하자(13:8~14, 15:22~23) 그의 왕권을 폐하고 대신 다윗에게 기름을 부어 왕으로 세웠다(16장). 이렇게 국가를 위해 동분서주한 사무엘이었지만 정작 자신의 후계자로 세운 두 아들(요엘과 아비야)은 뇌물과 부정판결로 아버지의 명성에 먹칠을 했다.

〈승〉 사울(삼상 8~31장)

히) '쇠울'은 '묻다'라는 뜻이다. 사울 당시 이스라엘은 12지파의 협치로 유지된 민족공동체로 지파마다 장로들이 중심이 되어 다스렸다. 그러나 이러한 느슨한 연합체는 강력한 적군의 침략 시에 효과적인 대응을 하기에 역부족이었다. 하나님은 이스라엘이 위기에 처할 때마다 사사를 보내시어 그들을 구원하였지만 백성들은 좀 더 단단한 단일체제를 갖추어 적군의 침략에 대응할 필요성을 느끼기 시작했다. 그래서 생각해 낸 것이 다른 민족들처럼 왕을 중심으로 한 중앙집권적 정치제도였고 이때 최초의 왕으로 옹립된 인물이 사울이다.

　백성들의 절대적인 지지를 등에 업은 사울의 초기 사역은 매우 성공적이었다. 그는 지혜롭게 대적을 물리치고 이스라엘을 안정시켰다. 그러나 시간이 흐르자 그는 자신의 힘을 과신하고 스스로 교만해지기 시작했다. 자신은 제사장이 아님에도 전쟁의 때에 시급성을 내세워 자신이 직접 집례를 하는 우를 범했으며(13:5~15), 아말렉족을 진멸하라는 하나님의 명령에 불순종하자 하나님의 진노를 샀다(15장). 이에 하나님은 그를 왕위에서 폐하고 다윗을 후임 왕으로 세웠다. 이후 사울은 다윗을 죽이기 위해 그를 오랜 시간 동안 괴롭혔으며 마지막엔 신접한 여인을 통해 신탁을 의뢰하는 등(28장) 멸망의 길을 걷다가 길보아 산 전투에서 병사가 쏜 화살에 맞아 치명상을 입고 적군의 손에 죽을 수 없음을 내세우며 자살로 생을 마감했다.

〈전〉 다윗(삼하 1~24장, 대상 1~29장)

　히) '다위드'(דוד)는 '사랑'이라는 어근에서 유래했다. 그는 소년기를 양치기로 보냈으며(삼상 16:11, 17:34~35, 시 8, 23, 24편), 고령의 사무엘 선지자로부터 기름 부음을 받고(삼상 16:2~4) 미래의 왕으로 부르심을 받았다. 이후 다윗은 사울왕의 수금 타는 자로 있다가(삼상 16:14~23), 블레셋 장수 골리앗을 쓰러뜨림으로 일약 이스라엘의 영웅으로 추앙받는다(18:7). 그러나 이것으로 인하여 사울의 시기와 질투의 대상이 되어 핍박을 받고 무려 13년간 광야에서 유랑생활을 하게 된다. 심지어 더이상 사울의 눈을 피해 이스라엘 안에 머무를 수 없게 되자 다윗은 블레셋족의 가드로 피신하여 살아남기 위해 광적인 행동을 하기도 했다(시 56:1). 사울이 죽자 다윗은 먼저 유다 지파의 왕으로 추대되었고 헤브론에서 7년 반을 다스렸다. 이후 사울의 뒤를 이은 북의 이스보셋이 죽자 북쪽 11 지파의 추대를 받고 드디어 온 이스라엘의 왕으로 옹립되었다(삼하 4:1~5:3). 재위 동안 그는 블레셋, 에돔, 모압, 암몬, 아람 등 외적의 침입을 막고 영토를 확장하고 국력을 강화했다. 그리고 예루살렘 성전을 건축하기 위한 모든 준비를 갖추었다. 그러나 말년에 밧세바와 간음하고(삼하 11:1~3) 그녀의 남편 우리아를 간접 살인한 결과 밧세바와의 사이에 태어난 자녀를 잃었으며, 또 하나님의 뜻에 반하는 인구조사를 감행하여 아들과 신하들의 반역으로 곤혹을 치루는 등 하나님의 진노하심과 징벌로 고통을 겪었다. 그럼에도 다윗은 이스라엘 역사상 가장 위대한 왕으로 기억되고 추앙되고 있다.

〈결〉 솔로몬(왕상 1~11장, 대1~9장)

~ '평강'이라는 뜻이며 일명 '여디디야'(하나님께 사랑을 입다)로 불려졌다. 다윗에 이어 이스라엘 3대 왕으로 BC 970부터 930년까지 40년간 이스라엘을 다스렸다. 그는 먼저 예루살렘 중심의 강력한 중앙집권 정치를 강화하기 위해 이스라엘을 12개 행정 지역으로 나누고 직접적인 통치체제를 갖추었으며, 한편으로 대규모 건축 사업을 벌이며 국가 기반사업을 공고히 했다 (삼하 5:13~18). 이후 아버지의 유훈을 따라 예루살렘 성전을 건축하는 일에 매진했으며(삼상 7:1~8) 외적의 침입을 방어키 위해 예루살렘뿐 아니라 므깃도와 하솔, 게셀 등에 요새를 건축했다. 솔로몬 때 이스라엘은 가방 번영된 나라가 되었다. 해마다 무역량이 증가되어 에시온게벨 항구가 붐볐으며(삼상 7:26~28), 외교력을 증강하여 두로와 시돈과 교류하고 또 이웃 국가와 결혼정책을 통해 국가의 안위를 강화했다. 이러한 결혼으로 솔로몬은 수많은 애첩을 거느리는 왕으로 역사에 기록되었다. 그러나 이 때문에 유입된 이방 신들로 인해 이스라엘 사회는 우상숭배지역으로 전락했으며 그의 사후에 왕국이 분열되는 단초가 되었다. 특별히 그는 하나님으로부터 지혜와 부를 선물 받아 호화로운 삶을 누렸으며, 잠언과 전도서, 그리고 아가서와 시편 127편 등 약 3,000여 편의 글을 남겼다.

4. 핵심 주제

3-1. 통치권의 전환

본서는 이전의 사사들을 통한 하나님의 통치가 이제 왕을 통한 통치로 전환되는 시점에서 출발한다. 이를 위해 하나님은 왕을 세워 달라는 백성들의 요구에 대해 최후의 사사인 사무엘을 통하여 사울을 왕으로 옹립하도록 허락하셨다. 그러나 사울은 하나님의 법을 위반하는 등 중대한 범죄로 인해 하나님에 의해 왕위에서 폐하여지고 다윗이 왕위를 이어받는다. 이러한 일을 통해 하나님은 어떤 경우에서든지 하나님의 나라는 하나님의 주권에 의해 통치된다는 명백한 진실을 가르치고자 하신다.

3-2. 선지자 사무엘의 역할

사무엘의 이야기는 엘리가 사사 겸 제사장으로 있던 사사시대 말엽의 혼란스러운 때를 배경으로 한다. 이 무렵 엘리의 사악한 두 아들로 말미암아 실로(Shiloh)의 성소는 더럽혀졌고 이스라엘은 블레셋과의 전투에서 패하여 언약궤를 빼앗겼다(4:1~11). 이에 여호와의 영광은 성막으로부터 떠나고 말았다(이가봇). 이러한 상황에서 사무엘은 마지막 사사이자 첫 선지자로서의 사역을 수행하며 이스라엘이 국가적 체계와 위상을 갖추도록 기틀을 제공했다. 한편 백성들의 요구에 의해 왕이 된 사울은 사무엘의 엄숙한 예언적 경고에도 불구하고(12장) 사악하게 행동한다. 특히 사울은 제사장이 드려야 하는 희생제물을 자신이 직접 드림으로(13장) 하나님으로부터 버림을 받게 되었다(15장). 사울을 버리신 하나님은 차기 왕으로 다윗을 지명하고 사무엘로 하여금 기름을 붓도록 했다. 이런 다윗에 대해 사울은 노골적으로 시기하고 미워함으로써 다윗을 핍박하다가 길보아 전투에서 비참한 최후를 맞았다.

3-3. 구속사적 의미

본서는 우리에게 '신정주의'(Theocracy)에 대한 정보를 제공한다. 오래전부터 하나님의 계획은 자신이 직접 자신의 백성을 통치하는 것이었다. 이를 실행하기 위해 하나님은 자신의 대리자인 왕을 내세워 통치하는 방식인 이른바 '왕정체제'(Monarchy)를 세웠다. 즉, 신정과 왕정을 결합한 신정주의적 왕정이라는 정치 형태를 갖춘 것이다. 그러나 이것은 어디까지나 하나님 나라의 완성이 아닌 예표적이고 그림자에 해당한다. 완전한 신정 왕국은 메시아이신 예수 그리스도에 의해 성취될 것이다.

3-4. 언약

~ 하나님께서 범죄한 다윗을 버리지 않으신 것은 하나님과 다윗 사이에 맺으신 '언약' 때문이었다. 이러한 하나님의 신실하심이야말로 범죄한 영혼이 구원 받을 수 있는 유일한 근거가 된다.

"아브라함이나 그 후손에게 세상의 상속자가 되리라 하신 언약은 율법으로 말미암은 것이 아니요 오직 믿음의 의로 말미암은 것이니라"(롬4:13)

3-5. 우상숭배와 타락

~ 솔로몬 시대는 가장 영화로운 시대이지만 반면에 가장 우상숭배가 극심했던 시기였다. 솔로몬은 외적의 침입을 막고 국가의 안위를 공고히 하기 위해 결혼정책을 펴며 이웃 국가들과 연대했는데 각국에서 모인 그의 아내들과 함께 유입된 각종 우상들에 대한 제사와 숭배 행위가 만연했으며 결국 이것 때문에 이스라엘은 타락하고 나라가 남북으로 분열되는 위기를 맞게 된다.

4. 책별 내용 〈사무엘 상〉

내용 구성

1 사무엘(1:1~7:17)
① 엘리에서 사무엘에게로(1:1~3:21) ② 사사 사무엘(4:1~7:17)

2 사무엘에게서 사울에게로 (8:1~12:25)
① 사울 왕의 통치(13:1~15:9)

3 사울에게서 다윗에게로(15:10~31:13)
① 왕권전환(15:10~18:9) ② 다윗을 살해하려는 사울(18:10~20:42)
③ 다윗의 유랑생활(21:1~28:2) ④ 사울의 몰락(28:3~31:13)

본문 해설

1) 실로(1:3)

~ 창49:10로 보아 원래 '실로'는 장소가 아니라 메시아를 일컫는 말로 사용된 것으로 본다. 그러나 가나안시대에 실로는 하나의 지명이 되어 예루살렘 북쪽으로 약 30km 떨어진 곳에 위치한 곳으로 가나안 땅이 완전히 12지파에게 분배되지 않았던 시기에 이곳에 성막이 세워졌으며 이후 실로는 이스라엘의 종교중심지가 되었다. 땅 분배 이후 요단강 동편 지파들이 실로에서 제사 드리는 것을 거부하고 자신들만의 제단을 세우자(삿 22:10~12) 나머지 지파들이 즉시 전쟁을 선포할 정도로 실로는 중요한 이스라엘의 중앙예배처소였다. 그런 점에서 언약궤는 블레셋에게 빼앗길 때까지 실로에 머물러 있었다(삼상 4:3~4). 그러나 엘리 제사장 사후 BC 1,050년경에 실로는 블레셋의 침공을 받아 몰락했으며 이후 실로의 중요성은 사라지고 말았다.

~ 율법은 히브리 남자들이 1년에 세 차례씩 성전에 올라가도록 규정하고 있다(출 34:23). 그러나 사무엘의 아버지 엘가나는 레위 지파임에도 1년에 한 차례만 실로에 올라가 제사를 드렸고 하나님의 뜻을 거스르고 두 아내를 두었다. 이를 통해 당시 이스라엘의 영적인 나태와 타락상을 가늠할 수 있다.

2) 한나의 서원 기도(1:11)

~ 서원(히. 네테르)은 하나님의 은혜를 기대하며 그분을 기쁘시게 해드리기 위해 또는 어떤 특별한 목적을 이루기 위해 자발적으로 행하는 맹세이다. 유대인들은 레위기 27장을 근거로 자신의 약속과 주장이 진실하다는 것을 입증하기 위해 하나님의 이름으로 서원과 맹세를 했다. 이것은 하나님과 언약을 맺은 백성으로서 자신의 주장이 하나님의 권위와 심판 아래에 있음을 공식적으로 표명하는 것으로 고도의 진실성과 성실한 자세가 요구되는 것이었다. 따라서 서원한 자는 반드시 자신이 약속한 것을 지켜야 했다. 만약 그렇지 못한 경우 그는 하나님의 저주를 받은 자가 되어 공동체에서 추방되는 수모를 겪어야 했다.

~ 한나는 자신의 기도에 응답하신 하나님께 자신의 유익을 구하지 않고 기도를 통

해 자식을 나실인으로 하나님께 바치겠다는 서원을 드렸다. 하나님은 바로 이러한 한나의 성숙한 신앙의식과 자세를 보시고 그녀를 축복하신 것이다.

> **<참고> 웨스트민스터 신앙고백서 22장 6항**
> "서원은 어떤 피조물에게도 하는 것이 아니라 오직 하나님께만 해야 한다. 그리고 서원이 하나님께 열납 되기 위해선 자원하는 마음으로 믿음과 의무의 양심으로 해야 하고, 우리가 받은 자비나 혹은 우리가 원하는 것을 받은 것에 대한 감사로 해야 한다. 이 서원으로 우리는 마땅히 해야 할 의무들이나 그 밖의 것들에 우리 자신을 더욱 더 엄격하게 필요한 책임감으로 묶는 것이다."

3) 엘리(1:9)

~ '엘리'는 '하나님은 존귀하시다'라는 뜻으로 법궤와 성막이 실로에 있을 때 시무했던 대제사장이자 사사로서 40년간 봉직했다. 역사가 요세푸스의 기록에 의하면 엘리는 아론의 막내 아들 이다말의 후손이었다고 한다. 늙은 엘리 제사장은 한나의 슬픔에 찬 간구의 기도를 마치 술 취한 여인의 넋두리쯤으로 착각하기도 했다. 또 두 아들 홉니와 비느하스를 바르게 양육하지 못하였다. 이에 하나님은 엘리 가문의 멸망을 예고했으며(2:27~36), 이 예언은 사울 왕이 놉에 있는 제사장들을 모조리 살육함으로 성취되었다(22:19).

4) 아이 사무엘(3:1)

~ 요세푸스는 이때 사무엘의 나이가 12세였다고 말했다. 당시 이스라엘 사회에선 12세를 성인이 되는 해로 간주했는데(눅 2:42) 사무엘은 이때부터 하나님의 말씀이 없었던 시절에 영적으로 무지한 백성들을 대상으로 예언 활동을 한 것으로 본다. 이후 하나님이 다시 실로에 나타나시고 말씀으로 사무엘에게 자기를 나타내시자(3:21) 사무엘의 말이 온 이스라엘에 전파되었다(4:1).

5) 대 블레셋 전쟁의 패배(4:5~9)

~ 언약궤만 소유하면 거뜬히 전쟁에서 이길 수 있다고 믿은 이스라엘은 예상 밖으로 블레셋에게 패하고 말았다. 왜 이스라엘이 패하였는가? 첫째, 이스라엘은 위

기를 당하자 법궤를 전쟁터로 옮겼는데(4:3) 이는 법궤를 미신적인 수단의 하나로 사용한 것에 불과했다. 이스라엘은 하나님의 임재가 떠난 법궤는 보잘것없는 궤 짝에 불과하다는 것을 간과했다. 그래서 하나님은 범죄한 이스라엘을 블레셋족의 손에 붙이신 것이다. 그러므로 블레셋의 승리의 비결에는 하나님의 섭리가 숨겨져 있었다. 둘째, 이스라엘에 비해 블레셋족은 배수의 진을 치고 결사항전으로 전쟁에 임했다(4:9). 오늘날 그리스도인들도 천국은 침노하는 자의 것이라는 각오를 가지고 사탄의 계략에 결사항전의 신앙의식과 자세를 가지고 살아야 한다.

6) 에벤에셀에서 아스돗에(5:1)

~ 언약궤의 이동 경로를 말한다. 즉 실로에서 에벤에셀로, 다시 아벡, 아스돗, 가드, 벧세메스, 기럇여아림으로 옮겨졌다. 언약궤를 블레셋에게 빼앗긴 일곱 달 동안 이스라엘은 매우 짙은 영적 암흑기를 맞았다. 이 암흑기는 7장의 미스바 성회를 기점으로 종료된다.

7) 본처로 보낼 것(6:2)

~ 독종 재앙을 견디지 못한 블레셋인들이 언약궤를 다시 이스라엘로 돌려보내는 과정은 비교적 이스라엘 율법에 준하는 형식을 취했다. 즉, 비록 제물의 내용물은 달랐으나 속건 제물(금독종 형상 5개, 금쥐 형상 5개)을 드렸고, 원래 언약궤는 고핫 자손들의 어깨에 메고 옮기도록 하였으나(민 4:15) 수레에 싣고 옮겼다. 이런 일들은 율법을 위반하는 것이지만 하나님은 더이상 그들에게 진노를 나타내 보이지 않으셨다. 그러나 이후 하나님은 자신의 백성들이 율법을 위반했을 때엔 엄중한 책임을 물으셨다. 율법을 어기고 법궤 안을 들여다 본 70명의 벧세메스 사람들(6:19)과 법궤를 손으로 붙잡은 웃사 등(삼하 6:6~7)은 그 자리에서 죽고 말았다. 이는 모르고 짓는 죄와 알고 짓는 죄의 차이가 있다는 것을 의미한다. 예수님은 율법을 잘 알고서도 의를 행치 않는 바리새인들의 위선을 매우 질타하셨다.

"화 있을 진저 외식하는 서기관들과 바리새인들이여 너희가 박하와 회향과 근채의 십일조는 드리되 율법의 더 중한 바 정의와 긍휼과 믿음은 버렸도다 그러나 이것도 행하고 저것도 버리지 말아야 할

지니라"(마 23:23)

8) 에벤에셀 전투(7:7~11)
~ 이스라엘이 블레셋과 벌인 두 번째 전투로 미스바 성회를 통해 회개하고 하나님과 관계를 바로 정립한 이스라엘이 크게 승리한 전투이다. 특히 이 승리는 사무엘과 백성들의 기도와 하나님의 응답이라는 3중주가 어우러진 신앙의 소산으로 평가받는다. 이후 사무엘의 영도 하에 이스라엘은 블레셋에게 침탈당한 영토를 회복하고 평화의 시기를 맞았다.

9) 왕의 제도(8:10~18)
~ 사무엘은 백성들이 요구한 왕정 제도가 안고 있는 문제점들, 즉 징집대상이 된다는 점(11~13절), 세금징수(14~15, 17절), 노비와 나귀의 강제징용(16절), 개인적 이권의 상실(17절), 왕의 악정 시 하나님의 외면 등(18절)을 하나씩 나열하며 백성들이 마음을 고쳐먹기를 원했다.
~ 사무엘의 간곡한 설명과 경고에도 불구하고 백성들은 끝까지 왕을 요구하자 하나님은 마침내 왕 세우기를 허락하신다. 그러나 하나님의 뜻을 거스려 무엇을 집요하게 요구하여 성취한 사람은 그에 대한 하나님의 엄중한 심판의 대상이 됨을 기억해야 한다(롬1:20).

10) 선견자와 선지자(9:9)
~ 굳이 차이를 말하자면 선견자(호제, 로에, seer)는 선지자 이전의 호칭으로 계시를 받는 자를 말하고 선지자(나비, speaker)는 계시를 선포하는 자를 말한다. 15절에서 하나님은 사무엘의 눈을 열어 사울을 알아보게 하였는데 이렇게 영안이 열려 무엇을 보고 분별하는 능력을 가진 사람이 선견자이며 자신이 본 것을 백성에게 선포하는 사람을 선지자라 말한다.

11) 사무엘과 사울의 대화(9:18~27)
~ 하나님에 의해 사울을 알아본 사무엘 선지자는 사울에게 왕직에 대해 충분히 설

명하고 대화를 나누었다. 이틀 동안 계속된 이 대화는 세 번씩 장소(성문 앞, 산당 객실, 성읍)를 옮겨가며 진행된 것으로 이 대화를 통해 사무엘은 왕직의 중요성과 위험성 등을 충분히 고지했으며 사울 또한 매우 겸손하게 사무엘 선지자의 가르침을 받았다. 마침내 사무엘은 성읍 끝으로 사울을 데리고 가서 기름을 부었다.

12) 여호와의 신이 크게 임하다(10:6)
~ 하나님은 당신의 도구로 사용할 사람에게 특별한 능력을 부어 주신다. 이로 인해 사울은 하나님의 지혜와 용기를 얻고 이스라엘을 다스릴 수 있게 되었다. 그러나 이 일은 오순절 성령 강림과는 다른 성질의 것이다. 오순절의 사건은 성령의 특별하고 유일한(단회적인) 사건으로 교회의 탄생을 알리는 신호탄이었다.
~ 한편 "하나님의 신에게 크게 감동되다"(11:6)라는 것도 신약 시대의 성령 충만과는 다른 개념이다. 오순절 이후 성령 충만은 중생한 성도에게 임하는 보혜사 성령님의 특별한 역사를 의미하지만 구약 시대의 하나님의 신에게 감동되었다는 말은 해당자가 하나님의 도구가 되었다는 의미이다. 이렇게 사울은 하나님의 신, 즉 성령에 의해 하나님의 도구(일군)가 되었으나 그는 자신의 죄악으로 인해 악신에게 사로잡히기도 하였다(16:14~16, 18:10, 19:9).

13) 사무엘의 고별 연설(12:1~25)
~ 사무엘은 이제 사울에게 이스라엘의 통치권을 이양하고 고별연설을 한다. 그 내용은 자신의 사역에 대한 정당성과 평가(1~5절), 하나님의 뜻을 어기고 왕을 원한 이스라엘의 악행에 대한 지적(6~18절), 그리고 회개의 요청(19~25절)으로 구성되어 있다.

14) 대 블레셋 전쟁(13~14장)
~ 당시 블레셋은 철기문화를 맞아 발전된 무기체계를 가지고 팔레스틴을 호령하던 강대국이었다. 재위 2년째 사울 왕은 이스라엘을 블레셋의 위협으로부터 벗어나 독립된 국가로 만들고 싶었다. 그는 먼저 믹마스로 가서 상비군 3천 명을 선발했다(13:2). 그리고 숙적 블레셋을 영원히 추방하기 위해 다시 길갈로 가서 전쟁

준비를 했다. 그러나 여기서 사울은 망령된 제사를 드림(13:9)으로 사무엘로부터 "왕의 나라가 길지 못할 것"이라는 불길한 예언을 들었다(13:14). 이후 사울은 기브아 전투를 벌였고 다시 믹마스에서 전투를 벌이고 요나단의 지혜와 용맹에 힘입어 승리를 쟁취하고 하나님께 단을 쌓았다(14:35). 그러나 이는 "경건의 모양은 갖추었으나 경건의 능력은 부인하는"(딤후3:5) 하나의 의례적인 행위로 하나님께 열납되지 못했다. 이후 사울은 기브아로 돌아가 모압과 에돔 그리고 소바 정벌에 나섰고(14:47). 다시 기브아를 떠나 아말렉을 정복했지만 전리품에 욕심을 부린 결과 사무엘의 책망을 다시 들었다(15:33). 사울은 겸손했을 때(9:21) 높임을 받았으나 교만해짐으로 비극을 초래한 대표적인 인물이다. 사울은 자신의 죄를 인정하지 않고 계속 스스로를 합리화시켰다. 그는 아말렉에서 얻은 모든 것들을 진멸하라는 하나님의 명령을 어기고 살진 짐승들을 하나님께 제사하기 위해 가지고 왔다고 변명했다(15:15, 21). 이에 사무엘은 "순종이 제사보다 낫다"고 충고했다(15:22).

"내가 수소의 고기를 먹으며 염소의 피를 마시겠느냐"(시 50:13)

"주께서 제사를 기뻐하지 아니하나니 그렇지 아니하면 내가 드렸을 것이라 주는 번제를 기뻐하지 아니 하시나이다"(시 51:16)

"여호와께서 말씀하시되 너희의 무수한 제물이 내게 무엇이 유익하뇨 나는 숫양의 번제와 살진 짐승의 기름에 배불렀고 나는 수송아지나 어린 양이나 숫염소의 피를 기뻐하지 아니 하노라"(사 1:11) (호 6:6)

15) 다윗을 세우시다(16:1)

~ 본서의 1~8장은 사무엘을, 9~15장은 사울의 이야기를 담고 있다면 16장부터 31장은 다윗에 관한 이야기를 하고 있다. 하나님은 결격 사유가 많은 사울을 폐위시키고 이새의 아들 다윗을 새로 선택하셨다. 비록 인간적인 조건들에서는 사울보다 못하였지만 다윗은 하나님의 마음에 합당한 자였다는 점에서 하나님 나라에 필요한 자는 외적인 조건이 아니라 하나님의 기준에 적합한 자여야 한다는 교훈을

받는다. 하나님은 그 용모와 신장을 보지 않고 중심을 보시는 분이시다(16:7).

"그 후에 그들이 왕을 구하거늘 하나님이 베냐민 지파 사람 기스의 아들 사울을 사십 년간 주셨다가, 폐하시고 다윗을 왕으로 세우시고 증언하여 이르시되 내가 이새의 아들 다윗을 만나니 내 마음에 맞는 사람이라 내 뜻을 다 이루리라 하시더니"(행 13:21~22)

16) 에베스담밈 전투(17:1~11)
~ 믹마스 전투에서 대패한 블레셋이 사울 왕의 통치력이 약화된 틈을 이용하여 골리앗을 선두로 재침공을 했다. 그는 키가 3m에 가까운 거인이었고 놋 투구에 57kg의 갑옷을 입고 다리에는 놋 경갑을 두르고 어깨엔 창날의 무게만 7kg인 놋 단창을 둘러매고 허리에는 큰 칼을 차고 있었다(17:51). 이미 하나님으로부터 버림을 받은 이스라엘 군대는 오합지졸에 불과했다. 그러나 다윗은 "전쟁은 여호와께 속한 것'이라 선포하고(17:47) 골리앗을 쓰러뜨리고 전쟁을 승리로 이끌었다.

17) 자기 생명같이 사랑하다(18:1)
~ 골리앗을 쓰러뜨리자 다윗은 일약 이스라엘의 희망으로 떠올랐다. 이때 사울의 아들인 요나단은 다윗의 신앙심과 용기에 크게 감동을 받고 그를 사랑하게 된다. 그는 아버지의 위협으로부터 다윗을 구명하기 위해 모든 노력을 다 기울인다. 다윗을 피신시키고 아버지에게 다윗에 대한 살해 명령을 철회할 것을 요구한다(18:4~5절). 이 우정은 동성애자들이 자신들의 잘못된 사랑을 합리화하기 위해 오용하는 그런 사랑이 아니라 친구를 위하여 목숨을 버리는 분으로 자처한 예수 그리스도의 사랑을 예표하는 것이다.

"사람이 친구를 위하여 자기 목숨을 버리면 이보다 더 큰 사랑이 없나니"(요 15:13)

18) 다윗의 위기(19:1~24)
~ 갑작스런 다윗의 등장과 인기에 대해 사울은 극도의 미움을 가지고 그를 살해하려 했지만 실패했다(18:10~11). 그 뒤로 다윗은 계속해서 사울 왕에 의해 죽을 고

비를 무려 네 번씩이나 겪는다(19:1, 9, 11, 20절). 그러나 하나님은 다윗을 필요할 때마다 돕는 자를 보내어 다윗을 지키셨다. 하나님에 의해 다윗을 돕도록 동원된 사람은 요나단(19:1~20, 20:1~42), 미갈(19:11~17), 사무엘(19:18~24), 아히멜렉(21:1~9), 아기스 왕(21:10~15) 등이다.

"주께서 내 생명을 사망에서 건지셨음이라 주께서 나로 하나님 앞, 생명의 빛에 다니게 하시려고 실족하지 아니하게 하지 아니하셨나이까"(시 56:13)

19) 아둘람 굴(22:1)
~ 다윗을 다르기 위해 모여든 네 부류의 사람들, 즉 다윗의 형제와 아비의 온 집(1절), 환난당하는 모든 자(2절), 빚진 자(2절), 마음이 원통한 자(2절) 등이다. 특이한 사실은 이 중에는 많은 용사들(대상12:1-18)과 선지자들(5절)도 포함되었다는 점이다.

"고난 중에서 연합된 무리보다 더 진실하고 결속력 있으며 숭고한 집단은 없다"(A. H. Halem)

20) 그일라 사건(23:1~5)
~ 다윗은 동족인 그일라가 블레셋의 침공을 받아 약탈당한다는 소식을 접하고 그들을 구조하기로 했다. 그러나 다윗은 그들을 구조하기 전에 먼저 하나님 앞에 나아와 기도하며 하나님의 뜻을 알고자 구했고(2절), 하나님의 확답을 받았다(4절). 이러한 다윗의 행동은 무엇이든지 하나님의 뜻이 무엇인지 먼저 확인하는 일이 최우선적인 것임을 교훈한다. 하나님은 기도하는 인격을 절대로 외면하시는 분이 아니시다(시27:7~14)

21) 십(Zhip) 사람들의 밀고(23:19~29)
~ 마온 황무지에 있던 다윗은 같은 유다 지파인 십 사람들의 밀고로 다시 한번 사울에게 쫓기게 된다. 배신은 이렇게 가장 가까운 사람들에 의해 자행된다. 예수님도 제자인 가룟 유다의 밀고에 의해 체포당하셨다. 이때 다윗은 가장 목숨이 위태

로운 상황에 처하게 되지만 블레셋이 이스라엘에 침공했다는 급한 전갈(27절)을 받은 사울이 그 추격을 포기하고 퇴각함으로써 위기를 모면하게 된다. 이후 다윗은 엔게디 동굴 사건(24장)과 하길라 기습 사건(26장) 등을 겪는다. 다윗은 "머리 둘 곳이 없다"고 하신 예수님의 독백처럼 평안히 정착하여 쉴 곳을 얻지 못하고 계속 역경 가운에 처했지만 이것을 통해 놀라운 신앙의 성숙을 이루었다.

"여호와는 나의 반석이시오 나의 요새시오 나를 건지시는 이시오 나의 하나님이시오 내가 그 안에 피할 나의 바위이시오 나의 방패이시오 나의 구원의 뿔이시오 나의 산성이시로다"(시 18:2)

22) 시글락에서의 다윗(27:1~12)

~ 거듭되는 사울 왕의 추격과 도망으로 지친 다윗은 할 수 없이 이스라엘을 떠나 블레셋의 시글락에게 가서 몸을 의탁하게 된다. 그러나 다윗은 이미 선지자 갓으로부터 유다 당에 거하라는 명령을 받은 바 있고(22:5), 우상 숭배의 땅 블레셋에 거주하는 것은 하나님의 뜻이 아니라는 것이었다. 이에 다윗은 잠시 육신적 평안과 현실도피에 대한 보응으로 동족상잔의 위기에 노출되었고(28:1~2, 29:1~5), 다윗의 거주지였던 시글락이 아말렉족의 침입을 받아 약탈을 당하고 가족들이 포로로 잡혀가게 되었다(30:1-6). 성도는 어떠한 경우에도 영적 긴장감을 놓지 않도록 늘 깨어 기도해야 한다.

"근신하라 깨어라 너희 대적 마귀가 우는 사자같이 두루 다니며 삼킬 자를 찾나니"(벧전 5:8)

23) 이스라엘의 대패와 사울의 죽음(31장)

~ 이스라엘은 길보아 전투에서 블레셋에게 참패했다. 이로 인해 사울의 세 아들이 전사했고(31:2) 사울도 자결로 생을 마감한다(3~5절). 이것은 하나님의 뜻에 불순종한 결과이며(12:25, 민 17:10), 사무엘 선지자의 예언이 성취된 사건이다(13:14, 15:26~29). 이처럼 하나님의 뜻을 거스려 인간적인 동기에 의해 세워진 사울 왕국시대는 마감했다.

~ 자살의 문제에 대해 일부 휴머니스트들은 그것 또한 인간에게 주어진 특권이라

고 두둔한다. 그러나 성경은 자살을 범죄행위로 본다. 모든 생명의 소유권은 하나님께만 있기 때문이다.

"시므리가 성읍이 함락됨을 보고 왕궁 요새에 들어가서 왕궁에 불을 지르고 그 가운데에서 죽었으니, 이는 그가 여호와 보시기에 악을 행하여 범죄하였기 때문이니라. 그가 여로보암의 길로 행하며 그가 이스라엘에게 죄를 범하게 한 그 죄 중에 행하였더라"(왕상 16:18-19)

"진실로 생명의 원천이 주께 있사오니 주의 빛 안에서 우리가 빛을 보리이다"(시 36:90)

〈사무엘 하〉

내용 구성

1. 다윗의 전성기(1:1~10:19)

① 헤브론통치(1:1~4:12) ② 예루살렘통치(5:1~25) ③ 언약궤 이전(6:1~23)
④ 다윗언약(7:1~29) ⑤ 군사적 승리(8:1~10:19)

2. 다윗의 범죄와 쇠락기(11:1~20:26)

① 간음죄(11:1~5) ② 살인죄(11:6~27)
③ 재난(12:1~13:36) ④ 압살롬의 반역(13:37~20:26)

3. 다윗의 평가(21:1~24:25)

① 3년 기근(21:1~14) ② 블레셋의 침공(21:15~22) ③ 감사시편(22:1~23:7),
④ 다윗용사들(23:8~39) ⑤ 인구조사와 전염병, 그리고 7만 명의 죽음(24:1~25)

본문 해설

1) 사울의 죽은 후(1:1)
~ 구약 역사서 중 상당수가 '~죽은 후'라는 표현으로 하나의 전환점을 이루고 있다(수 1:1, 삿 1:1, 왕하 1:1 등). 특히 인물을 중심으로 한 역사 서술이라는 점에서 볼 때 본래 한 권이었던 사무엘서를 상, 하 둘로 나누는 기준이 된다.

2) 헤브론으로(2:1)
~ '연합' '동맹'이라는 뜻이며 유다 산지에 있는 한 도시로 해발 927m에 이른다. 예루살렘에서 남서쪽으로 약 30km 지점이며 처음엔 '기럇아르바'(창 23:2, 35:27)로 불려졌다. 아브라함이 처음으로 장막을 친 곳이며(창 13:18) 소돔과 고모라가 멸망하기 전에 하나님이 나타나신 곳이며(창 18:1), 아브라함이 아내 사라가 죽자 헤브론에서 북쪽으로 3km에 위치한 마므레 지역의 막벨라 밭에 있는 한 굴을 헷 족속 에브론에게서 매입했다(창 23:17~19). 이스라엘이 팔레스타인 지역을 점령하기 전에 이곳에는 아낙 자손, 아모리 족속, 헷 족속, 그리고 가나안 족속이 거주했다. 여호수아가 보낸 정탐꾼들이 이 도시를 정탐했으며 여호수아는 아모리족 연합군을 격퇴할 때 헤브론 왕 호함을 잡아 나무에 매달았다(수 10:1~27). 나중에 이곳은 갈렙에게 분배되었다. 후에 헤브론은 도피성으로 지정되어 레위 자손의 소유가 되었다(수 20:7, 21:11). 다윗은 왕으로 기름 부음을 받은 후 이곳에서 7년 반 동안 통치했다. 바벨론 포로기 후에 이 도시는 유다 자손들이 재정착했으나 에돔(이두메) 사람들이 장악하였고 훗날 유대 독립전쟁 당시 유다 마카비가 이 도시를 파괴했다고 한다(마카비 1서 5:65).

3) 다윗의 아들들(3:2~7) (대상3:1~9)
〈헤브론시대〉
① 암논(이스르엘 여인 아히노암): 근친상간. 압살롬에게 살해됨
② 다니엘(갈멜 여인 아비가일)
③ 압살롬(그술 왕 달매의 딸 마아가): 반란 / (누이) 다말: 암논에게 강간당함

④ 아도니아(학깃): 반역실패(왕상1, 2장)
⑤ 스바댜(아비달)
⑥ 이드르암(에글라)
~ 원래 다윗의 첫 아내는 미갈이었지만 슬하에 자녀가 없었다(삼하 6:16~20, 22, 23)

〈예루살렘시대〉
⑦ 시므아(밧세바)
⑧ 소밥(밧세바)
⑨ 나단(밧세바): 예수의 모계에 속함(눅 3:31)
⑩ 솔로몬(밧세바): 일명 여디디야
⑪ 기타 왕비들(삼하 5:15-16, 대상 3:6-9, 14:5-7): 입할, 엘리사마1, 엘리벨렛1, 노가, 네벡, 야비아, 엘리사마2, 엘랴다, 엘리벨렛2.
⑫ 후궁들(삼하 5:13): 첩의 아들들(대상 3:9)

4) 므비보셋(4:4, 10장 참조)

~ 사울의 아들인 요나단의 아들이며 미가의 아버지로 다섯 살 때 유모가 그를 안고 급히 도망치다 떨어뜨리는 바람에 다리를 다쳐 절뚝발이가 되었다. 다윗은 그를 수하에 두고 시바로 하여금 수종 들게 하고 사울 가문의 토지를 그에게 돌려주었으며 항상 왕의 식탁에서 식사를 하도록 은혜를 베풀었다. 다윗이 압살롬의 반역으로 도망갈 때 시바는 므비보셋을 다윗에게 모함했고 이에 다윗은 시바에게 므비보셋의 모든 소유를 주었다(16:1~4). 그러나 므비보셋은 반역 후 다시 예루살렘으로 돌아온 다윗에게 자신의 모함을 변명하자 다윗은 시바에게 주었던 재산의 절반을 다시 되찾아 주었다(19:24~30). 다윗은 기브온 사람들이 사울의 남은 가족들을 넘겨 달라고 요구했을 때 므비보셋 만큼은 넘겨주지 않고 그의 목숨을 지켜 주었다(21:7). 이는 요나단과 맺은 언약을 다윗이 기억하고 준수한 것이다(삼상 20:14~17).

5) 수도 예루살렘(5:6)

~ 다윗이 수도를 헤브론에서 예루살렘으로 옮긴 것은 자신이 전 이스라엘의 명실상부한 왕이라는 사실을 선언한 것이다. 그리하여 예루살렘은 통일 이스라엘의 새로운 수도로서 정치, 경제, 군사, 행정뿐 아니라 종교적 중심지가 되었다. 지리적으로도 이스라엘의 중심부에 해당하고 주위가 깊은 골짜기로 둘러싸여 있으며 해발 900m 이상 되는 고지에 위치함으로 군사적으로 천연요새가 되었다. 특히 유다와 베냐민 지파의 경계지역에 있어서 지파 간 대립이 없었으며 기혼 샘과 같은 좋은 수원을 가지고 있어서 큰 도시로 발전할 가능성까지 갖추었다.

~ 다윗은 여부스족이 지배하던 예루살렘의 지형적 조건을 천천히 탐사한 끝에 성내로 연결된 지하 배수로(기혼 샘에서 실로암 연못)를 찾아내 '수구로 올라가서'(5:9) 군사들을 침투시켜 예루살렘 성을 점령했다. 이 배수로는 1886년 고고학자 식크에 의해 발굴되었다.

6) 법궤 운반(6:1~19)

~ 법궤는 하나님의 임재를 상징하며 곧 이스라엘 통치권의 정당성의 근원이었다. 그러므로 다윗은 무려 군사 3만 명을 동원하여 기럇여아림(바알레유다)에 있던 법궤를 예루살렘으로 옮기려는 계획을 치밀하게 준비하고 진행했다. 그러나 1차 시도는 철저하게 실패하고 말았다. 그것은 율법의 규정(민4:15)대로 옮기지 않고 수레에 싣고 운반했기 때문이다(6:3). 앞서 블레셋족도 수레에 싣고 운반하다 하나님의 진노를 산 바 있다(삼하6:7~8). 한편 수레를 끄는 소들이 날뛰므로 흔들리는 법궤를 손으로 잡으려 한 웃사가 그 자리에서 즉사했다. 우여곡절 끝에 법궤는 오벳에돔의 집에서 다윗성, 즉 예루살렘성으로 안치되었다. 법궤를 빼앗긴 지 약 70년 만의 일이었다. 다윗은 너무 기뻐 춤을 추었다(6:14). 온 이스라엘도 나팔을 불며 축제에 빠졌다(6:15). 이로써 온 이스라엘은 하나님을 중심으로 드디어 하나가 되었다.

7) 다윗 언약(7:1~29)

~ 삼하 7장은 유명한 다윗 언약의 장이다. 이 언약으로 말미암아 다윗의 자손인

솔로몬의 영화가 보장받았고 나아가 인류의 구속자이시며 하나님 나라의 건설자인 메시아가 예언되었고, 또 그의 나라이자 그의 성전(좁게는 예수 그리스도의 육체)인 교회가 계시되었다.

~ 한편 다윗언약의 체결 배경과 그 과정을 보면 다음과 같다. 첫째, 다윗이 왕으로 기름 부음을 받았고(5:3) 둘째, 예루살렘이 수도로 결정되었으며(5:6-10) 셋째, 법궤를 예루살렘으로 이전했으며(6장) 넷째, 다윗으로 하여금 성전건축을 계획하도록 하나님이 역사하셨다. 그리하여 하나님은 나단을 통하여 약속하시기를 다윗을 이스라엘의 주권자로 삼고(7:8), 어디를 가든지 함께 하며(8), 그 이름을 존귀하게 만들어 주겠으며(8), 영원한 이스라엘의 거처를 정하여 다시는 옮겨 다니지 않게 하며(9), 악한 자의 위협으로부터 보호하고(10), 모든 대적에서 벗어나 평안을 누리게 하며(11), 네 몸에서 날 자식을 후임자로 삼아 그 나라를 견고하게 하겠다(12)고 하셨다.

8) 다윗의 정복전쟁(8:1~14)

~ 다윗은 왕권을 강화하고 내치를 안정화시키고 국력을 배양한 다음 이웃의 대적자인 블레셋, 모압, 소바, 아람, 암몬, 아말렉, 에돔 등을 정복하러 나섰고 하나님의 도우심을 받아 승승장구하였다. 한편으로 다윗의 정복 전쟁은 하나님이 약속하신 땅을 찾는 작업의 일환으로 언약의 성취이자 구속사적 의미를 가진 전쟁이었다(창 12:7, 15:18~21, 신 34:4)

9) 밧세바와의 간음사건(11:1~27)

~ 하나님에 의해 기름 부음을 받고 왕으로 세워진 다윗은 그동안 정치적, 군사적, 영적인 면에서 은혜를 받아 승리를 구가하였다. 그러나 밧세바 사건으로 다윗의 영화는 급전직하하고 말았다. 물론 나단 선지자의 회개 촉구(12장 참조)를 계기로 다윗은 철저히 회개하고 하나님의 용서를 받았지만 이 사건은 다윗의 인생에서 치명적인 범죄행위로 기록되고 말았다. 특히 이 범죄는 밧세바의 남편인 우리아를 고의적으로 전쟁터에서 전사하도록 유도한 고범죄에 속하는 것이어서 그 죄질이 더욱 불량한 것이었다. 이후 다윗은 하나님의 보응을 받아 극심한 고난의 인생을

살게 된다.

~ 이 사건을 통해 우리는 죄라는 존재의 위험성에 대해 늘 경계하고 살아야 하며 연약한 인간은 언제나 하나님의 은혜 없이 한순간도 살 수 없다는 것을 교훈으로 받아야 한다.

"오직 오늘이라 일컫는 동안에 매일 피차 권면하여 너희 중에 누구든지 죄의 유혹으로 완고하게 되지 않도록 하라"(히 5:13)

10) 다윗의 재난(13~20장)

~ 다윗의 범죄는 다윗과 그 자녀들의 재난으로 이어졌다. 먼저 암논의 불륜 사건(13장), 압살롬의 반역 사건(14~19장), 그리고 세바의 반란 사건(20장)이 다윗을 괴롭혔다. 특히 압살롬의 반역은 암논의 사건을 배경으로 하고 세바의 반란을 몰고 온 치명적인 사건이었다. 그 과정을 살펴보면 다음과 같다.

① 암논 피살 후 3년 뒤 압살롬의 귀환(14:1~27)
② 다윗과 압살롬과의 화해-다윗의 방심(14:28~33)
③ 민심 규합과 세력화(15:1~6)
④ 압살롬의 헤브론행과 반란 정부 수립(15:7~12)
⑤ 다윗이 마하나임으로 피신함(15:13~17:29)
⑥ 다윗의 충신인 후새가 압살롬을 속여 다윗이 충분히 피신하도록 도움 (16:15~17:29)
⑦ 에브라임 수풀 전투에서 압살롬이 전사함(18:1~18)
⑧ 아히마아스 전투(18:19~30)
⑨ 다윗의 환궁(19:9~39)

~ 이 사건들은 인간의 윤리 문제를 넘어서 하나님께 반역한 인생들이 겪어야 하는 인과응보요, 죄의 악순환으로 말미암는 가공할 고통을 나타낸다. 그럼에도 하나님은 회개한 자의 부르짖음을 들으시고 그들을 구원의 길로 이끄신다.

11) 3년 기근(21:1~14)

~ 특이한 것은 이 기근은 사울 왕의 기브온 범죄에 대한 심판의 하나인데 그 성취는 다윗 왕 때 일어났다는 것이다. 이것은 심판은 오직 하나님만이 아시는 하나님의 때에 일어난다는 것을 의미한다. 또 율법은 아비의 허물이 반드시 자손들에게 영향을 미치고(출 34:7), 인간의 죄는 언제나 하나님의 공의로운 심판을 부르게 되어 있다는 진리를 선포한다(전 12:14, 고후 5:10). 한편으로 심판의 유보를 통해 회개의 기회를 충분히 주시는 하나님의 자비하심의 결과로 보아야 하며 징계는 하나님의 백성에게 주시는 성숙한 신앙의 계기가 되는 은혜의 방편임을 믿어야 한다.

12) 다윗의 노래(22:1~51/시편 18편)

~ 이 노래는 다윗 언약의 체결로 기쁨과 감격이 고조된 때에 지어진 것으로 시편 중에서도 가장 힘 있고 활기찬 노래로 알려진 것이며 특히 하나님의 속성을 10가지 비유로 나타내고 있어서 하나님에 대한 다윗의 신앙적 이해의 깊이를 가늠할 수 있다.

〈10가지 비유〉
① 반석(셀라야) ② 요새(메추다) ③ 건지시는 자(팔라트) ④ 하나님(엘로힘) ⑤ 피할 바위(추리) ⑥ 방패(마갠) ⑦ 구원의 뿔(케렌) ⑧ 높은 망대(미쉬갑) ⑨ 피난처(마노스) ⑩ 구원자(야사) /참고:() 안은 히브리어

13) 다윗의 마지막 말(23:1~7)

~ 전장에서의 감격스러운 노래를 하는 분위기와는 다르게 이 장에서 다윗은 자신의 인생을 담담하게 정리하고 있다. 특히 범죄 이후 다윗은 한층 성숙한 신앙인이 되어 다윗 언약(7:8~16)에 근거하여 자신의 미천함과 불완전함에도 불구하고 자신과 더불어 언약을 맺으시고 그 언약을 신실하게 수행해 오신 하나님의 은총을 노래한다. 특히 다윗 개인의 신앙과 감사뿐 아니라 미래에 완성될 메시야 왕국을 예언했다는 점에서 선지자적 찬양으로 평가받는다.

14) 인구조사(24:1~25)

~ 본 장에는 자신의 영광과 이스라엘의 막강한 국력을 자랑하려 했던 다윗의 교만과 그것을 꺾고자 다윗으로 하여금 인구조사라는 방식의 색다른 범죄의 길로 이끄신 하나님의 초월적인 경륜이 소개된다. 이 같은 사실에서 우리는 하나님 스스로 의로운 심판을 단행하기 위해 인간의 약점과 악한 면을 이용하는 하나님의 전능하심과 신적 비밀의 지혜를 발견하게 된다. 여기서 우리는 모든 인간적인 판단을 내려놓아야 한다. 그리고 하나님의 치밀하신 계획을 샅샅이 살피는 지혜를 가져야 한다.

~ 다윗은 언약을 체결한 이후 스스로 영적인 자만에 빠진 것으로 보인다. 이렇게 교만은 인간을 부패시킨다. 지도자의 부패는 곧바로 백성들에게 전염된다. 그래서 하나님은 이스라엘에 대해 진노하셨다(1절). 하나님은 다윗과 백성의 영적인 잠과 태만함을 일깨우고자 다윗의 자만심을 자극하여 그가 인구조사를 하도록 허용하셨다. 그러나 다윗의 만족은 오래가지 못했다. 그는 갑자기 스스로 자책하고 하나님께 범죄 했다는 것을 깨닫는다(10절). 이에 하나님은 선지자 갓을 통해 다윗의 범죄에 대한 벌을 스스로 선택하여 받도록 하셨다. 그리하여 이스라엘 전역에 전염병(pestilence)이 발생하고 무려 7만 명이나 되는 백성들이 죽었다. 더욱 이 사건에서 우리를 놀라게 하는 장면은 16절에서 하나님이 이 재앙을 내리신 것을 후회하고 있다는 점이다. 그리하여 하나님은 재앙의 수준을 누그러뜨리셨다. 이에 다윗은 아라우나의 타작마당에 단(altar)을 쌓고 번제와 화목제를 드렸으며 그제야 하나님은 재앙을 멈추었다(25절). 이렇게 하나님은 진노 중에도 자비와 긍휼을 잊지 않으시는 은혜의 주님이시다. 그래서 우리는 죄악 가운데서 신음하지만 하나님의 큰 위로와 소망을 잃지 않을 수 있다.

"우리의 모든 환난 중에서 우리를 위로하사 우리로 하여금 하나님께 받는 위로로써 모든 환난 중에 있는 자들을 능히 위로하게 하시는 이시로다"(고후 1:4)

"그가 이같이 큰 사망에서 우리를 건지셨고 또 건지실 것이며 이후에도 건지시기를 그에게 바라노라"(고후 1:10)

〈열왕기 상 1~11장〉

내용 구성

1 솔로몬의 즉위(1:1~2:46)
① 왕위계승(1:1~53) ② 왕권강화(2:1~46)

2 치세와 성전건축(3:1~8:66)
① 지혜의 왕 솔로몬(3:1~28), ② 통치체제(4:1~34),
③ 성전과 궁전건축(5:1~8:66)

3 몰락(9:1~11:43)
① 다윗언약의 반복(9:1~9) ② 솔로몬의 언약파기(9:10~11:8)
③ 언약파기에 대한 징벌(11:9~40) ④ 솔로몬의 죽음(11:41~43)

본문해설

1) 아도니야의 모반(1:5~10)
~ 그의 모반은 주도면밀하게 준비되었다. 먼저 군사적으로 병거와 기병을 훈련시켰고 경호원 50명을 배치했으며(5절), 군대장관 요압과 제사장 아비아달을 거사의 핵심인물로 포섭했고(7절), 대관식 장소 등 거사 장소를 미리 예비했다(9절). 그러나 그의 반역 음모는 선지자 나단의 개입으로 실패로 돌아갔고 솔로몬이 왕위에 오르게 하는 결과를 낳았다. 그러나 그는 끝내 오만함을 버리지 못하고 재기를 노리다 죽임을 당하고 말았다(2:25). 이러한 모반은 이후 이스라엘 왕조가 이어지는 동안 왕위 찬탈을 꾀한 역모가 수없이 자행되는 기틀이 되었다(삼하 15:4~5, 왕상 15:27, 16:9, 왕하 12:20~21, 대하 24:25~26 등).

2) 제단 뿔을 잡다(1:50)
~ 출애굽시대부터 성소의 제단은 도피성과 함께 범죄자의 피신 장소로 인정되었다(출 21:12~14, 민 35:10). 그러나 성경에서 실제로 도피성이 이스라엘을 위해 구별된 때는 여호수아 때부터이다(수 20:1~21:42). 하지만 본문에서처럼 제단 뿔을 잡는 행위가 언제부터 시작된 규례인지는 알 수 없다.
~ 우리나라에서도 마한과 백제 시대에 '소도'라고 하는 제사 장소가 있어 범죄자들이 그곳으로 피할 경우 형벌에서 보호했다는 기록이 남아 있다.

3) 4인방의 처결(2:13~46)
~ 솔로몬은 다윗 왕의 유언에 따라 국적 4인방 즉, 아도니야와 아비아달, 요압과 시므이를 처벌했다. 이로써 솔로몬의 왕권은 더욱 견고해졌으며 내치를 완수하자 이후부터 전무후무한 이스라엘의 전성기가 시작된다.
~ 구속사적으로 볼 때 이 일은 하나님 나라의 점진적인 발전과 완성으로 향하는 그 과정을 상징한다고 볼 수 있다. 즉 사울로부터 시작된 이스라엘의 신정왕국이 다윗을 거쳐 솔로몬에게 이르러 보다 확대되고 이상적인 국가의 형태로 발전하였는데 이는 그리스도의 초림으로 이 세상에 임한 하나님의 나라도 계속 발전하고

성숙해져 가다가 그리스도의 재림을 통해 완성된다는 것을 의미한다. 그리고 솔로몬이 대적하는 4인방을 처결한 것처럼 재림의 날에 주님도 하나님 나라의 건설을 방해하는 무리를 모두 심판할 것이다.

4) 바로의 딸을 취하다(3:1)

~ 솔로몬은 즉위하자마자 외교 정책의 일환으로 강대국인 애굽의 바로(파라오)의 딸과 정략결혼을 했다. 당시 바로는 프수세네스 2세로 본다(Keil). 이 바로의 뒤를 이은 왕이 22대 왕조의 초대 왕인 세숑크인데 그가 바로 르호보암 5년에 예루살렘을 침공한 시삭(Shishak)이다.

~ 그러나 솔로몬이 바로의 딸을 아내로 취한 것은 이방인과의 통혼을 금지하신 하나님의 율법(신7:3)에 위배되는 것이며 이로 인해 솔로몬은 말년에 극도로 타락하게 되는 원인이 된다. 오늘날에도 성도는 불신자와 결혼하는 것을 시도하지 말아야 한다(고전 7:25~38)

"너희는 믿지 않는 자와 멍에를 메지 말라 의와 불법이 어찌 함께 하며 빛과 어둠이 어찌 사귀며, 그리스도와 벨리알이 어찌 조화되며 믿는 자와 믿지 않는 자가 어찌 상관하며, 하나님의 성전과 우상이 어찌 일치가 되리요. 우리는 살아계신 하나님의 성전이라 이와 같이 하나님께서 이르시되, 내가 그들 가운데 거하며 두루 행하여 나는 그들의 하나님이 되고 그들은 나의 백성이 되리라"(고후 6:14~16)

5) 솔로몬 내각과 행정(4:2~34)

~ 다윗의 내각과 비교할 때 솔로몬 내각에서는 시위대가 폐지되었고 관리장과 궁내 대신, 총리대신 등이 증설되었다. 결과적으로 내각은 7부에서 9부로 늘어났다. 솔로몬은 3부 장관(사관, 제사장, 감역관)의 연임을 제외하고 모든 부서에 새로운 인물을 등용하였다(단, 제사장은 아사리아와 아비아달 두 사람으로 소개되고 있는데 아사리아는 사독의 손자 아사랴와 동일 인물로 보며, 아비아달은 아도니야의 반역에 연루되어 비록 파면당하기는 했으나(2:26~27, 35) 솔로몬 치하에서 일시적이나마 제사장 직무를 수행한 것으로 보인다). 또 다윗의 내각에는 군대 장관이

가장 먼저 소개된 데 비해(삼하 8:16, 20:23) 솔로몬 내각에서는 제사장과 행정관의 이름이 서두에 기술되었다. 이것은 솔로몬 시대에는 군사력 중심의 대외정책이 외교적인 정책으로 전환되었음을 의미한다. 그만큼 솔로몬 시대의 평화를 나타낸다.

~ 한편 솔로몬 시대의 행정구역은 모두 12구역으로 설정되었고 각 구역마다 총책임자인 도백을 임명하고 또 세금 징수원인 관장을 두어 다스리게 하였다. 특히 중앙정부로부터 파송된 12장관 중 2명이 왕실과 혼인 관계를 맺고 있는 것은 그만큼 중앙집권적인 성격을 반영한다. 이러한 솔로몬의 지혜로운 통치로 인해 이스라엘은 외교, 경제, 국방뿐 아니라 인구의 증가(20절)와 영토의 확장(21절), 그리고 충성스러운 신하들(27~28절)과 하나님에 대한 신실한 경배 등으로 놀라운 번영을 구가하며 도래할 메시아 왕국에 대한 희망을 부풀게 하였다.

~ 이렇게 솔로몬 왕국이 번성하게 된 데에는 주변 정세와 환경의 영향도 크다. 당시 메소포타미아 지역은 암흑기를 맞아 이렇다 할 강대국이 없었고 남쪽의 애굽 역시 21왕조가 마감하던 시기였으며, 이웃 부족들 즉, 에돔, 모압, 소바, 다메섹 등을 속국으로 삼아 다스렸기에 솔로몬 왕국을 위협할 수 있는 요소가 사라진 것도 부흥의 밑거름이 되었다.

~ 한편 22절부터 소개되고 있는 생활상의 모습은 솔로몬 왕국의 번영을 수치로 계량한다는 점에서 의미가 있다.

① 밀가루 90석, 굵은 밀가루 60석(22절): 하루 식량을 나타내며 약 25,000 리터이다. 이로 미루어 솔로몬 왕궁에 상근하는 인구는 약 14,000명에 해당한다.

② 살진 소 20, 양 100, 수사슴, 노루, 암사슴, 살진 새들(23절): 육류를 말하는 것으로 가축소 300kg, 방목소 200kg, 양 35kg에 해당하고 이는 1인당 750g으로 배급되는 양으로 왕궁 사람들은 하루에 평균 1근이 넘는 고기를 섭취하였다고 보여진다.

6) 잠언 3천(4:32)

~ 구약 잠언은 919절로 이중 솔로몬의 저작은 773절이다. 이외 솔로몬은 노래 1005편, 아가와 시편 72편, 127편과 전도서 등을 저술했다.

7) 성전건축(5:1~8:66)

~ 네 장에 걸쳐 소개되는 성전건축 기사는 다음과 같이 구성된다.

① 준비과정에서 두로의 히람 왕의 조력을 받는다(5장)
② 건축 시작(6장)
③ 솔로몬 왕궁 건축(7:1-12)
④ 성전 기구 제작(7:13-51)
⑤ 낙성식(8장)

~ 성전건축 기사에 대해선 역대하 2~7장에서 다시 다루는데 여기서 좀 더 상세한 건축기사가 수록되었다. 성전을 건축함에 있어서 이방국의 도움을 받은 이유는 당시 중요한 자재인 백향목이 주로 레바논에서 생산되었고, 성전 기구들을 주조하는데 사용되었던 놋에 대한 일류 기술자들이 두로에 있었기 때문이다. 결국 성전은 이스라엘과 이방 민족의 합작품이 되었는데 이것은 성전의 주인이신 하나님께서 이스라엘뿐 아니라 이방인의 하나님도 되신다는 복음적 진리를 내포한다는 점에서 중요하다.

"하나님은 다만 유대인의 하나님이시냐 또한 이방인의 하나님은 아니시냐 진실로 이방인의 하나님도 되시느니라"(롬 3:29)

8) 솔로몬의 기도(8:22~50)

~ 기도의 모본으로 유명한 솔로몬의 봉헌기도는 찬양 및 일반적 간구(22~30절)의 부분과 7가지 특별 간구(31~50절)와 결론적 호소(51~53절)로 나누어진다. 특히 이 기도는 하나님의 존재 및 속성, 즉 하나님의 유일성(23절), 무한성, 편재성(27절), 언약에 신실하시고 살아계신 하나님(23절)에 관한 표현이 탁월한 것으로 평가된다.

~ 한편 31절부터 53절까지 소개된 특별 간구에는 주기도문과 마찬가지로 7가지의 간구가 내포되어 있다.

① 맹세자의 간구를 들어달라(31~32절)
② 전쟁에서 패배한 자의 죄를 사하시고 고국으로 무사히 돌아오게 해 달라(33~34절)
③ 회개한 자의 죄를 사하시고 축복해 달라(35~36절)

④ 재앙과 질병 중에 백성들의 회개를 들으시고 그 죄를 사해 달라(37~40절)

⑤ 이방인들이 회개하고 간구하는 것도 응답해 달라(41~43절)

⑥ 전쟁 중 군사들을 보호해 달라(44~45절)

⑦ 적국에서 포로 된 자들의 간구를 들으시고 응답해 달라(46~50절)

9) 하나님의 응답(9:1~9)
~ 솔로몬의 봉헌기도가 드려진 후 하나님이 다시 솔로몬에게 나타나시어 두 가지 축복을 선포하시는데 전반부(1~5절)에선 솔로몬 개인('너'라는 2인칭 단수)에게 내리는 응답이고 후반부(6~9절)는 백성 전체('너희'라는 2인칭 복수)를 향하여 주시는 축복의 응답이다. 하나님은 솔로몬에게 아비 다윗과 같이 하라고 조언하였고 백성들에게는 다른 신을 섬기지 말라고 경고하셨다.

10) 스바 여왕의 방문(10:1~13)
~ '스바'라는 이름은 함과 구스의 후손으로 처음 등장한다(창 10:7, 대상 1:9). 그러나 본문의 스바는 아브라함과 그두라의 손자들 가운데 한 사람으로(창25:3, 대상1:32) 아라비아 족속의 후손을 지칭한다. 이들은 남쪽 아라비아와 에디오피아 해안가에 거주하면서 동방이나 아프리카, 인도 등에서 나는 금, 유향, 사탕수수, 기타 향료나 잼 등의 상품을 거래하는 상인들로서 큰 부를 축적하였다(시 72:15, 렘 6:20, 겔 27:22, 38:12).

~ 스바의 여왕은 무려 2,000km에 달하는 먼 거리를 이동하며 부요한 솔로몬 왕국과 무역 관계를 확립하기 위해 일부러 방문한 것으로 보인다. 이를 위해 여왕은 여러 상품들을 선물로 가지고 왔는데 솔로몬은 그녀에게 자신의 부를 소개하며 자랑하는 오만함을 보였다.

~ 예수님은 이 사건을 재인용함으로서(마 12:42, 눅 11:31) 비록 스바 여왕이 이방인이었지만 하나님을 찾아 축복을 받았음을 상기하면서 완악한 유대인들에게 경종을 주었다.

11) 솔로몬의 타락(11:1~43)

~ 무한하신 하나님의 은총에도 불구하고 솔로몬도 말년에 이르러 극심한 타락의 길을 걸었다. 먼저 그는 이방족과의 결혼을 금하고 또 일부일처제를 명령하신 하나님의 결혼제도를 어기고 모압과 암몬과 에돔과 시돈과 헷 족속의 여인들을 사랑하였고(1절) 후궁을 700명, 첩을 300명(3절)씩이나 두는 만행을 저질렀고, 왕의 마음이 다윗의 마음과 같지 않고 하나님 앞에 온전하지 못하였으며(4절), 아스다롯과 밀곰(5절)과 그모스와 몰록(7절)과 같은 이방신들의 우상을 숭배하는 등 하나님의 명령을 듣지 아니하였다. 이에 하나님은 나라를 솔로몬의 아들의 손에서 빼앗아 그 신하에게 주고 한 지파만 유지할 것이라고 심판했다(12~13절). 이 예언대로 이스라엘은 솔로몬의 아들 르호보암 시대에 솔로몬의 신하였던 여로보암이 반역하여 나라가 둘로 나누어지게 되었다.

〈역대기 상〉

내용 구성

1. 다윗왕조의 계보(1:1~9:44)

① 아담에서 아브라함까지의 족보(1:1~27) ② 아브라함에서 야곱까지(1:28~54), ③ 야곱에서 다윗까지(2:1~55) ④ 다윗에서 포로기까지(3:1~24), ⑤ 12지파 족보(4:1~8:40) ⑥ 남은 자 족보(9:1~34) ⑦ 사울의 족보(9:35~44)

2. 다윗의 통치(10:1~29:30)

① 다윗의 즉위(10:1~12:40) ② 언약궤 이전(13:1~17:27) ③ 전쟁(18:1~20:8) ④ 성전 건축준비(21:1~27:34)

본문해설

1) 다윗족보(1~9장)

(족보에 관한 내용은 창조시대(3-4. 족보이야기)를 참조하면 된다.)

다윗의 족보는 다음과 같이 구성되어 있다.

① 10대 조상(1~4절): 아담~ 노아까지/창5:1~32
② 야벳과 함과 셈의 후손들(1:5~23)
③ 10대 족장들(1:24~27): 셈~ 아브라함까지
④ 아브라함의 후손들(1:28~54): 이스마엘(29~31), 그두라의 자손들(32~33), 에서의 후손들(35~54)
⑤ 야곱에서 다윗까지(2:1~55): 갈렙의 족보가 삽입(2:42~55). 이 후손들의 이름이 팔레스틴 지역명과 결부되었다.
⑥ 다윗에서 포로기까지(3:1~24): BC 1,000년경인 다윗의 때로부터 BC 400년경의 스룹바벨의 손자 때까지의 계보를 소개한다. 특히 분열 왕국의 왕들 명단에는 남 유다왕국의 왕들만 소개되었다(10~16절). 이는 다윗 왕조의 정통성을 강조하기 위함이었다.
⑦ 12지파 족보(4:1~8:40): 유다 지파(4:1~23), 시므온 지파(4:24~43), 르우벤 지파(5:1~10), 갓 지파(5:11~17), 므낫세 반 지파(5:23~24), 레위 지파(6:1~81), 잇사갈 지파(7:1~5), 베냐민 지파(7:6~12), 납달리 지파(7:13), 므낫세 반 지파(7:14~19), 에브라임 지파(7:20~29), 아셀 지파(7:30~40)
⑧ 베냐민 지파 중 에훗의 후손들(8:1~28): 에훗은 모압 왕 에글론의 억압에서 이스라엘을 구출한 왼손잡이 사사이다(삿3:15)
⑨ 사울의 족보와 요나단의 족보(8:28~40)
⑩ 포로 귀환 후(9:1~9): 왕정과 포로시대를 거치면서 지파 간의 구분이 무의미하게 되었다. 포로 귀환 후 예루살렘에는 유다와 베냐민 지파 외에 에브라임과 므낫세 자손들이 함께 거주하게 되었다(9:3).

~ 특이한 사항은 역대기 족보에 단 지파가 제외되었다는 것이다. 야곱은 아들 단에게 행한 축복에서 "독사로 말의 발굽을 물 것"(창49:16~17)이라고 예언하여 단 지파가 어려움에 처할 것을 미리 고지했고, 실제로 단 지파는 팔레스타인의 최북단 모서리 지역을 할당받았다. 그러나 단 지파는 블레셋의 침공으로 세력이 약화되었고 산지를 피해 타지역으로 거주지를 옮김으로써 이스라엘 공동체로부터 멀어져 갔다. 성막을 제조한 오홀리압(출 31:6)과 사사 삼손(삿 13~16장)이 단 지파

출신이다. 그러나 이 지파는 144,000명의 하나님의 종들에 대한 사도 요한의 계시록에도 누락되어 있다(계7:4~8).

2) 사울의 죽은 것(10:13~14)
~ 사울의 죽음은 하나님께 범죄했기 때문인데 여기서 성경 기자는 세 가지 범죄를 거론한다.
① 첫째, 하나님의 말씀을 지키지 않은 것이다. 이것은 율법에 따라 오직 제사장에 의해 집행되어야 할 제사를 제사장이 아닌 사울이 직접 행하였고(삼상 13:9), 또 아말렉을 진멸하라는 하나님의 명령을 어기고 전리품을 챙긴 죄(15:15, 21)를 범함으로 하나님의 버림을 받았다.
② 둘째, 신접한 자에게 가르치기를 청하였다. 선지자 사무엘의 사후에 그동안 제의의 중심지였던 실로의 기능이 쇠퇴하자 이스라엘은 제각기 제의를 거행하는 등 심각한 영적 혼란기를 맞았다. 이로 말미암아 백성들 사이에서 무분별한 무술 행위가 성행해졌고 이에 점술가와 무당들이 득세했다. 처음에 사울은 이스라엘 내의 박수와 무당들을 추방했지만(삼상 28:3) 하나님으로부터 버림을 받은 이후로 자신이 무당을 찾고 그에게 미래의 일을 묻는 등 악행을 자행했다.
③ 셋째, 여호와께 묻지 않았다. 범죄로 인해 성령이 떠나자 사울은 더이상 하나님을 의지하지 않고 자신의 의지와 지혜를 가지고 살았다. 이에 하나님은 사울을 죽음으로 내몰았다.

3) 내 백성 이스라엘의 목자(11:2)
~ 역대기 저자는 다윗을 진정한 이스라엘의 목자이며 주권자이신 여호와의 대리자로 소개한다. 이러한 입장은 다윗이야말로 진짜 메시아이신 예수님을 예표하는 인물임을 부각시키는 것이다. 실제로 예수님은 자신을 일러 '목자'라고 지칭함으로서 이 예언을 성취하셨다.

"나는 선한 목자라 선한 목자는 양들을 위하여 목숨을 버리거니와"(요 10:11)

> ### <참고> 메시야 사상의 발전
>
> '기름 부음을 받은 자'라는 뜻의 메시아사상은 성경 상에서 '여자의 후손'(창3:15)이라는 언급에서 출현하였다가 이후 아브라함의 씨(창22:18)와 야곱의 후손(민24:17) 등으로 그 족적을 남기다가 다윗 왕과 더불어 언약을 맺으면서 이 다윗의 계보를 통해 메시야가 실제로 이 땅에 오실 것을 예고하셨다. 이러한 왕직의 계승에 따른 메시아 사상은 이후 여러 예언서들 속에서 왕직과 제사장직과 선지자직 등으로 더욱 심화되고 새로워진 모습으로 계시되고 예언되었다. 즉 사7:10의 '임마누엘 예언', 사9:6의 '기묘자. 모사, 전능하신 하나님, 평강의 왕', 렘23:5~6의 '의로운 가지', 겔34:23~4, 37:22의 '목자, 단7:13의 '인자' 등이 그것이다. 특히 고난받는 종으로서의 메시아에 대한 언급은 사53:1~9가 대표적이다. 특히 이스라엘이 이방 민족에 의해 박해받거나 열강의 억압적 환경 가운데서 신음할 때 메시아 대망 사상이 고조되었고 이때 백성들이 바라는 메시아는 하나의 초월적인 존재로서 이방족에 대한 강력한 심판과 영원한 승리를 염원하는 주체자였다.
> ~ 드디어 메시아는 예수 그리스도로 이 땅에 오셨다. 신약성경은 이 메시아를 '인자'(눅5:24), '하나님의 아들'(요3:16,, 10:36), '만물의 통치자요 교회의 머리'(롬8:34, 골2:10), '구주'(행5:31, 요일4:14) 등으로 불렀다.

4) 다윗의 용사들(11:10~12:40)

~ 먼저 11장 10~19절에서 가장 용감했던 3인의 무용담을 싣고 있다. 그들은 야소보암, 엘르아살, 삼마이다. 그중 삼마는 여기에 기록되지 않고 삼하 23:11에 기록된 인물이다. 이들은 다윗의 군대 30인 지휘관 중 목숨을 걸고 다윗에게 충성한 대표적인 인물들이다. 한편 이러한 부하들의 충성심에 대해 다윗의 반응도 우리를 감동케 한다. 그는 군림만 하는 왕이 아니라 하나님의 일군이라는 위치에서 부하들과 동거동락하는 인간미 넘치는 왕으로 소개된다.

~ 다음 20절부터 다윗의 친척이면서 최측근 3인을 소개한다. 먼저 다윗의 누이 스루야의 아들인 아비새는 앞선 3인의 지휘관이며. 대제사장 여호야다의 아들인

브나야는 다윗의 경호대장이자 이스라엘 12군단 중 제3 군단장이었다. 그는 모압의 두 장수를 죽였고, 함정에 빠진 사자를 죽였으며, 막대기 하나로 창을 가진 애굽인 두 사람을 죽인 용사였다(삼하 23:20~21). 그는 압살롬의 반역 때, 또 아도니야가 반역을 꾀할 때에도 다윗에게만 충성했다. 이에 솔로몬은 그를 총사령관으로 삼았다(왕상 2:35). 다음으로 이곳에는 누락되었지만 다윗 군대의 총사령관으로 요압이 있다(삼하2:13, 18, 14:1~20). 그러나 그는 아도니야의 반란에 가담함으로써(왕상2:28~34) 솔로몬왕 때 브나야에 의해 죽임을 당했다(왕상 2:25, 29~34).

~ 다음 26절부터 47절까지는 기타 용사 46인과 그 부하들을 소개하고 있다.

~ 12장 1~40절에는 다윗을 왕으로 옹립하기 위해 충성한 용사들에 대한 기록이 이어진다. 이들은 사울 생전에 다윗에게 왔던 부하들(1~22절)과 사울 사후에 다윗 수하로 왔던 부하들(23~40절)로 대별된다. 그런데 성경은 이들의 특징을 세 가지로 기술한다. 첫째, 이들 모두 성령의 감동을 받았고(18절) 둘째, 하나님께 순종한 자들이었으며(32절) 셋째, 표리부동한 자들이 아니라 의리를 지킨 충성된 종들이었다(33절)는 점이다.

~ 한편 다윗은 이들과 더불어 축제의 한 마당을 즐긴다(38~40). 이는 예수 그리스도 안에서 완성된 하나님의 나라의 영광과 희락을 예표하는 장면으로 우리에게 큰 감동을 선사한다.

5) 법궤의 이동과 웃사의 급사(13:9-14)

~ 하나님은 법궤의 임시 거처인 오벧에돔의 집을 크게 축복하셨다. 이에 이스라엘의 법궤에 대한 기대감도 높아졌고 그런 조급한 마음들이 법궤를 이송하는 일에 대한 하나님의 법을 망각하는 결과를 낳았고(삼하 6:1~11), 결국 수레에서 떨어지려는 법궤를 손으로 만진 웃사를 죽게 만들었다. 그 결과 다윗과 이스라엘은 큰 충격을 받았다. 그러나 이 일은 승리의 기쁨에 도취한 이스라엘 백성들 전체에게 하나의 큰 경종을 던졌다. 이를 계기로 왕과 백성들은 다시 한번 자신을 성찰하고 하나님의 말씀의 존엄성을 가슴 깊이 새기게 되었다. 이렇게 하나님은 성도들의 안일함과 나태함, 그리고 불경건함을 늘 깨우치기 위해 모든 은혜의 방편을 다 활용하시는 분이시다.

6) 다윗 궁궐(14:1)

~ 세상 권력자들과는 달리 다윗은 자신의 권력과 국력을 과시하기 위해 궁궐을 건축한 것이 아니라 하나님의 은혜와 축복으로 건축을 했다. 특별히 이 일에 두로 왕의 협조가 기록되었는데 당시 두로는 활발한 무역으로 지중해 상권을 독차지할 만큼 부유한 국가로서 발달한 건축술을 보유한 나라였다. 다윗은 빼어난 외교술로 두로의 건축술을 자신의 궁궐건축에 이용했다.

7) 블레셋의 침공(14:8~17)

~ 다윗왕국의 번성은 곧 이웃 블레셋의 쇠퇴를 의미한다. 블레셋은 다윗왕국의 번성을 견제하기 위해 이제 막 기초를 쌓아 다지고 있는 이스라엘을 침공했다. 이들의 전략은 우선 다윗 권력을 북이스라엘 지파들과 분리하는 것이었다. 그래서 이들은 예루살렘 근처의 르바임(거인의 골짜기)으로 쳐들어와 기습공격을 자행했다. 기습을 받은 다윗은 일순간 당황했지만 먼저 그는 하나님께 구원의 기도를 드렸다(10절). 이에 하나님은 승리를 약속하셨고 다윗은 기브온에서 게셀까지 이르러(16절) 블레셋 군대를 격퇴했다. 이 전쟁으로 다윗의 명성이 열국에 자자하게 되었다(17절).

8) 다윗의 기도와 소망에 대한 하나님의 응답(17:1~27)

~ 왕궁을 건축한 다윗은 마음으로는 하나님의 성전을 건축하지 못한 것에 대한 송구함이 있었다(1절). 이에 나단 선지자는 다윗에게 마음에 소원하는 바를 하나님에게 아뢰라고 조언했다(2절). 이에 하나님은 나단을 통해 다윗에게 두 가지 약속을 하셨다. 하나는 다윗왕가의 영원한 보장에 대한 약속이었고 다른 하나는 다윗의 아들에게 성전건축을 허락하신 것이었다. 하나님의 응답을 들은 다윗은 즉시 감사의 기도를 드린다. 특히 다윗은 자신을 '주의 종'으로 표현하는데 히브리어 '에벳'은 주인에게 성품 취급당하듯이 무시되는 매우 보잘것없는 노예를 뜻한다. 이러한 신분은 영적 이스라엘 백성인 모든 그리스도인들 위해 이 땅에 오신 예수 그리스도의 비천한 신분을 예표한다.

9) 다윗의 인구조사(21:1~8)
~ 다윗의 인구 조사가 하나님 앞에 범죄인 까닭은 첫째, 일반백성의 수효가 아니라 자신의 군사력(칼을 뺄만한 자가 110만)을 자랑하기 위한 동기가 깔려 있었다는 것이고 둘째, 이스라엘 승리의 근원이 하나님에게 있다는 사실을 망각한 배은망덕한 처사이며 셋째, 주변국들의 침공을 지나치게 염려한 나머지 조급하게 인간적인 대처방식을 강구했다는 점이다.
~ 그런데 성경은 하나님이 다윗의 마음을 움직여 이스라엘 백성을 계수(삼하 24:1)한 것이 아니라 사단이 다윗의 마음을 격동케 하여 행한 책략임을 밝히고 있다. 우리는 언제든지 "선 줄로 생각하는 자는 넘어질까 조심해야 한다"(고전 10:12)는 교훈을 망각해서는 안 된다.

10) 오르난의 타작마당(22:18~30)
~ 여호와의 단을 쌓은 오르난의 타작마당은 정차 들어설 장소로서 큰 의의를 지니고 있으며 이제 성경은 22장 이후부터 성전과 그 봉사 직무 등에 관해 본격적인 관심을 나타냄으로서 이스라엘로 하여금 성전신앙의 중요성을 피력한다.
~ 다윗은 왕에게 값없이 헌납하겠다는 오르난의 제안을 거절하고 합당한 값을 치루고 부지를 매입했다. 1세겔은 일반 노동자의 4일 품삯에 해당하는데 600세겔이면 2,400일 품삯으로 매우 큰 금액이다(오늘날 1일 품삯을 10만원으로 치면 약 2억 4천만 원에 해당한다). 다윗은 부지를 매입한 이후 즉시 그곳에 단을 쌓고 여호와께 번제와 화목제를 드렸다. 그러자 하나님은 번제단에 불을 내려 자신의 존재를 알리고 다윗의 제사를 열납하셨다는 것을 증명하셨다. 한편 기브온에는 모세시대에 지은 제단이 있어 계속해서 이곳에서도 제사를 드렸는데 다윗이 예루살렘에 다시 번제단을 쌓음으로 이스라엘은 이제 두 곳에서 번제를 드리게 되었다. 그러나 이후 기브온산당에서 드리는 제사는 하나님에 의해 금지되었다.

11) 평강의 사람(22:9)
~ 하나님은 다윗에게서 난 한 아들, 즉 솔로몬을 지목하며 그를 '평강의 사람'이라 칭했다. 이는 다윗의 사명이 사울에 의해 망가진 나라의 기틀을 굳건히 하며 모든

대적들로부터의 위협적인 요소들을 다 제거하여 이스라엘을 회복하는 일이었다면, 회복된 땅을 지혜롭게 통치하여 백성들에게 하나님 나라의 진정한 평강을 선물하는 일은 솔로몬에게 주어진 사명이었다. 그러므로 이 땅의 모든 그리스도인들은 이 땅에서 하나님 나라의 지경을 넓히고 굳건히 하는 일에 전심전력을 다 기울여야 함과 동시에 이미 건설된 하나님 나라의 평강을 더불어 누릴 줄 알아야 한다.

12) 레위인 직무의 체계화(23:1~26:32)

~ 원래 레위 지파는 하나님의 율법을 맡아 성막 봉사 등으로 백성들의 신앙을 돌보는 자들로 임명되었다(민 18:4, 신 10:8). 그러나 사사시대 동안에는 레위인들의 역할이나 활동이 극히 미미했으며 사무엘 시대에 들어서 조금씩 레위인들의 직무가 부각되었다가 다윗 시대에 이르러 비로소 그 직무의 중요성이 자리를 잡으며 체계화를 이루게 되었다. 다윗은 레위인들을 24 반차로 조직하고 각 사람이 1년에 두 달씩 성전봉사를 담당하도록 조치했다. 남은 기간에는 율법연구에 전념토록 했다.

~ 이렇게 직무의 체계화를 이룬 배경에는 레위인들의 급격한 증가에도 원인을 찾을 수 있다. 모세시대에는 그 수가 8,580명이었으나 다윗시대엔 무려 38,000명으로 증가하였다. 여기엔 자연 인구수가 증가한 것도 있지만 다윗이 30세부터 성전에서 봉사를 한다는 규정(민 4:3)을 개정하고 그 하한선을 20세로 낮춘 것도 요인이 되었다.

~ 체계화된 레위인의 직무는 다음과 같다.

　① 제사를 집전하는 제사장 직무
　② 찬송을 담당하는 성가대 직무
　③ 성전을 지키는 수비 직무
　④ 각 지방의 행정 및 종교적 직무
　⑤ 기타 일상생활에서의 백성들의 도우미 역할 등

13) 성전 외무(27:1~34)

~ 무려 네 장(23~26장)에 걸쳐 성전봉사 직무에 대해 기술한 다음 이제 성경은 시야를 성전 외적 직무, 곧 국방과 지방행정 및 치안에 관한 직무를 기술한다. 먼저

1~15절에서는 다윗 군대의 조직을 기술하는데 특히 하맛 어귀로부터 엘랏에 이르는 국경수비대를 단지 24,000명의 병력에 맡겼는데 이는 '이스라엘을 지키시는 이는 하나님'이라는 다윗의 굳센 신앙에 기초한다. 또 다윗은 12 순번제를 도입하여 백성들이 연간 한 달씩만 국방 일에 근무케 하여 각자의 생업에 지장이 없도록 충실히 배려를 하고 있다. 다음 16~24절까지는 지방행정 체제를 언급하고, 또 25~31절에서는 다윗 왕의 사유재산 관리자들의 명단이 기술된다. 이는 왕실의 재정을 관리하는 일이 곧 국가의 주요한 재정 관리의 하나님을 명시한다.

14) 다윗 통치의 결산(28:1~29:30)

~ 본문은 역대 상을 마무리하는 기사로서 다윗 통치 40년을 총 결산하고 있다. 그 내용은 다음과 같다.

① 다윗의 관심이 성전건축에 집중되었다는 것으로 정리한다. 다윗은 이미 솔로몬과 여러 방백들에게 성전건축의 준비를 철저히 하도록 조치했으며(22:6~9), 성전의 직무 등을 체계화하는 등 만반의 준비를 다했다.

② 다윗을 통해 진정한 '목자상'을 제시하고 있다. 이스라엘의 목자는 먼저 하나님의 주권에 철저히 복종하는 것을 기초로 백성들을 섬기는 주의 종으로 묘사된다. 특히 이스라엘 전회중에 대한 다윗의 사랑과 염려가 집중 조명되고 있다(28:11~12).

③ 자신에게 맡겨진 사역에 충성한 하나님의 일꾼으로서의 다윗이 부각된다. 그는 몇몇 심각한 범죄와 실책에도 불구하고 자신의 잘못을 인정하고 회개하여 하나님의 사랑의 용서와 은혜를 받은 인물이며 끝까지 자신에게 주어진 사명을 잊지 않고 완수한 모범된 신앙인으로 우리 앞에 세워진 하나님의 참된 일꾼임이 틀림없다.

④ 마지막으로 이 결론을 통해 우리는 역대기 기자의 의도를 읽을 수 있다. 즉 역대기 기자는 초기 왕의 계승 문제 등 복잡한 사건 등을 외면하고 다윗왕가만 부각하고 있는데 이것은 다윗 왕가만이 하나님 나라의 정통성을 가진 적통 계보임을 강조하고자 함이다.

〈역대기 하 1-9장〉

내용 구성

1. 솔로몬의 등극(1:1~17)
① 번제(1:1~6) ② 지혜(1:7~12) ③ 부귀영화(1:13~17)

2. 성전 완성(2:1~7:22)
① 건축 준비(2:1~18) ② 준공(3:1~5:1) ③ 봉헌(5:2~7:22)

3. 솔로몬 왕국의 영광(8:1~9:28)
① 영토 확장(8:1~6) ② 속국들(8:7~10) ③ 제사규례(8:11~16)
④ 대외활동(8:17~18) ⑤ 스바 여왕(9:1~12) ⑥ 부귀영화(9:13~28) ⑦ 죽음(9:29~31)

본문 해설

1) 솔로몬의 등극(1:1~17)
~ 솔로몬이 아버지 다윗에 이어 왕위에 오르면서 특별히 세 가지 점이 강조되고 있다.
① 왕으로서 치리를 시작하기 전에 먼저 기브온산당에서 번제를 드렸는데(1-6절) 이는 정치보다 여호와 신앙이 더 우선시 된다는 솔로몬 신앙의 일면을 보여준다.
② 통치 수단으로 신적인 지혜를 구했는데(7-13절) 솔로몬은 이스라엘 백성이 여호와께 속했다는 것과 하나님이 친히 이스라엘을 다스린다는 신적 통치를 공표한 것이다.
③ 그 결과 솔로몬은 하나님의 은혜를 받아 부귀영화를 누렸다(14~17절)는 사실을 부각하고 있는데 세 가지 측면, 즉 군사적 강성(14절)과 경제적 번성(15절), 그리고 상업적 융성(16-17절)을 상술하고 있다.

2) 성전건축 준비(2:1~18)
~ 본 장은 부왕 다윗이 전해준 성전 건축양식에 따라 솔로몬이 본격적인 준비를 하고 있는 모습을 그리고 있다. 하나님은 다윗에게 다윗 왕조의 영원성과 번영을 확증하기 위해 성전건축을 허락하시겠다고 약속하셨는데(대상 17:11~12), 솔로몬은 왕위에 오르자마자 그 뜻을 이어받아 건축준비에 박차를 가했다. 이 부분에서는 솔로몬의 성전관이 잘 나타나 있는데 그가 이해한 하나님의 전은 첫째, 이방 신전과 엄격히 구별된 것이며(4절) 둘째, 오직 성전은 예배의 장소로만 사용되어야 했으며(4, 6절) 셋째, 비록 성전이라고 해도 하나님의 무소부재하심을 제한할 수 없다는 것을 분명히 인식하고 고백하고 있다(6절). 특히 성전건축에 있어서 이방인이 동원되었다는 것은 신약시대의 복음의 확장이 우주적이고 보편적인 것임을 예표하는 것이다.

3) 솔로몬의 성전건축 및 봉헌식(3:1~7:22)
① 모리아 산(3:1): 하나님이 아브라함에게 아들 이삭을 번제로 바치라고 한 산으로 브엘세바로부터 3일 거리에 위치했다(창 22:2~4). 전통적으로 유대인들은 이

곳을 예루살렘과 동일하게 생각하지만 사마리아인들은 이 산을 그리심 산으로 본다. 그러나 대하 3:1에선 예루살렘 성전이 건축된 곳으로 분명히 기록하고 있는 것으로 보아 모리아 산이 곧 예루살렘임이 틀림없다. 한편 이곳은 오르난의 타작마당(혹은 아라우나의 타작마당)으로 소개되기도 했다(삼하 24:16~25).

② 왕위에 나간 지 4년(3:2): 다윗왕이 BC 1010~970까지 40년 동안 왕위에 있었으므로 솔로몬의 재위 4년은 BC 967년이다.

③ 지성소 안(3:10~14): 두 그룹 형상과 문장이 새겨졌다. 그룹은 감람목으로 만들어졌고(왕상 6:24이하) 길이는 지성소의 절반인 10 규빗이었다. 문장은 두 개의 휘장을 지칭하는데 하나는 성막 입구에, 하나는 성소와 지성소를 구분하는 곳(출 26:31~35)에 설치했다. 지성소 휘장 안으로는 대제사장만이 1년에 한 번 들어가는 것이 허용되었다(히 9:6~9).

④ 성전 기구들(4:1~5): 성전 기구들은 가장 값진 재료들을 가지고 최고의 기술과 수고로 만들어진 것으로 이는 성전 된 성도의 삶이 하나님 보시기에 금보다 더 귀한 믿음이어야 하고 봇보다 더 강한 열심히 뒤따라야 함을 의미한다(벧전 1:7)

⑤ 완공(5:1): 성전건축은 주전 966년에 시작하여 약 7년의 소요기간(8:1)을 거친 뒤 BC 959년 7월에 완공하였다.

⑥ 언약궤 안치식(5:2~14): 언약궤는 하나님의 임재를 상징하는 물건으로 성전 기구 중 가장 존귀하고 경외의 대상으로(출 25:22) 성전의 핵심이었다. 이에 솔로몬은 성전을 완공한 즉시 언약궤를 지성소 안으로 안치하기 위해 전 이스라엘의 족장들을 다 소집하고(2절) 안치식을 거행했다. 언약궤는 하나님의 규례대로 레위인들이 어깨에 메었고(4절), 왕과 백성들은 양과 소로 제사를 드렸으며(6절), 이어 궤를 지성소 그룹의 날개 아래로 안치했으며(7절), 찬양단의 찬송이 올려졌다(12~13절). 이에 여호와의 전에 구름이 가득하고 여호와의 영광이 가득했다(13~14절). 특히 여기서 우리는 노래와 악기들이 하나님을 찬양하고 경배하는 도구로 사용되고 있음을 알 수 있는데, 구약시대에서 노래는 송별식(창 31:27)이나 잔치(사 5:12), 왕의 즉위식(왕상 1:39~40), 성벽 낙성식(느 12:27, 47), 언약궤를 옮길 때(대상 13:6~8) 등에 불렀다. 이렇게 성도들의 삶에는 늘 새 노래가 흘러넘쳐야 한다(계 14:3).

⑦ 솔로몬의 축복과 기도(6:1~42): 성전을 완공한 후에 솔로몬이 백성들을 축복하고 기도하는 장면이다. 내용은 먼저 지금까지 이스라엘 백성을 구하시고 이끄신 하나님의 역사와 성전건축의 과정을 간단히 서술하고 백성을 축복한 다음(1~11절), 하나님께 기도를 올리고 있다(12~42). 이 기도는 크게 왕권을 위한 기도(14~17절)와 제사장적 중보의 기도(18~42절)로 나누어진다.

⑧ 하나님의 응답(7:1~22): 7장은 크게 기도에 대한 응답의 불과 낙성식(1~7절), 절기 준수의 문제(8~11절), 그리고 응답과 언약(12~18절)으로 구성되어 있다. 그런데 동일한 기사인 왕상 8장에는 불이 내려와서 번제물을 태웠다는 기사는 없지만 여기선 하나님이 봉헌 제물을 열납하셨다는 것을 기록으로 남기고 있다. 한편 성전 낙성식에는 수많은 제물(소 2만 2천 마리, 양 12만 마리)이 드려졌고(5. 7절), 모든 제사장들이 다 동원되어 직분대로 봉사했으며(6절), 전 지역(하맛 어귀부터 애굽 하수까지)에 거주하는 이스라엘 백성(8절)이 다 한자리에 모여 7일 동안 낙성식을 거행했다(9절). 이에 하나님은 밤에 솔로몬에게 나타나 응답하셨다(12절).

4) 솔로몬의 지혜로운 통치(8:1~18)

① 대외사업: 각 성읍을 정복하여 영토에 편입하고(2~6절), 무역사업을 확대하여 나라의 경제를 번성케 했다(17~18절).

② 대내사업: 이스라엘의 3대 절기(무교절, 칠칠절, 초막절)을 준수하고(12~13절), 성직자를 임명했으며(14~15절), 이방인을 역군으로 삼아 노동문제를 정비했다(7~10절).

> **<참고>**
> 무교절: 아빕월(1월/태양력 3~4월) 15일부터 7일간 드리며 출애굽 사건을 기념하는 절기로서 그 전날(14일)이 유월절이다(출 12:1~18, 13:3~10).
> 칠칠절: 곡식에 낫을 대는 첫날부터 7주간 내내 계속되는 절기(레 23:15~22). 후기 유대주의에서는 시내산에서 율법을 받은 것을 기념하는 날로 바뀌었고, 신약시대에선 초대교회가 태동된 날로서 오순절이라 부르기도 한다.
> 초막절: 티스리월(7월/태양력 10월 경) 15일부터 7일간 지키는 절기로 광야에서의 삶을 잊지 말자는 뜻에서 일명 장막절이라고도 한다(레 23:3~43).

5) 솔로몬시대의 종합정리(9:1~31)

~ 이 부분은 내용상으로는 왕상 10~11장을 요약하고 있다. 그러나 여기선 솔로몬 왕의 통치에 있어서 부정적인 기록은 삭제하고 있는 것이 특징이다. 이것은 열왕기와 역대기 기자의 사관의 차이에서 비롯된 것으로 역대기 기자는 오직 솔로몬 왕조가 장차 도래할 메시아 왕국의 예표임을 증명하는 것에 목적을 두고 기술하였다.
~ 한편 9장은 크게 스바 여왕의 방문기사(1~12절)와 솔로몬 왕조의 부귀와 영화(13~28절), 그리고 솔로몬 왕의 죽음(29~31절)을 보도하고 있다.

> 파란만장한 삶을 살았던 솔로몬 왕이 죽음으로서 이스라엘은 새로운 국면을 맞이하게 된다. 역사는 솔로몬의 통치까지를 통일왕정시대라 칭하고 이후 르호보암 때에 나라가 남북으로 분열되는데 이 시대를 남북국시대 혹은 분열왕국시대라고 칭한다. 이스라엘 역사에서 가장 불행하고 혼란스러웠던 시대가 막을 올리게 되는 것이다.

통일왕정시대에 계시된 다른 성경들 〈시편〉

1. 배경 설명

 찬양이란 무엇인가? 기도란 무엇인가? 무엇을 찬양해야 하고 무엇을 기도해야 하는가? 이것은 모든 신자들의 공통된 물음이다. 왜냐면 기도와 찬양은 신앙인으로서 기본적인 일이기 때문이다.

 시편은 하나님의 선민이 된 이스라엘 백성이 하나님께 드린 150편의 찬양과 기도문을 다섯 권으로 묶어 둔 책이다. 이 중 저자가 있는 것으로는 다윗 왕이 73편, 아삽이 12편, 고라 자손 11편, 솔로몬 왕 2편, 헤만과 에단의 것이 각 1편씩이다. 나머지 50편은 작자 미상이다.

 시편은 내용과 형식에 따라 학자들마다 여러 가지로 분류하지만 크게 찬양과 감사와, 탄식과 간구의 시와 기도문으로 나누는 것이 일반적이다. 시편은 영혼의 노래이며 주님의 영광을 높이는 감격과 눈물의 찬양 시다. 시편은 성도들의 영적 성장을 돕는 비타민이다.

2. 내용 구성

1) 내용구성과 책의 흐름
~ 교부들 중에서 닛사의 그레고리우스는 시편의 다섯 권이 마치 다섯 계단처럼 도덕적인 완전함을 향해 올라가도록 이끌어준다고 설명한 바 있다. 유명한 성경 주석가인 카일 델리취도 전체 시편에는 '하나의 질서정연한 생각이 각인되어 있다'

고 본다. 그에 의하면 대체로 오래된 시편은 1권에 담겼고 주로 중기의 찬송들은 2, 3권에서 볼 수 있고 매우 후대의 차송들은 4, 5권에 배치되어 있다고 보았다.

2) 팔머 로벗슨 박사의 견해[1]

~ 그는 전체적인 시편의 흐름은 다음의 주제를 가지고 구성되어 있다고 해설했다. 즉 1권에는 이스라엘 왕정시대에 그 나라의 메시아적인 왕이 의와 평화의 나라를 세우기 위해 악의 정권과 대결하는 과정을 노래한 시편들로 구성되었고, 2권에는 이방 민족과 화해를 위한 대화와 교류의 시도가 담긴 노래들이 분포되었으며(특히 2권에서는 이스라엘 백성들이 이방 민족을 의식한 듯 하나님을 '야웨'라 부르지 않고 이방 민족들이 호칭하는 '엘로힘'으로 부르고 있는 점이 특이하다), 3권에서는 그런 노력에도 불구하고 이스라엘은 이방 나라에 의해 철저히 부서지고 깨어져 완전히 소망을 잃어버릴 만큼 황폐화된 것을 비통한 심정으로 노래하고 있으며, 4권에서는 이러한 핍박과 고난의 과정을 겪은 이스라엘이 더욱 영적으로는 성숙해진 것을 찬양하고(이 부분에서 승리를 찬양하기 위해 '여호와는 왕이시다'라는 뜻의 '야웨 말락'이라는 구호가 반복적으로 사용된다), 5권에서는 토라 시편과 메시아 시편의 조합과 함께 성전으로 올라가면서 하나님을 찬양하는 할렐루야 시편들이 주종을 이루면서 대단원의 막을 내린다는 것이다.

| 1권(1-41편): 대결 | 2권(42-72편): 교류 | 3권(73-89편): 황폐화 |

| 4권(90-106편): 성숙 | 5권(107-150편): 완성 |

---

[1] 웨스트민스터 신학교에서 교수 생활을 은퇴한 후 현재 우간다 선교사로 파송되어 바이블스쿨을 설립하고 총장 직으로 봉직하고 있다.

3. 주요 내용

3-1. 책 제목 및 기록연대와 저자들

~ 책 제목은 히브리어로 '세페르 테헬림'으로 '찬양의 책'이란 뜻이다. 가장 빠른 시기의 시편은 모세의 저작으로 알려진 90편으로 주전 15세기에 해당한다. 이후 늦게는 주전 5세기경 에스라 시대에 이른다. 저자는 다윗(약 75편), 아삽, 고라 자손, 솔로몬, 모세, 헤만 등이다

3-2. 시편과 찬송

시편은 처음부터 문자로 기록된 시만이 아니라 각종 신앙행사에서 부르기 위해 만들어진 찬양곡들로 입에서 입으로 전해져 내려온 구전 노래들로 널리 알려 있다. 이 노래들은 반주 없이 목소리로만 부르기도 했고 히브리 민속 악기에 맞추어 부르기도 했으며 대규모 찬양단의 곡조로 만들어지기도 했다. 특히 유목민들은 한밤중에 텐트 안에서 나지막이 시편들을 즐겨 불렀다고 한다. 지금도 구전된 노랫가락들이 회교 사원 등에서 불려지고 있다.

찬송은 AD 633년에 열렸던 톨레도(Toledo) 종교회의에서 하나님과 노래와 높임의 3요소를 가진다고 정의했다. 즉 오로지 찬송의 대상은 하나님 한 분뿐이며 찬송의 목적은 오직 하나님을 기쁘게 해드리는 것으로 하나님의 속성(의로우심/시51, 145편, 거룩하심/71편, 권능과 능력/21, 68편, 인자하심/63, 136편, 영광/106편)과 행하신 일(구원/28편, 기도를 들어주심/68, 98편, 훈계하심/16편, 성도들 후대하심/124편, 성도들 도우심/42, 107편 등)에 대해 노래하고 있다.

종교개혁시대에 루터와 칼빈, 마로, 베자 등이 시편 가사에 곡조를 붙여 찬송곡으로 만들어 예배 때 공식적으로 불렀는데 베자는 마로와 함께 제네바 시편 찬송 150곡을 제작해 전 교회에 보급하는 일에 앞장섰다. 현재 한국교회 안에서는 개혁교회들이 시편 찬송을 보존하고 찬송하고 있다.[2]

---

2) 시편 찬송의 보급을 위해 한국개혁주의 설교연구원(원장: 서창원)과 고려서원 등에서 제네바 및 스코틀랜드 시

한편, 시의 한 연이 끝날 때 주로 '셀라'가 사용되는데 이는 '들어 올린다'는 뜻의 히브리어 '살랄'에서 파생된 용어로 '높임' 혹은 '쉼'이라는 뜻으로서 일종의 음악적 지시어이다. 39개의 시편에 71회 등장한다.

3-3. 시의 양식 및 연주용 표제어

① 양식: 미즈모르(시), 쉬르(노래), 마스길(교훈시), 믹담(금언시), 쉬가욘(?), 테필라하(기도), 테힐라하(찬송시)

② 표제어: 메낯체아흐(영장, 노래지휘자), 네기토느(현악기 연주), 스미닛(가장 낮은 8음), 깃딧(기쁜 곡조), 마할랏(슬픔), 네길로트(관악기 연주)

<잠언>

1. 배경 설명

구약에는 지혜서로 불리는 세 권의 책이 있다. 잠언, 전도서, 욥기가 그것이다. 이중 잠언이 지혜서의 입문과정이라면 전도서와 욥기는 중급 및 고급과정으로 볼 수 있다. 지혜서들은 한 가지 공통점을 가지고 있는데 바로 '삶의 현장과의 연결성'이다. 지혜서는 하나님의 백성들이 그들의 삶에서 직접 부딪친 문제들을 통해 하나님께 질문하고 고민하고 배움의 과정을 헤쳐 나갔던 신앙 여정의 산물들이다. 이 중에서 잠언서는 특히 일상생활의 평범한 문제들을 다룸으로서 많은 사랑을 받고 있다. 주로 언어생활과 재물에 대한 태도, 게으름과 근면에 대한 교훈, 가난한 자에 대한 보살핌, 친구관계, 성적인 문제와 자녀훈육, 그리고 현숙한 아내에 대한 모범답안 등은 지금도 우리에게 큰 가르침과 지침을 제공한다. 무엇보다 잠언서는 지혜의 근본은 '여호와를 경외하는 것'임을 분명히 한다. 한 마디로 여호와 경외 없이 누구도 바르고 행복한 삶을 살 수 없다는 것을 가르치고 있다.

렘18:18과 겔7:26에 의하면, 이스라엘에서는 세 계층이 백성에게 도를 전했는데 제사장들은 율법을 알리고, 선지자는 하나님의 말씀과 이상을 전하며, 지혜로운 자나 장로들은 모략을 베풀었다. 이 지혜자들은 지혜학교에서 가르칠 뿐만 아니라 어떤 문제나 결정을 위해 신적인 지혜를 실질적으로 베풀었는데 전도서에 등장하는 전도자(코헬렛)가 그 좋은 예이다. 이 책의 저자인 솔로몬은 시, 비유, 평이하고 간단한 질문, 짧은 이야기, 격언 등을 잘 사용하고 있다. 왕상 4:32에 따르면 솔로몬은 3천 잠언과 1천 5편의 노래를 지었는데 이 책에는 약 800여 잠언이 수록되어 있다. 그러나 솔로몬은 다른 사람의 잠언도 적절히 사용하면서 함께 기록했다(전 12:9 참조). 시기적으로는 BC 950년에서 700년 사이로 본다. 솔로몬의 두 번째 잠언집인 25~29장은 히스기야 왕의 서기관들에 의해 수집된 것이며, 기타 야게의 아들 아굴의 잠언(30장)과 왕이자 현인인 르무엘의 잠언(31장)이 첨부되어 있다.

2. 내용 구성

잠언의 목적	청년에 대한 잠언	솔로몬의 잠언	부록
(1:1-7)	(1:8-9장)	(10-29장)	(30-31장)
1) 목적 2) 지혜에 대한 찬사	1) 아버지의 훈계 2) 지혜의 권고, 명령	1) 제1 잠언집(10-24장) 2) 제2 잠언집(25-29장) - 히스기야 때	1) 아굴의 잠언(30장) 2) 르무엘의 잠언(31장) - 현숙한 아내

3. 최근의 연구

최근 들어 지혜서에 대한 연구가 발전하면서 잠언을 여러 구조로 나누어 해설하기도 하는데 여기선 김희석 교수(총신대)의 구조분석을 소개한다.

1) 여호와를 경외하는 삶에 대한 전체적 교훈들(1-9장)
여기서 기자는 지혜 여인과 음녀 사이를 명확하게 대조시키면서 잠언의 독자들에게 지혜의 여인을 택하라고 가르친다. 그러나 음녀의 유혹을 물리치는 일이 결코 쉬운 일이 아니다. 음녀의 유혹은 매우 집요하며 아주 매혹적인 모습으로 접근하기에 둘을 분간하기도 쉽지 않다. 오직 여호와를 경외함으로서 이러한 유혹을 물리칠 수 있다는 것을 강조한다.

2) 개별 잠언들(10-31장)

여호와 경외의 세계관을 배운 후엔 이제 많은 잠언들을 통해 그 분별력을 실제 삶의 현장에서 적용하고 연마하고 실천해야 한다. 그러나 하나님을 경외하는 사상을 습득하는 것은 오랜 시간이 걸려 완성되는 긴 여정이다. 반면에 그 끝에서 얻게 될 열매들은 참으로 풍성하고 복된 것이다. 단, 개별 잠언들은 당시의 모든 교훈들을 수집한 것이므로 앞의 교훈들과 연결시켜 해석할 때 위험이 다르므로 각자 독립적으로 해석하는 것을 유념해야 한다

〈전도서〉

1. 배경 설명

~ 히) 코헬렛은 전도서에만 등장하는 용어로서 히)카할(소집하다, 회합하다)에서 파생한 말로 '회중에게 말하는 자' 즉, '설교자' '전도자'의 뜻이다. 전도서는 솔로몬의 말기, 즉 BC 935년경에 기록된 것으로 보인다. 유대 전승에 의하면 아가서는 솔로몬의 청년기에, 잠언은 중년기에, 전도서는 노년기에 기록되었다고 한다.

2. 핵심 주제

전도서의 주제는 헛됨이다. 무려 37회나 이 단어를 사용하고 있다. 그렇다고 전도서가 무신론이나 회의주의에 대한 답변은 결코 아니다. 오히려 인생의 무상함을 피력함으로서 하나님의 존재를 더욱 부각시키며 진정 참다운 삶은 하나님을 경외하는 삶뿐이라는 사실을 강조하고 있다. 특히 솔로몬은 자신의 젊은 시절의 어리석음과 육신의 정욕과 우상숭배로 인해 인생의 황금기를 낭비해 버린 것에 대해 후회가 컸다. 그는 뒤늦게나마 권세와 인기, 명성, 부와 쾌락 등이 무의미한 것임을 깨달아 하나님과 함께 하지 않는 인생의 허무함과 무상함을 간절한 마음으로 경고하고 있다.

3. 주요 내용

1) 역설적 진리

전도서는 인생의 허무함에 대한 회의와 고뇌와 부정을 통해 역설적으로 참된 삶의 길이 오직 조물주 하나님과의 관계 회복에 있음을 밝히고 있다.

2) 돈에 대한 성도의 자세

재물은 하나님이 창조하신 것으로 그것 자체는 결코 악한 것이 아니라 오히려 인간의 삶에 필요한 하나님의 축복이다. 그러나 전도서가 돈에 대해 부정적인 교훈을 하는 것은 많은 사람들이 돈을 우상처럼 섬기고 그것이 구원의 방편으로 착각하기 때문이다.

3) 성경의 행복론

인간은 행복할 권리를 하나님으로부터 부여받았다. 그러나 아담의 타락 이후 범죄의 결과로서 행복의 권리를 상실했다. 오직 하나님의 용서와 구원의 신앙을 통하여 회복할 때 진정한 행복이 구가된다.

4. 내용 구성

1부(1:1-11)	2부(1:12-6장)	3부(7-12장)
모든 것은 헛되다	헛되다는 증거	하나님을 경외하라
1) 헛되다(1:2) 2) 예증(3-11절)	1) 지혜가 더하면 근심도 더한다 (1:13-18) 2) 웃음, 희락, 술, 사업, 여자, 재물 (2:1-17) 3) 영원한 것은 없다(3장) 4) 궁극적 의미는 하나님 안에서만 발견되어진다(4-5장)	1) 사악한 세상에서의 대처(7-9장) 2) 지혜와 어리석음의 비교 관찰 (10-11장) 3) 인생의 참된 의미는 '해 아래' 있는 것이 아니다. 하나님을 경외하라 (12장)

〈아가〉

1. 배경 설명

　아가는 히브리어 본문 표제는 '쉬르 핫쉬림'(노래 중의 노래)이고 70인역은 '아스마 아스마톤'(가장 훌륭한 노래)이다. 유대인들은 아가서를 유월절의 공식 시로 선정해 낭독했다. 한편, 아가서는 솔로몬이 지은 연가로 은유와 동방의 상징적인 표현들이 풍부히 담겨 있는 훌륭한 문학 작품이다. 역사적으로 말하면 한 여인에 대한 솔로몬의 구혼과 결혼, 그리고 아름다운 사랑의 이야기(섬세한 애정, 정열적 욕망, 우정, 쾌락, 결합의 기쁨, 갈등의 괴로움, 상호 간의 신실함과 친절 등)가 진솔하게 담겨 있다. 비유적으로 말하자면 이스라엘은 '하나님의 신부'(호 2:19~20)이며, 교회는 '그리스도의 신부'(엡 5:22~32)이다. 즉, 인간의 삶이 남녀의 사랑에서 가장 완전하게 채워지는 것처럼 영적인 삶은 자기 백성을 향한 하나님의 사랑과 교회를 향한 그리스도의 사랑 안에서 완전하게 채워진다는 것을 암시하고 있다.

　또 이 책에는 한 편의 연극처럼 주요 배우들이 등장하는데, 즉 신부(술람미 여인)와 왕(솔로몬), 그리고 일단의 무리(예루살렘 여인들)가 그들이다. 또 이 노래는 주로 술람미 여인의 관점을 빌어 솔로몬이 지은 것으로 솔로몬이 우상숭배와 부도덕한 생활에 빠지기 이전에 아무 배경도 없는 포도원지기에 불과한 평범한 여인에 대한 사랑을 그린 작품으로서 매우 특별한 책이다. 6:13의 술람미는 갈릴리 바다의 남서쪽에 위치한 잇사갈 지파의 성읍인 수넴에서 유래한 지명으로 추정하고 있다.

2. 저자

　비평가들은 이 책이 후기의 노래 모음이라고 주장하며 솔로몬의 저작설을 강력히 부인한다. 그러나 이 책에는 솔로몬의 이름이 7회나 사용되고 있고 모두 그를 신랑으로 표현하고 있다. 또 왕의 사치와 부유함, 많은 수입품과 여인들의 묘사들은 솔로몬 왕이 아닌 다른 이를 가르칠 수가 없다. 당시 솔로몬은 왕후가 60명, 비빈이 80명이었으며(6:8), 가장 많았을 때는 왕후가 700명, 비빈이 300명에 달했다(왕상 11:3).

3. 내용구성

1부(1-4장)	2부(5-8장)
사랑의 시작	사랑의 확대
1) 사랑에 빠짐(1~3:5) 2) 혼인(3:6~4장)	1) 사랑의 좌절: 사랑 안에서 고민함(5~6장) 2) 사랑의 숭고함: 사랑 안에서 성장함(7~8장)

제6편

남북국시대

(열왕기 상 12~22장, 하 1~25장, 역대기 하 10~36장, 선지서 12권)

1. 배경설명

　남북으로 분열된 시대를 다루는 두 권의 역사서는 열왕기와 역대다. 먼저 열왕기서는 솔로몬 사후에 나라가 분열되고, 북 왕국 이스라엘과 남 왕국 유다가 차례로 이방인에게 정복당하고 멸망하는 이야기를 담고 있다. 여기서 우리는 나라를 잃은 진정한 이유가 무엇인지 또 나라를 잃은 백성이 얼마나 처참한 삶을 살아야 하는지를 분명히 목격할 수 있다. 무슨 일이든 실패의 원인을 알아야 재기의 발판을 마련할 수 있듯이 망국의 원인을 알아야 나라를 재건할 수 있다. 이스라엘은 BC 587년경에 마지막 남은 '남 유다' 마저 바벨론에 의해 멸망을 당해 대부분의 유대인들이 바벨론으로 끌려갔다. 포로가 된 그들은 마음속으로 하나님의 백성인 우리가 왜 이방 민족의 포로가 되었는지에 대해 생각하게 되었다. 하나님이 이방신보다 힘이 약해서 나라가 망한 것인지 아니면 그 원인이 무엇인지 아는 것이 매우 중요했다. 열왕기서는 바로 이러한 질문에 대한 해답서다. 즉 나라가 망한 것은 결코 하나님 때문이 아니라 하나님의 백성들이 하나님을 등지고 불순종한 결과였다는 사실을 역사의 기록을 통해 분명히 밝히어 후세에 산 귀감을 삼고자 한 반성문인 것이다.

　반면에 역대기는 열왕기서와 동일한 기간을 다루지만 그 관점이 열왕기와는 판이하다. 열왕기가 바벨론 포로가 된 공동체에게 그들이 멸망한 이유를 가르치고 있다면 역대기는 포로 이후 고국으로 귀환한 새로운 세대들에게 앞으로 어떻게 살아야 하는지를 가르치고 있다. 또 열왕기는 남북 모두의 역사를 기록하고 있지만 역대기는 학사 에스라에 의해 남 유다의 역사 즉, 다윗 왕가의 역사만을 기록하여 의도적으로 다윗 왕가의 계보만이 정통의 계보임을 나타내고 있는 것이 특징이다. 역대기는 이 정통성을 강조하기 위해 먼저 아담에서부터 다윗 왕가로 이어지는 족보를 소개하고(대상 1~9장), 다음으로 다윗의 통치를 소개하는데(대상 10~29장), 이는 다시 다윗 왕국이 설립되는 과정을 다루는 내용(10~20장)과 다윗의 성전건축 준비를 기록한 내용(21~29장)으로 대별된다. 다윗의 일생에서 가장 중요한 일은 바로 성전을 건축하는 일이었다. 그러나 하나님은 그 아들 솔로몬으로 하여금 성전을 건축하도록 하셨다. 역사의 주인공은 이제 솔로몬으로 넘어간다. 역대하는 먼저 솔로몬의 성전봉헌과 하나님의 응답(1~9장)에 이어서 분열 왕국시대의 유다 왕들의 통치를 자세히 소개하고 있다(대하 10~28장). 여기서 중요한 포인트는 유다 왕들이 성전에 대해 바른 태도를 보였을 때는 국가가 번영했지만 왕들이 성전을 무시했을 때는 나라가 도탄에 빠지게 되었다는 사실이다. 역대기는 이처럼 하나님에 대한 올바른 관계만이 국가의 안정과 번영을 가져오는 절대적 진리라는 사실을 우리에게 각인시켜주고 있다.

<참고> 솔로몬 성전

1. 규모(왕상 6:12-20): 길이(40규빗/약18m), 너비(20규빗/약9m), 높이(30규빗/약13.5m)
2. 하나님은 솔로몬에게 "내가 너의 건축한 이 전을 구별하여 나의 이름을 영원히 그곳에 두며...이스라엘 위에 오를 사람이 네게서 끊어지지 아니하리라"(왕상 9:3-5)고 하셨다. 하나님은 성전을 통해 이스라엘의 통치자가 되실 뿐 아니라 모든 피조 세계에 대하여 절대적으로 주권을 갖고 계신다는 것을 보여주신다.

<참고> 고대 근동의 신들

1. 팔레스타인지역: 바알(가나안, 폭풍의 신), 아스다롯(가나안, 다산), 그모스(모압, 전쟁), 몰록(암몬, 국가수호), 다곤(블레셋, 곡물), 하늘 황후(가나안, 풍요) 등
2. 메소포타미아지역: 므로닥(바벨론, 주신), 느보(바벨론, 므로닥의 아들), 담무스(수메르, 폭풍), 엔릴(폭풍), 난나(달), 이쉬할(다산) 등

2. 내용구성

구분	열왕기		역대기
	〈상〉	〈하〉	〈상〉
북이스라엘	솔로몬(1-11장) 1) 여로보암(왕상12:20) 2) 나답(14:20) 3) (반역)바아사(15:28) 4) 엘라(16:6) 5) (반역)시므리(16:10) 6) (반역)오므리(16:16,22) 7) 아합(16:28) 　- 엘리야(17-19장) 　- 엘리사(19:19) 8) 아하시야(22:51)	9) 여호람(2:1-8:15) 　- 엘리사 　　(2:1-25,4:1-8:15) 10) 예후(9:30) 11) 여호아하스(13:1) 12) 요아스(13:10) 13) 여로보암 2세 14) 스가랴(15:8) 15) 살룸(15:13) 16) 므나헴(15:16) 17) 브가히야(15:23) 18) 베가(15:27) 19) 호세아(17:1) * 9왕조 19명의 왕 　BC722년 앗수르에 멸망	1부. 다윗왕조의 계보(족보 1-9장) 1) 아담~아브라함(1;1-27) 2) 아브라함~야곱(1:28-54) 3) 야곱~다윗(2:1-55) 4) 다윗~포로기(3:1-24) 5) 12지파의 족보(4:1-8:40) 6) 귀환자의 족보(9:1-34) 7) 사울의 족보(9:35-44) 2부. 다윗의 통치(10-28장) 1) 즉위(10:1-12:40) 2) 언약궤의 귀환(13:1-17:27) 3) 승전보(18:1-20:8) 4) 성전건축 준비(21:1-27:34) 5) 마지막 생애(28:1-29:9)
	〈상〉	〈하〉	〈하〉
남유다	르호보암(11:43) 아비얌(14;31) 아사(15:8) 여호사밧(15:24)	여호람(8:16) 아하시야(8:25) 아달랴황후(11;1) 요아스(11;17) 아마시야(14;1) 아사랴(15:1)	1부. 솔로몬시대(1-9장) 1) 즉위(1;1-17) 2) 성전완성 및 봉헌(2:1-7:22) 3) 부귀영화(8:1-9:28), 　죽음(9:29-31)

구분	열왕기	역대기
남 유 다	요담(15:32) 아하스(16:1) 히스기야(18:1-20:21) 므낫세(21;1) 아몬(21:19) 요시야(22;1-23:30) 여호아하스(23:31) 여호야김(23:35) 여호야긴(24:8) 시드기야(24:17) *그달리야 *바벨론에서 여호야긴 복위(25:27-30) *1왕조 20명의 왕 *BC587년 바벨론에 멸망	2부. 유다 왕들의 통치(10-36:21) 1) 르호보암 2) 아비야 3) 아사 4) 여호사밧 5) 여호람 6) 아하시야 7) 아달랴 8) 요아스 9) 아마샤 10) 웃시야 11) 요담 12) 아하스 13) 히스기야 14) 므낫세 15) 아몬 16) 요시야 17) 여호아하스 18) 여호야김 19) 여호야긴 20) 시드기야 3부. 포로회복(36:22-23): 고레스왕의 칙령반포.

3. 시대별 선지자

시대별 예언자들(성경의 기록자들)	시대별 예언자들(활동가들)
BC 830년경, 요엘, (남)요아스왕	〈통일왕국〉 다윗왕 -나단(삼하7:2~17, 12:1~25) -갓(삼하24:11~19) 솔로몬왕 -아히야(왕상 11:29~40)
BC 760년경, 요나, (북)여로보암 2세, (앗)앗수르단 3세	
BC 760~748, 아모스, (북)여로보암 2세, (남)웃시야 왕	
BC 755~710, 호세아, (북)여로보암 2세부터 멸망까지(-722)	〈북 이스라엘〉 여로보암 1세 -아히야(왕상 11:29~39, 14:1~18) -무명인(왕상13:1~32) 바아샤 -예후(왕상16:7,12) 아합 -엘리야(왕상17장, 왕하 2장) 아하시야, 여호람, 예후, 여호아하스 -엘리사(왕상19:16~왕하13:21)
BC 739~680, 이사야, (남)웃시야 왕 사망부터 므낫세 왕까지	
BC 700년경, 미가, (남)히스기야 왕	
BC 640~630, 나훔, (남)요시야 왕, 앗수르가 멸망할 때	
BC 630년경, 스바냐, 요시야 왕이 종교개혁을 하기 전	
BC 612~605, 하박국, 요시야 왕 말기	〈남 유다〉 르호보암 -스마야(대하11:2~4, 12:5~8) 아사 -아사리야(대하15:1~7), 하나니(대하16:7~10) 여호사밧 -예후(대하19:2~3), 야하시엘 (대하20:14~17), 엘리에셀(대하 21:12~15) 여호람 -엘리야(대하 21:12~15) 요아스 -스가랴(대하24:20~22) 요시야 -훌다(왕하22:14~20) 여호야김 -우리야(렘26:20~23)
BC 627~586, 예레미야, (남)요시야 왕 13년 ~예루살렘함락 때까지	
BC 586년경, 오바댜, 바벨론 침공 직후 에돔에 대해	
BC 565년경, 에스겔, 바벨론 포로기간	
BC 539~530, 다니엘, 바벨론 포로기간	
BC 520년경, 학개, 포로귀환(-535) 후	
BC 520~480, 스가랴, 성전재건과 이후(9-14장)	
BC 433~432, 말라기, 느헤미야 총독 이후	

4. 본문해설 〈열왕기 상 12~22장〉

1) 통일왕국의 분열의 원인(12:1~24)

~ 이스라엘이 남북으로의 분열된 이유는 여러가지이다(대하 10:1~19). 그러나 본문에서는 솔로몬 이후 남북의 왕들인 르호보암의 무능과 여로보암의 집권욕이 분열의 표면적인 이유로 부각되고 있다. 먼저 르호보암은 아첨꾼들의 무모한 정책을 받아들여 강압 정치를 펼침으로써 백성들의 신망을 잃어버렸고, 북의 여로보암은 사악한 집권 야욕을 채우기 위해 유다 지파와 백성들을 이간질하고 반목과 갈등을 충동질하는 등 악행을 행했다. 한편, 이스라엘의 분열은 다윗의 집에 대한 징계의 일환이기도 했다. 다윗과 솔로몬은 하나님의 무한하신 은혜에도 불구하고 많은 실수와 범죄를 범했는데 하나님은 징계를 통해 그들에게 겸허함을 가르치고자 하셨다.

<참고> 세겜

에발산과 그리심 산 사이의 에브라임 산지에 위치한 가나안 족속과 이스라엘 자손의 한 성읍이다. 이곳은 이스라엘 모든 지파가 모여 언약식을 행한 곳으로 유명하다(수 24장). 쌓았다(창 12:6~7, 33:20). 야곱은 밧단아람에서 돌아온 후 이곳에 자신의 장막을 치고 세겜 사람으로부터 토지 일부를 매입했다(창 33:18~19). 그러나 이곳에서 야곱의 딸 디나가 하몰의 아들 세겜에게 강간을 당했는데 이에 시므온과 레위는 아버지의 묵인(?) 하에 복수를 감행했다가 하나님의 진노를 샀다(34장). 르호보암은 세겜에서 즉위식을 가졌지만 북의 여로보암은 세겜을 북 이스라엘의 첫 번째 수도로 삼았다(왕상12:20, 25). 세겜은 BC 722년에 앗수르에 의해 완전히 파괴되었다.

2) 두 선지자 이야기(13:1~34)

① 하나님의 사람(2절)

~ 여로보암왕이 벧엘에 이르러 분향하고자 할 때 하나님은 당신의 노여움을 알리기 위해 유다의 한 선지자를 파송했는데 이 하나님의 사람은 단을 향해 예언들을 쏟아내었다. 이 선지자는 목숨을 걸고 사명을 완수한 후 돌아가던 길에 한 늙은 선지자의 거짓에 속아 하나님의 명령을 거역함으로써 죽임을 당했다. 우리는 여기서 파수꾼에게 요구되는 가장 필수적인 자세는 바로 '순종'임을 깨달아야 하며(겔 33:1~19), 천사를 가장한 사단의 모략을 잘 분별할 수 있어야 함을 배운다(고후 11:14).

② 벧엘의 한 늙은 선지자(11절)

~ 여기 등장하는 늙은 선지자는 유다에서 파송된 선지자를 한사코 초대하여 그를 궤사에 휘말리도록 유혹하는 역할을 맡았다. 여로보암의 종교정책에 반대한 수많은 백성들이 남쪽을 피난을 감에도 선지자란 사람은 우상숭배의 본거지인 벧엘에 남아 침묵한 것은 묵시적 동조로서 신앙을 배신한 것과 마찬가지다.

3) 실로와 선지자 아히야(14:2)

~ 실로는 벧엘 북동쪽 16km 지점에 위치한 에브라임 지파의 한 성읍으로 선지자 아히야가 이곳 출신이다. 여로보암이 북 왕국을 분리하고 예루살렘과의 단절을 선포하자 실로를 비롯한 북쪽의 많은 사람들이 남 왕국으로 이주를 했지만 아히야는 계속 실로에 머물렀는데 이렇게 하나님의 사자로 부름받은 사람들은 사람의 뜻보다 하나님의 뜻을 더 우선시하고 살아야 함을 교훈한다. 한편 여로보암은 신분을 속이고 아내와 함께 병든 자신의 아들 아비야를 아히야 선지자에게 보내 하나님의 능력으로 치료되기를 원했는데 오히려 하나님의 진노하심과 멸망의 예언을 들었을 뿐 아니라 결국 아들도 죽고 말았다. 이렇게 우상숭배에 대한 하나님의 심판은 조금도 예외가 없다.

4) 다윗의 마음과 같지 아니하여(15:3)

~ 역사서 기자는 모든 왕들의 치적을 논할 때 다윗 왕을 그 기준으로 삼고 있다.

그것은 하나님이 다윗 왕과 맺은 영원한 언약에 기초한다. 비록 악한 왕일지라도 하나님은 다윗 왕과 맺은 언약을 기초로 그들을 왕위에서 내쫓지 아니하신 것이다. 이는 마치 우리가 하나님께 가까이 갈 수 없는 죄인임에도 예수 그리스도로 말미암아 하나님과 화목을 이룰 수 있게 된 것과 같다.

5) 사마리아 산(16:24)

~ 사마리아산을 자신의 소유로 매입한 사람은 북의 오므리 왕이었다. 그는 이 산에다 시므리 왕 때 불타버린 왕궁을 대신 건축하고 새로운 도읍지로 삼아 왕국의 위용을 자랑하고자 했다. 아울러 지형적으로도 사마리아산은 세겜과 디르사와 달리 방어 요새로서 매우 안성맞춤이어서 이스라엘 왕국의 수도로서 손색이 없었다. 그러나 이 일은 하나님의 율법을 위반한 행위였다. 이스라엘 사회에서 토지는 하나님께 속한 것임과 동시에 백성들에게 영원한 기업으로 주시어 후손 대대로 물려주도록 규정되었다. 그러므로 토지의 영구한 매입은 율법을 벗어난 조치였다(레 25:23~28). 아버지를 따라 그 아들 아합 왕도 나중에 나봇의 포도원을 강제로 취하는 불법을 자행했다(왕상 21:1~16).

6) 엘리야 선지자의 활약(17장~왕하 2장)

~ 엘리야(헬. 엘리야스)는 "나의 하나님은 여호와시다'라는 뜻이다. BC 9세기경 길르앗 디셉 출신으로 아합 왕 초기에 북이스라엘의 선지자로 부름을 받았다. 그는 아합 왕을 보자마자 이스라엘에 큰 가뭄이 있을 것이라고 선포했다(17:1). 이는 풍요의 신 바알을 숭배하는 일이 헛된 일임을 깨닫게 하시려는 하나님의 섭리였다. 그러나 그는 보복이 두려워 그릿 시냇가로 숨어버렸으며 그곳에서 까마귀가 가져다주는 음식을 먹으며 지냈다. 3년 6개월(눅 4:25, 약 5;17) 동안 가뭄이 계속되고 그릿 시냇물도 말라버리자 하나님은 엘리야를 두로와 시돈 사이의 사렙다 지방으로 보냈다. 그곳에서 엘리야는 과부의 그릇에 곡식 가루와 기름이 항상 채워지게 했고 또 죽은 과부의 아들을 다시 살리는 이적을 행했다. 몇 달 후 엘리야는 아합 왕의 궁내 대신이자 여호와 신앙을 가지고 있던 오바댜 앞에 나타나 아합 왕을 책망하고 오바댜를 통해 갈멜산에 바알 선지자 450명과 자신의 대결

을 아합 왕에게 제안했다. 대결에서 승리한 엘리야는 바알 숭배자들을 기손 시냇가로 데려가 모조리 죽이라고 백성들에게 말했다(18:39~40). 이어 엘리야는 아합 왕에게 비가 올 것이라고 예언하고 갈멜산 남동쪽 봉우리에서 하나님께 비를 내려달라고 일곱 번이나 간절히 기도했고 드디어 비가 내리자 엘리야는 아합 왕의 별궁이 있는 이스르엘까지 약 27km를 아합 왕의 마차 앞에서 달려가는 이적을 선보였다. 한편, 바알 선지자들이 엘리야로 인해 모두 죽임을 당했다는 보고를 들은 왕후 이세벨은 격노하여 엘리야를 죽이겠다고 선포했다(19:1~2). 이에 엘리야는 두려움을 느끼고 남쪽으로 도망하였으며 하나님께 자신의 생명을 거두어 달라고 간청했다. 그러나 천사가 가져다준 음식을 먹고 다시 기운을 차린 그는 모세가 하나님으로부터 율법을 받았던 호렙산까지 쉬지 않고 걸어갔다(19:5~8). 그곳의 한 동굴에서 불평하며 생명 구조를 바라던 엘리야에게 하나님은 두 가지 임무를 부여하셨는데 첫째, 하사엘을 수리아 왕으로 기름 붓는 일과 둘째, 예후를 북이스라엘의 왕으로 기름을 붓는 일이었다. 이어 하나님은 엘리야에게 자신만 하나님께 충성하는 자가 아니라는 것을 깨닫도록 하기 위해 이스라엘에 여호와께 충성을 다하는 자들이 7,000명이 남아 있음을 고지하셨다. 다시 힘을 얻은 엘리야는 산에서 내려온 즉시 엘리사에게 기름을 부어 후계자로 삼았다(19:19~21). 이후 엘리야는 아합 왕이 나봇의 포도원을 강제로 탈취하자 다시 아합 왕 앞에 나타나 왕의 가문에 재앙이 내릴 것이라고 예언했다(21:17~24). 이에 아합 왕은 금식을 하며 자신의 악한 행동을 뉘우치자 하나님은 그 재앙을 아합 왕 사후에 일어나도록 연기시켰다. 아합 왕의 뒤를 이은 아하시야왕은 자기 병을 고치기 위해 바알세붑에게 언제 회복될 것인가를 물어보기 위해 사신을 보냈는데 그 사신이 가는 도중 엘리야를 만나 왕이 결단코 회복되지 못할 것이라는 예언을 듣고 아하시야에게 전했는데 이에 아하시야는 엘리야를 체포할 것을 명령했다. 그러나 두 번이나 파견한 오십 부장과 군사 100명이 죽자 세 번째 오십 부장은 엘리야 앞에 무릎을 꿇고 자신과 함께 왕에게 가 줄 것을 간청했다. 이에 엘리야는 오십 부장을 데리고 왕에게 나타나 그가 병으로 죽을 것이라고 담대하게 선포했다(왕하 1:9~17). 엘리야는 자신의 생애가 마감됨을 알고 요단강으로 가고자 할 때, 엘리사가 따라오지 말라는 엘리야의 말을 뿌리치고 길갈과 벧엘과 여리고와 요단 강까지 동행했다. 엘리야가 겉옷으로 요단강을 치자 강물이 갈라졌으며(참조: 모세가 지팡이로 홍해를 가른 사건/출14;16, 21, 여호수아가 요단강을 가른 사건/수 3:13) 엘리사는 스승에게 자신의 영적 능력이 스승보다 갑절이나 더 많게 해 달라고 요구했다. 두 사람이 대화를 나누는 중에 갑자기 불병거가 둘을 갈라놓았고 회오리바람이 엘리야를 하늘로 들어 올렸다(왕하 2:11).

~ 훗날 말라기 선지자는 여호와의 두려운 날이 임하기 전에 엘리야는 아버지와 자녀들을 화해시키며 경건과 신앙을 바로잡고 하나님의 징벌을 피하도록 하기 위해 다시 올 것이라고 예언했다(말 4:5~6). 엘리야의 재림과 종말론적 사역에 대한 유대인들의 기대는 예수님 당시에도 계속되어 유대인들은 예수님이 십자가에서 부르짖을 때 그가 엘리야를 부른다고 해석했다. 어떤 유대인들은 광야에서 회개를 요청한 세례 요한과 예수님을 엘리야와 동일시했다(마 16:14, 막 6:15). 또 누가는 변화산에서 예수님과 엘리야가 고난과 죽음과 승천에 관한 이야기를 나누었다고 기록했다(눅 9:31). 신학적으로 엘리야는 구약에 나타난 예수님의 그림자로서 예수님은 엘리야가 행한 모든 사역을 완성하고 성취하셨다.

〈열왕기 하 1~25장〉

1) 선지자의 생도들(2:3, 16~17)
~ 최초의 선지학교는 사무엘이 벧엘에 세웠다. 이곳엔 선지자로 부름받은 사람들이 상주하던 곳이었다(삼상 7:16). 엘리야 시대엔 여리고에 선지학교가 있었다. 이들은 엘리사의 기적을 목격하고서 그가 엘리야의 권능을 이어받았음을 알게 되었다. 그래서 생도들은 엘리사의 영적 권위를 인정하는 뜻에서 그의 발 앞에 엎드려 그에게 경배했다. 한편 생도들은 하늘로 승천한 엘리야의 육신을 찾겠다고 엘리사에게 간청했는데 이는 사람이 육신을 가지고선 하늘에 갈 수 없다는 당시 신앙의 일면을 보여준다. 당시 사람들은 껍데기에 불과한 육신은 영혼이 하늘나라로 올라갈 때 땅으로 떨어졌을 것으로 보았다.

2) 엘리사의 사역(3:1~8:15)
~ 3장에서부터 엘리야의 후계자로 인정받은 엘리사의 사역이 본격적으로 소개된다. 시기적으로는 아합의 아들인 여호람 왕이 즉위한 이후부터이며(남쪽 유다는 여호사밧 왕의 시대) 국가적으로는 모압이 이스라엘을 배신하는 등 이스라엘의 국력이 쇠퇴하고 있었다. 이때 엘리야는 그의 첫 사역을 전장에서 시작했는데 이는 모든 그리스도인들이 국가의 위난을 외면하지 말아야 한다는 중요한 교훈을 주는 것이다. 이어 엘리사는 백성들에게로 돌아가 각 개인의 여러 문제들을 해결해 주는 사역에 집중한다. 한 생도의 아내와 그 두 아들의 생계문제를 해결했고(4:1~7), 아들을 얻게 해 달라는 수넴 여인의 소원을 성취시켰으며(4:8~17), 그 아들이 갑자기 죽자 다시 살려주었고(4:18~37), 길갈 지역에서 발생한 기근을 해소

시켰으며(4:38~41), 오병이어의 구약적 예표로 보는 보리 떡 이십과 채소 한 자루를 가지고 100여 명 무리를 먹였다(4:42~44). 점점 엘리사의 명성은 이스라엘 밖으로도 알려졌다. 아람왕의 군대장관 나아만의 문둥병을 고쳤으며(5:1~19), 탐욕을 부린 사환 게하시에게 문둥병으로 벌을 내렸고(5:20~27). 요단강 인근 지역에 선지학교를 세우는 작업을 하다가 물에 빠진 도끼를 나뭇가지를 던져 건져 올리는 기적을 선보였다(6:1~7). 이어 아람 왕의 침략을 물리쳤고(6:8~7:20), 이후 아람 왕 벤하닷을 찾기 전에 잠시 수넴 여인의 잃어버린 전토를 되찾게 해 주었으며(8:1~6), 직접 다메섹까지 가서 아람 왕의 죽음과 하사엘의 만행을 예언했다(8:7~15). 그리고 그는 소년 생도 하나를 통해 길르앗 라못에 있는 예후에게 기름을 부어 왕으로 삼았다(9:1~6). 이후 엘리사의 사역에 관한 보도는 왕들의 기사에 가려 나타나지 않다가 유다 요아스 때 그 죽음이 보도된다(13:20).

3) 왕들의 기사들

① 유다 여호람(8:16~24)
② 유다 아하시야(8:25~9:29)
③ 이스라엘 예후(9:30~10:36)
④ 유다 아달랴 황후의 섭정(11:1~16)
⑤ 유다 요아스(11:17~12:21)
⑥ 유다 아마시야(14:1~22)
⑦ 이스라엘 여로보암 2세(14:23~29)
⑧ 유다 아사랴(15:1~7)
⑨ 이스라엘 스가랴(15:8~12)
⑩ 이스라엘 살룸(15:13~15)
⑪ 이스라엘 므나헴(15:16~22)
⑫ 이스라엘 브가히야(15:23~26)
⑬ 이스라엘 베가(15:27~31)
⑭ 유다 요담(15:32~38)

⑮ 유다 아하스(16:1~20)

⑯ 이스라엘 호세아(17:1~41)

⑰ 유다 히스기야(18:1~20:21)

⑱ 유다 므낫세(21:1~18)

⑲ 유다 아몬(21:19~26)

⑳ 유다 요시야(22:1~23:30)

㉑ 유다 여호아하스(23:31~34)

㉒ 유다 여호야김(23:35~24:7)

㉓ 유다 여호야긴(24:8~16)

㉔ 유다 시드기야(24:17~25:21)

㉕ 그달리야 총독(25:22~26)

㉖ 바벨론에서의 여호야긴의 복권(25:27~30)

〈역대기 하 10~36장〉

1) 왕조의 분열 시작(10:1~19)

~ 통일 이스라엘 왕조의 분열 조짐은 솔로몬 통치 후기에 서서히 드러나기 시작했다. 솔로몬은 범국가적인 건축사업비를 마련키 위해 백성들로부터 막대한 세금을 징수하고 강제노역에 동원하여(4절) 백성들의 원성을 샀다. 종교적으로도 산당을 건립하고(왕상 11:7), 우상을 섬김으로써(왕상 11:5,8) 하나님의 은총을 잃었다(왕상11:9~13). 그 결과 비록 하나님의 언약대로 그의 생전에는 왕국 분열은 일어나지 않았지만 그의 아들 르호보암 시대에 백성들의 불만이 표면화되고 이를 계기로 여로보암과 그 추종자들이 열 지파를 규합하고 서서히 반란을 일으키기 시작했다. 그리하여 120년 동안 지속되어 온 통일왕국은 막을 내리고 이스라엘은 남, 북 두 왕국으로 분열되었다.

"온 이스라엘은 왕이 자기들의 말을 듣지 아니함을 보고 왕에게 대답하여 이르되 우리가 다윗과 무슨 관계가 있느냐 이새의 아들에게서 받을 유산이 없도다 다윗이여 이제 너는 네 집이나 돌보라 하고 온 이스라엘이 그들의 장막으로 돌아가니라"(대하 10:16)

~ 한편, 역대기 기자는 백성들의 생각과는 달리 왕국 분열의 책임을 대부분 여로보암의 반역에 돌리고 있는데 그것은 역대기 기자의 구속사적 사관에 기인한 것으로 하나님의 구속사는 유대왕국을 통해 진행되리라고 믿었기 때문이다. 그리하여 11장부터는 반란 세력에 대한 관심을 접고 남 유다 왕국에 대한 역사를 집중적으로 기록하고 다룬다.

2) 르호보암 왕에 대한 기록(11:1~23)

~ 본 장은 역대기에만 나타나는 독특한 사관에 의한 기록으로 르호보암의 초기 통치 3년 동안 일어났던 일과 받은 축복을 통해 유다 왕국을 예찬하려는 저자의 의도가 엿보이는 대목이다. 먼저 1~4절에서는 왕을 배신한 북이스라엘을 응징하기 위해 군사 18만 명을 징집하고 통일 전쟁을 준비한 르호보암에게 하나님의 사람 스마야(11:2)는 전쟁을 하지 말라는 하나님의 말씀을 전하자 왕이 순종하고 전쟁을 돌이켰다는 내용이 나온다. 이는 한편으로 여로보암이 북의 열 지파를 다스릴 것이라는 예언의 성취이다(왕상 11:31). 다음으로 5~12절에서는 르호보암이 국방의 경계를 강화하는 내용이며, 13~17절에서는 북이스라엘의 백성들이 북이스라엘의 우상숭배 정책에 반대하여 월남하는 과정이 그려졌고, 나머지 18~23절은 르호보암의 가계를 설명한다.

~ 르호보암이 받은 축복을 정리하면 다음과 같다. 첫째, 왕과 백성이 하나님의 말씀에 순종하여 동족상잔의 전쟁을 멈추어 평화의 시기를 이룩했다(11:4). 둘째, 북을 경계하기 위해 베들레헴을 비롯한 15개 성읍을 건축했는데, 특히 베들레헴의 등장은 예수 그리스도의 강림을 예표한다는 점에서 의미를 가진다. 셋째, 부국강병의 국가가 되었다. 양식과 기름과 포도주가 넘쳐났고 각 성읍에 방패와 창을 두어 국방을 견고케 하였다(11:11-12). 넷째, 온 이스라엘의 제사장과 레위인들이 남유다왕국으로 귀환했다(13절). 이는 하나님의 뜻이 남 유다에 있음을 상징하는 일이었다.

3) 이스라엘 백성의 범죄와 하나님의 징계(13~36장)

~ 나라가 부국강병하고 평화를 구가하자 백성들의 신앙이 해이해졌다. 어느새 율법을 버리고 여호와께 범죄했다(13:~2). 이에 하나님은 애굽 왕 시삭을 충동하여 예루살렘을 공격했다(2절). 하나님의 사람 스마야는 이 일이 하나님이 하신 일임을 고지하자(5절), 왕과 방백들이 스스로 겸비하여 "여호와는 의로우시다"고 고백했다(6절). 이를 보신 하나님은 예루살렘을 완전히 멸망하지 않고 조금이라도 구원을 받는 자가 있게 하였다(7절).

4) 이후 왕들의 치적(13:1~)

① 아비야(13:1~14:1)

② 아사(14:1~16:14, 재위: BC 910~872)

③ 여호사밧(17:1~20:37, 재위: BC 872~796)

④ 여호람(21:1~20)

⑤ 아하시야(22:1~9)

⑥ 아달랴(22:10~23:15)

⑦ 요아스(23:16~24:27)

⑧ 아마샤(25:1~28)

⑨ 웃시야(26:1~23)

⑩ 요담(27:1~9)

⑪ 아하스(28:1~27)

⑫ 히스기야(29:1~32:33, 재위: BC 728~697)

⑬ 므낫세(33:1~20, 재위: BC 697~642)

⑭ 아몬(33:21~25)

⑮ 요시야(34:1~35:27, 재위: BC 640~609)

⑯ 여호와아스(36:1~3)

⑰ 여호야김(36::4~8)

⑱ 여호야긴(36:9~10)

⑲ 시드기야(36:11~21, 재위: BC 597~586)

5) 포로회복기

~ 고레스 왕의 조서(36:22~23)

<참고 1> 본서에 나타난 성전신앙과 그리스도

역대기 저자는 상권에서 다윗의 성전 건축사업에 특별한 의미를 부여하고 있을 뿐 아니라 이후 유다 열왕의 종교개혁에 있어서도 그것이 성전 중심으로 이루어졌다는 사실을 강조한다. 이는 장차 도래할 그리스도를 예표하기 위함이었다. 그리스도는 자신이 곧 성전이라고 했고(요 2:19), 어떤 때엔 자신이 "성전보다 큰 이"(마 12:6)라 했으며, 종말에는 자신이 모든 성전을 대신할 것이라 언급하셨다(계 21:22).

한편, 종교개혁과 관련하여 아사, 여호사밧, 히스기야, 요시야 왕 등이 우상숭배를 타파하고 성전을 정결케 한 것은 율법의 형식적 규례에만 집착하고 외식을 일삼았던 유대교를 개혁하고자 성전을 정결케 하셨던(요 2:13~15) 그리스도의 개혁에 대한 예표적인 일들이었다.

<참고 2> 선지자(Prophet)

선지자란 문자 그대로 앞의 일을 내다보고 예견하는 사람(히. nabi)을 일컫는 말이지만 성경에서 선지자란 하나님으로부터 계시를 받아 하나님의 뜻과 섭리를 전하는 대언자[1]를 말한다. 구약성경에서 이들은 주로 꿈이나 환상을 통해 하나님의 계시를 전달받았다. 그들의 직무는 크게 둘로 나누어지는데 하나님으로부터 영감을 받아 백성에게 예언하는 일과 이상이나 신탁을 통해 하나님의 뜻을 전하는 선견자로서의 역할이 그것이다.

모세를 탁월한 선지자로 보기도 하지만(신18:18), 역사상 선지자 직분은 사무엘에서부터 시작된 것으로 본다. 이후 선지자들은 이스라엘의 통일왕정시대와 남북국시대에 주로 활약하면서 하나님의 뜻을 이스라엘 백성에게 전달하고 회개를 촉구하는 메시지를 반포하는 사역에 치중했다. 크게 이사야, 예레미야, 에스겔, 다니엘 등을 대선지자로 분류하고 나머지는 소선지자로 분류한다.

---

1) "내가 내 말을 네 입에 두었노라"(렘 1:9)

신약시대에서도 구약의 선지자 역할을 대행한 사람들이 있었다. 세례 요한과 아가보 등이 이에 해당한다. 그러나 선지자 중의 참 선지자는 예수 그리스도이시다. 역사적으로 거짓 선지자들도 많았다. 율법은 거짓 선지자들을 죽이라고 명령했다.[2] 모든 이단의 괴수들은 하나같이 거짓 선지자들이다.

유대인들은 구약성경을 크게 율법서(모세 오경)와 선지자의 책(예언서)로 나누었다. 여호수아에서 열왕기 하까지 책들을 전기 예언서라 부르고 나머지는 후기 예언서라 부르는데 이사야, 예레미야, 에스겔, 다니엘과 같이 분량이 많은 책들을 대선지서라 하고 나머지 분량이 적은 12권은 소선지서로 분류했다. 유대인들은 개인적으로 많은 선지자 중에서 엘리야를 가장 높이 평가했다. 말라기서에는 하나님이 심판의 때 이전에 엘리야 같은 선지자를 보낼 것이라 예언했고 초기 그리스도인들은 세례 요한도 선지자이고 예수님도 선지자라고 믿었다.[3]

한편 구약시대와 신약시대 사이 하나님의 계시가 없었던 시대[4]에는 선지자가 없었다. 그러므로 이 시대에 주어진 말씀이라고 주장하는 책들, 즉 외경 혹은 위경들에 대해 개혁파 교회는 카톨릭교회와 달리 정경으로 인정하지 않는다.

모든 예언의 말씀 중에서 가장 위대한 말씀은 "보라 처녀가 잉태하여 아들을 낳을 것이요 그의 이름을 임마누엘이라 하리라"고 한 이사야 7:14의 말씀으로 보기도 한다. 예수님은 바로 이 말씀을 성취하기 위해 이 땅에 오신 인류의 구원자이시다.

---

[2] "그런 선지자나 꿈꾸는 자는 죽이라 이는 그가 너희에게 너희를 애굽 땅에서 인도하여 내시며 종 되었던 집에서 속량하신 너희의 하나님 여호와를 배반하게 하려 하며 너희의 하나님 여호와께서 네게 행하라 명령하신 도에서 너를 꾀어내려고 말하였음이라 너는 이같이 하여 너희 중에서 악을 제할지니라"(신 13:5)
[3] 모든 선지장와 율법이 예언한 것은 요한까지니, 만일 너희가 즐겨 받을진대 오리라 한 엘리야가 곧 이 사람이니라"(마 11:13-14)
[4] 흔히 이 시대를 하나님의 말씀의 계시가 없었다는 이유로 '암흑시대'라 칭하기도 한다.

남북국시대 선지서들 〈요엘서〉

1) 요엘은 '여호와는 하나님이시다'는 뜻이며 브두엘(하나님을 설득한다)의 아들이다. BC 830~796년경에 활동했고 엘리사와 동시대 인물로 회개에 대해 정확하고 분명하게, 단호하게 선포한 두려움을 모르는 선지자다. 당시 이스라엘은 메뚜기 떼의 재난에 의해 극심한 피해를 입고 있었다. 이때 요엘은 이 재난이 단순히 천재가 아니라 하나님의 진노의 채찍질임을 강조하며 회개를 촉구했다. 그러나 백성들은 듣지 아니했다.

2) **남 유다 요아스 왕 때**(왕하 11장, 대하 24장). 북 왕국 예후에 의해 유다 왕 아하시야가 전사하자 아하시야의 모친인 아달랴가 6년 동안 섭정을 했다. 아달랴는 집권하자마자 자신의 통치에 방해가 되는 아하시야의 자녀들을 모조리 죽이는데 이때 아하시야의 누이 여호세바가 막내 요하스를 피신시키고 6년 동안 성전에 숨기고 키웠다. 아달랴 재위 7년 되던 해에 제사장 여호야다가 백부장들과 함께 아달랴를 축출키로 모의하고 성전에서 유일한 왕자인 요아스에게 기름을 부어 왕으로 삼고 아달랴 정권을 축출했다. 북 왕국 예후 7년 해에 요아스는 7살의 나이로 제9대 왕위에 올라 이후 40년간 남 유다를 다스리는데 집권 초기에는 제사장 여호야다의 도움으로 여호와의 전을 수리하고 각종 성전 기구들을 제작하고 항상 번제를 드리는 등(24:14) 여호와 보시기에 정직히 행했다(대하 24:2). 그러나 제사장 여호야다가 130세로 죽어 열왕의 묘실에 함께 장사(15~16절)된 이후 요아스는 성전을 버리고 아세라 목상과 우상을 섬겼다(18절).

3) 이에 하나님이 진노하사 선지자를 보내 돌아오라고 경계하나 듣지 아니한다(19절). 선지자 스가랴가 하나님의 신에 감동되어 백성들에게 외쳤다. 그러나 요아스는 명령을 내려 스가랴를 돌로 쳐 죽이게 했다(20~21절). 1년 뒤에 아람 군대(하사엘왕)가 예루살렘을 공격하자 요아스는 여호와의 전에 있는 모든 성물과 기구들, 금을 하사엘에게 바쳤다(왕하12:18). 이에 사밧과 여호사밧의 주도 하에 신복들이 요아스를 침상에서 죽이고 아들 아마샤를 왕위에 세웠다(왕하 12:21, 대하 24:25~27).

4) 이 책의 구성과 주요 내용은 다음과 같다.

1부 (1:1-2:17)	2부 (2:18-3:21)
과거	현재
유다가 당한 재난	다가올 여호와의 날과 이스라엘의 구원

〈요나서〉

1) 선지자 요나는 가드헤벨 출신(나사렛 북쪽 5km)으로 이름의 뜻은 '비둘기'이고 책명은 LXX 역은 '오나스', 불가타 역은 '요나스'이다. 유대 전승에는 요나를 엘리야가 살려준 사르밧 과부의 외아들로 소개한다(왕상 17:8~24). 북이스라엘의 여로보암 2세(BC 782~753년)때 활동한 선지자이며 엘리사 이후 아모스와 호세아 바로 직전에 활약했다.

2) 요나가 역사적으로 실재한 인물이냐에 대한 논란이 무수히 제기되었으나 니느웨의 회개 사건은 앗수르의 앗수르단 3세(BC 773~755년)때 실제 사건으로 증명되었다. 이외 요나서는 에스라와 느헤미야의 독선적 선민의식에 대항하기 위해 기원전 5~3세기경에 익명의 저자가 기록했다는 주장도 있으나, 정통 개혁신학적 입장은 역사적 실존 인물인 요나가 직접 당시 상황을 기록한 것으로 본다. 예수님도 요나를 인정했다(마 12:39~41).

3) 중심 주제 및 중심 구절
① 요나의 불순종과 불평, 그리고 아집과 믿는 자의 교만.
② 니느웨의 회개와 재앙의 취소- 이방인에 대한 하나님의 긍휼과 구원.
③ 중심문장
 "이 큰 폭풍을 만난 것이 나의 연고인 줄 내가 아노라"(1:12)
 "구원은 여호와께로 말미암나이다"(2:9 / 욥 22:27, 시 3:8, 사 45:17)
 "뜻을 돌이키사~재앙을 내리지 아니하시니라"(3:10)
 "좌우를 분변 치 못하는 자가 12만 명~ 내가 아끼는 것이 합당하다"(4:11)

4) 내용 구성

1부(1~2장)	2부(3~4장)
이방의 선교를 포기한 요나	이방의 멸망을 희구한 요나
1) 하나님의 선교명령과 요나의 불순종 2) 하나님의 심판과 요나의 회개, 구원	1) 니느웨의 심판 선언 2) 백성들의 회개 3) 심판의 취소 4) 요나의 불평과 대항 5) 박넝쿨 사건을 통한 하나님의 자상한 깨우침

〈아모스〉

1) 아모스의 이름은 '짐을 진 자' 라는 뜻으로 드고아(예루살렘에서 남쪽으로 약 19km 거리) 출신이다. 양을 치며 뽕나무를 재배했고(7:14), 무화과나무도 경작했다(3:4~5). 광야 생활에 익숙하였고(5:8, 19/9:9) 교육을 받지 못했으나 성경에 정통했으며 예리한 영적 통찰력을 가졌다. 이스라엘 왕이 거주하던 벧엘에서 주로 말씀을 선포했지만 이스라엘 백성들은 그가 유다 사람이라 하여 말을 듣지 않았다. 그러나 그는 하나님의 예언을 받아 앗수르의 멸망(BC 722년)을 선포했다(7:11).

2) **시대적 배경**

유다 웃시야 왕(BC 767~739년)과 이스라엘 여로보암 2세(BC 782~753년) 때로 BC 755년에 발생한 지진 사건 2년 전에 활약하기 시작했는데 스가랴 선지자는 이 지진이 웃시야 통치 기간 중 발생했다고 언급했다. 동시대의 선지자로는 요엘과 요나가 있고 뒤이어 호세아와 미가, 이사야가 활약했다. 당시 유다는 웃시야왕의 통치 아래 군사적, 경제적 번영을 누렸고 웃시야는 예루살렘을 요새화하고 인근의 블레셋, 암몬, 에돔을 징벌했다. 이스라엘 또한 여로보암 2세의 통치 아래 번영을 이루었으나 내적으로는 부패하고 타락하여 하나님과의 언약을 남김없이 깨뜨렸다.

3) 주요 메시지

① 배교와 방종

② 심판의 참혹함

③ 하나님의 자비하심과 이스라엘의 회복

4) 내용 구성

1부	2부	3부	4부
1~2장	3~6장	7~9:10	9:11~15
8가지 예언	3가지 설교	5가지 환상	5가지 약속
인근 국가와 유다, 이스라엘의 심판 예언	현재, 과거, 미래	황충, 불, 다림줄, 여름 실과, 부서지는 문설주	다윗 가계의 복원 새로운 땅, 포로의 귀환

〈호세아〉

1) 호세아의 이름은 '여호와는 구원이시다'(여호수아/ 예수)라는 뜻이다. 브에리(샘물)의 아들이자 디블라임('달콤함')의 딸 고멜('열렬함')의 남편이다. 슬하에 2남 1녀, 즉 이스르엘('하나님이 흩으시다': 예후가 아합을 멸망시킨 곳/왕하 9:10)과 로루하마('긍휼히 여김을 받지 못함'), 그리고 로암미('내 백성이 아니다')를 두었고 죄와 고난에 대해 하나님의 연민을 가진 선지자로 BC 755~715년까지 약 40년간 활동했다.

2) 시대적 배경

남 유다의 웃시야(BC 767~739년), 요담(BC 739~731년), 아하스(BC 731~715년), 히스기야(BC 715~686년)의 통치 때이고 북이스라엘에는 여로보암 2세(BC 785~753년) 말기로부터 스가랴(BC 753~732년), 그리고 마지막 왕 호세아(BC 732~722년) 때 활약했다. 북 왕국 선지자인 아모스 이후이고 남 유다의 이사야, 미가와 동시대 선지자이다. 북 왕국의 말기는 혼란과 쇠퇴의 시기였음에도 백성들은 호세아의 외치는 소리를 듣지 아니하였다. 영적으로 무지하여 하나님을 알지 못한다고 호세아는 안타까워하며 "여호와를 알자"(6:3)고 호소했다. 한편 호세아서의 편집은 히스기야 왕 때로 추정한다.

3) 주요 메시지와 특징
① 주요 구절
"내 백성이 지식이 없어 망한다(4:6)"

"저희는 번성할수록 내게 범죄한다(4:7)"
"여호와께서 우리를 찢으셨으나 도로 낫게 하실 것이요, 우리를 치셨으나 싸매어 주실 것이라(6:1)",
"나는 인애를 원하고 제사를 원치 않으며, 번제보다 하나님 아는 것을 원하노라(6:6)"

② 주요 특징

호세아 개인의 비극적인 결혼생활을 통해 이스라엘의 국가적 불행을 비교했다. 즉, 호세아가 창녀인 고멜과 결혼한 것처럼 하나님도 음란한 이스라엘과 정혼하셨다는 것이다. 다시 말해 고멜의 육체적 간음을 이스라엘의 영적 간음에 비유한 것이다. 그럼에도 마지막까지 이스라엘에 대한 심판과 멸망을 막아 보려고 발버둥치는 하나님의 사랑이 눈물겹도록 드러난 작품이다.

4) 내용 구성

1부(1~3장)	2부(4~14장)
부정한 아내, 신실한 남편	부정한 이스라엘, 신실한 하나님
1. 선지자의 결혼생활(1장) 2. 창녀 고멜과 자식들(2장) 3. 고멜의 회복(3장)	1. 이스라엘의 영적 간음(4~5장) 2. 회개의 거부(6:4~8장) 3. 심판(9~10장) 4. 회개와 용서(11~14장)
하나님이 호세아에게	호세아가 백성들에게

〈이사야〉

1) 이사야는 히) '예솨야후'인데 '여호와는 구원이시다'라는 뜻이다(구원이라는 단어가 이사야서에서만 26회 등장한다. 타 선지서에는 단 7회만 사용된다). 70인역 표제는 '헤사야스'이다. 유다 왕국의 귀족 가문 출신으로 상당한 교육을 받았다. 최소한 두 아들을 두었고(7:3, 8:3), 그의 아내는 여 선지자이다. 처음에는 북이스라엘 말기에 나라의 멸망을 예고하며 활동했으나 이스라엘이 멸망한 후엔 대부분 예루살렘에서 사역했다.[5]

2) 시대적 배경

이사야의 사역 기간은 대략 BC 740~ 680년경으로 본다. 그 근거로 이사야는 웃시야의 치세(BC 790~739년) 말기 무렵부터 시작하여, 요담(BC 739~731년), 아하스(BC 731~715년), 히스기야(BC 715~686년)시대까지 활동한다. 당시 앗수르는 디글랏 빌레셀 왕의 치하에서 강성하던 시기였다. 그는 동쪽 지역을 정복한 후 서서히 서쪽 지역을 눈독드리며 지중해 연안을 따라 유다를 호시탐탐 노리고 있었다. 이때, 유다는 하나님보다 다른 나라와의 동맹에 더 기대를 걸었고 이에 이사야가 BC 722년 북이스라엘이 멸망 당한 후 유다는 앗수르가 아닌 바벨론에 의해 멸망할 것이라고 경고했다.

---

[5] 탈무드에 의하면 므낫세왕 치세 때 톱으로 켜서 몸이 두 동강으로 잘리는 극형을 받았다고 전해진다(히 11:37 참조).

3) 주요 메시지 및 특징

① 성경 전체의 축소판으로 처음 1~39장은 이스라엘의 죄악과 심판에 관한 내용을 다루고, 40~66장은 소망의 메시지, 즉 메시야가 구주와 주권자로서 오시어서 십자가를 지시고 면류관을 쓰리라는 것을 다룬다.

② 일부 비평가들은 40~66장은 바벨론 포로 이후에, 다른 사람의 저작물, 소위 '제2 이사야서' 라고 주장하면서 이사야서의 통일성에 도전하고 있다. 그들은 1~39장은 앗수르를 배경으로 하고 40~66장은 바벨론을 배경으로 하고 있다고 주장하지만 실상은 1~39장에서 바벨론이 앗수르보다 두 배 이상 많이 언급되고, 또 두 부분이 언어, 문체, 신학에 있어서 현격한 차이를 드러낸다고 하지만 실제로 차이점보다 유사점이 훨씬 더 많다.

③ 이사야서의 신학적 가치와 의의는 어떤 성경보다 메시야의 초림(성육신)과 사역을 많이 다룬다는 것이다. 구약성경에는 메시야의 초림에 대해 약 300회 이상 언급되는데 상당수가 이사야서에 집중되어 있다. 이사야의 메시야 예언으로는 4:2, 11:2~6, 32;1~8, 49:7, 52:13, 15, 59:20~21, 60:1~3, 61:2-3 등이 있다. 특히 52:13~53:12의 말씀은 메시야 사역의 핵심을 이루는 부분이다.

4) 내용 구성

1부(1~35장)	막간(36~39장)	2부(40~66장)
죄와 심판의 예언	히스기야 왕의 이야기	위로와 구원의 예언
1) 유다에 대한 예언(1~12장) 2) 열방에 대한 예언(13~23장) 3) 주의 날에 대한 예언(24~27장) 4) 심판과 축복 예언(28~35장)	1) 히스기야의 구원 2) 히스기야의 질병 3) 히스기야의 죄	1) 이스라엘의 구원(40~48장) 2) 메시야: 이스라엘의 구원자(49~57장) 3) 이스라엘의 영광스러운 미래 (58~66장)

〈미가〉

1) 미가는 히) '미카야후'의 줄임말로 '누가 하나님과 같으랴?'는 뜻이다. 고향 가드모레셋은 예루살렘에서 남서쪽으로 40km 거리이며 블레셋과의 접경지역에 있다. 직전에 활약했던 아모스의 고향 드고아에서 불과 30km 거리이므로 그래서 혹자는 미가가 아모스의 영향을 받았을 것으로 추정한다. 이사야와 동시대 인물이며 이사야가 상당한 교육수준을 가진 귀족 출신으로 예루살렘에서만 예언 활동을 한 데 비해, 미가는 시골 출신으로 교육을 받지 못했고 지방의 여러 도시를 다니며 예언 활동을 했다. 주로 남 왕국에 대해 예언했으나 사마리아의 멸망을 예언하기도 했다(1:6).

2) 시대적 배경

북왕국이 앗수르에 멸망하기 직전, 남왕국의 요담(BC 739~731년), 아하스(BC 731~715년), 히스기야(BC 715~686년)의 시대로 대략 BC 735~710년 사이에 활약했다. 남 유다의 번영을 가져온 웃시야의 뒤를 이어 그의 아들 요담도 비록 각처 산당들을 모두 철폐하지는 못했지만 선왕의 정책을 그대로 계승했다. 그러나 요담의 아들인 아하스는 악행과 폭정으로 백성들의 원성을 샀으며 재위 기간 내내 인근의 강대국인 앗수르와 수리아의 위협과 공격에 시달려야 했다. 이에 히스기야 왕은 선지자 이사야의 충고대로 오직 하나님만을 의지한 채 앗수르에 대항하는 정책을 펼쳤다. 앗수르는 예루살렘을 포위하고 끈질긴 공격을 감행했으나 끝내 성공하지 못하고 회군했다. 히스기야는 남 유다의 왕들 중 하나님의 뜻에 순종한 보기 드문 현군이었다.

3) 주요 메시지 및 특징

미가서는 메시야 탄생장소와 영원성에 대한 가장 정확한 예언으로 유명하다(5:2). 또 그리스도의 통치에 관한 예언이 나타나 있고(2:12, 13, 4:1-8, 5:4-6), 유다의 부정, 즉 부패한 관리들과 거짓 선지자들, 타락한 제사장들과 저울을 속이는 상인들 및 백성들의 가식적인 예배와 하나님과 단절된 생활상들을 낱낱이 고발하고 있다.

4) 내용 구성

1부. 심판의 경고	2부. 회복의 예언	3부. 회개의 촉구
1~3장	4~5장	6~7장
사마리아와 예루살렘 멸망(1장) 유다 도시들과 백성들에 대한 심판(2장) 지도자들에 대한 심판 (3장)	미래의 왕국회복(4:1~6) 포로귀환 예언(4:6~5:1) 장차 올 왕의 예언 (5장)	하나님의 모의재판(6장) 용서와 구원의 약속(7장)

<참고: 앗수르의 왕들과 역사>

BC 745~727 : 디글랏빌레셀 3세

　　727~722 : 살만에셀 5세 : 사마리아 함락

　　722~705 : 사르곤 2세

　　705~681 : 산헤립

　　681~615 : 바벨론에 의해 멸망

　　615~530 : 페르시아(고레스 왕)가 바벨론 점령. 이후 페르시아는 로마에 복속됨.

⟨나훔⟩

1) 나훔은 느헤미야(하나님의 위로)의 축약형 이름으로 '안락함, 위로'의 뜻이다. 엘고스(예루살렘과 가사 사이로 추정. 혹자는 가버나움이 나훔의 도시라는 뜻이며 엘고스는 가버나움이라고 주장함) 출신의 남 왕국 선지자로 앗수르의 수도 니느웨가 멸망할 것이라는 나훔의 예언은 유다 백성들에게 큰 위로가 되었다.

2) 시대적 배경

BC 760년경 니느웨 백성들은 요나 선지자의 심판 예언을 듣고 회개하여 하나님으로부터 심판을 취소 받았다. 그러나 니느웨는 얼마 후에 다시 타락하기 시작했다. BC 722년에 사르곤 2세가 사마리아를 함락시키고 이스라엘 열 지파를 열방으로 산개시키어 노예로 전락시켰다. BC 701년엔 산헤립 왕이 대군을 이끌고 히스기야의 예루살렘을 포위하고 공격했으나 하나님의 구원으로 실패하고 산헤립은 귀국 즉시 아들들의 손에 의해 살해당했다(대하 32장). BC 660년경 나훔 시대에 앗수르는 아슈르바니팔 왕(BC 669~633년)의 치세 아래 최고의 번영을 구가했고 이때 나훔 선지자의 멸망 예언을 백성들이 무시했다. 그러나 이후 앗수르는 쇠락했고 드디어 BC 612년 바벨론에 의해 멸망 당했다.

> **<참고> 니느웨**
>
> 앗수르의 수도. 견고한 성으로 당시에 난공불락의 위용을 자랑했다. 높이 26m, 두께는 전차 3대의 넓이이고, 52m 높이의 탑에 너비 24m, 깊이 15m의 해자가 성벽을 끼고 있었다. 그러나 나훔은 니느웨가 범람하는 물에 의해 멸망할 것(나 11:8)과 세상에서 숨겨질 것(3;11)이라고 예언했는데, 이 예언은 불과 반세기 만에 티그리스강의 범람에 의해 성벽이 무너지고 이 틈을 이용해 바벨론이 니느웨를 점령함으로 성취되었다. 니느웨라는 도시의 흔적은 1842년 한 고고학자의 발견이 있을 때까지 세상에 드러나지 않았다.

3) 주요 메시지

~ 다시 타락한 니느웨에 대한 준엄한 심판이 예고된다. 주요 구절은 1:7~8, 3:5~7이며, 메시야에 대한 직접적 언급은 없지만 1:2~8에서 하나님의 속성을 언급했다.

4) 내용 구성

1장	2장	3장
멸망의 선포	멸망의 내용	멸망의 이유
1) 하나님의 속성(2~8) 2) 유다의 구원(9~15)	1) 전쟁(1~2) 2) 상세 서술(3~13)	1) 니느웨 저주(1~11) 2) 불가피성(12~19)

〈스바냐〉

1) 스바냐는 잔혹한 탄압으로 악명을 떨친 므낫세 통치 말기에 출생했는데 이름의 뜻이 '여호와가 숨기시다'(츠판야)인 것은 잔혹한 탄압으로부터 숨김을 받았다는 것을 의미한다. 히스기야 왕의 4대 손(아마랴- 그다랴- 구시/아몬)이자 왕족으로서 요시야왕의 궁정에 자유로이 출입하며 요시야의 종교개혁을 도왔다. 하박국, 예레미야와 동시대 선지자이다.

2) 시대적 배경

요시야왕(BC 640~609년)때, 니느웨 멸망(BC 612년) 이전으로 대략 BC 640~612년경에 해당한다. 요시야 이전의 므낫세와 아몬의 악정은 유다에 깊은 상처를 주었다. 그런 점에서 요시야의 종교개혁은 너무 늦은 감이 있었고 미약하기만 했다. 스바냐는 이런 시대에 서서 하나님의 엄중한 진노를 선포하며 백성들의 회개를 촉구하고 있다. 그러나 백성들은 잠시 귀를 기울이는 듯 하다가 다시 우상숭배와 거짓 가르침에 미혹되기 시작했다. 이후 유다는 여호와스, 여호와긴, 여호아김, 시드기야를 끝으로 바벨론에게 처참히 멸망한다. 대하 34~35장의 기록에 의하면 요시야 왕은 8세에 등극하여 16세에 하나님의 뜻을 깨달았고 20세에 1차 종교개혁을(BC 628년), 26세에 2차 종교개혁(BC 622년)을 단행했다. 특히 2차 개혁 때 제사장 힐기야가 율법 책을 발견하여 이스라엘의 영적 부흥 운동에 크게 이바지했다.

3) 주요 메시지 및 특징

① 주요 낱말: 여호와의 날. 심판의 날(2:4~15). 주의 날, 복의 날(3:9~20)

② 주요 구절: 1:14~15, 2:3

③ 여호와의 날에 있을 우주적 심판과 그 참상(1:3, 15)은 예수 재림과 관련된 것으로, 예수께서도 친히 본서를 인용했다. "넘어지게 하는 것, 불법자들을 풀무불에"(마 13:41~42)는 습 11:3 말씀에서 인용했고, "환난 후, 즉시 해가 어두워지며 달이 빛을 잃고 별들이 하늘에서 떨어지다"(마 24:29)는 습 1:15~16 말씀에서 인용했다.

4) 내용 구성

1부/ 1:1~3:8	2부/ 3:9~20
주의 날에 있을 심판	주의 날에 있을 구원과 회복
진노의 날	기쁨과 찬송의 날
1) 보편적 심판(1:1~3) ⇒ 유다 심판(1:4~2:3) 2) 열방의 심판(2:4~15) ⇒ 예루살렘 심판(3:1~8)	1) 이방인의 구원(3:9) 2) 이스라엘의 구원(3:10~13) 3) 이스라엘의 회복(3:14~20)

⟨하박국⟩

1) 하박국은 히) '하바크'인데 '껴안다'라는 뜻이다. 70인 역 표제는 '암바쿡'이고 불가타역은 '하바꿈'이다. 제사장이자 직업적 선지자이며 외경 다니엘서에는 다니엘이 하박국에 의해 구원을 받은 것으로 기록되어 있다.

2) **시대적 배경**

바벨론이 최강대국으로 호령하던 때에 유다는 16대 요시야 왕의 개혁 실패를 기점으로 내리막길을 걷는다. 여호와아스와 여호야김(BC 609~597년)은 온갖 악행으로 나라를 멸망의 길로 인도했고(왕하 23:34~24:5, 렘 22:17), 여호야김은 초기 3년간 바벨론을 섬기다가 애굽의 힘이 강해지자 바벨론을 배반했다. 이에 바벨론은 갈대아와 아람, 모압, 암몬 연합군을 편성하여 유다를 총공격했다(왕하 24:2). 이어 그들은 애굽까지 공격하고 점령했다(24:7). 그리고 여호야긴을 왕으로 세우고 회군하지만 여호야긴도 곧 바벨론을 배신했다. 그리하여 이번엔 느부갓네살이 직접 군사를 이끌고 예루살렘 성을 포위 공격하여 응징했다. 그 결과 바벨론은 1차로 여호야긴 왕과 포로들을 끌고 갔고 왕의 삼촌인 맛다디야를 새 왕으로 옹립하는데 그가 마지막 왕인 20대 시드기야이다(BC 605년).

시드기야는 집권 초기부터 내부를 점검하는 등 치밀한 준비를 한 후 드디어 바벨론으로부터 독립을 꾀하자 이에 바벨론은 시드기야 9년 10월 10일(BC 587년)에 총공격을 개시하여 2년간 예루살렘 성을 포위했다. 성안에 기근과 양식이 떨어지자 군사들이 성벽에 구멍을 내어 무너뜨리고 도망을 쳤다(BC 586년). 결국 왕의 두 아들이 죽고 시드기야는 두 눈이 뽑힌 채 포로로 끌려갔다(왕하 25:7). 멸망한 유다는 바벨론에 충성을 맹세한 그달리야가 총독이 되어 다스렸다. 그러나 남은 왕족 이스마엘이 결사대 10인을 이끌고 그달리야를 암살했다(25:25). 바벨론에 끌려간 여호야긴은 36년 만에 왕에 합당한 예우를 받았다. 한편, 바벨론은 나보폴라살 왕 때(BC 626~605년) 강성하여 BC 612년에 앗수르를 점령하고 뒤이어 느부갓네살 왕이 서쪽으로 애굽까지 영토를 확장하고 점령지의 지도자 약 1만 명을 포로로 끌고 갔다.

3) 주요 메시지 및 특징
① 주요 절: "의인은 그의 믿음으로 말미암아 살리라"(2;4)
② 특징: 처음과 끝의 완전한 대비 구조, 의혹과 확신, 질문과 긍정, 불평과 신뢰 등.
③ 하나님의 징계에 대한 선지자의 질문
~ 범죄한 유다를 징벌하시려는 하나님의 의도는 이해하지만 그 도구(회초리)가 어찌하여 바벨론인가? 제아무리 유다가 악행을 저질렀다지만 바벨론이 훨씬 더 악하지 않은가?

4) 내용 구성

1부 / 1-2장	2부 / 3장
하박국의 질문과 하나님의 대답	하박국의 기도/ 찬양
1차: Q. 1:1-4, A. 1:5-11	인격찬양(1-3), 권능찬양(4-12)
2차: Q. 1:12-2:1 A. 2:2-20	하나님의 계획을 찬양(13-19)

〈예레미야〉

1) 예레미야는 히) '이르메야후'인데 '여호와가 만지시다'라는 뜻이다. '만지다'는 심판을 상징한다. 인간적으로 연약한 사람("나는 아이라"/1:6)이지만 그러나 예언에 있어서는 진실하고 대담했다. 망국에 대한 애처로운 고뇌, 범죄에 대한 의분을 가졌지만 항상 하나님을 신뢰하고 이스라엘의 회복을 확신했다. 일명 '눈물의 선지자'로 알려진다. 본서는 예레미야의 구술을 받아 대부분 바룩이 대필했다(1:1, 36:1~2, 대하 36:21, 스 1:1, 단 9:2).

2) **시대적 배경(왕하 22장~, 대하 35장~)** : 국제적으로는 갈대아가 근동지방에서 앗시리아와 세력 다툼을 하고 있었고 국내적으로는 요시아왕 통치 기간 중 잠시 평화를 구가했지만 종교적 타락으로 극심한 고난에 처했다. 당시 주요 왕들은 다음과 같다

① 요시야(BC 640~609년, 31년 재위)

    8세에 즉위하여 26세 때인 BC 622년 성전 수리 중 율법 책을 발견하고 종교개혁운동과 말씀 운동을 전개했다. 불행하게도 애굽과의 전투 중 므깃도에서 전사하여 종교개혁을 완성하지 못하였다.

② 여호아하스(BC 609년, 3개월 재위)

    요시아 넷째 아들로 반 애굽 정책으로 느고 왕에 의해 폐위되었다.

③ 여호야김(BC 608~597년, 11년 재위)

    요시야 둘째 아들로 2세에 애굽 왕 느고에 의해 즉위했으나 두루마리 예언서를

소각하는 등 평생 악행으로 일관했다. BC 605년 바벨론 1차 침공 때에 강제 퇴위 당했다.

④ 여호야긴(BC 597년, 3개월 10일 재위)

여호야김 아들로 18세에 즉위했다, 반 바벨론 정책과 악행을 일삼다 BC 599년 바벨론 2차 침공 때 느부갓네살 왕에 의해 폐위당하고 2차 포로로 끌려갔다.

⑤ 시드기야(BC 597~586년, 11년 재위)

요시야의 막내아들로 21세에 바벨론 느부갓네살에 의해 옹립되었다. 그의 반 바벨론 친 애굽 정책을 예레미야가 반대했으나 듣지 않다가 결국 나라를 멸망시켰다.

3) 주요 메시지 및 특징

① 하나님의 계획과 뜻에 대한 인간의 불순종이 낳은 결과가 무엇인가를 극명하게 보여준다.

② 수많은 사람들이 선지자의 목소리를 외면하고 조롱하고 핍박했지만 하나님의 말씀을 맡은 자로서 예레미야의 선지적 사명은 오늘날에도 큰 울림의 메시지를 던지고 있다.

③ 주요 내용

~ 고의적인 범죄(2:1~3:5)

~ 심판(3:6~6장)

~ 위선적 신앙(7~10장)

~ 언약의 파기(11~12장)

~ 관계개선/썩은 베피

~ 포도주병 비유(13장)

~ 가뭄과 중보기도(14~15장)

~ 독신생활에 대해(16~17장)

~ 토기장이 비유(18~20장)

~ 거짓 선지자들(23장)

~ 무화과 두 광주리 비유(24장)

~ 70년 포로 생활 예언(25장) 등.

4) 내용 구성

서론	본론		결론
1장	2~45장	46~51장	52장
소명	유다에 대한 예언	열방에 대한 심판예언	예루살렘 멸망
소명 (1:1~10) 환상 (1:11~16) 확신 (1:17~19)	12개의 설교(2~25장) 예레미야의 고군분투 (26~29장) 예루살렘의 회복 예언 (30~33장) 예루살렘의 함락 예언 (34~45장)	애굽 가나안 족속들 모압 암몬 에돔 다메섹 게달과 하솔 엘람 바벨론	함락(52:123) 포로(24~30절) 여호야긴 석방(31~34절)

〈예레미야 애가〉

1) **바벨론의** 침략으로 초토화가 된 예루살렘을 본 예레미야가 참담한 심정으로 눈물을 흘리며 읊은 다섯 편의 조가로 히브리어 표제는 '에카'(아, 어찌하여)이다. 그는 애가를 히브리어 자모의 순서에 맞추어 지었다. 즉 매장마다 각 행의 첫 글자를 히브리어 첫 글자인 알렙(א)으로 시작하고 총 22개 자모에 맞추어 배열했다.

2) **죽음과 파멸에** 직면한 이 무서운 현실 속에서도 예레미야는 의기양양하게 승리를 외친다. 그는 하나님은 과거에도 자신을 실망시킨 적이 없으며 미래에도 계속해서 하나님은 약속을 지키실 것이라고 확신하고 있다. 이 책은 아마 예루살렘이 파괴된 직후 추방이 시작된 직후에 기록된 듯하다. 바벨론 왕 느부갓네살은 BC 588년 정월부터 BC 586년 7월까지 예루살렘 성을 포위했다. 드디어 7월 19일에 성이 점령되었으며 8월 15일에는 도성과 성전이 불타고 말았다. 예레미야는 이후 그를 적대하는 동료들에 의해 애굽으로 잡혀가는데 포로 직전에 이 애가를 지은 것으로 보여진다.

3) **주요 메시지 및 특징**
① 답관체
~ 답관체란 22자로 이루어진 히브리어 알파벳의 순서대로 각 연의 첫 자를 배치하는 시작법이다. 본서는 5장을 제외하곤 모두 이 형식을 취하는데 1, 2, 4장은 22연이지만 3장은 3연씩 반복된 까닭에 모두 66연으로 이루어져 있다. 고대 히브리인들이 이 같은 형식을 사용한 것은 쉽게 외울 수 있도록 만들었기 때문이다.

② 술 틀의 의미
~ 예레미야는 유다의 고통을 일상생활과 밀접한 연관을 지닌 술 틀을 사용하여 묘사하였는데(1:15), 이 술 틀 안에 수확한 포도송이를 집어넣고 한두 사람이 포도의 즙이 술 틀을 넘치게 될 때까지 술 틀 안에 들어가서 포도송이를 밟았다. 예레미야는 죄를 미워하시는 하나님의 심정을 이렇게 비유한 것이다.

4) 이 책의 구성과 주요 내용은 다음과 같다.

1장	2장	3장	4장	5장
예루살렘의 멸망	여호와의 진노	자비를 구하는 기도	예루살렘의 포위	회복을 비는 기도
1)예레미야애가 (1~11절) 2)의인화된 예루살렘의 애가 (12~22절)	1)황무한 예루살렘의 묘사 2)하나님의 도구, 바벨론 3)예레미야의 고통과 슬픔	1)백성의 고난에 대한 예레미야의 입장(1~18절) 2)하나님의 열정적인 사랑과 신실하심 (19~39절)	1)바벨론의 포위 공격 2)공격의 원인 3)소망	1)이스라엘의 비통한 상태 2)간구 기도
슬픔 애곡하는 성읍	원인 흩어진 백성	소망 고난받는 선지자	회개 황폐된 왕국	기도 참회하는 민족

〈오바댜〉

1) 오바댜는 "주의 종, 주의 경배자"라는 뜻이며 남 유다 출신이지만 출신 배경 등에 관해 알려진 바가 없다. 구약에는 13명의 오바댜가 등장하는데 이중 타당성이 있는 관련 인물은, 아합 궁의 궁전에 있었던 관리로서 하나님의 선지자를 굴속에 숨겨둔 사람(왕상 18:3)과, 여호사밧왕 때 지방에 파견된 율법 교사들 중의 하나(대하 17:7), 그리고 느헤미야 시대의 제사장(느 10:5) 등이 있다.

2) 시대적 배경

여러 설(1장 11절/외국의 예루살렘 침공이 있던 때)이 있다.
① BC 926년, 애굽의 시삭이 르호보암의 예루살렘을 침공하고 성전과 궁전의 보물을 약탈함(왕상 1:25~26).
② 여호람(BC 848~841)시대에 블레셋과 아라비아가 침공함(대하 21:16~17).
③ BC 790년, 북이스라엘의 여호아하스가 유다를 침공함(왕하 14, 대하 25장).
④ BC 586년, 바벨론의 느부갓네살이 예루살렘을 완전히 파괴함(왕하 24~25장).
(②의 경우라면 오바댜는 엘리사와 동시대로 요엘 직전에 활동했고, ④의 경우라면 1장 11절과 가장 부합한다.)

3) 주요 메시지 및 특징

① 언약 관계에서 본 '의'의 개념
~ 성경의 가르침에 의하면 죄란, 하나님께서 세우신 언약을 지키지 못한 것을 말한다(수7:11, 삿 2:20, 사 24:5, 렘 22:9). 그러므로 '의'란 언약을 준수하는 것이

다. 일반적으로 '의'(히. 체데크, 헬. 디카이쉬네)는 모두 '똑바름'을 뜻한다. 이는 어떤 기준에의 도달 혹은 일치를 의미하는데 성경에서 이 기준은 바로 하나님이 세우신 언약을 말하는 것이다.

② 구속사에 나타난 언약의 계승

~ 언약의 이행 여부가 '의'냐 '불의' 냐를 가름하는 기준은 하나님께서 아담과 맺으신 행위언약에 잘 나타나 있다(창 2:16~17). 언약을 어기고 자기 욕심을 쫓은 아담은 모든 죄인들의 표상이 되었고 타락한 인류의 대표자가 되었다. 이후 하나님은 타락한 인류를 구원하기 위해 타락한 백성과 수차례에 걸쳐 언약을 맺으시며 구속사를 진전시키셨다. 드디어 예수 그리스도가 이 모든 언약을 성취하시고 완성시켰다.

③ 주요 낱말 및 사용횟수

~ 교만(3회), 수탈(6회), 멸절(9회), 포학(10회), 늑탈(11회), 방관(13회), 만국과 만국인(15, 16회), 에서의 산을 심판(21회)

4) 내용구성

1부. 심판과 원인(1-18절)	2부. 이스라엘의 회복(19-21절)
혈족이면서도 이스라엘의 환난을 돌보지 않았다.	다윗 시대의 회복, 포로의 귀환

<참고> 에돔

~ 에돔의 역사는 장자의 명분을 판 에서가 에돔(붉다)이라는 이름을 받으면서부터 시작된다. 에서는 야곱과 헤어진 후 산이 많은 세일 지역으로 가서 원주민 호리 족속을 점령하고 정착했다. 이후 이들은 형제의 나라인 이스라엘을 사사건건 대적했다. 출애굽한 이스라엘 백성이 자기 영토를 지나 가나안으로 들어가는 것을 불허했고, 사울과 대치했으며, 다윗과 솔로몬시대에는 복종했다. 여호사밧 때에 반기를 들었고, 여로보암 2세 때는 반란을 일으켰다. 이에 아마샤 왕이 직접 토벌했고, 아하스 왕 때에 독립을 이루었다. 앗수르와 바벨론이 강성하면서 그들의 식민지가 되었으며, 특히 BC 586년 바벨론이 예루살렘을 침공할 때는 그들의 앞잡이가 되어 형제의 멸망을 도왔다. BC 5세기경에는 북쪽 나바티안족의 침공으로 거주지를 훨씬 남쪽인 이두메 지역으로 이동하여 이때부터 이두메인으로 불렸다. BC 37년 이두메 출신의 헤롯이 로마 권력과 결탁하고 분봉왕이 되어 예루살렘을 다스렸으며 이후 이스라엘은 그의 아들 3명에 의해 분할 통치되는 비운을 겪는다. 결국 AD 70년 티투스 장군에 의해 예루살렘 성이 함락될 때 헤롯 가문도 함께 멸망함으로써 이두메의 역사는 종지부를 찍었다. 그들의 죄악은 오바댜가 예언한 대로 영원히 멸절되었고(10절), 에서 족속은 남은 자가 없게 되었다(18절).

제7편

포로시대

(에스더, 에스겔, 다니엘)

A. 배경설명

1) 바벨론은 식민 정책의 일환으로 피정복국가의 백성들을 포로로 끌고 갔는데 유다 백성은 3차례에 걸쳐 끌려갔다. 1차 포로(다니엘, 느부갓네살 왕) 이후 70년 간(BC 605~535년) 포로 생활을 하다가 바사(페르시아/이란)의 고레스왕이 반포한 칙령에 의해 고향으로 귀환했다. 오랜 포로 생활로 하나님의 율법과 절기와 문화를 잃은 유다 백성들은 귀환 후, 학개와 스가랴 등 지도자들과 함께 성전을 재건하고 그 성전을 중심으로 다시 새로운 신앙생활을 다짐했다.

2) 이때 바사에서는 아직 귀환하지 못하였거나 이런저런 사정으로 정착한 유대인들이 탄압을 받는데 이것을 기록한 책이 에스더서이다. 에스더는 유대인으로 삼촌(사촌 오빠?)인 모르드개에 의해 양육되었고 바사의 아하수에로 왕의 왕비로 발탁되어 죽음에 직면한 유다 백성을 구출하는 하나님의 도구로 사용된다. 이 사건을 기념한 명절이 부림절이다.

3) 에스라서에 성전 재건의 일이 기록되어 있지만 막상 에스라가 귀환한 때는 성전 재건 후 약 60년이 지난 후(BC 440~430년경)이며, 귀환해 보니 이미 예루살렘 성전은 재건된 상태였다. 이에 에스라는 돌아온 백성들의 명단을 정리하는 한편 백성들을 영적으로 지도하기 위해 율법을 가르쳤다. 그러나 여전히 이방 백성들과 피를 섞으며 혼합 민족이 되어가는 상황을 보고 사회개혁에 박차를 가했다. 느헤미야는 에스라가 예루살렘으로 돌아온 지 약 13년 후에 예루살렘에 도착했다.

4) 결론적으로 스룹바벨과 예수아는 성전 재건의 꿈을 갖고 귀향하여 그 기초를 닦았으며, 학개와 스가랴는 성전 재건이 반대세력에 의해 수년간 중단되자 다시 힘을 내도록 격려하는 역할을 했으며, 에스라는 영적 지도자의 역할을 했고, 느헤미야는 공식적으로 바사 제국의 총독 직함을 가지고 성벽 재건의 역사를 담당했다.

B. 책별 내용 〈에스더서〉

1. 왕비 에스더

'별' 또는 '처녀'라는 뜻의 페르시아어 '에스텔'을 히브리어로 음역했다. 에스더의 히브리 본명은 '도금양 꽃'이란 뜻을 가진 '하닷사'였다. 사촌 오빠(?) 모르드개 밑에서 고아로 자란 에스더는 엘람의 수도 수사에서 살았는데 수사는 페르시아에 정복되었다. 에스더는 페르시아의 아하수에로 왕(크세르크세스 1세. BC 485~465년)의 왕비인 와스디가 폐위된 이후 왕비로 간택되었다. 이후 유대인들을 죽이려는 하만(아말렉족의 후손)의 음모를 생명의 위험을 무릅쓰고 저지시켰다.

2. 시대적 배경

많은 유대인들이 고레스 왕의 명령에 따라 바벨론 포로 생활을 끝내고 고국으로 귀환했지만 아직도 페르시아 제국 내에는 여러 사정으로 고국으로 돌아가지 못한 유대인들이 남아 있었다. 모르드개와 에스더도 잔류한 유대인들중 한 사람이었다. 당시 페르시아(바사)는 인도에서 구스(에티오피아)까지 무려 127도(道)의 지역을 통치하던 최고의 강대국이었다. 일명 크세르크세스 왕은 '위대한 사람'이란 뜻으로 정복왕 다리오 1세의 뒤를 이어 바사 왕국을 통치했으나 살라미스 해전(BC 480년)과 플라티아 전투(BC 479년)에서 헬라제국에게 연패하고 귀국 후 방탕한 생활을 일삼다가 암살되고 말았다.

3. 내용 구성

분류	<1부> 위기에 처한 유대인	<2부> 유대인들의 승리
성경	1~4장	5~10장
내용	1. 왕후로 간택된 에스더(1:1~2:20) - 와스디의 폐위, 새 황후 찾는 조서, 간택 2. 하만의 흉계(2:21~4:17) - 모르드개의 암살 음모 폭로, 하만의 흉계 - 아하수에로 왕의 조서	1. 하만을 물리친 모르드개(5:1~8:3) - 에스더의 연회, 하만의 죽음, 모르드개의 회복 2. 이스라엘의 승리(8:4~10:3) - 에스더의 탄원, 제2차 조서, - 이방인들의 개종, 적을 이긴 이스라엘, - 부림절, 모르드개의 명성

4. 주요 내용

1) 바사의 고레스 왕은 비록 이방 나라의 왕이었지만 개인적으로 하나님의 은혜를 입고 바벨론 땅에 살던 유대인 포로들을 고국으로 귀환할 수 있도록 칙령을 반포했다. 이에 BC 538년에 스룹바벨의 인도 아래 1차 귀환이 있었고, 그리고 약 80년 후 아닥사스다 1세 때에 에스라 등이 중심이 된 2차 귀환이 이루어졌으며, 그리고 BC 444년경에 느헤미야 총독이 주도한 3차 귀환이 있었다. 그러나 여러 사정으로 고국으로 귀환하지 못한 유대인들이 페르시아 제국 전체에 흩어져 살게 되었다. 이들을 일러 '디아스포라' 유대인이라 부른다. 에스더서는 바로 이 디아스포라 유대인들과 관련한 이야기로 디아스포라에 관해 들려주는 유일한 기록이다. 이런 맥락에서 보면 에스더서는 고대 유대인들의 삶의 세계를 들여다볼 수 있는 작은 창문과 같다.

2) 에스더서의 세계는 특히 신학적으로 모호한 세계이다. 실제로 히브리어로 된

에스더서는 하나님을 전혀 언급하지 않는다(물론 70인 역은 다르다). 에스더서의 하나님은 아무에게도 말씀하시지 않고 아무도 하나님에게 말하지 않는다. 이러한 특이한 하나님의 부재에 대해 학자들은 신적인 심판의 징조로 해석한다. '에스더'의 히브리어 동사는 '숨다'(사타르)인데 이것의 1인칭 즉 '나는 숨을 것이다'가 에스더 이름의 뜻이다. 다시 말해 하나님이 전면에 나서지 않으시지만 모든 사건의 배후에 숨어 계신다는 메시지를 읽을 수 있다.

3) 반면에 에스더서는 신적인 간섭과 섭리를 배제하고서도 얼마든지 읽을 수 있는 이야기라는 점에서 특별하다. 인간의 일에 나타나는 우연과 행운 혹은 불운 그리고 인간적인 재간의 이야기가 되고도 남는다. 반면에 에스더서는 욥기와 전도서처럼 질문에 대해 즉시 답변하는 것을 피하고 그 질문들을 품고 지내면서 여러 해결책을 제시하고 있다.

4) 유대 전통에서 에스더서는 '메길라' 즉 '두루마리'로 불린다. 직접 관계된 절기는 '제비들'이라는 뜻을 가진 부림절(Purim)이다. 이것은 3장에서 왕과 하만이 뽑은, 운명을 결정하는 제비뽑기에서 따온 것이다. 부림절로 인해 바사의 모든 유대인들이 목숨을 부지할 수 있었다. 이날은 하나님에 의해 주어진 승리의 날이었다. 그래서 이후 전통에서 유대인들은 부림절에 에스더서를 가장 큰 목소리로 읽고 아이들은 저녁 시간에 모여 각자 에스더서의 등장인물들(에스더, 모르드개, 와스디, 하만, 내시 등)의 배역을 맡아 연극을 하는 전통을 세웠다. 그러나 이 절기는 유대 역사에 있어서 또 다른 대학살의 날이 되기도 했다. "모든 유대인을 젊은이 늙은이 어린이 여인들을 막론하고 죽이고 도륙하고 진멸하고"(에 3:13)라는 대학살의 예언은 나치 정권에 의해 자행된 홀로코스트의 대학살로 성취되어 유대인에게 가장 큰 고통을 안겨 주었다.

5) 그러나 지금도 전 세계에 흩어진 유대인들은 부림절에 관한 고통스러운 기억에도 불구하고 해마다 열광적이고 유쾌한 방식으로 에스더의 이야기를 꺼내어 읊는다. 에스더 이야기를 생생하게 기념하며 축하함으로써 부림절은 신앙의 요체가 엄

숙함과 엄격함이 전부가 아니며. 고독과 기도만도 아니며 공동체 안에서 다른 사람들과의 교제에서도 지켜져야 함을 깨우쳐 주고 있다. 교회는 영원무궁토록 주님의 공동체이다.

5. 본문해설

1) 아하수에로 왕(1:1)

~ 그는 페르시아 영토를 인도(파키스탄)로부터 구스(에디오피아)까지 확장한 다리오 1세를 계승한 왕으로 BC 485~464년의 통치자였다. 한 비문에는 아하수에로 왕이 자신을 일러 '위대한 왕, 왕 중의 왕, 광대한 열방의 왕'으로 표현한 글이 발견되었다. 본서에 기록된 그의 성격은 매우 변덕스러운 인물로 소개된다. 그는 간신배의 무고를 검증 없이 받아들이고 유대인을 도륙하고 진멸하라는 명령을 추인했으나(3:13) 후에는 이 명령을 취소하고 정반대의 명령(8:11)을 내릴 만큼 예측 불가능한 인물이었음을 암시한다.

2) 수산궁

~ 엘람의 수도로 다리오 1세가 재건하여 겨울 왕궁으로 사용했다. 보통의 때엔 주로 페르세폴리스 궁에 머물렀다.

3) 잔치(1:3~8)

~ 페르시아 왕들은 전쟁을 일으키기 전에 출정 점검을 겸한 참모 회의적 성격을 가진 연회를 열었는데, 많게는 15,000여 명이 참석하고 여섯 달 동안 열었다. 역사가 헤로도투스(Herodotus, BC 484~425?)는 아하수에로 왕의 경우 전쟁 준비에 2년을 소요했다고 기록했다. 180일 동안 전략회의를 겸한 잔치가 끝나면 이후 7일간은 순수한 왕의 여흥을 위해 마련된 잔치가 이어졌다. 이 잔치에는 신분의 고하를 막론하고 수산의 모든 백성들이 7일에 걸쳐 초청되었다.

4) 왕후 와스디(1:9)

~ 원래 이름은 아메스트리스(Amestris)인데 헬라어 음역으로 표기되는 와중에 와스디(Vashti)로 바뀐 것으로 본다. 헬라 사가들에 따르면 그녀는 바사가 헬라제국과의 전쟁에서 패한 직후인 BC 479년에 왕후가 되었으나 BC 483년에 잔치에 참석하라는 왕의 명령을 거역함으로서 폐위되었고 이후 그녀의 아들 아닥사스다 1세(BC 464~424년)가 즉위하자 섭정으로 복귀했다고 한다.

5) 모르드개(2:5)

~ 이 이름은 앗수르와 바벨론의 주신 마르둑(Marduk)과 관계가 있다. 포로가 된 유대인들은 본토인들과의 좋은 관계와 이미지를 위해 본토인들이 즐겨 사용하는 이름들을 영문도 모른 채 많이 사용했는데 모르드개도 그런 이름 가운데 하나로 본다. 그의 선조는 사울 왕의 가계에 속한 기스(삼상 9:1, 14:51)나 시므이(삼하 16:5) 등이고 사울 왕이 하나님의 명령으로 아말렉 족과 싸웠듯이 모르드개도 아말렉의 후손인 하만과 정치적 대립을 통해 싸워야 했다. 그에 대한 기록은 바벨론 근처에서 발견된 상형문자 비문에 기록되어 있다.

6) 하만(3:1)

~ 아각 사람 함므다드의 아들이다. 함므다드는 페르시아식 이름이고 아각은 하만의 가까운 조상이거나 아말렉 왕 아각(삼상 15:20)의 후손일 수 있다. 아말렉족은 출애굽한 이스라엘의 행로를 가로막은 것을 시작으로 이후 사사건건 이스라엘을 침공하고 괴롭힌 민족으로 하나님은 아말렉으로 더불어 대대로 싸울 것이라 선포했으며(출 17:8~6), 사울 왕으로 하여금 아말렉족을 진멸하라고 명령했다(삼상 15장). 하만은 바로 그 아말렉족의 후손으로 모르드개가 다른 사람들과는 달리 왕에게 무릎을 꿇거나 절을 하지 않음에 대노하여 바사 제국 안에 포로가 된 유대인들을 멸절하려고 시도했다. 당시 바사 제국을 비롯한 여러 지역에 디아스포라 된 유대인들의 수는 약 70만 명으로 추산한다. 400년 뒤 예수 그리스도로 말미암아 전 세계로 디아스포라한 유대인은 약 400만 명으로 늘어났다고 한다.

7) 부르(3:7)

~ 하만은 유대민족을 멸절시키려는 음모를 준비했다가 거사 날을 결정했는데 그 방식은 제비를 뽑는 '부르' 형식이었다. 이스라엘 백성들도 하나님의 뜻을 분별하기 위해 제비를 뽑는 사례가 허다했다. 그러나 "사람이 제비를 뽑으나 일을 작정하기는 여호와께 있다"(잠 16:33)는 전제하에서 이루어졌다. '부림'은 이 '부르'의 복수형으로 훗날 '부림절'이라는 유대인의 한 절기로 정착되었다.

8) 위기에 처한 모르드개의 대처방식(4:1~17)

① 옷을 찢고 굵은 베옷을 입고 재를 뒤집어 쓰다(1)

~ 이러한 관행의 역사는 매우 오래되었다(창37:34, 삼하 1:11. 사 3:24, 단 9:3). 물론 타민족들도 이와 비슷한 관행을 가지고 있었다(사 15:3, 겔 27:30~33). 역사가 헤로도투스에 따르면 아하수에로 왕 당시 살라미스 전투에서 참패한 후 수산궁의 사람들은 비통함으로 옷을 찢었다고 기록하고 있다.

② 금식하다(3)

~ 히브리어로 금식을 나타내는 단어는 '촘'(느 9:1)인데 이는 일차적으로 음식을 끊는다는 의미이다. 가장 강력한 금식의 표징은 '아나 네페쉬'(레 16:29)라는 말인데 이는 '자신의 영혼을 괴롭힌다'는 뜻으로 죽음을 불사한다는 강력한 의미가 내포되어 있다. 이후 포로귀환 후 유대인들은 예루살렘 성전을 중심으로 한 신앙공동체로 결속하는 과정에서 공동 금식의 날을 제정하였고 이후 스가랴서에 따르면 정기 금식은 네 시기로 늘어났다(슥 8:19). 신약시대로 들어와서 금식은 '네스튜오'(눅 5:33)라는 단어로 표시되는데 일종의 '경건 훈련'의 의미로 사용되었다. 예수님은 금식을 비난하지 않으셨지만 금식은 자신의 신앙을 외면적으로 나타내기 위한 허식이 아니라 하나님의 영광을 위한 자기 헌신의 표현이어야 함을 특별히 강조하셨다.

"금식할 때에 너희는 외식하는 자들과 같이 슬픈 기색을 보이지 말라 그들은 금식하는 것을 사람에게 보이려고 얼굴을 흉하게 하느니라 내가 진실로 너희에게 이르노니 그들은 자기 상을 이미 받았느니라"(마 6:16)

③ 크게 애통하고 부르짖다(3)
~ 주로 유대인 공동체의 회개는 크게 부르짖고 울부짖는 방식으로 표현되었다. 영어 성경은 이를 'cried out with a loud and bitter cry'라 하고 또 'great mourning' 'with fasting and weeping and lamenting'으로 번역하고 있다. 어떤 이들은 지나치게 부르짖다 피를 토하기도 했다고 한다.

9) 죽으면 죽으리라(4:16)
~ 하나님의 뜻에 온전히 복종하고자 하는 에스더의 담대하고 숭고한 신앙의 표현이다(창 43:14, 마 10:39). 에스더는 말로만 이렇게 한 것이 아니라 3일간 주야로 금식을 단행했다. 그녀의 이 위대한 결단은 위대한 업적을 낳는 결정적인 동인이 되었다. 페르시아 127도에 산재한 유대인들에 대한 하만의 말살 음모는 이틀 만에 역전되어 오히려 그들이 전멸당하는 결과로 이어졌다.

10) 왕이 잠이 오지 않으므로(6:1)
~ 때마침 아하수에로 왕이 불면증에 시달린다. 70인 역과 벌게이트 역은 이에 대해 하나님이 왕의 잠을 앗아갔다고 설명하고 있다. 즉, 하나님은 모르드개의 공적을 모르고 있는 왕으로 하여금 잠을 잃어버리도록 하여 그 시간을 이용해 모르드개에 대해 무슨 일이 일어나고 있는지를 파악하고 조치를 취하도록 한 것이다. 잠을 잃어버린 왕은 내시에게 왕국에서 일어난 중요한 일들을 기록한 역대 일기를 읽으라 했고, 그 결과 왕은 왕에 대한 암살계획을 알린 모르드개를 위해 아무런 상이 주어지지 않은 것을 알게 되었다. 이에 왕은 모르드개를 왕의 방백 중 가장 존귀한 자, 즉 바사의 제 2인자의 자리에 세운다. 결과적으로 아하수에로 왕은 이미 하만의 음모에 따라 유대인들을 학살하라는 명을 내렸음에도 불구하고 유대인 모르드개에게 특별한 영예를 내린 것이다. 아마 그는 하만이 진멸하려 했던 '한 민족'(3:8~9)이 왕후 에스더의 동족인 것을 모르고 그런 조치를 내린 것으로 보이는데(7:1~7), 이로써 모르드개를 죽이려 했던 하만의 계획은 수포로 돌아가고 오히려 왕후 에스더의 소청을 수용한 왕은 유대인 학살을 모의한 하만을 처형하는 것으로 사건을 종결지었다. 역사가 헤로도투스와 요세푸스는 이때 왕은 하만의 재산

을 빼앗아 왕후 에스더에게 하사했다고 기록했다.

11) 모르드개의 시키는 대로 조서를 써서(8:9)
~ 시완 월 3월 23일(BC 474년 6월 23일)에 왕은 모르드개의 주청에 따라 조서를 반포하여 전국 127도에 거주하는 유대인과 각 도의 통치자들에게 조서를 반포한다. 그 내용은 아달 월 12월 13일 하루 동안(8:12) 유대인들이 자체 방위를 위해 전투를 할 수 있도록 허락했다. 즉 유대인들을 학살하려 했던 하만과 그 세력들에 대한 보복을 공식적으로 허락한 것이다.

12) 아말렉족의 섬멸(9:5~10)
~ 아말렉족으로 더불어 대대로 싸우리라고 하신 하나님의 약속(출17:16, 신 25:17~19)은 드디어 아하수에로 왕의 조서를 받은 유대인들의 피의 보복으로 성취된다. 이 도륙은 하루 만에 다 완성하지 못하여 왕후 에스더는 다시 왕에게 하루 더 연장해 주기를 간청하자 왕은 이마저 허락했다(9:13). 물론 이것은 오직 복수를 위해 피 흘리기를 불사했다는 비난을 받을 소지가 있지만 그보다 모든 악의 화근을 없애고자 한 하나님의 분명한 의지로 보는 것이 올바른 해석이다. 이날 한 사람도 남기지 않고 박멸된 아말렉족의 수는 7만 5천 명에 달하였다(9:16).

13) 부림절(9:17~32)
~ 역사가 요세푸스는 자신이 살던 시대에 유대인들은 세계 곳곳에서 부림절을 지켰는데 수산에 거하던 유대인들은 살육을 하루 더 연장받았으므로 15일에 절기를 지키고 타 지역의 유대인들은 14일에 지켰다고 기록했다. 이날 유대인들은 잔치를 열어 종일토록 유쾌하게 즐겼으며 저녁 예배 때엔 찬송가와 시 낭독, 연극과 드라마 등을 공연하였다. 그리고 잔치에서 남은 음식을 가난한 이웃에게 나누는 전통을 가졌다고 한다.

〈에스겔서〉

1. 선지자 에스겔

히) '에헤즈켈'은 '하나님께서 강하게 하시다'는 뜻이다. 제사장 출신으로 본서에 2회 언급(1:3, 24:24)되었다. 사독 계열의 제사장 부시의 아들인 에스겔은 느부갓네살이 여호야긴 왕을 사로잡아갈 때인 BC 598년에 귀족들과 함께 2차 포로로 잡혀갔다. 그는 바벨론 성과 니푸르 사이에 있는 그발 강(운하)가의 델아빕에서 살았다(겔 3:15). BC 593년에 선지자의 소명을 받았으며 약 23년간 활동했다. 마지막으로 하나님의 말씀을 받았던 때는 BC 571년이었다(겔 29:17).

2. 시대적 배경

BC 586년 바벨론에 의해 예루살렘 성이 함락되고 이후 BC 539년에 바벨론은 바사와 메대의 연합군(페르시아제국)에 의해 멸망 당하고, BC 535년 바사 제국(페르시아) 고레스 왕의 칙령에 의해 유다 백성들이 귀환했다. 이때 스룹바벨, 예수아, 모르드개와 학개, 스가랴 등이 백성들을 지도했다(에스라 2:1, 3:2).

3. 주요 메시지 및 특징

① 죄에 대해 하나님은 분명한 심판을 시행하신다. 그럼에도 택한 백성인 이스라엘의 회복을 위해 일하시는 하나님의 열심과 지극한 애정을 우리에게 보여준다.

② 하나님의 계시가 주로 환상을 통해 전해지는데(1, 8, 37, 40장), 여기엔 풍유적 상징성(4:4-17, 5:1-4, 37:15-23)과 비유법, 비교법(16, 17, 23장) 등이 가득하다.

4. 내용 구성

1부(1~32장)	2부(33~48장)
죄에 대한 심판. 경고	위로, 회복과 구원에 대한 예언
1) 에스겔의 소명(1~3장) 2) 유다 심판의 의미(4~24장) - 4가지 상징(4~5장) - 2가지 메시지(6~7장), - 4가지 이상들(8~11장) - 여러 비유들(12~24장), 3) 이방 심판의 의미(25~32장) - 암몬, 모압, 에돔, 블레셋, 두로, 시돈, 애굽	1) 파수꾼(33장) 2) 거짓 목자, 참 목자(34장) 3) 이스라엘의 재건, 부흥, 승리(35~39장) - 마른 뼈 환상(37장) 4) 새 성전 환상(40~43장) 5) 새 예배(44~46장) 6) 거룩한 새 땅(47~48장)

5. 주요 내용

1) 제사장 에스겔은 주전 598년 바벨론의 2차 침공 때 여호야긴 왕과 함께 포로로 끌려갔다. 그는 바벨론의 그발 강가에 위치한 유대인 정착촌에 살면서 유배자들의 선지자가 되었다. 이미 왕실에는 1차 포로 때 끌려온 다니엘과 세 친구들이 살고 있었지만 교류는 없었던 같다.

2) 포로로 끌려온 유대인들은 정신적으로 큰 공포에 휩싸였다. 그들은 참혹한 전쟁을 목격했고 학살로 인해 사람의 목숨이 파리처럼 학살당하는 현장을 경험했다. 이후 그들의 삶은 완전히 변했다.

3) 에스겔은 먼저 이러한 공포스러운 역사적 사실들을 생생하게 기록하고 있다. 그는 '성이 함락되었다'(원어적으로 '때려 눕혀지다'/33:1)라며 예루살렘의 멸망을 사실적으로 묘사했다. 그때까지 성전 없이는 하루도 신앙생활을 할 수 없었던 포로 공동체가 성전을 잃어버린 것은 완전한 혼돈 그 이상이었다. 유배자들 중엔 서서히 하나님을 포기하는 자들이 나타났다. 그러나 에스겔은 언제나 이스라엘과 함께 하시는 하나님을 발견하고 사람들에게 하나님을 포기하지 말 것을 충고했다. 그리고 이스라엘이 이렇게 된 것은 하나님 때문이 아니라 이스라엘의 반역 때문이라고 분명히 선포했다(16장, 20장, 23장). 조금씩 사람들이 동의하자 공동체는 자신들만의 회당(시나고그)을 만들어 그곳에서 신앙을 회복해 갔다(역사적으로 이것이 유대교의 시작이 되었다).

4) 에스겔은 하나님의 말씀인 성경을 먹었다(3:1~3). 성경은 그의 몸과 영혼의 한 부분이 되었다. 하나님의 말씀을 소화함으로써 그는 변화되었다. 그리고 그는 사람들에게 나아가 충격적인 말을 던졌다. 그는 사람을 즐겁게 하려는 자들, 곧 하나님의 말씀을 들은 것처럼 가장하는 자들을 거짓 선지자라고 부르며 고발했다(13:1~6). 거짓 선지자들은 "평강이 없으나 평강이 있다"(13:10~12)고 말하는 자들이라고 했다.

5) 그러나 포로로 끌려온 유배자들은 이스라엘이 당한 현실과 고통스러운 진실을 쉽게 받아들이지 못하였다. 에스겔이 지적하는 소리를 듣기 싫어했다. 에스겔이 선포하는 예언을 믿으려 하지 않았다. 그의 예언은 자신들을 모욕하고 소름 끼칠 만큼 공포를 조장하고 어리석은 소리라고 취급했다. 그들은 이 포로 생활이 에스겔의 예언처럼 그리 오래가지 않을 것이라는 자신들의 어리석은 기대로 가득 차 있었다. 에스겔이 파악한 이스라엘의 가장 큰 영적 문제는 바로 이 현실을 부정하고 진실을 외면하는 것이었다(겔 1~24장). 에스겔은 사람들이 현실을 인정하지 않고선 한 발자국도 앞으로 나아가지 못한다고 확신했다. 그래서 에스겔은 "주 여호와의 말씀이니라. 죽을 자가 죽는 것도 내가 기뻐하지 아니하노니 너희는 스스로 돌이키고 살지니라"(18:32)고 절규했다.

6) 실제로 세월이 흘러도 포로 생활은 계속되었다. 하나님은 자신들을 다시 고향으로 돌려보내시려는 뜻이 없는 것처럼 보였다. 사람들은 그제야 에스겔의 예언을 돌아보기 시작했다. "우리의 허물과 죄가 이미 우리에게 있어 우리로 그 가운데서 쇠퇴하게 하니 어찌 능히 살리요"(33:10)라고 진실을 말하기 시작했다. 그러자 에스겔로부터 새로운 메시지가 나타났다. 이 말씀이 곧 새 시대를 여는 포효였고 또 하나의 진실이었다.

"또 새 영을 너희 속에 두고 새 마음을 너희에게 주되…너희가…내 백성이 되고 나는 너희 하나님이 되리라"(36:26, 28).
"주 여호와께서 이 뼈들에게 이같이 말씀하시기를 내가 생기를 너희에게 들어가게 하리니 너희가 살아나리라"(37:5).

6. 본문해설

1) 환상의 계시(1:1~28)
~ 에스겔처럼 놀라운 환상 중에 특별한 계시를 받은 자로는 이사야(사 6:2~8), 사도 요한(계1:9~20), 그리고 사도 바울의 경우(행 9:3~9)가 이에 해당한다. 환상 혹은 이상이란, 히브리어로 '하존', 헬라어로 '호라마'라 하는데 미래에 일어날 놀라운 비밀을 드러내기 위해 하나님께서 선지자 혹은 예언자들에게 직접 주시는 계시의 한 방편이다. 이 계시에는 개인의 운명에 관련된 것(행 9:10, 10:9~16, 18:9), 국가의 운명을 드러내는 것(겔 8:1~11:25, 단 2:19, 슥 1:18~21), 종말론적인 사건을 나타내는 것(계 15:1~8, 20:21) 등을 모두 포함하며, 자연 세계와 시공간을 초월하여 주어지는 것이 아니라 인간의 지식과 능력으로 이해 가능한 범위 안에서 전달되며 반드시 성취된다는 것이 특징이다.

2) 네 생물 환상(1:4~14)
~ 네 생물은 사람과 사자, 소와 독수리로 표현되었다. 이는 지혜와 용기, 신실함 그리고 민첩함을 상징한다. 이는 하나님의 전지전능하심과 조금도 불의와 부정을

용납할 수 없는 거룩하신 속성을 암시하는 것이다. 나아가 날개가 서로 연결되고 몸을 가리운 것은 상호 협력과 경외를 나타내며, 4개의 손은 봉사를, 곧은 다리는 끈기를, 송아지 발바닥은 견실함을, 직진의 동작과 번개같이 빠르다는 것은 신속함을 나타내고 하나님을 따라간다는 것은 순종을 뜻한다.

3) 네 바퀴 환상(1:15~21)

~ 이 환상은 하나님께서 만유를 감찰하시는 분이심을 나타내 보인다. 특히 둘레에 눈이 가득하다는 것(1:18)은 전 세계를 동시에 다 보신다는 것으로 하나님의 무소부재와 전지전능하심을 상징한다. 또 바퀴가 스스로 움직이지 않고 생물의 움직임에 따라 움직인다(1:19)는 것은 지상에서 발생하는 모든 사건이 하나님의 섭리와 필연적인 관계가 있음을 상징한다.

4) 보좌의 형상(1:26~28)

~ 하나님의 보좌에 대한 묘사가 성경에 많이 등장한다(출 19:3~6, 시 9:6, 렘 17:12, 히 1:8, 4:16, 계 4:2~6). 이에 따르면 보좌는 만왕의 왕이신 하나님의 통치를 상징하고 동시에 하나님의 영광에 대한 모든 경외와 찬양의 중심이다. 결국 모든 성도는 천국 백성이 되어 영원토록 보좌에 앉으신 하나님을 바라보며 영생을 누릴 것이다.

5) 소명의 내용과 소명자의 자세(2:1~3:27)

~ 본문의 내용은 크게 둘로 나눈다. 전반부(2:1~ 3:3)에서 하나님은 에스겔더러 이스라엘 백성들이 완악할지라도 두려워 말라는 위로와 격려를 하며 후반부(3:4~27)에서는 하나님의 말씀을 전하여 백성들을 깨우치라는 내용이다. 무엇보다 우리는 하나님의 말씀을 전하고자 할 때 먼저 말씀이 자신 안에서 소화되고, 자신의 삶과 함께 나타나도록 잘 적용할 줄 알아야 한다. 자신이 먹지 못하고 소화하지 못한 하나님의 말씀을 다른 이에게 전하는 것 자체가 무용한 일임을 깨달아야 한다. 특히 하나님은 잠시 에스겔을 벙어리가 되도록 하셨는데(26~27절), 이는 하나님 말씀을 충동적으로 전하지 못하도록 하신 하나님의 섭리로서 말씀 전파는 자

기 주관이나 감정에 치우쳐서가 아니라(민 20:10~13) 오직 성령의 능력과 인도하심으로 해야 함을 교훈한다.

"내 말과 전도함이 설득력 있는 지혜의 말로 하지 아니하고 다만 성령의 나타나심과 능력으로 하여, 너희 믿음이 사람의 지혜에 있지 아니하고 다만 하나님의 능력에 있게 하려 하였노라"(고전 2:4~5)
"그러므로 어리석은 자가 되지 말고 오직 주의 뜻이 무엇인가 이해하라"(엡 5:17)

6) 유대 백성의 죄악에 대한 하나님의 심판(4:1~24:27)
하나님은 긴 본문을 통해 선민 유다 백성들의 죄악을 심판하시고자 여러 말씀들을 설교와 상징과 비유를 통해 선포하신다. 이 내용을 요약하면 다음과 같다.
① 선지자의 특이한 동작(좌편으로 눕기, 팔을 벌려 에워싸고 줄로 몸을 동이기, 밀과 보리, 콩, 팥, 조, 귀리로 떡을 만들어 390일 동안 먹기, 인분으로 불을 피우기 등)을 통한 심판의 예시(4:1~5:17)
② 심판의 원인과 피해 상황에 대한 설교들(6:1~7:27)
③ 성전과 예루살렘의 파괴에 대한 예언들(8:1~11:25)
④ 타락한 유대인들에 대한 심판들(12:1~24:27)

7) 이방 민족에 대한 심판(25:1~32:32)
~ 에스겔을 통한 하나님의 심판은 예루살렘의 멸망과 함께 성취된다. 이어 하나님은 이스라엘과 유다의 멸망에 큰 영향을 끼친 주변의 일곱 개 나라들에 대한 심판을 단행하신다.
① 암몬(25:1~7)
~ 암몬은 롯의 후손으로 요단 동편 얍복강 상류의 랍바를 중심으로 BC 13세기경부터 국가를 형성했다. 그들은 몰렉 우상을 섬기면서 계속 이스라엘을 괴롭혔으며 유다가 바벨론의 침략을 받을 때 이를 조롱했다. 이에 하나님은 바벨론으로 하여금 암몬 족속의 땅을 목축 장소로 사용하게끔 징벌했다.
② 모압(25:8~11)
~ 모압은 롯의 후손이고 세일은 에돔족을 가리키는데 이들이 동시에 언급된 것은

둘이 동시에 보조를 맞추어 유다를 조롱했기 때문이다. 이들은 유다의 멸망을 두고 유다가 이방족과 별반 다를 바 없는 민족이라 비하하며 유다의 멸망을 기뻐했다. 이는 선민에 대한 시기와 질투의 불편한 마음을 드러낸 것으로 더불어 이러한 특혜를 베푸신 하나님의 신성을 모독하는 죄를 범한 것이다.

③ 에돔(25:12~14)

~ 에서의 후손인 에돔은 사해에서 홍해 동북편 아카바만까지 이르는 산악지대에 주로 거주했다. 이들도 항상 이스라엘을 괴롭혔으며(민 20:18~20, 삼상 14:47, 대하 20:10), 무엇보다 예루살렘의 멸망을 기뻐하고 조롱했다. 데만에서 드단까지(25:13)로 표현된 에돔 땅의 멸망에 대한 하나님의 예언은 드디어 BC 164년 마카비 혁명 때 에돔이 유대왕국에게 점령됨으로써 성취되었다. 한편, 세일산에 대한 심판은 35:1~25에서 다시 반복되는데 이는 하나님께서 에돔 족의 범죄에 대해 어떤 족속보다 더 강력한 진노와 심판의 의지를 밝힌 것으로 본다.

④ 블레셋(25:15~17)

~ 블레셋은 함의 아들 미스라임의 여섯째 아들인 가슬루힘의 후손(창 10:14)이다. 이들은 초기 크레테 섬에 거주하다가 남서 팔레스타인 해변에 정착한 부족으로 다곤 우상을 섬겼으며 늘 이스라엘을 침략하고 괴롭혔다. 이중 그렛 사람(25:16)은 블레셋의 한 지파인데 바벨론의 느부갓네살에 의해 모든 영토를 탈취당하고 추방당했다(렘 47:2~7).

⑤ 두로(26:1~28:19)

~ 두로는 지중해 연안에 위치한 페니키아(베니게)에 속한 세계적인 상업 도시였다. 그들은 우상인 멜카트스 신상을 온갖 보석으로 치장하여 세우고 자신들의 힘과 기술과 영광을 높이기 위해 교만을 떨었다(28:5). 한때 두로는 히람 왕 때 이스라엘의 솔로몬 성전건축을 위해 자재와 건축기술을 제공하는 등 우호적인 관계를 유지한 때도 있었다(왕상 5:1~10). 그러나 두로는 예루살렘이 멸망하자 자신의 무역량이 증가하여 경제적 이익이 극대화될 것을 기뻐하므로 하나님의 진노를 사 바벨론의 느부갓네살 왕에 의해 완전히 파괴되었다.

⑥ 시돈(28:20~24)

~ 시돈은 두로와 마찬가지로 베니게 왕국의 도시로 다른 나라와의 무역 거래를 하

면서 많은 범죄에 가담했다. 이들은 여러 신들 중에 아스다롯 여신을 섬겼으며, 두로와 시돈의 왕 엣바알의 딸 이세벨은 북 이스라엘의 아합왕의 왕비가 되어 이스라엘의 여호와 신앙을 더럽히는 장본인이었다.

⑦ 애굽(29:1~32:32)

~ 애굽 왕 바로는 자신을 높여 스스로 조물주 행세를 했다. 그런데 이스라엘은 하나님보다 힘 있는 애굽을 더 의지하는 등 타락의 길을 자처했다. 이에 하나님은 애굽의 교만을 꺾고 이스라엘이 다시는 하나님보다 강대국의 힘에 의존하지 못하도록 애굽을 심판한 것이다. 크게 심판은 4부분으로 구분되는데, a. 바벨론의 침략(29:1~21) b. 애굽의 동맹국들의 심판(30:1~26) c. 애굽과 비슷한 힘을 가진 앗수르의 심판(31:1~18) d. 애굽왕 바로와 백성들에 대한 애가(32:1~32)로 되어 있다.

8) 파수꾼의 사명(33:1~33)

~ 파수꾼은 성루의 망대에 올라 적군의 동태를 살피는 보초병을 이르는 말로서 여기선 선지자의 사명이 바로 백성들을 위협하는 적군의 침략을 사전에 경고하는 것이라는 점을 비유로 말씀하신 것이다. 하나님의 말씀을 대언해야 했던 이스라엘의 선지자들은 이처럼 백성의 삶과 죽음을 가늠하는 중차대한 사명을 지니고 있었던 것이다. 그런데 여기서 하나님은 선지자들이 파수꾼으로서 사명을 다하지 못하였다고 판단하고 직무 태만에 대한 책임을 물으시고 계신다. 이것은 오늘날 종교 지도자들의 책무를 떠올리게 한다. 특별히 교회의 지도자를 비롯한 모든 사역자들은 항상 영육의 능력을 배양하여 성도들을 잘 인도하고 양육해야 한다. 한편 에스겔은 사로잡힌 지 12년 10월 5일(33:21), 즉 BC 586년, 시드기야 왕 제 11년 4월(렘39:2)에 고국의 예루살렘 성이 멸망 당했다는 소식을 접했다.

9) 목자(34:1~31)

~ 목자(牧者, shepherd)란 백성으로 비유되는 양 떼를 인도하고 돌보는 역할을 하는 사람으로 주로 이스라엘의 통치자나 지도자에 곧잘 비유되었다(사 44:28, 렘 2:8, 23:1~6, 미 5:4~5, 슥 11:4~17). 특별히 에스겔은 바벨론 포로 직전의 이스라엘 왕들의 실정을 염두하고 거짓 목자들, 즉 자신의 배만 채우는 자들(4절), 연

약한 양들을 돌보는 자질이 부족한 자들(4절), 이름만 가진 실상은 목자가 아닌 자들(8절) 등 특권을 남용하여 약자를 짓밟고 부를 축적하는 자들에 대한 단호한 경고(3절)의 메시지를 전파했다. 아울러 그는 비참한 곤경에 처한 백성들을 들짐승의 밥이 되었다(5절)고 비유하며 하나님께서 참 목자를 보내어서 평화와 번영의 복을 주실 것을 약속하였다.

10) 이스라엘의 회복(36:1~38)

~ 이스라엘의 회복을 위해 하나님은 지도자의 출현과 새로운 땅과 새로운 백성을 제시한다. 새로운 지도자의 약속은 이미 34장부터 시작되었으며 본 장에서는 땅과 백성에 대한 약속이 주어졌다. 회복될 가나안 땅은 이미 아브라함과 모세의 언약(창 15:7, 신 26:15)으로 약속된 땅이며 하나님께서 왕권을 행사하시는 통치 지역이며(렘 25:5, 31:40), 궁극적으로 메시아가 태어날 땅이다(렘 3:15, 겔 34:23). 나아가 하나님은 다시금 이스라엘을 자신의 백성으로 삼을 것을 약속하신다. 이 약속은 오늘날 악과 불의가 판을 치는 세상에 거하는 그리스도인들로 하여금 종말에 완성될 '새 하늘과 새 땅'(계 21:1)을 대망하게 한다.

11) 마른 뼈 골짜기 환상(37:1~14)

~ 이는 육체의 부활에 대한 구약 성경의 유일한 예표이다. 여기서 '뼈'는 유배지에 살고 있는 이스라엘 백성을 가리킨다(11절). 여호와의 명령을 들은 마른 뼈들은 서로 연결되고 살이 차오름으로 사람의 형태를 취하게 되었다. 그러나 그 속에 생기가 없으므로 여전히 시체에 불과했는데 하나님의 명령으로 살아 움직이는 온전한 사람이 되었다. 모름지기 성도란 육신의 생명만 가진 사람이 아니라 성령으로 말미암아 영적 생명을 소유한 사람으로서 늘 성령과 교통하며 무시로 기도하는 삶을 살아야 한다.

12) 두 막대기의 비유(37:15~23)

~ 이 비유는 세 가지 의미를 내포한다.
① 막대기를 하나가 되게 한 것은 이스라엘의 연합을 의미한다(17절). 이스라엘은

남북으로 나누어진 이래 계속 분열되니 상태에 있었다. 두 왕국은 끊임없는 반목과 질시와 전쟁으로 결국 북 이스라엘은 앗수르에, 남 유다는 바벨론에 멸망 당하는 비운을 겪었다. 그러나 하나님은 언젠가는 이스라엘이 하나가 될 것을 약속하셨다(19절).
② 그리스도 안에서의 모든 죄인의 연합을 의미한다. 인간의 죄로 말미암아 하나님과 멀어졌고 관계가 끊어졌지만 그리스도의 화해로 말미암아 둘 사이를 가로막았던 죄의 담이 무너졌다(엡 2:14).
③ 복음 안에서 유대인과 이방인의 연합을 의미한다. 바울은 이것을 돌감람나무(이방인)가 참감람나무(유대인)에 접붙임을 당한 것이라 했다(롬 11:17).

13) 다윗시대 영광의 재현(38:1~29)

~ 이스라엘의 번성과 평화를 시기하여 공격하고 괴롭혔던 이방의 세력들은 그가 세상에서 힘이 세고 위세를 부린다 해도 결국 하나님에 의해 멸하여진다는 것은 하나님의 권세에 도전하는 마귀 세력들의 참패를 나타낸다. 본 장에서는 먼저 곡[1]이 이끄는 연합군(구스, 붓, 도갈마, 고멜)[2]이 이스라엘 왕국을 공격하는 광경이 묘사된다(1~16절). 특히 곡의 침략을 말년(8, 9절)에 이루어질 것이라는 표현은 종말론적인 의미를 담고 있다. 이때 두 왕국은 격렬하게 전투를 벌인다. 하지만 언약 백성과 함께 하시는 하나님의 능력으로 말미암아 이스라엘은 대승을 거둔다. 그리하여 이스라엘의 전성기였던 다윗시대의 평화와 번영이 회복될 것이라 예시된다. 다음으로 하나님은 자기 백성을 공격하는 원수들에게 온갖 종류의 자연 재앙들을 내리실 것을 예고하신다(17~23절). 이 모든 재앙은 여기서 미래 시제로 말씀하시므로 이 예언은 종말에 발생할 사건임을 나타낸다. 다음으로 하나님은 열심히 이스라엘에게 긍휼을 베풀 것을 약속하신다(24~29절). 그러나 이스라엘은 하나님 앞에서 자신의 죄에 대해 부끄러움을 느끼고 죄를 뉘우쳐야 함을 강조하신다(26절).

---

1) 곡이 누구인가에 대한 여러 견해가 있다. ① 앗수르 바니팔 문헌에 표현된 'Gugu'를 근거로 리디아 왕 기게스(Giges)로 본다. ② 이방인의 땅 가가야(Gagaia) ③ 우상의 이름인 GaGa ④ 알렉산더 대왕 등 유력 통치자들을 가리킨다는 견해 등이 있다. '마곡의 땅에 있는 곡'(38:2)이란 표현은 요한계시록에서 사단의 연합군으로 등장한다(계 20:8).
2) 구스는 에디오피아를, 붓은 북아프리카의 함의 후손들이 세운 나라(키레카이카 등)를, 도갈마는 아르메니아, 고멜은 앗시리아의 기미라이 족을 나타낸다고 본다.

14) 마지막 9장(40:1~48:35)

~ 에스겔서의 마지막 9장은 앞의 1~39장의 저작 시기에 비해 다소 늦은 시기라고 알려져 있지만 매우 중요한 메시지를 담고 있다. 특히 에스겔서는 전반부(1~39장)와 후반부(40~48장) 가 모두 이상으로 시작하여 이상으로 마감하는 것이 특징이다. 그리고 마지막 이상은 성전의 타락과 그로 말미암아 여호와의 영광이 떠나갔던 전반부의 이상(8:1~11:25)과 대조를 이루면서 그의 영광이 다시 돌아온다는 것을 말하고 있다. 한편, 이러한 이상에 대한 해석법에는 ① 문자적 해석법 ② 상징적 해석법 ③ 묵시적 해석법 등이 있다.

~ 후반부에 기록된 내용을 분류하면 다음과 같다.

① 새로운 성전에 대한 환상(40:1~42:20): 여기서도 새 성전에 대해 구체적으로 묘사된다. 이렇게 성전의 구조를 상술하는 목적은 거룩함은 단순히 구호로 외치는 것에 기인하지 않고 성심을 다하는 진정성에서 기인한다는 교훈을 준다.

② 다시 돌아온 여호와의 영광(43:1~12): 에스겔은 19년 전에 성전을 떠나시는 하나님의 영광을 보았었다(10:18~22, 11:22~24). 영광이 떠난 뒤부터 이스라엘은 더이상 하나님의 백성이 아니었고(호 1:9), 성전은 파괴되었으며 백성들은 포로가 되어 끌려갔다. 그런데 에스겔은 그발 강가에서 먼저 하나님의 영광을 목격했고 다시 새로운 성전에 하나님의 영광이 임재하는 것을 보았다(5절). 한편 여호와의 영광이 동편에서부터 온다(2절)의 표현은 복음이 전 세계를 돌아 다시 성전으로 돌아온다는 것을 말하는 것으로 동방에 거하는 한민족을 비롯한 복음을 맡은 자들의 사명이 무엇인가를 제시해 주고 있다.

③ 성전 제사에 관한 규정들(43:13~46:24): 이를 세분하면 제단의 규모와 제단 봉헌에 관한 규례(43:13~27), 제사장직에 관한 규례(44:1~45:8), 하나님께 드리는 예물과 기타 규례(45:9~46:24)로 나누어진다.

④ 생명수(47:1~12): 여기서 갑자기 성전에서 흘러나오는 생명수를 다룬다. 이 생명수는 성전에서 발원하여 강을 이루면서 사해를 향해 흘러가면서 황무지를 옥토로 만들고 온갖 물고기를 자라게 하고 강변에 늘어선 수많은 초목들에게 수분을 제공하여 각종 열매와 약초를 키워낸다. 심지어 사해마저 단물로 변하게 한다. 이는 곧 그리스도의 보혈이 생명수라는 사실을 상징적으로 보여준 것이다. 왜냐하면

예수님은 십자가 사역으로 성도들의 죄악을 담당하셨으며 자신을 친히 '생명수의 강'이라고 언급하셨기 때문이다(요 4:10, 7:38).

⑤ 땅의 분배와 성읍 출입구(47:13~48:35): 먼저 이스라엘 땅의 경계에 대해 설명한다(47:13~21). 그런데 이것은 민 34:1~12에 기록된 것과 차이가 나는데 이유는 모세 때에는 이스라엘 백성이 애굽에서부터 즉 남쪽으로부터 출발하는 반면에 이번에는 구체적이고 실체적인 현실로써 우리에게 임한다는 진리를 배우게 하기 때문이다. 다음으로 의인의 기업에 대해 설명하고(22~23절), 48:1~7에서는 12지파에게 땅이 분배되는 과정이 그려지고 있다. 그 다음 48:8~22에선 이스라엘의 중심부에 세워진 가장 거룩하고 중요한 곳은 제사장들에게 주어진 몫(8~12절)의 중앙에 세워진 성소라고 증언한다. 이 성소를 중심으로 북편에 레위인의 땅이 있고, 남편에 성읍과 그 좌우에 왕의 기업이 들어서 있다. 그리고 48:23~29에서는 다시 지파별 땅 분배가 계속되고 마지막 30~35에는 중앙에 위치한 성의 크기와 출입구, 성의 이름에 대한 언급으로 대단원의 막을 내린다. 특히 열두 지파의 이름을 딴 열두 대문이 있으며, 덧붙여 12 사도의 이름을 지닌 열두 기초석이 있다(계 12~14장). 또 각 문들에 대한 설명이 이어지는데(31~34절), 북쪽 문에는 장자인 르우벤과 유다, 레위가, 남쪽 문에는 시므온, 잇사갈, 스불론이 서쪽 문에는 첩의 소생들인 갓, 아셀, 납달리가 동쪽 문에는 요셉과 베냐민과 단의 이름이 적혀 있다. 마지막으로 성읍의 이름을 '여호와 삼마'(35절)라 하는데 이는 "여호와께서 거기 계신다"는 뜻이다.

〈다니엘서〉

1. 다니엘

이름의 뜻은 '하나님은 나의 심판자(재판관)이다. 유다 왕족 출신(1:3)으로 바벨론의 1차 침공 때 포로로 끌려갔다(BC 605년). 바벨론에서 그의 이름은 '벨드사살'(그의 생명을 보호하소서)로 개명되었고, 왕궁에서 왕을 모시기 위한 교육을 받았다(1:1~7). 여호와 하나님만을 섬기는 히브리 종교에 충실했던 그는 꿈과 이상을 해석하는 능력으로 인해 크게 높임을 받았으며 이로 인해 바벨론 모든 도의 통치자요 모든 박사들을 관장하는 자가 되었으며(2:48) 벨사살 왕 치하에서는 왕국에서 세 번째 치리자로(2:48), 또 다리오 1세 때에는 120 방백을 감독하는 세 총리 중의 하나가 되었다(6:2-3). 이후 고레스 왕 원년까지 왕들을 섬겼다(BC. 538).

2. 시대적 배경

1차 포로 때(BC 605년)부터 다니엘이 티그리스 강기슭에서 마지막 환상을 본 때 (BC 536년, 고레스 왕 3년)까지이다.

3. 주요 메시지 및 특징

1) 다니엘서의 신학적 주 내용은 종말론에 관한 것이다.
2) 묵시문학

하나님께서 주신 이상이나 계시를 문학 형태로 기록한 것으로 종말과 하나님 나라의 도래에 관한 내용이 주를 이룬다. 주로 바벨론 포로시대 이후의 심한 박해와 위기의 시기 동안에 기록되었고, 특히 BC 200년에서 AD 100년 사이에 성행했으며 신, 구약 중간기의 이스라엘의 역사적 상황을 이해하는 좋은 자료가 된다. 요엘, 아모스, 스가랴, 말라기 등의 성경과 예수님의 감람산 강화(마 24장), 데살로니가 전서 4:13 이하, 요한계시록 등이 여기에 해당되지만 대부분의 묵시 문학서들은 지나친 비약과 상상력으로 인해 정경에 포함되지 못했다.

4. 내용 구성

1부(1장)	2부(2~7장)	3부(8~12장)
시대적 상황과 다니엘	열방에 대한 예언	이스라엘의 미래
1) 바벨론 유배 2) 다니엘의 신앙과 지혜, 평판 (1:8-21)	1) 느부갓네살 왕의 꿈과 해몽(2장) 2) 금 신상과 다니엘의 세 친구(3장) 3) 두 번째 꿈과 해몽(4장) 4) 벨사살 왕의 벽 글씨(5장) 5) 다리오 왕의 금령(6장) 6) 네 짐승의 환상(7장)	1) 숫양, 숫염소 환상(8장) 2) 70 이레 환상(9장) 3) 이스라엘 미래의 환상 (10~12:3) 4) 환상에 대한 결론(12:4~13)

5. 주요 내용

1) 에스겔이 그발 강가의 유대인 유배지를 중심으로 활약했다면 동시대에 바벨론 궁중에선 특별히 총명한 청년들이라 하여 선발되어 바벨론으로 끌려 온 다니엘과 그의 친구들이 야훼 신앙을 지키며 왕의 측근에서 일을 하고 있었다. 다니엘은 에스겔보다 약 8년 먼저 도착했지만 본격적인 사역은 약 30년 뒤에 시작된다.

2) 총 12장으로 구성된 다니엘서는 먼저 1장에서 다니엘의 개인 생활이 소개되고,

2장부터 7장까지는 느부갓네살과 그의 아들 벨사살 왕 때에 일어난 사건들을 다루고, 8장부터 12장까지는 마지막 때에 관한 다니엘의 이상(비전)이 소개된다.

3) 특별히 다니엘의 신앙은 진리를 수호하는 것으로 절대로 하나님의 명령을 거역하지 않고 세상의 비 진리와 타협하지 않으며 끝까지 절개를 지키는 것으로 시대를 초월하여 신앙의 정수와 모범을 제시한다. 알다시피 바벨론은 하나님 앞에서 진실하게 사는 것을 어렵게 하는 곳이며 특히 다른 신들을 섬기도록 강요한다. 그리고 다니엘을 무릎 꿇리려는 사탄의 교묘한 속임수는 매우 일상적인 것으로부터 시작된다. 그것은 사람의 삶과 밀접한 음식 문제였다. 다니엘은 왕의 밥상에서 나오는 진미를 거부하고 대신 소박한 채소를 먹는다. 이 거절로 인해 다니엘의 삶은 위태로워진다. 나아가 계시의 통로인 꿈을 해석함에 있어 사탄은 계속 다니엘의 입을 봉쇄하기 위해 유혹하지만 다니엘은 왕의 술사들과 달리 진실에 입을 다물지 않는다. 이상한 손이 나타나 벽에 글자를 쓰자 다니엘은 그것이 어리석은 왕에 대한 사형선고라는 것을 감추지 않고 공개했다. 이것은 자신의 생명을 위태롭게 하는 일이었다. 그러나 자신의 생명을 지키는 것보다 더 중요한 것은 하나님의 계명을 지키는 것임을 다니엘은 확신하고 조금도 흔들리지 않았다.

"우리가 살아도 주를 위하여 살고 죽어도 주를 위하여 죽나니 그러므로 사나 죽으나 우리가 주의 것이로다"(롬14:8)

6. 본문해설

1) 제1차 바벨론 유수 사건(1:1~7)

~ 남 유다왕국은 제18대 왕인 여호와김 3년(BC 605)에 바벨론의 느부갓네살 왕의 군대의 침입을 받아 왕족과 귀족들 일부가 포로로 끌려갔다. 이때 다니엘과 하나냐와 미사엘, 아사랴가 포함되었는데 이들은 바벨론의 환관장에 의해 개명이 되어 다니엘은 '벨드사살'(벨신이 생명의 보호자), 하나냐는 '사드락'(태양의 영감), 미사엘은 '메삭'(말둑 신이 최고다), 아사랴는 '아벳느고'(느고의 종)라 불려졌다.

이 개명은 바벨론에로의 동화를 시도한 것으로 이러한 작업들을 통해 이스라엘이라는 민족성의 상실을 의도한 것이다. 이렇게 느부갓네살 왕이 전쟁의 전리품으로 왕족과 귀족을 끌고 간 것은 다분히 정치적인 이유가 작용했다. 그는 이들을 볼모로 잡아 반란을 억제하고 이들에게 바벨론식 교화 교육을 통해 하나님의 선민의식을 지우고 자신들이 섬기는 '말둑'(Marduk)신 사상을 주입코자 했다. 한편, 바벨론 유수는 1차에 이어 BC 597년에 2차 유수가, BC 586년에 3차 유수가 단행되었다.

2) 진미를 거부하다(1:8~16)
~ 다니엘과 세 친구가 바벨론 왕궁에서 제공되는 진미와 포도주를 거부한 것은 부정한 동물의 고기이거나(레 11:10~12), 피를 뿌려서 잡은 고기이거나(신 12:23), 혹은 우상에게 바쳐졌던 음식(고전 10:27~29)이었기 때문이다.

3) 고레스 원년(1:21)
~ 다니엘은 여호야김 3년인 BC 605년에 포로로 끌려와서 BC 538년, 즉 고레스 왕 원년까지 약 70년을 이국땅에서 고관으로 봉직하며 살다 공직을 은퇴하고 이후 몇 년을 더 살다가 하나님의 부르심을 받았다. 특히 본문에서 고레스 왕 원년을 특별하게 기록한 것은 바로 이 해에 포로귀환의 조서가 반포되어 실제로 유대인들의 귀환이 이루어졌음을 강조하기 위함이다.

4) 열방들에 대한 예언(2:1~7:28)
~ 2장부터 다니엘서의 둘째 부분에 해당하는 열방들에 대한 예언이 열거된다. 이를 장별 내용을 요약하면 다음과 같다.
① 느부갓네살 왕의 꿈과 해몽(2장): 유다를 비롯한 고대 근동 지방에서 꿈을 해석하는 해몽가들은 늘 관심의 대상이 되었다. 다니엘은 왕의 은밀한 꿈을 밝히 해석할 수 있는 분은 오직 여호와 한 분밖에 없음을 강조함으로써 하나님만이 유일한 참된 신임을 증거했다. 한편 구약 성경에는 세 종류의 꿈이 등장한다. 자연적인 꿈(전 5:3)과 예언적인 꿈(창 28:12), 그리고 악한 꿈(신 13:1~2, 렘 23:32)이 그것이다.

② 금 신상과 다니엘의 세 친구(3장): 다니엘의 해몽을 듣고도 왕은 금 신상을 만들어 숭배하라고 명령했다. 그리고 낙성식에 바벨론의 모든 관리들[3]을 동원했다. 그러나 다니엘의 세 친구들은 금 신상에게 절하는 것을 거부했다. 그리하여 풀무 불 가운데로 던져졌다(3:21). 그런데 왕의 눈에는 세 사람이 아니라 한 사람이 더 포함된 것으로 보였고 이에 대해 왕은 "신의 아들과 같다"(25절)고 스스로 고백했다. 왕은 즉시 풀무 아구 가까이 가서 "지극히 높으신 하나님의 종 사드락, 메삭, 아벳느고야 이리로 나오라"(26절)고 소리치자 세 사람은 하나도 상하지 않은 채 풀무 불에서 나왔으며 이에 왕은 또 "세 사람의 하나님을 찬양할지어다"(28절)며 조서를 내려 하나님을 비방하는 자들은 몸을 쪼갤 것이라 하고 "사람을 구원할 다른 신이 없다"(29절)는 고백을 하였다. 이렇게 하나님은 강퍅한 이방 나라의 왕의 마음마저 돌이키시는 왕 중의 왕임을 이 사건을 통해 증거하셨다.

③ 두 번째 꿈과 해몽(4장): 두 번째 꿈과 해몽의 부분이다. 여전히 왕은 교만했다. 4장은 이러한 왕의 교만과 그 교만에 대한 하나님의 징계를 예언적으로 보여주신 것으로 느부갓네살 왕에게 회개와 공의와 구체적인 실천을 촉구하시는 하나님의 경고가 담겼다. 특히 느부갓네살 왕이 정신병[4]으로 짐승처럼 광야에서 비참하게 살 것이라는 예언은 실제로 이루어졌다.

④ 벨사살 왕의 벽 글씨(5장): 바벨론의 마지막 왕인 벨사살의 신성 모독과 이에 대한 하나님의 심판과 바벨론의 멸망이 언급되어 있다. 반면에 하나님을 모독하는 매우 험악한 환경에 굴하지 않고 신앙의 절개를 지키는 당신의 신실한 종들을 더 나은 길로 이끌어 주시며 축복해 주신다는 사실을 보여준다. 특히 1천 명과 함께 벌이는 잔치 자리에 나타난 벽에 쓰인 글씨를 본 왕이 크게 놀라고(6절) 번민하는(9절)의 모습은 무엇보다 하나님을 모독하는 자들에 대한 신속한 심판의 광경으로 우리에게 큰 기쁨을 선사한다. 결국 다니엘이 벽에 쓰여진 글씨인 "메네 메네(끝나다) 데겔(부족하다) 우바르신(나뉘다)"을 해석한 대로 왕은 그날 밤에 죽임을 당하고 드디어 바벨론 왕국은 메대의 다리오 왕에게 패망하고 그 자리를 물려준다.

---

3) 바벨론의 관리들로는 방백(도지사), 수령(군대장관), 도백(지방 민간 행정관), 재판관(감독자), 재무관(재산관리자), 법률사(판사) 등이 있었다.
4) 리간드로피아(lycanthrophia)라는 병으로 모든 인간적인 요소를 잃어버리고 짐승처럼 울부짖으며 살아가는 것으로 가장 비참한 정신질환으로 알려져 있다.

⑤ 다리오 왕의 금령(6장): 다니엘은 하나님께 늘 기도하는 사람이었다. 그는 매일 예루살렘을 향해 기도했고 하루 세 번씩 기도했으며 늘 무릎을 꿇고 기도했다. 이에 대적자들은 그가 왕에게 절하지 않고 왕을 최우선적으로 섬기지 않는다는 것을 꼬투리로 삼아 참소하여 다니엘은 마침내 사자 굴에 던져진다. 그런데 여기서 다니엘을 사자 굴에 던져 넣어야만 했던 다리오 왕의 양심의 가책과 인간적 고뇌가 나타나 있다(18절). 왕은 이미 이전에 그에게 일어난 하나님의 보호하심의 일들을 익히 들어 알고 있었다. 그리하여 그는 심히 마음이 괴로워 금식하고, 연회를 중단하며 침수를 폐함으로 자신의 심정을 나타내었다. 드디어 다니엘이 사자 굴에 던져진 다음 날 새벽 일찍 착하고 순진한 다리오 왕은 사자 굴로 달려갔다(19절). 참으로 다행스럽게 다니엘은 찾아온 왕에게 "만세수를 하소서"(21절)하고 인사를 하며 "하나님이 사자를 보내어 사자의 입을 봉했다"(22절)고 설명하자 왕은 심히 기뻐하며 즉시 조서를 내려 참소한 자들과 그 가족들을 사자 굴에 대신 던져넣게 하였으며(24절), 다니엘을 왕국의 2인자로 굳게 세운다.

⑥ 네 짐승의 환상(7장): 큰 짐승 넷은 세상 제국을 상징한다. 첫째 짐승인 사자(4절)는 바벨론 제국을 상징한다. 바벨론 제국을 동물의 왕인 사자와 새들의 왕인 독수리로 비유한 것은 바벨론 왕국의 강대함을 나타낸다. 그런데 '날개가 뽑혔고 또 땅에서 들렸다'는 것은 느부갓네살 왕이 정신병을 앓아 7년 동안 짐승처럼 지낸 것을 가리킨다. 둘째 짐승 곰(5절)은 메대와 바사 제국을 상징한다. 여기서 '몸 한 편을 들었다'는 것은 두 연합국 중 바사 즉, 페르시아가 우세하여 결국 페르시아 제국으로 단일화될 것을 의미한다. 또 '세 갈빗대'는 페르시아 제국에 의해 점령된 바벨론과 루디아 및 애굽 세 나라를 가리킨다. 세 번째 짐승 표범(6절)은 알렉산더 대왕이 이끄는 헬라제국을 상징한다. '머리 넷'은 알렉산더 대왕 사후에 일어난 이집트의 프톨레미(Ptolemy, BC 367~285) 정권과 시리아의 셀류쿠스(Seleucus) 정권, 그리고 마게도니아의 카산더(Cassander) 정권과 소아시아와 인접 국가들을 통치한 리시마쿠스(Lysimacus) 정권을 가리킨다. 네 번째 짐승(7절)은 로마제국이다. 이 짐승의 '큰 철'은 2장에 나오는 신상의 철 다리를 연상케 하는 것으로 로마제국의 강대함과 가공할만한 파괴력과 정복력을 상징한다. 또 '열 뿔'은 로마제국에서 그리스도의 출현까지 전 시대를 상징하는 것으로 보고 '작은 뿔'은 적 그리

스도를 가리키는 것으로 본다.

5) 이스라엘의 예언(8:1~12:13)

① 다니엘이 받은 두 번째 환상(8:1~27): 첫 이상(7장)을 본 후 2년 뒤에 다시 받은 환상으로 먼저 '두 뿔 가진 숫양과 숫염소'의 환상을 통해 페르시아 제국과 헬라제국의 운명[5]을 보여주며, '작은 뿔'로 비유된 시리아의 안티오쿠스 에피파네스[6]에 의한 유대 박해와 시련을 계시하고 있다.

② 다니엘의 민족을 위한 통회 기도(9:1~23): 이스라엘을 위해 다니엘은 재를 뒤집어쓰고 금식하며 기도한다. 그는 이스라엘민족이 하나님에게 지은 죄를 대신 고백하며(4~10절), 이에 대한 하나님의 징계와 심판의 정당성과 공의로움을 인정하면서 하나님의 자비와 이스라엘의 회복을 위해 간절히 기도한다. 여기서 우리는 다니엘의 조국에 대한 애정과 진지하고 참된 기도의 전형을 보게 된다. 이에 하나님은 가브리엘 천사를 보내시어 그에게 이상을 깨달을 수 있는 지혜와 총명을 주시며 다니엘의 기도에 응답하신다(20~23절).

③ 70 이레 환상(9:24~27): '이레' 해당하는 히브리어 '샤브임'은 '일곱'의 의미로 '한 주'를 가리킨다. 따라서 70 이레는 문자적으로는 70주를 가리키지만 하루를 1년으로 보고 7일×70주=490년으로 계산하기도 한다. 490년이라는 기간은 세계 역사와 종론적인 사건들의 기본적인 틀을 예언적으로 보여주는 상징적인 기간으로서 이를 다시 네 부분으로 나누는데 그것은 '7이레', '62이레', '중간 공백기', 그리고 '1이레'가 그것이다. 먼저 '7이레'에 대해 가장 설득력 있는 해석은 고레스 왕 원년(BC 538년) 왕의 칙령으로 바벨론에서 귀환한 유대인들이 에스라와 느헤미야의 지도 아래 제2 성전인 스룹바벨 성전과 예루살렘 성벽을 재건한 때(BC 445

---

5) 마게도니아의 알렉산더 대제는 페르시아의 마지막 왕인 다리오 3세(Darius 3, BC 335~331)를 앗수르 전투(BC 333)와 아르벨라 전투(BC 331)에서 격파함으로 헬라제국 시대를 연다. 그러나 그는 BC 323년 열병에 걸려 전쟁터에서 죽음으로 다니엘의 환상이 현실로 성취된다.

6) 안티오쿠스 3세의 둘째 아들로 부친이 BC 190년 로마에 항복했을 때 로마에 인질로 끌려가 14년을 지낸 후 귀국해 형 셀류쿠스 4세의 뒤를 이어 왕위에 올라 BC 175~164까지 재위했다. 그는 다니엘의 예언대로 유대인을 극심하게 박해하고 성전 안에 돼지 떼들을 풀어놓는 등 하나님의 신성을 공개적으로 모독하여 유대인들로부터 '미친 개'라는 뜻의 '에피파네스'라는 별명을 듣는 자이다. 그는 또 자신의 조카이자 애굽의 왕인 프톨레미 6세(필로메토르, BC 180~146)와의 평화조약을 어기고 대 애굽전쟁을 통해 애굽의 왕을 포로로 잡고 영토와 물자와 노예들을 탈취함으로써 야욕을 드러냈지만 결국 로마제국에 의해 몰락하게 된다.

년)까지로 보는 것이다. 다음으로 '62이레'는 제2 성전 이후부터 예수 그리스도의 출현의 때까지를 가리키며, '중간 공백기'는 그리스도의 성육신 이후부터 적 그리스도의 출현까지로 보며, 마지막 '1 이레'는 세계 역사의 종말을 즉 그리스도의 재림 이전에 있을 7년 대환란을 가리키는데 이는 다시 '앞의 삼 년 반'과 '뒤 삼 년 반'의 기간으로 나누어지며 적그리스도는 전반부에서 종교의 자유를 주장하고 교회와 좋은 관계를 맺는 척하다가 후반부에 들어서면서 자신의 정체를 노골적으로 드러내며 하나님을 대적하고 사람들로 하여금 자신을 경배하도록 만들고 짐승의 표를 받게 하는 등 성도들을 핍박한다.

④ 마지막 환상(10:1~21): 본문은 이스라엘의 미래에 대한 예언(10~12장)의 서론 부분으로 다니엘이 천사로부터 받은 마지막 환상이 기록되었다. 특별히 본 장은 경건한 자의 기도는 역사하는 힘이 크며 하나님의 뜻을 사모하는 자들에게는 하나님의 섭리를 깨달을 수 있는 능력을 주신다고 교훈한다. 특히 고통받는 이스라엘 백성, 즉 동포에 대한 억제할 수 없는 동정심과 하나님을 경외하는 다니엘의 신앙심은 우리를 큰 감동을 준다. 또 3주간 금식한 후 이상을 본 날이 정월 24일인 것으로 보아 다니엘이 슬퍼하며 금식한 때는 유월절 기간임을 알 수 있다.

⑤ 예언의 성취(11:1~45): 이스라엘을 위협하는 페르시아와 헬라제국의 멸망(1~4절), 그리고 주변 나라들, 즉 애굽과 북방의 시리아 두 왕조 간의 전쟁 등(5~20절) 흥망성쇠가 그려져 있다. 특히 시리아의 안티오쿠스 에피파네스에 의한 유대 핍박 및 그의 비참한 최후(21~45절)는 10장에서 다니엘에게 약속한 것의 성취임을 볼 때 우리는 하나님의 구원과 회복의 약속은 반드시 지켜진다는 것을 알게 된다.

⑥ 대군 미가엘과 구원(12:1~13): 본 장은 그리스도의 재림 직전 즉 대환란의 때에 출현할 적그리스도에 의한 교회의 핍박과 최후 심판 등 종말론적인 사건들이 예언되었다. 그러나 모든 환란을 극복하고 승리하는 자들에게 영생과 축복이 예비되었음을 약속하고 있다. 이는 예수 그리스도를 믿고 어려운 고난과 박해를 극복하고 승리한 자들이 최후 심판 때 받게 될 영원한 생명과 영광을 상징한다.

참고> 포로시대와 이후 역사

주전 605년, 바벨론의 1차 침입. 다니엘 등이 포로가 됨

주전 597년, 2차 침입. 여호야긴 왕, 에스겔 등이 포로가 됨

주전 593년, 에스겔의 예언 활동 시작

주전 587년, 예루살렘 함락과 유다의 멸망

주전 580년, 다니엘의 풀무 불 위기(단 3:19~25)

주전 570년, 에스겔 사역 종료

주전 562년, 느부갓네살 왕 사망

주전 550년, 다니엘의 네 짐승 환상(단 7:1~8)

주전 546년, 고레스가 페르시아 제국 창건

주전 539년, 고레스가 바벨론을 점령(단 5:30)

주전 538년, 고레스 왕의 포로귀환 칙령(대하 36:23)

주전 537년, 1차 포로 귀환(스 2~6장). 스룹바벨 등이 지도

주전 536년, 성전 재건 착수와 중단(스 3:8)

주전 522년, 다리오 왕 즉위

주전 520년, 학개와 스가랴의 진두지휘 아래 성전 건축재건

주전 516년, 성전 재건 완료(스 6:15)

주전 486년, 아하수에로 왕 즉위

주전 479년, 에스더가 왕후로 간택됨(에 2:17)

주전 473년, 부림절 제정(에 9:28)

주전 458년, 2차 포로귀환. 아닥사스다 1세. 에스라 등(스 7~10장)

주전 444년, 3차 포로 귀환. 아닥사스다 1세. 느헤미야 등(느 1~2장)

주전 435년, 말라기 사역 시작

주전 433년, 느헤미야가 바벨론으로 귀환(느 13:6)

주전 432년, 느헤미야의 2차 귀국(느 13:7)

이후 약 400년간, 침묵의 세기들(Silent centuries), 암흑시대(The Age of Dead)

주전 37년, 헤롯의 유대 왕 즉위

주전 5년, 세례 요한의 탄생

주전 4년, 예수 그리스도의 탄생

주후 8년, 12살 예수의 예루살렘 방문

주후 12년, 디베료 가이사 황제 즉위

주후 26년, 세례 요한의 사역 시작. 본디오 빌라도 총독 부임

주후 27년, 예수의 공생애 시작

주후 30년, 십자가 죽음과 부활, 승천. 오순절 성령강림, 스데반의 순교 등

주후 33년, 바울의 다메섹 회심

주후 44년, 요한의 형제 야고보의 순교

주후 48년, 바울의 선교 활동 시작. 서신서들(9편), 유다서(?)

주후 58년, 바울의 체포

주후 61년, 바울의 로마투옥. 옥중서신들(4편)

주후 62년, 누가복음 기록 시작. 주의 형제 야고보 순교(야고보서)

주후 64년, 네로의 박해 시작

주후 67년, 바울과 베드로의 순교(베드로 전후서)

주후 68년, 히브리서

주후 65~70년, 마가복음, 마태복음 기록

주후 70년, 예루살렘 함락

주후 70~95년, 요한복음, 요한 1, 2, 3서(도미티안 황제 때 밧모 섬 귀양(95년) 가기 이전에 기록), 기타 공동 서신서들 기록

주후 95년, 사도 요한의 밧모 섬 유배

주후 98년 요한계시록

주후 100년, 사도 요한의 사망.

제8편

귀환시대

(학개, 스가랴, 에스라, 느헤미야, 말라기)

1. 배경설명

1) 유다와 예루살렘을 멸망시킨 바벨론은 BC 539년에 바사와 메대의 연합군에 의해 멸망한다. 새로운 페르시아 제국의 주인이 된 고레스 왕은 하나님의 은혜를 입고 바벨론에 끌려왔던 모든 유대인 포로들의 귀환을 허락한다. 이에 스룹바벨과 에스라의 주도하에 두 차례에 걸쳐 귀환이 시작되었는데 이때 유대 땅으로 귀환한 백성의 수는 42,360명이었다고 성경은 기록하고 있다(스 2:64).

2) 고향 땅에는 아무것도 남아 있지 않았다. 예루살렘 성은 파괴되었고 성전에는 잡초들이 무성했다. 성전재건의 일이 시급한 과제로 떠올랐다. 이것은 약 200년 전에 선지자 이사야의 입을 통해 이미 예언된 일이었다(사 44:28~45). BC 536년에 학개와 스가랴의 지휘 아래 성전재건이 시작되었다. 그러나 대적들의 방해로 성전공사는 시작한 지 2년 만인 BC 534년부터 520년까지 방해꾼들로 인해 중단되었다. 약 15년간 중단되었던 이 작업은 학개와 스가랴의 권고와 스룹바벨의 설득과 지도하에 다시 시작되어 BC 515년에 완성되는데 이를 '스룹바벨 성전' 또는 '제2 성전'이라 한다.

3) 스룹바벨의 지도하에 포로귀환이 있은 지 약 80년 후인 BC 457년에 에스라는 아닥사스다 1세의 호의를 입고 2천 명이 채 안 되는 무리를 이끌고 제2차 포로귀환을 한다.[1] 이 기간에 백성들은 다시 영적인 방만함과 저급한 생활에 빠져들었다. 하나님의 선지자이자 학사인 에스라는 하나님 앞에서 울며 통곡하였고 백성들을 향해 눈물의 중보기도와 호소를 했다. 그는 흩어져 있던 토라의 말씀들을 열심히 수집하여 하나의 경전을 완성하는 위대한 업적을 쌓았다. 그의 이런 노력의 일환으로 백성들이 다시 회개하였고 범민족적인 부흥 운동에 모두 동참하게 되었다.

4) 그러나 개혁과 부흥의 열기는 그리 오래가지 않았다. 백성들은 또다시 하나

---

1) (유대인 출신의 역사가인 요세푸스는 아닥사스다 2세에 대해 기록하기를 그가 아버지로부터 야훼 하나님을 경외하라는 유훈을 늘 기억하고 살았다고 했다)

님의 말씀을 등한시하고 현실에 안주하고 타락했다. 형식만 남은 제사와 십일조와 재물에 대한 속임수, 율법에 대한 무시, 심령의 무감각 등이 성행했다. 이렇게 말라기서는 포로귀환 이후 약 100년의 시간이 흘렀을 때의 이스라엘의 사회상을 생생하게 기록하고 있다. 하나님은 마지막으로 말라기 선지자를 보내어 회개를 촉구했다. "여호와의 크고 두려운 날(4:5)"이 임하면 "악인들이 풀무 불같이 태워질 것(4:1)"을 경고하며 "내 종 모세에게 명한 법을 기억하면 심판을 면할 수 있다"(4:4)고 호소했다. 그는 또 메시아의 도래에 대한 분명한 언급과 세례 요한의 출현에 대한 예언 등을 하며 구약과 신약의 징검다리 역할을 다했다. 하지만 백성들의 완고한 마음에 가냘픈 선지자 한 사람의 외침이 들릴 리가 만무하였다. 이후 하나님은 약 400년 동안 당신의 말씀을 인류에게 보내시지 않게 되었다. 하나님은 침묵의 시간을 보내시면서 인류의 구원에 대한 당신의 비밀스러운 계획의 실현을 기다리고 계시었다.

2. 책별 내용 〈학개〉

1. 선지자 학개

히) '하그'는 '축제'라는 뜻이고, '학기아'는 '명절, 절기'를 뜻한다. 아마 장막절 중에 태어난 데서 유래한 것으로 보인다. 70인 역은 '악가이오스'라 하고 불가타 역(라틴어 성경)은 '악개우스'라 명했다. BC 538년경 스룹바벨의 지도하에 바벨론에서 귀환한 이후 BC 520년경 젊은 선지자 스가랴와 함께 성전재건을 독려한 선지자이다(당시 스가랴는 30대, 학개는 70대였다).

2. 시대적 배경

1) BC 538년 바사제국 고레스 왕의 칙령이 반포되고 이에 유대인들은 유대인 총독 스룹바벨을 지도자로 삼아 고향으로 귀환하게 된다. 그들의 눈 앞에 펼쳐진 예루살렘과 고향 땅은 이미 황폐해 질대로 황폐해진 상태였다. 농사 또한 실패를 거듭했다. 귀환 2년 만인 BC 536년에 하나님은 학개와 스가랴 선지자를 통해 성전을 먼저 재건하라고 명령했다.

2) 그러나 성전건축 작업은 여러 가지 장애물에 걸렸다. 농사에 실패한 사람들은 사기가 저하되었다. 사마리아인들은 자기들을 배제한 것에 대해 앙심을 품고 바벨론에 탄원서를 보내는 한편 끊임없이 방해 공작을 시도했다. 백성들은 실의에 빠지고 점점 성전공사는 시들해졌다. 비관적인 풍조가 만연했고 영적으로도 무력한 세월을 보냈다.

3) 결국 BC 534년에 성전공사는 2년 만에 중단되었다. 백성들은 집으로 돌아가 각자 자기 집을 짓는데 몰두했다. 지금은 성전을 짓기에 합당한 시기가 아니라는 이유였다. 이때 하나님은 학개와 스가랴 선지자를 통해 성전공사를 중단한 백성들을 책망하고 공사의 재개를 독려했다.

4) 마침내 공사 중단 15년 만에 성전건축 사업은 재개되어 BC 516년에 완성되었다(슥 6:15). 이 성전을 스룹바벨 성전 또는 제2 성전이라 한다. 후에 헤롯이 유대인의 환심을 사기 위해 성전을 더욱 확장했다(헤롯성전). 그러나 예수님의 예언대로 AD 70년, 로마의 티투스(Titus) 장군에 의해 성전은 완전히 파괴되었고 참으로 아이러니하게도 지금은 이슬람사원이 그 자리를 차지하고 있다. 스가랴 4~6장에는 학개서를 쓰게 된 배경이 설명되어 있으며, 스가랴의 예언 활동은 총 4회에 걸친 학개의 예언 중 두 번째 이후부터 시작되었다.

3. 주요 메시지 및 특징

1) 성전재건의 의미: '최우선적으로 해야 할 일이 무엇인가?'
2) 스룹바벨을 통한 메시아사상: 2:6, 9, 23
3) 재림: "만국의 사모하는 것이 이르리니 내가 이곳에 평강을 주리라"(2:9)

4. 내용 구성

(1막) 1:1~15	(2막) 2:1~9	(3막) 2:10~19	(4막) 2:20~23
제2 성전완성	성전의 영광	순종에 대한 현재의 복	약속을 통한 미래의 복
"자기의 소위를 살피라"	"이전보다 나중의 영광이 크리라"	"오늘부터 내가 너희에게 복을 주리라"	"내가 하늘과 땅을 진동시키리라"
책망	격려	복	놀람

5. 본문 해설

1) 학개의 첫 번째 설교(1:1~15)
~ 선지자 학개는 귀환한 백성들이 16년 동안(BC 536~520)이나 성전공사를 중단하고 자신들의 집은 화려하게 지어 안락한 삶을 누리는 것을 책망하며 백성들이 당하는 재해의 원인이 성전재건을 중단했기 때문이라 말한다. 그의 설교를 들은 백성들은 크게 깨닫고 설교를 들은 지 24일 후에 성전공사를 재개한다. 그때가 이스라엘의 추수기이자 가장 바쁜 때인 6월이라는 점에서 시사하는 바가 크다.

2) 학개의 두 번째 설교(2:1~9)
~ 공사 시작 16년 만에 마침내 스룹바벨의 제2 성전[2]이 완공된다. 학개는 7월 15일부터 한 주간 동안 계속된 초막절의 마지막 날에 두 번째 설교를 선포했다. 이것은 예수께서 초막절의 끝날에 보혜사 성령을 보내실 것을 약속하신 상황을 떠올리게 한다(요 7:37~39). 여기서 학개는 다시 성전을 가지게 된 기쁨과 환희와 함께 "이 전의 나중 영광이 이전 영광보다 크리라"(스 3:12)는 격려를 통해 하나님의 사랑과 자비하심을 드러내었다.

3) 세 번째 설교(2:10~19)
~ 두 번째 설교 후 2개월이 지난 시점이다. 때는 9월(기슬르 월)로서 이 무렵은 새해 농사에 필요한 이른 비를 절실히 바라는 시기이다. 학개 선지자는 다시 백성들에게 설교를 통해 하나님의 뜻을 전한다. 여기서는 의식법에 얽매여 참된 경건을 상실하고 물질의 노예가 되어 하나님과 인간과의 바른 관계를 이루지 못했던 지난 날을 경책하고 나아가 유다 전체의 죄의 오염이 하나님의 축복을 가로막는 결정적 원인이었음을 깨우쳐 준다. 그럼에도 하나님은 죄를 책망하거나 책임을 물으시지 않고 오히려 성전재건을 행한 백성들에게 복을 주겠다고 선언하셨다.

---

[2] 스룹바벨 성전에는 솔로몬 성전에 있었던 제단의 불과 법궤와 스랍, 우림과 둠밈, 하나님의 영광과 예언의 영 등이 결여되었다.

4) 네 번째 설교(12:20~23)

~ 이 설교는 하나님이 스룹바벨 개인에게 하신 약속의 말씀이지만 구속사적인 측면에서 볼 때 그리스도를 통한 새로운 구속과 하나님 나라의 완성 및 악에 대한 완전한 승리를 예표하는 것이다. 하나님은 마지막 구절에서 스룹바벨이 스알디엘의 아들임을 상기시키고 '내 종 스룹바벨'이라 호칭하는데(23절) 이는 곧 스룹바벨이 다윗의 후손임을 천명하여 메시아 계보를 밝히는 것이며, 하나님이 주권적으로 선택하신 결과임을 만천하에 선언한 결과이다. 나아가 '종'의 개념은 친히 '종의 신분'으로 오셔서 인류 구속을 위해 십자가에 달리신 예수 그리스도를 예표한다.

〈스가랴〉

1 스가랴

히) '스카랴'는 '하나님이 기억하신다'라는 뜻이다. 구약엔 스가랴라는 인물이 모두 29명이 있는데 그중 본서의 저자인 스가랴는 잇도의 손자이자 베가랴의 아들(1:1)이며 예레미야, 에스겔과 함께 제사장 가문 출신(느 12:1-4)으로 어릴 때부터 선지자 사명을 받았다(2:4). 1차 포로귀환 때 조부와 함께 귀국(주전 538년경)하여 총독 스룹바벨, 대제사장 여호수아, 선지자 학개와 함께 성전건축을 독려하고 이스라엘의 회복과 메시아의 도래를 예언했다. 유대 전승에 따르면 그는 경전으로 사용된 계시된 성경을 수집하고 보관하는 대회당의 일원이었다 한다. 결국 그는 성전과 제단 사이에서 살해당했다(마 23:35).[3]

2. 시대적 배경

1) BC 538년 바벨론에서 이스라엘 포로들이 귀환하고 BC 536년에 성전재건을 시작했지만 BC 534년 방해 공작과 백성들의 나태로 성전공사가 중단되었다. 이에 하나님은 학개와 스가랴 선지자를 통해 성전재건을 독려하여 마침내 BC 520년에 공사가 재개되어 BC 516년에 공사를 완료했다.
2) 제2 성전은 헤롯 대왕(BC 37~4)에 의해 대대적으로 보수 확장 건축되었다가 AD 70년 로마의 티투스 장군이 이끄는 침략군에 의해 돌 하나 남기지 않고 완전

---
[3] 역대하 24:20-21의 스가랴 제사장도 살해당했다.

히 파괴되었다(예수님의 예언이 그대로 적중함). 중세에 로마 교황청이 예루살렘 성전을 다시 지었으나 술탄에 의해 점령된 이후 지금은 이슬람의 사원이 되었다.

3. 주요 메시지 및 특징

1) 핵심 단어: '메시야에 대한 준비'

2) 핵심 장: 14장. 예루살렘의 마지막 포위, 공격, 적들의 일시적인 승리, 감람산의 갈라짐, 하나님이 감람산에 나타나서 예루살렘을 지켜주심. 동맹을 맺은 열국들의 심판, 이스라엘 땅의 지형적 변화, 초막절, 백성들의 궁극적 성결 등 놀라운 예언을 선포함.

3) 내용 구분
~ 1~8장은 성전재건을 격려하는 내용이나 구원의 메시야가 임재할 처소로서의 성전이 준비되어야 한다는 목적의식이 깔려 있고, 9~14장은 이스라엘의 미래와 메시아의 관계가 선명하다. 즉 초림하실 메시아와 재림하실 메시아가 등장하여 심판과 구원의 사역을 행하신다는 내용이 기록된 것이다. 결국 반복적으로 강조하는 것은 성전을 짓는 일은 메시아 왕국에 대한 준비 작업이라는 영적 의미이다.

4) 스가랴서의 그리스도
~ 스가랴서는 이사야서에 이어 그리스도에 대하여 가장 풍부한 묘사를 한 선지서이다. 초림과 재림에 대한 예언, 순(3:8), 제사장과 왕(6:13), 왕국 건설자(9:9~10), 배신당하여 팔리는 자(11:11~14), 구원자(13:9), 여호와의 사자(3:1), 모퉁잇돌, 말뚝, 싸우는 활(10:4) 등으로 표현되고 있다.

4. 내용 구성

1부(1~6장)	2부(7~8장)	3부(9~14장)
메시야 왕국의 8가지 환상	금식에 대한 질문과 명령	미래를 향한 경고
1. 화석류나무 사이 홍마 탄 자 2. 네 뿔과 네 공장 3. 측량줄을 잡은 자 4. 대제사장 여호수아의 정결 5. 순금 등대 6. 날아가는 두루마리 7. 에바 가운데 앉은 여인 8. 네 병거 〈상징〉관을 쓰는 여호수아	1. 헛된 의식을 배격하라 2. 과거 불순종을 기억하라 3. 이스라엘의 회복과 위로 4. 이스라엘에 기쁨이 회복	〈첫 번째 경고: 9~11장〉 1. 이스라엘의 보호 2. 메시야가 시온에 임함 3. 메시야의 축복 4. 배척받는 메시야 〈두 번째 경고: 12~14장〉 1. 메시야의 예루살렘 구원 2. 메시야의 예루살렘 정결 3. 메시야의 통치

5. 본문 해설

1) 다리오 왕 2년 8월(1:1)

~ 고레스 왕의 칙령(BC 538)으로 유배지로부터 귀환한 지 약 20년 뒤인 BC 520년 10월 혹은 11월경으로 이 기간에 성전공사가 중단되는 등 다시 백성들의 신앙이 약화되고 있었다.

2) 8개의 환상

① 말들과 말을 탄 자들에 대한 환상(1:7~17)

~ 이는 성전재건에 낙심한 자들에게 용기와 소망을 주려는 데 목적이 있다. 한편

이 환상은 스가랴에게 임한 하나님의 말씀으로 이루어지므로 스가랴의 환상 전체가 하나님의 말씀으로서 권위를 지닌다. 여기서 '본다'(8절)는 표현은 '계시를 받는다'는 뜻으로 사용되기도 하는데(사 30:10), 베드로가 욥바에서 비몽사몽 간에 본 환상(행 10:10)과 유사한 것이다.

② 네 뿔과 네 공장(1:18~21)

~ '뿔'은 권세와 영화를 의미하지만 한편으로 교만과 힘을 의미한다(신 33:17, 삼하 22:3, 시 18:3). 그러므로 '네 뿔'은 이스라엘을 사방에서 공격하는 앗수르, 애굽, 바벨론, 페르시아 등 강대국들을 가리킨다고 볼 수 있다. 그러나 특정한 나라를 넘어 시대를 불문하고 하나님의 백성을 괴롭히는 세력들을 총칭한다고 보아야 한다.

③ 예루살렘을 척량하는 자(2:1~13)

~ '척량줄'이란 예루살렘의 재건을 상징한다. 즉 이방 세력들의 방해로 중단된 성전공사로 백성들의 사기가 저하되었을 때에 하나님은 대적들이 무력화되어 다시 공사가 재개되어 성전이 완공될 것이라는 소망을 주셨다.

④ 대제사장 여호수아(3:1~10)

~ 여호수아가 하나님 제단 앞에서 죄의 해결함을 받고(1~5절), 대표자의 자격으로 하나님의 약속과 명령을 받으며(6~7절), 장차 오실 메시아에 대한 약속과 축복을 받게 되는 것(8~10절)을 보여주는 내용이다. 여호수아가 하나님의 제단 앞에 서는 것처럼(스 3:2, 시 135:2), 모든 인간들은 마지막 날에 여호수아같이 하나님 앞에 서서 엄정한 심판을 받아야 한다.

⑤ 순금 등대와 감람나무(4:1~14)

~ 일곱 등잔을 가진 이 등대는 단순히 성전재건의 상징을 넘어 사도 요한이 일곱 촛대를 일곱 교회로 비유한 것처럼(계1:20) 하나님의 교회를 상징한다. 또 등대 좌우에 위치한 두 감람나무는 앞의 두 금관과 동일한 예표로서 '기름 부음을 받은 두 사람' 즉 '성령이 충만한 상태에 있는 자들'을 가리킨다. 바로 그들이 보좌에 앉으신 여호와의 명령을 기다리며 그 앞에 서 있는 자(왕상 22:19)로서 여기선 제사장의 직무를 수행하는 대제사장 여호수아와 총독 스룹바벨을 가리킨다. 그러나 궁극적으로는 대제사장과 왕의 직분을 가지고 오실 그리스도를 예표한다.

⑥ 날아가는 두루마리(5:1~4)

~ 두루마리는 하나님의 율법 책을 의미하는데 여기선 범죄자들에 대한 저주를 기록한 율법 두루마리를 가리키는 것으로 본다. 두루마리가 날아간다는 것은 두루마리에 적힌 저주의 심판이 속히 온 땅 위에 임한다는 것을 상징적으로 보여주는 것이다. 한편 두루마리의 크기가 길이 20 규빗(9m), 폭이 10 규빗(4.5m)인데 이는 솔로몬 성전의 제단 앞 낭실의 크기와 같은 것(왕상 6:3)으로 주로 율법의 낭독이 낭실 앞에서 읽힌 점에서 시사하는 바가 크다.

⑦ 에바 여인(5:5~11)

~ 죄악을 인격화한 한 여인에 대한 일곱 번째 환상은 결국 죄악이 하나님의 앞에서 감추어질 수 없이 드러나며 하나님이 세운 기준, 즉 에바에 의해 정확히 측정된다는 것을 보여준다. 에바는 곡식의 양을 측정하는 기구로서 그 크기는 여인 한 사람이 들어갈 수 있는 정도다. 그런데 사회가 극도로 타락하고 부패할 때 에바의 양을 속여 폭리를 취하는 자들이 많았음을 볼 때 에바는 악 그 자체를 상징하는 것이다.

⑧ 네 병거(6:1~8)

~ 스가랴가 본 마지막 환상으로 첫 번째 환상처럼 말들이 등장하는 등 유사하지만 처음 환상이 하나님의 백성들의 곤고한 상황을 보여준다면, 마지막 환상은 백성들이 최후의 승리를 보여준다. 또 처음 환상에선 악인들의 평안함을 보여주지만 마지막에는 원수들에 대한 최후의 심판을 그리고 있다. 특히 심판의 도구로 설정된 '하늘이 네 바람, 혹은 네 병거'(5절)는 하나님의 심판의 권세를 상징한다(렘 49:36, 단 7:2).

~ 또 심판의 장소로 등장하는 두 산은 감람산과 시온 산으로 이들을 '놋산'이라고도 부른다. '놋'은 강력한 능력과 승리를 상징함과 동시에 저주와 심판을 상징하기도 한다(신 28:22~24). 따라서 모세는 십자가의 예표로 놋 뱀을 장대에 매달아 치들었고(민 21:9), 성전의 번제단도 놋으로 만들어 그리스도의 구속과 심판을 상징화했다. 그러므로 결국 놋산은 심판의 고유 장소인 하나님의 보좌를 가리키는 것이다.

3) 환상 2년 뒤/ 다리오 왕 4년(BC 518) 9월(7:1~8:23)

① 한 벧엘 사람의 질문(7:1~7): 바벨론 포로에서 돌아온 벧엘과 아이 사람 223명

이 벧엘에 촌락을 이루고 살았는데 이들이 대표를 파견했다고 보지만 칼빈은 '벧엘 사람'을 유배지에서 아직 귀환하지 못한 유다 백성들을 가리킨다고 보았다. 어쨌든 이들의 대표자가 성전공사를 진두지휘하고 있던 제사장과 선지자들에게 와서 바벨론의 공격으로 성이 무너진 날(5월 7일)을 기억하기 위해 제정된 5월 금식을 계속하느냐고 물었다(3절). 이에 하나님은 먼저 형식적인 금식 행위를 꾸중하시고(7:5~6절), 진심으로 행하는 금식을 요청하셨다.

② 진실하고 공평한 재판(7:8~14): 특히 과부와 고아와 나그네와 궁핍한 자를 압제하지 말라고 가르치셨다.

③ 하나님의 축복(8:1~23): 하나님은 성전재건 공사에 열심인 백성들에 대한 애정이 깊으시다. 그래서 백성들을 안심시키기 위해 "만군의 여호와가 말하노라"는 말씀을 계속 반복하시면서(2~4, 6, 7, 9, 11, 14, 19, 20, 23절) 굳센 약속으로 축복을 선포하신다.

4) 원수들의 심판(9:1~8)

~ 3부 9장부터 14장까지는 미래의 심판에 대한 하나님의 예언이 언급되는 부분이다. 먼저 하나님은 성전공사를 안전하게 보호하기 위해 주변의 세력들에 대해 경고를 아끼지 아니하신다. 하드락[4]과 다메섹(1절), 하맛과 두로, 시돈(2~4절) 및 블레셋의 남은 자들인 아스글론(5절), 아스돗(6절), 에그론(7절) 등에 대한 심판의 내용이 열거된다.

5) 왕의 귀환과 승리(9:9~17)

~ 나귀 새끼를 타고 오시는 왕의 예언은 실제로 주님이 나귀 새끼를 타고 예루살렘에 입성함으로써 성취되었다(마 21:1~9, 막 11:1~10, 눅 19:28~40). 왕의 승리와 함께 갇힌 자들이 언약의 피를 힘입어 해방됨과 동시에 원수들을 보복할 것이며(11~13절), 번개와 나팔소리와 남방 회리 바람(14절)과 물매 돌로 밟아 심판할 것(15절)을 약속하신다. 그리하여 구원을 받은 자들이 양 떼처럼 많게 할 것이며 모든 형통의 복을 누릴 것이라 격려하고 있다(16~17절).

---

4) 하드락은 팔레스타인 북쪽 수리아 지역의 한 성읍으로 아르바와 하맛 사이에 위치했다.

6) 평화의 시절(10:1~12)
~ 9장에 이어 하나님은 여기서 더욱 하나님의 복을 받아 누리는 백성들의 평화로운 모습들을 묘사한다. 특히 하나님이 자연을 통해 주시는 축복들은 하나님만이 자연을 지배하신다는 메시지를 던지면서 백성들이 오직 하나님께 기도하고 우상이나 거짓 목자들을 의지하지 말라고 촉구하신다(1`3절). 그리고 유다 족속을 강하게 하시고 승리하도록 하실 때 북 이스라엘의 에브라임 족속 역시 이 축복을 누리도록 배려하신다(4~7절). 마지막으로 하나님은 열방에 흩어진 자기 백성들을 길르앗과 레바논으로 이끌어서 하나님을 의지하도록 도우신다고 하신다(8~12절). 이렇게 하는 모든 이유는 "내가 그들을 구속하였음이라"(8절)는 말씀에 기인한다.

7) 기타 심판(11:1~17)
~ 레바논의 백향목과 바산의 상수리나무(1~2절)는 성경에서 부귀와 안전을 상징한다. 그런데 이것들이 불에 타 넘어지고 엎드러진다는 것은 하나님을 버리고 부귀와 안락을 추구하는 땅의 거주자들의 말로가 어떠한가를 보여준다. 또 목자의 곡하는 소리와 어린 사자의 부르짖음(3절은 유다 또한 타락의 길을 걷다 황무해지고 모든 영광이 사라진 후에 지도자들이 얼마나 큰 고통을 겪을 것인가를 나타낸다. 그런 다음 스가랴를 '너'로 지칭하며 하나님의 명령이 떨어진다(4~14절). 여기서 "잡힐 양 떼를 먹이라"(4절)는 말씀은 비록 유다가 멸망 당할 것이지만 목자의 사명을 다하라는 뜻으로 이 명령을 받은 스가랴 선지자의 비통한 심정을 읽을 수 있다. 이 예고대로 유다는 이방의 원수들과 혹은 사리사욕에만 눈이 먼 동족들의 손에 의해 사고 팔리는 상품이 되고 거짓 목자들에게 버림을 당하며 결국 하나님으로부터 외면을 당한다(5~6절).
~ 그러나 '선한 목자'는 이런 시기에도 하나님의 말씀을 붙들고 자신에게 주어진 사명을 다해야 한다. '잡힐 양 떼'의 가련한 신세를 불쌍히 여기고 '은총'(노암, grace)과 '연락'(호베림, union)이라는 두 막대기로 양 떼를 먹여야 한다(7절). 이어 하나님은 '세 목자'를 제거하시는데(8절) 이는 마카비 시대의 세 통치자 혹은 세 제사장을 가리키는 것으로 보기도 하지만 궁극적으로는 모든 삯꾼 목자들을 통

칭하는 것으로 보는 것이 합당하다. 이러한 나쁜 목자는 결국 하나님의 엄중한 심판을 받는다(17절).

8) 큰 애통(12:1~14)
~ 하나님은 천하만국이 예루살렘을 공격할 것이지만(1~3절) 유다에게 대적들을 이길 수 있는 힘을 주신다고 약속하신다(4~9절). 나아가 하나님은 다윗의 집과 예루살렘 거민에게 은총을 주시고 간구하는 심령을 부어주신다고 약속하신다(10절). 하나님이 주신 이 심령으로 예루살렘에 '큰 애통'이 있을 것이며(11절) 이어 온 땅 각 족속이 애통하고(12절) 다윗의 족속과 남은 족속은 따로따로 애통한다(12~14절)고 말씀하신다.
~ 성경해석가들은 이 예언이 오순절 성령 강림으로 인한 예루살렘의 회개운동과 함께 이 운동의 확산과 함께 전 세계적으로 교회가 설립되어지고 드디어 구약시대를 마감하고 교회시대를 개막하는 것으로 성취되었다고 본다. 특히 '은총을 간구하는 심령'이란 바로 성령의 핵심적인 사역을 설명하는 것으로 성령님은 죄인의 마음을 근본적으로 변화시켜 하나님의 은혜를 체험케 하여 애통하는 마음으로 하나님을 찾도록 이끄신다. 그리고 자신의 죄를 인식하고 "그 찌른 바 되어 통곡을 하도록"(10절)도우시는 분이시다. 실제로 이 일은 성령의 충만함을 받은 베드로가 오순절에 설교하자 예수 그리스도를 십자가에 못 박아 죽인 유대인들이 "형제들아 우리가 어찌할꼬?"(행 2:37)하면서 회개하고 즉시로 3천 명에 달하는 사람들이 세례를 받아 예수의 제자가 됨으로써 성취되었다.

9) 죄와 더러움을 씻는 샘(13:1~9)
~ 본 장에서는 하나님 백성의 통회자복(죄어 더러움을 씻는 샘)을 통해 예루살렘이 정화되며(1절), 예루살렘에 더이상 우상과 거짓 선지자가 활약하지 못할 것이라고 약속하신다(2~6절). 한편 갑자기 하나님은 7절에서 메시아의 죽음을 예고하고, 그 결과 많은 사람들이 멸절되고 그 가운데 1/3은 불 가운데서 연단과 시련을 받아 언약 백성이 될 것(8~9절)이라고 말씀하신다. 이를 통해 하나님의 참 백성은 시련과 연단으로 오히려 더 강화된다는 사실을 확인한다. 하나님은 야곱의 12 아

들로부터 이루어진 이스라엘 백성들을 애굽의 노예로 팔리게 한 다음 무려 430년 간 연단을 받도록 하신 분이시다. 쇠는 용광로를 거쳐야 더욱 단단해진다는 속담을 떠올리게 한다.

10) 여호와의 날(14:1~21)

~ 본장에는 '여호와의 날' 즉, 그리스도의 재림과 역사의 마지막 시점에 일어날 일들이 예언되었다. 그때에 열국은 예루살렘을 함락시키지만(2절) 하나님은 열국을 치시고(3절) 남은 자를 구원하시는데(4~7절) '그의 발이 감람산에 설 것'(4절)이라고 비유적으로 말씀하신다.[5] 또 그날에 생수가 예루살렘에서 솟아나서 동해와 서해로 각각 흐를 것이라고 하신다(7절). 특히 재림 전의 상황(6~11절)과 원수들을 멸하는 광경(12~15절)에 대한 묘사는 계시록 21:1~22:5와 에스겔서 40~48장에 묘사된 상황과 매우 유사한 것으로 보아 하나님의 계시를 받아 기록한 성경 기자들에게 주어진 성령의 영감과 그 무오성을 확인할 수 있다.

~ 이제 마지막으로 메시아 왕국의 영광스러운 모습이 그려진다(16~21절). 특별히 이방인 중에서 많은 남은 자들이 하나님에게로 돌아와 복을 받는 대신에 돌아오지 않는 자에겐 저주가 임할 것이라는 구원의 법칙을 다시 선포하신다(16~19절). 그리고 마지막 날에는 지상의 모든 죄악이 제거되고 땅의 모든 것이 성물이 되어 하나님께 바쳐지는 메시아 왕국의 완전한 성화의 그림이 그려져 있다(20~21절). 그러므로 메시아 왕국의 온전한 성취는 곧 하나님께서 천지를 창조하신 당시의 자연 질서가 회복되어 하나님의 새로운 통치가 적용되는 것을 의미한다. 이런 점에서 신천신지(新天新地)를 왜곡하며 사람들을 미혹하는 이단들을 특별히 경계해야 한다.

---

[5] 이 구절을 두고 실제로 주님이 재림이 재림하는 장소로 감람산을 지목하는 이단이 있다. 성경에는 이와 유사한 언급들이 많다. 즉 감람산은 예루살렘 동쪽에 있기 때문에 "이스라엘의 영광이 동편에서 부터 온다"(겔 43:2)든가, "여호와의 영광이 성읍 중에서부터 올라가서 성읍 동편 산에 머물고"(겔 11:23) 하였고, 또 예수님도 "번개가 동편에서 나서 서편까지 번쩍임같이 인자의 임함도 그러하리라"(마 24:27)고 말씀하셨다. 그러나 이를 두고 반드시 지역적인 개념으로 받아들일 필요는 없다. "성도들이 공중에서 주를 맞이할 것"(살전 4:17)이라는 말씀처럼 감람산은 종말론적인 입장에서 심판을 내리는 상징적인 장소로 보아야 한다.

〈에스라〉

1. 에스라

　에스라는 '여호와가 도우신다'라는 뜻이다. 그는 엘르아살- 비느하스- 사독의 계보를 잇는 아론의 직계 후손이다. 그는 여호와의 율법을 배우고 실천하며 가르친 학식 있는 서기관(7:1-12)이었으며 여호와를 매우 신뢰하고 도덕적으로 순전하며 죄에 대해 비통하던 사람이었다. 전승에 의하면 에스라는 회당의 창설자요 그곳에 구약의 정경을 보관하고 성경의 각 책들을 하나로 묶었으며 회당에서의 예배의식을 창안했다고 알려져 있다. 또 구약 외경 마카베오 하 2:13-15에 의하면 에스라는 총독 느헤미야가 모아 놓은 기록문서들을 정리하고 책으로 편집했을 뿐만 아니라 그 모든 내용에 정통했다고 한다.

2. 기록 시기 및 시대적 배경

1) 기록 시기
~ BC 457년 자신의 귀환 때로부터 느헤미야가 귀국한 시기인 BC 444년 사이일 것으로 추정한다. 이 기간은 석가(BC 560~480), 공자(BC 551~479), 소크라테스(BC 470~399)의 활동 시기와 비슷하다.

2) 시대적 배경
~ 이스라엘의 두 차례 포로귀환의 이야기를 다루는데 즉, 스룹바벨이 이끄는 귀환(BC 538년경)과 에스라가 이끈 귀환(BC 457년경)이 그것이다. 이 두 귀환 사이에 약 80년의 공백이 있는데 바로 이때 바사에는 에스더가 아닥사스다 왕의 왕비로

간택되었다.

3. 주요 메시지 및 특징

1) 포로귀환의 영적 의미
~ 출애굽 사건이 성도로서의 삶의 출발 곧 중생을 예표한다면, 포로귀환은 범죄와 타락에 대한 징벌이 주어졌지만 결국 하나님의 언약에 따라 택한 백성은 하나님의 은총을 받아 마침내 구원에 이른다는 것으로 그 과정은 성화를 예표하고, 최종적으로는 영화를 예표한다.

2) 하나님의 섭리와 주권
~ 출애굽 당시에도 하나님의 직접적인 도우심과 인도하심이 없었다면 불가능했듯이 포로귀환의 사건도 하나님의 개입 없이는 불가능한 일이었다. 하나님께서 바사의 고레스 왕의 마음을 직접 움직여 주심으로 가능한 일이었다. 그러므로 우리의 구원은 오직 하나님의 은총 덕분이요, 하나님은 구원을 위해 주권적인 섭리를 통하여 모든 도구들을 사용하심에 주저하시지 않으신다.

4. 내용 구성

제목	1부. 성전 재건	2부. 개혁 운동
성경	1~6장	7~10장
내용	1. 1차 귀환(1:1~2:70) ~ 고레스의 조서. 귀환자 인구조사 2. 성전 건축(3:1~6:22) ~ 영적 준비, 기초완성 및 방해, 속행과 완성, 봉헌 3. 유월절(6:19~22)	1. 2차 귀환(7:1~8:36) ~ 아닥사스다의 포고. 귀환자들의 인구조사. 금식과 도착. 2. 백성의 개혁 운동(9:1~10:44) ~ 이방인과 결혼한 이스라엘, 에스라의 개혁, 언약의 제정, 이방인과의 결혼에 대한 대책.

5. 본문 해설

1) 동일 저자(1:1~4)

~ 이 부분은 역대기 하의 마지막 두 구절과 동일하다. 이는 저자 에스라서의 이야기가 연대적으로 역대기에 이어짐을 의도적으로 나타내기 위함으로 본다.

~ 한편 고레스 왕[6]은 BC 559년부터 530년까지 페르시아 제국의 기초를 닦은 위대한 왕이자 정복자였다. 200년 전에 이사야 선지자는 그를 가리켜 '하나님의 목자'요 '기름 부음 받은 자'로 묘사했다(사 44:28, 45:1). 이로 미루어 고레스 왕은 이미 하나님의 도구로 사용될 자로 택함을 받은 사람이었다.

~ 또 "예레미야의 입으로 하신 말씀을 응하게 하였다"(1절)는 말씀은 70년 포로 생활을 예고한 렘 25:11~12, 29:10을 염두한 언급이다. 실제로 유대인들은 BC 605년에 바벨론의 침입을 받아 1차 포로로 끌려간 이후 70년만인 BC 536년에 1차 귀환을 했다.

2) 귀환에의 참여(1:5~11)

~ 고레스 왕의 조사에 따라 이제 유배지의 유대인들은 자의적 선택에 따라 조국으로 돌아가게 되었다. 그러나 실제로 귀환에 참여한 지파는 유다와 베냐민 지파만이 적극적으로 반응했다. 나머지 지파 사람들은 일부를 제외하곤 응하지 않았다. 유배지에 남은 자들은 여호와의 선민으로서의 신앙의 순결을 지키는 것보다 현세의 안락에 더 안주하려고 한 것이다.

~ 한편 고레스 왕은 포로들의 귀환을 명령하면서 바벨론의 느부갓네살 왕이 훔쳐간 성전의 그릇들을 반환하도록 하였다(7~11절). 그러나 언약궤를 포함한 중요한 성전 기구들은 BC 586년 바벨론의 3차 침입 때 거의 파괴되어 소실되었다.

---

6) 고고학적인 발굴에 의해 발견된 〈고레스의 서판〉(the Cylinder of Cyrus)에 따르면 고레스 왕은 바벨론의 주신 마르둑에 대한 자신의 의무를 공고히 지킬 것을 다짐했을 뿐 아니라 피정복민들의 신들에게도 동일하게 경의를 표했다고 했는데, 이로 미루어 볼 때 고레스 왕은 외교정책적 차원에서 피정복민들에게 유화정책을 편 것으로 본다. 역사가 요세푸스는 고레스가 이사야서에 있는 자신에 대한 언급(사 44:28)을 읽고 자신이 그와 같이 쓰임을 받고자 했다고 기록했다.

3) 귀환자 명단(2:1~70)

~ 1차 귀환자 총수는 42,360명이며(64절), 2차 귀환자 총수는 1,758명이며(8장), 3차 귀환자 총수는 명백하게 밝히지 않고 있다. 이 귀환명단은 느 7:6~73에도 수록되어 있지만 범위와 이름들의 수에 있어 차이가 난다. 특히 본서의 명단은 각 가문의 지도자급 인사들을 중심으로 출신 지파와 출신 지역 등이 대략 9가지 기준으로 분류되어 있는 것이 특징이다

① 지도자들 명단(2절)
② 지역별 평민의 수(3~19절)
③ 가계별 평민의 수(20~35절)
④ 가계별 제사장 수(36~39절)
⑤ 가계별 레위인 수(40~42절)
⑥ 느디딤 사람들의 가계(43~54절)
⑦ 솔로몬 신복들의 자손의 수(55~58절)
⑧ 종족과 계보가 불명확자들(59~63절)
⑨ 총합계(64절)

4) 번제단(3:1~7)과 성전지대공사(8~13절)

~ 백성들은 귀환 3개월 후인 7월(Tishiri월)에 비로소 번제단을 쌓았는데 이는 아마 솔로몬 번제단이 예루살렘 함락 당시 파괴되었기 때문으로 본다. 이스라엘 백성에게 성전은 성경이라는 계시의 통로가 없었던 시절에 선민 이스라엘의 민족적인 차원에서 공인된 계시의 통로였다. 또 정치적으로 통치의 중심이자 민족 통합의 상징이었다.

5) 대적의 방해(4:1~24)와 성전공사의 재개(5:1~17)

~ 사단은 늘 하나님의 일을 방해한다. 본문에는 크게 두 가지의 방해 공작이 소개된다. 하나는 공개적인 방식이고 다른 하나는 도움을 주는 척하면서 은근히 방해하는 간접적인 대적 전술이다. 특히 성전의 재건은 자신들의 우상숭배를 가로막는 심각한 도전이었다. 사단은 자신을 숭배하던 사람들을 동원해 직, 간접적인 모든

방법을 총동원하여 성전이 재건되는 것을 막고자 했다. 먼저 사마리아인들을 앞세워 성전공사에 참여하겠다고 제안했다. 그러나 그들의 속셈을 간파한 스룹바벨은 이 제안을 거절했다(2절). 그러자 사단과 그 세력들은 공개적인 방해를 천명하며 대적하기 시작했다. 이 대적은 무려 3대 왕(고레스, 아하수에로, 아닥사스다)에 걸쳐 끈질기게 진행되었다. 그 결과 성전공사는 다리오 왕 통치 2년(BC 519)까지 중단되었다. 일시적으로 그들은 승리하는 듯 보였다. 그러나 결국 성전은 다리오 왕 6년(BC 515)에 완성되었다. [7]

6) 다리오 왕의 조서(6:1~12)

~ 성전공사를 재개할 필요가 있다는 총독 닷드내의 보고를 받은 다리오 왕이 조서를 내려 그에 합당한 조처를 취한 내용이다. 1~5절까지는 자료 조사 과정에 대한 내용이고 6~12절까지는 다리오 왕의 원조를 공약하는 포고문이다. 이 조서에서 왕은 공사에 필요한 모든 지원을 약속하면서 이스라엘 백성들이 성전에서 하나님께 향기로운
제물을 드리고 기도하도록 독려했으며(10절), 이 조서를 수납하지 않는 자는 죽음으로 갚으라고 명령했다(11~12절).

7) 봉헌식(6:16~18)과 유월절(19~22절)

~ 스룹바벨은 솔로몬의 본(왕상 8:63)을 따라 봉헌식을 거행했다. 이때 도합 712마리의 제물(17절)을 바쳤다. 또 정월 14일에 유월절을 지켰고(19절), 7일 동안 무교절을 지켰다(22절).

8) 2차 귀환의 기록(7:1~10:44)

~ 본서는 7장을 전후로 크게 두 부분으로 나누어진다. 앞의 1~6장은 1차 귀환자들과 성전건축을 주로 다룬다면 2부 7장 이후부터는 약 58년의 시공간을 뛰어넘어 2차 귀환의 내용을 기록하고 있는데 바로 이 58년의 기간에 수산 궁에서는 왕

---

[7] 비록 성전은 이때 완성되었지만 성벽은 거의 60년 뒤인 BC444년경 느헤미야 총독 시절에 완성되었다. 사단의 방해가 얼마나 집요하고 끈질긴 것인지 알 수 있다.

비 에스더와 모르드개의 사건이 벌어진 것이다. 참고적으로 3차 귀환에 대한 기록은 느헤미야서에서 소개된다. 특히 에스라는 성전건축을 계기로 모세 율법의 회복과 재정비에 심혈을 기울인다. 또 이방인들과의 통혼을 금지시키고 신앙의 정결과 부흥을 위해 노력했다. 이러한 내용들은 다음과 같이 분류하여 살펴볼 수 있다.

① 에스라의 족보(7:1~6): 안전한 족보는 아니지만 에스라가 대제사장 아론의 16대 손이자 사독의 5대손으로 대제사장의 혈통임을 부각시키고 있다. 또 그는 모세의 율법에 익숙한 학사로 소개된다(6절).

② 2차 귀환 여정의 시련들(7:7~10): 아닥사스다 왕 7년(BC 464+7=458년)에 2차 귀환이 시작되었고(7절), 그 기간은 약 4개월이 걸렸다(9절). 바벨론에서 예루살렘까지 직선거리는 약 800km이지만 유브라데 강을 따라 북서쪽으로 거슬러 올라가는 여정은 실제로 거의 1,440km의 거리로 매우 험난한 여정이었음 알 수 있다

③ 아닥사스다의 원조 명령(7:11~28): 아닥사스다 왕이 2차 귀환자의 대표인 에스라와 관계 공무원들에게 귀환 허가 및 원조를 명령하는 조서이다. 특히 고레스 왕의 조서에는 그 대상이 '유다'였지만 아닥사스다 왕의 조서의 대상은 '이스라엘'이라 함으로써 대상의 폭을 전 이스라엘로 확장한 것이 특징이다. 한편 이상하게도 페르시아는 거의 반세기가 넘도록 유대 민족에게 매우 우호적이었다. 이런 점에서 에스라가 찬양을 올린 것은 아닐까?(27~28절)

④ 2차 귀환자 명단(8:1~14): 남자만 1,773명이었는데 한 사람당 5인의 평균 가족 수를 곱하면 전체 인구는 약 9,000명으로 추산한다.

⑤ 아하와 강에서의 3일(8:15~36): 아하와 강은 유프라테스 혹은 티그리스 강의 지류로 본다. 에스라는 바벨론을 떠나 9일을 여행한 후 이 강에 도달했다. 여기서 그는 3일을 머무는데 왜냐면 상황을 재점검하여 미흡한 부분을 재정비하고자 했기 때문이다. 제일 먼저 점검한 것은 성전 제사를 담당할 레위인과 느디딤 사람들을 모으기 위해 레위인의 마을인 가시뱌로 사절단을 보내 초청한 일이었다. 그 결과 약 22명이 귀환 대열이 합류하였다. 이에 에스라와 귀환 백성들은 하나님께 금식으로 무사 귀환을 간구했고 하나님은 기꺼이 응답하시어(23절) 드디어 정월 12일에 예루살렘으로 출발했으며 모든 대적들과 매복자들의 방해를 받지 아니하고 무사히 예루살렘에 도착했다(31~32절).

⑥ 80년 공백기(9:1~10:4): 1차 귀환(BC 536)과 2차 귀환(BC 458) 사이 약 80년 동안 유다 백성들은 합당한 지도자 없이 개인적으로 신앙생활을 하다 길을 잃고 헤매는 신세가 되었다. 당시 관원들은 오직 페르시아에 보내는 세금징수와 납부의 일에만 관심을 두었을 뿐 영적인 문제는 등한시했다. 그 결과 백성들은 이방 풍속을 버리지 못하고 이방 여인과 통혼하고 우상 숭배까지 서슴지 않았다. 이런 상태를 목격한 에스라는 하나님께 드릴 말이 없다고 부끄러워하며(10절) 하나님의 전 앞에 엎드려 울며 기도한다(10:1). 이에 많은 백성이 심히 통곡하고 하나님과 언약을 체결하고 율법대로 행할 것을 맹세한다(10:3).

⑦ 해결책(10:5~17): 에스라는 백성의 지도자들을 모으고 구체적인 해결책을 마련하기 시작했다(5절). 그런 다음 에스라는 9월 20일에 유다와 베냐민 모든 사람이 한곳에 집결토록 명령했다(9절). 하필 그때 하늘에서 큰비가 내려 백성들이 떨었다(9절). 그러나 이에 아랑곳하지 않고 에스라는 하나님의 말씀을 대신 전하기 시작한다. 그는 먼저 이방 여인을 끊어버리라고 명령했다(10절). 다음으로 백성을 치리할 방백을 세워 이방 여인과 결혼한 자들을 조사할 것을 하달했다(14절). 이에 요나단과 아스야가 일어나 공개적으로 반대하였지만(15절) 조사는 약 3개월에 걸쳐 진행되어 마침내 112명의 명단이 작성되어 회중에 보고되었다(17절).

⑧ 이방 여인과 통혼한 112명(10:18~44): 여기선 제사장의 이름이 제일 먼저 나온다. 다음으로 일반 레위인, 성전 봉사자들, 그리고 평민의 순으로 나오는데 하나님은 누구보다 종교적 지도자들의 책임을 먼저 추궁하심을 교훈한다. 특히 1차 귀환 당시 범죄한 제사장의 수는 전체의 10%였지만 여기선 15%에 해당하고 일반 백성들은 36 족속 중 10 족속이 범죄와 관련되어 있다.

<에필로그>

이렇게 에스라서는 범죄자들의 명단을 공개하는 것으로 막을 내린다. 이는 에스라의 주 임무는 율법을 바로 세우고 준수하는 일이었다는 점에서 불법자들을 고발하고 그들을 역사의 기록으로 남기는 일은 당연한 사명이었을 것이다.

〈느헤미야〉

1. 느헤미야

 '여호와의 위로'라는 뜻이다. 그는 에스라와 동시대 인물이며 바사의 아닥사스다 왕(BC 464-423)의 술 따르는 관원이었다. 일설에는 에스더가 왕의 계모였으므로 그녀가 힘을 써서 술 관원이 되었다고 한다. 느헤미야는 동시대 사람인 에스라의 사역과 밀접한 관련을 가지고 있다. 에스라는 타락한 백성들의 영적인 부흥을 주관하는 제사장이었고 느헤미야는 정치적인 통치자로서 백성들의 경제와 사회적 위계질서 등의 삶을 치리하였다. 여기에 말라기 선지자는 하나님의 선민이라는 그릇된 특권의식에 빠져 타락해 있던 백성들에게 심판의 메시지를 전했다. 그들은 포로시대 이후 이스라엘의 재건을 위해 서로 힘을 합쳤다.

BC 444년(아닥사스다 왕 재위 20년)에 예루살렘 총독으로 임명받은 느헤미야는 폐허가 되다시피 한 자신의 조국을 일으키는 데 혼신의 힘을 쏟았다. 백성들의 안위와 복지문제를 직접 살피면서 그는 곧 성벽 재건작업에 착수했다. 안팎으로 많은 방해와 중상모략이 있었지만 그의 강력한 지휘 아래 성벽은 단 52일 만에 완성되었다. 이후 그는 성벽 안으로 백성들을 거주시킨 다음 백성들의 교화와 도덕적 재무장을 위해 제사장 에스라 및 선지자 말라기와 함께 땀을 흘렸다. BC 432년에 그는 바사로 소환된다. 그리고 BC 425년경에 다시 예루살렘으로 재파견되었다.

2. 시대적 배경

BC 538년에 고레스 왕의 조서에 의해 이스라엘 백성들은 스룹바벨과 예수아의 영도 아래 조국 땅으로 귀환을 시작했다. 예루살렘에 도착한 이후 백성들은 학개와 스가랴 선지자의 독려와 함께 성전을 건축하기 시작하여 온갖 방해 공작으로 중간에 공사가 중단되는 등 우여곡절 끝에 BC 516년에야 성전을 완공할 수 있었다. 그러나 시간이 흐르자 성전중심의 신앙은 퇴색했다. 점차 성전에서 드려지던 제사 제도는 타락하고 오염되어 본래의 의미를 상실해 갔다. 제사장들이 타락했고 (느 13:10~13 말1:6~2:9), 십일조와 제물을 바치지 않고 이방 여인과 몰래 결혼을 했다.

BC 457년에 에스라가 귀국하고 BC 444년에 느헤미야가 총독이 되어 조국에 도착한다. 그는 12년 만인 BC 432년에 잠시 바사로 소환되었다가 다시 BC 425년에 유대로 돌아와 BC 410년까지 약 15년 동안 총독의 임무를 수행한다. 말라기 선지자는 바로 느헤미야가 소환되어 바사로 돌아가 있었던 기간 즉, BC 432년부터 425년까지 약 7년 동안 선지자로서 하나님께 부름을 받아 사역했다. 학개와 스가랴 선지자가 활동한 시기로부터 약 100년 뒤의 일이다.

3. 주요 메시지

1) 성벽 재건의 의의
정치적으로는 성도 예루살렘을 방어하여 귀환민들의 안전을 보장하고, 종교적으로는 하나님의 선민과 이방인과의 구별된 경계를 상징한다. 물론 이는 가시적으로는 장벽일 수 있지만 영적으로는 세속과 거룩의 구별이라는 점에서 상징성을 가진다.

2) 영적 부흥 운동
제사장 에스라는 율법을 낭독하는 일로부터 이스라엘의 영적 부흥 운동을 전개했다. 이에 백성들은 죄를 통회하고 하나님의 계명에 순종하기로 결의함으로써 언약을 갱신했다. 그러나 에스라의 개혁은 잠시뿐이었다. 불행하게도 전국으로 산재한 백성들은 다시 타락한 생활로 돌아갔다. 이 소식을 전해 들은 느헤미야는 페르시아 총독의 자격으로 조국 땅에 와서 꺼져가는 개혁의 불씨를 되살리고자 했다. 먼저 성전을 정결하게 한 다음 안식일을 준수토록 강조하고 이방인과의 결혼을 강력하게 금지하는 등 이스라엘이 다시 영적으로 되살아나도록 혼신의 힘을 다 쏟았다. 이러한 에스라와 느헤미야의 개혁 운동은 이후 교회시대에까지 전승되어 결국 종교개혁을 낳았고, 각 나라와 민족들이 영적으로 위기를 맞을 때마다 성령의 크신 역사하심으로 부흥 운동으로 이어졌다. 영국 웨일즈 대부흥과 미국의 대각성 운동, 그리고 우리나라의 평양 대부흥 운동 등도 동일한 성령에 의한 대표적인 부흥 운동들이다.

4. 내용 구성

1부. 성벽의 재건	2부. 백성의 부흥운동
1~7장	8~13장
1. 성벽 재건준비(1:1~2:20) ~ 파괴된 성벽, 느헤미야의 중재, 예루살렘 도착, 재건준비, 반대자들	1. 언약의 갱신(8:1~10:39) ~ 율법의 해석, 영적 준비, 과거 회상, 언약갱신
2. 성벽 재건(3:1~7:73) ~ 건축자들, 방해 공작	2. 언약에 대한 순종(11:1~13:31) ~ 백성들의 재정착(성의 안과 밖)
3. 성벽 완성(6:15~19)	3. 성벽 봉헌(12:1~47)
4. 예루살렘 행정조직(7:1-73) ~ 확실한 계보와 불확실한 계보, 남은 자들의 합계, 성전을 위한 헌물	4. 부흥 운동(13:1~31) ~ 이교도들로부터 분리, 레위인의 몫, 안식일 회복, 잡혼 금지

5. 본문 해설

1) 고국에서 들려온 비통한 소식(1:1~11)
~ 느헤미야서는 "하가랴의 아들 느헤미야의 말"(1:1)로 시작한다. 그러나 역사서는 이런 식으로 시작하지 않는다. 그래서 많은 학자들은 이 구절이 느헤미야서가 에스라에 이어지는 후편임을 증명하는 것으로 본다.
~ 아닥사스다 왕 제20년 기슬르월(1:1)은 BC 445년 11, 12월 경이다. 느헤미야가 총독으로 부임하기 1년 전이다. 이때 느헤미야는 자신의 동생인 하나니[8]로부터 고국의 비참한 형편을 듣고 수일 동안 슬퍼하고 금식하며 하나님께 기도했다(1:5~11).

2) 아닥사스다 왕의 윤허(2:1~10)
~ BC 444년 3월경, 느헤미야가 고국의 소식을 듣고 기도를 시작한 지 4개월이 흐른 뒤에 하나님은 드디어 느헤미야의 소원을 응답하기 위해 아닥사스다 왕에게 자신의 심경을 알리고 자신을 고국으로 보내어 예루살렘 성을 중건할 수 있도록 탄원할 수 있는 기회를 허락하셨다(3~8절). 한편 이 자리에는 왕후도 자리를 같이 했는데(6절) 원래 왕후는 공식적인 연회에 참석할 수 없었으므로 이 자리는 사적인 자리가 틀림없으며 혹은 느헤미야와 친했던 왕후가 이 자리를 주선했을 수도 있었을 것으로 본다. 역사가들은 이 왕후의 이름이 '다마스피아'였을 것으로 추정한다.
~ 느헤미야의 간절한 소원을 들은 왕은 그를 무장 경호를 대동한 채 유다의 총독으로 부임토록 명령했다(9~10절). 그래서 그는 별 어려움 없이 3개월 만에 예루살렘에 도착할 수 있었다. 그러나 산발랏과 도비야는 이 일을 매우 못마땅하게 여겼다(10절). 산발랏은 바사 궁의 시종이었다가 나중에 사마리아의 총독이 된 자이고 도비야는 암몬족의 족장으로 산발랏의 참모였다.

---

[8] 그는 느헤미야가 본국으로 돌아가 있던 공백기(BC 432~425)에 형을 대신하여 말라기 선지자와 함께 예루살렘을 다스리는 일을 했다(느 7:2).

3) 예루살렘의 형편(2:11~20)

~ 총독으로 부임한 지 3일째 되는 밤에 느헤미야는 먼저 성벽 상황을 점검하기 위해 암행을 한다(11~12절). 만약 성벽을 재건한다는 소문이 돌면 대적자들의 엄청난 방해가 충분히 예상된 상황이므로 자신의 신복들에게도 비밀로 하고 암행을 한 것이다(16절). 느헤미야는 완전히 파괴된 북쪽을 제외한 나머지 성벽을 돌면서 상황을 파악했다. 골짜기 문은 남서편에 있는 문으로 웃시야 왕 때 견고한 망대가 세워진 곳이며(대하 26:9), 힌놈 골짜기를 마주하고 있으며, 용정은 성벽 남서쪽 힌놈 골짜기 내에 위치한 샘을 일컬으며, 분문은 힌놈 골짜기의 폐물처리장에 이르는 문이며, 샘문은 동남쪽 성벽이 위치하였고, 왕의 못은 히스기야 왕이 실로암 물을 끌어들여 만든 연못이다(13~14절).

4) 성벽 재건 공사(3:1~32)

~ 성벽 재건 공사는 양문에서부터 시작되었는데 이 공사는 대제사장 엘리아십과 그 형제 제사장들이 도맡았다(1절). 이어지는 공사는 각 유지들이 분할 담당하여 각자 물자를 동원하고 공정을 책임지는 방식으로 이루어졌다.

~ 본 장에는 외부의 압력과 내부의 회의적인 사람들의 무관심에도 최선을 다해 거룩한 성벽을 재건한 영예로운 38명의 명단이 수록되었다.

5) 공사 방해(4:1~23)

~ 유대인들의 실상으로 성벽을 재건한다는 일이 불가능한 것으로 알았던 산발랏을 비롯한 방해자들은 예상외로 성벽공사가 시작되자 유대인들의 성벽공사를 비웃고 조롱하기를 멈추지 않았다(1절). 특히 도비야라는 간교한 자는 여우가 올라가도 무너질 성벽이라고 조롱했다(3절). 여기에 머물지 않고 이들은 합세하여 예루살렘으로 올라가 노골적으로 방해를 했다(8절). 이에 느헤미야는 파수꾼을 세우고 주야로 방비하며(9절) 성벽공사를 진두지휘했다. 그럼에도 계속 방해가 극심해지고 적군의 공격이 진행되자 일꾼의 절반은 공사 일에 참여하고 절반은 갑옷을 입고 건축을 지키도록 했다(16, 21절).

6) 백성들의 원망(5:1~19)

~ 대외적 문제가 정리되자 이번엔 내부에서 심각한 문제가 발생했다. 본 장에 기록된 내부 문제들은 대략 식량난과 가뭄의 문제 그리고 과중한 세금 등 세 가지였다. 바사 제국은 속국들로부터 과중한 세금을 거두었는데 이는 상당한 부담이 되었다. 그리고 식량난은 갑자기 많은 인구가 유입됨으로써 제대로 식량의 공급이 이루어지지 않았기 때문이다. 특히 이런 시기에 유지들과 관원들이 고리대금업을 통해 백성들의 고혈을 짜내는 일을 보고받은 느헤미야가 크게 노한 것(1절)은 당연한 반응이었다. 나아가 느헤미야는 백성들의 어려운 형편을 알고 자기 자신이나 신복들의 생계를 위해 백성들로부터 아무것도 거두지 않고 오직 자신의 비용으로 생계비를 충당한 것은 참으로 훌륭한 지도자의 면모를 보인 것이다(14~19절).

7) 대적들의 제안(6:1~9)

~ 상황이 불리하게 돌아가자 산발랏을 비롯한 대적들이 회담을 제의했는데 그 장소가 오노 평지의 한 촌이었다(2절). 이곳은 예루살렘으로부터 약 30km나 떨어진 곳이며 당시 팔레스타인 중립지대로서 페르시아의 직접적인 관할하에 있었다. 산발랏은 이곳으로 느헤미야를 유인한 다음 살해할 것을 모의했다. 그러나 느헤미야는 그러한 흉계를 파악하고 세 번이나 거듭된 회담의 제안을 거절했다(4~9절).

8) 유혹(6:10~19)

~ 제사장으로 생각되는 스마야가 산발랏에게서 뇌물을 받고 느헤미야로 하여금 범죄를 저지르도록 유혹하는 장면이다. 곧 스마야는 두문불출하면서(10절) 자신이 비탄에 빠졌음을 의도적으로 알림으로 느헤미야가 찾아오도록 하였고 거짓 예언을 통해 느헤미야로 하여금 제사장 외에는 들어갈 수 없는 성소에 들어가도록 부추겼다. 그러나 경건한 느헤미야는 자신은 성소에 들어갈 수 없는 신분이라며 거절했다(11절). 드디어 150년 동안 훼파되었던 성벽이 공사 시작 52일 만에 완공되었다(15절). 그런데 역사가 요세푸스는 실제 공사 기간은 2년 4개월이 소요되었는데 마무리 작업에 52일이 소요되었다고 기록했다. 그러나 시간적으로 느헤미야가 예루살렘에 도착한 때는 7월 중순 경이었고 3일을 쉬고 성곽을 둘러본 다음

7월 25일에 공사를 시작하여 9월(엘룰월)경에 마친 것이 정확한 기록이다.

10) 인구조사(7:1~73)
~ 성벽을 완공한 후 예루살렘을 명실공히 한 나라의 수도로 만들기 위한 제반 조처들이 시행된다. 먼저 관리 및 경비 책임자들을 임명한 다음 포로 귀환자 및 거주민들의 정확한 인구조사를 실시한다. 이 조사는 에스라에 의한 귀환자 명단(스 2:1~69)과는 범위와 명단에서 약간의 차이를 보인다. 한편, 이 조사에는 문지기와 노래하는 자들과 레위인들이 구분되어 언급되는 것이 특징인데(1절), 레위인들로 하여금 문지기로 삼은 것은 언제나 성전 문을 담당한 것은 레위인들의 몫이었기 때문이다.

~ 조사결과 총인구 수는 에스라 때와 같이 42,360명으로 보고되지만(66절) 다른 것은 노비가 7,337명이고, 노래하는 남녀가 245명이요(67절), 여기에 말과 노새와 약대와 나귀 수도 조사되었다(68~69절). 이외 제사장 및 방백들과 백성들이 낸 예물들 즉, 금은보화와 의복들의 수까지 조사되었다.

11) 율법의 낭독(8:1~12)
~ 에스라는 스 10장부터 모습이 사라진 다음 여기에서 무려 13년 만에 다시 등장한다.[9] 그는 7월 1일[10](BC 444년 10월 8일), 제사장의 자격으로 수문 앞 광장에 모인 회중 앞에 서서 그동안 정비한 율법 책을 드디어 공개한다(2절). 에스라는 특별히 지은 강단에 서서 새벽부터 정오까지 거의 6시간 동안 율법 책을 낭독했다(3~4절). 이때 평상시와 달리 모든 백성들이 자리에서 일어나 서서 하나님의 말씀을 들었다(5절). 이를 근거로 지금도 유대인들은 토라를 낭독할 때 자리에서 일어난다.[11]

---

9) 일부 구약학자들은 이를 근거로 본 장이 원래 에스라서 13장과 연결되는 부분으로 말하기도 하고 또 느헤미야 총독이 성벽을 재건할 무렵에 에스라는 에스라서를 집필하였거나 율법연구에 매진한 것으로 보아야 한다는 주장도 있다. 그러나 에스라도 BC 456년경에 느헤미야처럼 본국의 소환을 받아 페르시아 궁전으로 돌아갔다가 BC 444년경에 느헤미야를 돕기 위해 다시 예루살렘으로 돌아왔다고 하는 설이 가장 많은 지지를 받고 있다.
10) 유대인들에게 7월은 큰 절기들이 있는 달이다. 7월 1일은 나팔절(레 23:23~25)이요, 10일은 대속죄일(레 23:26~323)이요, 15일부터 한 주간은 초막절이었다. 초막절이 끝나는 제8일에는 거룩한 대회로 모였다(레 23:26).
11) 동방정교회는 모든 예배를 일어서서 드린다.

~ 특히 율법 책을 낭독만 한 것이 아니라 해석을 해 주었다(8절). 하나님의 말씀은 선포되어야 할 뿐 아니라 이처럼 말씀을 깨달을 수 있도록 해석되어야 하는 것으로 오늘날 설교의 기원이 바로 여기에 있다. 이렇게 말씀의 의미를 이해하고 깨닫게 되자 모든 백성들이 다 뜨거운 눈물을 흘리며 감격해 했는데(9절), 오히려 에스라와 레위인들이 여호와의 성일에 슬퍼하지 말라고 만류할 정도였다(9절). 나아가 느헤미야는 "이날은 주의 성일"이라 선포하고 모든 백성들로 하여금 먹고 마시며 크게 즐거워하도록 하였다(10절).

12) 회개운동(9:1~10:39)

~ 초막절까지 치룬 백성들(8:14~18절)이 그달 24일에 거국적인 회개운동을 벌였다. 사람들은 낮 1/4은 율법 낭독을 듣고 또 1/4은 자기의 죄와 열조의 허물을 사죄하는 데 사용했다(2절). 그런 다음 레위인들이 크게 하나님의 이름을 부른 다음 공중 앞에서 하나님께 회개의 기도를 드리기 시작했다(4~38절). 특별히 본 장에 기록된 회개의 기도문에는 하나님에 대한 가장 적절하고 합당한 신학적 용어와 속성들에 대한 바른 신앙들, 예를 들어 "영원부터 영원까지 계신"이라는 표현(5절)은 하나님의 초월성을 가리키며, "오직 주는 여호와시라"(6절)라는 고백은 유일 신앙의 극치이며, "모든 것을 지으시고"(6절)은 창조주 하나님을 노래하며, "아브람을 택하시고 인도하시고"(7절)에서 예정과 선택의 교리를 발견하며, 또 "언약을 세우사"(8절)는 언약의 하나님을 선포하는 것이다. 또 "주는 의로우시다"(8절)에서 하나님의 공의의 속성을 보여주며, "이적과 기사를 베푸사"(9절)를 통해 하나님의 권능을 증거하고 있는데 이런 점에서 본 장의 기도문은 구약에 있어서 가장 진전된 신론의 표명으로 본다.

13) 재조사(11:1~12:26)

~ 본 장의 내용은 7:4와 연결된 것이지만 예루살렘 거주자를 더 많이 확충하고자 한 인구정책의 일환이었다. 특히 예루살렘 둘레가 약 64km에 달했는데 이를 경비하기 위해선 더 많은 인구가 필요했던 것이다. 그래서 다시 정밀한 인구조사를 시행했고 예루살렘에 거주하기를 자원하는 사람들을 모집하게 되었다.

14) 성곽 봉헌식(12:27~43)

~ 성벽이 완성된 기록은 이미 6:15에서 다루었다. 그런데 시간적으로 다소 간격이 있는 시점에서 드디어 성곽 봉헌식이 언급되고 있다. 여기서 모든 하나님의 제의에 항상 레위 사람들에 의한 찬양이 포함되었다는 사실을 확인한다(27절). 물론 봉헌식을 위해 제사장들이 몸을 정결하고 성문과 성을 청소하는 일은 당연한 준비 사항이었다(30절).

15) 곳간(12:44~47)

~ 율법에는 레위인들로 하여금 성전의 일을 도맡아 하도록 명시한 만큼 이들의 생계유지를 위한 제도적 장치의 마련은 당연한 일이었다. 그런 점에서 이때에 이미 십일조 제도가 정착되었음을 확인할 수 있다. 곳간은 지금으로 치면 돈을 보관하는 금고이거나 모든 회계를 담당하는 재정부서에 해당한다.

16) 기타 사항들(13:1~31)

~ 이제 마지막으로 모세 오경에 기록된 금지사항들과 처리해야 할 여러가지 사항들을 열거한다. 먼저 암몬과 모압 사람들을 회중에서 제외하고(1~3절), 하나님의 전 뜰에 있는 방에서 거주하던 도비야를 추방하고(4~9절), 도망간 레위인과 노래하는 자들을 다시 불러모아 그 처소에 세우고 율법에 명시된 대로 합당한 예우를 해 주었으며(10~14절), 안식일 규정을 위반한 어떤 유다인(15절), 또 안식일에 예루살렘에 와서 장사를 하는 두로 사람(16절) 등을 예로 들면서 안식일 준수를 재차 강조하고(17~22절), 또 아스돗과 암몬과 모압 여인을 아내로 삼은 한 유다인의 머리털을 뽑아 경책하였으며(23~27절), 마지막으로 대제사장 엘리아십의 손자인 요야다의 아들 하나가 산발랏의 사위가 된 일에 대하여 제사장의 직분을 더럽힌 죄를 물어 그를 추방한 사건들을 고발하면서(28~31절) 끝을 맺는다.

⟨말라기⟩

1. 말라기

히) '말라키'는 '내 사자, 천사'라는 뜻이다. 구약시대의 마지막 선지자로 개인적 신상에 대한 자료가 거의 없다. 랍비들의 전승에는 말라기가 에스라 서기관 또는 모르드개와 동일 인물인 것으로 추정한다.

2. 시대적 배경

페르시아어 페카(총독) 라는 용어가 사용(1:8, 느5:14, 학1:1)된 것으로 미루어 저작연대를 바사가 이스라엘을 통치하던 BC 539~333년 사이, 즉 BC 538년 포로귀환 때로부터 약 100년 이후(약 BC 430년경)로 추정한다. BC 516년경 성전이 완공된 이후 사회는 다시 타락의 길로 향했다. 이스라엘은 하나님의 선민이라는 특권의식에 빠졌으며 위선과 불신, 이방인과의 결혼을 통한 문란한 생활, 거짓 예배와 오만함으로 하나님의 말씀을 경홀히 여기는 풍조에 빠졌다. BC 457년경부터 바사에서 귀환한 에스라가 주도하여 이스라엘의 개혁을 주도하고 있던 중, BC 444년에 수산궁 관원으로 있던 느헤미야가 무너진 성벽을 보수하기 위해 총독의 자격으로 예루살렘에 파견되었다. 그리고 느헤미야는 BC 432년에 바사로 소환되었다가 다시 BC 425년에 이스라엘로 재파견되었는데 이 사이에 유대는 여러 가지 사회적 문제에 직면했다. 제사장들이 먼저 타락하자 백성들도 자연히 타락의 길을 걸었다. 그들은 학개와 스가랴 선지자의 예언이 성취되지 않음을 보고 실의와 냉소주의에 빠졌고, 하나님의 섭리를 점점 의심하게 되어 예배를 경홀히 여기고 십일조를 비롯한 제물을 바치는 일도 게을리했다. 이방 여인과의 결혼을 예사로 하는 등 온갖 무질서와 형식주의가 만연했다. 나아가 과연 하나님을 섬기는 일이 가치가 있는 일인가 하고 의심하기도 했다. 특히 백성들은 은밀한 죄를 짓고 있으면서도 스스로 자신들이 그렇게 나쁘지 않다고 생각할 만큼 영적 감각이 무디어졌다. 이와 같은 신앙의 전통과 관습, 문화는 후에 바리새파와 사두개파로 이어져 율법적 형식주의를 낳게 되었다. 바로 이때 하나님은 선지자 말라기를 백성들에게 보내어 다시 회개를 촉구했다. 그리고 하나님의 섭리와 사랑을 의심하는 자들을 향해 하나님은 여전히 우리를 사랑하시는 분이라고 소개하며 만약 하나님께로 돌이키지 않으면 저주를 받을 것이라고 경고했다. 과연 그의 경고는 어떤 결과를 낳았을까?

3. 주요 메시지 및 특징

1) 23개의 질문

말라기 선지자는 도합 23개의 질문과 답변을 통해 이스라엘을 향한 하나님의 뜻을 전달하려고 했다. 그중 가장 핵심적인 주요 질문은 다음과 같다.

① 어떻게 하나님이 우리를 사랑하신다는 말인가?(1:2~5)
② 어떻게 우리가 하나님의 이름을 경멸할 수 있는가?(1:6~2:9)
③ 어떻게 우리가 하나님과의 계약을 더럽힐 수가 있는가?(2:1~16)
④ 어떻게 우리가 하나님의 것을 도적질 할 수 있는가?(3:7~12)
⑤ 어떻게 우리가 하나님에게 대들 수 있는가?(3:113~15)

2) 여섯 개의 설교

말라기서의 대표적인 특징은 말라기 선지자의 설교 여섯 편이 포함되었다는 것이다.

3) 회개의 요청과 세례 요한의 예고

말라기 선지자는 당시 이스라엘의 타락과 부패의 책임이 하나님께 있는 것이 아니라 그들 자신의 죄에서 연유함을 밝히고 그들을 회개시켜 하나님과 올바른 관계를 정립시키고자 했다. 나아가 하나님의 축복을 가로막는 장애물이 백성들의 무관심과 언약을 이행하지 않음에 있다고 지적하고 속히 뉘우치고 돌아올 것을 강력히 촉구했다.

~ 구약성경의 마지막 책인 말라기는 주님과 세례 요한의 오심에 대한 극적인 예언으로 끝맺고 있다. "내가 내 사자를 보내리니 그가 내 앞에서 길을 예비하리라"(3:1). 400년 뒤 이 예언대로 '주의 길을 예비하라'(마3:3)는 세례 요한의 외침이 들렸고 메시아를 갈망하던 사람들은 요단 강가로 구름처럼 몰려들었다.

4. 내용 구성

1부/ 1:1~5	2부/ 1:6~3:15	3부/ 3:16~4:6
특권의식	타락의 내용	메시야 약속
이스라엘을 향한 하나님의 사랑	1. 제사장들의 죄(1:6~2:9) 2. 백성들의 죄 (2:10~3:15)	1. 기념 책(3:16`18) 2. 그리스도의 도래(4:1~3) 3. 엘리야의 도래(4:4~6)

5. 본문 해설

1) 첫 번째 설교(1:1~5)

~ 하나님의 사랑을 의심하는 백성들에게 언제나 하나님은 사랑이시라고 설명한다. 여기 등장하는 '사랑'이라는 히브리어 '아하브'는 70인 역에서 '아가페'로 번역되었다. '아가페'는 성경에서 '조건 없는 사랑' '언약적 사랑' 주권적 사랑'이라는 의미로 사용된다(참조: 롬 9:7~13). 이러한 의미를 하나님은 "에서는 미워했다"라

는 말로 표현한다. '미워하다'로 쓰여진 히브리어 '사네'는 선택적 사랑에 반대되는 말이다. 이것은 단순히 감정적 차원에서 일어난 미움이 아니라 교리적 의미에서 '유기(reprobation)'를 뜻하며, 이렇게 유기된 자는 하나님이 결코 허락하지 않으시기에 자신의 자구적인 노력에도 불구하고 결국 멸망하게 된다(4절, 욥 12:14, 사 22:22, 계 3:7).

2) 두 번째 설교(1:6~2:9)

~ 하나님은 타락한 제사장들을 책망하기 전에 하나님과 이스라엘이 부자 관계임을 증명하시며(6절, 출 4:22~@3, 신 32:6, 사 1:2, 호 11:1~2) 이스라엘에 대한 절대적 사랑을 표현하신다. 그러므로 당연히 이스라엘은 하나님 아버지를 사랑하는 아들로서의 책무를 다해야 함을 가르치신 것이다. 그런 다음에 하나님의 아들들을 대표하는 제사장들의 타락상을 준엄하게 꾸짖고 또 형식적인 제사만을 일삼는 제사장들의 타락에 대해 하나님은 "나를 공경함이 어디 있느냐?"(6절) 하시며 탄식하신다. 당시 제사장들은 하나님의 거룩한 제단에 더러운 떡을 올리고 눈먼 희생과 같은 형식적인 제사로 하나님을 모욕하고 언약을 팽개치는 등(2:8) 그 타락상이 극에 달했다. 이에 대해 하나님은 제사장들이 '멸시와 천대를 받을 것"(2:9)이라고 예고하셨다.

3) 세 번째 설교(2:10~16)

~ 여기에서는 가정생활의 타락을 개탄하신다. 먼저 우상 숭배자와의 결혼을 엄중히 꾸짖는다(10~12절). 이런 자들은 야곱의 장막에서 끊어낼 것이며(12절), 그들의 헌물을 받지 않을 것(13절)이라고 경고하신다. 나아가 어려서 취한 아내, 즉 맹약한 아내를 버리는 행위를 질타하신다(14~16절). 하나님은 하나님이 정하여 짝으로 맺어준 언약의 아내를 통해 경건한 자손을 얻는다(15절)며 왜 우리가 이혼을 함부로 하면 안 되는가를 구체적으로 설명하신다.

4) 네 번째 설교(2:17~3:6)

~ 타락한 백성들이 입을 모아 "공의의 하나님이 어디 계시느냐?"며 말로 하나님을

모욕하고 불경스러운 태도를 보이는 것에 대해 하나님은 "주의 사자'를 먼저 보내어 '주' 곧 '언약의 사자'를 예비할 것이라고 예고하신다(3:1). 이는 곧 세례 요한의 출현에 대한 예언의 말씀이다. 특히 여기서는 오실 메시아가 심판주로 묘사되는데 이는 당시 제사장과 일반 백성들이 죄악에 물들어 있으면서도 죄에 대해 무감각한 상태를 각성시키기 위한 강력한 경고의 말씀이다. "그의 임하는 날"(3:2)은 아모스(암 5:20)와 스바냐(습 1:15!6) 선지자가 예언한 "여호와의 날"로서 하나님이 심판하시는 날이며 하나님의 대적자들에게 임할 저주와 환란과 고통의 날이다. 이날은 반드시 그리스도의 재림과 함께 나타날 것이다.

~ 한편 말라기 선지자는 여기서 이스라엘의 7가지 죄악을 고발하는데 점술과 간음과 거짓 맹세와 임금 미지불과 과부와 고아 등 약자를 압제하는 일과 나그네를 홀대하는 것과 하나님을 경외치 않는 것을 거론하신다(3:5).

5) 다섯 번째 설교(3:7~12)

~ 말라기 선지자는 이스라엘이 지금 고통과 저주 아래에 있는 원인은 그들이 십일조와 헌물[12]을 도적질했기 때문(8~9절)이라고 질타하신다. 이를 통해 하나님은 언제나 이스라엘을 축복하길 원하시지만 이 축복을 받지 못하는 이유는 이스라엘의 축복을 받을 준비가 되어 있지 않기 때문임을 각성시킨다. 그러므로 이 축복을 받기 위해선 하나님께로 "돌아오라"(7절)[13]고 요청한다.

6) 여섯 번째 설교(3:13~4:6)

~ 말가기 선지자의 간곡한 회개의 요청에도 불구하고 백성들의 완악함을 점점 더 도를 넘어섰다. 그들은 완악한 말로 하나님을 대적하고서도 우리가 무슨 말로 하나님을 대적했느냐고 되레 따졌다(13절). 그들은 하나님을 섬기는 것이 무슨 유익이 있느냐고 힐난했다(14절). 오히려 그들은 교만한 자가 복되고 악을 행하는 자

---

12) 십일조와 헌물은 기업이 없는 레위인들과 제사장들의 생계유지를 위해(민 18:24, 28), 그리고 고아들과 과부들과 나그네들을 위해(신 14:29) 하나님이 제정하신 예배자의 의무이다(민 18:21~31).

13) 히) '슈브'는 회개한다는 의미인데 특히 행동의 변화(욥 6:29, 렘 34:15)와 연관되어 있다. 즉 악에서 돌이키는 것(렘 15:7, 18:8)과 하나님께 돌아오는 것(호 6:1, 7:10, 14:3)이 진정한 회개라고 본다. 이러한 회개에는 반드시 하나님과의 관계 회복이이 필수적으로 수반된다.

가 창성하고 시험하는 자가 화를 면한다고 하나님을 조롱했다(15절).

~ 하나님의 인자하심과 오래 참으시는 은혜에도 불구하고 백성들의 패역함이 점점 더 극심해지자 처음에는 강도를 약하게 하셨지만 마지막에 이르러 하나님은 급기야 마지막 심판 날에는 회개의 기회조차 주어지지 않을 것이며 극렬한 풀무 불에 그들을 사를 것(4:1)이라고 진노를 표명하신다. 그럼에도 하나님은 여호와를 경외하는 자들에 대한 축복의 약속을 잊지 않으신다. 그들의 이름을 생명책에 기록할 것이며(4:6), '의로운 해' 즉 예수 그리스도로 말미암아 '치료하는 광선', 즉 구속의 은혜에 동참하게 될 것이라 선언하신다(4:2).

~ 마지막으로 말라기서는 비록 율법이 그리스도에게로 인도하는 몽학 선생이지만 시공간을 초월하여 하나님이 세우신 영원한 언약이라는 것을 잊지 말라고 당부하신다(4:4). 이 율법은 곧 오실 메시아에 의해 성취될 것이며 그 메시아를 예비하는 '선지 엘리야'(4:5) 즉 세례 요한으로 준비될 것이며 그가 아비의 마음을 자녀에게로 돌이키게 하고 자녀들의 마음을 아비에게로 돌이키게 할 것이라고 약속하신다.

(지금까지 구약성경을 공부하시느라 수고하신 성도들에게 하나님의 진실하고 풍성한 축복이 함께 하실 줄 굳게 믿습니다.)

제9편
예수시대

(사도행전, 바울서신, 공동서신, 요한계시록)

〈시네마로 보는 예수님의 일생〉

분류	제목	주요 내용 및 성경
예고	구약의 메시야 예언	처녀 잉태(사 7:14), 한 아기와 한 아들(9:2~7), 고난(52~53장)
		베들레헴 탄생, 유다 지파(미 5:2~5)
		나귀 타고 예루살렘에 입성(슥 9:9)
		십자가 처형(시 22:7~8), 쓸개즙 탄 포도주(시 69:21), 옷을 나누어 가짐(시 22:18), 메시아의 뼈가 꺾어지지 않음(출 12:46)
		죽음에서의 부활(시 16:10)
		하나님 오른편에 앉으심(시 110:1)
기	예수님 탄생	1. 족보(마 1, 눅 3). 2. 탄생(마 1, 눅 2) 3. 소년 시절(눅 2장)
승	공생애 준비	1. 세례(마 3, 막 1, 눅 3) 2. 광야시험(마 4, 막 1, 눅 4) 3. 다섯 제자(요 1) 4. 가나 혼인(요 2) 5. 가버나움 이사(마 4:13~16)
전	공생애 사역	유월절 1: 성전청소(요 2), 이적(요 2), 니고데모(요 3), 수가성 여인(요 4), 가나 말씀치유(마 8, 눅 7, 요 4), 가버나움 이사(마 13, 막 6, 눅 4), 베드로 장모열병(막 1, 눅 4), 갈릴리 1차전도(막 1장)
		유월절 2: 베데스다 연못(요 5), 12제자 임명(마 10, 막 3, 눅 6), 산상수훈(마 5~7장), 세례요한의 질문(마 11), 옥합 여인(눅 7), 천국비유(마 13, 막 4, 눅 12), 바다를 잠잠케 함(마 23), 야이로의 딸(눅 8장)
		유월절 3: 오병이어(요 6), 바다 위를 걷다(마 14), 수로보니게 여인(막 7), 4천명 식사(마 15), 베드로 고백(마 16), 변화산(눅 9), 누가 크냐?(막 9장)
		유월절 4: 마지막 방문(눅 9), 70인 전도(눅 10), 성전 설교(요 7~8), 주기도문(눅 11), 수전절 설교(요 10), 나사로 부활(요 11), 베레아 전도(눅 15~16, 요 10), 삭개오(눅 19), 예루살렘 입성(마 21, 막 11, 눅 19, 요 12), 감람산 설교(마 24~25), 유월절 만찬(마 26), 십자가 죽음(마 27, 요18~19장)
결	부활, 승천	부활(요 20), 막달라 마리아(막 16, 눅 24, 요 20), 감람산 11사도(마 28, 막 16), 승천(행 1), 성령강림(행 2장)

A. 예수 그리스도는 누구신가?

1. 예수님의 이름과 칭호

1) 예수

'예수'는 '여호와께서 구원하시다'라는 뜻의 히브리어 '여호수아'를 헬라어식으로 음역한 것이고(마 1:21), '그리스도'는 '기름 부음을 받은 자'라는 뜻의 히브리어 '메시아'를 헬라식으로 옮긴 것이다.

2) 여러 칭호들

① 하나님의 아들: 구약에서 천상적 존재(창 6:2, 욥 1:6, 38:7)와 하나님의 백성들에 대해 모두 하나님의 아들이라 표기하고 있다(출 4:22~23, 사 43:6, 렘 31:9, 호 11:1). 그러나 예수님에게 적용된 이 칭호는 다니엘서에 나오는 '인자'(단 7:13, 10:16)와 성령의 임함(눅 24:49, 행 2:33, 요 20:21~22), 그리고 세례(요 6:53)와 연관된다. 즉 예수님이 세례를 받으실 때와 시험 받으실 때, 변화된 모습을 보이셨을 때 '하나님의 아들'로 불려졌으며, 또 대제사장이나 백부장과 심지어 귀신들도 예수님을 하나님의 아들로 불렀다. 특별히 복음서 중 요한복음이 이 칭호를 즐겨 사용하는데(요 1:34, 49, 5:25, 10:36, 11:27, 19:7, 20:31) 이는 복음서를 기록한 이유가 예수님이 구약의 모든 선지자들이 예고한 바로 그 '인자'이며 '하나님의 아들'임을 증명하려는 데에 있었음을 알 수 있다.

② 주님(퀴리오스): 예수님은 만유의 주권자로서 이 땅을 영원히 다스리기 위해 오신 통치자이시며 만왕의 왕이시다. 이에 대해 구약은 "내게 모든 무릎이 꿇겠고, 모든 혀가 맹약하리라"고 했으며(사 45:23), 사도 바울은 "모든 입으로 예수 그리스도를 주라 시인하여 하나님 아버지께 영광을 돌리게 하였느니라"(빌 2:11)고 증언했다.

③ 인자: 이 칭호는 예수님께서 자신을 가리킬 때 사용하셨다(마 13:37, 막 2:10, 28, 10:45, 눅 7:34, 9:58, 12:10, 19:10). 그리고 자신의 고난과 죽음에 대해 언

급하실 때(막 8:31, 9:31, 10:33)과 재림과 통치를 말할 때에도 사용하셨다(마 10:23, 19:28, 25:31, 막 8:38, 14:62, 눅 17:22~30, 21:36).

④ 고난 받는 종(둘로스): 구약에서 예수님은 종의 신분으로써 고난과 죽음을 당한다고 예고되었다(사 42:1~4, 52:13~53:12). 특히 바울 신학에 있어서 '종'의 개념은 그의 기독론과 구원론의 핵심이다. 예수님은 왕이시면서 스스로 종의 신분을 취하시어 하나님으로부터 받은 모든 명령과 뜻을 수행함에 있어서 종으로서 순종했음을 나타낸다.

2. 출생 연도

1) 정확한 출생 연도는 모른다. 다만 역사의 기록으로 볼 때 헤롯 왕 때에 유대 베들레헴에서 태어나셨다(마 2:1). 그렇다면 적어도 예수님의 출생 시기는 헤롯 대왕이 죽었던 BC 4년 이전으로 보아야 한다. 대개 성경학자들은 BC 5년경으로 본다.

2) 누가는 좀 더 중요한 정보를 제공한다. 예컨대 예수님이 세례를 받았을 때가 약 30세 무렵인 "디베료 가이사가 위에 있은 지 열다섯 해"(눅 3:1)라고 했는데, 디베료(Tyberius)는 AD 14년에 로마제국의 황제가 되었으므로 즉위 15년이라면 AD 28~29년이 된다. 그러나 디베료는 선임자였던 아우구스투스 황제의 양자로서 실제로는 AD 11년부터 통치를 시작했으므로 누가는 이때로부터 연대를 산정했을 것으로 본다. 이렇게 본다면 예수님이 세례를 받은 때는 서른 살이 된 무렵인 AD 25~26년경이 된다. 한편 누가는 예수님의 탄생이 실제 역사적인 사건이었음을 증언하기 위해 탄생을 직접 목격한 사람들을 자신의 복음서에 기록했다. 누가는 1장에서 제사장 사가랴와 그의 아내 엘리사벳이 메시아의 출현을 고대하는 장면을 시작으로 이 복된 소식이 유대의 목자들에게 먼저 알려졌으며, 그 다음에 성전에 있던 시므온과 안나에게 전해졌다고 기록했다(눅 2:8~38). 이러한 진술은 다분히 누가가 예수님이 출생부터 고관대작이나 부유한 자들보다 사회적 약자나 평범한 사람들을 먼저 구원하기 위해 오신 분이라는 사실을 강조하기 위한 점에서 독특하다고 할 수 있다.

3. 성장 과정

1) 예수님의 어린 시절에 대해 알려진 것들은 거의 없다. 다만 부유한 가정은 아니었지만 단란하고 행복한 부모의 사랑을 받으며 필요한 교육을 받았다는 것은 확실하다. 특히 예수님은 지리적 특수성 때문에 어릴 때부터 자연스럽게 히브리어와 헬라어 그리고 아람어[1] 등 세 가지 언어를 배우고 익힐 수 있었다. 이중 집에서나 친구들과 함께 사용한 언어는 히브리어가 아니라 주로 아람어였을 것으로 본다. 히브리어는 일상 용어가 아니었다. 그리고 헬라어는 로마 제국 전역에서 사용된 국제어였다.

2) 4복음서 기자 중 누가만이 예수님의 어린 시절의 모습을 대략적으로 기록했다. 먼저 누가는 예수님이 나신 지 8일 만에 할례의식을 치루었으며(눅 2:22), 시므온이라는 사람이 아기 예수를 안고 하나님을 찬송하며 "내가 주의 구원을 보았다"(2:30)고 했고, 또 84세에 달하는 안나라 하는 여 선지자도 아기 예수를 보고 사람들에게 예루살렘의 속량에 대해 증언했다(2:38)고 전했다. 그런 다음 누가는 예수님의 성장 과정에 대해 "아기가 자라며 강하여지고 지혜가 충만하고 하나님의 은혜가 그 위에 있었다"(2:40)고 한 줄로 약술했다. 이어 누가는 시간을 훌쩍 뛰어넘어 열두 살 된 예수님에 대한 한 가지 사실을 추가했다. 유월절마다 예루살렘 성전에 올라가는 당시 전례를 소개하고 그 부모가 예수님을 데리고 성전을 방문했다가 고향으로 돌아가는 길에 예수님이 보이지 않자 깜짝 놀라 다시 성전으로 돌아와 보니 예수님은 의연하게도 성전에서 율법 선생들과 즐거운 토론을 하고 있었다는 에피소드가 그것이다(2:41~51). 그런 다음 누가는 최종적으로 예수님의 성장 과정에 대해 이렇게 약술했다. "예수는 지혜와 키가 자라가며 하나님과 사람에게 더욱 사랑스러워 가시더라"(2:52).

---

[1] 복음서에는 예수님께서 사용하신 몇 개의 아람어가 등장한다. 예를 들어, '아바'(아버지, 막 14:36), '에바다'(열리다, 막 7:34), '달리다굼'(일어나라, 막 5:41), '엘리엘리 라마 사박다니'(나의 하나님 나의 하나님 어찌 나를 버리셨습니까?, 마 27:46), '게바'(바위, 반석-베드로에게 붙여주신 이름, 요 1:42) 등이 그것이다.

4. 공생애 준비 과정

1) 세례받으심

약 30세가 되었을 때 예수님은 요단 강변에서 사람들에게 세례를 베풀던 사촌 형이자 '주의 길을 예비하는 자'(사 40:3, 눅 3:4)로 부름을 받은 세례 요한을 찾아가 세례를 받는다(마 3:13~15). 예수님은 자신이 세례를 받아야 하는 이유에 대해 요한에게 "우리가 이같이 하여 모든 의를 이루는 것이 합당하다"(마 3:15)고 설명하셨다. 이것은 예수님이 하나님의 아들의 신분으로 이 땅에 오셨지만 자신을 이 땅의 죄인들과 동일시했다는 것을 의미한다. 이에 대해 사도 바울은 "그는 근본 하나님의 본체시나 하나님과 동등됨을 취할 것으로 여기지 아니하시고, 오히려 자기를 비워 종의 형체를 가지사 사람들과 같이 되셨고"(빌 2:6~7)라고 설명했다. 나아가 예수님에게 세례는 자기 전 생애의 목표이자 핵심인 십자가로 가는 첫걸음이었다. 뒤에 예수님은 자신의 죽음을 '세례'라고 불렀으며(막 10:38) 그 죽음을 통해 하나님의 뜻을 온전하게 이루었다(요 19:30).

예수님이 세례를 받으시는 장면에 대해 4 복음서의 기자들의 묘사가 매우 특이하다. 세례를 받으실 때 하늘이 열리고(갈라지고) 동시에 성령이 비둘기같이 임했으며, 하늘로부터 "이는 내 사랑하는 아들이요 내 기뻐하는 자라"는 소리가 들렸다는 것이다(마 3:13~17, 막 1:9~11, 눅 3:21~22, 요 1:31). 이는 그가 하나님의 나라를 세우기 위해 특별히 선택된 자로서 하나님과 각별한 관계를 가지고 있다는 사실을 드러낸 것으로 즉, "여호와의 신이 그 위에 강림하시리니"(사 11:2), "너는 내 아들이라 오늘날 내가 너를 낳았도다"(시 2:7)라는 말씀의 성취를 보여준다.

2) 광야시험

복음서 기자들은 세례받는 황홀하고 영광스러운 광경을 즉시로 바꾸어 갑자기 광야에서 사단으로부터 시험을 받는 장면을 기술한다. 예수님이 당한 이러한 시험들은 자기를 부인하고 날마다 고난의 십자가를 지지 않고선 인류의 진정한 구원자가 될 수 없다는 교훈을 준다.

첫 번째 시험은 돌이 떡이 되게 하라는 것이었다. 이는 수단 방법을 가리지 않고 경제적 수단을 동원하면 세상을 정복하고 지배할 수 있다는 달콤한 유혹이었다. 이에 대해 예수님은 "사람이 떡으로만 사는 것이 아니요 여호와의 입에서 나오는 모든 말씀으로 사는 줄을 너로 알게 하려 하심이라"(신 8:3)는 말씀으로 이기셨다. 예수님은 이 시험을 통해 사람들에게 근본적으로 필요한 것은 육신적인 음식이 아니라 영적인 음식임을 가르치셨다.

두 번째 시험은 만약 예수님이 하나님의 아들이라면 성전 탑 위에서 뛰어내리라는 사탄의 요구였다. 이는 기적적인 방식을 통해 예수님이 메시아되심을 증명하라는 것이었다. 사람들의 이목을 한순간에 집중시킬 수 있는 가장 최고의 방식이 기적이라고 속삭인 것이다. 사도 바울은 당시 유대인들의 특징이 "표적을 구하는 것"이라고 했다. 초과학 문명의 시대를 구가하는 오늘날에도 기적에 대한 관심과 매혹은 여전하다. 그러나 이 유혹에는 숨겨진 의도가 있다. 즉 사탄의 시험은 "메시야가 성전에서 홀연히 나타날 것"(말 3:1)이라는 예언과 "하나님이 시험을 받는 자를 보호하신다"(시91편)는 말씀을 근거로 하고 있다는 것이다. 교회사에 나타난 모든 이단들도 바로 이처럼 자신들의 사악한 행위의 근거로 하나님의 말씀을 도용했다. 그러나 예수님은 이러한 사단의 의도를 간파하시고 "주 너의 하나님을 시험하지 말라"(신 6:16)는 말씀으로 시험을 물리치셨다. 하나님의 보호 약속은 기적이나 표적을 구하는 자들에게 유효한 것이 아니라 하나님의 뜻을 순종하며 사는 자들에게 유효하다는 교훈을 받아야 한다. 예수님은 자신의 능력을 과시함으로써 하나님의 나라를 세우시고자 하신 적이 없으시다. 예수님은 고난에 대한 순종과 오래 참으심과 하나님의 때를 기다리심으로 자신에게 주어진 하나님의 뜻을 하나씩 성취해 나가시는 이른바 '점진적 계시의 방식'을 통해 십자가 형틀로 다가 가셨다.

세 번째 시험은 한 마디로 정치적 메시아가 되라는 유혹이었다.[2] 구약시대, 특히 예수님 당시 유대인들이 바라는 메시아는 로마제국으로부터 유대를 독립시켜줄 정치적 메시아였다. 그들은 메시아가 임하여 새 시대가 도래하면 자신들이 만국을 다스린다고 굳게 믿고 있었다. 누구보다 사탄은 이 점을 잘 간파하고 있었다. 그러기에 사탄은 인류를 구원하기 위해 가야만 하는 고단한 십자가의 여정 대신에 자신의 권위를 인정하면 간단하게 열국을 다스릴 수 있는 통치권을 가질 수 있다고

---

2) 누가는 이 시험을 두 번째 배치했지만 마태는 마지막에 두었다.

예수님을 유혹한 것이다. 이에 예수님은 "주 너의 하나님께 경배하고 다만 그를 섬기라"(신 6:13)의 말씀으로 그 제안을 단칼에 거절하셨다. 그리고 예수님은 사탄을 향해 이렇게 소리치셨다.

"사탄아 물러가라"(마 4:10).

3) 기타

① 제자를 세우심(요 1:35, 41, 43, 45~51): 먼저 세례 요한의 제자였던 두 사람 즉, 요한과 안드레가 예수를 따르고 그다음에 안드레의 형제인 베드로가 제자로 발탁되며 이어 갈릴리에서 빌립을 부르시고 빌립은 또 친구 나다나엘을 데리고 예수께로 나온다. 예수님은 이 다섯 제자를 데리고 가나에서 열리는 친척 집의 혼인 잔치에 참석하시고 가버나움으로 이사하신다.

② 가나의 혼인 잔치(요 2:1~11): 아직 예수님이 공식적으로 사람들에게 나타날 시기는 일렀다. 그럼에도 어머니 마리아는 사람들에게 예수님의 정체를 공개하고 싶었다. 하나님의 때와 어머니의 간절한 요구 사이에서 예수님은 아무도 모르게 동이 난 포도주를 가득 채움으로써 두 가지 요구를 동시에 충족시키셨다. 이러한 예비적 표적을 통해 예수님은 철저히 하나님의 뜻에 순종하면서 동시에 어머니에 대한 효심을 잃지 않는 이중의 사역을 잘 감당하셨다. 모든 그리스도인들 또한 하나님의 뜻에 순종함과 동시에 세상적인 요구에 대한 지혜로운 대처가 절묘하게 조화될 수 있도록 성령님의 절대적인 도움을 간구하며 살아야 한다.

③ 가버나움으로 이사(마 4:13~16): 예수님은 이제 하나님의 때가 이르렀음을 직감하시고 자신의 본격적인 사역을 준비하기 위해 고향 땅을 떠나 가버나움으로 거처를 옮기시기로 하신다. 그리하여 가나 혼인 잔치에 참석하셨다가 어머니와 형제들과 제자들을 데리고 가버나움으로 사전 답사를 가셨다가(요 2: 12, 막 1:21, 눅 4:31) 그 후에 완전히 가버나움으로 이사를 하신다(마 4:13). 마태는 이 일이 선지자 이사야를 통해 하신 예언(사 9:1~2)이 성취된 것임을 밝히고 있다(마 4:14~16).

5. 예수님의 공생애 사역

1) 복음을 선포하셨다.

드디어 예수님은 세상을 향해 입을 열어 복음을 선포하신다. 그 첫 목소리는 "회개하라 천국이 가까이 왔느니라"(마 4:17)이었다. 즉 복음은 하나님 나라로의 초청이었다. 예수님은 이 나라에 지금 '들어오라'(enter) 혹은 '받아들이라'(receive)고 요청하셨다. 나아가 귀신을 쫓아내시며 "하나님의 나라가 이미 임하였다"(마 12:38)고 선언하셨다. 여기서 '이미 임했다'를 나타내는 헬라어 '$\varepsilon\pi\tau\alpha\sigma\varepsilon\nu$'(에프타센)은 단순히 가까이 왔다는 것이 아니라 보다 적극적인 의미로서 실제로 지금 여기에 임했다는 것을 뜻한다.[3] 그만큼 예수님이 선포하신 하나님의 나라는 복음의 핵심이며 실제적이고 절대적인 것으로 강력한 메시지로 다가온다. 또 이 나라는 물리적인 나라가 아니라 오직 하나님의 뜻에 의해 통치되는 하나님의 왕국을 의미했다. 그런 점에서 많은 유대인들이 예수님을 오해하고 실망했다.

2) 기적을 행하셨다.

예수님은 하나님의 살아계심과 통치하심을 증명하기 위해 종종 필요할 때마다 기적을 사용하셨다. 나아가 복음서에 기록된 일련의 기적들은 자연(막 4:35~41, 6:45~52)과 질병(막 1:40~45, 2:1~12, 5:21~34), 마귀의 세력들(막 1:21~28, 3:20~30, 5:1~17), 죽음(막 5:35~43, 요 11장)을 다스리는 예수님의 권위를 묘사한다. 이 기적들을 목격한 사람들은 모두 놀라워하면서도 두려워했다. 그러나 그 기적들을 통해 지속적인 믿음이나 제자의 도를 갖게 된 사람은 거의 없었다. 모세와 함께 홍해 바다의 기적을 경험했으면서도 광야로 내몰린 출애굽한 당시 유대 백성들은 몇 사람을 제외하곤 모두 불신과 함께 광야에 엎드려 죽었다는 것을 기억하면서 기적이 구원의 절대적 요건이 아님을 잊지 말아야 한다.

다만 예수님은 인간의 유익을 위해 기적이라는 은혜의 방편을 사용하셨다. 배고

---

[3] 물론 예수님은 하나님 나라가 '이미'(already) 임했지만(사 61:1~3, 마 12:28, 눅 4:21) '아직 완성되지 않았다'(not yet)는 것으로 말씀하셨다(마 6:10, 눅 19:11). 즉 예수님은 하나님의 완전한 통치는 재림과 최후 심판의 종결과 함께 미래에 충만히 실현될 것으로 말씀하신 것이다. 그러나 이 나라는 현재 구속함을 받은 주의 백성들이 지금 경험하고 누리는 실재이기도 하다.

픈 자를 위해 음식을 공급했고, 귀신 들린 자에게서 귀신을 추방시킴으로 자유를 얻게 하셨고, 병든 자의 아픔을 불쌍히 여기고 그를 고치셨고, 자녀를 잃고 비통해 하는 여인의 아픔을 기억하시고 죽은 자녀를 살려주심으로 부활의 기쁨이 무엇인 가를 가르치셨다. 따라서 이 모든 예수님의 기적은 고통과 번민과 비참함에 놓인 하나님의 자녀들을 불쌍히 여기고 은혜를 베푸시는 하나님의 무한하신 사랑을 증거하는 일이었다.

3) 대적들을 물리치셨다.

복음서의 전개 과정을 보면 갈수록 예수님의 대적들이 늘어가는 것을 볼 수 있다. 예수님의 1차적 대적자는 바리새인들이었다. 그들은 기록된 하나님의 말씀뿐 아니라 부가적 규례들을 지키는 데에 열심이었던 사람들이었다(눅 18:12). 그들은 '자기의'에 빠진 사람들이었고 인간의 필요보다는 율법적이고 지엽적인 세부 사항들에 더 관심을 가졌으며(마 12:1~14), 하나님보다 사람들로부터 주목을 받고 영광을 얻으려는 자들이었다(마 23:1~39). 물론 바리새인들이라고 하여 모두가 위선자들은 아니었다. 그중 경건한 바리새인도 있었다. 니고데모 같은 이는 밤에 몰래 예수님을 찾아와 거듭남의 비결에 대해 가르침을 받았다(요 3:1~2). 그러나 대부분의 바리새인들은 공공연하게 예수님에게 적대적이었다(요 11:47~53).

사두개인들도 대적했다(마 16:1~12). 이들 가운데는 많은 제사장 가문들이 포함되었는데 그들은 로마의 법에 잘 적응하였고 자신들의 현 위치를 고수하고 지위를 누리려 하였다. 그러다 예수님이 성전 안에서 매매하는 자들을 물리적으로 제압한 사건이 벌어지자 예수님에 대해 적개심을 품기 시작했다(마 21:12~17, 요 2:13~16). 성전 안의 매매로 얻어지는 수익금이 제사장 가문의 주요한 수입원이었는데 예수님이 이것을 원천봉쇄하신 것이다.

이외 예수님에 대한 일반 백성들의 거부감도 극심했다. 그들은 이유 없이 비방하는 일에 가담했다(마 12:22~37). 고향 사람들조차 예수님을 산 낭떠러지에서 밀쳐 떨어뜨리고자 했다(마 4:29). 끝내 이들은 작당하여 예수님을 죽이고자 하는 일에 동참했다(막 3:6, 요 8:40, 11:50). 그리고 예수님을 처형하라고 온 힘을 다해 소리쳤다(마 27:25, 막 15:13, 눅 23:23, 요 19:15). 심지어 십자가상에서 함께 달린 강도들도 예수님을 욕했다(마 27:44).

4) 제자를 삼으시고 가르치셨다.

~ 예수님의 공적인 제자들(Disciple) 즉 사도들은 12명이다(눅 6:12~16). 이들은 예수님이 가시는 곳에 어디든지 함께 다녔는데 예수님은 이들을 가르치고 훈련시켜 땅끝까지 보내어 교회를 세우시고자 하시었다. 예수님은 부활하신 후 승천하시기 전에 마지막으로 제자들을 향해 "너희는 가서 모든 민족을 제자로 삼아 아버지와 아들과 성령의 이름으로 세례를 베풀라"고 명령하셨다.

~ 예수님은 자신이 온 것은 율법과 선지서를 폐하려는 것이 아니라 완전케 하려 함이라 하셨다(마 5:17). 예수님의 가르침은 선행하는 많은 하나님의 계시와 완전한 조화를 이루었다. 예수님은 여러 가지 방식으로 가르치셨다. 먼저 산상설교(마 5~7장)와 생명의 떡(요 6장)이나 포도나무 이야기 (요 15장) 등 강론 형식으로 가르치기도 하셨고, 많은 무리에게 쉽게 전달하기 위해 비유를 통해 가르치기도 했으며(마 13장, 막 12장, 눅 15~18장 등), 대화를 나누면서 하나님 나라의 비밀을 나타내시었고(눅 9~19장, 요 3장 등), 또 질의응답의 형식으로 가르치셨다(마 16:13, 15 등). 이러한 예수님의 가르침은 바리새인이나 랍비 등의 가르침과는 완전히 다른 독특한 것으로 사람들은 인식했다. 산상수훈을 들은 사람들의 반응은 남달랐다.

"무리가 그 가르치심에 놀라니 이는 그 가르치시는 것이 권세 있는 자와 같고 저희 서기관과 같지 아니함이러라"(마 7:28~29).

그렇다면 예수님은 무엇을 가르치셨는가?

첫째, 예수님은 아버지 하나님에 대해 가르치셨다. 예수님은 하나님을 '아버지'(파테르)라고 부르셨다. 그리고 자신이 온 백성들의 대표자이자 하나님 아들들의 맏아들로서 이제 하나님은 모든 백성들에게 '우리 아버지' 되심을 선포하셨다. 그리고 아버지 하나님은 자녀들의 필요를 다 아시고 기본적인 필요들을 채우시는 분이라고 소개했다(마 6:25~34). "천부께서 이 모든 것이 너희에게 있어야 할 줄을 아신다"

고 위로하셨다(6:32). **한편 예수님은** "아버지 외에는 아들을 아는 자가 없고 아들과 또 아들의 소원대로 계시를 받은 자 외에는 아버지를 아는 자가 없다"(마 11:27)는 말씀을 가지고 오직 아버지께로 나아가는 길은 자신만이 유일한 길이요 통로임을 선언하셨다(요 14:6).

둘째, 예수님은 하나님 나라에 대해 가르치셨다. 하나님 나라는 하나님이 직접 통치하는 나라이다. 이 나라는 특정한 지역적 영역이나 인간의 왕에 의해 다스려지는 가시적이고 지상적인 개념이 아니다. 선지자들은 하나님의 기름 부음을 받은 자가 이스라엘을 다스릴 것이며 이스라엘과 이 세상의 모든 민족들을 하나님의 뜻대로 관할할 자가 올 것이라 예언했다(사 32:1, 61:1~3). 동시에 예수님은 누구든지 거듭나지 않으면 이 나라에 들어가지 못한다고 말씀하셨다(요 3:3).

셋째, 그리스도인들이 이 땅에서 어떻게 살아야 하는지 그리스도인의 윤리를 가르치셨다. 예수님의 윤리는 바리새인들이 주장하는 것을 초월하는 것이었다. 바리새인들은 율법에 따르는 삶을 주장했다. 그러나 그들 중 아무도 율법대로 사는 사람들은 없었다. 결국 그들은 자신들이 쳐놓은 그물에 걸린 것처럼 하나님 앞에서 의로운 행위를 버렸다. 점점 그들은 자신들이 만든 엄격한 규례를 가지고 규례 자체가 목적인 삶을 백성들에게 요구하면서 하나님의 진리를 숨기거나 왜곡시켰다(마 15:10~20). 이에 예수님은 율법적인 규범과 규례에 근거한 윤리가 아니라 하나님의 사랑의 윤리를 가르치셨다. 사람을 얽매고 압제하는 규례가 아니라 사람에게 진정한 자유와 해방과 하나님의 사랑을 체험하고 실천하는 윤리가 되어야 함을 가르치신 것이다. 그렇다고 예수님이 설파한 사랑의 윤리는 사회적 규범과 규례들을 폐기하지 않는다. 다만 사랑의 윤리는 '행위' 그 자체가 아니라 오히려 그 행위를 유발하는 '동기 혹은 의도'를 더 중시하는 것이다. 그래서 살인이라는 행위보다 먼저 마음속에 가진 분노와 미움을 지적했고(마 5:21~26), 간음이라는 행위보다 음욕을 먼저 품는 그것에 더 관심을 돌리셨다(마 5:27~30). 즉 예수님이 가르치신 윤리는 단지 그 행위만 보는 것이 아니라 '내면의 동기'에 더 관심을 두는 것이기에 듣는 자들에게 말씀하시기를 '너희 의가 서기관과 바리새인들보다 더 낫지 못하면 결단코 천국에 들어가지 못하리라"(마 5:20)고 하셨다.

5) 삼중직을 수행하셨다.

먼저 선지자(prophet)로서 임무를 수행하셨다. 선지자의 임무는 하나님의 뜻을 백성들에게 드러내고 전달하는 것이었다. 이것은 가르침이나 권면, 그리고 훈계와 엄한 책망과 영광스러운 회복의 약속으로 이루어졌다. 성경은 선지자로서의 예수님의 사역을 증거하고 있다. 구약시대에 그는 한 사람의 선지자로 예언되었으며(신 18:15), 주의 천사나 계시의 영으로써(벧전 1:11) 소개했고, 성육신 이후에는 그의 교훈과 모범으로서(요 13:15, 빌 2:5, 벧전 2:22), 또 스스로 자신을 선지자로 칭했으며(눅 13:33), 자신은 성부 하나님으로부터 받은 메시지를 전한다고 주장하셨다(요 8:26~28, 12:49~50, 14:10, 24, 15:15, 17:8, 20).

다음으로 예수님은 제사장직(priest)을 수행하셨다. 구약성경은 예수님의 제사장 되심을 증언한다(시 110:4, 슥 6:13). 구약의 제사장직 특히 대제사장 직분은 명백하게 제사장으로 오시는 메시아에 대한 징표이다. 신약의 히브리서는 예수님의 대제사장직에 대해 명확하게 증언한다(히 3:1, 4:14, 5:5, 6:20, 7:26, 8:1). 한편 제사장 직분과 관련하여 독특한 표현은 예수님 자신이 '희생제물'이라는 점에 있다. 그는 "하나님의 어린 양"(요 1:29)로 불렸으며, "흠 없고 점 없는 어린 양"(벧전 1:19)이며, 우리를 위해 희생되신 "우리의 유월절 양"(고전 5:7)이시다. 무엇보다 바울은 구약의 모든 제사가 예수 그리스도와 그의 사역에 대한 예표라고 해석한다(골 2:17). 특히 히브리서는 이에 대해 예수님만이 하나님께서 임명하신 우리의 유일한 참되고 영원하며 완전하신 대제사장이라고 선언한다.

세 번째 직분은 예수님은 우리의 왕이시다. 하나님의 아들이신 예수님은 영원 전부터 스스로 계시는 하나님이시자 삼위 하나님 중 성자 하나님으로서 우주를 다스리는 주권자이시다. 이것은 예수 그리스도께서 기름 부음을 받은 자로서 하나님 나라를 세우고 통치하며 모든 대적자들로부터 그의 자녀들을 보호하신다는 의미이다. 특별히 신약성경은 그의 백성과 교회에 대한 다스림을 '몸과 머리'와 같이 상호 유기적인 관계임을 상기시키면서(엡 1:22, 4:15, 5:23, 골 1:18, 2:19), 그리스도의 머리 되심은 그와 그의 몸 된 교회 사이의 신비적 연합을 나타내는 동시에 그의 왕직을 설명하는 말이기도 하다. 그는 "만유의 주시오, 만왕의 왕이시다"(계 17:14). 나아가 예수님은 만유의 통치자로서 자신의 재림의 때에 가시적이고 장엄하고 영광스러운 가운데 자신의 영원한 통치를 드러내실 것이다.

6) 수난을 당하셨다.

~ 예수님의 삶 그 자체는 수난의 연속이었다. 예수님은 자신이 수난을 당하고 십자가에 돌아가셔야 함을 세 번에 걸쳐 제자들에게 예고하셨다. 베드로의 신앙고백을 들으신 다음에 예수님은 많은 고난을 당하고 죽임을 당한 후 부활할 것을 예고하였지만 그 진정한 의미를 깨닫는 제자는 없었다(눅 9:21~22). 두 번째는 자신이 "사람들의 손에 넘기우리라"(눅 9:44)고 표현하셨다. 실제로 사람들은 흉악한 범죄자인 바라바 대신에 예수를 죽이라고 요구했다. 세 번째에는 예수님이 조롱과 모욕과 침 뱉음이나 채찍질을 당하시고 부활하실 것이라고 예고하셨다(눅 18:31~34). 이는 예수님이 마지막으로 예루살렘에 입성하기 직전에 선포하신 말씀이었다. 이 모든 예고대로 예수님은 빌라도에게 체포되어 채찍질을 당하시고 사람들의 온갖 모욕과 조롱와 비방을 들으면서 십자가를 지고 처형장으로 오르셨다. 그리고 십자가상에서 숨을 거두시기 직전에 마지막 말씀인 "다 이루었다"(요 19:30)는 말씀으로 자신의 수난을 마감하셨다.

7) 부활하시고 승천하셨다.

복음서의 기록 중 약 1/3(89장 중 30장)이 부활에 대한 증언이다. 이는 예수님의 부활이 역사적인 사건으로 실제로 당시 많은 사람들에 의해 목격된 사건이었음을 증명한다. 막달라 마리아(요 20:11~18)와 다른 마리아들(마 28:8~10), 그리고 베드로와 요한(눅 24:12)과 엠마오로 가던 두 제자(눅 24:13~31)와 열두 사도들과(눅 24:36!49, 요 20:19~24) 들이 모두 예수님의 부활을 목격한 당사자들이다. 사도 바울은 예수님의 부활에 대해 "하늘에 속한 형체와 땅에 속한 형체"(고전 15:40)로 구분하고 아울러 "육의 몸으로 심고 신령한 몸으로 다시 살아나니 육의 몸이 있은즉 영의 몸도 있다"(44절)고 하면서 "무릇 흙에 속한 자들은 저 흙에 속한 자와 같고 무릇 하늘에 속한 자들은 저 하늘에 속한 이와 같으니, 우리가 흙에 속한 자의 형상을 입은 것 같이 또한 하늘에 속한 이의 형상을 입으리라"(48~49절)이라며 부활의 정당성을 옹호했다.

예수님의 부활은 기독교회가 존립하는 가장 중요한 기반이자 핵심적 교리이다.

예수님은 부활에 의해 "능력으로 하나님의 아들로 인정되셨다"(롬 1:4)고 하였으며, 예수님의 부활은 구속받은 모든 하나님의 자녀들의 부활을 보증하는 약속의 사건이며(고전 15:12~28), 이 사실은 우리의 영생이 확실하게 존재하고 보증됨을 나타내는 것이다.

<참고 1> 예수님이 하신 일/Sidney A. Weston

1. 공생애를 준비하기 위하여 자신을 봉헌하시다.

~ 마 13:13~17. 막 1:9~11

2. 시험을 당하시다.

~ 마 4:1~11, 막 1:12, 13, 눅 4:1~13

3. 설교하고 가르치시다.

~ 마 5~7장, 18:21~35, 21:28~38, 22:1~14, 23장, 25:1~13, 25:14~30

~ 막 1:14, 15, 21, 22, 39, 2:1, 2, 13, 4:1, 2, 33, 34, 6:1, 2, 5, 6, 34, 7:14, 8:31, 34, 10:1, 12:1

~ 눅 10:30~37, 15:11~32,

~ 요 3:1~10, 4:1~26, 7:14~8장, 10:1~21, 12:20~36, 12:44~50, 13:12~17장

4. 모든 종류의 질병을 치료하시다.

~ 마 8:5~13

~ 막 1:23~26, 30, 31, 34, 40, 41, 42, 2:5~11, 3:1~5, 7~12, 5:1~3, 8~13, 18, 19, 21~43, 6:5, 6, 56, 7:25~36, 8:22~26, 9:17~29, 10:46~52

~ 눅 7:11~17, 17:11~19, 22:50, 51,

~ 요 5:1~9, 11:1~44

5. 당신의 사역을 조직화하시다.

~ 막 1:16~20, 2:13, 14, 3:13~19, 6:7~13

6. 다른 사람들과 스스럼없이 어울리시다.

~ 막 2:15~17, 14:3, 눅 19:1~10, 요 2:1~11, 3:1~11

7. 기도하시다.

~ 막 1:35, 6:46, 14:32, 35, 눅 11:1~4

8. 부패한 습관들을 공격하시다.

~ 막 11:15~18

9. 고난을 당하시다.

~ 막 14:43~65, 15:1~5, 16~39

10. 부활하시다.

~ 마 28장, 막 16장, 눅 24장, 요 20~21장

<참고 2> 예수님의 마지막 일주일

1. 예수님의 수난과 의미

예수께서 지상 생활의 마지막 주간 동안 죄인들을 구원하기 위해 당하신 고난 특히 십자가에 못 박히심과 죽으심을 전후해서 당한 고난을 말한다. 헬) 파데인(행 1:3)은 '해 받으심'으로 번역하고 신약성경에는 주로 마26~27장, 막14~15장, 눅 22~23장, 요18~19장에 기록되어 있다. 예수님은 3차례에 걸쳐 자신의 수난과 부활을 예고하셨다. 그러나 제자들은 이러한 예고에 대해 이해하지 못하고 당황했으며(마 16:22, 17:24), 뒤에 예수가 체포되자 모두 도망했다(마 26:31, 56).

구약에서 유월절은 바로 예수님의 수난을 예표하는 절기이다. 예수님도 이 절기에 수난을 당하셨다. 바울은 이에 대해 고전 15:3에서 이렇게 말했다. "성경대로 그리스도께서 우리 죄를 위하여 죽으셨다"

2. 주간 행적(눅 19:41~48)

~ 성을 보시고 우시며, 예루살렘의 멸망을 예언했고(참조/눅 21:20) 성전을 청소하셨으며(45~46절), 성 밖으로 나가 베다니에 유하셨고(마 21:17), 무화과나무를 저주하셨다(마 21:18~22). 그리고 날마다 성전에서 가르치셨다(47~48절, 마 21:23~23장, 요 7:14~10장).

3. 예수님의 주요 설교

1) 첫 번째 성전설교(요 7:14-36)
"내 교훈은 내 것이 아니다(7:16). 너희가 어찌하여 나를 죽이려 하느냐?(19). 당신은 귀신이 들렸도다(20). 내가 그에게서 났고 그가 나를 보내셨음이니라(29). 너희가 나를 찾아도 만나지 못할 터이요 나 있는 곳에 오지도 못하리라(34)"

2) 초막절(명절 끝 날 곧 큰 날) 설교(요 7:37~44)
"누구든지 목마르거든 내게로 와서 마시라. 나를 믿는 자는 성경에 이름과 같이 그 배에서 생수의 강이 흘러 나리라. 이는 그를 믿는 자의 받을 성령을 가리켜 말씀하신 것이라"

3) 두 번째 성전설교(요 8:12~59)
"나는 세상의 빛(12). 너희는 육체를 따라 판단하나 나는 아무도 판단치 아니하노라(15). 네 아버지가 어디 있느냐?(19). 너희는 나를 알지 못하고 내 아버지도 알지 못하는 도다. 나를 알았더라면 내 아버지도 알았으리라(19). 너희가 죄 가운데서 죽겠고, 나의 가는 곳에는 너희가 오지 못하리라(21). 너희는 아래에서 났고 나는 위에서 났으며, 너희는 이 세상에 속하였고 나는 이 세상에 속하지 아니하였느니라(23). 나를 보내신 이가 나와 함께 하시도다. 내가 항상 그의 기뻐하시는 일을 행하므로 나를 혼자 두지 아니하셨느니라(29). 너희가 내 말에 거하면 참 내 제자가 되고, 진리를 알지니 진리가 너희를 자유케 하리라(31~32절). 죄를 범하는 자마다 죄의 종이라(34). 너희는 너희 아비 마귀에게서 났다(44). 하나님께 속한 자는 하나님의 말씀을 듣나니(47). 아브라함이 나기 전부터 내가 있느니라(58)."

4) 양문 설교(요 10:1~18)
"나는 양의 문이라(7). 누구든지 나로 말미암아 들어가면 구원을 얻고 또는 들어가며 나오며 꼴을 얻으리라(9). 나는 선한 목자라(11). 내가 다시 목숨을 얻기 위하여 목숨을 버림이라. 나는 버릴 권세도 있고 다시 얻을 권세도 있으니 이 계명은 내 아버지에게서 받았노라(17~18절). 저가 귀신들려 미쳤도다(20)."

5) 솔로몬 행각 설교(요 10:23~38)
"내가 너희에게 말하였으되 믿지 아니하는 도다. 내가 내 아버지의 이름으로 행하는 일들이 나를 증거하는 것이어늘, 너희가 내 양이 아니므로 믿지 아니하는 도다(25~26절). 나와 아버지는 하나(30). 유대인들이 다시 돌을 들어 치려하거늘(31). 성경은 폐하지 못하나니 하나님의 말씀을 받은 사람들을 신이라(35). 내가 행하거든 나를 믿지 아니할지라도 그 일은 믿으라(38)."

4. 치유 사역

1) 간음 중에 잡힌 여자(요 8:3~11)
"너희 중에 죄 없는 자가 먼저 돌을 치라(7)"

2) 날 때부터 소경된 사람(요 9:1~41)
"창세 이후로 소경으로 난 자의 눈을 뜨게 하였다 함을 듣지 못했다(32)"

3) 나사로를 살리시다(요11:1-46)
"나는 부활이요, 생명이니 나를 믿는 자는 죽어도 살겠고(25)"

5. 마지막 주간의 주요 사역

1) 6일 전(요 12:1~11): 베다니[4] 향유 사건

나병환자 시몬의 집에서(마 26:6) 예수를 위해 잔치를 벌이다(2절). 마리아가 향유 나드 한 근을 가져다 예수의 발에 붓고 자기의 머리털로 발을 닦았다(3절). 가룟 유다가 '이 향유를 300 데나리온에 팔아 가난한 자에게 주면 더 좋았을 것이다'고 말했다(4~5절). 그러나 그는 돈궤 맡은 자로서 돈 욕심을 가진 자였다(6절). 예수께서는 "그녀를 가만 두라. 나의 장례를 위해 향유를 간직하게 하라. 가난한 자들은 항상 너희와 함께 있거니와 나는 항상 있지 아니하리라" 말씀하셨다(8절). 같은 사건이 마 26:6~13, 막 14:3~9에도 기록되어 있다.[5] 예수 주변에는 무명의 많은 여성들이 있었다. 이들은 주로 예수님에 의해 병 고침을 받은 이들이었다. 마리아와 마르다, 막달라 마리아, 야고보와 요한의 어머니 마리아, 세베대의 아들들의 어머니(마 27:56), 헤롯의 청지기 구사의 어머니 마리아, 수산나(눅8:3), 다른 마리아(마 27:61, 28:1) 등이 그들이다. 이들은 자신들의 소유로 예수와 그 제자들을 정성껏 섬겼다. 골고다 언덕으로 올라가실 때, 십자가에 못 박히실 때도 그의 곁을 떠나지 않았다(마 27:55, 눅 23:27). 안식 후 첫날 예수께서 묻히신 무덤을 먼저 찾아간 이들도 여자들이었다(마 28:1-10, 막 16:1-11, 눅 24:1-10, 요 20:1-2). 또 여자들은 예수님의 승천 후 마가의 어머니 마리아의 집에 모여 오직 기도에 힘쓰다가 오순절 성령강림을 체험했다.

오늘의 주인공인 마리아는 예수 그리스도의 죽음을 미리 기념하는 행위로 죽음을 아름다운 향기로 승화시켰다. 예수의 발에 부어진 향유를 자신의 머리로 씻겨드림으로 자신의 머리에도 향유 냄새가 났다. 그리고 온 집에 향유 냄새가 났다. 이때 가룟 유다가 마리아의 돌발적인 행위를 질타하고 나섰다. 일견 유다의 지적은 합리적이다. 그러나 유다에겐 하나님의 때와 하나님의 역사의 중요성을 간과하고 분별하지 못한 인간적 계산이 앞서 있었다. 이 시간에는 그런 계산적인 문제를

---

4) '고난', '가난의 집'이라는 뜻이다. 예루살렘에서 약 3km거리 감람산 동편기슭에 있는 마을이며 나사로와 그 누이동생인 마르다 마리아의 집이 잇는 곳이다. 나사로는 일찌기 예수님에 의해 다시 살리심을 받았다(요 11장). 예수님이 승천하신 곳도 베다니 부근이었다(눅 24:50).
5) 눅 7:36~50의 죄 많은 여인의 헌신기사는 다른 사건이다.

가지고 논할 때가 아니다. 예수님은 지금 죽기 위해 예루살렘을 마지막으로 방문하시고 계신다. 그 마음이 얼마나 슬프고 무겁겠는가? 그때 마리아는 예수님의 마음을 알고 주님을 위로하고자 그 비싼 향유를 아끼지 않고 예수님의 발을 씻겨 드렸다. 그런데 유다는 돈 계산을 하고 있지 않은가? 그럼에도 예수님은 유다의 지적 자체를 공박하지는 않고 있다. 왜냐면 가난한 자를 돕는 것은 교회의 중요한 사명 중의 하나이기 때문이다. 단지 예수님은 엿새 후로 다가올 자신의 죽음에 대해 제자들이 마리아보다 덜 민감한 것에 대해 언급하며 영적인 민감성을 가진 마리아를 칭찬하고 있는 것이다.

2) 5일 전(12~19절): 예루살렘 입성

고난주간 중 첫째 날의 기록이다. 드디어 구약의 예언대로(슥 9:9) 예수께서는 예루살렘에 입성하신다(마 21:1~11, 막 11:1~11, 눅 19:29~44). 4 복음서를 대조해 볼 때 예수께선 안식일이 시작될 때 베다니에 이르러 그곳에서 안식일을 보낸 후, 다음날 벳바게로 나아와 나귀를 준비하여 예루살렘에 입성하신 것이다. 그런데 이번 방문은 예수님의 공생애 중 3번째이자 마지막 방문이 되었다. 그러나 구속사적인 측면에서 다른 방문과 다른 의미를 가지고 있다.

예수님은 슥 9:9의 메시아 예언을 성취하고 만민에게 인류의 구원자로서 자신의 존재적 목적을 선포하신 것이다. 승리의 입성이라고 하는 것은 1주일 후 부활 승리를 예견한다. 그런데 베다니에서는 예수를 위한 잔치가 열리고 있는 같은 시각에 예루살렘에서는 예수와 나사로를 죽이려는 음모가 구체화 되고 있었다. 사단은 지금도 우리가 모르는 곳에서 음모를 꾸민다.

마 21:1~11에 의하면, 예수께서 제자들을 보내어 나귀 새끼를 끌어오도록 했다. 이것은 제자들로 하여금 이미 예언된 메시야가 예수임을 직접 확인토록 한 것이다. 이때 예수님은 자신을 가리켜 '주'(퀴리오스)라고 했는데, 성경에 단 한 번 나오는 용어이다. 주님은 항상 우리의 믿음을 스스로 확신하도록 이끄신다. 한편, 나귀 새끼는 겸손과 평화를 상징하는 동물이다. 예수님이 나귀 새끼를 타고 입성하셨다는 것은 유대인들이 바라는 정치적 해방자가 아니라 인류에게 참된 구원을 가져다주는 '평강의 왕'이라는 사실을 상징적으로 보이는 행위였다.

아무튼 예수께서 입성하시자 무리가 환호성을 지른다. 이제 로마에 대적할 자신들의 정치적 왕이 눈앞에 당당히 나타난 것이다. 유대인들은 BC 165년 시리아의 셀류코스 왕조에게 빼앗기고 더럽혀진 예루살렘을 다시 쟁취한 마카비(맛다디아)를 종려나무 가지를 흔들며 열렬히 환영했던 역사를 기억하고 있었다. 우리가 천국에 입성할 때 천군 천사들도 이같이 환호할 것이다. 유대인들은 찬송을 불렀다. 이들이 부른 찬송은 시 118:25-26에 나오는 것으로 예수 탄생 시 천군 천사들이 불렀던 찬송과 흡사하다(눅 2:14). 그러나 유대인들은 예수님이 기대하던 정치적 임금이 아닌 것으로 판명되자 악에 받쳐 예수를 죽이라고 고함질렀다. 세상 사람들은 자신들의 이해관계와 관계가 없게 되면 언제든지 등을 돌린다. 사단은 배신자요, 배교자이며 대적자이다.

3) 4~2일 전(20~50절)

① 헬라인과 유대인의 만남(20~36절)

공관복음에는 헬라인들이 유월절에 예루살렘을 찾아온 기사가 없다. 그런데 여기서 헬라인이 등장하는 것은 본서의 기록 목적이 유대인뿐만 아니라 전 세계인의 구원을 위한 것임을 간접적으로 증거하고 있다. 헬라인들이 왜 예수님을 만나려 했는지에 대한 정확한 의도는 불투명하다. 성경학자 모리스(Morris)는 비록 예루살렘은 예수님을 배척하고 있지만 전 세계의 백성은 예수님을 찾고 있었다는 것을 말한다고 해석했다. 예수님은 만인의 구세주이시다. "이 복음은 모든 믿는 자에게 구원을 주시는 하나님의 능력이 됨이라"(롬 8:16, 행2:38-39) 예수님은 이들에게 몇 가지 진리의 말씀을 가르치셨다.

"인자의 영광을 얻을 때가 왔도다"(12:23).
"죽으면 많은 열매를 맺으리라"(12:24).
"내가 이를 위하여 이때에 왔나이다"(12:27).
"이제 이 세상임금이 쫓겨 나리라"(12:31).
"내가 땅에서 들리면 모든 사람을 내게로 이끌겠노라"(12:32).

그런 다음 예수님은 갑자기 몸을 숨기신다. 아마 베다니로 숨으신 것 같다. 그 이유는 하나님의 때와 성경 말씀을 이루기 위해, 때가 이르기 전에 바리새인에게 체포를 당하지 않기 위해서이다.

② 최후의 대중설교(44~50절)

유대인들의 완악함 때문에 안타까움으로 열변을 토하셨다. 그리고 "나를 보내신 이를 믿으라"고 간절히 호소했다. 이어 자신을 "어둠의 세상 주관자(마귀)를 멸하기 위해 빛으로 왔다"(요일3:2)고 자증했다. 나아가 "나를 믿는 자는 심판당하지 않으리라"(47절)고 호소했다.

4) 마지막 밤(금요일 저녁)

① 마귀가 가룟 유다의 마음에 예수를 팔려는 마음을 심었다.

유월절을 시작으로 하는 무교절[6]이 다가왔다. 대제사장들과 율법학자들은 예수를 죽일 방도를 찾고 있었지만 그들은 예수를 지지하는 백성들이 두려웠다. 그런데 사탄이 가룟 유다에게로 들어갔다. 유다의 마음에는 이미 자신의 스승인 예수가 더이상 이스라엘의 독립에 필요한 인물이 아니라는 생각이 가득했다. 사탄은 그 틈을 비집고 들어왔다. 유다는 대제사장들과 성전 경비대장들과 더불어 예수 체포 작전을 설계했다. 유다는 은전을 받기로 하고 무리가 없을 때 예수를 체포하기 위해 기회를 노리고 있었다(눅22:1-6)

② 고별의 식탁

유월절 양을 잡는 무교절이 되자 예수께서는 베드로와 요한을 보내시며 '가서 우리가 먹을 수 있도록 유월절 준비를 하라'고 명하셨다. 두 제자는 예수께 "어디에다 준비할까요?" 하고 물었다. 예수께서는 '너희가 성안으로 들어가면 물동이를 메고 오는 사람을 만날 것이니 그가 들어가는 집으로 따라가라. 그리고 집주인에게 내가 나의 제자들과 함께 유월절 음식을 먹겠으니 적당한 방을 준비하라고 말하라'고 말씀하셨다. 이에 두 사람이 예수님의 명을 쫓아 가 보니 정말로 예수님께서 말씀하신대로 모든 것이 준비되어 있었다. 그리하여 그들은 다락방에 유월절

---

6) 유월절 행사에 이은 7일간의 축제로서 모든 이스라엘 남자들이 지정된 성소에 가서 제사 및 각종 규례를 지켜야 한다(출23:14-15). 출애굽을 기념하기 위한 유월절 규칙에 대해선 레23:4-6, 민28:16-17, 신16:1-8에 상세하게 설명되어 있다.

식탁을 준비하게 되었다.(눅 22:7~13)

③ 제자들의 발을 씻기시다

~ 저녁을 먹을 때 예수께서는 자리에서 일어나 겉옷을 벗고, 수건을 가져다가 허리에 두르셨다. 그리고 대야에 물을 담아다가 제자들의 발을 씻으시고 그 두른 수건으로 닦아주기 시작했다. 베드로에게 이르렀을 때, 베드로는 "주께서 내 발을 씻기십니까?" 하며 극구 만류하였다. 예수님은 이에 "내가 하는 일을 지금은 네가 알지 못하나 나중에는 알게 될 것이다"고 말씀하셨다. 그러자 베드로는 다시 "아닙니다. 주께서 내 발을 씻기지 못하십니다"며 완강히 거부했다. 그러자 주님은 "내가 너를 씻어주지 않으면 너는 나와 상관이 없다"고 했고 할 수 없이 베드로는 "그렇다면 발뿐만 아니라 손과 머리도 씻겨 달라"고 요청한다. 예수님은 그에게 이렇게 대답했다. "이미 목욕한 사람은 온몸이 깨끗하므로 발밖에는 씻을 필요가 없다". 그리고 예수님은 "너희는 깨끗하지만 다 깨끗하지는 않다"며 자기를 팔아넘길 사람을 이미 알고 있다는 암시를 던졌다. 제자들의 발을 다 씻기신 후에 예수님은 옷을 입고 다시 식탁에 앉아 제자들에게 세족식의 의미에 대해 설명을 하셨다. "주이며 선생인 내가 너희의 발을 씻어주었으니, 너희도 서로 남의 발을 씻어 주어야 한다. 내가 본을 보인 것처럼 너희도 그렇게 해야 한다."

그리고 예수님은 몇 가지 비유를 들었다. "종이 주인보다 높지 못하고 보냄을 받은 사람이 보낸 사람보다 높지 않다. 너희가 이것을 알고 그대로 하면 복이 있다." 이어 예수님은 "나는 내가 택한 사람을 안다. 그러나 나의 빵을 먹은 자가 나를 배반하였다 한 성경 말씀이 이루어질 것이다. 내가 그 일이 일어나기 전에 미리 말함은 그 일이 일어날 때에 너희로 하여금 내가 바로 그임을 믿게 하려는 것이다. 진정으로 말한다. 내가 보내는 사람을 영접하는 사람은 나를 영접하는 사람이요, 나를 영접하는 사람은 나를 보내신 분을 영접하는 사람이다"며 인자를 넘겨주는 그 사람에게 닥칠 화에 대해 넌지시 지적하셨다(요 13:2~20). "그 사람은 차라리 태어나지 않았더라면 자기에게 좋았을 것이다"(막 14:21).

④ 만찬

~ 식사의 자리는 숙연했다. 제자들은 빵을 입에 넣고 있었지만 예수님의 말씀들을 정확하게 이해하지 못하고 있었다. 다시 예수님께서 자리에서 일어나 빵을 높이

들었다. 그리고 축사를 하신 다음, 빵을 떼어서 제자들에게 나누어 주시며 "받아라. 이것은 내 몸이다"고 말씀하셨다. 또 잔을 들어 축사하신 후 제자들에게 돌리니 제자들이 모두 마시었다. 그리고 "이것은 많은 사람을 위하여 흘리는 나의 피, 곧 언약의 피다. 내가 진정으로 말하니 이제부터 내가 하나님나라에서 새것을 마실 때까지 나는 포도나무 열매로 빚은 것을 다시는 마시지 않을 것이다"고 선포하셨다(막 14:22~25).

⑤ 새 계명

유다가 나간 뒤, 예수님은 "이제는 인자가 영광을 받았고, 하나님께서도 인자로 말미암아 영광을 받으셨다. 그러므로 하나님께서 몸소 인자를 영광스럽게 하실 것이다. 사랑하는 자들아, 내가 잠시 동안 너희와 함께 있으나 내가 가는 곳에는 너희가 올 수 없다"는 알듯 모를 듯한 말씀을 하셨다. 그리고 예수님은 자신의 사역을 최종적으로 정리하시려는 듯 새로운 계명을 반포하셨다. "서로 사랑하라. 내가 너희를 사랑한 것같이 너희도 서로 사랑하여라. 너희가 서로 사랑하면 모든 사람이 그것으로써 너희가 나의 제자인 줄을 알게 될 것이다"(요 13:31~35).

⑥ 베드로의 부인 예고

베드로는 예수님의 말씀이 궁금하여 질문했다. "주님 어디로 가십니까?" 예수님은 "내가 가는 곳에 네가 지금은 따라올 수 없으나 나중에는 따라올 수 있을 것이다."며 다시 한번 베드로의 머릿속을 어지럽게 하셨다. 하지만 베드로는 예수님이 가시는 곳이면 어디든지 따를 수 있다고 자신하며 "나는 주님을 위하는 일이라면 목숨을 바치겠다"고 호언장담했다. 이에 예수께서는 베드로를 물끄러미 쳐다보시며, "닭이 울기 전에 네가 세 번 나를 모른다고 할 것이다"(요 13:36~38)고 하셨다.

⑦ 마지막 기도

~ 식사를 마치시고 예수님은 눈을 들어 하늘을 쳐다보시면서 가장 긴 기도를 하기 시작하셨다. "아버지, 때가 왔습니다. 아들을 영광되게 하시어 아들로 인해 아버지께 영광을 돌리도록 하옵시고, 아들에게 주신 모든 사람에게 영생을 주시고, 아들에게 모든 사람을 다스리는 권세를 주시었습니다. 영생은 오직 한 분이신 참 하나님을 알고 또 아버지께서 보내신 예수 그리스도를 아는 것입니다. (중략) 나는 아버지께서 세상에서 택하셔서 내게 주신 사람들에게 아버지의 이름을 드러냈습니

다. 그들은 본래 아버지의 것인데 내게 주시었습니다. 그들은 아버지의 말씀을 지켰습니다. 나는 아버지께서 주신 말씀들을 그들에게 주었습니다. (중략) 난 그들을 위하여 기도합니다. 내가 세상을 위하여 비는 것이 아니고 아버지께서 내게 주신 자들을 위하여 빕니다. 나는 그들로 말미암아 영광을 받았습니다. 난 이제 세상에 더 있지 않으나 그들은 세상에 있습니다. 아버지의 이름으로 그들을 지켜 주시어 우리가 하나인 것 같이 그들도 하나가 되게 하여 주옵소서. 그들 가운데 한 사람도 멸망치 않도록 도와주시옵소서. 세상은 그들을 미워합니다. 내가 세상에 속하지 않은 것과 같이 그들도 세상에 속하여 있지 않습니다. 내가 비옵는 것은 그들을 세상에서 데려가는 것이 아니라 악한 자들로부터 그들을 지켜주시는 것입니다. 진리로 그들을 거룩하게 하십시오. 아버지의 말씀은 진리입니다. (중략) 나는 이 사람들만을 위하여 비는 것이 아니고 이 사람들의 말을 듣고 나를 믿는 사람들을 위해서도 빕니다. 아버지께서 내 안에 계시고, 내가 아버지 안에 있는 것 같이 그들도 하나가 되어 우리 안에 있게 해 주옵소서. 그래서 아버지께서 나를 보내셨다는 것을 세상이 믿게 하옵소서. (중략) 아버지께서 나를 사랑하신 것 같이 그들도 사랑하셨다는 것을 세상이 알게 하옵소서. 세상은 아버지를 알지 못하나 나는 아버지를 알았고, 이 사람들도 아버지께서 나를 보내신 것을 알고 있습니다. 나는 이미 그들에게 아버지의 이름을 알렸고, 앞으로도 그럴 것입니다"(요 17:1~26).

5) D-day(요 18:1~19장)

　죽으시고 부활하시고, 승천하시고(요 20~21장) 오순절 날에 성령으로 다시 오시었다(행 2:1~4)

<참고 3> 삼위일체 하나님과 예수님

1. 용어

1) 신학적 용어
성경에는 삼위일체라는 단어가 나오지 않는다. 그러나 성경 전체를 통하여 삼위일체 하나님이 파편적인 언급의 형태로 나타나 있고 이 파편적 요소들을 모아 조직적 통일성을 추구할 경우 성경에서 멀리 떠나는 것이 아니라 오히려 성경의 의미를 더 깊이 파고든다. 워필드는 성경의 단어들보다는 성경의 진리를 보전하는 것이 더 낫다고 했다.[7]

2) trinitas
~ tres(three)와 unus(one)의 합작으로 헬) $τριας$(트리아스)에서 유래했는데 그 뜻은 '하나이면서 셋, 셋이면서 하나'라는 의미이다.(세 겹, 혹은 삼중(tripex/ triplicity)이라는 의미는 아니다.) 안디옥 교회의 감독이었던 데오필로스(Theophilos, 168-183)가 헬라어 $τριας$를 최초로 사용했고, 교부 터툴리안(Tertullian, 160~215)이 라틴어 trinitas를 처음으로 사용했다.

2. 개념

1) 하나의 본질
본질(substance, substantia)이라는 용어는 essence로서 독립적 존재이자 자존적이고 분할되지 않은 속성을 가리킨다. 아리우스 논쟁 이후 본질은 '우시아'로, 인격은 '휘포스타시스'로 구별하여 사용했다.

2) 셋의 인격
인격(subsistence)은 이성과 자유의지를 가지고 다른 개체와 자기를 구별하는

---

[7] 워필드, "The Biblical Doctrine of the Trinity"(1952)

존재 양식이다.

3) 삼위일체 하나님은 유일하신 분으로 성부, 성자, 성령이신 개별적 인격적 행위의 주체로서의 구별을 가지고 있으면서 본질적으로는 하나의 통일체이시다.

3. 삼위일체의 계시적 근거

> "구약성경은 많은 가구들로 채워져 있으나 빛이 희미하게 밝혀진 방과도 같다. 빛이 밝혀지면 방안에 없던 가구들이 새롭게 나타나는 것이 아니라 단지 더욱 밝게 드러나는 것이다. 삼위일체의 신비는 성경에 계시되어 있지 않다. 그러나 그 신비는 구약성경 계시에 함축되어 있다. 그리고 여기저기서 희미하게 눈에 띠었다. 구약의 계시는 신약의 더 밝은 계시에 의해 바로잡히는 것이 아니라 단지 온전케 되고 확대되는 것뿐이다" [8]
>
> "삼위일체에 대한 가장 기본적인 계시는 말이 아니라 사실로 주어진 계시이다. 이 계시는 하나님의 구속사역이 성자의 성육신과 성령의 부어지심의 경우에서처럼 더욱 분명하게 계시됨에 다라 점점 더 명백해지는 것이다" [9]

1) 복수형 대명사
~ 창조 때부터 삼위일체 하나님은 "우리의 형상으로 사람을 만들자"고 말씀했다 (창 1:26, 3:22, 11:7, 사 6:8)

2) 하나님에 대한 어떤 호칭의 밀접한 병렬
"하나님이여 주의 보좌가~"(시 45:6~7)
"여호와께서 내 주에게 말씀하시기를~"(시 11:1)

---

8) 워필드
9) Louis Berkhof, Systematic Theology(1932)

3) 여호와의 사자(angel of the Lord)

~ 때로 여호와는 본인 스스로 사자가 되어 우리에게 나타나셨다(창 16:7~13, 22:1~2, 24:7, 40, 28:10~17, 31:11~13, 32:9~12, 48:15~16, 출 3:2~6, 14:19, 23:20~23, 33:14, 수 5:13~15, 삿 6:11~24, 13:3-22, 삼하 24:26, 호 12:4, 슥 12:8, 말 3:1).

4) 함께 일하시는 모습

"하나님의 신은 수면에 운행하시니라"(창 1:2)

"여호와의 말씀으로 하늘이 지음이 되었으며 그 만상이 그 입 기운으로 이루었도다"(시3 3:6, 요 1:1~3, 사 42:1, 43:9~12, 학 2:5~6)

5) 의인법

"저가 그 말씀을 보내어 저희를 고치사"(시 107:20)

"그들이 반역하여 주의 성신을 근심케 하였으므로"(사 63:10)

6) 메시아의 진술

"내가 처음부터 그것을 비밀히 말하지 아니하였나니 그 말이 있을 때부터 내가 거기 있었노라 하셨느니라 이제는 주 여호와께서 나와 그 신을 보내셨느니라"(사 48:16, 61:1, 슥 2:10~11)

7) 선지자들의 언급

"그들의 모든 환난에 동참하사 자기 앞의 사자로 그들을 구원하시며 그 사랑과 그 긍휼로 그들을 구속하시고 옛적 모든 날에 그들을 드시며 안으셨으나 그들이 반역하여 주의 성신을 근심케 하였으므로 그가 돌이켜 그들의 대적이 되사 친히 그들을 치셨더니"(사 63:9~10)

8) 복수형 명사

"이스라엘은 자기를 지으신 자(베요사이우, '지으신 자들')로 인하여 즐거워하며 시

온의 백성은 저희의 왕으로 인하여 즐거워할찌어다"(시 149:2)

"너는 청년의 때에 너의 창조자(보레에이카, 창조자들)를 기억하라"(전 12:1)

"이는 너를 지으신 자(요사이이크, 지으신 자들)는 네 남편이시라 그 이름은 만군의 여호와이며 네 구속자는 이스라엘의 거룩한 자시라"(사 54:5)

9) 신약적 근거

"증언하는 이가 셋이 있으니, 성령과 물과 피라 또한 이 셋은 합하여 하나이니라"(NIV)

"하늘에서 증거 하는 이가 셋이니, 성부, 성자, 성령이시다. 이 셋은 하나이다(KJV)(요일 5:7~8)

"예수께서 세례를 받으시고 곧 물에서 올라오실 새 하늘이 열리고 하나님의 성령이 비둘기같이 내려 자기 위에 임하심을 보시더니, 하늘로부터 소리가 있어 말씀하시되 이는 내 사랑하는 아들이요 내 기뻐하는 자라 하시니라"(마 3:16,17)

"그러므로 너희는 가서 모든 민족을 제자로 삼아 아버지와 아들과 성령의 이름으로 세례를 베풀고(마 28:19)

"주 예수 그리스도의 은혜와 하나님의 사랑과 성령의 교통하심이 너희 무리와 함께 있을지어다"(고후 13:13)

"말씀이 육신이 되어 거하시매 우리가 그의 영광을 보니 아버지의 독생자의 영광이요 은혜와 진리가 충만하더라" "본래 하나님을 본 사람이 없으되 아버지 품속에 있는 독생하신 하나님이 나타내셨느니라"(요 1:14, 18)

(기타) 요 15:26, 16:5~15, 고전 12:3~6, 엡 1:3~14, 2:18, 4:4~6, 갈 4:4~6, 롬 8:1~11, 살후2:13~14, 딛 3:4`6, 벧전 1:2, 유 20~21절 계1:4 등.

4. 삼위일체론의 역사

1) 예수님 당시
유대인들은 하나님의 유일성을 믿었다.

2) 교부시대
① 터툴리안: 최초로 삼위일체의 용어를 사용하고 하나님의 세 인격성을 논했으나 성자를 성부에게 종속시켰다
② 오리겐: 본체에 관해서는 성자는 성부에게 종속되었고, 성령은 성자에게 종속되었다고 했다.

3) 단일 신론(Monarchianism)
2세기 영지주의로부터 출발하여 3세기에 나타난 이단 사상으로 하나님의 단일성과 성자의 신성(로고스)을 강조했지만 삼위일체를 부정했다. 이는 다시 '역동적 단일신론'(일위일신론. 예수 안의 인간만을, 성령 안에서는 신적인 영향력만을 봄)과 '양태론적 단일신론'(그리스도의 신성을 강조하는 그리스도중심의 신론. 동방에서는 사벨리우스주의)으로 대별되었다.

4) 아리우스(AD 280~336)
일신론파의 이론에 근거하여 신적 로고스와 성육신의 성자 로고스를 구별했다. 성자는 성부의 제1 피조물이고, 성령은 성자의 제1 피조물로 묘사했다. 즉, 성자는 세계가 존재하기 전에 무에서 창조되었으며, 만물은 성자에 의해 창조되었으며, 성자는 창조되었기에 시작이 있고 신적 본체가 아니며 만물 중에 먼저 창조된 자로 하나님의 선택을 받아 하나님의 아들이 되었다고 주장했다. 그 근거로 잠 8:22, 마 28:18, 막 13:22, 눅 18:19, 요 5:19, 고전 15:28을 제시했다.

5) 아타나시우스(295~373)의 삼위일체론
성부와 성자의 관계를 동일한 신적 본질로 보고 분할이나 분리된 실체로는 보지

않는다. 성자는 독자적인 영원한 성자의 인격을 가진 본체이며, 하나님의 삼위는 어떤 형식으로든지 분리될 수 없는 것이며, 하나님의 유일성에 있어서 세 인격은 구분할 수 있으나 어디까지나 본체는 하나라며 아리우스의 주장을 논박했다. 이후 카톨릭에서 아타나시우스신조로 발전했다.

6) 니케아 회의(325년)

하나님은 유일하고 전능한 창조주이시고 예수 그리스도는 성령으로 잉태된 하나님의 독생자이시며, 주님이심을 믿는다고 고백하여 성부와 성자의 동일성을 확정하고 아리우스주의를 정죄했다. 이에 대해 반(半)펠라기우스파에서는 성부와 성자는 '동일 본질'(호모우시오스)이 아니라 '유사 본질(호모이우시오스)'이라 주장했다.

7) 다메섹의 요한(John of Damascus)의 삼위일체론

성부, 성자, 성령은 세 '휘포스타시스'(인격)로서 유일한 '우시아'(본질)이다. 세 인격은 '델레시아'(본질), '두나미스'(능력), '바실레이아'(지배)에 있어서는 하나이지만 출생되지 않는 것(앙겐네시아), 출생되는 것(겐네시스), 발출되는 것(에크포뤼시스)이라고 하는 존재 양식에 의해 구별된다. 이 세 인격은 상호 침투하여 합체, 융합, 내재하고 성령의 발출은 로고스를 통하는 것이며 아버지에게 그 근원을 둔다고 했다.

8) 어거스틴의 삼위일체론

삼위 그 자체가 유일신이고 유일신은 곧 유일한 창조자이다. 유일신은 유일한 본질과 본성을 가지고 활동하신다. 삼위의 사역은 불가분리이다. 삼위는 다르지만 본질은 다른 것이 아니다. 인간의 언어와 변론으로는 삼위에 관한 해설에 어려움이 있지만 그것을 말하지 않고 덮어두는 것이 하나님의 뜻이 아니기에 말한다. 인간의 영혼에 있어서 기억(memoria), 지성(intelligentia), 의지(voluntia)가 유일 본질[10]이다.고 했다.

---

10) 그러나 칼빈은 하나님의 일체성을 인간의 영혼을 실례로 설명하는 것은 다를 수 없다고 했다.

5. 삼위일체론에 대한 신학적 진술

1) 신적인 존재 안에는 유일의, 구분할 수 없는 본체(ὀυσια, essentia)가 있다. 본체(essence)는 'esse(있다)'에서 유래했고, 역동적인 존재를 나타내며 하나님을 무한한 속성들의 총화로 묘사하며, 실체(substance)는 'substare'에서 나왔고 존재의 잠재적인 가능성을 의미하며 하나님을 무한한 활동들의 기초들로 묘사한다(Shedd).

2) 신적 존재 안에는 세 위격(휘포스타시스)들 혹은 개별적 실체들(subsistences), 즉 성부와 성자와 성령이 존재한다.[11] 이에 칼빈은 "인격은 신적 본체 안에 있는 실존을 의미한다"고 설명했다.

3) 하나님의 나누어지지 않는 전 본체(본질)가 삼위의 각자에 동등하게 속한다. 신적 본체가 삼위에 분배된 것이 아니라 그 모든 속성을 가지고서 각 위들 안에 전체적으로 있으며, 그 삼위는 수적 유일성을 가지고 있다는 사실을 의미한다. 사람 가운데 있는 세 인격은 성질 혹은 본체의 '종'(種)의 유일성, 즉 같은 종류의 성질 혹은 본체를 가질 뿐이나, 하나님 안에 있는 삼위는 본체의 수적 유일성, 즉 한 본체를 소유하고 있다.

4) 신적 존재 안에 있는 삼위의 실존과 활동은 분명하게 정해진 순서로 표현된다. 존재론적 삼위일체는 분명히 순서(성부-성자-성령)가 있다. 이 순서는 시간이나 본체적 엄위에서의 어떤 선후가 아니라 단지 기원적 논리적 순서에 있어서만 그러하다. 성부는 어떤 다른 위격에게서 태어나시거나 발원하지 않고, 성자는 영원히 성부에게서 나시며, 성령은 성부와 성자에게서 영원히 나오신다. 단, 발생과 발출은 신적 존재 안에서 일어나지만 아무런 종속도 의미하지 않는다. 만물이 성부로부터(ek), 성자를 통하여(dia), 성령 안에(en) 있다.

---

[11] 헬라권에선 휘포스타시스를 채택했지만, 라틴권에서는 페르소나(persona, 가면, 인격)라는 용어를 선호했다. 반면에 스콜라학자들은 페르소나가 모호하다는 이유로 수브시스텐시아(subsistensia)를 사용했다.

5) 삼위가 구별되는 어떤 위격적인 속성들이 있다. 이것들을 '내향적 사역'(opera ad intra)이라 한다. 발생은 성부만의 행위이며, 아들 됨은 독점적으로 성자에게 속하며, 발출은 오직 성령에게만 돌려진다. 창조는 일차적으로 성부에게, 구원은 성자에게, 성화는 성령에게 돌려진다.

6) 교회는 삼위일체를 인간의 이해를 초월하는 신비로 고백한다. 삼위일체의 신비를 잘못 설명하면 삼신론 혹은 양태론적인 하나님의 개념들을 도출하고, 신적 본체의 유일성을 부정하거나 본체 안에 있는 위격적 구별의 실재성을 부인하는 결과를 낳게 된다. 교회는 삼위일체의 신비를 설명하기 위해 노력하지 않았으며 단지 그것을 위태롭게 하는 오류들을 막는 정도에서 삼위일체의 교리를 체계화하려고 노력했을 따름이다.

6. 삼위의 각론

■ 제1위, 성부 하나님

1) 아버지라는 호칭
○ 모든 피조물의 근원인 삼위일체 하나님께 적용된다(고전 8:6, 엡 3:15, 히 12:9, 약 1:17).
○ 이스라엘 백성들과의 신정적 관계를 묘사하는 호칭이다(신 32:6, 사 63:16, 렘 3:4, 말 1:6, 2:10).
○ 신약에선 모든 영적인 자녀의 아버지로서의 하나님을 지칭한다(마 5:45, 6:6~15, 요1:12, 3:3, 8:42, 14:6, 롬 8:16, 엡 1:5, 갈 4:5, 요일 3:1).
○ 제2위이신 성자가 성부에게 아버지의 호칭을 한다(요 1:14, 18, 5:17~26, 8:54, 14:12~13).
○ 만물의 아버지(고전 8:6, 롬 11:36).

2) 성부의 독특한 특성

성부에게만 능동적 발생의 사역이 해당된다.

3) 외향적 사역

모든 외향적 사역은 삼위일체 하나님의 사역이지만 어떤 것들은 성부께서 전면에 계신다.
(예) 구속의 역사를 계획하는 것(시 2:7~9, 40:6~9, 사 53:10, 마 12:32, 엡 1:3~6), 초기 단계에서의 창조와 섭리의 사역들(고전 8:6, 엡 2:9) 등.

▣ 제2위, 성자 하나님

1) 아들, 혹은 하나님의 아들

소시니안들과 유니테리안들은 '하나님의 아들'이라는 호칭을 근거로 예수님을 단순히 사람으로 본다. 그러나 성자는 성육신 이전부터 하나님의 아들로 언급된다(요 1:14, 18, 갈 4:4). 또 성자는 '하나님의 독생자'로 불려지는데, 만약 직무적이거나 윤리적인 면에서만 하나님의 아들이었다면 그에게 적용되지 못할 칭호이다(요 3:16, 18, 요일 4:9, 삼하 7:14, 욥 2:1, 시 2:7).

예수님은 제자들에게 하나님을 '우리 아버지'라 부를 것을 가르쳤으며, 동시에 자신은 단지 '아버지' 또는 '내 아버지'라 칭하시며 자신이 아버지와 독특한 관계를 의식하였음을 보여준다(마 6:9. 7:21, 요 20:17). 하나님의 아들이라는 호칭은 중보자로서의 그리스도에게 적용된다(마 8:29, 26:63, 27:40, 요 1:49, 11:27). 그가 메시아로서 하나님의 아들로 불릴 수 있는 것은 단지 그가 하나님의 본체적이고 영원한 아들이었기 때문이다.

2) 성자의 위격적 실존(양태론자들에 대항하는 이론)

성경이 성부와 성자를 동렬의 위격으로 취급한다. 독생자와 맏아들(골 1:15, 히 1:6)이라는 명칭은 성자의 영원한 발생의 사실을 증명한다. '로고스'라는 용어는 그와 세상의 관계를 설명하기 위함이 아니라, 그와 성부의 밀접한 관계, 즉 말과 말하는 자의 관계를 나타내기 위해 성자에게 적용된 것이다. 성경은 성자를 하나님의 형상이라고 말한다(고후 4:4, 골 1:15, 히 1:3)

3) 성자의 영원한 발생

그것은 하나님의 필연적 행동이다. 성부의 의지에 의존하는 자유로운 행동(오리겐)이며, 성부의 영원한 행동이다 성자의 선재성과 성부와의 동등성에 대해 다음의 성경 구절들이 증언한다(미 5:2, 요 1:14, 18, 5:17, 18, 30, 36, 행 13:33, 요 17:5, 골 1:16, 히 1:3).

4) 성자의 신성

먼저 메시아의 신성에 대한 구약의 예언들은 '여호와의 사자' 외에 "메시아가 하나님의 유일한 아들이다"(시 2:7), "메시아가 하나님이다"(시 45:6~7), "메시아의 이름이 여호와이다"(시 102:25~27)로 표현되었고, 또 메시아가 '나의 주'(아도나이)라 불리우고(시 110:1), "이 호칭을 가진 자가 여호와의 오른편에 앉아 있다"(히 1:13)고 했다. 또 처녀의 몸에 잉태된 메시아가 '우리와 함께 하시는 하나님'(사 7:14)이시고, 네 개의 아름다운 호칭 즉, "빼어난 모사, 전능한 하나님, 영존하시는 아버지, 평강의 왕"(사 9:6)은 성자 하나님에 대한 호칭이다.

▣ 제3위, 성령 하나님

1) 호칭

성령님에 대한 호칭도 다양하다. 가장 보편적인 이름은 '하나님의 영'(spirit, 요 4:24)인데 이는 히브리어로 '루아흐'이고 헬라어로는 '프뉴마'이고 라틴어로는 spiritus로 번역되었다. 이들 단어는 여러 가지 뜻이 있는데 대개 '호흡'(창 2:7, 6:17, 겔 37:5-6), '바람'(창 8:1, 왕상 19:11, 요 3:8)과 함께 '숨을 내쉬는 것'의 역동적인 의미를 가지고 있다.

2) 인격성

성령의 인격은 성자의 인격처럼 사람들 가운데 명백하게 인식할 수 있는 인격적 형태로 나타나지 않았다. 그 결과 성령의 인격성은 종종 의문시되어왔으며 특별히 주의를 요한다. 그리하여 성령의 인격성은 단일신론자들이나 성령파들과 소지니 안주의자들, 슐라이에르마허, 유니테리언파, 오늘날 현대주의자들과 사벨리우스 주의자들에 의해 부인되었다.

'프뉴마'는 중성이지만, 요 16:14에서 성령에 대하여 남성 대명사 'ekeinos'(에케이노스)가 사용되고 엡1:14에서는 남성 관계대명사 'hos'(호스)를 사용한다. 또 요 14:26, 15:26, 16:7에서 'parakletos'(파라클레토스)가 사용되는데 이는 '보혜사'로서 인격적인 활동을 의미한다. 그러므로 성령은 인격적인 특징들, 즉 지식(요 14:26, 롬 8:16), 의지(행 16:7, 고전 12:11), 감정(사 63:10, 엡 4:30) 등을 가지며, 인격성에 적합한 행동들을 실행하신다. 성령은 찾으시고 말씀하시고 증거하시고 명령하시고 계시하시고 노력하시고 창조하시고 간구하시고, 죽은 자를 살리는 일을 하신다. 한편 성령은 다른 인격들과 관계를 맺고 있는 분으로도 나타난다. 성령은 사도들(행 15:28)과, 그리스도(요 16:14), 성부와 성자(마 28:19, 고후 13:13, 벧전 1:1~2)와 함께 나란히 기록되어 있다.

3) 성령과 다른 위격과의 관계

성령이 '성부로부터 발출하는가, 성자에게서도 발출하는가?' 하는 질문이 오랜 논쟁거리였다. 589년 톨레도회의에서 '필리오케'(filioque, 성자로부터)를 삽입하여 '우리는 성부와 성자로부터 나오시는 성령을 믿습니다'고 고백함으로서 논쟁에 종지부를 찍었다. 사람의 영혼이 사람과 밀접하게 연결되어있는 것처럼, 성령도 성부 하나님과 밀접하게 연관되어 있다. 오순절 날에 성령이 교회로 파송된 사역은 삼위일체 하나님의 하나됨에 근거한다.

4) 성령의 신성

먼저 성령에 대해 성부와 성자 하나님을 부를 때처럼 신적인 호칭들이 사용된다(출 17:7, 행 5:3~4, 고전 3:16, 딤후 3:16). 그의 편재(시 139:7~10)와 전지(사

40:13~14), 전능(고전 12:11, 롬 15:19), 영원(히 9:14)의 속성과 창조의 활동(창 1:2, 욥 26:13, 33:4)과 중생(요 3:5, 딤 3:5)과 부활(롬 8:11)에의 참여 및 동일한 신적 영광을 받는 일에서 성령 하나님의 존재를 보게 된다(마 28:19, 롬 9:1, 고후 13:13).

5) 신적 경륜 속에서의 성령의 사역

일반적으로 성령의 특별한 임무는, 피조물의 안팎에 직접적으로 활동하심을 사물들과 개체들을 완성에 이르게 하는 것이다. 이를 세분화하면 다음 세 가지 영역으로 나눌 수 있다

① 생명 발생의 일

존재가 성부로부터 나오고, 생각은 성자로 말미암음과 같이 생명은 성령에 의해 매개된다(창 1:3, 욥 26:13, 시 33:6, 시 104:30).

② 영감의 활동

과학과 예술 활동에 필요한 영감과 자격을 부여하신다(창 28:3, 31:2-3, 6, 35:35, 삼상 11:6, 16:13-14).

③ 구원

성령은 그리스도를 위해 몸을 준비했고(히10:5~7), 그리스도에게 기름을 부었고(눅3:22), 그리스도에게 신적인 능력을 부여하셨다(요3:24). 또 성경에 영감을 주었고, 교회의 형성과 확장, 성화, 그리고 교회를 가르치고 인도하신다. 이렇게 하심으로 성령은 하나님과 그리스도의 영광을 나타내시며, 구세주에 관한 지식을 증가시키며, 교회를 오류로부터 지키시며, 또한 교회가 자신의 운명을 준비하도록 하신다(요 14:26, 15:26, 16:13, 행 5:32, 히 10:115, 요일 2:27).

<참고4> 유대교의 종교적 분파들

1. 배경설명

바벨론 포로에서 귀환한 이후(BC 538년경) 유대 사회는 크게 두 가지의 뚜렷한 현상을 보였다. 그 첫 번째는 대제사장이 거의 모든 생활을 관장하고 심지어 정치적인 문제까지도 강력한 영향력을 행사한 것이었다. 이는 제사장과 왕의 직책이 한 사람에게 부여되었던 마카비의 독립전쟁 이후 하스모니안 왕조의 전통을 세습한 것이라고 볼 수 있다. 다음으로 율법의 보존 노력과 계승, 그리고 새로운 해석이 서기관들을 중심으로 붐을 이룬 것이다.

처음엔 이들 두 세력은 상호 일치를 보였으나 시간이 지날수록 균열을 나타냈다. 성전의 일과 율법의 일이 구분되어 한편은 정치적인 문제에 관여하고 다른 한 편은 종교적인 문제에 치중하게 되었다. 이러한 갈림으로부터 유대 사회에는 어느새 종파적 이해를 달리하게 된 파벌들이 형성되었고 예수님이 공생애를 시작할 당시 이들 종파들은 자신들의 시각에서 예수를 바라보았고 모두 예수를 대적하는 우를 범했다.

2. 주요 종파들

2-1. 바리새파

1) '구별되다' 혹은 '~로부터 분리되다'라는 뜻의 바리새(pharisee)란 용어가 최초로 언급된 때는 BC 135년 요한 힐카누스의 통치시대로 거슬러 올라간다. 1세기경의 유대인 역사가인 요세푸스의 <고대사> 및 기타 기록에 의하면 바리새파는 가장 규모가 크고 가장 영향력을 많이 행사하던 종파이다. 성경에도 다른 어느 종파보다 많이 기록되어 있고 엄격한 집단이었음을 알 수 있다(행 26:5).

2) 바리새주의가 발전하는 데 크게 영향을 끼친 요인은 다음의 몇 가지를 들 수 있다.

첫째, 율법주의, 즉 바벨론 포로시대부터 시작된 토라 종교다. 포로귀환 이후 학개와 스가랴 등의 지도하에 성전공사가 완료되고 성전 제사가 확산될 무렵 동시에 율법을 연구하고 율법을 공부하는 분위기가 형성되었다. 이에 에스라와 느헤미야의 지도하에 전통적인 율법 해석작업이 이루어졌고 연구된 율법은 즉각 생활에 그대로 적용되어 유대교라는 확고한 종교의 기틀이 확립되어진 것이다.

둘째, 국가주의의 요인이다. 모진 박해와 고립은 유대인들을 강한 민족주의와 국가 정신으로 무장시켰다. 특히 율법으로 무장한 유대인들은 주변 정세들이 또다시 위기감을 불러일으키자 더욱 선민의식으로 일체감을 조성해 갔다.

셋째, 하시딤의 발현이다. 바리새파의 전통을 유전 받은 이 집단이 가장 경계한 것은 유대 종교의 세속화이다. 사람들은 점점 타락해 갔으며 유대인 공동체 안으로 이교적인 문화와 사상이 침투하고 있었다. 이런 타락의 배후에는 팔레스타인의 주요 도시에 거주하던 그리스인들이 있었다. 데가볼리(decapolis)의 주민들 대부분은 그리스어를 사용했다. 그리스의 찬란한 문화는 많은 유대인들을 유혹하였고 그들 중의 일부는 완전히 그것들에 사로잡혔다. 이러한 사악한 행위들에 분개한 하시딤의 집단은 모든 가능한 수단을 동원하여 유대의 헬라화를 저지하는데 총력을 기울였으며 점점 하나의 특수한 계급이 되어 갔다. 이들은 기꺼이 지고한 제물이 되기를 원했으며 율법과 야훼를 경외하고 조상의 유전을 고수하였기 때문에 시리아 셀류키드 왕조에 대항하여 일어선 마카비 독립운동을 적극 지원하였다. 하시딤의 교리는 정통 유대교의 교리로 발전하였다. 그러나 BC 135년경 그들의 제자였던 요한 힐카누스(BC 134~104)가 이들을 배반하고 사두개파에 가담함으로써 바리새파는 유대의 다른 사람들과 구별을 이루게 되었다.

3) 바리새파의 신앙생활은 매우 엄격한 것으로 유명하다. 그들은 자기들의 전 재산의 십일조를 준행하였다. 그들은 또한 죽은 짐승의 시체를 만진 사람이나 어떤 경로로든 불결하게 된 사람들과의 접촉을 피하였다. 그들은 이방인이나 다른 파에 속한 사람들과 어울리기를 거절하였고 이방인과의 결혼을 죄악시했다. 그들은 먼저 복장부터 달랐다(마 23장 참조). 그들에게 있어서 사두개인들은 가장 강력한 적수였다. 상류계급 주심의 사두개파는 바리새인들이 가지고 있는 민중에 대한 영향

력 때문에 항상 경계심을 늦추지 않았던 것이다. 바리새파는 세력을 확장키 위해 모든 계급에서 그 구성원을 채워 나갔다. 그들 중 극히 소수만이 제사장이었고 대다수는 평민이었다. 부자도 있었고 가난한 사람도 있었다. 그러나 가장 중요한 역할을 하는 사람들은 서기관들이었다. 이들 중 대다수가 바리새파에 속하였고 이들은 산헤드린 공회를 장악하고 있었다.

4) 바리새주의에게 있어서 종교란 율법의 준수이며 율법을 준행하는 자에게만 하나님의 은혜가 있고 그것이 종교의 핵심이라는 것이다. 특히 서기관들은 이 종파를 통해 전통주의를 기반으로 한 엄격한 율법의 준수를 강조하게 되었다. 이러한 행태에 대해 모울드(Mould)는 "불행하게도 그들은 외적인 형식을 강조함으로 내적인 정신을 무시하게 되었고, 그 결과 그들은 편협하고 비판적이며 자기 스스로 의인이 되었다"고 평가하고 있다. 서기관들은 세대를 계승하면서 그들의 규례들을 지켜야 된다는 극단적인 주장으로 발전케 되었다. 나아가 그들은 마치 자신들은 우발적(무의식적)으로라도 죄를 범치 않기 위해 '율법에다가 울타리를 치고자' 시도하였다. 바리새인들은 구약성경을 하나님의 영감 된 말씀으로 받아들였다. 그리고 조상들로부터 계승된 구전을 중요시했다. 그들은 부활 교리를 강조하면서 의인에게 상 주시고 악인을 멸한다고 가르쳤다. 요세푸스는 바리새파의 종교적 특성에 대하여 "그들은 모든 섭리를 하나님께 돌린다. 그러나 비록 운명, 혹은 섭리가 모든 행위에 있어서 협력하지만 그것은 사람에게 달려 있다"고 했다.

5) 그들은 곳곳에서 예수님과 충돌했다. 예수님이 그들의 유전을 멸시하고 세리와 죄인들과 어울리며 안식일도 범하고 자신이 예언된 메시아라고 하는 것에 완전한 적개심을 가졌다. 이러한 바리새인들에 대해 예수님은 마태복음 23장 등에서 근본적으로 바리새인들이 위선자임을 지적하고 심한 경우엔 '독사의 자식'이라 저주했다.

2-2. 사두개파

1) 사두개라는 명칭의 기원에 대해선 여러 견해로 갈린다. 다만 '의로운'이라는 뜻을 가진 히브리어 zadukim에서 헬라어 sadukaioi가 생겨났다. 이 단어는 BC 220년경에 '조로아스터교인'이라는 의미로 쓰여졌으며 따라서 외국의 사상을 좋아하고 일반적으로 유대인들에 의해 지켜지는 신앙을 받아들이지 않은 사람들에 대해 사용된 말이라는 견해가 있다(Cowley). 또 다른 학자들은 솔로몬 왕의 치세 때의 제사장이었던 사독의 이름에서 유래를 찾기도 한다.

2) 그들은 수에 있어서는 소수였으나 학식을 겸비한 자들로서 상당한 사회적 영향력을 가지고 있었다. 그들의 세력은 시대에 따라 달라졌다. 아리스토불루스 2세(BC 67~63)때는 막강한 세력을 장악했으나 헤롯에 의해 박해를 받고 그 수효가 감소했으며 다시 로마가 유대를 합병할 때 대제사장들은 유대인들의 공식적인 대표로 간주 됨에 따라 그들은 지배계급에 머물러 있게 되었다. 그들의 본거지는 성전이었으며 예수님 당시에는 수효에 있어서도 바리새파에 비해 그렇게 열세에 있지 않았다. 그들은 구전 율법(Oral Law)을 주장하는 한편 서기관과 바리새인들의 유전은 용납하지 않았다. 그들은 육체 부활에 있어서 바리새인들과 견해를 달리했다(눅 20:27~40, 행 23:8). 그리고 미래의 심판을 부정했으며 천사와 영들의 존재를 반박하였다. 바리새파들이 추구했던 강렬한 메시아 대망도 사두개파에게는 찾아볼 수 없었다. 그들은 사실상 바리새파가 추구하고 주장하는 거의 모든 신앙적 교리와 규례들을 철저히 무시하였다. 게만(Gehman)은 사두개파에 대해 "장로의 유전을 대단히 강조하는 바리새파와는 반대로 사두개파는 그들이 성경 안에서만 발견하였던 교리들로 그들의 신조를 국한시켰다. 그들은 기록된 율법만이 준수되어야 한다고 주장하였다"고 기술했다. 그러나 사두개파는 그리스도에 대한 반대를 드러내고 조직화시키는데 있어서 정치적으로는 바리새파와 또한 헤롯당과 합세하였다.

2-3. 에세네파

1) 이 파의 기원에 대해선 거의 알려진 것이 없다. 신약성경에도 이들에 대한 언급이 없다. 단지 이들에 대한 정보는 역사가인 필로와 요세푸스에 의해 얻을 수 있다. 요세푸스에 의하면 에세네파는 마카비 가문의 요나단 때(BC 15년경)에 활동적이었다고 기술되었고 이 파에 속한 어떤 유다라는 인물을 소개하고 있다. 또 그의 〈고대사〉에서는 에세네파를 바리새파와 사두개파와 더불어 철학자들로 구분하였다.

2) 고대의 저술가들은 에세네파가 금욕주의를 실천하고 성격상 은둔적인 종교집단이라고 전했다. 그리스도 당시에는 그들의 수효가 약 4천 명에 달했다. 그들은 예루살렘과 유대의 마을, 사해의 서쪽에 위치한 엔게디 지방 등에 분포했다. 특히 사해의 황야지역은 그들이 그 어떤 집단 또는 세력으로부터 간섭받지 않는 주 활동무대였다. 그들은 생존을 위한 극히 제한적인 교류를 제외하고는 세상과 완전히 담을 쌓은 채 자체적인 경제활동을 했으며 회당과 공동의 홀, 공중목욕탕 등의 시설을 하고 살았다. 에세네파에 입단하면 먼저 곡괭이와 앞치마, 흰옷을 배분받고 1년간의 견습 기간을 거쳐야 했다. 이후 2년간의 추가 견습 기간이 있었고 이 기간이 끝나면 공동의 식사자리에 참여할 권리를 얻었다. 그들의 내부적 통제는 엄격했다. 내부의 일을 발설하면 처단받았고 사유재산도 없었다. 대부분 독신생활을 했고 가끔 양자를 받아들였다. 결혼도 아이를 낳을 때만 인정하였다. 그들은 따로 제사의식을 가졌으나 예루살렘에 예물을 보내었다. 그들은 바리새인과 더불어 하나님 외에는 어떠한 왕에게 충성을 서약하지 않았다. 온갖 회유에도 굴하지 않자 헤롯 대왕은 기원전 21년에 들어 그들을 충성의 의무에서 면제해 주었다. 그들의 사상은 일종의 신비주의적 색채를 띠고 금욕주의와 성결주의로 무장한 것이었다. 한편 그들의 교리 중 일부의 것, 예를 들어 영혼에 대한 사상 등은 그리스의 영향을 받은 흔적들이어서 외부 세계와의 일정한 교류가 있었다고 평가받기도 한다. 그렇지만 복음서에 이들에 대한 일체의 기록이 등장하지 않은 점은 매우 이색적인 일이다.

2-4. 기타 / 쿰란종파, 열심당

1) 그리스문화가 유대 지역에 혼합될 즈음에 유대인의 독특한 공동체가 사해의 북단 서쪽에 위치한 불모의 분지에 거주하였다. 이 종파는 여기서 BC 2세기부터 AD 70년경까지 번영하였다. 고고학적 증거는 이 종교적 공동체가 그 유물이 발굴된 수도원에 일부가 살았고 일부는 근처의 동굴에 살았음을 보여준다. 이 동굴들에서 발견된 항아리 속에 보관된 문헌들은 매우 가치 있는 것이었으며, 이전에 발견된 것 중 가장 놀랄만한 고고학적 발견 중의 하나가 되었다. 전체로 보존된 문헌들이나 단편으로 보존된 문헌들이 11개의 각기 다른 동굴에서 발견되었다.

2) 쿰란에서 발견된 이 수도원적 집단이 에세네파와 동일한 지에 대한 학자 간의 의견이 지금은 두 가지로 나누어져 있다. 그들의 본거지를 요단 계곡의 사해 근방에 두고 있는 메시아 대망과 세례를 지키는 집단들에 대한 언급이 고대 저술들에 많이 나타나기 때문에 브루스(F. F. Bruce)는 쿰란에서 새롭게 발견된 문서의 주인들을 에세네파와 동일시하는데 주의를 기울여야 한다고 믿고 있다. 프리취(Fritsch)는 넓은 의미의 에세네파란 명칭 아래 쿰란의 언약 공동체를 포함시켰다. 요세푸스는 열심당(Zealots)의 시작을 갈릴리인 유다가 로마에 대항하는 반란을 일으켰던 AD 6년으로 잡는다. 열심당은 공물을 바치는 것이 그들의 참된 왕이신 하나님에 대한 반역이란 이유에서 로마 황제에게 조공을 바치는 것을 반대하였다. 요세푸스는 그들을 유대인의 "제4 철학"으로 묘사하였다.[12] 파이터(Robert Preiffer)는 열심당의 시작을 로마 통치 이전으로 잡으면서 "바리새파가 하시딤의 후예인 것처럼 열심당은 마카비 일파의 후예이다"라고 주장한다. 유대인 역사가들은 그들을 도적과 산적 떼로 묘사하지만 그들이 기치를 들었던 사상들을 생각해 볼 때 그들이 애국자들이었음은 가능한 일이다.

3) 시리아의 안티오쿠스 에피파네스 왕이 유대인의 헬라인화를 추구하고 유대교의 신앙과 관습에 대한 노력을 금지하였을 때 하나님의 율법에 열심을 내었던 맛

---

12) War. II, 8.1: Antiq, XVIII: 1, 6.

다디아(마타디아스)와 그의 아들들과 그 추종자들의 본을 그들이 따랐기 때문에 그들은 열심당이라고 불리었다. 그들은 또한 이스라엘이 하나님을 떠났을 때 하나님에 대한 열심을 보여준 성경 상의 비느하스(민 25:11, 시 106:30 이하)의 본을 그들이 쫓는다고 믿었다. 열심당은 요세푸스에 의하여 "궤변론자"로 불리었는데, 이 용어는 열심당의 교육계획이 성격상 단순히 정치적이 아니었음을 보여주는 계획된 교육과정이 그들 가운데 있었음을 암시한다.

4) A.D 6년의 반란이 로마군에 의하여 진압되었을 때 유다 일가의 식구들은 그 정신을 잃지 않았다. 유다의 두 아들은 행정관 알렉산더에 의하여 AD 46년경에 십자가형을 당하였고(Jos. Antiq, XX.5.2) 셋째 아들인 메나헴(Menahem)은 로마에 대항한 AD 66년의 반란에서 지도권을 장악하고자 노력하였다(Jos. Wars, II, 17, 8 이하). AD 66~73년에 있었던 전쟁에서 열심당은 매우 활동적이었다. 이 반란은 AD 73년 5월에 마사다의 마지막 요새를 함락당하는 것과 함께 끝이 나지만 열심당의 정신은 지금의 이스라엘의 민족정신의 하나로 계승되어 있다.

B. 사복음서

〈마태복음〉

1. 배경 설명

1) 마태

마태(여호와의 선물)는 갈릴리 가버나움 출신으로 예수님의 부름을 받기 전까지 로마당국의 세리로 일했다. 당시 이스라엘은 BC 63년 폼페이 장군에게 항복하고 로마제국의 속국이 되어 지배를 받았는데 이런 상황에서 유대인이 로마제국을 위해 일한다는 것은 동족으로부터 미움을 받는 일이었다. 이런 정황을 볼 때 예수님의 부르심에 조금의 주저함도 없이 즉시 따랐던 마가의 입장을 충분히 이해할 수 있다(9:9~13). 마태는 AD 26년에 예수님의 제자로 피택되어 그때부터 주님이 십자가에 달릴 때까지 모든 시간을 주님과 함께 동거동락했다. 그는 다른 제자들과 달리 높은 수준의 교육을 받은 제자였지만 예수님께 의문을 제기하지 않고 주로 말 없이 경청하고 순종한 겸손한 인물이었다. 그는 훗날 에티오피아로 건너가서 복음을 전하다 체포되어 누비아라는 곳에서 장작불 위에서 화형을 당했다고 전해진다.

2) 저술 배경

~ 마태복음은 유대인 그리스도인들을 위해 저술된 복음서이다. 당시 유대인들은 선민의식에 젖어 이방인들을 개나 돼지처럼 취급했다(마 7:6, 15:26). 심지어 디아스포라 유대인들마저 이방 문화에 오염되었다고 배타적으로 대할 정도였다. 마

태는 이러한 유대인 그리스도인들에게 먼저 하나님과 아브라함 사이에 맺은 언약을 근거로 하나님이 이방인들도 유대인들과 동일하게 사랑하신다는 것을 가르치고 싶었다. 즉 아브라함과 그 후손들이 먼저 복을 받은 다음 아브라함과 다윗의 계통을 이은 한 후손(예수)에 의해 이방 민족들이 복을 받게 된다는 것(창 12:2-3)을 강조한 것이다.

마태의 소명은 유대인들에게 바로 이 사실을 깨우치는 일이었다. 그래서 그는 처음부터 끝까지 이방인 구원에 관한 메시지들을 전했다. 그래서 시작부터 이방인 여자들의 이름이 포함된 족보를 제시했고, 예수님이 탄생할 때 이방인들인 동방박사들의 경배의 기사를 실었다. 비유와 이적에서도 이방인들이 늘 포함되었다. 예를 들어 로마인 백부장 이야기(8:5~13), 가나안 여인(15:21~28), 나중 된 자(20:1~16), 아버지 말에 순종한 둘째 아들(21:28~32), 혼인잔치에 참여하는 거리의 사람들(22:1~14) 등은 마태의 저술목적을 가늠케 하는 기록들이며 특히 마지막 땅끝까지로의 선교명령(28:19~20)은 이방인을 향한 하나님의 구원계획을 최종적으로 선포하는 장엄한 장면으로 유명하다.

2. 주요 메시지

마태복음은 신학적으로도 핵심적인 교리들을 잘 담고 있다. 마태복음이 다루고 있는 주요 교리들은 4가지 방면에 걸쳐 제시되는데, 크게 기독론과 구원론, 교회론과 종말론 등이 그것이다.

1) 기독론

여기선 주로 예수님의 정체성을 다룬다. 예수님은 왕 중의 왕(1:2-16, 2:2)이시며, 구원주(1:21)이시며, 이스라엘의 목자(2:6)이시며, 하나님의 아들이시며(3:16), 인자(8:20)이자 그리스도(16:16)이시며, 재림주(24:3)이심을 논한다.

2) 구원론

자신의 죽음과 부활을 통해 구원이 이루어질 것을 여러 말씀과 사건을 통해 실증하셨고(12:39, 16:4, 21, 17:22, 20:19, 26~28장), 나아가 구원받은 백성들이 이 땅에서 어떻게 성화된 삶을 살아야 하는가를 산상수훈(5~7장)을 통해 교훈하셨다.

3) 교회론

제자도와 지도자론을 중점적으로 다룬다. 주님은 10장에서 12 제자를 택하시고 그들에게 모든 병과 모든 악한 것을 고치는 권능을 주신 후 복음 사역을 담당하도록 하셨고(10:1~15, 24~33), 바리새인과 서기관을 예로 들면서 그들처럼 지도자는 말만 하고 행동하지 않거나(23:3), 다른 사람에게 무거운 짐을 지우거나(4), 겉으로 드러나 보이도록 행동하거나(5), 높은 자리에 앉아 선생이라 칭함을 좋아하거나 섬김을 받으려 하지 말고(6~8) '오직 섬기는 자'가 되라(11~12)고 교훈한다.

4) 종말론

감람산 설교(24~25장)에 압축하여 담겨 있다. 주님은 여기서 종말의 징조와 말세에 들림받는 신부의 자격을 논한다. 종말의 징조로는 거짓 그리스도의 출현(24:5), 난리와 난리의 소문(6), 민족과 민족의 전쟁(7), 기근과 지진(7), 핍박과 실족, 그리고 분열과 증오심(10), 거짓 선지자와 미혹함(11), 불법의 성행(12), 천국 복음의 온 세상 전파(14), 가장 큰 환난(15~28) 등이 거론되었다. 특히 오늘날의 관점에서 주목을 끄는 것은 종교다원주의의 출현을 예고하셨다는 것이다. 주님은 거짓 선지자들과 거짓 그리스도가 도처에서 일어나 그리스도가 여기 있다 저기 있다고 떠들 것을 예언하셨는데(24:4~5, 23~28), 2013년 종교다원주의를 공공연하게 주장하고 공식적으로 선언한 WCC 부산총회 당시 많은 한국교회가 여기에 참여한 것은 이러한 주님의 예언이 정확하게 적중한 결정적인 사례가 된다.

5) 기타

한편 주님은 천국을 소개하고 그곳이 어떤 곳인가를 비유로 설명해 주셨는데 13장의 7가지의 비유, 즉 씨뿌리는 땅, 가라지, 겨자씨, 누룩, 밭에 감춘 보화, 값진 진주, 그물 비유가 대표적이다. 예수님이 천국의 이야기를 비유로 설명하신 것은 이 신비가 소수의 제자들에게만 허락되었기 때문이다(13:35).

3. 시네마구조 및 주요 내용

분류	성경구절	제목	주요 내용
기	1:1~ 2:23	예수님의 탄생	1. 족보(1:1~17) 2. 탄생(1:18~2:12) 3. 이집트(2:13~18/호11:1) 4. 나사렛(2:19~23)
승	3:1~4:11	공생애 준비	1. 세례 요한(3:1~12) 2. 세례 받으심(3:13~17) 3. 광야 시험(4:1~11)
전	5:1~27:66	공생애 사역	5. 산상수훈(5:1~7:29) 6. 1차 갈릴리 사역(8:1~15:20) 3. 두로와 시돈(15:21~28) 4. 2차 갈릴리 사역(15:29~18:35) 5. 유대 지역(19:1~20:34) 6. 예루살렘(21:1~27:66)
결	28:1~20	부활과 지상명령	1. 부활(28:6) 2. 빈 무덤(28:1~15) 3. 갈릴리지역에서의 제자들(28:16~17) 4. 지상명령(28:19~20)

<참고> 고난주간

(월) 무화과나무를 저주하시다(21:18~22)

(화) 12 특강(21:23~25:46)

(수) ① 향유 사건과 죽음 준비(26:6~13)

　　　② 가룟 유다의 음모(26:14~16)

(목) 유월절 준비(26:17~19)

(금) ① 저녁(목)- 최후의 만찬(26:20~35)

　　② 밤중- 겟세마네 동산 기도(26:36~46)

　　③ 밤 11시- 체포와 고난(26:47~27:10)

　　④ 아침(토)- 재판(27:11~26)

　　⑤ 골고다행(27:27~34)

　　⑥ 오전 9시- 십자가에 못 박히심(27:35~56)

　　⑦ 정오- 어둠이 임함(27:45)

　　⑧ 오후 3시- 죽으심(27:46~51)

　　⑨ 저물기 전- 시신을 새 무덤에 안치(27:57~61)

(토) 안식일

(일) 부활하심(28:1~15)

〈마가복음〉

1. 배경 설명

1) 로마제국의 박해

　기독교회의 초기 역사는 로마제국과 밀접한 관계를 가진다. 특히 신약성경에는 로마제국의 황제들과 그들에 의해 임명된 팔레스틴 지역의 분봉 왕들과 총독들의 이름이 자주 거명된다. 기독교에 대한 이들의 핍박은 가히 상상을 불허할 정도로 가혹하고 잔인한 것이었다. 특히 AD 54년에 즉위한 네로 황제 이후 핍박이 고조되어 수많은 기독교인들이 살해당하고 투옥되었다. 로마의 입장에선 기독교인들이 로마 황제를 왕 중의 왕이라 칭하지 않고 예수 그리스도가 왕 중의 왕이라 하자 이것을 제국과 황제에 대한 중대한 도전으로 보았고, 또 기독교인들이 로마제국의 대표 종교인 바벨론 종교를 이교이자 마귀의 종교라고 외치므로 로마의 자존심이 매우 상하여 핍박을 가하기 시작했다. 급기야 AD 64년에 로마에 발생한 화재사건은 기독교에 대한 전면적인 탄압의 계기가 되었다. 네로 황제는 흉흉한 민심을 가라앉히기 위해 죄 없는 기독교인들을 희생양으로 삼았다. 이때 AD 65년경에 베드로가 십자가에 거꾸로 달려 처형당했고 AD 68년엔 바울이 참수당했다.

2) 교회의 상황

　문제는 잔혹한 핍박으로 인해 많은 기독교 지도자들이 희생당하자 이방지역의 교회들이 구심점을 잃고 방황하였다. 이때 하나님은 마가를 통해 핍박 가운데서 신음하는 이방인 형제자매들을 위로하고 그들을 안심시키고자 복음서를 저술하게 하셨다. 마가복음 후기 저작설(67~68년경)에 따르면 마가는 마태나 누가복음에서 이방인들이 이해하기 힘든 부분을 고려하여 추가 설명을 곁들여 말씀을 정리한 것으로 본다.

3) 마가

요한이라는 다른 이름으로 불리기도 했던 마가는 상류층 집안 출신으로 일찍부터 고등교육을 받아 히브리어와 헬라어 등에 능통했고, 이외 아람어와 라틴어에도 정통했다고 한다. 마가의 아버지에 대한 정보는 없지만 그의 어머니 마리아는 예수 그리스도를 따르는 헌신자로서 초대 예루살렘교회에서 믿음의 어머니로서 본을 보였고(행 12:12), 외삼촌인 바나바는 바울과 함께 초대 교회의 중심인물이었다. 특히 마리아는 부동산 거부로서 그중 한 건물의 위층을 예수님과 그 제자들을 위해 제공했으며 주님은 십자가에 달리시기 전 이곳 '마가의 다락방'에서 성만찬을 거행했다(막 14:13-15). 예수님의 승천 후 오순절 성령세례 사건이 일어난 곳도 바로 이 다락방이다(행 1:13).

베드로는 어린 마가에게 애정을 두고 특별히 곁에 두고 보살폈다. 베드로는 이런 마가를 자신의 영적인 아들로 여겼다(벧전 5:13). 전승에 의하면 마가는 AD 43년에 알렉산드리아로 선교를 떠났는데 이때 마가에 의해 알렉산드리아 교회가 개척되었다 한다. 훗날 이 교회는 이집트 콥틱 정교회가 되었고 마가는 콥틱 정교회의 창시자이자 첫 번째 교부로 추앙을 받고 있다. AD 45년경 마가는 바울을 따라 선교여행에 나섰다가 도중에 사역을 중단하고 집으로 돌아가는 바람에(행 13:13) 바울로부터 한동안 외면을 당했다. 이것 때문에 바울과 바나바가 크게 다투어 갈라서는 계기가 되었다(행 15:36~39). 이후 마가는 베드로의 공식 통역자가 되어 베드로가 순교할 때까지 순방 사역에 동행했다.

<참고> 1세기경의 로마 황제들

순위	이름	재위	주요사건 및 관련성경	기타
1대	아우구스투스	BC 27~ AD 14	초대 황제/가이사 아구스도(눅2:1)	옥타비아누스
2대	티베리우스	14~37	디베료 가이사(눅3:1) 예수님 공생애 전 기간	
3대	칼리쿨라	37~41	예루살렘성전에 황제 신상 건립	AD 39년
4대	클라우디우스	41~54	글라우디오(행11:28-30, 18:1-2) 마가(48-49년), 마태복음(50-52년) 바울 1, 2차 선교여행	
5대	네로	54~68	누가복음(60-62년) 바울 3차 선교여행, 로마행	
6대	갈바	68~69	장군 출신. 네로 자살 이후 쿠테타로 집권	
7대	오토	69	3개월 재위. 비텔리우스에게 패배. 자살	
8대	비텔리우스	69~70	8개월 재위 베스파시아누스 장군에게 살해당함	
9대	베스파시아누스	70~79	예루살렘 성전 파괴(70년)	
10대	티투스	79~81	성전파괴 직접지휘	디도 장군
11대	도미티아누스	81~96	사도 요한 밧모섬 유배 요한계시록	
12대	네르바	96~98	법학자 출신 가장 늦은 나이(66세)에 황제 즉위	
13대	트라야누스	98~117	로마제국 최대 영토를 구현 5현제 중 둘째 황제	네르바의 양자

2. 주요 메시지

1) 고난의 메시지

마가는 예수님이 자신을 시종일관 '고난의 종'으로 자처한 점을 되새기면서 주님이 지신 십자가처럼 우리도 각자 자기 십자가를 질 것을 강조하고 있다. 그는 11장부터 전개되는 고난 이전에 주님의 십자가 고난을 언급하며 주님의 제자들은 모두 자기 십자가를 져야 한다는 말씀을 의도적으로 기록했다(8:34). 이 고난의 메시지는 제자들에게 그대로 적용된다. 주님은 주님과 복음을 위해 "집이나 형제나 어미나 아비나 자식이나 전토를 버린 자, 즉 주님의 제자는 금세에 핍박을 겸하여 받는다"(10:29-30)고 하셨고, 또 "사람들이 너희를 공회에 넘겨 주겠고 너희를 회당에서 매질하겠고 너희가 관장과 임금들 앞에 서리라"(13:9-13)고 예고하셨다. 나아가 제자들이 "이 핍박을 견딜 때 하나님이 백 배로 축복해 주신다"(10:30)고 선언하셨다.

2) 복음전파 사명

~ 모든 핍박에도 불구하고 제자들의 지상 사명은 오직 복음 전파이다. 마가는 제자들을 향한 주님의 마지막 명령이 무엇인가를 기록하였다. 그것은 "온 천하에 다니며 만민에게 복음을 전파하는 것"(16:15-18)이었다.

3. 시네마구조 및 주요 내용

분류	성경구절	제목	주요 내용
기	1:1~8	서론	1. 복음의 시작 2. 세례 요한의 사역
승	1:9~13	공생애 준비	1. 세례 2. 광야시험
전	1:14~15:47	공생애 사역	1. 1차 갈릴리 지역(1:14~7:23) 2. 두로와 시돈(7:24~30) 3. 2차 갈릴리 지역(7:31~50) 4. 유대 지역(10:1~52) 5. 고난(11:1~15:47)
결	16:1~20	결론	부활과 승천

<참고> 마가복음에 기록된 아람어들

NO	아람어	뜻	마가복음	관련성구
1	보아너게	우뢰의 아들	3:17	마 10:2~4 눅 6:14~16
2	달리다굼	일어나라	5:41	마 9:18~26 눅 8:41~56
3	고르반	봉헌물	7:11	마 15:1~20
4	에바다	열리다	7:34	마 15:29~31
5	골고다	갈보리/해골	15:22	마 27:33 눅 23:33 요 19:17
6	엘리엘리 사박다니	나의 하나님, 나의 하나님 어찌 나를 버리셨나이까	15:34	마 27:46
7	아바	아버지	14:36	롬 8:15 갈 4:6

〈누가복음〉

1. 배경 설명

1) 기독교의 확산

　로마제국의 핍박에도 불구하고 기독교의 복음은 로마의 심장부에까지 이르렀다. 로마 시민은 물론이고 황궁 안에까지 복음은 침투되어 많은 왕족과 귀족들이 은밀하게 구주 예수 그리스도를 믿고 영접했다. 훗날 313년 기독교를 공식적인 종교로 공인한 콘스탄틴 황제 시절에는 로마제국 내의 인구 중 절반이 그리스도인이었다는 통계조사도 있을 만큼 그리스도인의 숫자는 날로 증가되는 추세였다. 그러나 여전히 기독교는 유대인으로 시작하여 유대인들이 주도하는 종교에 불과했다. 이 새로운 종교의 교리적 가르침도 일방적으로 유대인들의 가르침에 의존해야 했다. 이로 인해 이방인들의 불편함이 가중되었다. 이제는 이방인 그리스도인들을 위하여 이방인의 시각으로 이방인에 의해 저술된 책이 나와야 할 때가 되었다. 이에 하나님은 누가를 준비하시어 그로 하여금 AD 62년경에 누가복음을 저술하도록 하신 것이다.

2) 이단의 도전

　한편으로 당시 초기 교회 안에는 많은 이단적 가르침들이 공존하던 시절이었다. 예수님의 신성을 부인하는 파, 인성을 부정하는 파, 부활을 부정하는 파, 역사적 존재 사실 자체를 부인하는 파, 동정녀 탄생을 부인하는 파, 승천을 부인하는 파 등 모든 곳에 모든 이단적 가르침들이 산재해 있었다. 이때만 하더라도 공식적인 교리가 설립되지 않았기 때문이다. 그래서 사도들과 그의 제자들은 가는 곳마다 이단적 가르침을 바로잡는 일에 심혈을 기울여야만 했다. 이에 사도 바울의 서신들, 그중 로마서의 등장은 초기 기독교 교리의 기초를 확립하는 데 매우 중요한 역할을 담당했다. 그러나 여전히 예수님의 일생에 관한 역사적 증거의 수집과 정리가 부족했고, 그리고 복음의 전파 과정을 역사적으로 서술하는 일도 필요했다. 한편, 하나님은 누가로 하여금 두 권의 역사책을 기록하도록 인도하셨다. 그것이 바로 예수님의 일생을 역사 순서적으로 정리한 누가복음과 복음의 전파 과정을 기술한 사도행전이다.

3) 누가

누가는 사도 바울의 동역자이자 그의 주치의로 바울의 사역에 늘 동행했다. 그런 그에게 약간의 시간적 여유가 생겼는데 바로 바울이 AD 60년 경 로마 총독 벨릭스에 의해 가이사랴에서 구금을 당한 때와 이후 로마에서 1차로 연금을 당한 때 등의 여유 시간을 이용하여 먼저 예수님에 관한 역사적 증거자료와 예수님을 목격한 사람들과의 직접 면담이나 취재를 통해 누가복음을 저술했고 이어 바울이 로마에서 1차로 연금당할 때인 AD 60~62년의 기간에 사도행전을 저술했다. 이로써 우리는 예수님에 관한 보다 정밀한 역사적 사실들에 대한 지식을 가지게 되었고 사도행전을 통해 예수님의 승천부터 시작하여 이후 초대 교회 30년 동안 발생한 역사를 보존할 수 있게 되었다.

누가는 AD 50년경부터 사도 바울이 순교한 AD 68년까지 약 18년 동안 그의 곁을 지키면서 동역했고 바울 순교 후 23년을 더 살면서 로마제국의 복음화를 위해 헌신하며 살다가 결국 로마에서 교수형으로 생을 마감했다.

2. 주요 메시지

1) 인자로서의 그리스도

누가복음은 분명히 역사서이지만 신학적인 내용도 충실하게 담고 있는 신학서이

기도 하다. 특히 '인자' 예수에 대한 언급과 '하나님 나라'라는 개념은 초기 그리스도인들에게 미래의 소망을 심어주는 징표가 되었다. 먼저 누가는 이방인들에게 믿음을 갖게 하고 굳게 하기 위해 예수의 생애를 체계적으로 기술하면서 특히 '인자로서의 예수님'을 소개하는데 주력했다. 즉 그리스도는 하나님인 동시에 사람의 아들이라는 사실을 강조함으로써 바로 이 인자로서의 자격과 위치 때문에 죄 없으신 분이 죄의 짐을 스스로 지고 인류의 죄값을 치루시고 죄인의 구주가 되셨다는 점을 밝히고자 하였다. 따라서 누가복음은 다른 복음서보다 그리스도의 인간됨과 인간으로서의 감정 묘사에 더욱 많은 관심과 할애를 하고 있다.

2) 하나님 나라(Kingdom of God)
~ 다음으로 누가의 관심은 '하나님 나라'에 있다. 다른 복음서 기자는 '하늘나라(천국)'로 표현했지만 누가는 '하나님 나라'라는 특별한 용어로 사람들을 초대하고 있다. 누가는 예수님의 출현을 하나님 나라의 도래라 보고 그 나라는 믿는 자 안에 건설된다고 보았으며 그 완전한 도래는 예수님의 재림 이후에 전 우주가 새 하늘과 새 땅이 바뀐 후에야 비로소 실현된다고 보았다. 그러므로 이 하나님 나라는 인간적인 입장에선 점진적 도래로 나타나는 것으로 이를 '이미와 아직'(already, not yet)이라는 등식으로 표현한다.

3) 약자에 대한 사랑
이외 누가는 사회적 약자들에 대해 특별한 관심을 기울였다. 여기엔 여성들, 예를 들어 나인성 과부(7:11~16), 회개한 여인(7:36~39), 혈루증을 앓는 여인(8:43~48), 마르다와 마리아(10:38~42) 등이 많은 관심을 받았고, 또 가난한 자들에 대한 애정(6:20~26) 및 물질문제에 대한 특별한 관심(7:40~50, 15:8~10, 12:13~21, 16:19~31)을 나타내었다. 또 개인적으로 독특한 환경과 처지를 가진 사람들, 즉 선한 사마리아인(10:29~37), 탕자(15:11~32), 유일하게 감사하는 문둥병자(17:11~19), 세리(18:9~14), 뉘우치는 강도(23:39~43) 등이 집중적으로 소개된다.

3. 시네마구조 및 주요 내용

분류	성경구절	제목	주요 내용
기	1:1~2:52	서론	1. 도입(1:1~4) 2. 예수 그리스도의 초림(1:5~52)
승	3:1~4:13	공생애 준비	1. 세례 요한(3:1~20) 2. 세례 받으심(3:21~22) 3. 족보(3:23~38) 4. 광야 시험(4:1~23)
전	4:14~23:56	공생애 사역	1. 갈릴리 사역(4:14~9:50) 2. 사마리아~예루살렘 여행(9:51~19:27) 3. 고난(19:28~23:56)
결	24:1~53	결론	죽음, 부활, 승천

〈요한복음〉

1. 배경 설명

1) 요한

　사도 요한은 아버지 세베대와 어머니 살로메 사이에서 야고보의 동생으로 태어났다. 살로메는 예수님의 어머니인 마리아의 언니로 추정된다. 아버지 세베대는 갈릴리 해변지역에서 어업으로 부자가 되었고 많은 종들을 거느리고 있었다(막 1:16~20). 요한은 베드로의 형제 안드레와 함께 세례 요한의 제자로 있다가 예수님의 제자가 되었으며(요 1:35~39), 형 야고보와 함께 '우뢰의 아들'이라는 별명을 얻을 만큼 성격이 급한 사람으로 묘사된다(막 3:17, 눅 9:54). 그러나 최후의 만찬 때 예수님의 품에 기대 누울 정도록 예수님의 총애를 한몸에 받았다(요 13:23). 그는 예수님이 십자가 형틀에 달리실 때 다른 제자들은 다 도망했음에도 현장에 남아 예수님 어머니 마리아를 보호해 달라는 주님의 부탁을 받으면서 예수님의 마지막 모습을 지켜본 유일한 제자였다(요 19:23~27). 또한 예수님이 부활하신 새벽에 베드로와 함께 빈 무덤을 직접 목격한 사람이었다(요 20:2~10). 예수님의 승천 후 그는 소아시아를 비롯한 여러 지역을 순회하며 복음을 전하는 일에 매진했다. 이 과정에서 그는 요한복음과 요한서신서(1, 2, 3서)를 기록했고, 밧모섬으로 유배를 가서 그곳에서 요한계시록을 기록했다(계 1:1). 주님의 제자 중 요한만이 주어진 삶을 다 누리고 노년에 죽음을 맞이했는데 일설에는 그는 주님이 부탁한 대로 어머니 마리아를 끝까지 봉양하다가 에베소에서 생을 마감했다고 한다.

2) 공관복음서와의 차이

~ 요한복음은 4 복음서이지만 몇 가지 점에서 공관(Seeing together)복음과는 구별된다.

> ① 먼저 기록 시기가 현저히 다르다. 공관복음서들은 예루살렘 성전이 함락(AD 70)되기 이전에 기록되었지만 요한복음은 그보다 훨씬 나중에 기록된 것으로 본다. 또 예수님의 공생애 중 공관 복음서들에는 유월절이 한 번 등장하지만 요한복음에는 세 번 나타나는데 이것으로 인해 예수님의 공생애가 3년이라는 사실을 알게 된 점에서 역사적 의의가 매우 깊다.
> ② 다음으로 공관복음서들은 주로 예수님의 행적 등에 많은 관심을 표명하지만 요한복음은 예수님의 내적이며 신령한 뜻을 변론체를 통해 진술하고 있다는 점에서 독특하다. 사도 요한이 요한복음서의 목적은 독자들이 예수님을 믿을 수 있도록 그분에 관한 직접 제자로서 목격한 사실들과 기사들을 소개하는 데에 있었다. 특히 공관복음서와는 달리 요한복음서는 예수님의 족보, 탄생, 수세, 시험, 비유, 변화산 사건, 주의 만찬의 제정, 겟세마네에서의 고뇌, 승천 등을 기록하지 않고 예수님의 말씀을 하나라도 더 소개하기 위해 진력한다. 그래서 요한복음을 일명 '말씀(로고스)복음'이라 칭한다.
> ③ 또 공관복음서는 신자의 윤리를 많이 강조하는 반면에 요한복음서는 더 근본적인 신학적인 문제에 치중하고 있는데 예를 들어 "나를 보내신 자"라는 용어만 26회나 반복해서 사용하고 있는 것은 저자가 예수님과 그를 보내신 하나님 아버지와의 관계를 통해 예수님의 존재 자체에 대해 얼마나 신학적으로 잘 이해하고 있는가를 알 수 있는 대목이다.

4) 신학적 가치

이외 요한복음서의 신학적인 가치들이 넘쳐난다. 먼저 요한복음서는 "말씀이 육신이 되었다"는 진술로 예수님을 소개한다. 이것은 로고스에 대한 요한의 독특한 해석과 신학적인 작업으로 평가받는다. 이러한 요한의 신학은 훗날 교회의 성육신의 사건을 교리화하는 데 최대한 공헌을 했다.

또 요한복음서는 '하나님의 아들'로서의 예수님을 소개하면서 바로 이 분이 메시아 되심을 증거하는 7가지 기적과 그러한 기적의 의미들을 풀이하는 일에 많은 노력을 기울인다. 예를 들면 5천 명을 먹이신 기적(요 6:1~15)의 진짜 의도는 예수님 자신이 바로 하늘에 계신 아버지 하나님이 이 세상의 삶을 위해 주시는 생명의 떡임을 가르치고자 행한 것이라는 것이다. 그리고 요한복음서의 독보적인 표현이 있는데 그것은 예수님 스스로 자기를 소개하면서 '나는…이다'(에고 에이미)라는 형식을 사용하고 있다는 점인데 이는 요한복음서에만 등장하는 표현이다.

"내가 곧 생명의 떡이다"(6:35, 48)

"나는 세상의 빛이다"(8:12, 9:5)

"나는 양의 문이다"(10:7, 9)

"나는 선한 목자다"(10:11, 14)

"나는 부활이요 생명이다"(11:25)

"나는 길이요 진리요 생명이다"(14:6)

"내가 참 포도나무다"(15:1~5)

"내가 그로다"(4:25~@6, 8:24, 28, 58, 13:19, 18:5~6, 8)

또 요한복음서는 예수님을 신성만 가지신 분이 아니라 우리와 똑같은 인성을 가지신 사람이라는 점을 강조한다. 예수님은 이 땅에서 우리와 함께 하시면서 우리의 처지를 보시고 애통해 하셨고(11:35), 심적인 갈등을 겪었으며(12:27), 죽음을 앞두고 번민했고(19장), 힘든 사역으로 피곤(4:6)해 했고 갈증을 가졌으며(4:7), 십자가상에서 고통을 느끼고 괴로워하셨다(19:17~37). 이러한 예수님의 인성을 통해 요한복음서는 우리의 삶에 나타나는 고난과 고통의 의미를 더 깊이 묵상하도록 돕고 인도한다.

2. 주요 메시지 및 특징

1) 주요 메시지
~ 요한복음서에는 다른 곳에서 발견되지 않은 독보적인 내용들이 실려 있다. 예를 들어, 가나혼인 잔치(2:1~11), 니고데모와의 대화(3:1~15), 사마리아 여인과의 대화(4장), 나사로를 살리신 일(11장), 제자들의 발을 씻기심(13:1~17), 여러 강화들(14~17장), 도마 이야기(11:16, 14:5, 20:24~29), 안드레(7:40~51, 12:22)와 빌립(6:5~7, 14:8~9) 등이 그것이다. 또 요한복음이 소개하는 7가지 표적들[13]은 표적 그 자체보다 표적을 통한 예수님의 의도를 해석하고자 하는 데에 있다.

2) 주요 특징
~ 요한복음서의 핵심 메시지는 20:31에서 이 책을 쓰게 된 목적을 스스로 밝히듯이 예수 그리스도를 믿게 하여 생명을 얻게 하는 것이다. 그러므로 '믿음과 생명 구원'은 불가분의 관계로서 예수님이 이 땅에 성육신하신 것은 오직 이것을 이루기 위함이라는 것이다. 여기서 '믿다'(피스튜오)라는 말의 의미는 예수님에 대한 '참다운 지식'(8:32, 10:38)과 더불어 '과감한 결단'(1:12, 3:19, 7:17)이어야 함을 뜻한다. 즉 이 말은 예수님이 하나님의 아들 되심을 알고 믿는 자는 즉시 영생을 얻지만 그를 거절하는 자는 영원한 하나님의 정죄 아래에 놓이게 된다는 의미이다(3:36, 5:24~29, 10:27~29). 특히 3장은 믿음과 구원의 불가분적 관계를 잘 설명하기 위해 소개하는 일화로서 그중 16절은 가장 단순하며서도 명쾌한 구원의 원리를 소개하는 것으로 유명하다. 즉 하나님은 독생자를 희생제물로 내어주면서까지 하나님의 자녀들의 구원을 원하시고, 그들을 영원토록 사랑하시며, 누구든지 예수 그리스도를 믿어 거듭난 사람은 이러한 복을 함께 누릴 수 있다는 것이다.

---

13) 물을 포도주로 만드심(2:1~11), 왕의 신하의 아들을 고치심(4:46~54), 중풍병자를 고치심(5:1~16), 무리를 먹이심(6:1~13), 물 위를 걸으심(6:16~21), 소경의 눈을 뜨게 하심(9:1~7), 나사로를 살리심(11:1~44)

3. 시네마구조 및 주요 내용

분류	성경구절	제목	주요 내용
기	1:1~18	말씀의 성육신	1) 그리스도의 신성과 선재성(1~5절) 2) 주의 길을 예비하는 자(6~8절) 3) 성육신의 의미(9~18절)
승	1:19~4:54	하나님 아들의 출현	1) 세례 요한과 그 제자들(1:19~51) 2) 가나 혼인 잔치(2:1~12) 3) 유대 사역(2:13~3:36) 4) 사마리아 사역(4:1~42) 5) 갈릴리 사역(4:43~54)
전	5:1~17:26	하나님 아들의 사역	1) 유월절①-예루살렘(5:1~47) 2) 유월절②-갈릴리(6:1~71) 3) 초막절-예루살렘(7:1~10:21) 4) 수전절-예루살렘(10:22~42) 5) 베다니 사역(11:1~12:11) 6) 예루살렘 입성(12:12~50) 7) 다락방 강화(13:1~14:31) 8) 겟세마네 동산의 일들(15:1~17:26)
결	18:1~21:25	고난과 부활	1) 체포와 심문(18:1~19:16) 2) 십자가에 죽으심과 장사 되심(19:17~42) 3) 부활하심(20:1~10), 4) 나타나심(20:11~21:25)

<참고> 예수님과 신약성경 기록연대

연도	사건	관련성구/기타
BC 4~5년	탄생	사 7:14, 미 5:2, 마 1장, 눅 2장
AD 26년	공생애 시작	예루살렘 방문과 성전청소(요2)
30년	죽음, 부활, 승천	마 27장, 요 18~19, 막 16, 눅 24, 요 20장, 행 1장
49년	갈라디아서	행 15:1~35(남 갈라디아설)
49~50년	마가복음(전기설)/야고보서	1차 예루살렘총회
50~52년	마태복음/데살로니가 전후서(51)	바울의 2차 선교여행
53~54년	고린도 전후서(55), 로마서(57)	바울의 3차 선교여행
60~62년	누가복음/옥중서신: 에베소, 빌립보, 골로새, 빌레몬서	1차 투옥(옥중서신)
63~66년	디모데전서, 디도서/사도행전 베드로전후서/유다서	4차 선교여행
67년	마가복음(후기설)/디모데후서/히브리서	바울의 2차 투옥 및 순교(68년)
70년	요한복음,	예루살렘 성전파괴(70년)
90~98년	요한1,2,3서, 요한계시록	

Church Period

제10편
교회시대

(사도행전, 바울서신, 공동서신, 요한계시록)

Ⅰ. 역사서:

사도행전

1. 배경 설명

1) 선교행전

　신약성경의 다섯 번째 책으로 어떤 사본에는 그냥 '행적'이라고 적혀 있기도 하다. 사도행전은 예수 그리스도의 복음이 사도들과 사람들에 의해 예루살렘에서부터 시작하여 유대와 사마리아를 거쳐 이방 세계인 로마와 서바나 등 땅끝까지 전파되는 선교의 역사를 기록한 책으로 혹자는 아직 이 선교의 역사가 미완료되었으므로 여전히 사도행전의 역사는 계속되고 있다고 하면서 각자 사도행전 29장을 열어야 한다고 주장한다. 그런 점에서 사도행전을 '선교행전'이라 함은 나름의 의미가 있다고 하겠다.[1]

2) 기록자

　전통적으로 사도행전의 기록자는 누가로 본다(골 4:14, 딤후 4:11, 몬 1:24).[2] 그 내적 증거로는 첫째, 사도행전에 나타나는 '우리'라는 표현들(16:8~10, 20:5~15, 21:1~18, 27:1~28:16)과 동일한 용어와 문체, 그리고 신학적 진술들이 누가의 저

---

[1] 어떤 이는 이 선교를 추진하는 원동력이 성령이므로 '성령행전'이라 부르기도 한다.
[2] 이런 견해에 반대하는 학자들도 있다. 우선 바울 사도의 서신에서 직접 증언하고 있는 역사적 사실과 잘 맞지 않는다는 주장이다. 이들은 특별히 바울이 예루살렘을 방문한 횟수가 다르다는 것과 신학적 차이를 이유로 든다. 그러나 성경은 모든 행적을 낱낱이 기록하는 것이 아니라는 점에서 볼 때 갈라디아서 1장과 2장 사이의 예루살렘 여행만을 기준으로 보는 것은 부당하며, 또 바울 신학의 일부만을 두고 비교하는 것 또한 지나치게 편협한 시각이라는 점에서 지지를 받지 못하고 있다.

작설을 뒷받침하고, 사도행전에 나오는 많은 의학적 용어는 의사 누가가 아니면 기록하기가 어렵다는 점과, 누가복음의 서문과 사도행전의 서문을 비교해 볼 때 두 책은 동일저자에 의한 작품임이 거의 확실하다.

3) 기록 시기 및 장소

한편 누가복음의 기록 시기는 일반적으로 예루살렘 성전이 파괴되기 이전이자 바울이 순교하기 직전인 AD 60~63년경[3]으로 본다.[4] 기록 장소로는 사도 바울이 로마 감옥에 수감되었을 때 이때 누가도 동행했으므로 로마가 가장 유력한데 이외 안디옥, 가이사랴, 에베소, 고린도 등도 거론된다.

2. 주요 특징 및 메시지

1) 주요 특징

사도행전은 신약성경 중 유일하게 초대교회사를 담고 있는 역사서로 분류된다. 무엇보다 사도행전은 성령의 역사를 다룬 작품으로 곳곳에 성령이 어떻게 역사하여 복음을 전 세계로 실어 날았는지 그 과정을 생생하게 그리고 있다. 또 사도행전은 초대교회 사도들의 활약상과 많은 복음선포와 설교들, 즉 베드로(1:16~22, 2:14~36, 3:11~26, 4:8~12, 5:29~32, 8:20~25, 10:34~43, 11:5~17, 15:7~11), 스데반(7:2~53), 야고보(15:15~21), 그리고 바울(13:16~41, 14:15~17, 17:22~31, 20:18~35, 22:1~21)이 소개되고 있으며, 특히 사도행전은 바울 연구에 중요한 정보들을 제공하고 있다.

2) 풍성한 신학적 메시지

첫째, 그리스도를 통한 구속사적 의미가 풍성한 점에서 구원론의 보고로 손색이 없다. 예수님의 구원사건은 선지자를 통한 하나님 예언의 성취이며 아울러 하나님

---

[3] 일부 학자들은 바울의 순교 시기를 AD 66~68년으로 보기도 하고, 또 급진적 학자들은 AD 70년 이후로 보는데 이들은 눅 19:43~44와 21:20~24가 예루살렘 성전 함락 이후에 기술되었다고 본다.
[4] 특히 AD 64년 네로황제에 의한 박해에 대한 언급이 없는 점으로 보아 최소 그 이전으로 본다.

약속의 실현임을 증언한다(2:22~36).

둘째, 성령의 역사와 본질에 대해 많은 정보를 제공한다. 성령 세례가 무엇이며, 오순절 성령강림의 구속사적 의미가 무엇이며, 복음의 증거사역에 왜 성령이 절대적으로 필요한지를 구체적으로 실증해 준다.

셋째, 교회론적인 차원에서도 사도행전이 제공하는 역사적 사실들은 매우 중요한 자료가 된다. 특히 교회는 건물이나 사람들에 의한 인위적 조직이나 체계가 아니라 성령의 인도에 따라 성령 충만한 일꾼들의 모임이라는 점을 증거하고 나아가 교회의 성장 또한 성령의 역사에 달려 있음을 실증적으로 보여준다. 다시 말해 성령의 능력으로 말씀이 흥왕하여 세력을 얻고 구원받는 수가 날마다 더하게 된다는 것을 분명하게 기록하고 있다. 끝으로 사도행전은 성도들의 윤리에 대한 지침과 미래에 대한 소망을 제공한다는 점에서 매우 훌륭한 실천신학의 교과서가 된다. 무엇보다 사도행전은 하나님 나라에 대한 확신과 소망을 던지는 희망의 메시지다.

3. 시네마구조 및 주요 내용

	기	승	전						결
장소	예루살렘	유대/ 사마리아	초대 황제/가이사 아구스도(눅2:1)						옥타비아누스
성경	1~7장	8~12장	1차 여행 13~14:28	예루살렘 14:26 ~15:35	2차 여행 15:36 ~18:22	3차 여행 18:23 ~21:16	예루살렘 21:17 ~23:33	가이사랴 23:34 ~26장	27~28장
주인공	마가다락방 (120 성도) 베드로 요한 아나니아 삽비라 스데반	베드로 빌립 사울 야고보 헤롯	바울, 바나바 바예수 앉은뱅이	바울 바나바 이방인 개종자	바울 마가 루디아 간수	바울 아볼로 요한제자들 디모데 에라스도 더메드리오	바울 군중들 천부장 유대인들	바울 벨릭스 베스도 아그립바	바울 누가 선장 백부장 추장 뱃사람들
사건	요약(1장) 성령강림 (2:1~13) 오순절설교 (2:14~41) 사도들 사역 (3~5장) 집사임명과 스데반순교 (6~7장)	사울박해 (8:1~3) 빌립 (8:4~40) 사울회심 (9장) 베드로사역 (9:32~11:28) 안디옥교회 (11:19~30) 헤롯 박해 (12:1~25)	바울, 바나바 안디옥파송 (13:1~3) 구브로 (13:4~13) 안디옥 이고니온 루스드라 귀환 (13:14~ ~25)	여행보고 (14:26~28) 율법논쟁 (15:1~5) 은혜구원 (15:6~11) 이방인개종 공의회공문 안디옥보고 (15:13~35)	마가 논쟁 (15:36~41) (16장) 더베 루스드라 드로아 빌립보 (17장) 데살로니가 베뢰아 아덴	(18장) 갈라디아 브로기아 (19장) 에베소 (20장) 마게도니아 드로아 밀레도 (21장) 두로, 가이사랴	체포 (21:27~39) 변론 (21:40~ 23:11) 암살음모와 구출 (23:12~33)	재판, 변론	출항, 파선 (27:1~44) 멜리데섬 (28:1~15) 로마도착 (28:16~31)

<참고> 성령의 사역[5]

1. 성령은 능력을 주신다

1) 새 생명을 주신다.

> "주의 영을 보내어 저희를 창조하사"(시 104:30)
> "그가 만일 자기만 생각하시고 그 신과 기운을 거두실진대 모든 혈기 있는 자가 일체로 망하고 사람도 진토로 돌아가리라"(욥 34:14~15)
> "육으로 난 것은 육이요 성령으로 난 것은 영이니 내가 네게 거듭나야 하는 말을 기이히 여기지 말라"(요 3:6~7)
> "살리는 것은 영이니 육은 무익하니라. 내가 너희에게 이른 말은 영이요 생명이라"(요 6:63)
> "~ 율법 조문은 죽이는 것이요 영은 살리는 것이라"(고후 3:6)
> "예수를 죽은 자 가운데서 살리신 이의 영이 너희 안에 거하시면 그리스도 예수를 죽은 자 가운데서 살리신 이가 너희 안에 거하시는 그의 영으로 말미암아 너희 죽을 몸도 살리시리라"(롬 8:11)

2) 섬길 수 있는 능력(기술과 재능)을 주신다.
- 여호수아에게 지도자로서의 기술과 지혜를 주셨다(민 27:18, 신 34:9)
- 사사들에게 능력을 주셨다(옷니엘, 기드온, 입다, 삼손/삿 3:10, 6:34, 11:29, 13:25, 14:6, 19, 15:14)
- 사울에게 임하여 이스라엘의 원수들과 싸울 수 있는 능력을 주셨다(삼상 11:6)
- 다윗이 여호와의 신에 크게 감동되었다(삼상 16:13)
- 성막을 잘 만들라고 브살렐에게 공교한 재주를 주셨다(출 31:3, 35:31)

---

[5] 웨인그루뎀, 조직신학(중), 은성출판, 203~234 p.

"이 모든 일은 같은 한 성령이 행하사 그 뜻대로 각 사람에게 나눠 주시느니라"(고전 12:11)

3) 복음의 능력을 주신다.

"주의 성령이 내게 임하였으니 이는 가난한 자에게 복음을 전하게 하시려고 내게 기름을 부으시고 나를 보내사 포로된 자에게 자유를, 눈먼 자에게 다시 보게 함을 전파하며 눌린 자를 자유케 하고 주의 은혜의 해를 전파하게 하려 하심이라"(눅 4:18~19/사 61:1)

"하나님의 보내신 이는 하나님의 말씀을 하나니 이는 하나님이 성령을 한량없이 주심이니라 아버지께서 아들을 사랑하사 만물을 다 그 손에 주셨으니"(요 3:34~35)

"오직 성령이 너희에게 임하시면 너희가 권능을 받고 예루살렘과 온 유대와 사마리아와 땅끝까지 이르러 내 증인이 되리라 하시니라"(행 1:8)

"그러나 내가 하나님의 성령을 힘입어 귀신을 쫓아내는 것이면 하나님의 나라가 이미 너희에게 임하였느니라"(마 12:28)

2. 정결케 하신다.

- 성령의 9가지 열매는 정결의 상징이다.

"오직 성령의 열매는 사랑과 희락과 화평과 오래 참음과 자비와 양선과 충성과 온유와 절제니 이 같은 것을 금지할 법이 없느니라"(사희화,오자양,충온절/갈 5:22~23)

"주 예수 그리스도의 이름과 우리 하나님의 성령 안에서 씻음과 거룩함과 의롭다 함을 얻었느니라"(고전 6:11)

3. 계시하신다

1) 선지자들과 사도들에게 계시하심
　구약 성경 전체는 '성령의 감동을 입은 사람들이 하나님께 받아 말한 것'(벧후 1:21/마 22:43, 행 1:16, 4:25, 28:25, 벧전 1:21)이다. 신약의 사도들은 성부와 성자께 들은 것을 말하였고(요 16:3, 엡 3:5), 성령이 충만했던 다른 사람들, 즉 엘리사벳(눅 1:41), 스가랴(눅 1:67, 시므온(눅 2:25)의 말들도 성경의 일부가 되었다.

2) 하나님의 실존의 증거를 제시하심
- 성령께서 예수님께 영광을 돌리고 그를 증거하신다(요 15:26, 행 5:32, 요일 2:3, 4:2)
- 우리가 하나님의 자녀임을 증거하신다(롬 8:16)
- 우리로 하여금 아바 아버지라 부르게 하신다(갈 4:6)
- 하나님의 실존을 나타내도록 은사들을 주신다(고전 12:7~11)

4. 하나님의 백성을 지도하고 인도하신다

1) 명령하신다.
"이 병거로 가까이 나아가라"(행 8:29)
"내가 불러 시키는 일을 위하여 바나바와 사울을 따로 세우라"(행 13:2)

2) 강권적으로 이끄신다.
"여호와의 신이 저를 들어다가 어느 산이나 어느 골짜기에 던지셨을까 하나이다"
(왕상 18:12, 왕하 2:16)
"주의 영이 빌립을 이끌어간지라"(행 8:39)

3) 성령을 쫓는 삶
"성령의 인도하심으로"(롬 8:14, 갈 5:16~26)

"성령을 따라 행하여"(롬 8:4, 갈 5:16)

이는 성령의 인도하심에 개인적이고 적극적으로 참여한다는 의미이다. (바울이 2차 전도여행 중에) 아시아에서 복음을 전하는 것을 성령께서 금하셨고, 비두니아로 가려 하자 예수의 영이 이를 허락지 않았다(행 16:6~7).

"이제 나는 심령에 매임을 받아 예루살렘으로 가는데 거기서 무슨 일을 만날는지 알지 못하노라 오직 성령이 각 성에서 내게 증거하여 결박과 환난이 나를 기다린다 하시나"(행 20:22~23)

4) 확신을 주신다.

"우리의 영으로 더불어 우리가 하나님의 자녀인 것을 증거하신다"(롬 8:16)

"우리에게 주신 성령으로 말미암아 그가 우리 안에 거하시는 줄을 우리가 아느니라"(요일 3:24)

"그의 성령을 우리에게 주심으로 우리가 그 안에 거하고 그가 우리 안에 거하시는 줄을 아느니라"(요일 4:13)

5) 가르치시고 조명하신다.

"성령께서 너희에게 모든 것을 가르치시고 내가 너희에게 말한 모든 것을 생각나게 하시리라"(요 14:26)

"그가 너희를 모든 진리 가운데로 인도하시리라"(요 16:13)

"마땅히 할 말을 성령이 곧 그때에 너희에게 가르치시리라 하시니라"(눅 12:12, 마 10:20, 막 13:11)

"우리가 세상의 영을 받지 아니하고 오직 하나님께로 온 영을 받았으니 이는 우리로 하여금 하나님께서 우리에게 은혜로 주신 것을 알게 하려 하심이라"(고전 2:12)

"내 눈을 열어서 주의 법의 기이한 것을 보게 하소서"(시 119:18)

"우리 주 예수 그리스도의 하나님 영광의 아버지께서 지혜와 계시의 정신을 너희에게 주사 하나님을 알게 하시고 너희 마음의 눈을 밝히사 그의 부르심의 소망이 무엇이며 성도 안에서 그 기업의 영광의 풍성이 무엇이며 그의 힘의 강력으로 역사하심을 따라 믿는 우리에게 베푸신 능력의 지극히 크심이 어떤 것을 너희로 알게 하시기를 구하노라"(엡 1:17~19)

5. 하나가 되게 하신다

1) 오순절의 성령강림

"하나님이 이르시되 말세에 내가 내 영으로 모든 육체에게 부어 주리니 너희의 자녀들은 예언할 것이요 너희의 젊은이들은 환상을 보고 너희의 늙은이들은 꿈을 꾸리라 그때에 내가 내 영으로 내 남종과 여종들에게 부어 주리니 저희가 예언할 것이요"(행 2:16~18, 욜 2:28~29)

2) 새로운 교회공동체

"믿는 사람이 다 함께 있어 모든 물건을 서로 통용하고 또 재산과 소유를 팔아 각 사람의 필요를 따라 나눠 주고 날마다 마음을 같이 하여 성전에 모이기를 힘쓰고 집에서 떡을 떼며 기쁨과 순전한 마음으로 음식을 먹고 하나님을 찬미하며 또 온 백성에게 칭송을 받으니 주께서 구원받는 사람을 날마다 더하게 하시니라"(행 2:44~47)

3) 하나님의 축복

"주 예수 그리스도의 은혜와 하나님의 사랑과 성령의 교통하심이 너희 무리와 함께 있을지어다"(고전 13:13)

4) 교제

"그러므로 그리스도 안에 무슨 권면이나 사랑에 무슨 위로나 성령의 무슨 교제나 긍휼이나 자비가 있거든 마음을 같이 하여 같은 사랑을 가지고 뜻을 합하며 한 마음을 품어... 나의 기쁨을 충만케 하라"(빌 2:1~2)

"이는 저로 말미암아 우리 둘이 한 성령 안에서 아버지께 나아감을 얻게 하심이라"(엡 2:18)

"평안의 매는 줄로 성령의 하나 되게 하신 것을 힘써 지키라"(엡 4:3)

"각 사람에게 성령의 나타남을 주심은 유익하게 하려 하심이라"(고전 12:7)

"우리가 유대인이나 헬라인이나 종이나 자유자나 다 한 성령으로 세례를 받아 한 몸이 되었고 또 다 한 성령을 마시게 되었느니라"(고전 12:13)

단, 육신의 소욕들(분쟁, 분냄, 당 짓는 것, 분리함, 시기, 질투 등)은 성령의 역사가

아니다(갈 5:20~21)

"너희 몸은 너희가 하나님께로부터 받은 바 너희 가운데 계신 성령의 전인 줄 알지 못하느냐 너희는 너희의 것이 아니라 값으로 산 것이 되었으니 그런즉 너희 몸으로 하나님께 영광을 돌리라"(고전6:19-20)

2. 바울

Q1. 바울은 누구인가?

　2세기경 한 외경에는 바울의 외모에 대해 "대머리와 휜 다리에 눈썹은 서로 맞닿고 코는 매부리에 단신의 다부진 체구를 가진 호감에 찬 사나이, 그는 인간의 모습에 천사의 얼굴을 가진 자이다"라고 했다. 다소[6]에 거주하는 유대인 부모 사이에서 촉망받는 아들로 태어나 자랐으며 회심하기 전까지 골수 유대교인으로 자신의 신분과 학식과 정체성에 상당한 자부심을 가지고 있었다. 그는 자신을 "내가 팔 일 만에 할례를 받고 이스라엘의 족속이요 베냐민의 지파요 히브리인 중의 히브리인이요 율법으로는 바리새인이요 열심히는 교회를 핍박하고 율법의 의로는 흠이 없는 자로라"(빌 3:5~6)고 소개했다. 심지어 "여러 연갑자들보다 지나치게 유대교를 믿었다"(갈 1:14)고 고백할 정도였다. 특히 당시 유대 사회에서 성공 가도를 달리기 위해선 랍비의 문하생이 되어 철저히 율법을 공부해야만 했는데 바울은 당시 가장 유명했던 힐렐 학파의 가말리엘 문하에서 공부할 만큼 우수한 학생이었다. 그래서 그는 유대교 배경을 자랑하는 이들을 향해 "저희가 히브리인이냐 나도 그러하며 저희가 이스라엘인이냐 나도 그러하며 저희가 아브라함의 씨냐 나도 그러하다"(고후 11:22)고 응수했다.

　랍비 교육을 수료한 후 바울에게 주어진 첫 임무는 갈릴리지역에서 일어난 나사렛 예수교라는 새로운 이단을 조사하고 척결하는 일이었다. 그는 초창기 기독교 운동을 진압하기 위해 유대교에 의해 발탁된 유능한 인재였다. 그는 스스로 고백한 것처럼(빌 3:6) 열심히 기독교 박해에 앞장섰다. 그런 박해자로서의 바울의 일면이 누가에 의해 포착되어 기록되었다. 누가는 스데반 집사가 유대인들이 던진 돌에 맞아 순교할 때 그 현장에 있었던 바울(사울)을 '청년'으로 묘사하고 있는데(행 7:58), '청년'으로 사용된 헬라어 '네아니아스'는 적어도 25~35세의 사람을 지

---

[6] 길리기아 지역의 수도이자 헬라교육의 중심지로 유망한 도시였다. 바울은 디아스포라 유대인으로서 여기서 아버지가 획득한 로마시민권을 자연적으로 물려받았다. 당시 로마시민권을 얻기 위해선 최소 500드라크마(일반 노동자 2년 수입)의 비용이 든 것으로 보아 바울의 아버지는 상당한 부를 축벅한 사람으로 보여진다.

칭하는 용어임을 볼 때 이때 사울은 이미 정규학업을 마치고 실전에 투입된 수사관이자 검사에 해당하는 자였다. 그는 이후 교회를 잔멸하기 위해 그리스도인이라 불리는 각 사람의 집안에까지 들어가 남녀를 체포하여 옥에 가두고(행 8:3) 회당으로 끌고 가 그들을 때렸으며(행 22:19) 심지어 그들을 죽이기까지 했다(행 22:4, 26:10). 이러한 핍박에 대해 회심 후 그는 "하나님의 교회를 심히 핍박하여 잔해했다"[7](갈 1:3)고 고백했다. 그는 이때 새로운 이단을 아예 뿌리 채 뽑고자 작정한 것 같다. 그래서 그는 예루살렘뿐 아니라 전국 각지, 심지어 이방지역에 잇는 예수를 추종하는 그리스도인들을 모조리 체포하기로 결심하고 대제사장으로부터 공문을 받아 먼저 다메섹으로 도망친 그리스도인들을 잡으러 출동했다.

그러나 다메섹으로 가는 도중에 바울 일생에 있어서 결정적인 전환점이 발생했다. 바울과 그의 일행이 다메섹에 가까이 이를 때에 갑자기 하늘로부터 빛이 그를 둘러 비추어, 바울은 놀라 엎드러졌는데 그때 하늘에서 "사울아 사울아 네가 어찌하여 나를 박해하느냐"하는 한 소리가 들렸다. 이에 대답하여 "주여 누구시니이까"하니 "나는 네가 박해하는 예수라. 너는 일어나 시내로 들어가라 네가 행할 것을 네게 이를 자가 있느니라"고 하셨다(행 9:3~6). 이를 계기로 그의 삶은 전적으로 변화되었다. 그가 그처럼 핍박했던 그리스도를 이제는 가장 앞장서 증거하며 이방인들에게 "주 예수 그리스도를 믿으라"고 복음을 전하는 사도가 되었다. 놀라운 사실은 그는 회심 즉시 예수님을 하나님의 아들이요 메시아이심을 증거했다는 것이다(행 9:19~22).

그 후 바울의 행적은 다메섹에서의 복음 전도, 아라비아에서의 3년 칩거, 다메섹으로의 복귀, 그리고 예루살렘 방문으로 이어진다. 이때 예루살렘에서 베드로와 예수님의 형제 야고보를 만났다. 그리고 그는 자신의 출생지인 다소로 가서 약 10년에 이르는 긴 침묵의 시간을 보낸다. 그런 다음 드디어 안디옥교회의 목회자언 바나바의 권유를 받아 함께 안디옥교회를 돌보는 사역을 하였고(행 11:25, 갈 2장), 드디어 교회의 파송을 받고 선교여행을 떠나게 되었다. 3차에 걸친 긴 선교여행을 마친 바울은 예루살렘에서 유대인들의 고소로 체포되어 가이사랴 빌립보

---

7) '잔해하다'의 헬라어 '폴데오'는 무자비한 폭력을 수반한 잔악한 행동을 가리키는 단어다. 특별히 이 단어가 '핍박하다'라는 뜻의 헬라어 '디오코'와 함께 미완료 시제로 사용되고 있는 것은 당시 교회의 핍박이 일시적인 것이 아니라 미래에도 영원히 지속될 일임을 암시한다.

에 이송되어 2년간의 감금 생활을 하였다(행 22~26장). 결국 그는 로마로 이송되었는데 중간에 유라굴로 광풍을 만나 배가 파손되어 멜리데 섬에 갇히는 사고를 당하지만 하나님의 도우심으로 그곳에서 무사히 겨울을 보낸 다음 로마에 도착하게 된다. 그는 로마에서 로마당국이 바울을 연금하기 위해 제공한 셋집에 거주하며 2년의 세월을 보내는데 누가는 이때의 일에 대해 "담대히 하나님 나라를 전파하며 주 예수 그리스도께 관한 것을 가르치되 금하는 사람이 없었더라"(행 28:30~31)고 기록했다. 2년 후 바울의 행적에 대해 정확한 기록이 없어 논란이 되고 있다. 교회의 전승에 의하면, 바울은 AD 63년에 석방이 되었다가 다시 네로 황제의 명에 의해 체포되어 AD 67~68년경에 순교했다고 하는데 이 사이 약 4년에 이르는 공백기에 바울이 어디서 무엇을 했느냐가 논쟁의 핵심이다. 클레멘트 1서, 무라토리 정경 및 외경 베드로행전 등에는 이때 바울이 서바나(스페인) 지역으로 가서 복음을 전한 것으로 기록하고 있다. 반면에 바울의 목회 서신에서는 이때 바울이 소아시아 지방과 그리스 지방에서 사역한 것을 암시하고 있다(빌 2:19, 24, 딛 1:5, 딤후 4:20).

무엇보다 바울은 신약교회가 낳은 가장 위대한 신학자이다. 물론 바울은 '신학'이라는 이름을 붙인 한 권의 책도 쓰지 않았다. 단지 교회들과 개인들에게 그들이 쉽게 이해할 수 있는 복음의 내용들을 헬라어로 써서 보낸 서신들이 전부이다. 그러나 그 안에는 실로 인간의 이성적 능력으로는 표현할 수 없는, 오직 하나님의 은혜의 능력에 의해서만 가능한 심오하고 탁월한 신학적 내용들이 즐비하다. 나아가 그 내용들은 당시 교회가 처한 역사적 상황 아래에서 교회의 정체성과 본분과 위치와 나아가야 할 방향을 제시하는 일련의 통일된 신학적 메시지를 담고 있다. 그래서 모든 서신서들은 하나의 통일되고 일관된 복음의 메시지를 가지며 이를 기반으로 초대교회의 기초가 다져지고 형성된 것이다. 다시 말해 바울 서신에 나타난 그의 신학은 사역 현장에서 받은 계시를 기반으로 복음에 대한 바울 나름의 구체적인 해명이자 적용이라고 할 수 있다. 특히 기독교회 최고의 교리서라고 인정받는 로마서는 전 교회사를 통틀어 가장 영향력을 끼친 성경으로 자리매김을 해 왔으며, '이신칭의'라는 구원의 핵심적인 내용도 로마서에서 추출된 것으로 바로 이 교리 하나가 종교개혁을 일으킨 동력이 된 것이다.

<참고> 바울의 선교전략 4

전략 1. 오직 예수 그리스도가 구약이 예고한 메시아이자 구원의 핵심임을 증거했다. 특히 십자가 구속과 부활을 중점적으로 증거했다(행 17:1~4, 22~23).

전략 2. 남들이 선교하는 현장에는 가지 않았다. 그래서 그는 유대와 사마리아 등을 벗어나 소아시아와 유럽으로 선교여행을 했다.

전략 3. 거점지역을 선정하고 그곳의 회당을 중심으로 복음을 전했다(행 13:5, 17:1, 18:4 등). 시리아의 안디옥을 기점으로 에베소와 빌립보, 고린도, 로마 등을 중심으로 복음을 체계적이며 단계적으로 전파했다. 그리고 되도록 오랫동안 체류하면서 충분히 복음이 안착되도록 노력했다. 그는 고린도에서 2년, 디도 유스도의 집에서 1년 6개월(행 18:7, 11, 18), 그리고 에베소에서 3년, 로마에서 약 5~6년을 체류했다.

전략 4. 각 도시마다 교회를 개척하고 장로를 택하여 감독하도록 했다(행 14:23, 딤전 3장, 딛 1장).

Q2. 시네마로 본 바울(St. Paul)의 삶

분류	제목	내 용
기	회심	**〈회심 전〉** 1. 좋은 가문 ~ 아브라함의 씨(고후 11:22). 8일 만에 할례. 베냐민 지파. 히브리인 중의 히브리인. 바리새인(롬 11:1). 길리기아 다소 성 출신(행 21:39). 가말리엘 문하에서 율법교육을 받음(행 22:3). 2. 잘못된 열심 "사울이 그의 죽임 당함을 마땅히 여기더라"(행 8:1) "사울이 교회를 잔멸할 쌔 각 집에 들어가 남녀를 끌어다가 옥에 넘김" (행 8:3, 22:4, 22:19, 26:9~11) "내가 우리 종교의 가장 엄한 파를 좇아 바리새인의 생활을 하였다"(행 26:5) "하나님의 교회를 심히 핍박하고 잔해하고 유대교를 지나치게 믿어 내 조상의 유전에 대해 더욱 열심"(갈 1:13, 1:22~24, 빌 3:6, 딤전 1:12~13) **〈회심 사건〉** 1. 큰 충격 "홀연히 하늘로서 빛이 저를 둘러 비추는지라. 땅에 엎드러져 들으매 소리 있어 가라사대, 사울아 사울아 네가 어찌하여 나를 핍박하느냐?"(행 9:1~9) 2. 아름다운 고통 "사울이 땅에서 일어나 눈을 떴으나 아무것도 보지 못하고~ 사흘 동안을 보지 못하고 식음을 전폐하니라"(행 9:9) 3. 회복 "아나니아가 그에게 안수하여~ 사울의 눈에서 비늘 같은 것이 벗어져 다시 보게 된 지라. 일어나 세례를 받고(성령 충만)"

| 승 | 사역 준비 | 4. 소명
"하나님의 뜻을 따라 그리스도 예수의 사도로 부르심을 입은"(고전 1:1, 갈 1:1).
"오직 예수 그리스도의 계시로 말미암은 것"(갈 1:12).
"내 어머니의 태로부터 나를 택정하시고"(갈 11:15)
"사도로 부르심을 받아 하나님의 복음을 위하여 택정함을 입었으니"(롬 1:1).
"이 복음을 위하여 그의 능력이 역사하시는 대로 내게 주신 하나님의 은혜의 선물을 따라 내가 일군이 되었노라"(엡 3:7~8).
"오직 내가 그리스도 예수께 잡힌바 된"(빌 3:12).
"예수 우리 주께 감사함은 나를 충성되이 여겨 내게 직분을 맡기심이니~ 죄인 중에 내가 괴수니라"(딤전 1:12~16).

〈회심 후〉

1. 즉시로 복음 전파(행 9:19~20)

2. 아라비아 체류
"오직 아라비아로 갔다가 다시 다메섹으로 돌아갔노라. 그 후 3년 만에 게바를 심방하려고 올라가서 저와 함께 15일을 유할 쌔"(갈 1:17~18).
(학설)
~ 매우 정열적인 최초의 국외 사역의 체험이다.
~ 복음전파 사역을 위한 깊은 묵상과 영적 준비 기간이었다.
~ 바울의 신앙적 성숙과 개인적 종교 체험이었다(Meyer, Lightfoot, Matheson, Stalker, Hackett).

3. 첫 번째 예루살렘 방문
"사울이 제자들과 함께 있어 예루살렘에 출입하여 주 예수의 이름으로 담대히 말하고, 헬라파 유대인들과 함께 말하며 변론하니, 그 사람들이 죽이려고 힘쓰거늘"
(행 9:28~29)

"15일을 유할 새 주의 형제 야고보 외에 다른 사도들은 보지 못하였노라"(갈 1:18~19)
"성전에서 기도할 때(비몽사몽 간에) 환상을 보았다"(행 22:17).

~ 누가는 형제들의 우려 때문에 성을 떠나게 되었다고 기록한 반면에(행 9:30), 바울은 성전에서 기도하던 중 본 초자연적인 환상과 계시로 인해 성을 떠나게 되었다고 고백했다"(행 22:17~21) |

| 승 | 사역 준비 | 4. 다소 행
~ 바울은 가이사랴에서 곧장 길리기아의 다소로 가서 그곳을 거점으로 하여 길리기아의 다른 지역과 수리아 지역에 복음을 전했다(라이트푸트).
~ 고후 11:25의 세 번 파선의 기록에서, Alford는 세 번 파선 중 한 번은 가이사랴에서 다소로 가는 중에 있었다고 주장했다.
~ 길리기아와 수리아 지역에서 약 5년 정도 체류한 것으로 추정됨.

5. 안디옥교회로
~ 바나바(행 11:19~25)가 바울을 데리고 옴(행 11:26).
~ 주의 환상과 계시: "무익하나마 내가 부득불 자랑하노니 주의 환상과 계시를 말하리라. 내가 그리스도 안에 있는 한 사람을 아노니 14년 전에 그가 셋째 하늘에 이끌려 간지라.(그가 몸 안에 있었는지 몸 밖에 있었는지 나는 모르거니와 하나님은 아시느니라). 그가 낙원으로 이끌려가서 말 할 수 없는 말을 들었으니 사람이 가히 이르지 못할 말이로다"(고후 12:1~4)

■ 바울의 체험 시기에 대한 학자들의 이견
(알포드) 행 9:30과 11:25 사이
(메이어) 다소에서 머물던 마지막 시점
(위슬러) 성전에서 임했던 환상과 동일하다고 주장함.

~ 1년 체류(행 11:25~26)
~ 두 번째 예루살렘 방문. 귀환 때 마가 동행(행 11:30, 12:25) |
| 전 | 사역 | 1. 제1차 전도 여행(행 13:1~1428)

◎ 수리아 안디옥- 실루기아- 구브로섬(살로미, 바보)- 밤빌리아(버가)- 비시디아 안디옥- 이고니온- 루스드라- 더베
2. 안디옥에서의 2년 체류(행 14:25~28)
3. 세 번째 예루살렘 총회 방문(행1 5:1~35)
4. 제2차 전도 여행(행 15:36~18:23)
5. 네 번째 예루살렘 방문(행 18:22~23)
6. 제3차 전도 여행(행 18:23~21:16)
7. 다섯 번째 예루살렘 방문(행 21:17~23:32)
8. 가이사랴 감옥(행 23:31~26:32) |

전	사역	9. 로마 행(행 27:1~28:16) 10. 1차 로마 감옥(행 28:13~31, 롬 16:3~15, 몬 1:1, 8, 9, 골 4:3, 18, 엡 3:1, 4:1, 빌 1:7, 12:14, 16) 11. 자유의 몸(롬, 몬, 골, 빌, 딤전후, 딛) 12. 2차 로마 감옥(딤후 1:8, 2:8, 9, 4:12, 20 등) **(연도별 정리)** AD36년경: 다메섹 사건과 회심 39년경: 아라비아에서 예루살렘 방문, 15일 후 가이사랴로 가서 다시 배 타고 다소행(행 9:30) 44~45년경: 바나바가 사울을 안디옥교회로 데리고 옴(행 11:25~26) 45~46년경: 안디옥교회에서 교사생활 47년경: 두 번째 예루살렘 방문(구제금 전달) 48~49년경: 1차 전도 여행 50~52년경: 2차 전도 여행 53~58년경: 3차 전도 여행 59~61년경: 가이사랴 감옥 61~62년경: 로마 도착. 가택연금 63~66년경: 석방 67~68년경: 재투옥. 처형/로마 화재사건(64년. 네로황제 때) 이전에 순교했다는 설도 있음.
결	교훈	1. 바울은 열심이 있는 사람. 늘 달음질하는 사람(행 22:3, 고전 9:24, 빌 3:12~14) 2. 결단하고 순종하는 사람(행 9:20~23, 16:7, 10) 3. 고난에도 인내하는 사람(행 20:19, 고후 11:24~27) 4. 하나님의 능력을 겸비한 사람(행 13:9~11, 44, 14:3, 14:8~10, 16:18, 19:8, 11~12, 20:9~12, 28:3~5, 8, 빌 4:13) 5. 자유의 은혜를 누리는 사람(고전 9:1, 19, 갈 5:1, 13) 6. 풍성한 사람(엡 1:7, 빌 4:18, 골 3:16~17) 7. 오직 십자가, 오직 그리스도뿐인 사람(롬 14:8, 갈 2:20, 6:17, 빌 3:8~9)

3. 바울서신서들

〈갈라디아서〉

1. 배경 설명

1) 갈라디아서는 그리스도인의 자유의 대헌장이라고 부른다. 갈라디아서는 '이방인이 그리스도인이 되려면 먼저 유대인이 되어야 하는가?' 라는 문제를 놓고 다루는 책이다. 유대인처럼 할례를 받고 모세율법을 지키면서 예수를 믿어야 이방인이 구원을 받느냐 하는 문제에 대한 해답서이다.

2) 갈라디아는 바울이 병을 앓는 중에 악전고투하며 전도한 곳으로 바울이 무척 애정을 가진 지역이며 또한 복음을 전해 들은 갈라디아인들은 눈의 질병으로 고생하는 바울에게 자신들의 눈이라도 빼주고 싶을 정도로 바울을 사랑했다(4:13-15).

3) 행 15:1~3을 근거로 하면, 어느 날 안디옥교회에 유대로부터 내려온 어떤 사람들이 형제들에게 할례를 받아야 구원을 받는다고 가르치기 시작하여 이것으로 인해 적지 않은 소동이 벌어지게 되었고, 이에 안디옥교회는 할례 문제에 대한 예루살렘의 입장을 듣기 위해 바울과 바나바, 디도 및 몇 사람을 파송하게 된다. 이때 아마도 유대인 거짓 교사들은 그 틈을 이용해 바울과 바나바가 전도하고 가르치며 세웠던 갈라디아 지역교회들을 두루 찾아다니며 이방인이 구원을 받으려면 모세의 율법대로 할례를 받아야 하며, 바울은 거짓 사도라고 매도하여 많은 갈라디아 교인들이 복음에서 떠나는 위기가 닥친 것으로 보인다. 이에 바울은 복음의 골자는 인간의 공로가 아니라 하나님의 은혜이며 예수님을 믿기만 하면 이방인이라고

할지라도 구원을 받는다는 것을 재차 강조할 필요가 있었던 것이다.

4) 기록 시기는 세 가지 설이 있다. 1차 여행(AD 48~49년) 이후, 2차 여행(AD 50~52년) 도중에, 3차 여행(AD 53~58년)의 말기 무렵, 마게도냐 어느 지역에서 쓰여졌다고 하는데 정통 개혁신학에서는 48~50년 사이로 본다.

5) 갈라디아 지역의 위치의 문제를 놓고도 학설이 갈린다. 북 갈라디아설은 소아시아 중부지역이라 하고, 남 갈라디아설은 로마제국이 점령한 후의 갈라디아도(북-본도/pontus, 남- 밤빌리아, 중부와 동부-브루기아, 루기오니아, 안디옥, 이고니온, 루스드라, 더베)를 가리킨다고 본다. 주로 후자를 정설로 친다.

6) 기록 목적은 첫째, 바울의 사도권에 대한 도전에 대해 해명하기 위함이고 둘째, 율법을 통한 구원만을 강조하는 유대인들의 그릇된 가르침을 '다른 복음'으로 정죄하고 이신득의의 복음의 진리를 선포하기 위해서였다.

7) 1차 전도 여행과 갈라디아 지역의 복음 전파(행 13:4~14:26)
① 안디옥교회에서 바울과 바나바를 선교사로 임명, 금식, 기도, 안수하여 파송했다(13:3).
② 실루기아에서 배를 탐- 구브로 섬의 살라미 항구에 도착- 내륙을 가로질러 북부의 바보 항구에 도착. 여기서 총독 서기오 바울이 바울로부터 복음을 전해 듣자 박수 엘루마가 방해를 함(13:10-11)- 배를 타고 밤빌리아 지역으로 항해하여 버가 항구에 도착. 이곳에서 마가 요한이 중도에 예루살렘으로 돌아감- 비시디아 안디옥에서 안식일에 회당에서 설교함(13:16-52)- 이고니온에서 유대인 회당에서 복음 전파. 유대인들의 핍박이 극렬해짐(14:1-5)- 루스드라에서 앉은뱅이를 일으킴. 군중들이 바나바를 쓰스라 하고 바울을 허메라 부르며 두 사람에게 제사를 드리려 함. 유대인들이 돌로 바울을 쳐 죽이고 성 밖으로 내쳤으나 바울이 살아남(14:19)- 더베에서 많은 사람들을 제자로 삼음(14:21)- 루스드라, 이고니온, 비시디아 안디옥, 버가, 앗달리아의 행로를 통해 안디옥교회로 귀환함.

2. 시네마구조 및 주요 내용

기	1;1~5	인사
승	1:6~2:14	다른 복음에 대한 저주와 사도권 논쟁에 대한 자증
전	2:15~6:10	율법의 의의, 율법과 복음의 차이, 이신칭의 복음의 진리, 자유, 그리스도인의 생활윤리 등
결	6:11~18	마지막 인사와 당부

3. 주요 주제 및 내용

1) 다른 복음은 없다.

바울은 짧은 인사를 한 다음에 바로 갈라디아 교인들을 책망한다. 그들이 재빨리 그동안 베풀어주신 하나님의 사랑과 은혜를 떠나 다른 복음을 따랐기 때문이다. 이에 바울은 다른 복음은 없다고 선언하고 그 추종자들을 향해 '저주를 받을 것'이라 선포했다(1:8~9).

2) 사도권 논쟁에 대한 반박과 자증

바울은 자신의 사도직이 하나님으로부터 부여받았고(1:1), 예수 그리스도의 계시로 말미암은 것이라 선언한다(1:12). 그리고 자신은 베드로와 야고보로부터 인준을 받은 사람이라고 소개한다(1:18~19).

3) 이신칭의 논증[8]

바울은 믿음으로 의롭게 된다는 구원 복음의 핵심을 다음과 같이 논증한다.
① 성령을 받은 것은 율법의 행위가 아니라 믿음을 들음으로 말미암았다(3:1~5)
② 아브라함도 믿음으로 의롭다함을 받았다. 그러므로 믿는 자가 아브라함의 후손이다(3:6~9).
③ 그리스도께서 우리를 율법의 저주에서 속량하셨다(3:13).

④ 하나님의 언약은 아무도 폐하거나 더하거나 하지 못한다(3:15).
⑤ 율법의 목적은 구원이 아니라 믿음을 주기 위함이다(3:22).
⑥ 그리스도에 대한 믿음은 성도로 하여금 하나님의 양자가 되게 하며 율법에서 해방시킨다. 너희가 아들이므로 하나님을 아빠 아버지라 부르는 것이다(3:23~4:7).
⑦ 이제 더 이상 율법에 매여 종노릇할 필요가 없다(4:8~20).
⑧ 아브라함의 진정한 후손은 육체를 따라 난 자손이 아니라 이삭과 같이 약속을 따라 난 자녀이다(4:21~31).

4) 율법과 복음의 비교

 복음은 어느 날 하늘에서 갑자기 떨어진 것이 아니라 율법 안에 내포되고 예고된 것으로 그리스도와 함께 비로소 그 실체를 확연히 드러낸 생명의 말씀이요 구원의 진리이다. 그러므로 복음을 정확히 이해하기 위해서라도 율법의 내용과 관계성을 알아야 한다. 율법과 복음에 대해 올바른 지식이 없으면 율법을 오해하거나 잘못 적용하는 우를 범하게 된다. 율법(토라)은 문자 그대로 법이다. 율법은 이스라엘에게 전반적으로 무엇이 잘못된 것이고 무엇을 행해야 할지를 보여 주는 삶과 신앙의 지표요 시금석의 역할을 했다. 나아가 율법은 사람으로 하여금 자신이 죄인임을 깨닫게 하는 동시에 죄에 대해 마땅히 책임을 져야 함을 가르치는 몽학 선생이었다. 그러나 율법 그 자체로는 죄인의 구원을 완성할 수 없었기에 드디어 예수 그리스도가 이 땅에 오시어 율법의 요구를 만족시키고 복음의 지평을 열게 됨으로 죄인의 구원이 이루어지게 되었다. 즉 율법은 인간이 죄인임을 증명하고 구원이 왜 필요한지를 가르쳐 주는 것이라면 복음은 그 죄의 문제를 해결하고 구원의 길을 명백하게 제시하는 것으로 사명을 다했다.

 양자의 관계를 말하자면 먼저 구속사(Heilsgeschichte), 즉 인간을 구속하기 위한 섭리의 역사의 전개에 있어서 율법은 구약시대 계시의 형태를 가지고 있다면 복음은 신약시대 계시의 형태를 가지고 있다. 그런데 이 양자는 서로 별개의 것이 아니라 삼위일체 하나님이 창세 전부터 그리스도를 중심으로 계획하신 것으로 율법은 복음을 예표하는 그림자였다. 예를 들어 구약의 희생 제사는 예수님의 십자가 희생의 예표였으며 구약의 모든 선지자들을 통한 메시아 예언은 모두 예수 그리스도를 지칭하고 예고한 것이었다. 한 마디로 둘 다 동일한 하나님의 계시 안에서 인간의 구원을 위한 것으로 서로 시대적 역할과 사명이 달랐을 뿐이다. 이제 율법은 구속사의 전개에 따라 복음으로 대체되었고 율법의 모든 요구는 복음 안에서 성취되고 완성되었다.

사도 바울은 이 둘의 관계를 '의문의 율법'과 '생명의 복음'으로 비교 설명했다. 이를 도표로 보면 다음과 같다.

구분	의문의 율법	생명의 복음
목적	죄를 깨달음(롬 3:20)	구원의 길을 제시함(갈 1:4)
속성	공의(갈 3:19), 자기의(갈 3:13)	사랑(고전 13:1~3), 하나님 의(롬 8:30)
성격	예표적, 준비적, 그림자, 몽학 선생 등	실체적, 완성적, 영구적(히 8:12)
결과	심판의 요구(갈 3:10)	구원의 충족(갈 3:13)
형식	의문(儀文)	영적 말씀
대상	육적 이스라엘(출 19:5~6)	영적 이스라엘/믿음의 후손(롬 9:6~13)

5) 그리스도인의 자유

사도 바울은 갈라디아서를 통해 그리스도인의 자유가 어떤 것인지 설명한다. 그리스도는 율법 아래에 신음하는 죄의 종들을 속량하시고 하나님의 아들들이 되게 하셨고(갈 4:5~7), 그러므로 우리는 더이상 '여종의 자녀'(children of the slave)가 아니라 '자유 있는 여자'(free woman)의 자녀이며(4:31), 그리스도는 우리를 자유롭게 하시려고 자유를 주셨다(5:1)고 설파했다. 혹자는 바로 이 점을 염두하고 갈라디아서가 율법과 결별을 선언하는 '교회의 독립선언서'라 칭한 것은 매우 의미가 깊다고 하겠다. 무엇보다 그리스도인의 자유는 사랑으로 서로 섬기는 데 사용되어야 함을 전제한다.

6) 성령의 소욕과 육체의 소욕

바울은 육체의 소욕과 성령의 소욕을 상호 대립시키고 육체의 일 15가지와 성령의 열매 9가지를 대조시킨다(5:17~23). 그리스도인들은 한 마디로 육체적인 정욕과 욕심을 십자가에 못 박은 사람들이다. 그러므로 성도들은 이기적인 욕망을 버리고 성령의 인도하심을 따라 현실적인 삶 속에서 그리스도를 본받아 성령의 열매를 맺는 삶을 살아야 한다. 참된 그리스도인들의 영적 성숙도는 그 사람의 신앙고백뿐 아니라 실제적인 성령의 열매로 판가름 되는 것이다.

<참고> 구원의 네 가지 주제

첫째 주제. 자력 구원이냐, 오직 하나님의 은총에 의한 구원인가?

1. 자력 구원설

1) 자력 구원은 인간이 자신을 구원할 수 있는 존재라고 주장하는 것으로 교리사에서는 펠라기안주의(Pelagianism)라고 부른다. 이들은 인간을 구원하는 능력이 궁극적으로 인간 자신에게 공급된다고 본다. 하나님은 구원의 대상인 인간에게 자신의 힘으로 자신을 구원하는 능력을 주셨다고 생각한다.

2) 펠라기우스(Pelagius, 354~418?)의 주장을 정리하면 이렇다.
① 인간의 의지는 도덕적 요구를 수행하는데 무능하지 않으며, 모든 요구를 수행할 수 있는 자력 구원의 체계와 힘을 갖추고 있다.
② 인간의 의지는 타락에 전혀 영향을 받지 않았다.
③ 인간은 타락 전 상태, 즉 아담이 창조되었던 상태와 동일한 조건 아래 출생한다. 그의 죄는 우리에게 전가되지 않는다.
④ 인간은 죄 없이 존재할 수 있으며 자연 상태에서 하나님의 명령을 준수할 수 있다.
⑤ 인간이 결단하는 순간으로부터 모든 죄악 된 행위를 중단할 수 있으며, 그 결정

은 그 순간으로부터 완전함을 유지한다.

(평가) 펠라기우스의 주장은 낙관적인 인간 이해이며 인본주의가 중심에 흐른다. 자연 상태의 인간에 대한 낙관적인 이해가 그의 사상의 저변에 도도하게 흐르고 있다. 그도 분명히 그리스도의 십자가 희생을 인정한다. 그러나 어거스틴은 그에게서 십자가는 그리스도가 보여 준 삶의 모범에 지나지 않는다고 지적했다.

2. 은총론

1) 타락 이후의 인간

자연 상태의 인간 의지가 온전하여 모든 선에 이를 수 있다고 생각한 펠라기우스에 맞서 인간의 모든 선의 기초가 다만 하나님의 은혜라는 사실을 강력하게 변증하고 공교회를 지켜낸 위대한 신학자가 바로 어거스틴이다. 그에 의하면 타락한 인간의 의지는 비록 자유하여도 하나님을 예배하거나 혹은 육체의 소욕을 지배하지 못하는 상태에 빠졌다. 타락하기 전에는 인간의 자유의지는 선과 악, 신앙과 불신앙을 택할 수 있었고, 결국 이것들이 죄를 구성해 선을 해할 수 없게 되었다고 했다(신국론). 다시 말해, 선과 악을 결정할 수 있었던 인간이 자유의지를 가지고 선에서 돌이켜 악을 행하였으므로 이제 악에서 돌이켜 선을 행하는 것은 하나님의 도움이 없이는 불가능한 상태에 빠진 것이라는 것이다. 어거스틴은 이것을 이렇게 표현했다.

"죽은 사람이 무슨 선을 행할 수 있으랴?"(편람 30)

"아담 안에서 태어나는 모든 인간의 본성은 이제 환자가 되어 의사를 필요로 한다"(자연과 은총에 대하여. 3)

"만물의 창조주이시지만 악을 창조하지 않으신 하나님은 사람을 선하게 창조하셨다. 하지만 사람은 자신의 의지를 통하여 타락하여 정죄를 받지 않을 수 없었고, 타락한 자녀를 낳아 그 자녀들도 타락과 정죄 아래 있게 하였다. ~ 그러므로 모든 인간은 죄인으로 출생하는 것이다."(신국론13.14)

"아담의 후손들에게 나타나는 무지로 인한 무수한 오류들- 헛된 관심, 슬픔과 공포, 동물적 쾌감, 다툼, 소송, 전쟁, 반역, 증오, 사기, 아첨, 교만, 절도, 강도, 배신,

허영, 야망, 질투, 분노, 살인, 존속살해, 잔인, 만행, 사악함, 오만, 경솔함, 뻔뻔함, 간음, 음란, 근친상간, 동성애 등"(신국론 22.22)

2) 중생의 은혜

따라서 타락한 인간이 선을 행하려면 성령을 통하여서 그리스도 안에서 베풀어지는 중생의 은혜가 먼저 주어져야 한다. 어거스틴은 이렇게 말했다.

"이 자유의지는 그것을 제공하셨던 분에 의해서만 되돌려진다. 이는 마치, '아들이 너희를 자유케 하면 너희가 참으로 자유하리라'는 말씀과 같다"(신국론 14.11)

■ 어거스틴의 이러한 주장에 대한 칼빈의 견해

"그는 의지를 가리켜 '奴隸'라 하면서 '성령이 함께 계시지 않으면 사람의 의지는 자유롭지 못한데 이는 그 의지가 정욕에게 사로잡히고 정복당한 상태에 있기 때문이다'고 했다. 그리하여 '자유의지는 이미 노예 상태가 되었으므로 의를 행할 능력이 전혀 없다'고 했다. 다시 말해, '사람은 창조함을 받을 때에 자유의지라는 위대한 능력을 부여받았으나 죄를 지음으로 그것들을 잃어버렸다'는 것이다."(기독교 강요 2-2-8)

3) 교회의 선택

당시 공교회는 AD 417년에 열렸던 카르타고 종교회의에서 어거스틴의 이 주장을 올바른 진리로 채택하고 교회의 신앙고백으로 공표하였다. 결론적으로 펠라기우스는 구원과 관련하여 인간을 지나치게 낙관적으로 파악한 반면에 어거스틴은 성경을 근거로 구원에 있어서 인간을 전적으로 무능한 존재로 이해한 것이다. 어거스틴은 오직 성경의 말씀을 가지고 변증했다.

둘째 주제. 하나님의 은총이 어떻게 주어지는가?(누가 매개하는가?)

1. 제도적 교회의 직제를 통해서만 은총이 분여된다는 주장

1) 직제주의

이 직제주의는 카톨릭 교회에서 두드러진다. 카톨릭은 교회가 구원의 매개로서 존재하고, 이 교회를 통해서만 인간은 구원을 받을 수 있다고 한다. 카톨릭에 의하면 교회는 두 부분으로 나누어진다. 교훈하는 교회와 교훈을 받는 교회가 그것이다. 그런데 진정한 교회는 교훈하는 교회의 유무에 의해 결정된다. 즉, 교좌단, 사제단 중심의 교회가 교훈하는 교회이다. 그들은 이것을 이렇게 규정한다. "교회가 있는 곳에 성령이 있고, 교회 밖에는 구원이 없다."

카톨릭의 교좌단은 그리스도의 사역을 대행하는 기구이다. 그들은 성례의 시행을 통해 성령의 역사를 허락하기도 하고 막기도 한다. 다시 말해 교회를 통해 그리스도는 3중직을 수행하고 있다. 선지자직은 무오류한 권위로 성경과 교리를 해석하고 결정하는 직무를 수행하고, 지상에서 교회가 제사장직을 계승하여 하나님과 인간 사이를 중재하는데 이 제사장직의 수행의 결정적인 요소가 미사이다. 마지막으로 그리스도의 왕직을 교회가 수행하는데 성도는 신앙과 행위에 있어 교회에 완전히 순복해야 한다. 바로 이 3직이 교회 중의 교회인 교좌단, 혹은 사제단에 의해 행해지고 그 구체적인 실천이 성례전으로 나타난다고 한다. 특히 세례의 경우, 예비적인 믿음만을 가진 인간이 사제들의 인도를 받아 세례를 받으면 그 마음에 그리스도로 말미암는 구원의 은총에 대한 충분한 이해가 아직 형성되지 않을지라도 받은 그 세례를 통해 실제로 은총이 나누어진다는 것이다. 물론 카톨릭이 성령의 사역을 원칙적으로 배제하지는 않는다. 성령이 언제 역사하시는가 하면 세례를 베풀 때 혹은 세례와 함께 마치 주사기로 주사약을 몸에 주입하듯이 성령이 수세자의 마음에 주입된다는 것인데 이를 '주입된 은혜'라고 부른다.

2) 직제 분여의 문제

~ 그러나 카톨릭의 직제 분여는 중대한 신학적 문제를 가지고 있다. 우선, 은총을

수여하는 성령과 수혜자인 인간의 영혼과의 직접적인 만남을 허용하지 않는다는 것이다. 성령의 주권적 사역을 교좌단이 대신 차지하고 있는 형국이다. 다음으로 성령의 인격성을 사실상 부인하는 결과를 낳고 있다는 점이다. 성령은 하나님이시며 자유하신 분인데 인간이 성령의 사역을 통제한다는 의구심을 들게 한다. 이것은 성령의 인격을 훼손하고 억제하는 것이다. 마치 성령이 교회라는 물 저장소에 갇혀 있다가 교좌단이 꼭지를 틀면 흘러나오고 그렇지 않으면 갇혀 있는 것과 같다. 인간이 성령 하나님을 인도할 수 있는가?

2. 복음이 선포될 때 성령의 직접적인 사역을 통해 부여된다는 주장.

1) 성령의 사역

교회는 성령께서 복음의 매개를 통하여 불러낸 사람들의 모임이며 어떤 정체된 조직이 아니라 항상 새롭게 그리스도께서 성령을 통하여 불러내시는 인격적인 사귐과 교제의 공동체이다. 이 신앙 고백체를 위하여 직분자가 세워지며, 이 직분자는 성령께서 공급하시는 은사를 받은 자로서 성령의 인도를 따라 교회의 지체들을 섬기되 하나님의 말씀의 인도를 따라 그리한다. 또 세례를 행하되 복음의 말씀을 통하여 성령 안에서 거듭나 주와 그리스도로 신앙 고백하는 자에게 구원의 징표로서 행한다. 성만찬을 나눌 때, 예수 그리스도의 희생적인 죽음과 그를 인하여 누리는 그리스도와의 신비적인 연합을 확인하고 기념하며 축하하는 것으로서 행하되, 성령의 임재 안에서 행한다.

2) 개혁신학

개혁파 신학자들은 인간과 하나님 사이를 중재하는 모든 인간적인 제도와 같은 것들을 걷어냈으며 단 하나의 원칙만을 고수하였는데, 그것이 하나님의 말씀이다. 그러므로 세례와 주의 만찬은 주님이 친히 제정하신 성례인 것이 분명하지만 그것은 믿음을 일으키는 수단이 아니라, 말씀의 선포를 통하여 형성된 믿음을 표징하고 강화하는 역할을 수행하는 것으로 인정하고 받아들인다. 따라서 하나님과 인간 사이의 관계는 인간적인 매개를 통하지 않는 직접적인 관계일 뿐 아니라 인격적인 관계인 것이다.

환언하면, 하나님께서는 성령의 사역을 통한 말씀이라는 은총의 수단을 사용하여 인간의 마음에 은총을 수납하게 하시어 거듭나게 하시는 것이다. 따라서 성령의 거듭나게 하시는 사역이 없는 한 교회는 발생하지 않는다. 성령께서 현존하시는 곳에 교회가 존재하며, 성도들의 몸 밖에는 구원이 없다. 이 입장은 인간의 구원이 전적으로 하나님의 은총에 달렸다는 점이며, 그 은총이 교좌단의 사역을 통하지 않는다는 점이다.

셋째 주제. 보편속죄론이냐 선택속죄론이냐? - 누구를 위한 구원 사건인가?

(구원에 있어서 하나님의 책임과 인간의 책임을 놓고 또 하나님은 모든 사람이 구원을 얻기 원하신다는 성경의 가르침과, 경험적으로 모든 사람이 구원에 이르지 않는다는 사실을 놓고 상당히 진지한 논의가 있었다. 1567년 2월 24일 헝가리 데브리젠(Debreezen) 회의에서 보편예정론들의 견해를 반대하는 결정을 내렸다. "성경은 그 예정은 소수로 구성될 뿐만 아니라 특정인을 위한 것이며 따라서 택자들의 수는 그들의 머리카락까지 세실 정도로 확정적이다.")

1. 구원은 모든 사람을 위한 것이다.

1) 세미 펠라기즘(semi-pelagism)

루터파나 항론파를 포괄하는 半 펠라기안 주의자들의 경우, 일반적으로 구원은 모든 사람을 위한 보편적인 사건이라고 보는 보편속죄론을 택한다. 이들은 하나님은 인간을 차별하지 않으며, 택자들만 구원시킬 만큼 편협하지 않으신 분이라고 주장한다. 20세기 초기, 대표적인 신학자로 헤이스티(Hastie)와 패터슨(Paterson)이 있고, 이후 칼 라너(K. Rahmer), 칼 바르트(K. Barth) 등이 있다.

〈칼 라너〉

그는 하나님의 자기 전달로서 구원을 설명한다. 하나님께서 십자가에 달리신 그리스도 안에서 자기를 온 세상의 모든 사람들에게 이미 보편적으로 전달하셨으므로 모든 사람은 구원의 백성이 되었다는 것이다. 그는 그리스도인을 두 종류로 구별하여 설명한다. 하나는 교회에 출석하며 예수를 그리스도라 고백하는 명시적 그리스도인이며, 다른 하나는 아직 예수를 그리스도라 신앙 고백하지 않는 익명의 그리스도인이다. 이 경우, 언젠가는 복음의 매개를 통하여 명시적인 그리스도인이 되거나 혹은 재림하시는 그리스도 자신으로부터 구원의 백성이라는 사실을 알게 될 것이다. 라너의 이 지나친 주장은 타 종교학자들에 의해 타 종교인도 그리스도인이라고 부를 수 있는 근거를 제시하였고, 불행히도 1962년 카톨릭 교회는 이 주장을 교리로 인정하면서 종교 다원주의의 길을 열게 되었다.

〈바르트〉

그는 그리스도께서 십자가에서 모든 사람을 대신하여 죽으신 반면에, 하나님께서는 모든 사람을 십자가에서 형벌을 받고 죽으신 그리스도 안에서 모든 사람을 선택하였다고 주장한다. 다시 말해, 그리스도 십자가에서 하나님은 모든 사람의 죄를 심판하셨고, 동시에 십자가에 달리신 그리스도 안에서 죄 아래 종노릇하던 모든 사람과 화해를 이루셨다는 것이다. 따라서 모든 사람이 구원의 백성이 된 것이다. 결국 바르트에 의하면, 명시적으로 복음을 들은 사람이나 그렇지 못한 사람 모두가 구원의 백성이 된 셈이다.

2) 영벌의 부정

좀 다른 경우이긴 하지만 대표적인 복음주의자인 〈존 스토트〉가 불신자의 사후 영벌을 부정하고 있다.[9] 즉, 마지막 심판을 통하여 영원한 형벌에 정해진 인간이 고통 가운데 영벌을 받으며 영원히 살지 않고 심판 후 그 존재가 멸절된다는 것이다. 이러한 신학적 경향은 교회가 그 시대가 형성한 비극적인 역사에 반응하는 가운데 시대정신에 지나치게 이끌려 하나님의 본성을 단지 사랑에서만 찾으려고 했기 때문이다. 이는 공의의 속성에서 발현되는 하나님의 사랑이라는 전통적인 신앙고백을 포기하거나 혹은 변형하여 하나님의 심판을 그리스도 안에서 용해시키려

---

9) 모두의 존망을 받던 존 스토트의 이 변절은 사랑하는 누이가 불신 상태로 죽은 후에 털어놓은 신학적 입장이라는 점에서 안타까움을 더한다.

는 시도이다.

2. 구원은 특정한 사람들을 위한 것이다.

하나님께서 구원을 보편적으로 무차별하게 일괄적으로 제공하시는 것이 아니라 한 사람 한 사람에게 분여하시되, 그가 의도하신 결과를 반드시 이끌어 내시는 방식으로 일하신다. 죄 아래 빠진 인간을 위한 구원을 하나님이 친히 계획하시고 친히 집행하시고, 친히 분여하시기에 구원은 전적으로 하나님의 일이다. 한편 죄인을 간과하심이 하나님의 의지 밖에 있지 않을 뿐 아니라 동시에 하나님을 불의하게 만들지도 않는다. 그러므로 선택과 유기에 있어서 모든 영광은 오직 하나님께만 돌려진다. 이것이 보편주의와 제한주의를 가르는 중요한 신학적 이해이다.

넷째 주제. 이들의 선택은 타락에 앞선 것인가, 뒤선 것인가?

> 구속사적인 맥락에서 이해한다면 구원에 앞서 먼저 타락이 논의되어야 한다. 죄를 고려하지 않고 선택과 유기를 논할 수 없기 때문이다. 죄인을 간과하시거나 구원하시거나 하는 문제는 인간의 죄에 뒤따르는 일이다.

1. 타락 전 선택론

이들은 인간을 구원하시는 하나님의 구원 경륜에 나타난 주권을 강조하여 제한주의를 보존하려고 하고, 하나님의 전지전능하심과 섭리와 영광이라는 큰 틀을 견지하려는 것이다. 즉, 하나님의 전 경륜을 전체로서 조망하려는 긍정적인 전망을 가지고 신학을 전개하고자 하는 입장이다. 그런데 이 입장은 어떤 사람은 선택하고 어떤 사람은 유기하는 제한주의를 타락 이전의 영역인 창조의 영역에까지 강요하는 것은 바람직하지 않다는 비판을 받는다.

2. 타락 후 선택론

이들은 인간의 타락의 심각성, 그리스도의 성육신의 동기와 십자가의 의미, 무엇보다 성경적인 시간의 흐름, 즉 창조, 타락, 구속, 완성을 잘 반영한다. 그러나 구원의 전 경륜이 단순히 역사적 지평에서만 발생한 것이 아니라 훨씬 더 심원한 일임을 인지한다면 이 입장도 완전한 것이 되지 못한다. 따라서 두 관점은 영원하신 하나님 안에서 통합되고 수용되어진다. 그러나 타락 전 선택설이 개혁주의가 취하는 구원론의 지향점인 것만큼은 분명하다. 구원은 하나님의 주권적이고 직접적인 행동에 속한다. 인간의 죄는 일시적인 에피소드가 아니라 십자가의 대속이 없이는 제거할 수 없는 심각한 일이었다. 달리 말해서 인간은 스스로를 구원할 수 없는 존재가 되었다. 죄인은 하나님의 전적인 은혜를 요청하지 않으면 안 되는 것이다. 오직 그리스도의 십자가의 대속 사건을 통해, 오직 중생케 하시는 성령의 역사로만 인간은 그리스도 십자가에서 자신을 계시하신 하나님을 바르게 인식하고 그분을 온당하게 섬길 수 있는 자리에 이르게 된다.

"깊도다 하나님의 지혜와 지식의 부요함이여, 그의 판단은 측량치 못할 것이며 그의 길은 찾지 못할 것이로다~"(롬11:33-36)

〈데살로니가 전서〉

1. 시대적 배경(행 17:1~9)

1) 로마 시대의 데살로니가는 잘 알려진 항구이자 마게도니아의 수도였다. 마게도니아 왕 카산더(Casander, BC 388~297)가 BC 315년경에 알렉산더 왕의 이복누이인 자기 아내 '살로니카'의 이름을 따서 지었다. 로마와 동방제국을 연결하는 더마익 만(Thermaic Gulf)의 동북 끝에 위치한 원형극장 모양으로 생긴 항구도시이자 상업중심지였으며 많은 상선을 비롯한 배들이 드나들던 곳으로 AD 150년경에는 인구 20만을 자랑하는 도시로 성장했다고 한다. 로마는 BC 168년에 이곳을 점령했으며 아우구스투스 황제(재위 BC 27~AD 14)는 이 도시를 자유시로 만들어 자체적으로 읍장을 선출하여 다스리도록 조치했다. 상업이 번창했고 1세기경에 약 20여만 명의 인구가 살았다. 상당히 많은 유대인들이 정착했으며 이들에 의해 많은 헬라인들이 하나님을 알게 되었으며, 바울의 설교 때 많은 감화를 받았다. 그러나 대부분의 사람들은 우상숭배를 하던 사람들이었다(1:9, 2:14-16).

2) 유대인들은 바울과 실라를 시기하여 그들을 숨겨준 야손과 그 형제들을 대신 붙잡아 읍장 앞에 끌고 갔다. 이에 바울과 실라는 베뢰아로 피신했으나 그곳까지 데살로니가의 유대인들이 찾아와 폭동을 일으켰으며 바울은 다시 아덴으로 몸을 피신했다. 뒤에 바울은 실라와 디모데를 아덴에서 재회한 뒤 다시 디모데를 데살로니가로, 실라를 마게도니아로 파송했다. 나중에 이들은 고린도에서 재합류한다(행 18:5). 여기서 디모데가 가지고 온 소식을 듣고 쓴 편지가 데살로니가 전서이며 디모데는 다시 이 편지를 그들에게 전했다. 저작 시기는 AD 51~52년경으로

보며 고린도에서 썼다.[10]

2. 편지의 목적

1) 제2차 전도 여행 중 데살로니가에서 복음을 전한 바울과 실라는 그들을 시기한 유대인들의 박해로 그곳을 떠날 수밖에 없었다(살전 3:6). 그러나 바울은 갓 세워진 데살로니가 교회에 대한 아름다운 추억을 간직했다. 그들이 박해에도 굴하지 않고 믿음, 소망, 사랑을 지켜내는 모습이 모범적이었다(1:3). 그래서 영적 아비로서 바울은 교회와 신자들에 대한 감사와 연민의 정을 가졌다.

2) 고린도에 있으면서 바울은 디모데로부터 데살로니가 교회가 새로이 얻은 믿음을 더욱 발전시키고 서로 사랑하기를 힘쓴다는 소식을 접하자 크게 고무되어 항상 기뻐하고 기도하며 감사하라고 격려의 편지를 쓰게 된다. 그는 주의 재림이 모든 신자의 소망과 위로가 된다고 하면서 주의 재림에 대해 가르침으로써 끝을 맺는다.

3) 아울러 바울은 자신의 지도가 필요한 몇 가지 문제가 있음도 발견했다. 즉 회심한 성도들 중 그릇된 종말관을 가지고 살아가는 이들이 있었고(4:11~12), 일부 사람들은 그리스도의 재림이 있기 전에 죽은 사랑하는 성도들의 영원한 장래에 대해 고민하고 있었다(4:13~18). 또 성적 문제를 지닌 성도들도 있었다(4:1~6). 이러한 여러 문제들에 대한 답을 주고자 이 편지를 자술했다.

3. 주요 메시지

1) 칭찬과 격려, 그리고 변론
1장에서 바울은 헬라인과 히브리인들의 관례에 따라 '은혜'(카리스)와 '평강'(샬롬)으로 신앙적인 인사를 한 후 우상숭배를 멈추고 그리스도에 대한 믿음과 사랑

---

10) 다수학자들은 바울 서신서 중 제일 먼저 쓴 편지로 주장한다. 그러나 본서에서는 바울의 선교여행의 순서에 따라 바울 서신서들을 소개한다.

과 소망(1:3)으로 살아가는 데살로니가 교인들을 칭찬하고 격려한다. 그런 다음 자신과 실라가 이곳을 찾아와 전도하던 시절을 회상하는데 이는 일부 사람들이 자신과 자신의 메시지를 비난하는 것에 대하여 변론을 위한 것이다(2:1~16). 그런 다음에 그들의 신앙의 성장을 위해 파견한 디모데로부터 그들의 믿음과 사랑이 굳건하다는 보고를 받고(2:17~3:10) 더욱 신앙이 깊어지기를 바라는 기도를 한다(3:10~13)

3) 성결에 대한 교훈

이어지는 4장부터 바울은 데살로니가 교인들에게 실생활에 대한 실천적인 훈계와 교훈을 준다. 그는 먼저 성적인 문제와 사회적인 문제를 거론하면서 성결로써 하나님을 기쁘게 해 드리는 삶이 무엇인지 천명했다(4:1~12). 그리고 그리스도의 죽음과 부활을 설명하고(4:13~18), 주님의 재림을 소망하는 신앙으로 항사 깨어 근신하는 빛의 아들로서의 거룩한 삶을 살아야 한다고 강조했다(5:12~22)

4) 재림

본서의 특징 중 하나는 모든 장이 재림에 대한 언급으로 끝나고 있다는 점이다. 특히 4장에서는 재림의 세부 사항이 자세히 묘사되어 있다. 이와같이 본서의 1차적인 주제는 재림이며 이를 바탕으로 재림을 소망함으로써 모든 생활 영역에서 거룩함을 회복하고 유지해야 한다는 것이다.

4. 내용의 구성

1부(1-3장)	2부(4-5장)
칭찬과 격려	교훈
- 칭찬(1:1~10) - 사역의 회상(2:1~16) - 사단의 훼방(2:17~20) - 디모데에 대한 당부(2:21~3:8) - 방문계획(3:9~13)	- 권면: 성결한 생활- 거룩(4:1~12) - 그리스도의 죽음과 부활(4:13~18) - 주의 날(5:1~11) - 끝맺음: 10가지 당부(5:12~28)

<참고> 바울은 데살로니가에 얼마나 체류했는가?

~ 사도행전에 기록된 누가의 세 안식일(행 17:2) 기사를 근거로 하면 한 달이 채 안 된다. 그러나 데살로니가에 있는 동안 1,650km나 떨어진 빌립보 교인들로부터 두 차례에 걸쳐 쓸 것을 제공 받았는데(빌4:15-16), 이로 미루어 한 달보다 더 긴 기간으로 추정하고 있다.

〈데살로니가 후서〉

1. 배경 설명

사도 바울은 데살로니가 전서를 보내고 고린도에서 실라와 디모데와 함께 지냈다(행 18:5). 몇 달 후 서신을 전한 자가 돌아왔다. 데살로니가 교인들은 아직도 박해를 받는 중이었고 재림에 대한 거짓 가르침이 사라지지 않고 오히려 더욱 기승을 부리고 있다는 소식이었다.[11] 미혹된 자들 중에는 아예 직업을 버리는 사람도 있었고, 잘못된 종말론을 믿은 사람들은 점점 나태해지고 게으름에 빠졌다는 것이다(3:11). 바울은 즉시 이 거짓 교리의 씨앗을 걷어내고 진리의 씨앗을 심을 필요를 느꼈다. 바울은 아직 이루어지지 않은 재림으로 인해 체념하고 사는 것이 아니라 오히려 복음을 위해 더 열심히 사는 것이 그 날을 준비하는 바른 태도임을 역설하기 위해 이 편지를 쓴 것이다. 헬라어 표제는 '프로스 테살로니케이스 베타'이다.

2. 주요 메시지

1) 주의 날에 대한 바른 지식과 이해를 가져라

바울은 전서에서 재림이 은밀하며 갑작스럽게 임할 것이라고 묘사했지만(살전 5:2). 여기서는 재림 전에 징조가 나타나는데 그것은 먼저 배교자들이 나타나고 다음으로 인간들의 죄가 드러나며, 거짓 교사들과 적 그리스도가 출현할 것이라 말하고 있다(2:1~12). 이러한 표현상의 차이점은 데살로니가 교인들이 극심한 박해로 인하여 주의 날이 벌써 임했다는 잘못된 가르침에 쉽게 미혹되는 것을 바로

---

[11] 바울의 이름을 도용한 가짜 편지 때문에 더욱 미혹되었다고 한다.

잡으려는 강조점 때문에 나타난 것이다. 즉 바울은 주의 날이 아직 임하지 않았으며 그날이 오기 전에는 반드시 여러 징조가 나타남을 가르침으로 종말에 대한 교인들의 불안감을 해소코자 하였다.

2) 인내심을 가지고 열심히 일하라

~ 바울은 교인들에게 먼저 자신을 위해 기도해 달라고 부탁한 다음 이어 주 안에서 더욱 인내하라고 권면한다(3:1~5). 아울러 불순종하는 자들과 교제하지 말라고 권고한다. 또한 재림을 소망하는 성도들은 어떠한 고난과 핍박 가운데서도 성결한 삶을 살아야 함을 강조한다(3:6~15). 특별히 바울은 신앙에 있어서 게으름과(3:6, 11) 무질서함(3:7)을 경계하고 "누구든지 일하기 싫거든 먹지도 말라"(10)는 말로 수고하고 열심히 일하는 삶을 살아야 함을 강조했다(3:8).

3. 내용구성

1장	2장	3장
환난 받는 성도들을 격려함	주의 날에 대한 설명	교회를 향한 권면
1) 성장에 대한 감사(1~4) 2) 박해에 대한 위로(5~10) 3) 축복기도(11~12)	1) 적그리스도의 설명(1~12) 2) 구원 감사와 확신(13~17)	1) 인내하라(1~5) 2) 게으름에 대한 경고(6~15) 3) 작별 인사(16~18절)

<참고> 종말에 관한 신학

1. 발전사

1) 철학에서의 종말론

플라톤은 영혼의 불멸성을 가르쳤지만 스피노자의 범신론적 철학과 라이프니츠 등은 이를 부정했다. 칸트는 이러한 논증들을 성립할 수 없는 것들로 규정하면서 영혼불멸설에 대해선 여지를 남기기도 했다. 그러나 19세기의 모든 관념론 철학은 영혼불멸설을 배제했다. 스토아철학은 연속적인 세계의 순환을 주장했다.

2) 타 종교에서의 종말론

불교는 열반, 이슬람은 감각적 낙원, 인디언들은 행복한 사냥터를 꿈꾼다. 보편적으로 이들의 종말론은 죽은 자가 계속 떠돌고 있다는 것과 조상 숭배, 죽은 자와의 영교 시도, 죽은 자들이 사는 지하세계에 대한 믿음, 영혼 윤회 사상 등 체계도 없고 교리화도 안 된 것들이다.

3) 교회사 속의 종말론

① 사도시대~ 5세기 초

육체의 죽음이 영원한 죽음 아니라는 것, 죽은 뒤에도 영혼이 계속 살아 있다는 것, 그리스도께서 재림하신다는 것, 부활과 대 심판, 천년왕국 등등 장래의 일에 대한 관심이 높았다.

② 5세기 초~ 종교개혁

오리겐과 어거스틴 등의 영향으로 미래의 천년왕국적 관점이 아니라 현세적 천년왕국으로 발전했다. 특히 중간 상태인 연옥에 대한 관심이 증폭되었다. 이에 따라 교회의 중보가 강조되어 미사에 관한 교리, 죽은 자를 위한 기도, 면죄부 등에 관한 교리 등이 나타났다.

③ 종교개혁 이후~현재

초기에는 종말론을 단지 구원론에 부속된 교리로만 취급했다. 종교 개혁가들은 그리스도의 재림, 부활, 최후의 심판, 영생 등 초대교회의 가르침을 따랐지만 재세례파의 천년왕국설은 거부했다. 그러나 경건주의자들이 천년왕국설을 부활시켰고, 18세기 합리주의는 종말론이 무미건조한 영혼 불멸, 즉 죽은 뒤 영혼만 쓸쓸히 살아남을 뿐이라고 했다. 자유주의 신학은 예수님의 종말론적 가르침을 완전히 무시하고 예수님의 윤리적 가르침만을 중요시했다. 이들은 모든 내세성을 현세성으로 바꾸어 버렸다.

2. 개인적 종말

1) 육체의 죽음

혼과는 구별되는 몸의 죽음(마 10:28, 눅12:4)이다. 여기서 육체는 살아있는 유기체를 말하고, 혼(프쉬케)은 사람의 영(프뉴마), 즉 자연적인 생명의 원리라고 할 수 있는 영적 요소를 말한다. 그러나 육체의 죽음은 결코 소멸이 아니다. 죽음이 무엇인지 정확히 말하는 것은 불가능하다.

2) 영혼의 불멸성

가장 절대적인 의미에서 불멸성은 오직 하나님께만 해당이 된다. 바울은 딤전 6:15~16에서 "오직 그(하나님)에게만 죽지 아니함이 있고" 하였다. 그러나 하나님의 형상으로 지음을 받은 인간도 타락 이전에 불멸성을 가진 존재였다고 본다. ~ 예수 그리스도의 구속함을 받은 성도는 복되고 영원한 삶이라는 의미에서 불멸한다. 바울은 "사망을 폐하시고 복음으로써 생명과 썩지 아니할 것을 드러내신"(딤후 1:10)이라고 했다.

3) 중간 상태

바울은 "몸을 떠나 주와 함께 거하기를 원한다"(고후 5:8)고 했고, 또 "만일 땅에 있는 우리 장막 집이 무너지면... 하늘에 있는 영원한 집이 우리에게 있는 줄 아나니"(고후 5:1) 했고, 예수님은 회개한 강도에게 "오늘 네가 나와 함께 낙원에 있으리라"(눅2 3:43)고 위로했다.

개혁교회의 모든 신앙고백서들은 신자들의 영혼은 죽음 직후 하늘의 영광으로 들어간다고 증언한다. 웨스트민스터 소요리문답은 "악인들의 영혼은 죽으면 지옥에 던져져 고통과 완전한 어둠 아래서 대 심판의 날까지 머문다"고 말하면서 "몸과 분리된 영혼들은 이 두 장소(천국과 지옥) 외에는 성경이 아는 바가 없다"고 했다.

눅 16장의 부자와 나사로의 비유에 있는 '하데스'는 영원한 고통의 장소인 지옥을 의미한다.

4) 영혼 수면설

아라비아의 작은 종파에서 시작되었다고 하는 것으로 죽으면 영혼은 영적인 개체의 존재로 살아 있게 디지만 무의시적인 휴식의 상태로 존재한다고 한다. 중세시대엔 이 이론이 대세였지만 칼빈은 논문을 통해 이것을 반박했다. 19세기에는 영국의 어빙파(Irvingism) 사람들이 다시 주장했고 현재엔 여호와의 증인들이 옹호하는 교리가 되었다. 이들에 의하면, 몸과 영혼이 무덤에 내려가는데 영혼은 잠든 상태로 사실상 비존재의 상태가 된다고 한다. 부활은 실제로 재창조이고 천년왕국 동안 악인들은 두 번째 기회를 가지는데 처음 100년 동안 개선한 증거를 보여주지 못하면 영원히 멸망 당하고 만다고 한다. 성경적 근거: 마 9:24, 행 7:60, 고전 15:51, 살전 4:13 등.

3. 역사적 종말(일반적 종말)

3-1. 그리스도의 재림

1) 성경의 언급

'재림'이란 구체적인 단어는 없다. 그러나 '임하심' '강림' '(다시)옴'으로 번역되는 '$\pi\alpha\rho o\nu\sigma\iota\alpha$'(파루시아) (마24:3, 살전 2:19, 5:23, 약 5:7~8, 요일 2:28), '나타남'이란 뜻인 '$\epsilon\psi\iota\pi\alpha\nu\epsilon\iota\alpha$'(에피타네이아) (살후 2:8, 딤전 6:14, 딤후 4:1, 8, 딛 2:13) 등이 재림과 관련된 용어들이다.

2) 재림의 징조들

① 온 세상에 복음 전파(마 24:14)

"이 천국 복음이 모든 민족에게 증거되기 위하여 온 세상에 전파되리니 그제야 끝이 오리라"

교회사적으로 1792년 이후 선교운동이 크게 확장되었다.

② 이스라엘 전체의 회심

"온 이스라엘이 구원을 받으리라"(롬 11:26)

이스라엘은 문자적인 의미에서의 이스라엘로 보는 입장(찰스 핫지, 게할더스 보스, 존 머레이, 김홍전 등)과 영적 이스라엘로 보는 입장(루터, 칼빈 등)으로 대별된다.

③ 대 배교(살후 2:3)

전무후무한 배교로서 예수님은 노아의 때와 롯의 때와 같을 것이라 하셨다(눅 17:26). 교회의 배교는 적 그리스도를 받아들이는 준비를 하는 것이다. 유럽과 미국의 쟁쟁한 개혁교회들이 18세기의 합리주의와 19세기의 자유주의 영향으로 거의 초토화되었다.

④ 대 환난(마 24:29)

세대주의자들은 대 환난을 재림의 징조로 보지 않고 환난 전에 성도들이 휴거한다고 가르친다. 이들은 두 번의 재림을 주장한다. 계7:14의 큰 환난은 주님이 오시기 직전에 있을 '특별한 환난'으로 특정한 사람들이 당하는 것이 아니라 이 땅에 있는 모든 인류가 당할 전 지구적인 대 환난이다(계 7:9). 그러나 성도들은 그 시험의 때를 면한다고 주님은 말씀하셨다(마 24:22, 계 3:10).

⑤ 자연계의 대 격변

별들이 하늘에서 떨어지고 해가 어두워지고(마 24:29~30), 하늘의 권능이 흔들린다(눅 21:25~28). 그러나 인류를 다 멸하지 않고 주님 오실 때 살아서 맞이할 자들이 있을 것이다(살전 4:17)

⑥ 적그리스도의 나타남(살후 2:3~11)

Anti는 '~대신에' 혹은 '대적하여' 라는 뜻으로 적그리스도는 그리스도를 자처하는 개인적 존재이다. 개혁신학자인 보스(G. Vos)나 후크마(A. Hoekema)는 적 그리스도가 지금 나타나지 못하는 가장 큰 이유는 법과 질서가 그의 출현을 막고 있기 때문이라고 했다. 그러므로 사탄은 계속 기다리고 있다가 교회의 타락이 극심해지고 세상이 진리와 공의에 입각한 법질서가 무너지면 그때 나타난다고 한다. 교회가 진리를 바르게 선포하고 말씀대로 살지 않으면 세상은 더욱 깊은 어둠 속으로 들어간다.

3-2. 천년왕국론

"어떤 자들은 그리스도로 더불어 천 년 동안 왕 노릇하리니 그 나머지 죽은 자들은 천 년이 차기까지 살지 못하더라"(계 20:4~5)

1) 무천년설(Amillennialism)

천년왕국은 어느 특정한 기간이 아니라 주님의 초림에서부터 시작되어 영원히 지속되는 것으로 전 교회시대를 포괄하는 개념(천 년이란 개념은 문자적인 것이 아니라 하나님의 목적이 완전히 성취될 기간을 나타내는 상징적인 용어이다.)이라는 입장이다. 즉 예수 그리스도의 왕국은 영원한 것이지 잠정적인 것이 아니라는 것(사9:7, 단7:14, 눅1:33, 히1:8, 12:28, 벧후1:11, 계11:15)이라고 한다. 이 시대는 복음이 온 세상에 전파되게 하기 위해 열국들을 향한 사단의 영향력이 크게 감소된 상태이며(사단은 결박된 상태), 그리스도와 함께 천 년 동안 왕 노릇할 자들은 이미 죽어 그리스도와 함께 하늘에서 왕 노릇을 하고 있다. 이후 그리스도가 재림하실 때 신자와 불신자가 모두 부활하고 신자들은 영혼과 다시 결합하여 천국의 즐거움에 참여하고, 불신자들은 최후의 심판과 영원한 저주를 받게 된다. 이 견해는 가장 널리 받아 들여진 견해였고, 교회의 역사적 고백 속에 표현되었고 개혁주의 신학을 지배해 왔다.

2) 전천년설(Pre-millennialism)

그리스도께서 천년왕국 전에 재림하신다는 입장이다. 즉, 재림 이후부터 진짜 천년왕국이 세워지고 그때부터 성도들은 그리스도와 함께 왕 노릇을 한다는 주장이다. 환난을 기준으로 역사적 전천년설과 세대주의적 천년설이 있다. 역사적 전천년설은 현재 교회시대는 마지막 때의 대 환난과 고난의 때까지만 계속되고. 대 환난 후에 그리스도께서 재림하시어 천년왕국을 건설한다는 입장이다. 재림의 때에 죽었던 자들이 다시 일어서 그들의 육신은 영혼과 재결합하고 그리스도와 함께 천년 동안 왕 노릇을 한다는 것이다. 이 기간에 그리스도는 부활하신 몸을 가지고 실제로 지상에 거하시면서 왕으로서 온 세상을 통치할 것이며, 재림의 때에 살아있는 신자들은 몸이 죽지 않은 상태에서 영화롭게 변화되어 영원히 그리스도와 함께 살게 된다. 이때 지상에 남은 불신자들중 일부가 그리스도에게로 돌아온다. 사단은 결박되어 천년왕국 동안에는 아무런 영향력을 발휘하지 못하다가 천년이 지난 후에 잠시 무저갱에서 놓인 바 되어 그리스도를 대적하다가 참패를 당한다.

환난 이전 전천년설(세대주의)은 19~20세기에 영미에서 크게 성행한 이론으로, 그리스도는 천년왕국 이전뿐 아니라 대 환난 이전에 재림하신다는 주장이다. 이는 역사적 전천년설과 흡사하지만 다만 천년왕국의 통치를 위한 재림 이전에 죽은 자의 부활을 위한 재림이 한 번 더 있다는 점에서 차이가 있다(살전 4:16~17). 즉, 그리스도는 신자들을 데려가기 위해 불시에 재림하신다는 것이다. 교회시대는 바로 그리스도가 불시에 재림하실 때까지 지속되며, 재림의 때에 신자들은 이 땅에서 들림을 받아 하늘로 올라가며 후에는 7년 동안 대 환난이 시작된다는 것이다. 이 기간에 진짜 있을 주님의 재림을 위한 많은 표적들이 나타나고 이스라엘의 회심이 있으며 온 땅에 복음이 편만하게 된 다음에 그리스도는 두 번째 다시 재림하여 천년왕국을 세우고 통치한다는 것이다. 이후 천년이 지나면 다시 배도가 일어나고 그때 사단과 그의 세력은 마지막으로 대적했다가 참패를 당하고 마침내 불신자들의 부활과 마지막 심판이 있은 다음에야 비로소 영원한 나라가 시작된다는 것이다. 현재에는 세대주의와 전천년설을 결합한 새로운 형태의 전천년설이 소개되었다. 이 견해는 스코필드 주석 성경을 통해 널리 보급되었으며, 불링거, 그랜트, 블랙스톤, 그레이, 실버, 할데만 브룩스 등이 대표적이다. 여기서는 이스라엘이 구속사를 주도하고, 교회는 단지 삽입곡에 지나지 않는다. 또 두 번의 재림, 두 번 혹은 세 번의 부활, 세 번의 심판이 기다린다.

3) 후천년설(Post-Millennialism)

~ 그리스도는 천년왕국 이후에 재림하신다는 주장이다. 이 이론에 따르면 복음의 확장과 교회의 성장은 점점 증가할 것이며, 갈수록 많은 사람이 그리스도인이 될 것이라고 내다본다. 그리하여 점점 평화와 의의 천년왕국 시대가 이 땅에 도래할 것이며 이 왕국은 오래 갈 것이며 이 시대의 끝에 그리스도께서 재림하시고 신자와 불신자가 부활하며, 마지막 심판이 일어나며 마침내 새 하늘과 새 땅이 임하고 영원한 나라가 시작된다는 입장이다. 후천년설의 특징은 이 세상에서 사람들의 삶을 변화시키기고 유익을 가져다주는 복음의 능력에 대해 낙관적으로 본다는 것이다. 그러나 지나친 낭만에 불과하다는 비판을 받는다.

〈정리〉

~ 그리스도의 재림을 기준
1) 재림 전에 천년왕국: 전천년설
2) 재림 후에 천년왕국: 후천년설
3) 초림부터 영원 천국: 무천년설

〈고린도전서〉

1. 시대적 배경

1) 고린도는 고대 헬라의 주요 상업 도시였으나 BC 146년 로마의 뭄미우스 장군에 의해 정복당했다. 그 후 BC 46년에 율리우스 시저가 식민지로 삼아 재건설하였고 이를 계기로 BC 27년에 아가야 지방의 수도로 발전했다. 바울 시대의 고린도는 북부 헬라지역과 펠레폰네소스반도 사이의 에게해와 아드리아해 등 전략적, 상업적으로 요충지였다. 도시는 사당과 신전으로 가득 찼고, 특히 꼭대기에 있는 아프로디테 신전이 유명했는데 제사 때마다 사람들은 1천 명에 달하는 히에로둘리(신성한 창녀)와 함께 혼음 행각을 벌였다. 각종 향락과 비행, 부정부패, 성 문란, 배금주의가 횡행했으며,[12] 축일에는 각지에서 향락을 즐기기 위해 사람들이 모여들었다. 당시 인구는 약 70만 명이었고 그중 2/3가 노예였다. 일부 지식인들은 헬라철학을 신봉했다.

2) 바울은 2차 전도 여행 중에 마게도니아의 핍박을 피하기 위해 베레아와 아덴을 거쳐 고린도에 갔다(행 18:1~17). 여기서 바울은 아굴라, 브리스길라 부부와 함께 장막 만드는 일을 하면서 회당에서 설교하고 고린도 교회를 세웠다. 아마 실라와 디모데가 빌립보에서 가져온 헌금(고후 11:8~9, 빌 4:15) 등으로 교회를 설립한 것으로 추정한다. 바울은 여기서 혼신의 힘을 다해 복음을 전파했다. 이때 데살로

---

[12] 당시 헬라어로 '코린티아조마이'라는 말이 유행했는데 이 말은 '고린도인이 되다'라는 뜻으로 이는 성적으로 문란한 고린도인을 조롱하고 비하하는 속어가 되었다 한다.

니가 전서를 썼으며 반대 세력 때문에 디도 유스도의 집을 중심으로 사역을 계속했다.[13]

바울은 이곳에서 18개월 동안 사역을 했으며, 후임으로 에베소에 있던 아볼로가 교회를 담임하게 되었다(행 18:24~28).

3) 바울은 3차 전도 여행 중 에베소에서 말씀을 강론하고 복음을 전하고 있을 때, 글로에의 집 하인으로부터 고린도 교회에 분쟁이 있다는 소식을 접하게 된다(1:11). 고린도 교회는 분쟁이 생기자 교회의 문제에 대하여 바울의 판단을 요청하기 위해 3인의 대표단을 파송하였다(16:17). 바울은 이들이 가지고 온 질문에 대한 답변으로 AD 56년경, 에베소를 떠날 계획을 하고 있을 무렵에 이 서신을 썼다.

2. 주요 메시지

1) 교회분쟁에 대한 답변들

바울은 아덴에서 고린도로 처음 왔을 때 두렵고 떨렸다고 했다(2:3). 그만큼 고린도의 사정이 간단하지 않았다는 것이다. 이런 어려움에도 불구하고 바울은 장막업자인 아굴라와 브리스길라를 만나 함께 전도하게 되었고(행 18:1~3), 마게도니야로 파견했던 실라와 디모데도 합류하여 더욱 힘을 얻게 되었다(행 18:5). 드디어 디도 유스도라는 이방인 집을 중심으로 1년 반 동안 전도한 끝에 고린도 교회를 세우게 되었다(행 18:7~11).

그런데 이방인 교인들은 바울파, 아볼라파, 베드로파, 예수파 등 여러 파로 나뉘어 문제들을 일으켰다. 이러한 문제들은 바울의 골칫거리가 되었는데 이 때문에 바울은 여러 차례에 걸쳐 고린도 교회에 편지를 보냈다. 이미 바울은 고린도전서를 보내기 전에 음행하는 자들과 사귀지 말라는 편지를 보냈으나(고전 5:9) 교인들은 이 편지의 내용을 잘못 이해하여 여전히 분쟁을 일으키고 있었다. 특히 당파로 나뉘어 분쟁 중인 교회를 하나로 일치시켜야 하는 위기에 직면했음을 알아차린

---

[13] 이 집에서 회당장 그리스보를 개종시켰다.

바울은 분파주의는 지적 교만과 영적 미성숙임을 지적했다(3장). 이때 마침 교회의 문제 해결을 위해 자신을 찾아온 스데바나와 브드나도를 통해 고린도전서 편지를 써 보낸 것이다(16:15, 17).

2) 음행에 대해

고린도 교회의 두 번째 문제는 계모와 음행하는 등(5:1) 문란한 성적 타락이었다. 바울은 이에 대한 엄한 책망과 함께 그를 교회에서 추방할 것을 단호히 요청했다(5:2). 적은 누룩이 온 덩어리에 퍼지는 것처럼 새 덩어리가 되기 위해선 묵은 누룩을 버리라(5:6~7)고 충고했다. 앞으로도 이런 자들과는 사귀지도 말라(5:10)고 단단히 일렀다. 이어서 바울은 성도들에게 발생한 소송 사건은 세상 법정으로 끌고 가서는 안 되며 교회 자체 내에서 해결해야 한다고 가르친 후(6:1~8) 마지막으로 고린도 교회의 일반적인 부도덕에 대한 경고와 간절한 권면을 주고 있다(6:9~20).

3) 질문에 대한 답변

고린도 교회의 질문과 답변을 정리하면 다음과 같다. 결혼, 독신주의, 이혼과 재혼에 관하여(7장), 우상의 제물을 먹는 문제에 대해(8장), 남자와 여자, 교회의 분쟁, 성만찬(11장), 신령한 것에 대해(12장), 사랑에 대해(13장), 예언과 방언의 지침(14장), 연보에 대해(16장) 등이다.

3. 내용구성

1부(1~4장)	2부(5~6장)	3부(7~16장)
교회분쟁에 대한 답변	음행에 대한 답변	질문편지에 대한 답변
바울파, 아볼로파, 베드로파, 예수파	계모와 간통한 사건 음행의 경고	결혼과 독신, 이혼, 재혼(7장), 우상 제물을 먹는 문제, 성만찬(11장), 영적 은사의 바른 사용(12~14장), 공중예배 시의 바른 태도, 부활에 대한 설명, 구제 헌금의 필요성, 권면 및 인사(16장)

<참고> 성령의 은사[14]

1. 영적 은사란 무엇인가?

1) 정의
① 은사($\chi\alpha\rho\iota\sigma\mu\alpha$)는 예수님의 은혜로 말미암은 선물($\delta\omega\rho\eta\mu\alpha$)이다(롬5:15-16). 그러므로 모든 은사는 은혜의 현현이다. 교회는 순전히 하나님의 은혜로 창설되었고, 하나님의 은혜로 계속 존재한다. 교회 자체가 은사이다.
② 성령에 의해 주어진바 교회에서의 사역을 위해 사용되는 능력이다. 이 광범위한 정의에는 자연적인 기능과 관계된 은사들(교수 능력, 구제, 행정 능력 등)도 포함되고, 초자연적 은사들(예언, 신유, 영 분별, 방언 등)도 포함된다. 바울은 은사들을 열거할 때(롬 12:6~8, 고전 7:7, 12:8~10, 28, 엡 4:11) 이 두 종류의 은사를 모두 열거했다.
③ 그러나 사람들이 가지고 있는 자연적인 재능을 모두 은사라고 부를 수는 없다. 모든 영적인 은사들은 한 성령의 능력을 힘입어야 하며 여러 사람의 유익을 위해 주어져야 하고, 교회에 덕을 세우고 교회를 유익하게 하는 데 사용되어야 한다.

2) 영적 은사를 주시는 목적
① 그리스도께서 다시 오실 때까지 교회로 하여금 그 사역을 감당하도록 무장시키기 위해 주어졌다. 바울은 고린도교회에게 "너희가 모든 은사에 부족함이 없이 우리 주 예수 그리스도의 나타나심을 기다림이라"(고전 1:7)고 권면했다. 즉 바울은 여기서 영적 은사와 구속사에서의 재림을 기다리는 상황과 연결시킴으로 은사들은 그리스도의 승천과 재림 사이에 교회들에게 주신 영적 능력임을 암시하고 있다.
  "온전한 것이 올 때에는 부분적으로 하던 것이 폐하리라"(고전 13:10)
② 오순절에 성령이 능력으로 임하신 것은(행 1:8) 교회로 하여금 그리스도 재림 때까지 복음을 전하도록 하기 위함이다.

---

14) 참고: 리처드 개핀, <성령은사론>, 49-62p. / 웨인 그루뎀, <조직신학 하>, 269-378p. / 제임스 패커, <성령을 아는 지식>, 241-332p. / 싱클레어 퍼거슨, <성령>, 237-274p. / 존 맥아더, <무질서한 은사주의>, 237-267p.

③ 교회의 덕을 세우기 위함이다(고전 14:12).

④ 성도를 온전케 하며 봉사의 일을 하게 하며 그리스도의 몸을 세우려고 은사를 주셨다(엡 4:12).

⑤ 하늘에서의 완전함을 미리 맛보게 하심이다(고전 13:12).

3) 어떤 은사들이 있는가?

① 롬 12:6~8

예언, 섬기는 일, 가르침, 권위 하는 일, 구제하는 일, 다스리는 자, 긍휼을 베푸는 일

② 고전 7:7

결혼, 독신

③ 고전 12:8~10

지혜의 말씀, 지식의 말씀, 믿음, 병 고치는 은사, 능력, 예언, 영 분별, 방언, 방언 통역

④ 고전 12:28

사도, 선지자, 교사, 능력, 병 고치는 은사, 서로 돕는 것, 다스리는 것(행정), 방언

* 은사의 우선순위가 아니라 바울은 마음에 떠오르는 대로 열거한 것으로 본다.
* 중복된 것들: 다스리는 은사(고전 12:28)와 지도력의 은사(롬 12:8)은 비슷한 은사로 주로 목사 혹은 교사에게 주어지는 은사이다.

⑤ 엡 4:11

사도, 선지자, 전도자, 목사/교사

* 롬 12:6과 고전 12:10에서는 '예언'이라 했지만, 고전 12:28과 엡 4:11에서는 '선지자'로 했다.

⑥ 벧전 4:11

누구든지 말하려거든(예언을 포함한 여러 은사들을 의미), 누구든지 봉사하려거든(봉사를 포함한 여러 은사들을 의미)

* 은사의 두 가지 기본적인 범주: 말씀의 은사와 행위 은사

4) 은사들의 사용에 있어서 특징들

① 은사들은 그 강도에 있어서 차이가 있다. 바울은 누가 예언의 은사가 있으면

'믿음의 분수대로'(롬 12:6) 사용하라고 말함으로써 은사가 사람에 따라, 혹은 같은 사람이라도 때에 따라 다른 강도로 계발될 수 있음을 지적했다. 바울은 디모데에게 "네 속에 있는 하나님의 은사를 다시 불일 듯 하게 하기 위하여"(딤후 1:6)라고 말했다. 이것은 디모데가 은사를 자주 사용하지 않으므로 약하게 만들 수 있음을 암시한다.

② 그렇다면 하나의 은사가 영적 은사라고 불리기 위해서는 얼마나 강해야 하는가? 성경은 이 문제에 대해 직접적으로 답을 하고 있지는 않지만 바울이 이 은사들이 교회를 세우는 데 유익하다고 말한 사실(고전 14:12), 베드로가 은사를 받은 사람은 다른 사람을 위해 사용하라고 말한 사실(벧전 4:10)로 보아 교회의 유익을 위한 기능과 능력이면 은사로 생각한 것 같다.

③ 그러나 모든 사람이 은사를 가진 것도 아니고 모든 사람이 한 은사를 가진 것도 아니며, 반드시 한 사람이 한 은사만을 가지는 것도 아니다.

"그 뜻대로 각 사람에게 나눠 주신다"(고전12:11)

"다 사도이겠느냐 다 선지자이겠느냐 다 능력을 행하는 자이겠느냐 다 방언을 말하는 자겠느냐 다 통역하는 자겠느냐"(고전12:29-30)

~ 헬라어 원문에는 각 질문 앞에 부정사 '$\mu\eta$'(not)가 있는 것으로 보아 부정적인 대답을 기대하고 있다.

④ 모든 은사와 유사한 일반적인 재능 혹은 능력은 다 가지고 있는 것이다. 모든 신자들이 전도의 은사를 가진 것은 아니지만 모든 신자들은 전도할 수 있다. 신유의 은사도 마찬가지로 모든 신자는 아픈 사람의 쾌유를 위해 기도할 수 있다. 하나님은 이런 중보의 기도를 들으시고 기적의 치유로 응답하신다. 다시 말해, 신자의 능력은 어떤 능력이든 간에 중생 이전의 재능까지 포함하여 하나님의 은혜의 통제력하에 놓여 하나님을 봉사하는 기능을 발휘하게 될 때에 그것은 모두 신령한 은사이다. 예를 들어, 갑자기 멀리 있는 친구에게 전화를 하여 위로의 말이나 글을 보냈는데, 혹은 필요한 돈을 송금했는데 나중에 그것이 그 사람에게 꼭 필요한 것이었음을 경험할 수 있다.

⑤ 예언의 은사가 아니더라도 하나님의 섭리적 돌보심에 의한 경험을 누구든지 할 수 있다. 방언의 은사가 없는 사람도 신자들은 알아들을 수 없는 말로 기도할 수

있다. 한숨과 울음, 신음 소리로 기도하지만 성령께서 그 기도가 하나님께 상달될 수 있도록 해 주신다. 그러므로 영적 은사들이란 사람들이 생각하는 것만큼 신비적이고 딴 세상의 것이 아니다. 은사들중 많은 것들이 대부분의 신앙인들이 일상의 삶에서 경험할 수 있는 현상이 고도로 계발되거나 극대화된 것이다. 물론 은사들은 하나님께서 주신 것이 틀림없지만 그것들을 유용하게 사용하고 청지기로서의 사명을 다하도록 주신 능력을 교회의 유익을 위해 사용해야 할 의무가 있는 것이다.

Q. 내가 무슨 은사를 받았는지 어떻게 알 수 있는가?

~ 추상적이고 기계적 접근을 피해야 한다. 예를 들어, 성경에 열거된 은사와 관련한 구절을 찾아서 그중에 원하는 은사나 부족한 은사를 위해 기도하는 식의 접근 방법으로 성경적인 방법이 아니다. 왜냐 하면 성경에 열거된 은사 목록들은 모두를 포괄하는 전체 목록이 아니라 몇 가지 주요한 은사들을 열거한 것이기에 그것을 기준으로만 은사를 받기를 간구하는 것은 너무 제한된 틀 속에 자신을 묶는 것이 된다. 또 어떤 은사는 사도시대에만 국한된 것도 있으므로 이런 은사를 구하는 것은 헛된 일이 된다. 그러므로 모든 신자는 기능적이고 상황적인 접근방식을 택하는 것이 옳다. 즉, "하나님께서 내게 허락하신 이 상황 속에서 말과 행동으로 다른 신자들을 위해 봉사할 수 있는 것이 무엇인가?"라는 질문을 던져보고 거기에 대해 효과적으로 응답할 때 우리의 영적 은사들을 발견하게 될 뿐 아니라 실제로 사용하게 되는 것이다. 늘 염두 할 것은 영적 은사는 우리가 가지고 있는 어떤 것이 아니라 하나님께서 우리 자신의 연약함에도 불구하고 우리에게 은사를 주시고 그것을 활용하여 우리를 통해 일하신다는 것이다.

2. 은사 논쟁

1) 은사는 영구적인가, 일시적인가?
① 본질상 영구적이지 않은 은사들, 예를 들어 결혼과 독신과 같은 은사들이 그것들이다(고전 7:7).

② 어떤 은사들은 상당히 자주 사용해도 자기 마음대로 되지 않는다. 예를 들면, 신유 은사의 효력은 은사자의 능력에 달린 것이 아니라 하나님의 주권에 달려 있다.
③ 어떤 경우엔 특별한 은사가 한 가지 특별한 사건이나 필요를 위해 주어지는 경우도 있다. 삼손에게 주어진 마지막 힘(삿 16:28)이나, 오순절의 성령강림과 함께 나타난 방언 현상(행 2:4), 스데반이 성령이 충만하여 하늘의 영광과 예수께서 하나님 우편에 서신 것을 본 것(행 7:55)은 일시적이고 단회적인 사건이었다.
④ 은사가 영구적일 수 없는 것은 만일 어떤 사람이 그의 은사를 무시하여 성령을 근심케 하거나 심각한 교리적, 도덕적 오류를 범할 경우(삼손처럼) 은사가 그칠 수 있기 때문이다. 바울은 디모데에게 "네 속에 있는 은사를 조심 없게 말라"(딤전 4:14)고 경고했고 예수님도 "무릇 있는 자는 받아 풍족하게 되고 없는 자는 그 있는 것까지 빼앗기리라"(마 25:29)고 말씀하셨다. 성령님은 은사를 분배하는 주권자이시다. 각 사람에게 은사를 나눠주시는 것은 성령의 뜻이며(고전 12:11), 나눠 주시므로 거두어 가시는 분도 성령이시다.
⑤ 고전 13:8~13은 현재 우리가 소유하고 있는 영적 은사들은 모두 이 시대를 위한 것으로 더 큰 것으로 대체될 것임을 보여준다. 따라서 모든 은사는 주님이 오실 때(혹은 정경계시의 종료와 함께)에 무용지물이 될 것이므로 영구적이지 못하다.

2) 은사는 중단되었는가, 지속되는가?[15]
① 사도직과 은사

사도란, 첫째 교회에서 특수한 임무를 위해 잠정적으로 선발된 대표자를 가리킨다(고후 8:23, 빌 2:25, 행 14:4, 14). 둘째, 그리스도의 사도들을 가리킨다(고전 12:28~29, 엡 4:11). 이들은 숫자가 제한되어 있고 교회사의 첫 세대에 해당하며, 부활하신 그리스도의 목격자이며, 바울이 마지막 사도이다(고전 15:8~9). 바울은 디모데를 결코 사도라 칭하지 않았다. 그럼에도 사도직이 단회적이고 독특하고 탁월한 것임에도 불구하고 바울은 그것을 교회에 주어진 여러 은사들중 하나로 열거했다(고전 12:28~29, 엡 4:11). 이것을 볼 때 바울이 언급한 모든 은사가 그리스도의 재림 때까지 계속되는 것이 아님을 알 수 있다.

---
15) 리차드 개핀, 성령은사론, 기독교문서선교회, 103~134p.

사도들은 그리스도에 의해 친히 권위와 능력을 인정받아 언약사의 성취인 부활을 증거했다(눅 24:48, 행 1:22, 2:32, 4:33, 10:39~41). 사도들은 그리스도와 함께 교회(집)의 기초공사를 했다(엡 2:20). 이 교회의 기초란 단 하나의 포괄적인 구속 역사적 건축 사업으로서 그리스도와 사도들을 통해 교회역사 초기에 단번에 이루어지고 다시 반복되지 않은 것이다. 이후 시대는 이 기초 위에 세우는 상부 구조(superstructure)이다.

사도의 창설을 이해할 때 살후에 나타난 대로(2:15, 3:6) 사도적 전통을 고수할 것을 강조하는 이유를 알게 된다. 이 전통은 목회 서신에서 강조한 것처럼 사도들이 우리에게 부탁한 '기탁물'(deposit)로서 우리가 잃지 않고 반드시 지켜야 한다(딤전 6:20, 딤후 1:14). 그것은 또한 성도들에게 단번에 주신 믿음의 도이다(유3). 이렇게 사도적 전통의 강조는 사도적 증거의 강력한 권위를 반영해 주는 것이며 신약의 정경형성을 준비하고 그 길을 연 것이다(벧후 3:16에서는 바울서신을 이미 다른 성경과 동등한 수준에서 보고 있음).

특별히 사도들은 '초특급 은사자들'(super gifted)이었다. 당시 사도직은 승귀하신 그리스도께서 교회에 주신 은사들의 핵심이자 근원으로 보인다. 그들은 확실하게 더 뚜렷하게 눈에 띠는 은사들(방언 등)에 의해 '사도의 표'로 인식되었다(고후 12:12)

② 예언의 창설성

성경(에베소서, 사도행전, 계시록 등)은 '예언자들'을 별도의 그룹으로 사도들과 구분하였다. 물론 사도들도 예언을 하였다. 그럼에도 성경은 이들을 구분하여 취급했다. 즉 엡 2:20과 3:5의 예언자들은 사도들과 구분되는 신약의 예언자들을 가리킨다[16] 즉, 바울은 그리스도와 그리스도 안에 계시된 비밀을 제시하고 증거하는 창설 사역에 있어서 사도들과 예언자들을 하나의 단위로 본 것이다. '비밀'이란 구원 전체를 포괄하는 의미에서 그리스도 자신을 가리키며(골 2:2~3), 포괄적인 개념으로서의 복음을 가리킨다(엡 6:19, 롬 16:25~26). 그러므로 하나의 결론은 신약의 예언자들이 사도들과 함께 교회의 기초라는 점이다. 반면에 창설적 계시를 전하는 예언자들은 교회에서 사라졌으나 그 예언의 창설적 기능에 덧붙여서 혹은

---

16) 특히 '예언자들' 앞에 정관사가 없는 것은 바울이 사도들과 예언자들을 밀접하게 연결시켜 사용한 흔적이다.

그와 거의 평행하게 예언의 다른 기능이 있는데 그것은 고전 14장에서 볼 수 있는 대로 오늘날의 교회에도 계속되어 있으며 또 실제로 계속되고 있다는 주장도 있다. 즉 엡 2:20은 특수한 경우에 해당하고, 고전 14장은 예언의 일반원리로서 계속 적용되는 것이라는 것이다. 그러나 예언의 계시성을 인정할 때 지금도 예언이 계속되고 있다고 한다면 그것은 분명히 이중 계시가 되므로 이것은 타당한 주장이 아니다. 이중 계시는 교회 전체에 대한 정경적 계시(구원에 필요한 종합적 계시)와 개인 신자나 신자들의 그룹을 위한 사적 계시(성경의 차원을 넘어서 개인 생활의 형평과 필요와 관심에 관한 계시들)를 이런 저런 방식으로 구분하는 것이다. 성경은 모든 계시의 언약성(언약 백성에게 계시하심)과 구속사적(언약 백성의 구속 주로서의 계시)인 특성을 보여준다. 하나님은 두 줄기로 계시하시지 않으신다. 한 줄기는 공적 계시로, 다른 한 줄기는 사적 계시로 계시하지 않으신다. 계시는 역사 속에서 언약 백성의 구원을 단회적으로 성취하시는 하나님의 역사의 구성요소로 주어진 것이다.

물론 성경에는 특수한 개인들에게 개인적으로 계시가 주어진 경우가 많다. 성경은 우리 개인의 사정과 형편에 확실히 적용된다. 성경은 "내 발에 등이요 내 길에 빛이다"(시 119:105). 그러나 성경이 나에게 이런 역사로 적용되는 이유는 하나님의 언약이 '때가 차매'(갈 4:4) 그리스도 안에서 완성될 때까지 전개된 것을 다룬 계시이기 때문이고, 예언자들을 통해 조상들에게 말씀하시다가 마침내 아들로 완성되고 사도들과 그들에게 말씀을 들은 여러 사람들을 통해 우리에게 전달된 계시이기 때문이다. 언약 계시의 관심사는 구원인데 구원에 필요한 모든 계시가 완성되었기에 구원에 관한 한 신자의 생활에 새로운 계시가 있을 자리가 없다. 성경은 구체적인 개인의 요구와 형편에 맞춘 사유화되고 지역화된 말씀이 아니다.

교회의 창설 시대, 사도시대는 정경개방(open canon)시대였다. 즉 신약성경이 최후 확정되기 전에 자료형성기였다. 이 시대에 예언이 주요한 계시적인 말씀 은사의 하나로 나타났었다. 그러므로 만일 예언이 계속되었다고 주장한다면 엄밀한 의미에서 정경은 아직 완성되지 않았다고 주장하는 것과 같다.

③ 방언의 문제

신약의 방언은 항상 예언과 직결되어 있다. 일단 통역된 방언은 교회에 유익을 주는 하나님의 계시 기능을 발휘한다는 점에서 기능상 예언과 같다고 하였다. 실상 방언은 예언의 한 형식이다. 방언도 교회창설을 위한 은사이다. 따라서 방언도 예언과 함께 교회창설 후 교회에서 철수되었다.

3) 방언은 지금도 나타나는가?[17]

① 신약에서 방언은 계시적이었다.

오늘날 나타나는 방언은 신약에서 말하는 방언과 같은 것으로 간주될 수 없다. 그것은 '비밀'(뮈스테리온)의 용법 때문이다. 신약에서 비밀은 한때 감추었다가 이제 드러나게 한 하나님의 구속하시는 방식에 대한 진리다(마 13:11, 롬 11:25, 16:25~26, 고전 2:7, 13:2, 15:51, 엡 1:9, 골 1:25~26). 그 본질에 있어서 비밀은 계시적 현상이다. 바울이 '비밀'을 알게 된 것은 바로 '계시'로 말미암음이다(엡 3:3). 바울은 모두에게 '영원부터 만물을 창조하신 하나님 속에 감추어졌던 비밀의 경륜'이 무엇인지 분명하게 나타내고자 하였다(엡 3:9). 그런데 고전 14장 2절에서는 "방언을 말하는 자는 비밀을 말함이라"고 하였다. 바울은 비밀이라 하면서 진리를 숨기지 않는다. 오히려 하나님의 계시로 알게 된 진리를 사람들에게 전달한다. 그러므로 방언은 계시를 전달하는 데 사용한 하나님의 도구였다. 한때 감추어졌으나 이제 드러나게 된 구속의 진리를 계시하는데 하나님이 사용한 수단이 바로 방언이었다. 그렇다면 알아듣는 자가 없음에도 불구하고 방언으로 발설된 메시지가 계시적이라는 사실을 어떻게 이해할 것인가? 방언은 사람에게 하는 것이 아니라 하나님에게 말하는 것인데 어떻게 이것을 계시라 할 수 있는가? 그것은 성경 전체에서 묘사된 방언이 외국어라고 인정할 때 모든 설명이 가능해진다. 즉 말하는 자는 계시의 도구로서 말하지만 계시에 사용된 언어는 통역이 없이는 이해가 안 된다. 오순절 당시 예루살렘의 사람들은 각자 자기 고향의 말로 하나님의 놀라운 일을 들었다(행 2:4). 그런데 고린도교회에선 모든 언어가 사용될 가능성은 없다. 말하는 자가 방언으로 비밀을 예언을 해도 계시를 이해하는 자가 없었다. 그래서 바울은 고전 14:4~5에서 통역되지 못한 방언은 예언보다 못하지만 통역된 방언은 하나님의 영감으로 된 예언과 같은 구실을 한다고 하였다. 즉, 예언이 계시적

---

17) 팔머 로버트슨, 〈예언과 방언, 과연 성경적인가?〉, 부흥과 개혁사, 9~73p.

은사이고 통역된 방언은 예언과 같은 것이 된다면 방언 역시 계시적 은사의 하나로 간주해야 한다. 믿음의 덕을 세우기 위해 전달되는 언어는 반드시 이해할 수 있고 믿을 수 있는 진리여야 한다. 하나님과 그의 나라에 관한 비밀은 드러나는 진리여야 믿을 수 있는 것이다. 방언이 통역될 때 예언과 마찬가지로 교회의 덕을 세우는 데에 유익하게 되는 것이다.[18]

말의 은사는 깨달음의 은혜를 더하기 위해 주어지는 선물이다. 말의 은사를 활용하여 덕을 세우는 일은 비이성적인 감정의 동요나 신비한 체험으로 발생한 이상한 언어에 의해 획득되는 것이 아니다. 진리의 말도 듣는 자가 이해할 때 깨달음이 수반되는 것이다. 만일 설교자가 신비한 언어로 설교를 하면 누구도 하나님의 진리의 말씀을 듣고 은혜를 받을 수 없다. 만일 방언으로 말한 사람이 그가 말한 것을 이해하지 않았음에도 덕 가운데 세워질 수 있다면 회중이 같은 방식으로 덕 가운데 세워지리라 기대하는 것은 불가능하다. 알아듣지 못하면 아무도 자기의 덕을 세우지 못한다(고전 14:2). 깨달음 없이 덕이 세워지지 않는다. 바울은 "방언으로 기도하면 나의 영(프뉴마)이 기도하지만 나의 마음(누스)은 열매를 맺지 못한다"(고전 14:14)고 한 언급은 바로 자신이 말한 방언을 이해하지 못한 사람에 대한 지적이다. 이런 이유로 오늘날 사람들이 경험하는 방언은 신약 성경에 나타난 방언과 같은 것으로 간주할 수 없다.

② 신약에서 방언은 외국어였다.

오순절 이후 교회가 이와 다른 성질의 방언을 했다는 기록은 없다. 사도행전에 나타난 증거는 오순절에 일어난 것과 같은 방언이었음을 보여준다. 행 10장을 보면 베드로가 방언으로 말하는 이방인이 "우리와 같은 성령을 받았다"(행 10:47)고 말했는데 이는 오순절의 성령세례와 조화를 이룬다. 이런 관점에서 에베소서에 나타난 방언도 같은 적용이 된다. 사람들이 에베소교회에서 방언을 체험한 것이 바울이 고린도교회를 방문하고 나서 일어났다(행 18:1~19). 그런데 고린도교회에 나타난 방언의 본질은 무엇인가? 사도행전은 고린도교회의 방언을 언급하지 않는다. 사도행전과 고린도전서의 다른 점은 사도행전 2:4는 '다른 언어'를 말하고, 고

---

18) 설교시간에 조용기 목사는 스스로 방언을 하고 통역을 하면서 그 내용이 하나님이 청중에게 말씀하시는 것으로 해석했는데 이는 스스로 방언은 계시의 언어가 아니라 하나님에게 말하는 비밀한 언어, 하늘의 언어라고 주장한 것을 뒤엎는 것이며, 모든 은사주의자들의 모범을 스스로 파괴하는 것이다.(최더함)

린도전서 14:21은 '다른 방언'을 말한다. 그러나 두 본문에 사용된 헬라어는 동일한 것으로 '다른 언어'로 번역할 수 있다. 더욱이 고전 14장은 분명하게 외국어를 언급하는 구약 본문을 인용하여 보도한다(사 28:11, 신 28:49). 특히 고린도교회의 방언은 통역이 가능한 것이므로 분명히 이는 외국어를 말하는 것이다. 결국 오늘날 발생하는 방언은 신약성경에서 볼 수 있는 방언의 성질이 아니다. 그럼에도 스트레스에 시달리는 현대 그리스도인이 정서적으로나 심리적으로 위안을 찾는 방안의 하나로 방언을 추구하고 실제로 방언을 하면 심리적 안정을 가진다고 느낀다. 실상 많은 활동들이 심리적 위안을 줄 수 있다. 그러나 이것들 모두가 신령한 은사는 아니다. 신령한 은사는 성령이 특별하게 주신 선물인데 성령은 스트레스 해소용으로 은사를 남발하시는 분은 아니시다.

③ 신약에서 방언은 공적 활동을 위한 것이었다.

성령의 모든 은사는 그리스도의 교회에 유익을 주기 위해 주어졌다(고전 12:4~7). 은사는 한 개인에게 주어지지만 은사를 받은 개인은 받은 은사를 가지고 다른 지체들을 섬길 수 있다. 그러므로 은사는 공익적이어야 한다. 바울은 고전 14장 18~19절에서 이를 더 자세히 설명한다. "내가 모든 사람보다 방언을 더 잘한다"는 사적인 부분이다. 그러나 "교회에서 네가 남을 가르치기 위하여"는 공적인 사역에 대한 부분이다. 바울 개인적으로는 방언의 은사를 받았지만 그것을 교회의 유익을 위해 사용하지 않으면 무익하다고 말하고 싶었던 것이다. 교회는 성령이 주는 다양한 은사들을 검증할 책무가 있다. 만일 교회 내에서 어떤 복음 사역자가 교회가 검증할 수 없는 사적인 은사를 가졌다고 한다면 그 사역자를 검증하는 방법이 없다. 만약 방언을 하는 자를 위해 통역하는 자가 없다면 방언을 말하는 사람은 교회 안에서 침묵해야 하는데 그렇다면 그는 교회의 유익을 위해 은사를 활용하는 길이 없게 된다.

④ 신약에서 방언은 하나의 징조요 준비과정이었다.

하나님은 합리적인 방식으로 구속사에서 일어날 일들에 대해 자신의 백성을 준비시키신다. 하나님은 자신의 백성을 깜짝 놀라게 하지 않으신다. 방언의 현상도 오순절에 급작스럽게 완전히 생소한 것으로 소개하지 않으셨다. 구약에서 하나님은 이런 방언 현상을 미리 예고하심으로 방언에 대해 준비시키셨다. 요엘은 하나님이 마지막 날에 하나님 자신의 영을 모든 육체에 부으실 것이라고 예언을 했고, 열두 사도들이 배운 적이 없는 방언으로 말하기 시작하자 베드로는 요엘의 예언이 성취되었다고 선포했다(행 2:16~21). 요엘은 분명히 예언을 언급했는데, 베드로는 방언을 보고 요엘의 말이 성취되었다고 했다. 베드로는 방언이 곧 예언의 한 부분이자 성취라고 본 것이다.

고전 14:21에서 바울이 이사야의 말을 인용한 것은 방언이 지닌 기본적인 성질을 이해하는 데 더 중요한 역할을 한다. 바울이 인용한 이사야서는 사실상 '다른 언어'를 말한다. 그러면서 바울은 고린도 교인들에게 방언을 아이처럼 사용하는 것을 멈추라고 조언한다. 고린도 교인들은 영적인 은사들을 활용하는 데 아이처럼 행동했는데 이사야 당시 하나님의 백성도 이런 상태였다. 이사야는 당시 유아 상태에 있는 백성에게 이렇게 훈계를 전달했다.

"대저 경계에 경계를 더하며 대저 경계에 경계를 더하며 교훈에 교훈을 더하며 교훈에 교훈을 더하되 여기서도 조금 저기서도 조금 하는구나 하시도다"(사 28:10)

한편 이사야는 외국인이 사용하는 '방언'이 이스라엘에 대한 하나님의 심판이 임박했음을 나타낼 것이라고 말한다. 회개하지 않은 백성은 외국어를 사용하는 사람들이 그들의 땅을 침략할 때 그것이 하나의 징조로서 하나님이 이방인의 군대를 통해 그들을 심판하심을 인식해야 한다. 모세 당시에도 외국어는 하나님의 심판이 임한 사실을 보여준다. 방언은 이스라엘에게 임했던 심판에 대한 징조였다. 모세는 불순종한 이스라엘이 앞으로 언어를 알지 못하는 민족에게 침략을 당하는 심판을 받는다고 예언했다(신 28:49). 예레미야도 동일한 예언을 했다(렘 5:15). 즉, '알지 못하는 말을 하는 바벨론'이 이상한 방언을 하며 이스라엘을 침략할 때 하나님의 언약 백성은 자신들에게 심판이 임한 사실을 알게 된다. 외국어가 이스라엘에 범람하면 그것은 하나님의 심판이 임했다는 징조이다.

또 방언은 표적이다(고전 14:22). 표적은 무엇인가를 알리기 위한 신호(sign)이다. 그렇다면 하나님이 새 언약이 도래한 시점에서 방언을 도입하여 꾀하고자 한 것은 무엇인가? 하나님은 이제는 단일한 민족에게 하나의 언어로 말씀하지 않으시겠다는 것을 나타내신 것이다. 하나님은 적어도 모세 이후부터 한 민족만을 대상으로 이스라엘 민족의 언어로 말씀하셨다. 그러나 오순절의 방언을 통해 하나님은 많은 민족에게 다양한 언어로 말씀하시겠다는 뜻을 나타내신다. 따라서 오순절 방언은 하나님이 세상에 역사하시는 방향에 극적인 변화가 일어났음을 보여주는 이정표 역할을 한다. 다른 한편으로는 방언은 이스라엘에 대한 특징적인 심판이 있음을 예고하신다. 예수님은 이에 대해 "하나님의 나라를 너희는 빼앗기고 그 나라의 열매 맺는 백성이 받으리라"(마 21:43)고 하셨다. 오순절 방언 사건은 이스라엘에 대한 언약적 저주를 나타내는 신호였다. 반면에 오순절 사건은 모든 민족과 나라에 베푸시는 하나님의 위대한 복음의 선포가 된다. 방언은 언약 안에 있는 하나님의 복음이 세상 모든 민족에게까지 이른다는 신호였다. 우리는 이와 같은 이유로 방언을 구속사의 매우 특별한 시점에서 극적인 징조로 간주해야 한다. 방언은 진정 복음이 이스라엘을 넘어 세상으로 향하여 진출하는 분기점에 나타난 극적인 나팔소리였던 것이다. 이 소리는 오직 과도기의 때에만 필요했던 현상으로 이런 징조와 표적과 특별한 은사의 발출은 더이상 교회의 시대에 유효하지도 않고 나타나지도 않는 것이다.

〈방언에 대한 결론〉

① 방언은 새로운 복음의 시대를 알리는 징조였다. 징조는 하나의 신호로서 그 가치가 있을 뿐이다. 세례 요한은 그리스도의 오심을 준비하는 자로 그 존재적 가치가 충분했다. 이제 교회는 교회의 보편적인 특징을 확립하는 데 더이상 표적을 필요로 하지 않는다. 예언이나 방언이나 기타 표적들을 통해 공급될지 모르는 새로운 하나님의 진리에 대한 계시 역시 필요로 하지 않는다. 성경은 예언된 말씀의 완전한 성취를 보존하고 있기 때문에 더 이상의 예언적 메시지는 필요하지 않다.

② 한편 방언은 불신앙에 대한 하나님의 심판을 분명하게 나타내는 말이다. 만일 하나님이 바벨론이 이스라엘을 침략한 것과 같은 심판을 옛 언약 아래 있는 백성들에게 내리셨다면 그분은 새 언약의 은혜로운 메시지를 듣고 배척한 모든 사람들에게 훨씬 중대하고 최종적인 심판을 내리실 것이 분명하다. 한 언어로 하나의 민족에게 말씀하셨던 하나님이 방언을 통해 극적으로 모든 민족에게 다양한 언어로

자신의 뜻을 나타내셨을 때 그와 같은 새 언약의 심판을 모든 사람에게 나타내신 것이다.

③ 그러므로 기독교공동체는 하나님이 불신자에게 심판의 징조로 주신 방언 현상에 안주하여 만족하지 말아야 한다. 불신자가 자신이 죄인이라고 확신해야 한다면 공동체의 대표는 반드시 방언 아니라 예언으로 말해야 한다. 궁극적으로 불신에서 믿음으로 인도하는 것은 방언이 아니라 예언이며 성경은 모든 예언의 최종적 결론이다. 따라서 정경에 기록된 예언은 오늘날에도 교회의 생명을 유지하는 실제적인 역할을 수행한다. 예언은 살아 있고 강력한 하나님의 말씀으로서 혼과 영을 찔러 쪼개는 좌우에 날 선 검이며 마음의 생각과 뜻을 판단한다(히 4:12). 죄인인 불신자의 마음에 있던 은밀한 것들이 드러나게 하는 것은 오직 기록된 하나님의 예언의 말씀 뿐이다.

〈고린도후서〉

1. 시대적 배경

1) 18개월 동안 전심전력을 다해 전도하고 가르치며 세운 고린도 교회가 분파되어 분쟁에 휩싸이고, 거짓 교사들의 미혹에 넘어 갔다는 소식에 아연히 놀란 바울은 디모데 편으로 급히 고린도전서를 띄워 보낸다. 바울은 디모데 편으로 소식이 전해지기를 학수고대한다(고후 16:10~11). 그러나 디모데는 사람을 바울에게 보내어 고린도 교회의 분위기가 심상치 않으므로 바울이 직접 방문할 것을 요청했다. 그래서 바울은 잠시 고린도를 방문한다. 기대와는 달리 바울은 환영받지 못하고 며칠 만에 쓸쓸히 에베소로 돌아온다. 바울은 에베소에 돌아와 지금은 사라지고 없는 이른바 '눈물의 편지'(고후 2:4)를 디도의 손에 들려 보내어 교인들이 회개하고 거짓 교사들의 잘못된 가르침에서 벗어날 것을 간절히 호소한다. 얼마나 그 결과가 궁금했는지 바울은 에베소에서 마냥 앉아 기다리지 않고 에베소를 떠나 드로아를 거쳐 마게도니아 지방(빌립보일 것으로 추정)으로 건너갔다(2:11~13, 7:5~6). 드디어 그곳에서 디도를 만나는데 다행스럽게 디도는 고린도 교회가 정상으로 회복하고 안정을 되찾았다는 반가운 소식을 듣게 되었다(고후 7:7).

2) 그러나 여전히 거짓 교사들은 바울에 대해 사도권의 정당성을 인정할 수 없다며 사람들을 부추기고 있었으며, 바울과 교인들을 이간질하고 있었다(고후 11:13~15). 이에 바울은 자신에 대한 오해를 풀고 자신의 사도권과 전파한 복음의 정당성을 변증하고, 교회 안에 남아 있던 유대주의자들을 척결하는 한편 교인

들에게 실천적인 내용들을 하나하나씩 적어 다시 한 형제의 손에 들려 보내게 되었다. 이것이 고린도후서이다.

2. 주요 메시지

1) 바울 자신의 사역에 대한 변호(1~7장)

바울은 먼저 고린도 교회의 성도들에게 문안 한 후 환난 가운데서 참된 위로와 격려를 주시는 하나님께 찬양과 감사를 드린다(1:1~11). 그리고 자신의 방문 계획이 지체되고 있는 이유는 교인들에게 회개할 충분한 시간을 주기 위함이라고 설명한다(1:12~2:4). 나아가 회개한 자들을 즉시 용서할 것을 권면한다(2:5~13). 이어 영의 직분의 중요성을 설파하고(3~4장), 이 땅의 장막 집이 아니라 하늘에 있는 영원한 집을 사모하라고 조언한다(5:1~10절). 다음으로 고린도 교회에 필요한 실천적인 내용들을 언급하고(5:11~7:16), 성도는 하나님과 함께 일하는 자로서 하나님께 받은 은혜를 헛되이 하지 말 것을 충고한다(6:1~7:1).

2) 구제 헌금에 대해(8~9장)

바울은 마게도니아 교인들이 가난한 중에도 예루살렘 성도들의 구제를 위해 풍성하게 헌금한 실례를 들어(8:1~6) 넉넉한 고린도 교인들(8:14)이 이 구제 헌금에 적극적으로 참여할 것을 촉구한다(8:7~9:15). 헌금은 너희 사랑의 진실함을 증명하는 일(8:8)이라고 독려했다. 바울은 아예 교인들에게 자기가 도착하기 전에 미리 헌금을 준비해 두라고 첨언하면서(9:5), 적게 심는 자는 적게 거두고 많이 심는 자는 많이 거둔다(9:6)는 말로 헌금의 필요성을 조심스럽게 내비치면서 그러나 인색함으로 억지로 할 것이 아니라 즐겨 내라고 권면한다(9:7).

3) 사도권에 대한 변호(10~12:13)와 마지막 인사와 권면(10~13장)

한편 바울은 적대자들 앞에서 약한 것처럼 보였다는 비판을 변호하기 위해 자신의 육체나 영적 능력이 미약해서가 아니라 그리스도의 사도로서 참된 온유와 관용으로 친히 그들을 대하고(10:1), 우리의 싸우는 무기는 육신에 속한 것이 아니라 오직 하나님의 능력이라고 설파했다(10:4). 그럼에도 불구하고 적대자들은 계속해서 바울의 사도권을 인정하지 않고 심지어 바울이 전파한 복음마저도 의심하는 일이 계속되자 자신의 사도로서의 표로서 "모든 참음과 표적과 기사와 능력을 행한 것"(12:12)과 교회에 폐를 끼치지 않기 위해 너희 재물을 구한 바가 없다(12:13~14)고 강변하고 있다. 이어 그는 세 번째 고린도 교회의 방문 계획을 알리고 그가 도착하기 전에 회개할 것을 권면하면서 만약 그렇지 못할 경우 용서하지 않을 것(13:2)이라고 단호히 말한다. 마지막으로 바울은 성도들이 "믿음 안에 있는가 자신을 시험하고 확증하라"(13:5)며 도무지 악을 행하지 말 것을 간절히 호소한다(13:7).

3. 내용구성

1부(1~7장)	2부(8~9장)	3부(10~13장)
바울의 사역론	구제 헌금	사도권에 대한 변호
1. 인사 (1:1-7) 2. 환난과 위로 (1:8-11) 3. 계획의 변경 (1:12-2:4) 4. 용서의 호소 (2:5-13) 5. 바울사역정신 (2:14-6:10) 6. 권고 (6:11-7:16)	1. 마게도냐의 모범 (8:1-6) 2. 고린도교인을 　향한 권고 (8:7-9장) 　1) 그리스도의 모범 　2) 구제의 목적 　3) 대표자의 설명 　4) 구제의 원리	1. 고발자에 대한 답변 (10:1-18) 2. 사도권에 대한 변호 (11:1-12:13) 3. 임박한 방문 통지 (12:14-13:10) 4. 결론 (13:11-13)

〈로마서〉

1. 로마서 평가

1) 그리스도의 말씀과 사역을 기록한 사복음서에 비견될 수 있을 정도로 로마서의 신학적 의의와 중요성은 이미 자타가 공인하는 것으로 일명 '바울복음서'로도 불린다. 그만큼 로마서는 이론적이며 교리적인 교훈과 함께 실천적인 권고 사항도 결코 간과할 수 없는 비중을 갖는다. 따라서 로마서는 성경의 중심이요, 신학의 출입구이다. 거의 모든 신학자들이 도전하고픈 영역이 로마서 주석이다. 루터는 27세에 로마서 주석을 완성했다. 칼빈은 루터의 로마서 주석을 읽고 종교개혁을 결심했다.

2) 학자들의 견해
"지속적이고 일관된 복음의 진술" (F.F. Bruce)
"본질적인 내용을 조금이라도 덜어낸다면 모양이 손상되거나 왜곡되어 버리는 신학적 완전체이다"(Cranfield)
"사도 바울의 유언장"(G. Bornkamm)

2. 배경 설명

1) 바울은 지금 고린도 교회를 3번째 방문하고 있는 중이다. 고린도 교회의 문제들도 바울과 일행들의 헌신적인 노력으로 인해 거의 해결되었다. 그러므로 사실

상 바울에게 있어서 갈라디아, 아시아, 마게도냐, 아가야 지방에서의 복음 전도사역은 이제 거의 마무리된 상태나 마찬가지였다. 즉 예루살렘에서 일루리곤(알바니아)까지 편만히 복음을 전하는 일을 성공리에 마친 것이다(롬 15:19).

2) 이제 바울은 새로운 사역지를 구상해야 할 때가 왔다. 그곳은 "남의 터 위에 건축하지 않는 곳"(15:20)이어야 하고, "그리스도의 이름을 부르지 않는 곳"이어야 했다. 이런 두 가지 요소를 충족하는 곳, 새로운 미지의 땅이 어디일까? 그 새로운 곳은 바로 서바나(스페인)였다.

3) 그러나 서바나로 가기 전에 해결해야 할 일들이 남아 있었다. 우선 바울은 헬라의 교회들이 유대 그리스도인들을 위해 모은 연보를 예루살렘교회에 전달해야 했다. 바울은 헌금을 거두는 일에 많은 시간과 정력을 투자했다. 이 일에는 그의 개인적인 위상의 문제도 걸려 있었다(고후 8~9장 참조). 이방인들의 헌금은 유대인들이 누렸던 신령한 복을 나누어 가짐에 대한 감사요, 적절한 상호관계의 상징이기도 했다. 그럼에도 유대의 많은 그리스도인들은 바울을 매우 수상쩍게 여겼다. 일부는 바울이 유대의 전통에 불충실한 것을 못마땅하게 여겼다. 바울은 이방인들에게 노골적으로 율법을 준수할 필요가 없다고 강조했기 때문이다. 그러므로 바울이 가져온 헌금을 유대인들이 받아들이는 것은 바울의 정체성을 인정하는 공식적인 행위이기에 이 헌금의 문제는 매우 중요한 일이었다.

4) 그러나 서바나로 가기 전에 바울의 행선지는 로마를 방문하는 것이었다. 이전에 몇 차례 로마교회를 방문하고자 했으나 좌절된 경험이 있어 이번엔 반드시 로마를 방문하고 싶었다. 뿐만 아니라 바울과 그 일행들이 서바나로 가기 위해선 로마교회 형제들의 물질적인 후원이 절대적으로 필요하기도 했다. 로마는 서바나로 가기 전의 중간기착지로서 매우 중요한 곳이었다. 그런 점에서 바울은 로마의 형제들과 미리 교제를 나누고 인사를 해야만 했고 그렇게 해서 로마서가 탄생한 것이다.

3. 로마여, 로마여!

1) 바울은 글을 쓰기 전에 로마에 대한 사전 정보를 취합했으며, 몇몇 형제들의 간증을 통해 어떤 문제들을 가지고 있는지 세심하게 살폈다. 드디어 바울은 한 번도 본 적이 없는 로마교회와 형제들을 염두에 두고 차분하게 글을 써 내려갔다. 바울에게 있어서 로마서는 가장 심도 있는 복음의 소식지요, 가장 진보적인 교리의 해설서이다. 동시에 바울은 로마의 형제들에게 세 가지 부탁을 하고 있다. 먼저, 예루살렘을 위해 기도해 달라는 것이고, 다음으로는 서바나로 가고자 하는 자신을 도와달라는 요청을 한 것이며, 끝으로 로마에 잠시 들리게 되더라도 자신을 사도로서 영접해 달라고 부탁을 한 것이다.

2) 아마 로마교회는 오순절 이후 예루살렘을 방문하고 로마로 돌아간 유대인 그리스도인에 의해 설립된 것으로 보인다(Wright). 누군가의 선교에 의해 세워진 교회를 방문하기 위해선 분명한 명분이 필요했다. 그래서 바울은 편지에 "지나가는 길에"(15:24, 28)라고 표현했으며, 이왕 가는 길에 "너희에게도 복음을 전하기를 원한다"(1:15)는 말을 덧붙였다. 이미 20여 년의 역사를 가지고 있는 로마교회와 교인들을 향해 복음을 전하고 싶다는 이 당돌한 말은 무엇을 의미하는가? 혹시 로마의 형제들이 지금까지 복음을 잘못 알고 잘못된 일을 벌이고는 있지 않은가? 최고의 도시에 산다는 자부심과 그 교만 때문에 혹 복음의 진수를 깊이 있게 이해하지 못하고 있지는 않았을까? 이러한 의심들은 바울이 로마서에 기록한 것을 추적하면 쉽게 답을 얻을 수 있다.

3) 그렇다면 당시 로마교회의 상황은 어떠했는가? 유대인들과 이방인들의 혼합공동체였지만 이방인들이 다수를 점했다. 두 집단 사이에 상당한 알력이 있었다. 로마인 역사가 수에토니우스는 이 두 집단 간의 알력으로 인해 40년 중 후반에 발생한 유대인들의 '소란'을 기록하고 있으며(Life of Cladius, AD 120), 글라우디오 황제는 이 소란을 기화로 AD 49년에 그리스도인들을 로마에서 추방하라는 명령을 내리게 되었다. 그렇다면 구체적으로 어떤 갈등이 있었는가? 1차적으로 신학

적인 문제들이 있었다. 예를 들어 하나님의 언약에 관한 문제, 율법의 지위, 구원론에 대한 서로 다른 의견들로 갈등이 존재했다. 유대인 그리스도인들은 여전히 기독교가 유대교의 일부분이라고 생각한 듯하다(Wedderburn). 그러므로 유대인 그리스도인들은 교회 안에서 이방인 그리스도인들에게 유대의 율법을 준수해야 구원받는다는 것을 강조하며 율법을 지키지 않는 이방인들을 경멸했다. 반면에 이방인 그리스도인들은 이미 율법에서 자유로운 복음의 은혜를 받았으므로 유대인들의 율법을 지킬 필요가 없다고 주장하며 유대인들의 요구를 따르지 않았다. 이처럼 유대인들은 선민이라는 특권의식과 혜택받은 신분을 자랑했고, 이방인들은 그들의 자유를 자랑하고 있었다.

4) 바울은 이러한 로마교회의 사정을 미리 알고 양쪽 모두를 화해시킬 필요를 느꼈다. 그래서 처음부터 자신이 화해자로 자처한다. 어느 쪽도 잃지 않고 모두 승리하는 길을 찾아야 했으므로 "나의 형제~ 저희는 이스라엘 사람이라"(9:3), "내가 이방인인 너희에게 말하노라. 내가 이방인의 사도인 만큼~"(11:13, 15:15~16)이라며 두 집단의 이름을 간절히 부르고 있다. 그리고 2가지 큰 주제를 설정한다. 첫째, 믿음에 관한 교리적 설명을 한다. 바로 이신칭의의 위대한 선포를 한다.[19] 죄인들은 그들의 공로와 신분과 관계없이 오직 믿음(Sola Fide)을 통해, 오직 그리스도 안에서(Sola Cristitus), 오직 하나님의 은혜로(Sola Gratus) 의롭게 된다고 선포했다. 둘째, 하나님의 백성에 대한 정의를 내린다. 모든 신자는 인종적 기원이나 종교적 관습에 상관없이 참된 아브라함의 자손으로 유대인이나 헬라인 모두 차별이 없다고 했다(3:21, 27-28, 4:9, 10:11)

"나 같은 죄인 살리신 주 은혜 놀라워

잃었던 생명 찾았고 광명을 얻었네

큰 죄악에서 건지신 주 은혜 고마워

나 처음 믿는 그 시간 귀하고 귀하다"(찬송가 305장/통합 405장)

---

19) 종교개혁가들은 카톨릭교회의 잘못된 구원론에 맞서 '오직 믿음으로 구원을 받는다'(salvation by grace alone, through faith alone)는 이신칭의를 강력하게 주장했다.

- 존 뉴톤(Jhon Newton, 1725~1807)이 1772년에 작사한 'Amazing Grace'

4. 주요 메시지

1) 하나님의 의와 이신칭의

로마서의 핵심 주제는 '하나님의 의'(롬 1:16~17)다. 이것은 예수님의 삶과 죽음과 부활을 통해 인간과의 관계를 바르게 하시는 하나님의 행위이다. 이러한 하나님의 의는 로마서에서 그분의 신실하신 성품과 관련하여 또 죄에 대한 진노와 관련하여 드러난다(1:17). 오직 하나님의 의만이 우리의 절실한 필요를 충족할 수 있으며 복음을 구원에 이르게 하는 하나님의 능력이 되게 한다(3:21~26). 이것은 또 그리스도의 의로운 행위와 그분의 순종하심에 근거한다(5:17~19).

한편으로 로마서는 성경 전체의 핵심적 주제이기도 한 믿음을 통해 의에 이르며 구원을 받는다는 기독교 교리의 기초적 진리를 제공한다(1:16~17). 바울은 이미 갈라디아서를 통해 "사람이 의롭게 되는 것은 율법의 행위로 말미암음이 아니요 오직 예수 그리스도를 믿음으로 말미암는다"(갈 2:16)고 선언했다. 이제 로마서에서도 바울은 같은 의를 설명한다. 바울은 합 2:4에서 이미 선포된 "오직 의인은 믿음으로 말미암아 살리라"를 인용하면서(1:17) "그리스도의 죽음과 부활을 통해 신자가 이미 의롭다 함을 받았고 그러므로 신자는 이제 그리스도를 통해 하나님과 바른 관계 속에 있다"(롬 4:25~5:1)고 서술한다.

성경이 말하는 칭의는 법정적 개념으로서 죄인이 예수 그리스도를 믿음으로 그의 죄를 용서받고 하나님 앞에서 의로운 사람으로 받아들여진다는 것을 그 내용으로 한다. 나아가 칭의는 그 성격상 믿음에 의해 발효되는 즉각적인 '그리스도 의의 전가(轉嫁, Imputation)'의 결과이다(3:20~27, 4:4~5, 갈 3:13~14). 아울러 참된 믿음에서 나오는 이 칭의는 마지막 종말 때까지 유효한 구원을 제공하는 하나님의 은혜의 역사로서 결코 받은 구원을 상실할 수 없다는 구원의 확신과 보장을 제공한다. 그러므로 성경이 증언하는 칭의는 단계적이거나 점진적이거나 유보적인 것이거나 예약적인 것이 아니라 단회적 성격을 가진 영원히 보장된 하나님의 능력의 약속임을 알 수 있다.

2) 하나님의 은혜

은혜는 구원받을 자격이 없는 자들을 위한 하나님의 주권적이고 자유로운 행위를 말하며 하나님의 가장 두드러진 속성 중 하나이다. 하나님의 은혜는 진노를 받아야 할 자들에 대한 하나님의 용서하심과 자비하심과 선하심을 나타내시며, 그리스도께서 죄인들을 대신하여 죽으신 사실을 기초하여 범죄한 죄인들에게 영벌이 아니라 영생이라는 값없는 선물을 주시는 것을 말한다.

구약에서 은혜를 의미하는 히브리어 단어는 '헨'과 '헤세드'가 있다. 먼저 '헨'은 하나님께서 경건한 자(시4:3, 26:11)와 고통당하는 자(시 6:2, 25:16)에게 베푸시는 사랑을 의미한다. 다시 말해, 높은 지위에 있는 사람이 낮은 지위의 사람에게 베푸는 호의를 가리킨다. '헤세드'는 인자하신 하나님의 속성을 포괄적으로 의미하는 용어이다(렘 9:24). 신약에서 은혜에 해당하는 용어는 헬라어 '카리스'이다. 이는 '사람을 끄는 매력'이라는 뜻도 되고 '모든 아름다움과 친절함과 호의적인 태도'들을 지칭하는 단어이다. 하나님은 우리 같은 죄인들을 바로 이러한 마음가짐과 태도로 대하신다는 뜻이다. 도무지 은혜를 받을 조건도 없고 그럴만한 자격도 없으며 또 그럴만한 기미도 보이지 않는 자들임에도 단지 영원 전에 택하신 당신의 자녀라는 사실만으로 무조건적으로 베푸시는 하나님의 일방적인 짝사랑이 하나님의 은혜이다.

바울은 로마서 1~3장을 통해 인간은 행위를 통해 하나님으로부터 자신의 의를 인정받을 수 없는 존재임을 다시 한번 강조하고 있다. 즉 우리의 칭의가 오직 믿음으로만 되는 것이기에 하나님 앞에서 우리의 행위, 즉 공로나 선행이나 무슨 업적들을 자랑할 수 없고 유대인과 이방인과의 차별이 있을 수도 없고, 오직 하나님의 은혜로 되는 것임을 누차 강조하고 있다. 고린도서에서 바울은 이 은혜에 대해 이렇게 심정을 고백했다.

"그러나 나의 나 된 것은 하나님의 은혜로 된 것이니 내게 주신 그의 은혜가 헛되지 아니하여 내가 모든 사도보다 더 많이 수고하였으나 내가 한 것이 아니요 오직 나와 함께 하신 하나님의 은혜로라"(고전 15:10)

> **<참고> 은혜에 대한 성경적 언급들**[20]
>
> 1. 은혜는 하나님의 속성이다(벧전 5:10, 약 4:6)
> 2. 은혜는 오직 그리스도로부터 우리에게 임한다(요 1:14, 17)
> 3. 은혜는 행동으로 나타난 하나님의 사랑과 긍휼[21]이다(요 3:16)
> 4. 오직 하나님의 은혜로 말미암아 의롭다 하심을 얻는다(롬 3:24, 엡 1:7)
> 5. 하나님의 은혜는 충분하다(고후 12:9)

3) 인간론

인간에 대한 바울의 진술은 헬라의 이분법적 사고를 엿볼 수 있는 점에서 독특하다. 그는 인간의 본질을 영과 몸으로 구분하고(8:10), 또는 속사람과 겉사람으로 설명한다(7:22). 바울에게 있어서 인간은 철저한 죄인이다. 그는 모든 사람이 다 죄 아래에 있고(3:9), 의인은 하나도 없으며(3:10), 모든 사람이 죄를 범하였으매 하나님의 영광에 이르지 못하며(3:23), 죄의 삯은 곧 사망(6:23)이라고 선언했다. 바울은 이 죄가 아담 한 사람에 의해 세상에 들어왔으며(5:12), 그 결과 모든 사람이 죄 가운데서 태어난다고 했다. 그러나 하나님께서는 아담을 오실 자의 모형(5:14)이라 하셨고, 그 모형이 바로 예수 그리스도이시며 한 범죄로 많은 사람이 정죄에 이른 것같이 한 의로운 행위로 말미암아 많은 사람이 의롭다 하심을 받아 생명에 이르렀다(5:17)고 설명했다. 그러므로 이제 우리는 더이상 죄의 법 아래에 있지 않고 은혜 아래에 있으며(6:15), 죄로부터 해방되고 그리스도 예수 안에 잇는 영생을 얻은 존재가 되었다고 선포한다(6:22~23).

---

20) 비전성경사전, 두란노, pp.1051.
21) 바울은 늘 인사말에서 긍휼과 평강보다 은혜라는 말을 먼저 앞세웠다(예: 딤전 1:2)

5. 로마서 구성

1막(1:1~11:36) - 교리강론			2막(12:1~16:27) - 신앙생활		
NO	성경구절	주제	NO	성경구절	주제
01	1:1~17	복음이란?	01	12:1~21	새 생활법칙
02	1:18~2:16	타락과 심판	02	13:1~7	권세와 복종
03	2:17~3:8	네가 유대인이냐?	03	13:8~10	사랑과 율법
04	3:9~20	모두가 죄인이다	04	13:11~14	단정한 처신
05	3:21~4:25	율법에서 믿음으로	05	14:1~12	형제관계
06	5:1~11	하나님과의 화해	06	14:13~23	확신
07	5:12~21	아담과 그리스도	07	15:1~6	약한 자의 짐을 지라
08	6:1~5	그리스도와 연합	08	15:7~13	용납과 교제
09	6:6~7:25	자유-죄에서의 해방	09	15:14~33	바울의 개인사
10	8:1~39	성령, 그리고 사랑	10	16:1~27	첨언- 마침 인사
11	10:1~21	구원			
12	9장~11장	참 이스라엘			

6. 요점정리

1) 범죄와 타락으로 멸망할 수밖에 없던 인간에게 좋은 소식 즉, 복음이 들렸다. 이 복음은 구약 성경에 이미 예언된 것이며 이제 다윗의 혈통과 하나님 아들의 신분으로 이 땅에 오신 예수 그리스도였다(1:2~4). 그것은 하나님의 의에 의해서 인

간을 향한 구원계획이 이 땅에 펼쳐진 것이다. 그 구원계획이란, 예수 그리스도께서 우리를 대신하여 십자가에 못 박혀 죽으시고 사흘 만에 다시 부활하신 것이었다.

2) 그런데 더 놀라운 소식은 누구든지 이 예수 그리스도를 자신의 구원자로 믿기만 하면 새로운 생명을 얻고 새로운 삶을 살 수 있다는 것이다(1:16~17). 이 믿음은 하나님께서 주신 은혜이며 선물이며(3:24, 엡2:8) 행위로 인해 구원받는 것이 아니라 믿음으로 구원받는다(1~3장)는 것이다.

3) 바울은 이 복음을 이방인에게 전하는 사도로 부름받았음을 당당히 밝힌다(1:1). 복음 전함을 전혀 부끄럽게 여기지 않는다(1:16). 복음의 능력을 바울은 굳게 믿고 있었다.

4) 우리는 이제 신분이 달라졌다. 죄에 대해 죽은 우리(6:2), 예수와 합하여 세례를 받은 우리(3), 우리 옛사람이 예수와 함께 십자가에 못 박혔고(6), 죄에게 해방되어 의에게 종이 되었다(18). 우리에겐 결코 정죄함이 없다(8:1), 왜냐면 성령의 법이 죄와 사망의 법에서 너를 해방했기 때문이다(2).

5) 그러므로 믿음으로 의롭다 함을 얻은 자는 이제 하나님과 화평을 누려야 한다(5:1). 한 마디로 성화의 삶을 살아야 한다(6~8장). 우리는 이제 육신대로 살지 말고 성령의 소욕대로 살아야 한다. 육신의 생각은 사망이요, 영의 생각은 생명과 평안이기 때문이다(8:6). 성령이 우리가 하나님의 자녀임을 친히 증거해 주신다(8:16).

6) 그러나 그리스도인은 예수로 인해 고난을 받는다(8:18). 그러나 장차 영광에 비하면 비교할 수 없는 것이다(18). 보지 못하는 것을 바라며 참고 기다려야 한다(25). 성령께서 도우시고(26), 넉넉히 우리가 이긴다(37). 그 누구도 우리를 하나님의 사랑에서 끊을 자가 없다(38~39). 우리는 육신의 자녀가 아니라 약속의 자녀이기 때문이다(9:8).

7) 우리는 이방인이었다. 이방인이 구원을 받게 된 것은 이스라엘이 범죄함으로 인함이며 이스라엘로 하여금 시기심을 불러일으키기 위함이다. 이방인의 수가 차기까지 이방인의 구원이 계속되지만 이스라엘이 회개하는 날까지이다(9~11장). 이방인은 접붙임당한 것이다(11:19). 그러므로 교만치 말아야 한다(11:21~24).

8) 성도는 이제 예수 안에서 새로운 삶[22]을 살아야 한다. 실제 생활에 교리를 그대로 적용해야 한다. 배운 것을 실천해야 한다(12~16장). 무엇보다 영적 예배를 드려야 한다. 모든 삶이 예배가 되어야 한다(12:1~2). 육신의 정욕을 이겨야 한다(12:2, 8:13, 요일 2:15-16, 벧후 2:10, 엡 5:3, 마 5:30, 막 18:9). 계명을 지켜야 한다. "나의 계명을 가지고 지키는 자라야 나를 사랑하는 자니, 나를 사랑하는 자는 내 아버지께 사랑을 받을 것이요, 나도 그를 사랑하여 그에게 나를 나타내리라"(요 14:21). 그리고 전도해야 한다(마 28:19, 막 16:15, 행 1:8, 고전 1:21, 딤후 4:2).

---

22) 유명한 개혁주의 신학자인 아브라함 카이퍼는 창 1:28의 생육, 번성, 충만, 정복, 통치를 일러 '문화명령'이라 칭하고, 행 1:8을 '그리스도인의 대 특명'이라고 명명했다

<참고> 칭의론

A. 칭의 교리의 출발점: 죄[23]

1. 왜 죄로부터 시작하는가?

1) J. C. 라일

"죄에 대한 올바른 지식이 바로 구원적 기독교의 모든 근원이 된다. 죄에 대한 지식이 없이는 칭의나 회심이나 성화와 같은 교리들은 그저 우리 안의 지성에 아무런 의미도 전달하지 못하는 '단어나 명칭'이 될 뿐이다"(Holiness, 1979)

2) 선에 대한 보편적인 인식

~ 거의 모든 사람들은 자신이 선하다고 가끔 나쁜 행동을 할 뿐이라고 본다. 우리 가운데 극히 일부가 더 나쁜 행동을 하는 것이라고 말한다. 이들은 사랑의 하나님이 인간의 선행을 인정하고 받아주실 것이라고 믿는다. 그러나 성경은 죄인의 삶의 기록들은 절대로 하나님의 은혜를 받을 수 있는 조건이 되지 못함을 선포하고 있다. 성경은 모두가 죄 아래에 있고 의인은 없다고 선언한다. 깨닫는 자도 없고 하나님을 찾는 자도 없다고 공포한다.

2. 왜 모든 사람은 죄인으로 탄생하는가?

1) 죄책의 전가(Imputation)

우리가 본성적으로 죄인인 이유는 우리 생명이 잉태되는 순간부터 우리가 아담의 죄책을 전가 받았기 때문이다. 우리는 우리 자신의 행위와 별개로 정죄를 당하는 것이다. 즉, 아담이 죄성을 지님으로 자신의 첫 번째 범죄의 형벌을 받았던 것처럼 하나님께서 아담의 죄책으로 인해 우리를 타락한 상태로 태어나는 형벌을 주

---

23) '가이 워터스, 칭의란 무엇인가?, 2011'를 참조했다.

신 것이다.

2) 비참과 칭의

우리 비극은 우리가 스스로 이 비참한 상태를 바꿀 수 없다는 데에 있다. 우리는 '허물과 죄로 죽었던 자들'이다. 그러므로 우리의 구원은 전적으로 우리 밖에서 일어나 우리에게 적용되어야 한다. 그러므로 구원이란 인간의 근원적인 죄에 대한 해답이다. 그리고 이 구원의 중대한 한 가지 국면이 바로 '칭의' 교리이다.

B. 칭의란? (웨인 그루뎀, 조직신학/ 신앙고백서 11장. 대요리문답 70번)

1. 법적 선언

1) 죄 사함이다. '의롭게 하다'($\delta\iota\kappa\alpha\iota\omega$)는 것은 죄가 없다는 뜻이다. 이는 우리 안에 의가 주입되어 그런 것이 아니라 하나님이 값없이 우리를 의롭다고 인정하셨기 때문이다. 의롭다고 인정하신 이유는 그리스도께서 이루신 완전한 순종의 공로에 하나님이 만족하셨기 때문이다. (11장 1항)

"그러므로 이제 예수 그리스도 안에 있는 자에게는 결코 정죄함이 없나니"(롬 8:1)

"일을 아니할지라도 경건치 아니한 자를 의롭다 하시는 이를 믿는 자에게는 그의 믿음을 의로 여기나니"(롬 4:5)

2) 과거나 현재 미래의 죄를 포함하여 우리가 죄 값을 치러야 할 것이 하나도 없다는 선언이다.

"그 불법을 사하심을 받고 그 죄를 가리우심을 받는 자는 복이 있도다"(롬 4:6~8)

"동이 서에서 먼 것 같이 우리 죄과를 우리에게서 멀리 옮기셨으며"(시 103:12)

3) 우리를 그의 앞에서 의롭다고 선언하는 하나님의 즉각적인 법정적 선언이다. 아무도 하나님의 법적 선언을 항거하지 못한다.

"누가 능히 하나님의 택하신 자들을 송사하리요? 의롭다 하신 이는 하나님이시니 누가 정죄하리

요?"(롬 8:33~34)

2. 위대한 교환(the Great Exchange, 가이 워터스)

1) 고후 5:21 전반부

"하나님이 죄를 알지도 못하신 이를 우리를 대신하여 죄로 삼으신 것은 우리로 하여금 그 안에서 하나님의 의가 되게 하려 하심이라"

바울은 그리스도가 죄를 알지도 못했다고 증언한다. 이는 예수 그리스도의 무죄성에 대한 공식적인 선언이다. 더 놀라운 것은 이런 그리스도를 하나님이 "죄로 삼으셨다"는 표현이다. 그리고 더 중요한 표현은 "우리를 대신하여"라는 것이다. 즉, 이는 우리의 죄가 그리스도에게 전가되었다는 것을 확정하는 말이다.

2) 고후 5:21 후반부

"우리로 하여금 그 안에서 하나님의 의가 되게 하려 하심이라"

하나님은 그리스도가 죄가 되게 하신 그 동일한 방식으로 우리가 그리스도의 의로 말미암아 하나님의 의가 되게 하시었다. 이는 예수님이 '죄가 되셨을 때' 죄를 가진 인간이 되지 않은 것처럼 신자들 역시 하나님이 우리 안에 행하시는 어떤 변화로 인해 '하나님의 의'가 되는 것이 아니다. 즉, 우리의 의는 주입되거나 내재적인 것이 아니라 우리 죄가 그리스도에게 전가되는 동일한 방식으로 그리스도의 의가 우리에게 전가되는 것을 말한다. 물론 그리스도의 의가 신자에게 전가되기 위해선 모든 신자는 그리스도 안에서 연합되어 있어야 한다. 이에 대해 바울은 롬 5:12~21에서 아담의 죄가 아담이 대표하는 모든 자들에게 전가되는 것처럼 정확히 동일한 방식으로 그리스도의 의가 그리스도가 대표하는 자들에게 전가된다고 설명했다. 하나님이 아담의 죄가 아담 안에 있는 자들에게 전가되었기 때문에 그들을 정죄하셨던 것처럼 예수 그리스도의 공로가 그들에게 전가되었기 때문에 하나님이 그리스도 안에 있는 자들을 의롭다 하시는 것이다.

C. 칭의의 수납

1. 우리는 어떻게 예수 그리스도의 의를 우리의 것으로 받아들일 수 있는가?

1) 하나님의 은혜에 의한 오직 믿음

"너희는 그 은혜에 의하여 믿음으로 말미암아 구원을 받았으니 이것은 너희에게서 난 것이 아니요 하나님의 선물이라"(엡 2:8)

우리는 우리의 믿음 때문에 '의롭다 함'을 받는 것이 아니라 하나님의 은혜로 의한 믿음으로 말미암아 구원을 받고 '의롭다 함'을 받는 것이다. 그러므로 칭의에 있어서 믿음의 역할은 받아들이게 하는 것이다. 믿음은 빈손으로 와서 하나님이 그리스도 안에서 행하신 행위를 받는 것이며 그리스도가 우리를 위하여 행하신 일들을 받아들이는 것이다.

2) 행위로 말미암음이 아니다.

하나님은 우리가 하고 있는 일 때문에 우리를 의롭다 하시지 않으신다. 하나님은 그리스도가 하신 일로 인하여 우리를 의롭다 하신다. '율법에서 난 의'는 '우리 자신의 의'다.

"내가 가진 의는 율법에서 난 것이 아니요 오직 그리스도를 믿음으로 말미암은 것이니 곧 믿음으로 하나님께로부터 난 의라"(빌 3:9)

바울은 이러한 의로움들을 배설물이요 쓰레기들과 같은 것이라고 고백했다. 로마 카톨릭 역시 '믿음으로 말미암는 칭의'를 인정한다. 그러나 그들은 칭의(의화)가 '오직 믿음으로만 말미암는 것'을 부인한다. 이 '오직'(alone)이라는 단어는 바울이 빌 3:8~9에서 말하고 있는 내용의 안전장치다. 한편, 카톨릭의 의화교리에 대한 바울의 명쾌한 지적은 롬 4:4~5의 말씀이다.

"일하는 자에게는 그 삯이 은혜로 여겨지지 않고 보수로 여겨지거니와 일을 아니할지라도 경건하지 아니한 자를 의롭다 하시는 이를 믿는 자에게는 그의 믿음을 의로 여기시나니"

D. 칭의의 적용

1. 그리스도인의 자유(갈 5:1~3)

1) 개인의 자유

　기독교인의 자유는 모든 개개인에게 속한 자유이며, 그리스도가 보장하시고 매우 독특하게 신자에게만 수여하시는 자유이다.

2) 속박이 있는 자유

　그러나 성경적 자유는 동전의 양면과 같다. 한 마디로 기독교인의 자유는 완전한 자유이지만 결코 속박이 없는 자유가 아니다. 이는 우리의 자유는 엄청난 희생을 대가로 얻어진 자유이기 때문에 그렇다.

2. 무엇으로부터 자유하게 되었는가?

1) 율법의 저주와 정죄로부터 자유케 되었다.

"무릇 율법 행위에 속한 자들은 저주 아래에 있나니 기록된바 누구든지 율법 책에 기록된 대로 모든 일을 항상 행하지 아니하는 자는 저주 아래에 있는 자라 하였음이라"(갈 3:10)

2) 자신의 노력과 행위로 하나님의 은혜에 진입하고자 하는 무거운 짐으로부터 자유케 되었다.

"율법 안에서 의롭다 함을 얻으려 하는 너희는 그리스도에게서 끊어지고 은혜에서 떨어진 자로다"(갈 5:4)

3. 윤리: 도덕적 중립상태가 아니다.

1) 아담의 상태로 되돌려지는 것이 아니다.

　하나님이 만일 우리를 단순히 과거의 죄로부터만 용서를 받았다고 선언하셨다면 우리는 도덕적으로 하나님과 중립된 입장에 서게 될 것이다. 즉, 우리는 선과 악을 행하기 이전의 아담과 같은 상태에 놓이게 되는 것이다. 다시 말해 아담은 하나님 앞에 죄를 짓지도 않았지만 하나님으로부터 의롭다고 선언 받지도 않은 사람이었다. 그러므로 과거의 죄 사함은 칭의의 한 부분이다.

2) 전가의 추가

그러므로 우리는 도덕적 중립상태에서 하나님 앞에서의 긍정적인 의를 소유한 상태, 즉 하나님께 온전히 순종하는 삶의 의를 소유한 상태로 옮겨져야 한다. 그것은 바로 칭의의 요소에 그리스도의 의가 전가되어져 보태져야 하는 것이다.

3) 하나님의 완전한 의가 우리에게 주어졌고 우리는 그 의를 소유했다.

구약에서 이스라엘 백성은 의를 직접 취한 것은 아니지만 하나님이 그들에게 그와 같은 의를 주셨다고 했다.

"그가 구원의 옷으로 내게 입히시며 의의 겉옷으로 내게 더하심이…"(사 61:10)

"이제는 율법 외에 하나님의 한 의가 나타났으니 율법과 선지자들에게 증거를 받은 것이라 곧 예수 그리스도를 말미암아 모든 믿는 자에게 미치는 하나님의 의니 차별이 없느니라"(롬 3:21-22)

4) 그러므로 그리스도인의 자유는 하나님의 의가 지향하는 대로 하나님의 계명을 준수하는 것이다.

"내 형제들아 만일 사람이 믿음이 있노라 하고 행함이 없으면 무슨 유익이 있으리요 그 믿음이 능히 자기를 구원하겠느냐?"(약 2:14)

"이로 보건대 사람이 행함으로 의롭다 하심을 받고 믿음으로만은 아니니라"(약 2:24)

야고보의 '그 믿음'이라는 표현은 '선한 행위와 동반하지 않는 믿음'을 의미한다. 즉, 이것을 '그 믿음'이라 한 것은 '구원에 합당한 믿음'(그리스도를 믿는 진정한 믿음)이라 부르는 것과 다른 종류의 믿음을 의미한다. 이 믿음은 죽은 믿음이요 무익하고 헛된 것이다(20절). 시체는 살아있는 사람과 모습은 같지만 생명이 없는 상태이다. 행함이 없는 믿음은 시체가 살아 있는 사람과 아무런 관계가 없듯이 구원에 합당한 믿음과 아무런 관계가 없는 것이다."

<참고> John Murray의 구속적용의 신적 질서[24]

작정(예정, 택정)-소명-중생-회심-신앙-회개-칭의-양자-성화-견인-영화

Q1. 중심구절

1) 예정(豫定)/선택(擇定), 소명(召命), 칭의(稱義), 영화(榮華)의 순
   "또 미리 정하신 그들을 또한 부르시고, 부르신 그들을 또한 의롭다 하시고, 의롭다 하신 그들을 또한 영화롭게 하셨느니라"(롬 8:30)

2) 뜻(purpose)은 소명보다 앞선다
   "뜻대로 부르심을 입은"(롬 8:28)
   "미리 아심"(8:29) /豫知: 예지는 始原的(궁극 원천), 영화는 終局的(궁극 종점)

3) 召命은 죄인을 어두움에서 빛으로 옮기게 하며 그리스도와 친교를 맺게 하는 하나님의 활동이다. 그러므로 구원은 하나님 편에서 유효적 부르심으로부터 시작된다.

Q2. 중생(重生) 〉 신앙(信仰)

1) 중생은 신앙보다 앞선다

2) 하나님 나라를 보는 것은 신앙이고 거듭남은 중생인데, 중생 없이는 볼 수 없다.
   "거듭나지 않으면 하나님 나라를 볼 수 없다"(요 3:3~7)
   -〉 "하나님께로 난 자마다 죄를 짓지 아니하나니, 이는 하나님의 씨가 그의 속에 거함이요, 범죄치 못하는 것은 하나님께로서 났음이라"(요일 3:9)
   -〉 죄의 지배적 세력으로부터 해방

---

24) 구속론, 하문호 역, 성광, 1979

-> 중생한 사람은 죽음에 이르는 죄를 범하지 않는다(요일 5:16)
-> "하나님의 영은 이것으로 알지니 곧 예수 그리스도가 육체로 오신 것을 시인하는 영마다 하나님께 속한 것이요, 예수를 시인하지 않는 영마다 하나님께 속한 것이 아니니~"(요일 4:2~3)

Q3. 信仰 〉 稱義

1) 작정(decree)은 분명히 신앙보다 앞선다. 이것을 영원적 칭의라고 하면, 이는 하나님의 뜻이 모든 구속적용의 영역보다 앞서는 것과 같이 신앙보다 앞선다.

2) 그러나 실제적으로 적용되는 칭의(justfication)는 신앙에 의해, 신앙으로부터, 신앙을 통해 의롭다 함을 받는다는 것은 의심의 여지가 없다
"곧 예수 그리스도를 믿음으로 말미암아 모든 믿는 자에게 미치는 하나님의 의니 차별이 없느니라"(롬 3:22)
"그리스도 예수 안에 있는 구속으로 말미암아 하나님의 은혜로 값없이 의롭다 하심을 얻은 자 되었느니라"(롬 3:24) -> 신앙(믿음) 〉 칭의
(기타) 롬 1:17, 3:26, 28, 30, 5:1, 갈 2:16, 빌 3:9

3) 소명과 신앙은 칭의에 앞선다.

Q4. 신앙 〉 양자(養子)

"그를 영접하는 자마다 하나님의 자녀가 되는 권세를 주셨다"(요 1:12)
-> 신앙이 양자보다 먼저. "그 안에서 너희도 진리의 말씀 곧 구원의 복음을 듣고 그 안에서 믿어 또한 약속의 성령으로 인치심을 받았으니"(엡 1:13)
-> 듣고 믿는 것(신앙)이 먼저요, 성령의 인치심이 다음

그러므로 중생 〉 신앙 〉 칭의 〉 양자 〉 영화의 순서가 정해진다.

1) 회개는 신앙과 쌍둥이. 회심은 회개와 신앙을 하나로 묶기 위한 명칭
2) 양자는 분명히 칭의 다음(의롭다 하신 자를 아들 삼음)
3) 성화는 중생에서 시작된 진행 중인 과정. 중생〉성화
4) 견인은 성화되는 과정과 병행하는 또는 보충적인 것으로 편의상 성화의 앞뒤에 위치

Q5. 구속질서의 시간적 개념

1) 과거적 개념 : 작정(예정)-소명-중생-회심-신앙-회개-칭의-양자
2) 현재적 개념 : 성화-견인
3) 미래적 개념 : 영화

Q6. 결론

1) 하나님의 작정(Decree)하심(예정)으로 구속자를 택정(selection)(선택)하시고, 때가 이르러 불러주신다(소명, calling)

2) 소명을 받은 자는 다시 태어나(중생, rebirth) 마음을 하나님께로 향하고(회심, a change of heart/conversion), 값없이 주시는 믿음(신앙, faith)으로 회개(repentance)한다

3) 하나님은 회개한 자를 용서하시고, 그의 죄를 간과하시고 도말하시고 죄없다 하시고 그를 의롭다 하시어(칭의, justfication), 하나님의 자녀로 입양하신다(양자, adoption)

4) 하나님의 자녀(백성)는 이제 성령에 의해 성화(sanctification)의 길로 견인(堅引)되어(perseverance) 마지막으로 영화롭게 된다(glorification).

〈에베소서〉

1. 배경설명

1) 에베소(Ephesus)는 사모스섬 맞은편에 있던 아시아의 항구도시로서 북쪽 5.5km에는 카이스터강이 흐르고 있었다. 상업의 중심지이며 아르테미스 여신(Artemis, 아데미- 많은 유방을 달고 있는 풍요의 신으로 신전은 세계 7대 불가사의에 선정)을 숭배했다. BC 555년에 리디아의 크로에수스 왕이 정복했고, BC 546년엔 페르시아의 고레스 왕이, BC 334년엔 알렉산더 대왕이, BC 281년엔 시리아의 셀류쿠스가, BC 133년부터 로마의 통치에 들어갔다. BC 88년 독립을 위해 잠시 반란을 일으켰으나 로마군에 의해 실패했다. 가이사 아구스도 시대부터 에베소를 주요 지역으로 삼아 요새화하고 국제무역의 중심지로 발전시켰다. 사도 바울 시대에는 신전 앞에는 아데미 여신의 조각품을 파는 장인들이 있었고(행 19:24), 자체적인 민회가 조직되어 서기장이 관할했다(행 19:32, 35).

2) 사도 바울은 에베소를 두 번 방문했다. AD 52년경 2차 전도여행 도중 고린도를 떠나 잠시 에베소에 들렀다가 아굴라와 브리스길라를 이곳에 남겨두었으며(행 18:19~21), 54년경 3차 전도여행 때 이곳을 다시 방문하여 유대인 회당에서 약 3개월(19:8), 두란노서원에서 약 2년 동안 강론했다(19:9~10). 이곳에서 바울의 사역은 매우 성공적이었다. 많은 사람들이 예수 그리스도를 믿고 개종했으며 또한 사랑을 실천함으로써 신앙의 모범을 보였다(19:18). 그러나 에베소서의 내용으로 미루어 당시 교회 안에는 가족관계와 주종관계에 대한 정확한 지식의 결여로 인해

서로 갈등을 겪고 있었다(엡 5:1, 6:9).

3) 에베소 교회의 지도자로는 디모데, 아굴라, 브리스길라, 아볼로, 두기고 등이 있다(딤전 1:3, 행 18:18~19, 24:4, 21:29, 딤후 4:12). 또 에베소는 세례 요한의 제자인 오네시보로, 구리 장색 알렉산더, 데메드리오, 스게와의 아들 후메네오, 부겔로, 허모네게 등의 고향이다(행 19:1~3, 14, 24, 딤후 1:15~18, 4:14, 딤전 1:20). 훗날 요한계시록에 따르면 에베소 교회가 바른 교리를 지키기 위하여 수고하고 여러 시련 중에도 인내했으나 처음 사랑을 잃어버린 냉랭한 교회로 변했다고 지적했다(계 2:2~4). 한편 바울이 3차 전도여행을 마치고 헌금을 전달하기 위해 예루살렘으로 가던 중 에베소 근처의 밀레도로 에베소교회의 장로들을 초청하여 작별인사를 나눈 것은 유명한 일화다(20:26~37).

4) 기록에 의하면 티베리우스 황제 때(AD 14~37) 지진이 발생하여 에베소에 큰 재해가 발생했다. 이때 진흙더미가 쌓여 도시가 둘로 나누어졌다고 한다. 그럼에도 교회는 계속 발전하여 AD 431년에 그리스도의 양성(신성과 인성)에 대한 교리적 문제를 해결하기 위한 종교회의가 이곳에서 열렸다. 현재 에베소의 유적은 계속 바다 밑으로 침전되어 바다로부터 6~8Km 내륙에 위치하고 있다.

2. 저작권에 대한 논란

1) 19세기 들어 미국과 유럽의 학자들이 바울의 저작권에 의문을 제기하고 나섰다. 먼저 에베소의 어휘와 문체가 다른 서신과 다르다는 것이다. 다른 서신에서는 사용되지 않은 단어가 에베소에만 90여 개이며 그런 단어들은 주로 1세기 이후에 나타나는 단어들이라고 했다. 또 문체도 길게 연결된 구나 절이 다른 서신들보다 많다는 점을 지적하며 바울 이후의 작품으로 보았다.

2) 정통 개혁신학은 이를 강력히 부인한다. 특히 문체와 내용은 골로새서와 밀접한 관계가 있는데, 화목자 그리스도(엡 2:16, 골 3:12), 그리스도인의 표식(4

장, 골 3:12), 옛사람(2:2~13, 3:5~12), 부부관계(5:22~23, 3:18~19), 부자관계(6:1~4, 3:20~21), 주종관계(6:5~9, 3:22~4:1), 그리고 기독론(1:4, 4:10~13) 등이 매우 흡사하다. 또 편지의 어휘와 문체는 편지를 받는 대상에 따라 얼마든지 다르게 표현될 수 있음으로 자유주의자들의 주장은 흠집 내기에 불과하다.

3. 기록연대와 특징

1) 기록 시기

~ AD 61년경 말에서 62년 초 무렵에 바울은 로마에 입성하자마자 일반 주택(여관)에 연금된다. 비록 보초가 24시간 감시하는 체제이긴 했지만 비교적 자유롭게 집에서 외부인을 만날 수 있었다(행 28:16, 23). 이 때 바울은 골로새서, 빌립보서, 빌레몬서를 쓴 것으로 보인다. 그래서 이들을 한 데 묶어 '옥중서신'이라 부른다. 이후 64년에 잠시 석방되었다가 65년 무렵에 재투옥되어 순교한 것으로 전승된다. 에베소서는 바울의 골로새서를 전한 바 있는(골 4:7~9) 두기고가 전했을 것으로 본다(엡 6:21~22).

2) 특징[25]

~ 에베소서와 골로새서는 많은 부분이 유사하다. 에베소서의 155절 중 75절이 골로새서에 나타난다. 예를 들어 "옛사람을 버리고 새사람을 입으라"(골 3:5~17, 엡 4:17~32)라는 표현과 또 '부부관계 부자관계 주종관계' 등에 대한 유사한 표현들(골 3:18~4:1, 엡 5:22~6:9), 그리고 '기도의 요청'(골 4:3~4, 엡 6:18~20), '하나님의 충만'(골 2:9, 엡 1:23, 3:19, 4:13), '세월을 아끼라'(골 4:5, 엡 5:16), '탐욕이 곧 우상숭배'(골 3:5, 엡 5:5) 등이 그것이다. 이는 두 서신 모두 로마 감옥에 감금된 기간에 쓰여진 것으로 비슷한 처지의 수신자들에게 쓴 것이기에 생긴 것으로 본다.

---

25) 비전성경사전, 두란노, pp. 856.

4. 주요 메시지

1) 교회론

에베소서에 나타나는 주요한 교리는 교회론이다. 바울은 교회를 그리스도의 몸으로 비유하여 설명한다. 또 교회는 부활하신 예수 그리스도가 몸의 머리 되시는 자격으로 성령을 통하여 활동하시는 기관이며, 성도들은 그리스도에게 속한 자들로서 하나님으로부터 받은 모든 영적 은사를 활용하여 그리스도로부터 위임받은 사역을 담당해야 한다. 이처럼 그리스도는 교회가 수행하는 모든 사역의 주권자이자 최종적인 권위이시다. 따라서 교회의 사역은 우선 그리스도의 뜻에 복종하는 것이어야 하며 주님의 주권을 선포하는 것이어야 한다. 이에 교회의 3대 사역을 정리하면 다음과 같다.

① 케리그마(말씀 선포): 예배, 전도, 교육
② 디아코니아(봉사): 구제와 건덕, 사회개발(참여)
③ 코이노니아(교제): 성도 간의 화목과 친목, 공동체 의식

2) 성도의 사회참여

인간을 사회적 존재로 만드신 것은 하나님의 창조목적이었다. 사회적 존재라 함은 개인으로서 존재 양식만 있는 것이 아니라 공동체로서 관계적 삶을 위한 존재 양식을 의미한다. 그러므로 인간은 개인의 실존과 공동체의 공존이라는 두 가지 사회를 통해서 자신의 존재 의미를 발견하고 자아상을 실현해 나가는 것이다. 다시 말해 개인의 존재와 그 역량은 사회를 형성하는 데 영향을 끼치고 또 사회는 개인의 실존에 영향을 끼친다는 것이다. 그렇다면 성도는 어떤 위치와 실존으로 세상이라는 사회와 관계를 맺고 살아야 하는가? 중생함으로 이미 천국의 시민권을 소유한 백성으로서 성도들에게 요구되는 것은 이 세상에서 어떻게 살아야 하는가이다. 모든 성도는 비록 천국 시민권을 하나님의 주권적인 은혜에 의해 획득하였지만 새 하늘과 새 땅이 완전히 임할 때까지 이 세상의 현실 속에서 자신의 전인격을 점점 더 거룩하게 만들어야 하는 성화의 과정에 있다. 한 마디로 성도들에게 있어서 이 세상은 신앙생활을 실천하는 무대이므로 모든 성도는 하나님의 뜻을 구

현해 내어야 하는 의무를 지닌다. 그래서 바울은 "너희가 부르심을 받은 일에 합당하게 행하라"(4:1)고 조언함과 동시에 "오직 사랑 안에서 참된 것을 하여 범사에 그에게까지 자랄지라 그는 머리니 그리스도라"(4:15)고 가르쳤다. 다만 성도는 "이방인처럼 행하지 말아야 하고"(4:17), "썩어져 가는 구습을 따르는 옛사람을 벗어버리고 새 사람을 입어야 하며"(4:22~24), "무엇보다 하나님을 본받아야 한다"(5:1)고 호소했다.

3) 그리스도 안에서

에베소서에는 바울의 신학 사상을 한마디로 요약하는 '그리스도 안에서'(엔 크리스투스)라는 용어가 무려 35회나 등장한다. 성도들은 그리스도 안에서 택함을 받고(1:4), 하나님의 아들이 되었고(1:5), 죄 사함을 받고(1:7), 하나님의 유업을 이을 자가 되었고(1:11), 그분의 영광을 드러내는 찬송이 되었고(1:12), 성령으로 말미암는 약속의 보증을 받았으며(1:13), 종말로 성도들은 그리스도 안에서 약속에 참여하였으며(3:6), 하나님께 담대히 나갈 수 있게 되었다(3:12)고 설명한다.

5. 내용 구성

1막 / 1:1~3:21	2막 / 4:1~6:24
하나님의 은혜와 성도의 영적 특권	실천적 삶
- 구원의 은총, 선택(1:1~6) - 예수 그리스도의 구속(1:7~12) - 성령의 인 치심(1:13~14) - 바울의 기도(1:15~23) - 현재와 과거의 비교(2:1~10) - 유대인과 이방인의 관계(2:11~22) - 교회의 신비에 대한 계시(3:1~13) - 바울의 기도(3:14~21)	- 교회의 통일성(4:1~11) - 성령 은사의 목적(4:12~16) - 옛사람, 새사람(4:17~29) - 성령을 근심케 말라(4:30~5:12) - 빛의 자녀와 성령 충만(5:13~21) - 온전한 가정생활(5:22~6:9) - 성도의 싸움(6:10~20) - 결론(6:21~24)

〈빌립보서〉

1. 시대적 배경

1) 빌립보는 BC 356년, 알렉산더 대왕의 아버지이자 마게도니아의 왕이었던 빌립 2세가 "작은 샘들'이라는 뜻을 가진 크레니데스를 점령한 후 자신의 이름을 따 붙인 이름이다. 이 도시에는 금광이 많았는데 빌립 2세는 이곳에서 캐낸 금으로 자신의 군대를 유지하고 계속해서 정복 전쟁에 드는 비용을 충당했다.

2) BC 168년, 로마의 장군 파울루스가 피드나 전투에서 승리하고 마게도니아를 점령함으로 빌립보는 자연히 로마에 속하게 되었다. 이후 마게도니아는 로마의 여섯 번째 지방으로 편입되었고 빌립보는 단순한 정착 도시로 전락했다. BC 42년, 로마의 내전 때, 안토니우스와 옥타비아누스 연합군이 반대파인 브루투스와 카시우스 연합군을 이곳에서 격퇴했는데 이후 황제가 된 옥타비아누스(아우구스투스)가 전쟁 승리를 기념하기 위해 이곳을 식민지로 삼고 군사기지로 만든 다음, 모든 시민에게 로마시민의 자격을 부여했다. 그리하여 빌립보 사람들은 공물을 바치지 않아도 되었고 사유재산권을 인정받았으며 자치행정권을 가지는 등 정치적인 특권을 누리게 되었다.

2. 빌립보 교회(행16:12~40)

1) 바울이 2차 전도여행 중에 환상을 보고 마게도니아로 건너가서 복음을 전한 최

초의 도시이다(행 16:9~12). 이곳에서 바울은 약 3주간 유하며 복음을 전했다. 군사도시라는 특성으로 이곳에는 유대인들의 회당이 없었다. 그래서 바울은 문밖 강가에 모여 있던 여자들에게 다가갔고 그곳에서 바울은 두아디라 출신의 자주장사 루디아를 만나 그녀와 가족에게 세례를 주고 그 집에 유했다(행 16:14). 아마 빌립보교회는 루디아의 집에서 시작된 것으로 보인다. 바울과 실라는 점치는 귀신들린 여종 사건으로 감옥에 수감되고, 밤중에 지진이 일어나 간수와 그 가족에게 세례를 준다. 로마시민을 무고하게 옥에 가둔 것이 드러나자 상관들은 바울을 선대하며 빌립보를 떠날 것을 권한다. 이 일로 아마 바울은 빌립보의 교인들에 대한 핍박을 못하도록 요구했으며 이후 빌립보 교인들은 핍박을 면했다고 전해진다.

2) 3차 여행 때 바울은 이곳을 재방문했다(행 20:1, 6). 바울은 빌립보 교인들을 가리켜 "사랑하고 사모하는 형제들, 나의 기쁨이며 면류관인 사랑하는 자들"(4:1)이라며 애정을 표했다. 이후 바울이 로마 감옥에 수감되자 빌립보교회는 에바브로디도 편에 헌금을 보냈는데(4:18) 적어도 2회 이상 헌금했다(4:16). 그러나 로마에 도착한 에바브로디도가 사경을 헤매자 빌립보교회의 대표들이 로마로 달려왔다. 약 1년 뒤 건강을 회복한 에바브로디도와 빌립보 교인들이 고향으로 떠날 때 바울은 이 편지를 써서 보냈다. 이후 바울은 로마 법정의 판결을 받아 사형당한 것으로 보인다(2:20~26).

3. 내용 요약

1) 바울의 복음 전도에 처음부터 동참하고 헌금을 보내준 교인들에게 감사와 사랑의 인사를 한다.

"내가 너희를 생각할 때마다 나의 하나님께 감사한다"(1:3)

"너희가 내 마음에 있음이며"(1:7)

"내가 예수 그리스도의 심장으로 너희 무리를 얼마나 사모하는지 하나님이 내 증인이시니라"(1:8)

"그러므로 나의 사랑하는 자들아 너희가 나 있을 때뿐 아니라 더욱 나 없을 때에도 항상 복종하여 두렵고 떨림으로 너희 구원을 이루라"(2:12)

"그러므로 나의 사랑하고 사모하는 형제들, 나의 기쁨이요, 면류관인 사랑하는 자들아 이와 같이 주 안에 서라"(4:1)

"빌립보사람들아, 너희도 알거니와 복음의 시초에 내가 마게도냐를 떠날 때에 주고 받는 일에 참여한 교회가 너희 외에 아무도 없었느니라"(4:15)

"내게는 모든 것이 있고 또 풍부한 지라 에바브로디도 편에 너희가 준 것을 받으므로 내가 풍족하니 이는 받으실 만한 향기로운 제물이요, 하나님을 기쁘시게 한 것이라"(4:18)

2) 투옥된 자신의 근황을 알리며 오히려 이것이 복음을 전파하는데 더욱 효과적인 일이 됨을 설명한다.

"내가 쇠사슬에 매인 사신이 된 것은 나로 이 일에 당연히 할 말을 담대히 하게 하려 하심이라"(엡 6:20)

"형제들아 내가 당한 일이 도리어 복음 전파에 진전이 된 줄 너희가 알기를 원하노라"(1:12)

"나의 매임이 그리스도 안에서 모든 시위대 안과 그 밖의 모든 사람에게 나타났으니, 형제 중 다수가 나의 매임으로 말미암아 주 안에서 신뢰함으로 겁 없이 하나님의 말씀을 더욱 담대히 전하게 되었느니라"(1:13~14)

당시 로마 궁정 수비대는 약 9,000명으로 윤번제로 돌아가며 보초를 섰는데 바울은 보초가 바뀔 때마다 그들에게 복음을 전했으며 이들 중 상당수가 주를 믿었고, 성 밖에 있는 그들의 가족들을 통해 복음이 로마 전역으로 전파되었다. 이때 복음 전파를 하면서 다른 사람보다 더 많이 하려는 동기를 가지고 시기와 투기를 하며 복음을 전파하는 사람들도 있었던 모양이다. 그러나 바울은 6:18에서 무슨 방도로 하든지 전파되는 것은 그리스도라면서 기뻐했다.

3) 그리스도를 본받아 더욱 신앙의 진보를 이룰 것을 권면했다.

"마음을 같이하여 같은 사랑을 가지고 뜻을 합하여 한마음을 품어, ~ 오직 겸손함으로 남을 낫게 여기고, ~ 다른 사람의 일을 돌아보아"(2:1-4)

"너희 안에 예수 그리스도의 마음을 품으라. 그는 근본 하나님의 본체~ 자기를 비워 종의 형체를 가지사 사람이 되었고~ 낮추시고, 십자가에 죽으시고, 하나님이 모든 이름 위에 뛰어난 이름을 주사~ 모든 무릎을 예수의 이름에 꿇게 하시고,~ 모든 입으로 예수 그리스도를 주라 시인케 하시다"(5~11)

"항상 복종하여 두렵고 떨림으로 너희 구원을 이루라~ 원망과 시비가 없이~ 하나님의 흠 없는 자

녀로 세상에서 빛들로 나타나며~ 생명의 말씀을 밝혀라"(2:12~21)

"나를 본받으라"(3:17)

"나는 자족하기를 배웠나니, 나는 비천에 처할 줄도 알고, 풍부에 처할 줄도 알아~ 일체의 비결을 배웠노라"(4:11-12)

"땅의 일을 생각지 말고, 하늘의 일을 생각하라"(3:19~20)

"주 안에 서라"(4:1)

"내게 능력 주시는 자 안에서 내가 모든 것을 할 수 있느니라"(4:13)

4) 율법주의에 대한 경각심을 강조했다.

"개들을 삼가고, 행악하는 자들을 삼가라"(3:2)

"육체를 신뢰하지 않는 우리가 할례파라"(3:3)

"나는 8일 만에 할례받고, 이스라엘 족속, 베냐민 지파, 히브리인 중의 히브리인, 바리새인이다"(3:5)

"그리스도를 위하여 다 해로 여긴다"(3:7)

"그리스도를 아는 지식이 가장 고상하다~ 다른 것은 배설물로 여긴다(3:8)

"내가 가진 의는 율법에서 난 것이 아니요, 믿음으로 하나님께로부터 난 의다"(3:9)

"푯대를 향해 부름의 상을 위하여 달려가노라"(3:14)

4. 중심 메시지

1) 영원한 그리스도

바울은 죽음을 앞둔 시점에서 감옥으로 찾아온 교인들에게 마지막으로 "내게 사는 것이 그리스도니 죽는 것도 유익하다"(1:21)는 말로 오히려 죽음에 대한 독특한 개념 정립과 함께 남은 자들에 대한 애정과 신앙의 독려를 하고 있다. 비록 몸은 죽어도 내 안에 있는 그리스도로 말미암아 성도는 영원히 죽지 않음을 역설적으로 설명하면서 영원하신 그리스도를 의지하고 그리스도의 마음을 품고 살라고 조언한다(2:5).

2) 그리스도를 아는 지식

빌립보교회 안에도 하나님의 자비를 믿기보다 할례를 강조하는 유대주의자들이 여전히 활동하고 있음을 안타까워하며 '개들'을 조심하라고 조언한다(3:2). 그런 다음 자신은 주 그리스도를 아는 지식이 가장 고상하기에 나머지 모든 것을 배설물로 여긴다고 고백했다(3:8).

5. 내용구성

1막. 현재의 상황(1장)	2막. 권면(2-4장)
투옥이 오히려 복음전파에 도움이 된다	그리스도의 마음을 품으라(2장) 그리스도를 아는 지식을 가져라(3장) 그리스도의 화평을 나누라(4장)

〈골로새서〉

1. 배경 설명

1) 소아시아의 서남쪽에 위치한 도시로 동서교통의 요충지였으며 종교와 철학 등이 흥왕했고, 라오디게아, 히에라볼리와 함께 번성을 누렸다. 그러나 인구가 감소하고 옛날의 영화가 쇠퇴하자 시리아의 안티오쿠스 왕이 이곳에 2천여 명에 달하는 유대인들을 강제로 이주시켰다고 한다. 후에 이들이 골로새교회에 유대주의적 이단 사상을 퍼트린 사람들이다(2:16). 바울은 이곳을 직접 방문한 적은 없다. 아마 골로새교회는 바울의 제자인 에바브라가 세운 것으로 본다(골 4:12~13).

2) 골로새교회에 잘못된 철학, 유대적 의식주의, 천사숭배의 신비주의, 금욕주의 등 이단이 성행하고 있다는 소식을 접한 바울은 로마 감옥에서 이단을 배격하고 바른 기독론을 확립키 위해 AD 62~63년경 이 서신을 친필로 기록했다(4:18). 거의 동시에 기록된 에베소서와 문체 및 내용이 유사하나 에베소서가 교회론을 다룬 것이라면 골로새서는 기독론을 중점적으로 다루고 있다.

3) 골로새 교인들은 그리스도만으로 무언가 부족하다고 생각하고 그것을 보충하기 위해 비본질적인 것들, 즉 외형적이고 형식적이며 신비한 것들에 관심을 쏟고 있었다. 이에 대해 바울은 그리스도는 탁월성과 충족성(신성의 모든 충만이 육체로 거하시고/2:9)으로 성도에게 모든 영적, 실질적 욕구를 채워 주심으로(지혜와 지식의 모든 보화/2:3) 이러한 이단 사상이 필요없다고 강조했다. 즉 그리스도의 뛰어나심과 만물의 중심 되심을 밝힘으로써 그분만이 우리의 푯대가 되심을 논증

하고(1~2장), 따라서 성도는 그분에게만 복종해야 함을 권고한다(3~4장).

2. 주요 메시지

1) 기독론

골로새서에는 그리스도에 대한 기독론이 잘 서술되어 있다. 이는 예수님의 신인 양성을 부정하는 이단 사상에 대한 변론으로 예수 그리스도의 양성에 대해 잘 진술하고 있다. 바울은 여기서 그리스도는 하나님의 아들이요(1:13), 구속주이며(1:14), 하나님의 형상이자(1:15), 만물보다 선재하신 분이요(1:15), 창조주이시며(1:16), 교회의 머리(1:18), 첫째 부활(1:18), 만물의 으뜸(1:18), 성부의 신성이 충만하신 분(1:19), 화목제물(1:22), 성도의 소망(1:27), 하나님의 비밀(2:2), 지혜와 지식의 보화(2:3), 정사와 권세의 머리(2:10), 성도의 생명(3:4), 만유이시며 만유 안에 계신 분(3:11)으로 묘사한다.

2) 실천적인 의무들

특히 육체의 할례, 음식의 규례, 특별한 절기의 준수가 구원과 관계있다고 주장하는 유대주의자들을 의식하고 "그런 철학과 헛된 속임수에 속지 말라"고 충고했다(2:8). 그리스도인은 "손으로 할례를 받은 것이 아니라 그리스도의 할례를 받은 것"이므로(2:11) "사람의 명령과 가르침을 따르지 말라"(2:22)고 하였다. 아울러 바울은 "옛사람을 벗고(3:5~11) 새 사람을 입을 것"(3:12~17)을 충고하고 거룩함에 이르는 개인의 의무들을 나열함(3:18~4:6)으로써 신자로서의 실천적인 삶을 독려했다.

3. 내용구성

1막. 1~2장	2막. 3~4장
그리스도의 우월성	그리스도에 대한 복종
문안 인사와 감사(1~8절) 기도(9~14) 뛰어나신 그리스도(1:15~2:3) ~ 만물 중에 뛰어나심(15~18), 구속의 중심(19~23), 교회의 머리 되심(24~2:3) 거짓 교사들의 가르침(2:4~23) ~ 공교한 말: 이성주의(4~7), 헛된 철학(8~10) ~ 사람들의 판단: 형식주의(11~17) ~ 천사숭배: 신비주의(18~19) ~ 금욕주의, 초등학문(20~23)	신자의 지위 ~ 위의 것을 찾으라(3:1~4) 신자의 행위 ~ 옛사람을 버리라(5~11), 새사람의 삶을 살라(12~17), 가정생활(18~21), 사회생활(3:22~4:1), 공공생활(4:2~6) 등 결론(4:7~18) ~ 두기고의 칭찬, 바울과 동료들의 인사, 서신의 소개 부탁 등

〈빌레몬서〉

1. 배경설명

1) 빌레몬은 에베소에서 바울로부터 복음을 듣고 신자가 되었으며, 골로새에 있는 자기 집에 교회를 설립하고 아내 압비아와 아들 아킵보[26]와 함께 주를 섬기고 있었다. 이런 빌레몬을 바울은 동역자라고 부르며(1:1) 존대하고 있다.

2) 그런데 빌레몬의 노예였던 오네시모라는 사람이 바울에게로 도망쳐 왔다. 이에 바울은 그를 빌레몬에게 다시 돌려보내면서 그를 용서할 것을 간곡히 당부하기 위해 이 편지를 쓰게 되었다. 이 편지는 옥중서신의 하나로 AD 62년경 1차 투옥 중 쓴 것으로 초대 교부들은 한결같이 바울을 저자로 인정하고 있다. 당시 바울은 눈이 나빠 거의 모든 편지를 대필케 하고 마지막 끝 인사말만 자신의 필체로 썼는데 글씨체가 크고 악필에 가까워 누가 보아도 바울의 글씨임을 알 수 있었다고 전해진다.

2. 주요 특징 및 메시지

1) 가장 짧은 편지

빌레몬서는 바울의 서신서 중 가장 내용이 짧고(25절) 개인적인 내용을 담고 있다.

---

26) 아킵보는 이미 주 안에서 봉사의 직분을 맡았을 정도로 성숙한 나이의 사람이었으므로(골 4:17) 아버지 빌레몬의 나이가 적지 않은 것으로 추정한다. 바울이 자신을 '나이가 많은 나 바울'(몬 9)라 소개함은 아마 빌레몬의 나이를 의식한 말인 것으로 본다. 그리하여 바울은 빌레몬을 '사랑받는 자'(몬 1) 혹은 '동역자'(몬 1), '형제'(몬 7, 20)로 호칭했다.

2) 갇힌 자

다른 편지에서 바울은 자신을 '사도' 혹은 '그리스도의 종'으로 소개하는 데 반해 여기선 자신을 '그리스도 예수를 위하여 갇힌 자'로 소개한다. 이러한 접근은 아마 자신의 악화된 처지를 강조함으로서 오네시모를 용서해 달라는 부탁을 빌레몬이 거절하지 못하도록 하는 방편으로도 해석된다.

3) 용서

바울은 비록 노예의 신분일지라도 그리스도 안에 있으면 한 형제이며 사랑 안에서 서로 용납하고 받아들여야 함을 강조한다. 이런 주장은 당시 노예제도가 당연시되고 노예에 대한 엄중한 처벌 조항이 있는 현실에 비추어 매우 이례적인 요구에 해당하는 것이었다. 더욱이 오네시모는 그냥 도망친 노예가 아니라 주인의 재산을 훔쳐 도망한 범죄인이었으므로 이런 자에 대한 처벌은 지극히 당연한 일이었다. 그러나 바울은 용서야말로 기독교의 참된 정신이자 가치임을 역설한다. 그는 죄로 인해 죽을 수밖에 없던 인류를 구원하시기 위해 자신의 몸을 십자가에 던져 대속의 죽음을 택하신 그리스도의 참된 용서와 아가페적 사랑을 배워야 함을 교훈했다.

3. 내용구성

1막. 1~7절	2막. 8~16절	3막. 17~25절
빌레몬의 선행에 대한 감사	오네시모를 위한 당부	오네시모의 부채에 대한 변제 약속
- 동역자 빌레몬 - 압비아, 아킵보, 가정교회 - 성도에 대한 사랑과 믿음 - 선행, 평안, 기쁨과 위로	- 사랑의 간구 - 갇힌 중에 낳은 아들 - 무익과 유익 - 내심복 - 자의로 하는 선행 - 사랑받는 형제로 대하라	- 동무와 영접 - 부채를 내게 회계하라 - 순종과 확신 - 처소를 예비하라 - 에바브라, 마가, 아리스다고, 데마, 누가

〈디모데전서〉

1. 배경설명

1) AD 63년경에 로마 감옥에서 석방된 바울은 약 3~4년 동안 동방으로 다시 전도 여행을 떠났다. 이때 에베소교회와 그레데교회에서 목회를 하고 있던 아들 같은 두 제자 디모데와 디도에게 각각 편지를 쓰게 되는 데, 18세기에 이르러 이 편지들을 '목회서신'이라고 이름을 붙였다.

2) 당시 에베소교회에는 유대주의적 영지주의 거짓 교사들이 잘못된 교리를 가르치고 있었다. 이에 바울은 그들을 엄히 징계할 것을 주문하는 한편 다소 유약한 디모데에게 담대한 믿음을 가지고 목회에 전념하라고 권면했다.

3) 디모데는 '하나님을 경외하다'라는 뜻이다. 더베 출신(행 16:1)으로 그의 아버지는 헬라인이었고(행 16:1), 어머니 유니게는 유대인(행 16:3)이었다. 어릴 때부터 외조모 로이스와 어머니로부터 경건한 신앙교훈으로 양육 받았다(딤후 1:5). 아버지가 헬라인이었기에 그는 할례를 받지 않았지만 훗날 바울은 그가 복음을 전하기 위해 할례를 받도록 했다(행 16:3). 그는 바울의 1차 전도여행 때 더베에서 행한 설교를 듣고 회심했다(행 14:6~7). 바울은 그를 믿음으로 낳은 아들이라 했다(고전 4:17, 딤전 1:2, 딤후 1:2). 2차 전도 여행 때 실라와 함께 동참했으며, 이후 바울의 신실한 동료로서 때로 옥에 갇힌 바울을 대신하여 목회사역을 담당했다(행 19:22,

살전 3:1~2). 인간됨이 충성되고 성실하나(고전 4:17, 빌 2:19-23), 소심하고 허약한 육체를 가지고 있었다(딤전 5:23). 디모데는 바울의 여섯 편지에 바울과 공동 저자로 등장한다(고후 1:1, 빌 1:1, 골 1:1, 살전 1:1, 살후 1:1. 몬 1:1). 또한 그는 바울에게서 두 편의 편지를 받았다. 바울이 임종이 가까이 왔을 때에도 바울로부터 속히 오라는 부탁을 받았다(딤후 4:9). 도미티안 황제(AD 81~96) 혹은 네르바 황제 때(AD 96~97) 순교했다고 전해진다.

2. 기록 목적

1) 이단의 배격

당시 영지주의가 교회에 들어와 사상적인 동요를 일으키고 있었으므로(딤전 1:4~7, 4:1~3, 6:3~5) 이에 대해 바른 신앙을 가르칠 필요가 있었다.

2) 디모데의 목회사역의 지원

심약한 디모데가 목회 사역의 책임을 잘 감당할 수 있도록 여러 조언이 필요했다. 이를 10가지로 정리하면 다음과 같다.

① 신화와 끝없는 족보에 착념치 말라(1:4)
② 청결한 마음, 선한 양심, 거짓이 없는 믿음(1:5), 믿음과 착한 양심(1:19)
③ 모든 사람을 위하여 간구, 기도, 도고, 감사를 하라(2:1)
④ 모든 경건, 단정함, 고요, 평안한 생활(2:2)
⑤ 하나님의 말씀과 기도로 거룩하여짐이라(4:5)
⑥ 오직 말과 행실과 사랑, 믿음, 정절에 본이 되라(4:12)
⑦ 읽는 것, 권하는 것, 가르치는 것에 전념하라(4:11, 13)
⑧ 받은 은사를 가볍게 여기지 말고(4:14), 성숙하라(4:15). 네 자신을 살피라(4:16)
⑨ 자족하는 마음(6:6)
⑩ 의, 경건, 믿음, 사랑, 인내, 온유, 믿음의 선한 싸움을 하라(6:11~12)

3. 내용구성

1장	2-3장	4장	5장	6장
인사 거짓교사들 (3-11절) 사역의 완수	공중기도의 중요성 (1-8) 여자의 역할(9-15) 감독, 집사(3:1-13)	거짓교사들 에 대한 경계	교회 행정 권징 성도들과의 관계	교인들의 물질관, 축복관 목회자의 의무

<참고> 목회서신

　사도 바울은 AD 63년경에 약 2년 동안의 가택연금에서 벗어나 재투옥되기 까지 약 4년 동안 자유의 몸이 되는데 이때 사랑하는 두 아들 디모데와 디도에게 교회를 지도하고 다스리는데 요구되는 목회 지침을 주기 위해 디모데전서와 후서, 그리고 디도서를 기록했다. '목회서신'이라는 이름은 독일 신학자 파울 안톤(Paul Anton)이 처음으로 명명했다. 당시 디모데는 에베소교회에서 목회를 하고 있었고 디도는 그레데교회에서 목회를 하고 있었다.

　목회서신의 주요 내용은 주로 세 가지로 정리된다.
① 이단을 조심하고 배격하여 교회의 순수성을 보존하라는 가르침이다(딤전 1:4, 딤후 2:8, 딛 1:14). 여기서 지목하는 이단은 골로새교회를 엄습한 영지주의 등을 가리킨다.
② 교회의 직분자에 대한 지침을 주고 있다. 당시 교회 조직의 핵심인 장로와 집사 직분자들의 자격과 임명하기 전 검증방법에 대래 거론한다(딤전 3:1~13, 딛 1:5~9).
③ 교회 공동체를 구성하는 각 지체들, 곧 청년과 과부와 노인들에 대한 신앙 지침을 주고 있다.

⟨디도서⟩

1. 배경 설명

1) 사도 바울은 2년간의 수감을 마치고 AD 63년경에 자유의 몸이 된다. 그는 석방되자마자 여태 가보지 못하던 지역을 순회하며 다시 복음을 전파하기 시작했다. 이때 서머나를 비롯하여 유럽 일대와 그리스 지역 일대를 돌아보았다는 전승이 있다. AD 66년경에 이르러 그리스 지역, 혹은 마게도니아 지역을 순회하던 중 바울은 사랑하는 믿음의 아들 디모데와 디도를 생각하고 각각 그들에게 적합한 목회서신을 보내어 험난한 목회사역을 지도하고 격려하기로 했다.

2) 당시 디도는 그레데교회를 책임지고 있었는데, 당시 그레데교회는 거짓 교사들의 가르침으로 인해 도덕적으로 타락하였고(딛 1:12~16), 교리적으로 심각한 이단의 공격을 받았다(딛 1:10~11). 바울은 거짓 교사들을 경계하고 그레데교회를 진리 가운데 바르게 세우며(딛 1:5~16), 교회의 질서를 바르게 잡고(딛 2:1~15), 성도들의 올바른 삶을 가르치기 위해 이 글을 썼다. 당시 그레데 사람들은 항상 거짓말하고 악하고 배만 위하는 짐승으로 평가를 받고 있었다(1:12).

3) 디도는 바울의 충실한 동역자이자 믿음의 아들이었다. 디도는 AD 49년경 예루살렘 공의회에 참석하러 간 바울과 바나바를 동행한 이방인으로 등장한다. 이 회의의 주제는 할례가 이방인 그리스도인들에게도 요구되어야 하느냐 하는 문제였다(행15:2). 그러나 바울은 억지로 할례받는 것을 반대했다(갈2:3). 그는 바울의 3

차 여행 때 바울의 편지를 들고 고린도 교회에 갔다(고전 1:6). 후에 디도는 드로아에서 바울을 만나기로 했지만 만나지 못하였고(고후 2:12~13), 마게도니아에서 바울을 만나(고후 7:5~7) 고린도 교회의 상황을 보고했다. 그리고 디도는 예루살렘 교회를 위한 헌금을 모으는 일을 수행하기 위해서 자원하여 고린도에 갔다(고후 8:6~24). 이후 그는 바울의 명에 따라 그레데 사람들에게 전도하였으며 그곳에 남겨져 장로들을 세우고 교회를 돌보는 일을 담당했다(딛 1:5). 그후 바울에 의해 니고볼리로 오도록 요청받았으며(딛 3:12), 전승에 따르면 훗날 달마디아(유고슬라비아)로 가서 복음을 전한 것으로 알려져 있다. 한편 디도는 네 서신(고후, 갈, 딤후, 딛)에 등장하지만 사도행전에는 등장하지 않는다. 그 이유는 디도가 누가의 친척이기 때문일 것으로 추정한다(고후 8:18~19, 22~23)

2. 주요 특징 및 메시지

1) 특징

이 서신은 바울을 대신하여 그레데 섬[27]에서 목회하는 제자이자 아들인 디도에게 목회의 지침을 알리고자 쓴 글이다. 같은 시기, 같은 장소에서 바울에게 같은 의미를 지닌 두 아들에게 보낸 두 편지인 디모데전서와 디도서는 많은 점에서 닮았다. 다만 디도서에는 어쩌면 디모데보다 더 마음이 쓰이는 아들 디도를 향한 바울의 사적인 글이 더 담겨 있는 것이 특이하다. 짧은 내용이지만 서두에 문안 내용이 길고 선택과 영생, 그리스도의 신성 등 신학적인 논조가 짙고(1:1~4), 예수 그리스도의 재림(2:11~14)과 구원론(3:3~7)을 명확하게 제시하고 있다.

---

[27] 지중해 동편에 있는 섬으로 일찍이 미노아 문명에 형성한 곳으로 지중해 무역의 중심지가 되었다. 길이가 약 250km, 폭이 11~56km에 이르는 큰 섬이다. 구약에서 갑돌이라 불린 이 섬의 사람들은 오순절 행사에 참석하기 위해 예루살렘을 방문했다고 기록되어 있다(행 2:11). 바울을 압송한 채 로마로 가던 배는 그레데 섬을 지나 항해했다(행 27:17). 바울은 어떤 선지자의 말을 빌려 그레데 사람들에 대해 "항상 거짓말을 하고 악한 짐승이며 배만 위하는 게으름뱅이"(딛 1:12)라고 소개했다. 이 섬에 바울은 디도를 남겨두어 교회를 개척하도록 독려하면서 각 성에 장로를 세우라고 했다(딛 1:5).

2) 장로를 세우라

　여기서 바울은 장로의 선발 기준에 대해 구체적으로 밝힌다(1:6). 첫째, 책망할 것이 없어야(above reproach)한다. 특히 이 말은 신앙에 있어서 장로는 믿음의 본이 되어야 함을 역설한 것이다. 둘째, 한 아내의 남편(the husband of one wife)이어야 한다. 당시 일부다처제가 다반사였던 사회에서 일부일처제의 주장은 시대를 앞서가는 개혁의 나팔이었다. 셋째, 방탕하다(debauchery)는 비난을 받지 않아야 한다. 이것은 술과 도박과 음란한 성적 행위에 관한 것을 염두한 지침이다. 당시 사회가 얼마나 방탕한 사회였는가를 생각할 때 적어도 교회의 장로는 세속적이지 않아야 한다는 것을 교훈한다. 넷째, 믿음의 자녀를 두어야 한다. 장로의 자녀들이 도덕적으로 비난을 받는 행동을 하거나 믿음을 떠나 불순종할 경우, 그런 자녀를 잘못 가르친 사람은 장로가 될 수 없다고 한 것이다. 그만큼 성경을 통해 하나님은 자녀교육의 중요성을 역설하신 것이다.

3. 내용구성

1막. 장로의 임명(1장)	2막. 일반적 권면(2~3장)
1) 인사, 선택, 영생, 신성 등(1~4절) 2) 장로, 감독의 자격(5~9) 3) 거짓 교사들(10~16)	1) 건전한 교리(2:1~15) 2) 선한 일을 힘쓰라(3:1~11) 3) 결어(3:12~15)

〈디모데후서〉

1. 배경 설명

1) 바울이 로마 감옥에서 사형집행을 눈앞에 두고 기록한 최후의 서신이다. 예루살렘에서 체포되어 로마로 압송된 바울은 약 2년간(AD 61~63) 개인 가택에서 연금 생활을 한다(1차 투옥). 이후 바울은 약 3~4년간 다시 자유를 얻게 되고 이때 바울은 미처 가보지 못했던 아시아와 유럽지역을 순방한 것 같다(혹자는 이 기간에 바울이 스페인에 간 것으로 추정한다).

2) 그러나 네로황제가 통치하던 64년에 로마에는 큰 화재가 발생했다. 로마시의 12구역 중 10개 구역이 불에 탈 정도로 사상 초유의 초특급 화재사건이었다. 로마당국은 이 모든 원인을 그리스도인들에게로 돌리고 이때부터 기독교에 대한 박해를 본격적으로 시작했다. 이때 로마에 살던 거의 모든 그리스도인들이 체포되었다. 그들은 원형경기장으로 끌려가 사자의 밥이 되거나, 몸에 콜타르를 묻힌 채 십자가에 매달려 불에 타 죽거나, 절벽 아래로 떨어져 죽거나, 목이 베어 죽었다. 이러한 어수선한 분위기 속에 바울도 다시 체포되어 감옥에 수감되었다. 가택에 연금되었던 1차 투옥 때와는 달리 이번에는 습기 찬 지하 감옥에서 사슬에 묶인 채로 지냈다(딤후 4:6~8). 시기적으로 AD 66년 혹은 67년이며 이때 목회서신들을 쓴 것으로 본다. 결국 로마는 바울을 이 모든 사회적 혼란의 주범으로 지목하고 그를 사형시켰다.

3) 본서는 오늘날까지 전해진 바울의 서신들 중 최후의 것으로 알려졌다. 본서에는 죽음을 앞둔 노 사도가 자신의 인생을 담담하게 회고하면서 남겨진 아들을 향해 마지막 목회적 지침과 주옥같은 권면의 당부를 주고 있다. 특히 에베소에서 어렵게 목회하고 있는 디모데를 위로하고 그에게 새로운 힘과 용기를 주고자 하는 아비의 마음이 정감있게 그려지고 있어 가슴을 뭉클하게 한다. 알다시피 디모데는 소심한 성격뿐 아니라 연약한 육체로 인해 바울의 마음을 저리게 하는 아들이자 제자였다. 그런 디모데를 바울은 '그리스도의 좋은 군사'(2:3)라 부름으로써 목회 사역 자체가 영적 전투임을 각성시키고 이 전투에서 승리할 것을 독려하고 있다.

2. 주요 메시지

1) 자녀교육의 중요성[28]

가정은 신앙교육의 장으로 하나님의 창조 질서를 유지 발전시키는 1차적인 교육기관이며 교회의 원형이다. 따라서 자녀를 하나님의 자녀로 양육하는 근본적인 책임은 가정에 있으며 자녀들의 성품과 태도 및 인격 및 가치관 등은 올바른 가정교육을 통해 형성되는 것이다. 더불어 자녀를 신앙으로 올바르게 교육하는 것은 하나님의 명령이며 복음 전파 사역과 신앙적 유산을 물려주는 과업이 된다. 특히 자녀에 대한 부모의 가치관이 정립되어야 한다. 자녀는 하나님께서 주신 은총의 선물로 자신의 혈통적인 자녀이기 이전에 하나님의 자녀라는 점을 명심해야 한다. 즉 자녀는 자신의 소유물이거나 자신의 분신이거나 자신의 인생을 대리하는 객체가 아니라 모든 자녀들 일체가 하나님의 소유로서 하나님과 직접적인 관계를 맺고 있는 주체적 존재임을 인지해야 한다. 그러므로 모든 부모들은 자신의 자녀를 그리스도의 진리 안에서 양육하고 올바른 인격을 형성할 수 있도록 최선의 노력을 기울여야 한다. 특히 자녀를 자신의 분신으로 보고 잘못된 애정을 쏟거나 집착하는 행위는 하나님에게 불순종하는 일임을 명심해야 한다. 무엇보다 부모는 자녀들 앞에서 신행일치를 보임으로써 자녀가 부모를 따라 자발적으로 순종할 수 있도록

---

[28] 자녀교육과 부모의 역할에 대해 알고싶다면 엘리자베스 여왕 시대의 유명한 청교도였던 리차드 그린햄 (1531~1591, Richard Greenham)의 〈자녀교육〉과 〈부모에 대한 충고〉를 참조하라.

인도해야 한다(요 1:35~37, 3:30, 6:60~71).

2) 바람직한 목회자 상

바울 서신서 전체에 걸쳐 공통적으로 언급되는 것 중 하나가 바로 목회에 대한 바울의 가치관과 가르침이다. 이는 단적으로 목회자의 중요성을 증명하는 것이다. 설교자로서, 또는 교회의 교사로서 그리고 치리자와 상담자와 조력자로서 목회자의 위상과 역할은 교회 사역에 있어서 핵심이다. 물론 목회자의 위상이 중요하고 특별하다고 해서 목회자가 신분상으로 남달라 다른 대우를 받아야 한다는 뜻이 아니다. 다시 말해 목회자가 된 이후부터 무슨 영적, 종교적 특권이나 권위를 독점할 수 있다는 것도 아니다. 오히려 성경은 직분을 맡았다는 것 자체가 곧 구원과 상급의 보장이 아님을 명심하여 더욱 근신하고 지도자로서의 책무를 다하라고 가르친다.

한편으로 모든 성도는 목회자가 될 수 있는 자격을 가진 사람들이다. 그렇다 해도 모든 사람이 목회자로 소명 받은 것은 아니며, 또 능력과 자질을 갖추고 교회의 안수를 받은 것도 아니다. 목회자는 성도들 중에서 하나님의 소명을 받은 자로서 하나님에 의해 목회 사역자로 임명을 받은 자이다. 그래서 바울은 목회 일선에서 헌신하고 있는 목회자를 성도들이 순종과 공경을 하는 것이 마땅함을 강조한다. 결론적으로 목회자는 자신의 사상이나 주장을 가지고 사역을 수행하는 자가 아니라 오직 하나님의 말씀에 의지해서 사역을 수행하는 자로서 그 사역 자체는 참으로 고귀하고 영광스러운 것으로 인정받고 존중받아야 한다. 즉 목회자라는 사람이 아니라 목회사역 그 자체가 바로 하나님의 뜻이며 영광을 드러내는 방편이기에 목회자를 존중하라는 것이다.

바울은 바람직한 두 유형의 목회자 상을 소개한다. 하나는 종의 유형이고 다른 하나는 지도자의 유형이다. 목회자는 교회의 지도자인 동시에 군림하는 제왕이 아니라 만민을 섬기는 종으로서 봉사해야 하며, 종이되 비굴하거나 맹종하는 아랫사람이 아니라 성도들에게 비전과 용기와 지혜를 베푸는 지도자가 되어야 한다고 역설한다. 즉, 종으로서 목회자는 겸손과 신실한 자세를 강조하고 지도자로서의 목회자는 능력과 품격과 권위로 무장해야 한다는 것이다.

3) 종말론

본서에는 말세의 고통하는 때에 대한 예고와 가르침이 소개되어 있다(3:1~17). 바울은 여기서 말세의 때에 나타날 몇 가지 징조들을 예고한다. 먼저 사람들의 형편을 소개한다. 말세의 사람들은 자기를 사랑하고(자기애, 자기중심주의), 다음으로 돈을 사랑하고(배금주의), 자랑하고(자고), 교만하고, 비방하며 부모를 거역하고(개체주의, 자아독립주의), 감사하지 않으며(욕구불만과 분노조절장애), 거룩하지 않고, 무정하고, 원통함을 풀지 않으며, 모함하고, 절제하지 못하고, 사납고, 선한 것을 좋아하지 않으며(악행과 비양심), 배신하고, 조급하고, 자만하고, 하나님보다 쾌락을 더 사랑하고(세속주의), 경건의 모양만 있고 능력은 없다(형식주의)고 하였다.

이런 시기에 모든 그리스도인들은 예외 없이 박해를 받을 것이라고 예고했다. 그렇다면 이런 힘든 시기를 어떻게 극복할 것인가? 바울의 해답은 오직 한 가지다. 그것은 바로 성경이다. 바울은 박해의 시기, 혼돈의 시기, 고통의 시기일수록 성경을 배우고 확신한 일에 거하라고 조언한다. 특히 어렸을 때부터 성경을 아는 것이 매우 중요함을 역설한다. 왜냐하면 성경은 단순한 책이 아니라 하나님의 감동으로 된 것이기 때문이다(3:16). 즉 성경은 성령의 영감을 받아 기록한 하나님의 말씀으로 교훈과 책망과 바르게 함과 의로 교육하기에 유익한 진리의 말씀이기 때문이다.

3. 내용구성

1부. 시련과 인내(1~2장)	2부. 닥쳐올 시험의 준비(3~4장)
1) 디모데에 대한 권면(1장) 2) 교사(2:1~2), 군사(3~5), 농부(6~13), 일군(14~19), 귀한 그릇(20~23), 온유한 종(24~26)	1) 배교의 날(3장) 2) 말씀전파의 명령(4:1~5) 3) 죽음의 준비와 마지막 인사(6-22)

<참고> 양자론

1. 개념

중생을 통해 하나님은 우리 안에 새 생명을 주시고, 칭의를 통해 하나님 앞에 설 수 있는 법적 자격을 부여하신다면, 양자를 통해서는 하나님의 가족의 일원이 되게 하신다. 교회가 곧 하나님의 가족이다. 바울은 디모데에게 에베소교회의 교인들을 대가족의 일원으로 보도록 권한다.(딤전 5:1-2)

2. 성경적 근거

1) 대표 구절

"영접하는 자 곧 그 이름을 믿는 자들에게는 하나님의 자녀가 되는 권세를 주셨으니" (요:12)

반대로 믿지 아니하는 자들은 "진노의 자식"(엡 2:3), "불순종의 자녀들"(엡 2:2, 5:6)이다. 예수님은 이런 자들에 대해 "하나님이 너희 아버지였으면 너희가 나를 사랑하였으리니…너희는 너희 아비 마귀에게서 났으니 너희 아비의 욕심을 너희도 행하고자 하느니라"(요 8:42~44)

2) 기타 구절

"무릇 하나님의 영으로 인도함을 받는 그들은 곧 하나님의 아들이라. 너희는 다시 무서워하는 종의 영을 받지 아니하였고 양자의 영을 받았으므로 아바 아버지라 부르짖느니라 성령이 친히 우리 영으로 더불어 우리가 하나님의 자녀인 것을 증거하시니 자녀이면 또한 후사 곧 하나님의 후사요 그리스도와 함께 한 후사니 우리가 그와 함께 영광을 받기 위하여 고난도 함께 받아야 될 것이니라"(롬 8:14~17)

> "또한 아브라함의 씨가 다 그 자녀가 아니라 오직 이삭으로부터 난 자라야 네 씨라 칭하리라 하셨으니 곧 육신의 자녀가 하나님의 자녀가 아니라 오직 약속의 자녀가 씨로 여기심을 받느니라"(롬 9:7~8)
>
> "형제들아 너희는 이삭과 같이 약속의 자녀라...우리는 계집종의 자녀가 아니요 자유하는 여자의 자녀니라"(갈 4:28, 31)
>
> "너희가 다 믿음으로 말미암아 그리스도 예수 안에서 하나님의 아들이 되었으니"(갈 3:23~26)
>
> "너희가 아들인고로 하나님이 그 아들의 영을 우리 마음 가운데 보내어 아바 아버지라 부르게 하셨느니라. 그러므로 내가 이후로는 종이 아니요 아들이니 아들이면 하나님으로 말미암아 유업을 이을 자니라"(갈 4:4~7)
>
> "보라 아버지께서 어떠한 사랑을 우리에게 주사 하나님의 자녀라 일컬음을 얻게 하셨는고 우리가 그러하도다...우리가 지금은 하나님의 자녀라"(요일 3:1~2)
>
> 그래서 예수님은 우리를 그의 '형제'라 부르셨고(히 2:12), 예수님은 '많은 형제 중에서 맏아들'(롬 8:29)이 되셨다. "이뿐 아니라 또한 우리 곧 성령의 처음 익은 열매를 받은 우리까지도 속으로 탄식하여 양자 될 것 곧 우리 몸의 구속을 기다리느니라"(롬 8:23)

3. 양자의 특성

1) 양자됨은 회심 이후에 발생하고, 믿음의 결과로 된다.

중생하면서 거듭난다는 것은 하나님의 자녀가 된다는 인상을 준다. 그러나 성경은 양자됨과 중생을 연관시켜 다루지 않고 중생과 회심 이후, 믿음의 결과로서 양자를 다룬다.

"믿음으로 말미암아 그리스도 예수 안에서 하나님의 아들이 되었다"(갈 3:23~26 / 요 1:12 참조)

2) 중생, 칭의와 양자의 관계

중생을 통해 우리는 영적으로 다시 살아났으며 칭의의 은혜로 하나님 앞에 나아와 하나님을 예배하고 그분과의 새로운 관계를 즐거워하게 된다. 그러나 이 범주에는 하나님의 자녀가 아니면서 영적으로는 살아있는 다른 피조물, 즉 천사와 같은 피조물이 포함된다. 그러므로 우리에게만 하나님의 자녀됨의 특권을 부여하신 것이다. 중생은 우리 속에 있는 생명과 관련이 있고, 칭의는 하나님의 율법 앞에서의 우리의 위치와 관련이 있고, 양자는 아버지로서의 하나님과 우리와의 관계성에 관련이 있는 것으로, 이 양자됨은 우리가 영원토록 누리게 될 최고의 축복이다.

"보라 하나님께서 어떠한 사랑을 우리에게 주사 하나님의 자녀라 일컬음을 얻게 하셨는고 우리가 그러하도다"(요일 3:1)

4. 양자의 특권

1) 하나님이 우리 아버지가 되신다.
"하늘에 계신 우리 아버지여"(마 6:9)
"우리는 더이상 종이 아니라 아들"(갈 4:7)
"양자의 영을 받았으므로 아바 아버지라 부르짖느니라"(롬 8:15~16)

2) 사랑받는 아들
"하나님은 우리를 사랑하시고"(요일 3:1)
"아비가 자식을 불쌍히 여기는 것 같이 여호와께서 자기를 경외하는 자를 불쌍히 여기시나니 이는 저가 우리의 체질을 아시며 우리가 진토임을 기억하심이로다"(시 103:13~14)

3) 선물
"~너희 천부께서 이 모든 것이 너희에게 있어야 할 줄을 아시느니라"(마 6:32)
"~ 너희 아버지께서 구하는 자에게 좋은 것으로 주시지 않겠느냐"(마 7:11)
"성령의 은사를 우리에게 주신다"(눅 11:13)
"하나님의 유업을 이을 자"(갈 4:7), "후사"(롬 8:17), "썩지 않고 더럽지 않고 쇠하지 않는"(벧전 1:4)
"새 하늘과 새 땅에서 그리스도와 함께 왕 노릇할 자"(롬 2:26~27, 3:21)

4) 징계

"내 아들아 주의 징계하심을 경히 여기지 말며 그에게 꾸지람을 받을 때에 낙심하지 말라 주께서 그 사랑하시는 자를 징계하시고 그의 받으시는 아들마다 채찍질하심이니라"(히 12:5~6, 잠 3:11~12)

하나님의 자녀는 징계를 받을 때 의로움과 거룩함이 자란다. 그리스도가 이런 고난을 받고 자기의 영광에 들어간 것처럼(눅 24:26), "자녀이면 후사 곧 하나님의 후사요 그리스도와 함께 한 후사니 우리가 그와 함께 영광을 받기 위하여 고난도 함께 받아야 할 것이니라"(롬8:17)

5. 양자의 의무

모든 행위에 있어서 하나님 아버지를 닮아 참된 하나님의 자녀가 되어야 한다.

"사랑을 입은 자녀같이 하나님을 본받는 자가 되라"(엡 5:1)

"오직 너희를 부르신 거룩한 자처럼 너희도 모든 행실에 거룩한 자가 되라 기록하였으되 내가 거룩하니 너희도 거룩할지어다 하셨느니라"(벧전 1:14~16)

"흠이 없고 순전하여 어그러지고 거스리는 세대 가운데서 하나님의 흠 없는 자녀로 세상에서 그들 가운데 빛들로 나타내라"(빌 2:15)

3. 공동서신

〈히브리서〉

1. 배경 설명

1) 핍박이 갈수록 극심해지자 많은 개종자들이 동족으로부터의 핍박을 모면키 위해 다시 유대교로 돌아가려 했다. 이때 히브리서의 저자는 그리스도의 우월성을 논증하고, 그리스도 안에 있을 때 많은 유익을 얻는다면서 이를 위해 '완전한 데 나아가라'(6:2)고 설득하는 한편, 그리스도를 떠나는 행위에 대해 다섯 가지의 경고를 첨부하고 있다.

2) 히브리서의 기록 연대는 대략적으로 추정할 수 있다. 내용상 AD 70년에 있었던 예루살렘의 함락이 언급되지 않았고, 디모데의 생존 사실(13:23)과 박해의 절정 등이 묘사된 것으로 미루어 대략 AD 64~68년 사이에 기록된 것으로 보여진다. 한편 AD 95년에 로마의 클레멘트가 본서를 언급하였는데 그렇다면 히브리서는 적어도 그 이전 작품이다.

2. 특징 및 주요 메시지

1) 저자 문제

~ 히브리서의 저자 문제는 지금도 논쟁 중이다. 오리겐은 이 문제는 '오직 하나님

만이 아신다'고 할 정도였다. 가장 전통적이고 유력한 견해는 바울 저작설이다. 알렉산드리아의 클레멘트는 바울이 히브리 원어로 이 서신을 썼다고 기록했다. 주로 동방교회에서 히브리서의 문체나 사상 등을 근거로 지지하는 이론이지만 서방교회의 제롬과 어거스틴도 굳이 바울 저작설을 반대하지 않았다. 다음으로 바나바 저작설이 있다. 이것은 터툴리안에 의해 제일 먼저 제기된 것이다. 그는 한 글에서 바나바의 서신이라는 이름하에 히브리서를 인용했다. 4세기에는 엘비라의 그레고리와 필라스터가 이 설을 지지했다. 바나바 저작설의 유력한 근거는 바나바가 레위 지파 출신으로 제사에 대한 지식이 출중했다는 점을 든다. 다음으로 유력하게 거론되는 것은 아볼로 저작설이다. 마르틴 루터는 아볼로의 가능성을 거론했지만 그 증거가 미약하여 다수설이 되지는 못하였다. 이 설은 몇몇 현대 학자들에 의해서도 지지를 받고 있는데 그 근거로 아볼로의 출중한 지식과 지도자로서의 위상을 들고 있다.

2) 수신자의 문제

뚜렷하지는 않지만 히브리서의 독자는 어떤 특수한 상황에 처한 사람들이거나 특정한 공동체에 속한 사람들을 대상으로 쓰여졌다는 것은 명백하다. 즉 이 독자들은 나름대로 특이한 역사를 가지고 있었고, 저자는 그들의 '전날'(10:32~34)에 대해 언급하고 있으며, 그들이 다른 기독교인들에게 베푸는 과거와 현재의 관대함에 대해서도 알고 있었으며(6:10), 나아가 그들의 영적 상태까지 파악하고 있었다(12:4~6, 13:7~9). 더구나 저자는 그들과 밀착된 관계를 맺고 있었으며 또한 디모데와 함께 그들을 방문하려는 의도를 나타내기도 했고(13:19, 23), 그들에게 기도를 요청하기도 했다(13:18). 무엇보다 이 서신은 전반적으로 유대적 원형들과 레위기 제사 제도의 복구하려는 시도를 반대한다(7:11~28). 그리고 이방인 신자에게 문제가 되었던 할례나 우상의 제물을 먹는 문제를 다루고 있지 않으며 대신에 복음을 믿었다가 예전의 유대교로 다시 복귀하려는 사람들의 문제를 다루고 있는 점(6:4~6, 10:26~29, 37~39)을 볼 때 히브리서의 수신자는 유대인 그리스도인들의 공동체이거나 그와 같은 배경을 가진 특별하고 독립적인 공동체일 것으로 추정된다.

3) 중심 주제

히브리서에 나타난 그리스도는 멜기세덱의 반차를 좇은 영원한 대제사장이다. 그리스도는 성육신을 통해 인간이 되시고 우리를 위해 스스로 희생제물이 되었다. 그리하여 그리스도는 선지자, 제사장, 왕이시다. 그는 신성(1:1~3, 8)과 인성(2:9, 14, 17~18)을 동시에 가졌으며 완전하신 최고의 언약자이시다.

따라서 히브리서를 일러 '신약 속의 레위기'라고 평한다. 즉 거룩하지 못한 인간이 거룩하신 하나님을 만나기 위해서는 죄를 없애는 특별한 방법이 필요했는데 그것은 번제, 소제, 화목제, 속죄제, 속건제 등 엄격한 희생 제사를 통해서였다. 그러나 그러한 구약적 방식으로는 인간의 죄를 완전히 없애지 못했다. 그래서 새로운 방식, 즉 예수님 자신이 제물이 되시어 인간의 죄를 완전하게 없애신 제사, 다시 말해 단 한 번만으로도 충분한 효력이 있는 그 제사를 완성하신 것이다(9:12). 히브리서는 바로 이 새로운 제사의 방식을 소개하고 있는 것이다.

4) 기타

히브리서는 문체(우아한 헬라어 어법)와 접근방식이 신약성경의 다른 서신들과 차이가 있으며 저자를 알 수 없는 것도 특징이다.

3. 내용구성

1부(1:1~4:13)	2부(4:14~10:18)	3부(10:19~13:25)
그리스도의 우월성	그리스도의 사역	그리스도인의 신앙과 삶
1) 그리스도와 선지자(1:1~3) 2) 그리스도와 천사(1:4~2장) 3) 그리스도와 모세 (3:1~4:13)	1) 제사장직(4:14~7장) 2) 언약의 계시(8장) 3) 희생제물(9장'10:18)	1) 믿음의 확신(10:19~11장) 2) 인내(12장) 3) 사랑의 권고(13장)
교 리		신 앙

<참고> 히브리서가 왜 중요한가?

첫째, 히브리서는 다른 성경에서는 찾아볼 수 없는 두 가지 신학 사상, 즉 예수님의 대제사장직 개념과 예수님의 죽음에 대한 신학이다. 대제사장으로서 예수님은 천사보다 뛰어나고, 모세보다 탁월한 분이시다. 그런 분이 시험을 받고 고난을 당하시고 끝내 십자가에서 죽으셨다. 그리고 지금은 하늘에서 지극히 크신 이의 보좌 우편에 앉아 계신다(8:1). 그리하여 이제 더 아름다운 직분을 얻었으니 그것이 바로 언약의 중보자이다(8:6). 이 위대한 그리스도의 사역이 가장 장엄한 문체와 서술로 펼쳐지고 있는 책이 히브리서이다.

둘째, 히브리서는 유대교와 기독교가 왜 다른지에 대한 확실한 해답을 제공하는 책이다. 한 마디로 히브리서는 유대교에 대한 기독교의 변증서라 할 수 있을 만큼 조목조목 유대교의 한계를 지적한다. 이것은 다른 말로 인본주의에 대한 신본주의의 승리이다. 사람들은 흔히 유대교는 구약시대의 종교이고 기독교는 유대교에서 파생한 신약시대의 종교라고 생각한다. 그러나 기독교는 구약의 완성이자 성취인 그리스도를 구주로 믿는 종교로서 신, 구약성경을 정경으로 삼아 총체적인 구속사의 완성이 이루어진 곳이다. 보다 더 정확히 말하자면 유대교는 구약의 종교가 아니라 구약의 내용 중 일부만을 인본주의적 관점에서 발췌하여 종교제도화 한 것으로 인간적인 유전이나 전통, 규례를 앞세우며 인간의 자유를 예속하고 이스라엘이라는 민족의 우월성을 강조하는 민족종교라고 할 수 있다. 이런 점에 대해 히브리서는 일목요연하게 유대교와 기독교의 차별성을 강조하는데 하나씩 살펴보면 다음과 같다.

① 신론이 다르다. 유대교는 여호와 하나님만 신앙하는 단일신론이지만 기독교는 삼위일체 하나님을 믿는다.
② 인간론에 있어서는 유대교는 인간의 타락을 극히 부분적으로 해석하지만 기독교 특히 개혁신학은 전적 타락을 말한다.
③ 성경관도 다르다. 유대교는 하나님의 계시는 성경에만 나타나는 것이 아니라 유대 문학에도 나타났으며 구약은 영감된 것은 맞지만 구절구절마다 영감된 것은 아

니라고 말한다. 그러나 기독교는 성경 66권만이 하나님의 무오한 말씀의 계시라고 믿는다.

④ 속죄관에 있어서도 유대교는 중보자가 필요 없고 오직 자력 선행으로 의롭게 된다고 가르친다. 이들은 또 메시아가 아직 오지 않았으므로 예수 그리스도를 부정한다. 이들이 말하는 메시아는 이스라엘 민족을 종교적 정치적으로 인류를 지도하는 위치에 오르게 하는 구주로 해석한다.

⑤ 내세관도 다르다. 유대교는 악을 행한 자는 게헨나에서 고난을 당하고 선을 행한 자는 천국에서 복된 삶을 누린다고 하면서 이스라엘은 선민이므로 사후에 아브라함의 품에 모두 안긴다고 믿는다. 다시 말해, 유대교는 구주 예수 그리스도를 믿어야 구원을 받는다는 기독교의 구원론과 정면으로 배치되는 종교다.

셋째, 히브리서의 신학적 중요성은 믿음에 대한 가장 탁월한 서술을 하고 있는 책이라는 것이다. 특히 히브리서 11장을 일러 믿음장이라 하는데 이는 소망장(롬 8장), 사랑장(고전 13장), 부활장(고전 15장) 등과 같이 그 탁월함을 반증한다.

넷째, 히브리서의 탁월한 신학은 기독론에 대한 묘사라는 점에 이견이 없다. 본서에서는 그리스도를 선지자, 제사장, 왕이라는 3중직으로 묘사하였고, 특히 대제사장이신 그리스도가 성육신하시고 십자가를 지심으로 인간을 위한 대속 제물이 되었다는 진술은 예수 그리스도의 대속 사역에 대한 초대교회의 탁월한 신학적 진술이다. 이외 히브리서에는 그리스도의 신성(1:1~3, 8)과 인성(2:9, 14, 17, 18)이 모두 언급되고 20여 가지 이상의 그리스도에 대한 호칭이 언급되고 있는 점도 특이한 점이다.

〈야고보서〉

1. 배경 설명

1) 야고보서는 어떤 개인들이나 개 교회에게 보내는 편지가 아니라 모든 지역에 흩어져 있던 그리스도인들, 특히 유대의 열두 지파에게 보내는 서신으로 팔레스틴 밖에 있는 유대인 그리스도인들이 그 대상이다. 당시 유대인들은 자신들의 믿음이 시험당하는 문제들에 얽혀 있었기 때문에 야고보는 교회의 지도자로서 그들이 쉽게 영적 타락에 빠지는 것을 경계할 필요를 느꼈다.

2) 그리하여 그리스도의 가르침, 특히 산상수훈 등의 교훈을 백성들에게 재차 강조함으로 신약의 잠언이라는 별칭을 듣게 되었다. 야고보서는 신약성경 중 가장 먼저 쓰여진 것으로 알려지고 있다(BC 46~49년 경).

2. 특징 및 중심 주제

1) 저자의 문제

저자 야고보가 정확히 누구를 가리키는지에 대한 논란이 있다. 먼저 세베대의 아들인 야고보이다. 그러나 그가 일찍 순교 당한 것(AD 44년경. 행 12:1~2)으로 볼 때 가능성이 희박하다. 둘째 예수님의 형제인 야고보라는 견해이다. 오리겐, 유세비우스, 제롬 등 많은 학자들은 이 견해를 지지했다. 전체 본문에 유대인 색채가 짙어 유대인 교회의 지도자였던 야고보가 저작했을 가능성이 매우 높다고 보는 것이다. 특히 예루살렘 총회의 의장을 맡아 했던 연설(행 15:13~29)은 야고보서와 많은 공통점이 있으며 예수님의 산상수훈의 내용을 인용하는 것으로 보아 예수님과 매우 가까운 사이였음을 유추할 수 있다. 유대인 역사가 요세푸스에 의하면 주의 형제인 야고보는 예루살렘 멸망 이전인 AD 62년에 잔인하게 순교 당했다고 기록했다.

2) 주요 특징

야고보서에는 짧은 권면들과 격언, 금언으로 가득 차 있는데 전체 108구절 중 명령형의 표현이 54회나 등장할 만큼 대개 간결하고 직선적인 표현이 많다. 그래서 다수의 학자들은 야고보서를 '신약의 잠언'이라 칭한다. 또 야고보서는 전통적인 기독교 교리를 덜 언급하거나 전혀 언급하지 않고 신앙의 실천 부분에 강조점을 두고 서술하는 것이 특징이다. 야고보서에는 주 예수 그리스도라는 말이 두 번 밖에 나오지 않으며, 십자가, 부활, 성령 등에 대해서는 전혀 언급하지 않는다. 그래서 성경의 초기 번역본과 수집본들 가운데에는 야고보서가 누락되어 있다.[29] 야고보서는 논란을 겪은 뒤인 AD 4~5세기경에야 정경으로 인정을 받았다.

3. 내용 구성

1부(1:1~18)	2부(1:19~5:6)	3부(5:7~20)
시험의 시기	믿음이란?	믿음의 능력과 승리
1) 시험의 목적(1~13절) 2) 시험의 근원(14~18절) - 욕심/죄/사망(14~15절)	1) 행하는 믿음(1:19~27) 2) 외모로 사람을 취하지 말라(2:1~9) 3) 혀(3:1~17) 4) 위로부터 난 지혜 (3:13~18) 5) 정욕적 삶(4:1~17) 6) 부자에 대한 경고 (5:1~6)	1) 인내(5:7~12) 2) 기도의 능력(5:13~18) 3) 미혹한 자와 구원 (5:19~20)

---

29) 가장 초기의 수집본으로 알려진 3세기경의 무라토리 단편집에는 히브리서, 야고보서, 베드로전후서가 빠져 있다

<참고> 야고보서에 나타난 산상수훈의 가르침들

~ 시험과 핍박 가운데서 기뻐하라(약 1:2, 마 5:11~12), 온전하라(약 1:4, 마 5:48), 구하는 자에게 주신다(약 1:5, 마 7:7), 끝까지 참고 견디는 자(약 1:12, 마 24:13), 가난한 자에 대한 축복(약 2:5, 마 5:3), 부자에 대한 경고(약 2:6~7, 마 19:23~24), 말로만 주여 주여 하는 자(약 2:14~16, 마 7:21~23), 화평케 하는 자(약 3:17~18, 마 5:5, 9), 비판하지 말라(약 4:11, 마 7:1~2), 세상에 쌓은 재물(약 5:2~3, 마 6:19), 긴박한 종말(약 5:9, 마 24:33), 맹세하지 말라(약 5:12, 마 5:34)

〈베드로전서〉

1. 배경 설명

1) 베드로(Peter)는 요나(요한)의 아들로 히브리어로 시몬이다(막 1:16, 29, 36). 벳새다 출신으로 가버나움에서 고기를 잡으며 살았다. 결혼을 했고(마 8:14) 장모와 함께 살았다(막 1:29~30). 예수님으로부터 '게바'(Kepha, 반석)라는 별명을 받았다(요 1:42). 베드로(페트로스)는 '게바'와 같은 뜻을 가진 헬라어 이름이다(마 16:18, 눅 6:14). 그는 종종 시몬 베드로라 불리기도 했다(마 16:16, 눅 6:14). 예수님의 열두 제자가 되었고 야고보, 요한과 함께 3인의 제자로서(막 5:37, 눅 22:8) 주님이 야이로의 딸을 살리실 때(막 5:37), 변화산에서(마 17:1, 막 9:2), 겟세마네 동산에서 기도하실 때(막 14:33) 주님과 함께 했다. 그리고 "주는 그리스도시오 살아계신 하나님의 아들입니다"(마 16:16)라는 신앙고백을 하여 주님이 교회의 설립을 선언하는 계기를 제공했지만 주님의 십자가 지심을 만류하다가 책망을 받았다(마 16:22~23). 늘 베드로는 신앙에 있어서 적극적이고 열심을 가진 인물이었다. 그는 다른 제자들보다 앞서 늘 행동하여 주님으로부터 칭찬을 들었다. 그러나 예수님이 잡히시던 밤에 주님의 예고대로 그는 세 번이나 부인하고 죽으신 후 갈릴리 바다로 돌아가서 고기를 잡는 등 인간적인 나약함을 가진 인간이기도 하였다(막 9:5~6, 14:37~38, 요 13:6~11, 18:10~11, 21:3).

2) 베드로의 삶은 그리스도의 부활 이후 극적으로 변화되었다. 그는 초대교회의 핵심적인 인물이 되어 사마리아와 이방지역에 복음을 전하는 중추적인 역할을 담

당했다(행 2~10장). 그는 성령을 속인 아나니아 부부를 하나님의 이름으로 처벌하였고(행 5:1~10), 요한과 함께 성전에 가다가 앉은뱅이를 고쳐주는 기적을 행하기도 했으며(행 3:1~10), 중풍병자를 고치고(행 9:32~35), 사마리아 사람들을 성령을 받도록 했으며(행 8:14~17), 죽은 다비다를 다시 살려 욥바의 많은 사람들이 주를 믿도록 했고(행 9:38~42), 믿음을 고백한 고넬료와 그 집안 사람들에게 세례를 베풀어 하나님이 이방인들에게도 성령의 세례를 베푼다는 사실을 실증하였다(행 11:1~8). 이를 근거로 그는 예루살렘 총회에서 자신 있게 이방인 구원을 역설할 수 있었다(행 15:11). 그는 또 복음을 전하다 고초를 겪기도 했다(행 4:1~3, 5:17~20, 26, 12:3~17). 그런데 행 15장의 예루살렘 공의회 이후 베드로에 대한 기록이 사라진다. 일설에 그는 아내와 함께 전도 여행을 했으며 네로가 죽기 직전인 AD 68년경에 로마에서 십자가에 거꾸로 달려 순교했다고 전해진다.

3) 이 서신은 바벨론에서 기록되었다고 하는데(5:13) 학자들은 이 지명을 문자적으로 보지 않고 베드로가 로마를 악의 상징적 이름인 바벨론으로 부른 것이라는 의견에 대체적으로 동의한다(베드로가 바벨론을 방문했다는 역사적 기록은 없다). 베드로는 이 서신을 실루아노(실라)를 서기로 기용하여 썼다.

4) 이 서신은 '흩어진 나그네들' 즉 '디아스포라라는 이름의 순례자들'에게 보내는 편지이다. 그들은 극심한 박해 속에서 투쟁하고 있었다. 베드로는 '시련의 불 시험을 이상히 여기지 말라'(4:12)며 오히려 고난에 참예하는 것을 즐거워하고 용기를 잃지 말라고 권면하고 있다.

2. 기록의 문제

1) 저자의 문제

저자는 자신을 "예수 그리스도의 사도"(벧전 1:1)요, "함께 된 장로된 자요 그리스도의 고난의 증인"(벧전 5:1)으로 소개한다. 따라서 베드로가 저자라는 사실은 변함이 없다. 그런데 베드로 저작설을 반대하는 주장도 거세다. 본서에 나타난 박해는 상당히 조직적이므로 로마 화재 사건의 책임을 그리스도인들에게 뒤집어씌우기 위해 박해를 시작한 네로 때가 아니라 매우 치밀한 전략을 수립하고 정치적 목적을 달성하기 위해 박해를 행한 도미티안 황제(AD 92~96년)이거나 혹은 트라야누스 황제(AD 98~117)의 때로 보아야 한다는 것이다. 또 본서는 유창한 헬라어로 기록되었는데 '학문 없는 범인'(행 4:13)이었던 베드로가 그럴만한 실력을 갖추지 못했다고 보는 것이다. 그리고 베드로가 저자라면 당연히 예수 그리스도에 대한 언급들이 많아야 하는데 주님에 대한 언급이 너무 적은 것으로 보아 베드로가 아닌 다른 사람이 저자일 것이라고 주장하기도 한다.

2) 기록 장소의 문제

"바벨론에 있는 교회"(벧전 5:13)가 문안한다는 말에 근거하여 바벨론에서 기록했다는 주장이 있지만 베드로가 언급한 바벨론이 과연 어디인가에 대한 논란이 있다. 이에 대해선 실제로 바벨론이라는 설과 애굽 혹은 로마라는 설들이 있다. 여기서 '로마설'이 가장 유력한데 이는 베드로가 말년을 거의 로마에서 보냈다는 전승에 근거한다. 또 본서가 기록될 당시 실루아노는 바울이 전도하는 동안 동행했고(행 15:22, 16:19), 마가는 바울의 말년에 함께 로마에 있었으므로(골 4:10, 몬 24), 로마에서 베드로를 기록했다고 보는 것이 타당하다. 저작 연대는 AD 63~64년경으로 본다. 이때 바울은 잠시 석방되어 유럽과 그리스 일대를 돌며 복음 전도 사역을 다시 재개할 시점이었다.

3. 중심 메시지

베드로전서의 핵심 주제는 고난이다. 즉 박해에 대한 성도의 올바른 자세가 무엇이냐 하는 것을 다룬다. 베드로는 여기서 지금까지 있었던 박해보다 훨씬 극심한 박해가 곧 닥칠 것이라 예고하면서 성도들로 하여금 동요 없이 고난을 대처하여 잘 극복해 나갈 것을 권면하고 있다. 성도들이 주님과 함께 고난에 동참하는 것이야말로 그리스도의 십자가 고난에 동참하는 영광을 누리게 되고 고난을 오히려 감사할 수 있어야 한다고 역설했다.

"너희 믿음의 시련이 불로 연단하여도 없어질 금보다 더 귀하여 예수 그리스도의 나타나실 때에 칭찬과 영광과 존귀를 얻게 하려 함이라"(벧전 1:7)

4. 내용구성

1부(1:1~2:12)	2부(2:13~3:12)	3부(3:13~5:14)
신자의 구원	신자의 복종	신자의 고난
1) 신자의 구원 (1:1~12절) 2) 신자의 거룩한 삶 (1:13~2:12)	1) 위정자에 대한 태도 2) 직장에서의 상급자에 대한 태도 3) 가정에서의 질서	1) 고난 때의 행실(3:13~17) 2) 고난에 대한 그리스도의 모범 (3:18~4:6) 3) 근신 명령(4:7~19) 4) 고난 중의 사역(5장)

〈베드로후서〉

1. 배경 설명

1) 베드로전서가 외부로부터의 공격을 다루고 있다면 베드로후서는 내부로부터의 문제를 다루고 있다. 베드로는 위험한 교리를 퍼트리는 거짓 교사들에 대한 경각심을 고취하기 위해 이 서신을 썼다. 먼저 그는 거짓 교사들의 삶을 해부한다. 그들은 쾌락을 추구하고 교만하며, 탐욕스럽고 호색적이다. 장차 다가올 심판에 대해 비웃고 미래를 조롱한다. 이러한 그들에게 베드로는 반드시 심판이 있을 것이라고 경고한다. 아울러 그는 성도들에게 경건하고 흠 없으며 덕, 지식, 절제, 인내, 형제 사랑을 추구하는 삶을 살아가기를 권면한다.

2) 이 서신은 베드로가 AD 64~66년경, 죽기 직전에 로마에서 쓴 것으로 보인다.

2. 저자 문제

신약성경에서 베드로후서만큼 저자의 문제에 있어서 신빙성의 논란이 많은 책도 없다. 내적인 난제 즉, 전후서의 문체와 어휘가 다르고, 비형식적이고 후서에 사용된 헬라어가 거칠고 서투르다는 점에서 베드로 한 사람이 저자라는 사실을 의심받기도 한다. 그러나 저자가 베드로임을 분명히 밝히고 있는 점(벧후 1:1), 자신이 변화되신 예수님을 목격한 사람이라는 점(벧후 1:16~18), 바울을 사랑하는 형제라 부름으로써 자신의 권위를 바울과 동일한 수준에 둔 점(벧후 3:15~16), 또 전서에 이어 후서가 두 번째 편지임을 밝히고 있는 점(벧후 3:1) 등을 미루어 볼 때 저자가 베드로임을 부인하기 어렵다. 더불어 전서가 실루아노에 의해 대필된 것이고 후서는 베드로가 직접 썼다는 것을 부정할 수 있는 증거는 없으며 또 3세기 이후 오리겐이나 알렉산드리아의 클레멘스 등 교부들의 글 속에서 베드로후서가 인용되었고, 4세기부터는 베드로의 서신임이 널리 인정되었다.

3. 주요 메시지

1) 성숙한 신앙

베드로는 주 안에서 인사를 한 다음 곧바로 성도들에게 예수 그리스도를 본받아 삶 가운데서 신앙적 성숙을 이루라고 권면한다. 여기서 베드로는 지식과 품성이 성장하여 주의 재림과 천국에 대한 소망을 품고 승리의 삶을 살 것을 촉구하는 동시에 성경의 영감성과 신적 기원에 대해 고백한다. 특히 위기에 처한 성도들을 위로하고 경계하기 위해 성경에 대한 바른 지식만이 향락주의(2장)와 이단 사설들(3장)과 거짓 교사(2:1~3)들의 가르침에 미혹되지 않고 바른 신앙을 가질 수 있다고 역설한다. 특히 베드로는 참된 예언과 거짓 예언을 대조시킴으로서 당시 교회 안에서 활약하던 거짓 교사들의 정체를 폭로한다. 이들은 자신을 광명의 천사로 가장하고, 성도들을 미혹하여 끝내 교회를 분열과 파멸로 치닫도록 한다고 고발했다(2:1~22).

2) 재림 신앙

거짓 교사들에 대한 경계를 논한 다음 베드로는 말세에 적그리스도가 나타나 하나님을 대적하고 성도들을 핍박할 것이라고 예고한다(3:1~5). 이어 그는 그리스도가 반드시 재림할 것이며 곧 재림할 것이라 강조한다. 그러므로 성도들은 주의 재림을 소망하는 가운데 믿음 안에 굳게 서서 미혹되지 말아야 한다고 역설했다.

3) 성경의 영감

본서는 성경의 영감성에 대해 중요한 세 가지 원리를 제시한다. 첫째, 성경의 해석권은 참된 성도라며 누구에게나 개방되어 있다는 것과 둘째, 성경은 영감된 것으로 사람의 저작물이 아니라는 것과 셋째, 성경 말씀은 그것을 받아들이는 사람을 변화시키는 능력이 있다는 것이다.

4. 내용구성

1장	2장	3장
그리스도인의 신앙	거짓 교사들에 대한 정죄	재림에 대한 확신
1) 인사 2) 그리스도 안에서의 영적 성장 3) 믿음 위에 굳게 서라 4) 변화산에서의 체험 간증 5) 성경에 대한 확신	1) 거짓 예언에 대한 변론과 공박 2) 거짓 교사들의 특징 3) 거짓의 드러남	1) 말세의 기롱하는 자들 2) 주의 날이 반드시 임한다

<참고> 성화론(sanctification)

1. 개념

- 聖化: 거룩할 성, 될 화 / 거룩하게 되거나 또는 되게 함
- 거룩: 히) 카도쉬, 헬) 하기오스

"내가 거룩하니 너희도 거룩할지어다"(레 11:45)

"내가 이르노니 너희는 성령을 따라 행하라 그리하면 육체의 욕심을 이루지 아니하리라"(갈 5:16)

"그러므로 누구든지 이런 것에서 자기를 깨끗하게 하면 귀히 쓰는 그릇이 되어 거룩하고 주인의 쓰심에 합당하며 모든 선한 일에 준비함이 되리라"

"우리를 양육하시되 경건하지 않은 것과 이 세상 정욕을 다 버리고 신중함과 의로움과 경건함으로 이 세상에 살고"(딛 2:12)

2. 교파별 성화론

1) 로마 카톨릭

(1) 의화 교리

대항 종교개혁(Count Reformation): 종교개혁운동에 대항하기 위한 로마 카톨릭의 자기 개혁운동으로 1545~1563까지 북이탈리아의 트랜트에 모여 총 25차에 걸쳐 에큐메니칼 공의회를 개최했다. 이 공의회에서 의결된 교령(decretum)과 법령(canon)을 트랜트공의회 교령이라 부른다. 여기서 성화에 대한 논의는 1547년 1월 13일 제6차 회의에서 다루어졌는데 이 회의의 논제는 '의화에 대한 교령'으로 정리되었다. 특별히 라틴어 단어 justificatio를 '의화'라고 번역한 것은 개신교 측의 법정적 칭의가 아니라 실효적 의화로서 하나님과 바른 관계를 맺고 올바른 사람이 된다는 의미를 강조한 것이다. 이는 단지 실질적인 죄 용서를 받는 것뿐 아니라 은총을 선물로 받아 내적 인간이 성화되고 쇄신되는 것까지 포함하는 개념이다. 즉, 카톨릭의 의화교리는 칭의와 성화의 불가분성에 큰 무게 중심을 두고 그 결과

칼빈이 강조한 칭의와 성화의 상호 구별성은 상대적으로 거의 다루지 않았다.

(2) 인간론

카톨릭 교리는 토마스 아퀴나스(1225~1274)의 것이라 해도 과언이 아니다(Thomism). 그에 의하면 하나님에 의해 창조된 인간은 본성 자체가 지닌 모든 자연적 능력과 기능을 하나님으로부터 아낌없이 부여받았고, 이 자연적 능력에는 이성과 지성이 핵심적으로 포함되며, 이를 '자연적 의'라고 부르고 이것이 곧 하나님의 형상이라 했다. 하지만 이 자연적 의는 인간 안에 내포되어있는 질이 낮고 열등하고 저급한 힘들(욕정, 분노, 탐욕, 정욕 등)과 끊임없이 갈등을 일으키는 것으로 보았다. 아퀴나스는 이 저급한 힘들을 제어하기 위해 하나님은 '초자연적 선물'을 주셨는데 이것을 자연적 의에 덧붙여졌다고 하여 '덧붙여진 선물'이라 명명했다. 그런데 아퀴나스는 우리 첫 조상들이 범한 죄 때문에 인간 본성의 순결성을 유지시켜 주고 있던 신적 호의, 즉 초자연적 의를 박탈당하게 되었으며, 타락한 인간 안에는 오직 자연적 의만 남게 되었다고 설명했다. 아퀴나스의 이런 설명은 로마 카톨릭교회의 인간론을 형성하는 데 핵심적인 역할을 담당했고, 결국 인간 자체를 낙관적으로 보는 시각을 낳았다. 다시 말해, 아퀴나스의 인간은 타락 이후에 기껏해야 초자연적으로 덧붙여진 선물만을 박탈당했을 뿐, 여전히 자연적인 의가 남아 있으며, 이 자연적 의는 타락과 부패의 영향을 받지 않았다는 것이다.[30]

(3) 준비적 의지론

트랜트공회는 총 16장에 걸쳐 33개 법령을 공표했고, 이를 지키지 않을 경우, '저주가 있을지어다'라고 맺음말을 덧붙였다. 특히 의화 교리와 관련된 제9번 법령은 총 세 가지를 공표했다.
① 의화는 믿음만으로 되지 않는다.[31]
② 의화의 은혜를 입기 위해선 인간과 하나님이 협력해야 한다.

---

[30] Anthony Hoekema의 구원론 중.
[31] 이는 다분히 '오직 믿음'이라는 종교개혁 구호를 의식한 결과이다.

③ 의화를 위해선 인간이 선행적 준비를 반드시 해야 한다.[32]
"로마 교회에서는 비록 인간에게 주입된 초자연적 은혜를 기반으로 함에도 불구하고 의화 성화 영화가 인간 자신들의 일이다"(헤르만 바빙크)

(4) 선행 은총

선행을 함에 있어서 미리 주어지는 은총이 꼭 필요하다. 은총에는 다음 단계가 있다.
① 은총을 받기 전: 본래적으로 부여된 자연적 의(능력)이 있기 때문에 최선을 다해 자연적 의를 발휘하는 사람은 장차 하나님의 은총을 받을 가능성이 높다.
② 은총을 받기 위해 준비하는 단계: 이 단계에서 하나님은 은총을 받을만한 자에게 그가 은총을 받을 수 있도록 도와주시는데 이를 '조력은총'이라 한다.
③ 세례를 받은 후 상태: 세례를 받을 때 드디어 '주입된 은총'(gratia infusa)을 덧입게 된다. 이렇게 되면 박탈당한 '초자연적 의'를 다시 회복하게 된다고 한다. 이 단계에서 인간은 비로소 은총을 늘 소유하게 되고(상존은총), 이것으로 지속적이고 초자연적인 성향을 가진다는 점에서 '성화은총' 혹은 '신화은총'이라 부른다.

(5) 재량공로와 적정공로

재량공로는 아직 세례를 받지 못한 사람이 세례 시 임할 주입된 은총을 고대하며 최선을 다해 준비하는 삶을 살아갈 때 얻는 공로로서 '반쪽 공로'라고 부른다. 이에 비해 적정공로는 세례 후(주입된 은총을 받은 후) 진정으로 쌓을 수 있는 공덕으로 '완전한 공로'(full merit) 혹은 '보상적 공로'라 한다.

2) 루터교회 성화론

(1) 루터의 인간론

루터는 로마 카톨릭이 가르치는 낙관적인 인간론을 철저히 배격했다. 그는 로마서 7장을 주목하면서 인간 전 존재에 깊이 뿌리박힌 죄성의 실체에 통감하게 된

---

32) 이를 '준비적 의지론'이라 한다. 다시 말해, 준비적 의지론은 인간은 반드시 자신의 의지를 미리 움직여서 의화에 합당한 성향과 욕구를 갖추어야 하며 이는 하나님의 '선행적 은총'으로 하나님과 협력 아래 가능하게 된다는 것이다.

다. 그는 이 죄성의 무의식적 습관성을 롬 7:15로부터 깨달았을 뿐 아니라 매일 매일 죄로 향하는 끔찍한 경향성을 절감했다. 그는 바울이 말한 것처럼 자아 안에 '하나님의 법'과 '죄의 법'이 계속 다투고 있는 모습을 자기 안에서 발견하고 이런 죄성의 근원을 '원죄'로부터 찾았으며 이 원죄를 인류 전체에 해당한다 하여 '보편적 죄' 혹은 '전체의 죄' '근원적 죄'라 칭했고, 이 원죄로부터 자유로운 인간은 아무도 없다고 선언했으며, 이것으로 말미암아 짓는 모든 인간의 죄를 '자죄'(自罪)라 했다. 심지어 그는 그리스도의 의가 신자에게 전가된 이후(칭의를 받은 인간)에도 인간 근원 깊숙이 여전히 존재한다고 말했다. 하나님에 의해 의롭다고 여김을 받았지만 원죄의 부스러기로서 '죄의 잔재'를 안고 산다고 했다. 그러므로 그리스도 안에서 신자는 '의로운 자 동시에 죄인'이라 했다. 다시 말해, 루터에게 있어서 인간은 전적인 죄인이므로 인간 내부로부터 기대할 것이 아무것도 없다고 했다. 그러므로 인간이 죄의 그늘에서 완전히 벗어나기 위해선 외부로부터 오는 무엇인가의 도움이 절실하고 이 외부로부터 오는 의를 그는 '낯선 의'라 명명했다.

'낯선 의'는 이제 '행복한 교환'으로 이어진다. 사랑하는 신랑 신부가 결혼이라는 이름으로 소유에 있어서 피차간 행복한 교환이 일어나듯이 루터는 그리스도와 인간의 사이에서도 이 같은 일이 일어난다고 설명했다. 물론 이 교환은 루터에게는 '불공평한 교환'이었다. 그리스도는 우리를 위해 아낌없이 자신을 내어 주었지만 우리는 그리스도에게 죄 밖에는 마땅히 드릴 것이 없는 상태라고 했다.

(2) 죄와 성화의 관계

행복한 교환으로 낯선 의를 받아 의인으로 칭함을 받았음에도 여전히 죄 아래에서 죄인의 모습으로 살아가는 이유에 대해 루터는 '내주하는 죄'의 개념을 들어 설명한다. 비록 하나님으로부터 무죄 선언을 받았지만 여전히 신자에겐 죄의 잔재가 내주하고 있어 신자를 끊임없이 죄의 자리로 몰아가는 것으로 보았다. 그렇다면 루터에게 있어 성화란 무엇인가? 그것은 바로 '내주하는 죄'와의 평생에 걸친 '지속적인 싸움'이다. 이 싸움은 단판 승부가 아니라 마지막까지 벌이는 평생의 전투이다. 루터는 이 싸움을 승리로 이끌기 위해선 매일 신자가 '회개'해야 한다고 역설했다. 이 회개엔 반드시 단회적이 아니라 지속적이고 반복적인 회개여야 한다고 했다. 이 참회개야말로 성화의 모체이며 핵심이다. 나아가 루터는 성화의 최종점을 언급했는데, 요한 1서 강해(1527년)를 통해 그리스도의 임재를 통해 하나님의 본성에 참여하여 그와 교제하고 하나님과 이웃을 사랑하는 삶이라 정의했다. 즉, 성화의 최종점은 그리스도 안에서 하나님과 사귐이요 그의 신성에 참여하는 것으로 보았다.

3) 오벌린 완전주의 및 애서 매헌(아서 마한)의 경우[33]

(1) 기독교적 완전이란?

애서 매헌은 성화는 도덕법에 완전하게 순종하는 것으로 이런 순종을 통해 인간 본성에 내재한 이기심이 제거되고 순수하고 영원한 사랑으로 전 존재가 새롭게 덧입게 된다고 주장했다. 이에 그는 "사랑이 율법을 성취한다'는 모토를 자주 강조했다. 나아가 〈도덕 철학의 학문〉에서는 보다 구체적으로 완전을 설명하기를, 성화되고, 흠이 없는 상태를 뜻하는데 이는 우리의 의지, 지성, 정신적 민감성, 육체적 경향성 전부를 아우르는 포괄적 완전을 말한다. 다시 말해, 지성으로서의 완전은 무엇이 악이고 악이 아닌지를 인지하는 것이며, 정신적 민감성과 관계된 완전은 인간의 모든 느낌과 감정이 하나님의 법아래 위치함을 뜻하는 것이며, 육체적 경향성과 관계된 완전은 하나님의 임재 앞에서 살아가고 있는 자들은 자신들의 육체를 살아있는 희생제물로 드려야 함을 뜻한다고 했다. 그는 이런 완전은 '전체의 성화'(entire sanctification)라 불렀다.

(2) 기독교적 완전이 이 땅에서 가능한가?

획득할 수 있고 실현 가능하다고 했다. 근거로 살전 5:23(평강의 하나님이 친히 너희를 온전히 거룩하게 하시고 또 너희의 온 영과 혼과 몸이 우리 주 예수 그리스도가 강림하실 때에 흠 없이 보전되기를 원하노라)을 제시했다. 획득하기 위한 방편으로는 구체적이고 열렬하며 지속적인 기도를 강조했다. 그는 에바브라가

---

33) 미 북동부 오하이오 주 소재 오벌린(Oberin)대학의 주요 교수들이 웨슬리의 완전주의(perfectionism)를 변용 발전시켜 주장한 사상으로 대표적인 인물로 2차 대각성 운동의 주역이었던 '찰스 피니'(C. Finney, 1792~1875)와 초대 학장을 지낸 '애서 매헌'이 있다.

"하나님의 모든 뜻 가운데서 완전하고 확신 있게 서기 위해 애써 기도한다"는 골 4:12을 인용하면서 확신 있는 기도와 완전을 연결했다. 나아가 그는 "그리스도 안에서 한마음을 품을 때 기독교적 완전은 비로소 가능하게 되고, 옛 언약이 아닌 새 언약에 거할 때 가능하며, 성령의 감동과 조명을 받으면 가능하다고 했다.

(3) 성결과의 관계

~ 미국에서 19세기 초반은 낙관적인 인간론이 팽배했고 그 결과 성결에 있어서도 인간의 능동적인 위치와 역할이 강조되었다. 그러나 1861~65년 남북전쟁 이후 미국 사회는 많은 부분에 변화가 일어났다. 가장 근본적인 변화는 바로 '인간'에 대한 인식이 달라진 것이다. 전쟁 이후에는 인간 자체에 대한 날카로운 비판적 시각이 확산되었다. 전쟁을 통해 인간 실존 깊숙이 내재된 악의 문제를 실감함으로써 인간에 대한 낙관론이 틀렸다고 생각을 바꾸게 되었다. 즉, 전쟁 전에는 성결의 강조점이 '인간 스스로가 행하는 윤리적, 도덕적 성결'이었다면 전쟁 후에는 인간의 능력보다는 '성결을 가능하게 하는 하나님의 초자연적 방법'에 더 큰 방점을 찍는 것으로 강조점이 변화되었다.

(4) 무엇이 문제인가?

완전의 획득 가능성의 궁극적 원인을 그리스도와 성령에게 두었지만 밑바닥에는 완전을 획득하기 위해 인간이 먼저 그리스도에게 헌신해야 한다는 논리가 깔려 있다. 워필드(B. B. Warfield)는 매헌이 기독교적 완전을 위해 그리스도를 도구화하여 인간 성화를 위해 필요한 초자연적 수단쯤으로 여긴다며 그를 두고 "펠라기우스의 부활"이라며 맹렬히 비판했다. 매헌의 획득주의는 우리가 기독교적 완전을 위해서 지속적으로 초자연적인 능력에 의존하지만 그 초자연적인 능력을 사용할지 혹은 받아들일지에 대한 최종적인 결정은 결국 인간 의지가 하는 것이다.

> **<참조>**
>
> 미국에서 19세기 중후반에 걸쳐 조나단 에드워즈(1703~1758) 등 엄격한 칼빈주의의 반동으로 일어난 신학 가운데 인간의 자유, 능력, 도덕적 책임 등을 특별히 더 강조했던 미국 신학 사조를 '뉴헤이븐 신학(New Haven Theology)' 혹은 '뉴잉글랜드 신학'이라 부른다. 메헌 역시 이 신학 사조의 영향 아래 있었다. 해밀턴은 매헌이 그의 <의지의 교리>에서 지속적으로 인간 의식의 자율성을 강조한 이유가 바로 에드워즈의 결정론을 의식적으로 반대하기 위한 것으로 평가했다. 남북전쟁 이후 매헌의 신학은 인간의 자율성과 자유 선택권을 강조하던 것에서 서서히 인간의 도덕적 능력에 대한 회의와 함께 서서히 초자연적인 능력인 성령 세례의 가치와 중요성을 강조하는 것으로 변화했다.

4) 케직 운동(Keswick Movement)

(1) 배경

1875년 영국 북서부 케직이라는 작은 휴양도시에서 시작되었고, 웨슬리주의, 성결주의, 오벌린 완전주의, 넓은 복음주의, 개혁주의 등이 어우러진 초교파 운동으로 '보다 더 고상한 삶'(The Higher Life)을 모토로 했다. 이는 '<The Higher Christian Life>, William E. Boardman, 1858'에서 기인한 것으로 고상한 기독교인이 되기 위해선 중생 시 받은 신분상(positional)의 성화로부터 한 걸음 더 나아가 성령 하나님이 내리시는 두 번째 축복인 '전(entire) 성화'가 필요하다는 것이다. 대표적으로 제임스 엘더 커밍, 에반 홉킨스, 핸들리 모울, 프레데릭 메이어 등이 있다. 영국에서 시작된 이 운동은 미국에 상륙하여 복음주의 권에 큰 영향을 끼쳤는데 특별히 무디 성경학교 관계자(그와이트 무디, 루벤 토레이, 제임스 그레이)들이 중심이 되었다. 한국에는 1985년부터 수입되어 케직 사경회를 가졌다.

(2) 5일간의 사경회

1일차: 죄와의 대면. 인간 전 존재에 드리워진 뿌리 깊은 죄성과 죄의식에 대한 진단 을 한다.
2일차: 치료. 뿌리 깊은 죄성을 하나님의 능력으로 치료한다.
3일차: 헌신. 하나님의 구원 사역에 자신을 드린다.
4일차: 결단. 성령 충만과 함께 거룩한 삶을 살기로 결단한다.
5일차: 선교요청. 행동으로의 요청. 봉사와 전도사업, 세계선교의 필요성을 요청한다.

(3) 성화론의 특징

성화의 수동성: 스스로의 힘과 노력으로 성화가 이루어지는 것이 아니라 외부의 어떤 힘에 의해 성화가 이루어지는 것이다. 성화는 하나님이 하시는 일이다. 하나님의 단독적 사역이다.

거룩한 삶을 살기 위해 필요한 두 가지는 첫째, 완전한 버림이요 둘째, 완전한 믿음이라고 했다. 그래서 그들은 "Let go and let God"(다 포기하고 놓으라 그리고 하나님이 하시게 하라)라고 부르짖었다. 그러나 그들은 인간의 행위는 절대 거룩함에 이르는 수단이 될 수 없다고 가르쳤다.

"만약 당신이 자신의 성화를 위해 노력하고 애를 쓴다면 그것은 당신 고유의 힘을 쓰는 것이다. 그것은 당신을 하나님 앞에 내려놓지 않은 것이다"/홉킨스

"만약 당신이 빈 그릇처럼 당신 자신을 포기하고 하나님을 믿는다면 하나님이 당신의 빈 그릇을 채워 주실 것이다. 이것은 하나님만이 하실 수 있는 그이 고유한 일이다"/앤드류 머레이

(4) 비판

웨슬리주의자들은 케직운동은 지나치게 칼빈주의적이라고 공격한다. J.C. 라일(성공회 주교)은 "믿음만으로 성화된다는 케직의 주장은 의심스럽다. 롬 6장이 주장하듯 '너희 자신을 내어 주라'는 의미가 단순히 수동적 항복 혹은 존재 의미의 중단을 의미한다면 그런 해석은 바울의 의도를 잘못 해석한 것이다. 오히려 이 말은 죄와의 전투에서 적극적으로 임해야 함을 강조하는 것으로 해석하는 것이 더

옳다."고 했다. 그러나 칼빈주의자인 워필드는 그의 〈승리한 삶, The victorious life〉에서 성화의 수동성만을 강조한 케직운동은 마치 행동보다는 묵상에 강조점을 둔 '경건주의'의 아류쯤으로 보인다고 했다. 이에 J. I. 패커는 케직 신학이 말하듯 성화의 사역은 '하나님의 사역'인 것만은 백 번 동의하지만 신자의 성화는 능동성을 함께 갖추어야 한다고 했다. 한편으로 케직성화론은 펠라기우스적 성화론이라는 평가를 받는다. 펠라기우스적이라는 것은 인간의 자유의지와 자유 선택의 행동이 중요한 역할을 한다는 의미인데 어떻게 성화의 수동성을 강조한 케직 성화론을 이렇게 비판할 수 있는가 하는 문제에 대해 케직의 수동적 성화론 내면 깊숙이 숨어있는 '헌신'과 '결단'의 시스템이 인간의 자유적 선택을 강조하고 있다는 것에 기인한다. 결국 케직 성화론도 인간의 자유의지적 선택에 바탕을 두고 있다는 것이 본질이다.

그러나 케직 신학의 '영성'만은 분명 본받아야 한다. 성결을 부르짖으며 걸구한 삶을 향한 헌신과 결단을 강조하고 믿음으로 거룩하게 되기를 위해 애쓰라는 가르침은 윤리 실종시대를 사는 현대사회의 그리스도인들에게 좋은 귀감이 된다.

3. 결론

〈본질적 질문〉
"과연 성화는 하나님이 하시는 것인가, 인간이 하는 것인가? 하나님이 혼자 하시는 일인가, 인간의 역할이 필요한가?"

(1) 결정적(definitive) 성화와 점진적(progressive) 성화[34]

1) 용어와 동기
~ 결정적이란 확정적, 즉각적, 단회적, 법정적, 신분적, 한 점으로 된 성화 등으로 표현된다. 존 머레이는 성화에 있어서 지나치게 인간의 책임과 역할이 강조되는

---

34) 존 머레이(Jhon Murray, 1898~1975), 박문재 역, 〈조직신학〉, 크리스찬다이제스트, 290~318p.

것과 보수 신학이 지나치게 점진적 성화만을 강조(찰스 핫지, 로버트 댑니, 윌리엄 쉐드 등)하는 것을 우려하고, 성경은 성화의 특징을 과정으로 보지 않고 '단 번의 (once-for-all)' 결정적 사건으로 본다고 주장했다.

2) 결정적 성화의 여러 개념

① 정체성: 죄와 죽음이 지배하는 영역으로부터 단번에 불가역적으로 단절되는 것으로 이 단절은 그리스도와 연합을 통해 가능해진다. 이 연합을 통해 신자는 죄와 죽음으로 점철되었던 인생을 청산하고 새로운 은혜의 삶으로 결정적으로 거룩한 방향으로 변화한다(고후 6:11). 그러므로 신자의 정체성은 '거룩하게 된 자'이다.

② 주재권: 그리스도 안에 잇는 신자에게는 더이상 죄가 그 지배권을 행사하지 못한다. 신자는 은혜의 법 아래에 있다(롬6:14).

③ 상태: 그리스도와의 연합을 통해 완전한 거룩함에 순응한 상태가 된다. 그러나 이 상태는 무흠한 완전주의적 상태는 아니다.

④ 점진적 성화와의 관계성: 결정적 성화 개념은 신자의 거룩한 정체성과 거룩한 상태의 현 상황을 유지 시키는 데 초점이 있지 않고 신자를 끊임없이 성화의 자리에 다시금 서게 만드는 힘을 가진다. 그러므로 결정적 성화 개념은 점진적 성화의 개념을 약화시키는 것이 아니라 강화시킨다. 다시 말해 거룩해진 신자는 앞으로 남은 생애에서 죄와 적극적으로 싸워나가는 '죄 죽임'의 고행에 억지로 참여하는 것이 아니라 그리스도의 공로에 힘입어 적극적으로 거룩한 일에 참여하게 되는 것이다. 그러므로 결정적 성화는 점진적 성화를 이끌어가는 원동력이 된다. 또한 결정적 성화는 하나님의 주권을 강조하는 반면에 점진적 성화는 인간의 역할과 책임을 강조함으로 상호 조화된다.

3) 결정적 성화의 성경적 근거

"죄가 너희를 주장하지 못하리니 이는 너희가 법 아래에 있지 아니하고 은혜 아래에 있음이라"(롬 6:14절)

"...그리스도 안에서 거룩하여지고 성도라 부르심을 받은 자들..."(고전 1:2)

"너희 중에 이와 같은 자들이 있더니 주 예수 그리스도의 이름과 우리 하나님의 성령 안에서 씻음과

거룩함과 의롭다 하심을 받았느니라"(고전 6:11)

4) 점진적 성화(progressive sanctification)

~ 신자가 평생에 걸쳐 죄와 싸워나감으로 점진적으로 거룩해지는 개념인데, 이 원리는 거룩함을 위한 신자의 노력을 강조함으로, 자칫 인간의 역할 및 책임의 측면이 강조되는 형국을 지닌다. 물론 신자는 성화를 위해 적극 노력해야 하지만 성화의 방정식에서 인간의 역할 및 책임이 지나치게 강조될 때 다양한 형태의 인간 중심적 성화론 혹은 인간 공로주의적 성화론에 빠질 우려가 다분하다. 성화는 인간 스스로, 단독적으로는 불가능하다. 인간 전 존재를 휘감고 있는 타락한 죄성이 자연스러운 성화가 이루어지도록 그냥 두지 않는다. 성화가 하나님의 은혜로 시작하고 하나님의 은혜로 지속되지 않는다면 실패한다. 하나님의 은혜가 없이는 한시도 우리는 거룩함의 자리에 설 수 없다. 반면에 성화 가운데 하나님의 주권만 지나치게 강조되면 인간의 역할과 책임이 약화되는 문제가 발생한다. 그러므로 성화에는 하나님의 주권과 인간의 책임이 균형을 갖추어야 한다. 개혁신학은 바로 이 균형을 잡는 역할을 감당한다.

"그러나 내가 나 된 것은 하나님의 은혜로 된 것이니 내게 주신 그의 은혜가 헛되지 아니하여 내가 모든 사도보다 더 많이 수고하였으나 내가 한 것이 아니요 오직 나와 함께 하신 하나님의 은혜라"(고전 15:10)

(2) 수동적 성화와 능동적 성화/ 헤르만 바빙크

1) 수동적 성화란 하나님으로부터 받는 선물이며, 이 선물은 오로지 하나님의 은혜로 신자에게 주어진다. 이 선물을 받은 신자는 거룩하게 되어진다(수동태). 능동적 성화는 인간 편에서 능동적으로 해야 할 성화로서 신자가 평생 삶 가운데서 점진적으로 이루어 나가야 할 성화를 말한다.

2) 바빙크는 이 능동적 성화를 위해서 신자는 '지속적인 회개'를 해야 한다고 강조했다.

"성경은 항상 두 국면을 같이 이야기한다. 두 국면 중에 한 면은 모든 것을 아우르는 하나님의 사역이고 또 다른 면은 인간의 책임이다. 성경은 분명히 수동적 성화와 능동적 성화를 같이 이야기하고 있다."

〈요한 1서〉

1. 배경 설명

초대교회의 전승에 의하면 사도 요한은 AD 70년, 예루살렘이 로마의 티투스 장군에게 멸망하기 직전에 그곳을 떠나 소아시아 지역을 순방한 것으로 알려져 있다. 특히 에베소와 그 주변 지역에서 전도 활동을 했고, 계시록에 등장하는 아시아의 일곱 교회도 요한의 전도지역에 포함된 교회로 추정된다. 아시아 교회의 신자들은 그리스도의 진리 위에 굳게 선 자들이었으므로 요한은 그들을 초신자로 보지 않고 사도의 교훈에 기초를 둔 형제로 취급하며 상당한 친밀감을 나타내고 있다. 이 편지는 아마 요한복음보다 늦은 시기에 에베소에서 쓴 것이 틀림없으며 도미티아누스 황제(AD 81~96년) 치세 말기인 AD 95년에 있었던 극심한 박해에 대한 언급이 없는 것으로 미루어 그 이전의 작품으로 추정된다.

2. 주요 특징

1) 노인이 된 사도 요한

요한은 이 편지를 썼을 때 노인이었다. 그는 이 편지의 독자들을 향해 '자녀들아'라고 부른다. 이는 이제 막 예수 그리스도를 믿고 영접한 신자들에 대한 지극한 애정의 표시로서 하나님의 부성애를 떠올리게 한다. 그래서 본서는 일명 '사랑의 편지'라 불린다. 사랑에 관한 사도의 사상이 풍부하게 담겨 있다(요일 2:7~11, 3:13~@4, 4:7~21)

2) 영지주의에 대한 경고

~ 당시 사도 요한은 빛이요 생명이요 사랑이신 하나님과 기쁨에 넘친 교제를 누리면서 신자들도 이러한 하나님과의 영적 교제를 나누기를 원했다. 그는 수신자들에게 하나님과 끊임없는 교제로 우리 안에 거하는 그분을 확신하라고 권면한다(2:28, 4:2-3). 그는 우리가 서로 사랑하지 않는다면 하나님을 알 수 없다고 말한다. 사랑은 말이 아니라 행동이며 받는 것이 아니라 주는 것이라고 강조한다. 동시에 본서는 영지주의 등의 이단에 대한 경계를 목적으로 하고 있으므로 경고의 문구가 자주 등장한다(4:1~6).

3. 주요 메시지

1) 하나님의 사랑

요한은 하나님의 속성 자체가 사랑이라고 소개한다(4:8). 이 사랑은 구약에서 '아헨'으로, 신약에서는 '아가페' 혹은 '필레오'로 나타난다. 사전적으로 이것은 '존재 욕구, 소유 욕구, 행복 욕구, 발전 욕구를 일으키는 감정 및 기분, 강렬한 애정의 느낌이거나 애착 또는 자비심'으로 풀이된다. 그러나 이것은 인간이 실현할 수 없는 차원의 사랑을 일컫는다. 인간의 언어로 해석하면 그냥 '일방적이고 헌신적인 사랑'일 것이다. 그러나 비록 인간의 언어로는 한마디로 정의할 수 없어도 모든 사람은 하나님을 믿고 그분에게로 돌아서 가까이하면 전인격적으로 이 사랑을 체험한다. 그래서 요한은 이 하나님의 사랑을 이론으로 소개하지 않고 실제적이고 윤리적인 행동의 차원에서 사랑의 중요성을 강조한다. 하나님은 사랑이시므로 당연히 인간은 서로 사랑해야 한다는 사랑의 당위성을 역설한다. 이는 마치 빛이 의무적으로 밝게 비추는 것이 아니라 빛은 빛으로서 자연스럽게 빛나듯이 하나님의 사랑을 받고 구원을 받은 성도들은 자연스럽게 그 인격이 변화되어 자발적으로 남을 사랑할 수밖에 없게 되었다고 설명한다. 그러므로 남을 먼저 사랑하는 것이 당연한 이치라는 것이다.

4. 내용구성

1부(1:1-2:27)	2부(2:28-5:21)
교제의 근거	교제의 행위
1) 교제의 조건 - 빛 가운데 행하며(1:5~7) - 죄를 자백하며(1:8~2:2) - 그의 계명을 지키며(2:3~6) - 서로 사랑해야 한다(2:7~14) 2) 교제에 있어서 주의할 점 - 세상을 사랑하지 말라(2:15~17) - 거짓 교사들에 속지 말라(2:18~23)	1) 교제의 특성 - 삶의 정화(3:1~3) - 의의 실행(3:4~12) - 진리와 사랑의 실천(3:13~24) - 영들에 대한 시험(4:1~6) - 그리스도 사랑의 나눔(4:7~5:3) 2) 교제의 결과 - 세상에 대한 승리(5:4~5) - 구원의 확신(5:6~13) - 기도(5:14~17) - 관습적인 죄에서의 해방(5:18~21)

<참고> 사랑에 대하여

1) 세 가지 사랑

성경은 세 가지 사랑을 이야기한다. 하나는 인간과 인간의 사랑이요, 둘은 하나님의 사랑이며 셋은 하나님에 대한 사랑이 그것이다.

먼저 인간적 사랑은 주로 가족관계에 대해 말할 때 사용되었다. 즉, 아내에 대해(삼상 1:5, 엡 5:23), 남편에 대해(딛 2:4). 자녀에 대해(창 22:2, 잠 13:24, 딛 2:4), 자부에 대해(룻 4:15) 등이 해당된다. 나아가 인간적 사랑은 계약관계에 대해 전문 용어로 사용되었다. 즉 종의 헌신된 충성(출 21:5)을 요구할 때이거나 지도자에 대한 충성(삼상 18:16, 20:13~17) 등을 말한다.

한편으로 하나님은 사랑이시다(요일 4:8). 하나님의 사랑은 영원하시다(렘

31:3). 하나님은 구약시대에 이스라엘과의 언약을 통해 자신의 사랑을 나타내시었다(호 11:1). 이 사랑은 자비와 용서(시 103:8)와 구원 속에서 명확히 드러난다(신 4:37~38, 시99:4).

반면에 하나님은 인간에게 공의를 요구하시는 데 그 대가로 순종을 요구하신다(신 6:5~6). 호세아 선지자는 하나님의 사랑을 아버지의 사랑으로 묘사했다(11:1~4). 따라서 하나님의 백성은 하나님의 계명을 지키고 그 목소리에 복종하고, 그의 길을 걸으며, 그를 가까이함으로 하나님에 대한 사랑을 표현해야 한다. 예수님은 하나님의 계명을 지키는 자가 하나님을 사랑하는 자라고 말씀했다(막 12:28~!34, 요 14:23).

2) 사랑의 종류

종류	의미	성경
아가페	인간에 대한 하나님의 사랑	렘 31:3, 마 24:12, 요일 2:15, 4˝8, 롬 5:8 등
필로스	친구 간의 우정	요 21:15, 17, 약 4:4
스톨게	자식에 대한 부모의 일방적인 사랑	
에로스	남녀 간의 육체적 사랑	

<요한 2서>

1. 배경 설명

이 서신의 수신자는 택하심을 입은 한 사람의 부녀로 보인다. 저자는 자신을 장로로 소개하는데 교회의 공식적인 직책으로서가 아니라 독자들이 평소에 저자를 부를 때 사용하는 호칭으로 사용된 것으로 보인다.

예수님이 승천하신 후 시간이 흐르면서 직접 예수님의 말씀을 들었던 사도나 제자들이 거의 죽고, 남아 있는 몇 안 되는 교회의 지도자나 교사들이 여러 지역의 교회들을 돌보아야 할 입장이 되었다. 그래서 새로 생긴 교회에는 아예 돌볼 목자가 없는 경우가 허다하게 발생했다. 이때 거짓 교사들이 교회에 들어와 잘못된 교리를 가르치는 등(요이 7) 질서를 어지럽게 했다. 그래서 이제 막 예수를 믿기 시작한 어린 신자들은 참과 거짓을 구별할 능력이 없어 흔들리고 있었다. 사도 요한은 이들에게 진리를 바로 알게 하기 위해 긴급하게 편지를 써 보내야 했다.

2. 주요 메시지

1) 적 그리스도(Antichrist)

1차적으로 예수 그리스도를 반대하는 모든 세력을 가리키지만 개인적인 존재를 지칭하기도 한다. 교회사 가운데 자칭 그리스도로 행세하는 자들이 많았다(마 24:23~24, 요일 2:22~23). 이들은 고의적으로 예수님의 신성과 인성, 곧 성육신을 부인하는 자들이었고 항상 성도를 미혹하고 핍박하며 하나님을 대적하는 일을 주도한다. 나아가 자신이 예수 그리스도의 자리에 앉아 뭇 사람의 경배를 받고자 시도했으며 추종 세력을 만들어 이단의 교주 노릇을 했다. 한마디로 이들은 모두 사탄의 대리인이었다. 사탄은 늘 이런 식으로 자신의 대리자를 내세워 역사의 현장에 침투하여 하나님의 창조 질서를 훼방하고 흐트리는 일을 주 업무로 한다. 성경에 언급된 최초의 적그리스도의 원형은 아담과 하와를 유혹한 뱀이었다(창 3:1~15). 이외 '아침의 아들 계명성'(사 14:12), '리워야단, 용'(사 27:1), '곡'(겔 38:1~39:16), '작은 뿔'(단 7:8) 등의 이름으로 나타났다. 예수님은 사탄이 많은 거짓 그리스도와 거짓 선지자로 둔갑하여 큰 표적과 기사를 행하며 할 수만 있으면 많은 성도들을 미혹할 것이라고 예언하셨다(마 24:24, 막 13:21~22). 사도 바울은 적그리스도를 '불법의 사람', '멸망의 아들'(고후 2:3), '벨리알'(고후 6:15)r로 부르고 있으며 계시록에서는 용과 짐승의 모습으로 등장한다(13장).

2) 하나님의 계명

요한은 거짓에 속지 않는 비결로 하나님의 계명을 지키는 것이라 말한다. 계명을 지키는 것이 곧 하나님을 사랑하는 증거라고 말한다(1:6). 다시 말해 무엇이 옳고 그른가를 판가름하는 모든 지침과 시금석은 성경에 기록된 하나님의 말씀이라는 것이다. 말세를 살아가는 모든 성도들이 왜 성경을 목숨보다 더 귀중하게 여기고 날마다 성경이라는 영적 양식을 먹고 살아야 하는지를 알 수 있다.

3. 내용 구성

1~6절	7~13절
하나님의 계명 안에 거하라	거짓 교사들을 멀리하라
- 인사(1~3절) - 진리 안에 가하라(4) - 서로 사랑(5~7절)	- 성육신을 부인하는 거짓 교사들의 교리를 피하라(7~11절) - 작별인사(12~13절)

〈요한 3서〉

1. 배경 및 주요 특징

1) 본서의 중요성

본서는 그 분량이 적고 '가이오'라는 한 개인에게 보낸 사적인 편지이지만 당시 초대교회 복음 전파사의 일면을 담고 있어 사료적으로 귀중한 역할을 한다. 본서에는 복음의 진리를 전파하기 위해 각지를 다니던 데메드리오 같은 순회 교사들에 대한 언급과 이들에 대한 초대 교회 성도들의 상반된 태도가 잘 묘사되어 있다. 여기서 사도는 두 사람의 태도를 대비시키면서 무엇이 옳은 태도인가를 변증한다. 즉 가이오처럼 충성되고 정성스럽게 대접하는 이와 디오드레베처럼 적대와 배척을 하는 이를 대비시킨 것이다

2) 데메드리오

당시 순회전도자의 한 사람으로 본다. 성경에는 여러 데메드리오가 있다. 먼저 에베소의 신 아데미의 작은 신점 모형을 만들어 팔았던 은장색 장사꾼(행 19:24)이 있고, 바울의 동역자 데마는 데메드리오의 약칭으로 본다(골 4:14, 딤후 4:10, 몬 24). 본서의 데메드리오는 사도 요한의 세 번째 편지를 전한 사람으로 본다(요삼 12).

2. 내용 구성

1-8절	9-14절
가이오에 대한 칭찬	디오드레베에 대한 정죄
- 인사 - 가이오의 경건함과 너그러움	- 디오드레베의 교만함, 악함, 폄론, 윤리의 부족 - 데메드리오(가이오에게 편지를 전한 사람)에 대한 칭찬

〈유다서〉

1. 배경 및 특징

1) 어떤 유다인가?

성경에는 몇 명의 유다가 등장하는데 이 유다가 누구인가에 대해 논란이 있었다. 그러나 이 편지의 저자를 예수님의 동생인 유다로 보는 데에 이견이 거의 없다. 저자 스스로 자신을 예수님의 동생인 야고보와 형제임을 밝히고 있기 때문이다(1절). 그는 예수님의 형제 중에서 막내였던 것으로 본다(마 13:55). 다른 형제와 마찬가지로 부활 이전에는 신앙이 없었다가 부활 이후에 오순절 교회의 지도자 중 한 명이 되었다(행 1:14).

2) 거짓 교사들의 특징

유다는 거짓 교사들의 특징들을 폭로한다. 그들은 은혜를 색욕 거리로 바꾸고, 예수 그리스도를 부인하며(4절), 권위를 거부하고(8절), 탐심으로 행하는 자들(12절)이라는 것이다. 또 그들은 스스로 자랑하며 이익을 위하여 다른 사람들에게 아첨하는 자들(16절)이라 말한다. 그러면서 유다는 구약의 세 인물을 거짓 교사의 대표적인 사례로 소개한다. 가인과 발람과 고라가 그들이다.

2. 내용구성

1~4절	5~16절	17~23절	24~25절
편지의 목적	거짓 교사들	거짓 교사들에 대한 반박	축복기도
- 가만히 들어온 자 - 예수 그리스도를 부인하는 자	- 과거 심판의 사례들 - 거짓 교사들의 특징들	- 정욕대로 행하고, 기롱하고, 당을 짓고, 육에 속하여, 성령 없는 자 - 성령으로 기도하라	영광과 위엄과 권력과 권세의 하나님

⟨요한계시록⟩

1. 배경설명

1) 창세기는 시작의 책이고 요한계시록은 종결의 책이다. 이 책에는 하나님의 구원계획이 결실을 보며 하나님의 거룩한 이름이 모든 피조물에 의해 불려지며 영광스럽게 입증된다. 인간의 모든 믿음과 행위의 결과가 분명히 가려지고 불신자들에 대한 엄중한 불의 심판이 가해진다.

2) 요한계시록은 사도 요한이 밧모 섬에 유배되어 있는 동안 쓴 것으로 세상을 심판하고 의로 통치하실 그리스도에 대한 환상과 상징을 중심으로 내용을 전개하고 있다. 요한은 이 예언을 아시아에 있는 자신이 돌보는 일곱 교회에 보낸다. 가장 큰 에베소에서 시작하여 시계방향으로 돌아 마지막으로 라오디게아 교회로 순회하며 신자들은 대 사도의 예언 선물을 돌려가며 청취했다.

3) 요한계시록은 신구약을 통하여 흐르고 있는 계시의 많은 흐름들의 절정을 이룰 뿐 아니라 또한 아직 성취되어야 할 많은 예언들의 계시에 대한 최종 결론을 제공한다. 즉 그리스도의 재림과 그에 앞서 이루어질 몇 년간의 일들이 요한계시록에서는 성경의 어떤 다른 책들보다 더 사실적으로 드러나 있다.

4) 한편 이 책은 로마가 기독교를 공공연히 박해하기 시작할 무렵, 즉 도미티아누스 황제의 통치 기간(AD 81~96년)에 쓰여졌다. 대략 95~96년경으로 본다. 전승

에 따르면 요한은 황제가 죽은 후 바로 에베소로 귀환했다고 한다. 어떤 학자들은 네로 황제를 가리키는 히브리어 문자의 음가가 666(13:18)이라는 점에 착안하여 편지의 저술 시기를 AD 64년 네로의 대박해 때로 추정하지만 근거가 희박하다. 요한이 언제 밧모 섬에서 풀려났는지 알 수 없지만 그의 제자인 폴리캅의 문하생이었던 이레니우스의 증언에 의하면 도미티아누스 황제 사망 이후에 에베소로 간 것으로 보인다.

2. 주요 특징 및 메시지

1) 위로와 격려의 메시지

요한계시록을 잘못 이해하는 사람들은 이 책이 주로 무서운 심판에 관한 이야기로만 알고 있다는 것이다. 교회사에는 이런 미숙한 사람들을 상대로 잘못된 종말론으로 미혹하여 자신의 부와 권세를 누리는 발판으로 이용한 자들이 많았다. 그러나 요한계시록의 첫 번째 저술목적은 핍박 가운데서 신음하던 당시의 교회들, 즉 일곱교회로 대변되는 교회들에게 하나님의 위로와 격려, 그리고 따뜻한 사랑의 메시지를 전하고자 함이다. 요한은 각 교회를 진리로 인도하기 위해 칭찬과 책망 및 권면을 적절하게 제시하면서 이기는 자들에 대한 상급의 약속을 제시함으로서 큰 소망을 던지고 있다. 나아가 "귀 있는 자는 성령이 교회들에게 하시는 말씀을 들을지어다"라는 말로서 성령의 사역을 강조함으로써 그 메시지가 당시에만 국한된 것이 아니라 모든 세대의 모든 교회에 적용되는 말씀임을 암시해 주고 있다.

2) 새 하늘과 새 땅('우라노스 카이노스 카이 게카이네')

현실은 어둡고 고통스럽다. 그러나 하나님은 교회들에게 현실보다 미래를, 아래가 아니라 하늘의 하나님을 바라보며 새 예루살렘을 소망하라고 조언한다. 이 새로운 세상은 구속받은 성도들의 새로운 공동체 또는 하나님의 백성들이 영원히 거할 처소를 말하는데 그 특징은 다음과 같다.

① 죄와 사망과 애통이 사라진 곳(21:4)
② 하나님 나라의 최종적인 실현

③ 구속받은 성도들에게 주어지는 최종적인 선물

④ 성도들에게 주어진 최고의 소망이자 가장 영광스러운 상태(갈 4:25~31)

3) 일곱 개의 복

① 말씀을 듣고 지키는 자(1:3)

② 주 안에서 죽는 자(14:13)

③ 충성된 옷을 입고 죽는 자(16:15)

④ 어린 양의 혼인 잔치에 참여하는 자(19:9)

⑤ 첫째 부활에 참여하는 자(20:6)

⑥ 말씀을 지키는 자(22:7)

⑦ 예수의 피로 두루마리를 빠는 자(22:14)

<참고>: 신 28:1~14의 복

1) 조건과 약속

"네가 네 하나님 여호와의 말씀을 삼가 내가 오늘 네게 명령하는 그의 모든 명령을 지켜 행하면(1)"

"네가 네 하나님 여호와 말씀을 청종하면"(2)

"오직 너는 내가 오늘 네게 명령하는 네 하나님 여호와의 명령을 듣고 지켜 행하며"(13)

"내가 오늘 너희에게 명령하는 그 말씀을 떠나 좌로나 우로나 치우치지 아니하고 다른 신을 따라 섬기지 아니하면 이와 같으리라"(14)

"모든 복이 네게 임하며 이르리니"(2)

2) 구체적 내용:

① 세계 모든 민족 위에 뛰어나게 하실 것(1)

② 재물의 축복(3, 4, 8, 11, 12)

③ 자식과 가정의 축복(4-5)

④ 만사형통의 축복(6)
⑤ 대적과의 싸움에서 승리하는 축복(7)
⑥ 성민의 축복(9, 10)
⑦ 왕권의 축복(13)

4) 일곱 인, 일곱 나팔, 일곱 대접의 3중 3원 구조(6~16장)

인
흰 말
붉은 말
검은 말
청황색 말
성도의 고난
지진, 하늘징조 등

일곱 나팔
우박, 불산
쓴 물, 천체1/3소멸
황충, 네 천사 등

일곱 대접
불신자들
피바다와 떼죽음
태양열, 흑암
최후 전쟁
바벨론 파괴

5) 기독교인의 역사관
① 기독교 역사관은 하나님 섭리의 역사성을 강조한다. 즉, 역사는 단순히 반복되거나 순환하는 것이 아니라 한 분 하나님의 주권적 의지에 따라 종말을 향하는 일직선상에 있으며, 하나님께서 인간 역사 속에 오셔서 그 의미와 목적을 부여하심으로 진행된다.
② 기독교 역사관은 그리스도의 성육신 사건을 역사의 중심에 두고, 모든 역사 발전과정에 의미를 부여한다.

③ 기독교 역사관은 역사의 목적과 동시에 개인의 창조적인 역할을 중시한다. 즉, 하나님 앞에선 개인은 단순한 수단이나 도구가 아니라 자유의지를 가지고 하나님의 뜻을 이루어 나가는 역사의 주역이다.

④ 기독교 역사관은 한 마디로 종말론적 구속사관이다. 구속 사역은 역사를 초월하는 영역에서 이루어지는 것이 아니라 인간의 역사 안에서 이루어지며, 인간의 역사는 하나님의 구속 사역에 맹목적 추종을 하는 것이 아니라 각자가 맡은 역사적 소명을 '지금 여기'의 현장에서 성실히 수행하는 주역의 일원으로 참여한다.

6) 숫자의 의미

1. 절대 수, 영원 수, 시작(창 1:5, 아 6:9, 계 1:8)
2. 증인의 수(신 17:6, 마 18:19, 계 11:3, 13:11)
3. 삼위일체, 하나님의 수, 그리스도의 세 직분(사 6:3, 막 9:31, 14:58, 계 7:4, 8:7-12, 9:15)
4. 동서남북, 지상의 수, 세상(창 2:10, 사 11:2, 겔 7:2, 계 4:6, 5:8, 7:4)
6. 불완전수, 사단의 세력(수 6:3, 욥 5:19, 계 4:8, 13:18)
7. 하나님의 수, 승리의 수, 완전수, 안식의 수(창 2:3, 레 25:8, 사 30:26, 계 1:11, 6:1, 8:2)
11. 완전수, 하나님의 계획과 섭리의 성취(창 49:28, 겔 43:16, 계 21:12, 14, 22:2)

<참고> 666(계 13:16~18)

요한계시록은 예언서 이전에 AD 1세기 말에 유대 사회에 유행했던 묵시문학의 장르를 통해 당시 교회에게 주신 하나의 교훈서이기도 하다. 원래 정경에서 이름은 '요한 묵시록'이다. 이 책과 가장 관련이 깊은 구약성경은 단연 다니엘서이다. 계시록은 다니엘서의 내용을 상당수 차용하고 있다. 특히 바다에서 올라오는 짐승과 큰 환난에 대한 내용은 거의 그대로 차용한다. 묵시문

학의 특징은 현재 혹은 과거의 이야기를 미래의 시점과 주제로 말하는 것이다. 계시록은 오직 세계종말에 관한 예언서라기보다는 당시의 상황, 즉 로마제국하에서 받는 많은 어려움과 핍박 가운데 있는 교회들에게 다니엘서가 가지고 있었던 하나님 나라의 승리에 대한 비전을 더욱 확장하고 구체적으로 설명하여 최후 승리에 대한 확신을 통해 위로하고 격려하는 것이 목적이다. 이런 맥락에서 666을 이해하고 해석해야 한다.

① 이 짐승의 숫자는 다니엘서 7장부터 이어지는 넷째 짐승에 관한 이야기 속에 등장한다. 하나님 나라의 적대세력으로 비유되는 이 짐승은 계시록 13장에서는 의심의 여지 없이 당시 가장 강력했던 로마제국을 상징한다.

② 어떤 상징을 숫자로 풀어내는 계산법을 '게마트리아'(Gematria)라고 하는데, 이에 따르면 네로 황제의 히브리어 표기인 '네론 케사르'의 모든 자음을 숫자로 표기하여 합하면 666이 된다. 또 로마제국은 헬라어로 '라테이노스'인데 이 역시 합하면 666이 된다. 이에 따라 공동성경 번역은 계 13:8을 "바로 여기에 지혜가 필요합니다. 영리한 사람은 그 짐승을 가리키는 숫자를 풀이해 보십시오. 그 숫자는 이름을 표시하는 것으로서 그 수는 666입니다"라고 번역한다. 그러므로 666은 현대의 바코드나 베리칩과는 아무런 상관이 없다. 계시록에 대한 신비주의적이고 세대주의적 종말론 해석을 경계해야 한다.

③ 중요한 것은 666의 정체가 아니라 이 숫자가 사람의 숫자라는 점이다. 다시 말해 666이라는 숫자가 가지는 상징성이 무엇이냐 하는 것이다. 즉, 인간의 힘으로 만든 나라와 권력이 아무리 강해도 하나님의 숫자 7에 못 미치며 결국 하나님의 나라를 인간의 나라가 이기지 못한다는 것이다. 건강한 종말론적 신앙은 주님이 언제 오셔도 부끄럽지 않게 오늘을 경건하게, 의롭고 정직하고, 더욱 사랑함으로 살아가는 것이다. 더 이상 허황된 종말론 등에 현혹되지 말아야 한다.

7) 문화명령

　문화란, 인간이 자신의 삶을 이해하고 영위해 나가는 모든 정신적 물질적 활동과 그 결과를 말하는 것으로 문화를 이룩할 수 있는 능력은 하나님이 인간에게만 부여하신 능력이다. 그러나 하나님과 단절된 문화는 사상누각이요 기만이요 외형적인 위선이다. 하나님을 부인하는 인간의 모든 창작은 육체적이며 일시적인 것으로 오직 육체의 정욕을 추구함이다. 그리스도인들도 최후 심판 때까지는 이 땅에서 한 사람의 문화인으로 존재할 수밖에 없다. 다만 개인적으로 성결한 삶을 통해 세상의 빛과 소금의 역할을 다하며 나아가 이 땅에 하나님 나라 즉 기독교 문화의 보급과 부흥을 위해 노력해야 한다. 모든 그리스도인들은 세상에 파송된 선교사들이다.

8) 주요 상징들

① 일곱별, 일곱 촛대(1:20)

　일곱별은 교회를 보호하도록 하나님의 위임을 받은 천사이고 일곱 촛대는 그리스도 안에 있는 모든 교회를 상징한다.

② 감추었던 만나와 흰 돌(2:17)

　만나는 하늘의 양식 또는 그리스도 자신을 가리키고, 흰 돌은 재림 때 죽도록 충성한 성도들에게 새 몸과 새 성품을 주시고 하늘의 순결로 입히시는 것을 의미한다.

③ 네 생물(4:6~8)

　사 6:2과 스랍과 겔 1:5~25의 그룹 환상이 배경이 된 것으로 항상 하나님의 보좌와 어린 양 가까이에 있고 여섯 날개가 있으며 눈이 가득하고 밤낮으로 하나님을 찬송하고 경배하는 일을 수행하며, 하나님의 진노를 대신 전달하는 역할도 수행한다. 네 생물은 모든 피조물을 대표하는 상징으로 본다. 사자는 짐승의 왕으로 용기를, 송아지는 가축의 대표로서 힘을, 사람은 만물의 영장으로 지혜를, 독수리를 새들의 왕으로서 신속함을 상징한다.

④ 인(5:1, 7:3)

　하나님과 어린 양의 소유권을 표시하며 하나님의 보호와 안전을 나타낸다. 인 맞은 성도는 그리스도의 재림 때 부활하여 그리스도와 함께 왕 노릇을 한다(13:7, 16:2, 20:4).

⑤ 144,000(7:4~8)

　대 환난 기간 보호를 받는 유대인 숫자를 가리킨다는 설과 대 환난을 통과한 모든 교회를 가리킨다는 설이 있다. 특이한 점은 12지파 중에서 단 지파가 제외되었는데 이는 구약에서 우상숭배의 죄(창 49:17, 삿 18:18~19, 왕상 12:29~30)와 종말의 때에 적그리스도를 상징하기 때문이다(렘 8:16).

⑥ 나팔(8:2, 6)

　인간 역사에 대한 하나님의 개입(창 19:16, 19)과 임재(사 27:1, 욜 2:1), 전쟁의 신호(습 1:16)를 나타내며, 특히 그리스도의 재림과 깊은 관련이 있다(마 24:31, 살전 4:16).

⑦ 땅에 떨어진 별(9:1)

　하나님의 뜻을 전하는 사자, 배교한 교사 및 적 그리스도, 역사상 등장했던 제국의 왕과 군주들, 타락한 천사인 사단 등 네 가지 견해가 있다. 사단은 타락하기 전에는 천사장으로 하늘이 그의 거처였으나 추방 후엔 땅으로 쫓겨나 땅에서만 그의 영향력을 발휘하게 되었다(마 12:26, 막 3:23-24).

⑧ 1,260일(11:3)

　'마흔 두달', '한때와 두 때와 반 때', '삼일 반' 등으로 표현된다. '7년 대 환난'은 각각 3년 반씩 전반기와 후반기로 나누어지는데, 전반기는 사단이 온화한 핍박을 하는 때이며 후반기는 사단이 발악하는 때로서 성도들의 극심한 박해를 의미한다.

⑨ 해를 입은 한 여자(12:1)

　교회의 모체가 된 유대교 공동체, 예수의 모친 마리아, 교회 등을 가리킨다는 세 가지 설이 있다. 머리의 열두 별은 이스라엘 12지파 곧 하나님의 언약 백성을 가리킨다.

⑩ 붉은 용(12:3)

　하늘에 나타난 두 번째 이적으로 '사단'을 의미하는데 '마귀' '옛 뱀'으로 불린다. 머리가 일곱, 뿔이 열이라는 것은 단 7:7~24에서 유래한 것으로 예수 그리스도를 대적하여 일어날 일곱 나라와 영 왕을 의미한다. 일곱 면류관은 세상 임금이 쓰는 왕관이다.

⑪ 독수리 두 날개(12:14)

하나님의 보호하심과 인도하심을 의미한다(출 19:4, 신 32:11, 사 40:31, 미 4:9).

⑫ 바다에서 한 짐승(13:1)

바다는 모든 나라들과 그 정부를 총칭하며 짐승은 적 그리스도이다. 뿔이 열, 머리가 일곱은 용의 모습과 흡사한데 이는 이 짐승이 가진 세계적인 통치권과 충분한 권세를 상징한다. '참람'(블라스페미아)이란 말은 '해방' '모독'을 뜻한다.

⑬ 1,600 스다디온(14:20)

문자적으로는 팔레스타인의 길이를 상징적으로는 전 세계를 의미한다.

⑭ 개구리(16:13)

구약성경에 더럽고 부정한 동물로 재앙을 가져오는 역할을 했다(출 8:5~11). 페르시아의 조로아스터교에서는 흑암 권세의 대리자로 인식했고, 애굽에서는 풍요와 다산의 여신인 헥트(Hegt)로 상징되고, 유대인들은 귀신, 또는 사단의 사자로 여겨 우상숭배와 연관시켰다(9:20, 18:2).

⑮ 아마겟돈(16:16)

'하르 므깃도'로 '므깃도 산'을 뜻한다. 이 산은 갈릴리 남방에 위치한 요새 도시로 그 주위에 기손 강이 위치하고 고대로부터 가장 유명한 전쟁터 중의 하나였다(삿 5:19`21, 왕하 9:27, 대하 35:22). 아마겟돈이 상징하는 바는 세 가지다. 첫째, 바벨론 왕이 교만한 마음으로 하나님의 보좌에 오르려 한 사건을 가리킨다는 설(사 14:12~15), 둘째, 다산의 산, 즉 예루살렘을 의미하는 '하르 므깃돈'이란 말에서 유래한 것으로 예루살렘 근처에서 일어나는 종말적 전쟁을 의미한다는 설 셋째, 어떤 지리적 장소가 아니라 하나님과 사단의 세력 간에 일어나는 최후 전쟁을 상징한다는 설이 있다.

⑯ 큰 음녀(17:1)

로마를 가리킨다는 설과 바벨론을 지칭한다는 설이 있는데 둘 다 사단의 권세와 현혹의 상징이며 인간의 힘으로는 완전히 파괴하거나 바꾸어 버릴 수 없는 신적 비밀에 속한 악의 세력으로 본다.

⑰ 일곱 왕(17:10)

　로마의 일곱 황제(아우구스투스, 티베리우스, 칼리쿨라, 클라우디우스, 네로, 베스파시안, 티투스)라는 설과, 역사 상 등장하는 일곱 명의 적그리스도의 제국을 가리킨다는 설, 그리고 다섯 왕은 이집트, 앗수르, 바벨론, 페르시아, 마케도니아이고 현존하는 제국은 로마제국을, 다가올 나라는 로마 멸망 후 적 그리스도적인 세상 나라를 의미한다.

⑱ 어린 양의 혼인 잔치(19:6~9)

　성도들이 공중으로 들어 올려져 주를 영접한다(살전 4:16~17).

⑲ 세마포(19:8)

　음녀와 적그리스도인 짐승이 입던 붉은 빛과 자줏빛 옷과는 대조적으로 제사장과 왕이 입는 값진 천이다.

⑳ 두루마리를 빠는 자들(22:14)

　그리스도의 부르심에 믿음으로 응답하여 주님의 십자가 보혈에 참여한 자들을 가리킨다. 이들은 대 환난 중에 순교한 자들과 그리스도를 따르는 모든 성도들을 총칭한다.

3. 내용구성

1부(1장)	2부(2~3장)	3부(4~22장)
요한이 본 것(과거)	이제 있을 일(현재적 미래)	장차 있을 일(미래)
- 예수 그리스도의 계시 - 일곱 교회에 편지 - 일곱 금 촛대 사이의 인자 "내가 성령에 감동하여" (1:10, 4:2, 17:3, 21:10)	〈일곱 교회에 보내는 편지〉 에베소, 서머나, 버가모, 두아디라, 사데, 빌라델비아, 라오디게아교회 "귀 있는 자는 들을지어다" (2:11, 17, 29, 3:6, 13, 22)	- 천국 예배광경(4~5장) - 일곱 가지 심판(6~16장) - 바벨론의 최후(17~18장) - 지옥불 심판(19장) - 천년왕국, 둘째 사망과 불못(20장), - 새 하늘과 새 땅, 새 예루살렘(21~22장) "내가 보니" (4:1, 5:1, 6:1 7:1 8:2, 10:1, 12:1, 13:1, 14:1, 15:1, 17:3, 18:1, 19:11 20:1, 21:1, 22:1)

<참고> 4가지 환상을 기초로 한 구조 (중심단어: "성령에 감동되어")

* 첫 번째 환상(1~3장) : 1:10

　일곱 교회 이야기

* 두 번째 환상(4~16장) : 4:2

　① 4생물(4:6~11) ② 어린 양(5:1~14) ③ 인(6~8장) ④ 나팔(8:6~9:21) ⑤ 작은 책(10장) ⑥ 두 증인(11:1~14) ⑦ 일곱째 나팔(11:15~19) ⑧ 여자와 용(12:1~6) ⑨ 사단의 추방(12:7~14) ⑩ 여자의 핍박(12:13~17) ⑪ 바다 짐승(13:1~10) ⑫ 땅 짐승(13:11~18) ⑬ 어린 양과 144,000명 ⑭ 세 천사(14:6~13) ⑮ 낫과 추수(14:14~16) ⑯ 낫과 포도농사(14:17~20) ⑰ 일곱 천사와 금 대접(15장) ⑱ 일곱 대접 심판(16장)

* **세 번째 환상(17~20장) : 17:3**

① 음녀의 여왕(17장) ② 바벨론의 몰락과 세상 사람들의 애통(18장) ③ 바벨론 몰락을 하늘이 기뻐함(19:1-10) ④ 백마 탄 그리스도(19:11-16) ⑤ 유황 못(19:17-21) ⑥ 천 년간 사단의 결박(20:1-3) ⑦ 그리스도의 천년 통치(20:4-6) ⑧ 사단의 놓임과 영원 불못(20:7-0) ⑨ 심판(20:11-15)

* **네 번째 환상(21장) : 21:10**

① 새 하늘과 새 땅(21:1-8) ② 새 예루살렘(21:9-27) ③ 생명수 강(22:1-5) ④ 마지막 권면(22:6-21)

<참고> 계시록의 오용

01. 세대주의

1) 긍정적 기여

하나님 말씀으로서의 성경을 지키고자 한 헌신과 복음에 대한 열정은 세계교회에 매우 긍정적인 영향을 끼쳤다.

2) 부정적 측면

잘못된 종말론 해석으로 계시록을 오, 남용케 했다. 특히 세대주의자들은 계시록을 일종의 예언서로 생각하고 사건이 일어날 때마다 종말의 징후가 나타났다는 등으로 공포 분위기를 조장하는 등 큰 폐해를 낳았다. 예를 들어 1990년 중동전쟁 때 3차 세계대전이 일어나고 아마겟돈[35] 전쟁이 발발할 것으로 예언했다.

[35) 아마겟돈은 '므깃도의 산'으로 평야지대가 아니고 상징적인 표현이며, 문자적으로 어느 특정지역을 가리키는 것이아니라 마지막 때 일어날 영적 전쟁을 상징한다. 다시 말해, 사탄과의 모든 것을 끝내는 전쟁이다.

이들은 여전히 4~22장 전체를 미래 예언으로 해석한다. 이들은 아마겟돈 전쟁을 문자 그대로 어느 특정 지역에서 발생하는 국가 간의 전쟁으로 본다. 실제로 레이건 전 대통령은 자신이 아마겟돈 전쟁을 수행 중이라 여겼다고 한다. 이외에도 세대주의 정치 지도자들은 미국을 경찰국가로 간주하여 미국을 반대하는 국가를 사탄시하고 미국은 하나님의 심판을 대행하는 나라로 자처한다. 이들은 이데올로기적인 미국 우월주의에 따라서 성경을 해석하고 기독교를 정치와 결탁시키는 우를 범했다. 또 '베리칩'이 666이라 주장하는 사람들도 있다. 베리칩의 시행과 더불어 7년 대환란이 시작된다는 근거 없는 소문을 퍼트리고 종말적 분위기를 조장했다.

02. 시한부 종말론자들

1) 2세기 중엽 몬타누스주의 등이 시한부 종말론 등을 주장했다. 그는 페푸자와 디미움에서 새 예루살렘이 세워질 것이라고 가르쳤다. 그는 새 예루살렘이 하늘 지평선 위에 비치어 있는 환상을 보았다고 했고 점차 독선에 빠져서 자신이 보혜사 성령이라 자처했다.

2) 윌리엄 밀러(William Miller)는 단 8:14의 2천 3백 주야를 근거로 1843년에 예수님이 재림할 것으로 예언했다가 다시 1844년 10월 22일로 수정했다. 이것이 제7일 안식일 예수재림교회의 시작이다.

3) 에드거 휘제넌트(Edger Whisenant)는 1988년 9월 11일과 13일 사이에 휴거가 일어나고 제3차 세계대전이 10월에 발발한다고 주장했다.

4) 이장림은 1992년 10월 28일에 예수님이 재림하신다고 하여, 다미선교회의 2만여 신자와 200여 교회가 모든 재산을 정리하고 재림을 기다리는 소동을 벌였다. 이후 이장림은 400만 달러를 착복한 혐의로 구속되었다. 이외 안상홍(하나님의 교회), 신천지, 통일교 등 한국에 재림 예수를 자처하는 이가 약 50여 명에 이른다고 한다.

에필로그

  바이블시네마는 이 땅의 모든 성도들에게 성경이 얼마나 우리 삶에 유익하고 절대적인 생명의 원천인가를 깨닫게 해 주는 좋은 길잡이요 동반자라고 생각한다. 쉽지 않았지만 무엇보다 이 작업을 위해 평소에 기도에 게을렀던 필자로 하여금 더욱 기도에 힘쓰도록 하신 하나님께 감사드리며 시작한 일을 마무리하도록 역사하시고 인도하신 하나님께 영광을 올려드린다.

  특별히 이 자리를 빌어 이 작업을 완성할 수 있도록 한 달 동안 펜션의 한 채를 무상으로 제공하시고 늘 협력해 주신 제주도 하람교회의 최상권 목사님을 비롯한 모든 성도님들에게 진심으로 감사의 인사를 전한다.

  끝으로 늘 곁에서 기도하고 조력하는 아내와 물심양면의 지원을 아끼지 않는 사랑하는 딸과 아들과 바로선개혁교회의 성도님들, 그리고 편집과 디자인에 수고한 우미선 크리스천투데이 기자와 이다니엘 군에게도 사랑의 인사를 드린다.

2019년 8월, 안식월 차 제주도에서 1차 원고를 작성하고 10월에 탈고를 마치다.
그리스도의 가장 부끄러운 종 최더함 씀.